U0480215

国家社科基金
后期资助项目

跨媒介叙事研究

Intermedia Narrative Studies

龙迪勇 著

四川大学出版社

图书在版编目（CIP）数据

跨媒介叙事研究 / 龙迪勇著. — 成都：四川大学出版社，2024.5（2025.3 重印）
ISBN 978-7-5690-6586-2

Ⅰ．①跨… Ⅱ．①龙… Ⅲ．①传播媒介－研究 Ⅳ．① G206.2

中国国家版本馆 CIP 数据核字（2024）第 029781 号

书　　　名	跨媒介叙事研究
	Kuameijie Xushi Yanjiu
著　　　者	龙迪勇
出 版 人	侯宏虹
总 策 划	张宏辉
选题策划	毛张琳
责任编辑	毛张琳
责任校对	陈　蓉
装帧设计	墨创文化
责任印制	王　炜
出版发行	四川大学出版社有限责任公司
	地址：成都市一环路南一段 24 号（610065）
	电话：（028）85408311（发行部）、85400276（总编室）
	电子邮箱：scupress@vip.163.com
	网址：https://press.scu.edu.cn
印前制作	四川胜翔数码印务设计有限公司
印刷装订	成都市火炬印务有限公司
成品尺寸	165 mm×238 mm
印　　张	29.75
插　　页	2
字　　数	625 千字
版　　次	2024 年 5 月 第 1 版
印　　次	2025 年 3 月 第 2 次印刷
定　　价	128.00 元

本社图书如有印装质量问题，请联系发行部调换

版权所有 ◆ 侵权必究

扫码获取数字资源

四川大学出版社
微信公众号

国家社科基金后期资助项目
出版说明

后期资助项目是国家社科基金设立的一类重要项目，旨在鼓励广大社科研究者潜心治学，支持基础研究多出优秀成果。它是经过严格评审，从接近完成的科研成果中遴选立项的。为扩大后期资助项目的影响，更好地推动学术发展，促进成果转化，全国哲学社会科学工作办公室按照"统一设计、统一标识、统一版式、形成系列"的总体要求，组织出版国家社科基金后期资助项目成果。

全国哲学社会科学工作办公室

自序：跨界思维与跨媒介叙事

龙迪勇

从小就喜欢听故事，各种各样的故事，越曲折、越离奇、越古怪就越爱听。开始是缠着爷爷奶奶讲，但很快就不满足他们所讲的那些老套的故事了，于是便会在有月亮的夏夜，穿越大半个村子，早早地来到一位钟姓老人的屋前，听他闲聊和讲古……记得老人当时已经八十多岁，早年做过船夫，曾装着一肚子的见闻和故事走南闯北过，所以他随口一说，便是一个懵懂少年的诗和远方……真的，那些月色如水的神奇夜晚，至今还定格在我心灵和记忆的深处，甚至不时会在我烦恼和忧伤时，把我带离现实，去往那些少年时期栖居的如诗如画的故事王国！尽管早在1936年，本雅明就曾经这样谈道："虽然这一称谓我们可能还熟悉，但活生生的、其声可闻其容可睹的讲故事的人无论如何是踪影难觅了。他早已成为某种离我们遥远——而且是越来越远的东西了。"（《讲故事的人》）但很幸运地，我少年时期不仅遇上过这种"讲故事的人"，还拥有过一段沐浴在其故事光辉中的难忘时光。

不仅通过各种途径听故事，还想尽一切办法看故事：先是图像主导、图文一体的小人书，后是纯文字的小说及其他叙事作品，当然还有不惜走上十几里路，去四里八乡看露天播放的电影……故事滋养了我的想象，故事丰富了我的人生。有时候，听到、看到的是同一个故事，这种情况多了以后，便难免会想一想：通往故事世界的路，可不止一条啊，但每条道路都有着自己的神奇、特色和风采，都能够顺利地把自己从平凡而琐碎的现实时空，带到离奇而丰富的故事世界之中。现在想来，也许正是这种从不同路径"跨界"进入故事世界的经历，培养了我潜意识中的跨界思维，并引发了后来的跨媒介叙事研究。

进入大学之后，我最喜欢的是中国古代文学，大学三年级时写的学年论文是《韩愈诗歌"以丑为美"的审美倾向》，探讨的是中唐时期的大文豪、大诗人韩愈诗歌中的美丑辩证转化现象：像生病、落齿这样的琐碎、无聊乃至丑陋现象，在诗人的妙笔下，居然进入美的王国，转化成美丽的诗篇。"美"和"丑"这两个在一般人看来水火不相容的现象，居然可以通过诗人的生花妙笔而发生"跨界"和转化，这个现象此前只有清代的刘熙载在《艺概·诗概》中提及——"昌黎诗往往以丑为美"，而《韩愈诗歌"以丑为美"的审美倾向》一文，则是对此现象展开详尽论述的第一篇学术论文。说起来，这其实也是本人"跨界思维"在学术研究中的具体体现，这篇初试啼声之作，很快便发表在《社会科学研究》1995年第3期上，全文近2万字。

说到不同文学艺术作品之间的跨媒介现象，即两种不同媒介的文艺作品之间的互渗、互借、互融现象，人们首先想到的便是诗画关系。对于中国古代诗歌与绘画之间的跨媒介现象，记得大学时就看到过北宋苏轼的题跋《书摩诘蓝田烟雨图》："味摩诘之诗，诗中有画。观摩诘之画，画中有诗。诗曰：'蓝溪白石出，玉川红叶稀。山路元无雨，空翠湿人衣。'"王维的诗画如此，苏轼自己的诗画亦然。当然，当时我并没有形成"跨媒介"的概念，但知道苏轼是在否定"形似"的基础上，提出其"诗画一律"或"诗画同质"论的："论画以形似，见与儿童邻。赋诗必此诗，定知非诗人。诗画本一律，天工与清新。"（《书鄢陵王主簿所画折枝二首》其一）也就是说，滥觞于魏晋南北朝、成熟于宋代的中国古代诗歌与绘画之间的跨媒介现象——"诗画一律"或"诗画同质"论，重点不在于"外形"上的相似，而在于内在本质上的"一律"："天工与清新。"

其实，不仅诗与画，其他中国艺术类型之间的跨媒介关系也很重要，比如对于中国绘画研究，普林斯顿大学的方闻教授就曾充满洞见地指出：在11世纪之前，要认真考虑绘画和雕塑的关系；但自11世纪起，书法开始对绘画发挥充分的影响，以至于中国山水画成了一种地道的"书法性艺术"（《艺术即历史：书画同体》）。在论及中国画的"空间构造"时，宗白华在《美学散步》中亦精辟地指出："中国画里的空间构造，既不是凭借光影的烘染衬托（中国水墨画并不是光影的实写，而仍是一种抽象的笔墨表现），也不是移写雕塑立体及建筑的几何透视，而是显示一种类似音乐或舞蹈所引起的空间感型。确切地说：是一种'书法的空间创造'。中国的书法本是一种类似音乐或舞蹈的节奏艺术。它具有形线之美，有情感与人格的表现。它不是摹绘实物，却又不完全抽象，如西洋字母而保有暗示实物和生命的姿式。中国音乐衰落，而书法却代替了它成为一种表达最高意境与情操的民族艺术。三代以来，每一个朝代有它的'书体'，表现那时代的生命情调与文化精神。我们几乎可以从中国书法风格的变迁来划分中国艺术史的时期，像西洋艺术史依据建筑风格的变迁来划分一样。"（《中西画法所表现的空间意识》）不仅如此，何惠鉴先生甚至把谢赫"六法"中的"经营位置"，追踪到了早期舞蹈中的位置体系和古代兵法理论中的排兵布阵；至于唐宋绘画史上的"破墨"，则有其音乐及书法上的来源……之所以如此，是因为："中国早期绘画史中一些最重要的、被广泛使用的术语是从其他艺术门类的术语中借用来的。这是因为中国的绘画比音乐、诗歌与书法成熟的都要晚，当其他艺术已经有完整的批评体系时，绘画的批评尚未发展成熟。词汇的交换使用在这些相关的艺术门类中不仅方便，而且常常是最恰如其分的。"（《唐宋绘画史中"破墨"之原义及其在音乐与书法上之来源》）

对于上述中国古代艺术类型之间的跨媒介关系，因已有前人高论，而且还要兼顾艺术跨媒介关系中的"叙事"问题，本人来不及深入研究，所以至今未曾接下去讨论这些话题。本书充分讨论中国古代跨媒介叙事问题的是第八、第九、第十章，这三章分别讨论的是"宗庙"这一特殊的建筑类型与中国历史叙事中"纪传体"体裁之间的关系、汉画像中的戏剧表演与图像再现问题、中国古代建筑空间的"组合性"特征与明清章回小说的"缀段性"叙事结构之间的内在关联。这些问题基本上都是发前人之所未发，是本人首先展开研究的，目前相关观点已经引起学界同仁的高度关注。

说起西方文学史、艺术史上的跨媒介叙事现象，最早且最重要的也发生在诗歌与绘画之间，而西方"诗画互通"的观念，本质上源于其源远流长的修辞学传统。说到这一话题，我们首先想到的便是古希腊诗人兼演说家西蒙尼戴斯的"画是无声诗，诗为有声画"，以及古罗马诗人贺拉斯的"诗如此，画亦然"的观点。其实，真正比较系统讨论这一话题的，是约生于公元1世纪中叶的古罗马传记作家普鲁塔克。在《年轻人何以应该学诗》一文中，普鲁塔克这样写道："年轻人开始踏入诗和戏剧的领域，要让他们保持稳重的态度，我们对诗艺有深入的看法，说它非常类似绘画，完全是模仿的技术和才华。不仅让他们知道一些老生常谈，像是'诗是有声之画，画是无声之诗'或者'诗中有画，画中有诗'。我们要更进一步教导，每当看到画中的一条蜥蜴、一只人猿或者瑟西底（Thersites）那副残破的面孔，要是感到非常愉快加以赞赏，并非因为这是美丽的东西，而是出于所绘之物的惟妙惟肖。天生本质的丑恶不可能变成美丽；模仿所以受到赞扬，仅仅在于达成神似的效用，虽说与事物本质的是非对错还是有密不可分的关系。"普鲁塔克的这段话有两点值得我们重视：首先，普鲁塔克指出诗画互通或诗画一律在当时是一种非常流行并具有普遍性的观念，这从"诗是有声之画，画是无声之诗"或者"诗中有画，画中有诗"被其视为"老生常谈"便不难看出；其次，诗歌与绘画的技艺均完全在于"模仿的技术和才华"，它们之所以让人觉得美，固然跟被模仿物本身的美丑有一定关系，更主要的还在于模仿的惟妙惟肖及其"神似的效用"。当然，对于绘画或诗歌所模仿的那些丑陋的事物或卑劣的行动，普鲁塔克还是提醒年轻人应有健康的理性并保持适当的批评，不能无条件地完全接受；而且，对于表现这类事物或行动，艺术家和诗人对自己也应有"适当又可能的要求"。

西方"诗画互通"的观念持续了一千多年，一直要等到18世纪启蒙运动时期的德国美学家莱辛写了一部《拉奥孔》，专门讨论诗画关系问题，才算是为"诗"和"画"画了一条基本的界线："诗"适合表现"在时间中先后承续的事物"，"画"适合表现"在空间中并列的事物"。当然，在这个问题上，莱辛并没有绝对化，而是持辩证的观点，比如他认为：尽管绘画作为空间艺术，不适合叙述"在时间中先后承续的"故事，但绘画也确实经常需要承担叙事的任务，当绘画这样做时，"就要选择最富于孕育性的那一顷刻，使得前前后后都可以从这一顷刻中得到最清楚的理解"。而且，就算是莱辛为"诗""画"画了个"界"，但此后西方文学艺术史上进行"诗画互通"式跨媒介叙事的作品仍是层出不穷，不仅数量多，而且质量高，比如拉斐尔前派绘画，又比如约翰·济慈的《希腊古瓮颂》和乔伊斯的《尤利西斯》，其实都是在"诗""画"之间进行跨媒介叙事的跨界性杰作。

对于西方"诗""画"之间的跨媒介叙事现象，我关注过多年，写过多篇论文，如今收集在这部《跨媒介叙事研究》的第五、第六、第十一、第十四、第十五章中，都可算是关于这个问题的专论。不止于此，本书的"导论"和第一至第四章，尽管是属于理论性较强的篇章，不限于探讨"诗""画"之间的跨媒介叙事，但也多涉及这方面的话题，分析、阐释过不少这方面的代表性叙事作品。当然，西方文学史、艺术史上的跨媒介叙事现象，并不仅仅限于"诗""画"之间，本书第七章《出位之思：西方小说的音乐叙事》，专门讨论的是小说和音乐之间的跨媒介叙事；第二章《出位之思与跨媒介叙事》，在进行理论探讨的同时，还顺便考察了绘画和雕塑之间的跨媒介关系；讨论中国古代跨媒介叙事问题的第八、第九、第十章，则涉及建筑与历史、建筑与小说、戏剧与图像等不同媒介类型作品之间的跨媒介叙事；第十二、第十三章在考察西方浪漫主义文学"总体艺术"特征时，综合论述了这一特殊的文学流派与绘画、音乐等其他艺术之间复杂的跨媒介叙事关系。

无疑，无论是中国还是西方，不同文学和艺术作品之间的跨媒介叙事现象和跨媒介叙事作品肯定还有很多，这部《跨媒介叙事研究》旨在考察其主要类型，更志在提出跨媒介叙事学术思想、建构跨媒介叙事理论体系，而不在求全求细，因为学术史上的无数事实告诉我们：任何所谓详尽、细致、全面的研究都难免挂一漏万。想写的内容自然还有很多，但人生有涯而学术无涯，我从事跨媒介叙事研究的时间算起来其实已经超过了 10 年，而任何研究都有暂告一段落的时候，就像我曾经暂时告别空间叙事研究一样。既然如此，那么就让自己暂且放下跨媒介叙事问题，轻装上阵，向下一个学术目标进发吧。

那么，自己的下一个学术目标到底是什么呢？是"艺术叙事学"。其实早在 2022 年 9 月，我在山西大学召开的中国艺术学理论学会第十八届年会上，在题为《叙述的艺术史与艺术史的叙述——兼论艺术叙事学的建构》的主旨报告中，就提出了建构"艺术叙事学"的初步设想；并于《天津社会科学》2022 年第 6 期发表的《试论艺术叙事学的建构》一文中，正式提出将沿着"跨媒介叙事"之路，建构一门叫做"艺术叙事学"的叙事学分支学科，这一主张目前已经得到不少学界同道的理解和支持。建构新学科当然不是一朝一夕之事，但至少是我和越来越多的学界同道下一步奋斗的学术目标。

从空间叙事到跨媒介叙事，再到艺术叙事，其实都是同一种"跨界思维"所结出的学术硕果，延伸的其实是同一条跨界探索之路。正如我在《空间叙事本质上是一种跨媒介叙事》一文（《河北学刊》2016 年第 6 期）中所指出的："'跨媒介'对于空间叙事来说是至关重要的，因为无论是对于文字性（时间性）叙事作品的'空间形式'，还是对于图像性（空间性）叙事作品的时间表现来说，都离不开对本有媒介的'出位'或'越界'，离不开对他种媒介美学效果的主动追求。"既然"空间叙事"和"跨媒介叙事"之间的桥梁已经架好，那么，从文学叙事通往"艺术叙事"的跨界探索之路，哪怕是要过多个坎、跨多条沟、爬多座山，也终将是通达而顺畅的。既然如此，就让我们赶紧出发，顺着"跨媒介叙事"之路，去勇敢地跨越学科边界，去发现并欣赏艺术叙事王国的旖旎风景吧。

目 录

导　论　"前推"与"主导"：艺术时空体与跨媒介叙事 …………… 1
 一、艺术"分立"之后的发展路径 …………………………………… 1
 二、从"陌生化"到"前推"和"主导" …………………………… 5
 三、艺术时空体的跨媒介叙事分析 ………………………………… 14

第一章　空间叙事本质上是一种跨媒介叙事 …………………… 24
 第一节　媒介的分类及其叙事属性 ………………………………… 24
 第二节　出位之思：跨媒介叙事的美学基础 ……………………… 28
 第三节　空间叙事的跨媒介特性 …………………………………… 36

第二章　出位之思与跨媒介叙事 ………………………………… 45
 第一节　从绘画与雕塑之争说起 …………………………………… 48
 第二节　出位之思 …………………………………………………… 50
 第三节　跨媒介叙事 ………………………………………………… 55
 第四节　文学艺术的"杂交能量" ………………………………… 62

第三章　视觉形象与小说的跨媒介叙事 ………………………… 65
 第一节　叙事与迷宫 ………………………………………………… 65
 第二节　视觉形象与小说叙事 ……………………………………… 72
 第三节　现实生活、视觉形象与叙事文本 ………………………… 84

第四章　小说中的描写及其跨媒介叙事 ………………………… 88
 第一节　叙述与描写 ………………………………………………… 88
 第二节　文学图画：左拉小说中的描写及其跨媒介叙事 ………… 91

第三节 "空间诗学"：福楼拜小说的完整描绘与共时叙述 …… 104
第四节 作为叙述的描写及其跨媒介叙事 …… 120

第五章 模仿律与跨媒介叙事
——图像叙事对语词叙事的模仿 …… 127
第一节 模仿与媒介 …… 128
第二节 模仿律 …… 134
第三节 作为"范本"的语词叙事 …… 139
第四节 图像与语词在叙事中的相互模仿问题 …… 153

第六章 时间与媒介
——文学叙事与图像叙事差异论析 …… 156
第一节 叙事与媒介 …… 156
第二节 叙事时间及其媒介表征：文学与图像 …… 158
第三节 空间逻辑与叙事秩序 …… 174

第七章 出位之思：西方小说的音乐叙事 …… 176
第一节 在内容层面模仿音乐的叙事作品 …… 177
第二节 在形式上追求纯粹"音乐性"的叙事作品 …… 183
第三节 在结构上模仿音乐的叙事作品 …… 189

第八章 世系、宗庙与中国历史叙事传统 …… 197
第一节 前文字时期的世系 …… 198
第二节 宗庙：世系的空间化 …… 207
第三节 宗庙与本纪：建筑空间与中国历史叙事传统 …… 227
第四节 传统与新变 …… 248

第九章 从戏剧表演到图像再现
——汉画像的跨媒介叙事 …… 252
第一节 跨媒介叙事：汉画像中的戏剧表演 …… 253
第二节 图像与戏剧：汉画像跨媒介叙事的符号学分析 …… 268
第三节 评价与展望 …… 282

目 录

第十章 建筑空间与叙事文本
　　——明清章回小说叙事结构新探 ……………………… 284
　第一节　分类及其问题 ……………………………………… 284
　第二节　明代文人的小说创作与建筑趣味 ………………… 286
　第三节　多重组合的艺术：中国古代建筑与明清章回小说 ……… 294
　第四节　建筑空间与中国文学叙事传统 …………………… 316

第十一章 从图像到文学
　　——西方古代的"艺格敷词"及其跨媒介叙事 ………… 319
　第一节　"艺格敷词"与诗画互通 ………………………… 320
　第二节　"艺格敷词"的文学特性与跨媒介叙事 ………… 330
　第三节　"艺格敷词"与文学描写 ………………………… 342

第十二章 文学艺术化：德国浪漫主义文学的跨媒介叙事 ……… 344
　第一节　西方浪漫主义文学与艺术的关系 ………………… 344
　第二节　德国浪漫主义文学的跨媒介叙事 ………………… 347
　第三节　反思与评价 ………………………………………… 361

第十三章 "总体艺术"与跨媒介叙事
　　——西方浪漫主义文学新论 ……………………………… 365
　第一节　西方浪漫主义文学的"总体艺术"特征 ………… 365
　第二节　作为"总体艺术"实现路径的跨媒介叙事 ……… 370
　第三节　跨媒介叙事与媒介"能力的极限" ……………… 373

第十四章 "总体艺术"与西方浪漫主义文学的图文一体现象 …… 375
　第一节　图文一体与西方浪漫主义文学的本质特征 ……… 375
　第二节　整体主义与浪漫派作家对"总体艺术"的理论探索 …… 379
　第三节　西方浪漫主义文学图文一体的创作实践 ………… 388
　第四节　"总体艺术"作为"未来的艺术作品" ………… 406

第十五章　"灵显"与图像
　　——詹姆斯·乔伊斯小说的跨媒介叙事 ……………… 408
　第一节　文学与媒介 ……………………………………… 408
　第二节　"灵显"及其图像叙事 ………………………… 411
　第三节　"出位之思"及其美学效果 …………………… 419

叙事学研究的跨媒介趋势
　　——"跨媒介叙事"学术研讨会综述 ………………… 422

参考文献 …………………………………………………… 441
后　记 ……………………………………………………… 462

导　论　"前推"与"主导"：艺术时空体与跨媒介叙事

人类最早出现的艺术往往是多媒介的"综合艺术"或"总体艺术"，后来才在发展的过程中逐渐分化出单一媒介的所谓"纯粹艺术"。在艺术"分立"之后，特定媒介艺术的发展具有两种方式：求"纯"或求"异"。所谓求"纯"，即发挥并强化特定媒介的"本位"特色来发展门类艺术；所谓求"异"，其实就是我们所说的艺术中的跨界融合或跨媒介叙事问题。大体而言，跨媒介叙事主要可以分为三种基本类型：时间艺术与空间艺术之间的相互模仿；一种空间艺术与另一种空间艺术之间的相互模仿；一种时间艺术与另一种时间艺术之间的相互模仿。其中第一种是最基本、最重要的跨媒介叙事类型。下面我们将阐明：无论是哪种情况的跨媒介叙事现象，都可以运用穆卡洛夫斯基的"前推"思想、雅各布森的"主导"思想，并结合巴赫金的"艺术时空体"理论，而得到合理的解释。我们认为，一切文学艺术作品都是艺术时空体，所谓跨媒介叙事，无非就是"违反""背离"或"偏移"艺术媒介的"本位"特性，在小说、传记等时间艺术叙事中把本来处于"背景"位置的空间元素"前推"为"主导"元素，在绘画、雕塑等空间艺术叙事中把本来处于"背景"位置的时间元素"前推"为"主导"元素而已。

一、艺术"分立"之后的发展路径

人类早期的艺术作品往往是"综合艺术"或"总体艺术"，其中又大体可以分为诗歌、舞蹈和音乐的综合化或建筑、雕塑和绘画的一体化两个系列。就前一个系列而言，诗、舞、乐在具体的历史情境中其实是个统一的综合性的艺术整体，比如中国的《诗经》，目前我们能够看到的并非全貌，而大都仅仅是用于特定仪式场合中的乐舞这一"综合艺术"中的歌词；就后一个系列来说，建筑往往成为雕塑、绘画等其他造型艺术的"母体"，建筑、雕塑与绘画事实上形成一个总体性的艺术空间，仅就欧洲的情况来说,正如奥地利学者汉斯·赛德尔迈尔所说:"对于欧洲文明的早期阶段而言,主要形式问题是教堂建筑。那时综合艺术作品是最为杰出的艺术形式,它们凝聚并表征了所有艺术创作的上乘手法。在那个时代没有哪一种艺术形式可以与之匹敌,综合艺术作品地位首屈一指,所有其他的艺术形式都要在风格和母题方面以之为借鉴。"[1] 但自13、14世纪开始,尤其是到了18世纪,欧洲艺术开始出现"分立"的倾向,"综合艺术"开始走向没落,"纯粹艺术"开始兴起并力图占据主导地位,正如汉斯·赛德尔迈尔所指出的:"从18世纪末开始,各种不同的艺术开始相互分离。每一种艺术都在努力寻求自身的独立、自主、自足;每一种艺术都极力追求(一种带有双重意义的)'绝对性'。每一种艺术,都力图把自己完整的纯粹性展现出来——事实上,它们甚至把这种纯粹性提升到了某种道德假定的高度。"[2]

一般来说,在艺术"分立"之后,或者说,在"综合艺术"或"总体艺术"的主导地位被个别或单一艺术取代之后,特定媒介艺术的发展具有两种方式:求"纯"或求"异"。所谓求"纯",即发挥并强化特定媒介的"本位"特色来发展门类艺术,如莱辛在《拉奥孔》中所指出的:"画"适合表达空间中并列的事物,"诗"适合表达时间中延续的事物。这种发展方式当然可以进一步激发特定艺术的媒介本性和独特个性,使门类艺术获得较大的独立、自足、自主发展,但也要注意把握分寸,不应为了所谓的"纯粹"而盲目发展。"布拉格学派"的主将之一扬·穆卡洛夫斯基在《现代艺术中的辩证矛盾》一文中说得好:"一门艺术发挥有别于其他艺术的特色,也可以做到别具一格,独领风骚:如诗歌强化纯语言因素,绘画强调色彩的运用等等。现代艺术在追求'纯'艺术以及艺术与艺术的交融这两种倾向间往往会走极端(如'人造语言'诗、至上主义绘画;象征主义的诗与音乐的交融,超现实主义的诗画并重与并举)。"[3] 穆卡洛夫斯基这里其实论及"追求'纯'艺术"和"艺术与艺术的交融"两种现代艺术的倾向;而不管是哪一种,一旦走向极端就容

---

[1] 〔奥〕汉斯·赛德尔迈尔:《艺术的危机:中心的丧失》,王艳华译,南京:译林出版社,2020年版,第16~17页。

[2] 〔奥〕汉斯·赛德尔迈尔:《艺术的危机:中心的丧失》,王艳华译,南京:译林出版社,2020年版,第125页。

[3] 〔捷〕扬·穆卡洛夫斯基:《现代艺术中的辩证矛盾》,庄继禹译,中国社会科学院外国文学研究所《世界文论》编辑委员会编:《布拉格学派及其他》,北京:社会科学文献出版社,1995年版,第24页。

易走到艺术效果的反面，就前者来说，"走纯艺术道路的艺术走到至上主义和新造型学派就算走到了尽头。这些流派不仅无视绘画的具体临摹对象，也不在乎什么造型性、绘画性甚至画框的尺寸大小。对于它们来说颜色是构图的唯一因素。在诗歌领域也有类似的倾向，'纯'诗歌排斥一切诗的因素，除了语音和音素的组合（所谓'人造语言'的诗）"[1]。对于艺术在"分立"之后而盲目追求"自身纯粹化"的过程中所产生的弊端，哲学家尼采亦有深刻的体认："尼采在很久以前就认识到，要把不同的艺术彼此分立开来，就必然会导致艺术的堕落。事实上，对于他来说，将一种艺术从其他艺术那里分离出来，这是一种野蛮行径。他清楚地看到，各门艺术统一性存在着一种关联，那是关于风格感。当一门艺术衰落时，另一门艺术也会随之消失。"[2] 关于艺术中的纯粹主义者，美国现代艺术批评家克莱门特·格林伯格的评述还是比较符合实际情况的："纯粹主义者对艺术提出过分的要求，因为他们一般将艺术看得比其他事物重要得多，出于同样的原因，他们对艺术也更为焦虑。纯粹主义主要是转换一种极端的焦虑，一种对艺术命运的忧虑和对其地位的担心。我们必须尊重这种心态。当纯粹主义者坚持在现在和将来都要把'文学性'与题材从造型艺术中排除出去的时候，我们大多数人都会立即指责他是一种非历史的观点。"[3]

至于"艺术与艺术的交融"这种现代艺术倾向，即所谓的求"异"，其实就是我们通常所说的跨界融合或跨媒介叙事问题。事实上，穆卡洛夫斯基更看重这种现代艺术倾向，所以在求"纯"和求"异"这一对矛盾中，他首先论述的是"个别艺术种类之间的矛盾"或"一种艺术与另一种艺术之间的矛盾"："每一种艺术都可能在寻找通向另一种艺术的路，即一方面与另一种艺术求同（如诗歌、戏剧、绘画与电影共有的主题；节奏与声音使诗歌与音乐相通；光与影、轮廓与维度是绘画、雕塑与电影共有的特点），另一方面运用本门艺术的特色手段去同另一种艺术比高下（如诗歌力求胜过绘画给予人们的视觉感受；电影与戏剧之间的竞争

---

[1] 〔捷〕扬·穆卡洛夫斯基：《现代艺术中的辩证矛盾》，庄继禹译，中国社会科学院外国文学研究所《世界文论》编辑委员会编：《布拉格学派及其他》，北京：社会科学文献出版社，1995年版，第9页。

[2] 〔奥地利〕汉斯·赛德尔迈尔：《艺术的危机：中心的丧失》，王艳华译，南京：译林出版社，2020年版，第126~127页。

[3] 〔美〕克莱门特·格林伯格：《走向更新的拉奥孔》，易英译，易英主编：《纽约的没落——〈世界美术〉文选》，石家庄：河北美术出版社，2004年版，第27页。

等等)。不同艺术种类之间的相互关系从批评家常用的陈词滥调中也可以看得出来：什么诗与画的音乐性啦，音乐或画中的诗意啦，还有什么诗或画中的立体感等等。不同艺术种类之间的相互影响导致其间关系的复杂化。例如瓦格纳的音乐(其富有特色的动机，具权威性的'导引句')向诗歌倾斜是显而易见的；小说家托马斯·曼在自己的诗作中有意识地借鉴了瓦格纳谋篇营章的原则。"① 确实如此，穆卡洛夫斯基所描述的这种"艺术与艺术的交融"现象(无论是所谓的"求同"，还是"比高下")，其实就是我们现在经常所说的跨媒介现象，即单一媒介或单一门类的艺术作品经常会有意无意地向其他媒介或其他门类的艺术作品借鉴修辞技巧、叙述方式或美学效果，只是《现代艺术中的辩证矛盾》一文发表于1935年，在当时的语境中尚没有出现"跨媒介"这样的说法而已。当然，还需要指出的是："艺术与艺术的交融"或不同艺术之间的跨媒介现象，并不仅仅像穆卡洛夫斯基所说的那样是一种现代艺术倾向，而是古已有之，只不过是在现代艺术"分立"之后，这种跨媒介现象越来越普遍，成为现代艺术家们的一种有意识的艺术追求罢了。比如说，早在古希腊罗马时期就普遍存在的"艺格敷词"或"以文述图"(ekphrasis)现象，就是语词借鉴图像效果的跨媒介叙事的典型例子。对此，我在《从图像到文学——西方古代的"艺格敷词"及其跨媒介叙事》② 一文中已经做出了比较系统、深入的考察，此不赘述。

近年来，我研究了中西文学史、艺术史上很多具有典型性的跨媒介叙事现象，发表多篇相关论文，并在《"出位之思"与跨媒介叙事》③ 一文中探讨了跨媒介叙事的内在动因问题：从艺术创作心理来说，以某种表达媒介进行创作的艺术家总想和以其他表达媒介创作的艺术家"比高下"，此即所谓的"出位之思"，也就是超出自身所用媒介或材料的固有性质之限制或束缚，跳出自身艺术媒介的"本位"，而去追求另一种艺术媒介所具有的表达长处或美学特色，从而达到一种和其他艺术相比较既"趋同"(如"诗中有画"或"画中有诗"的诗画互通效果)又"相异"(诗歌再有画意毕竟还是诗歌，绘画再有诗意毕竟还是绘画)的"艺术境界"或美学效果。因为

---

① 〔捷〕扬·穆卡洛夫斯基：《现代艺术中的辩证矛盾》，庄继禹译，中国社会科学院外国文学研究所《世界文论》编辑委员会编：《布拉格学派及其他》，北京：社会科学文献出版社，1995年版，第23页。

② 龙迪勇：《从图像到文学——西方古代的"艺格敷词"及其跨媒介叙事》，《社会科学研究》2019年第2期。

③ 龙迪勇：《"出位之思"与跨媒介叙事》，《文艺理论研究》2019年第3期。

"出位之思"是作家、艺术家进行跨媒介叙事的内在动因,所以我在《空间叙事本质上是一种跨媒介叙事》①一文中甚至认为这种创作心理或媒介效果可以视为跨媒介叙事的美学基础。在《"出位之思"与跨媒介叙事》一文中,我还概括出了跨媒介叙事的基本类型:时间艺术与空间艺术之间的跨媒介叙事、空间艺术内部即一种空间艺术与另一种空间艺术之间的跨媒介叙事、时间艺术内部即一种时间艺术与另一种时间艺术之间的跨媒介叙事。也就是说,在以往的研究中,我已经解决了创作者为什么要进行跨媒介叙事,以及跨媒介叙事的基本面貌是什么等基本问题,但对于如何进行跨媒介叙事或如何真正达到跨媒介叙事的美学效果这个基本问题,到目前为止尚没有提出有效、合理且富有说服力的解释。导论即为解决这个基本问题的一种尝试,其主要概念和基本观点将和"出位之思"一起,构成整座跨媒介叙事理论大厦的美学基础。

二、从"陌生化"到"前推"和"主导"

创作者在进行"跨界"创作或跨媒介叙事时,具体是如何进行的呢?或者说,他们到底采用了什么具体手法,在以某一种媒介创作而成的艺术作品中,在保留自身媒介特性的同时,又达到了另一种媒介的美学效果呢?要解决这个问题,我们还得回顾俄国形式主义和捷克结构主义(亦称"布拉格学派")②的有关思想,尤其是维克托·什克洛夫斯基的"陌生化"(defamiliarization,又译"奇异化""奇特化""反常化"等)思想、罗曼·雅各布森的"文学性"(literariness)和"主导"(dominant)思想,以及穆卡洛夫斯基的"前推"(foregrounding,亦译"前景化")思想。

"文学性"问题是雅各布森在研究俄国未来派诗人赫列勃尼科夫(Velimir Khlebnikov)的论文《俄国现代诗歌》中首次提出来的:"文学研究的对象不是文学,而是文学性,也就是说,使一部作品成为文学作品的东西。不过,直到现在我们还是可以把文学史家比作一名警察,他要逮捕某个人,可能把凡是在房间里遇到的人,甚至从旁边街上经过的人都抓了起来。文学史家就是这样无所不用,诸如生平材料、心理学、政治、哲学,无一例外。这样便凑成一堆雕虫小技,而不是文学科学,

---

① 龙迪勇:《空间叙事本质上是一种跨媒介叙事》,《河北学刊》2016年第6期。
② 在文艺理论史上,俄国形式主义和捷克结构主义("布拉格学派")其实是两个紧密联系的学派,因为捷克结构主义主要是由于俄国形式学派的一些主要成员移居布拉格而形成的,比如,罗曼·雅各布森1920年就移居布拉格,从而成为连结两个流派的核心人物。

仿佛他们已经忘记，每一种对象分别属于一门科学，如哲学史、文化史、心理学，等等，而这些科学自然也可以利用文学作品作为二流材料。如果文学史想要成为一门科学，它就必须把'手法'（device）作为它唯一关心的东西。那么根本问题就是手法的使用和判定。"[1] 在这段著名的话中，雅各布森既提出了"文学性"的概念，解释了其内涵，也描述了传统研究的不足之处，并指出了文学史科学唯一关注的东西应该是"手法"。对此，我国研究雅各布森的学者江飞指出："在雅各布森看来，只有'文学性'才是文学的根本特性，是区分文学与非文学的标准，是文学研究的真正对象。按其当时的本意来说，'使一部作品成为文学作品'的'文学性'只可能存在于文本的语言层面，说得更具体些，'文学性'就在于文学语言（尤其是诗歌语言）对日常语言的变形、强化和扭曲，就在于'对普通语言有组织的破坏'。"[2] 既然"文学性"存在于"文本的语言层面"，那么我们就不应该只是关注语言的所指对象，而应该重点关注语言自身或语言的文本层面。有学者说得好："诗学的重要目的是要回答，是什么因素使语言材料转变成了文艺作品，语言艺术的艺术性表现在什么地方，换言之，文学研究的对象不是文学，而是文学性，亦即使某一部书成为文学作品的那种东西。它表现在词使人感觉到词，而不只是当作所指对象的表示者或者一种情绪的表现；它也表现在词与词的序列，词的意义及其外部和内部形式，不是现实世界的冷漠象征，而是具有其自身的份量和独特价值时，文学性或诗学性便得到了表现。所以他们认为，诗的材料不是形象，也不是激情，而是词。诗歌、小说等一切语言艺术都是用词的艺术……"[3]

文学研究的对象不是文学而是"文学性"，这个观点是革命性的，产生了巨大而持续的影响。那么，文学作品通达"文学性"的"手法"是什么呢？俄国形式主义者的回答是："陌生化""反常化"或"奇异化"。俄国形式主义者的主将之一什克洛夫斯基在《作为手法的艺术》中说得好："那种被称为艺术的东西的存在，正是为了唤回人对生活的感受，使人感受到事物，使石头更成其为石头。艺术的目的是使你对事物的感觉

---

[1] Roman Jakobson, "Modern Russian Poetry: Velimir Khlebnikov," *Major Soviet Writers: Essays in Criticism*, ed. Edward J. Brown, New York: Oxford University Press, 1973, pp. 62—63.

[2] 江飞：《文学性：雅各布森语言诗学研究》，北京：人民出版社，2019年版，第34页。

[3] 方珊：《前言：俄国形式主义一瞥》，《俄国形式主义文论选》，方珊等译，北京：生活·读书·新知三联书店，1989年版，第23页。

如同你所见的视象那样，而不是如同你所认知的那样；艺术的手法是事物的'反常化'手法，是复杂化形式的手法，它增加了感受的难度和时延，既然艺术中的领悟过程是以自身为目的，它就理应延长；艺术是一种体验事物之创造的方式，而被创造物在艺术中已无足轻重。"① 确实，人类感知或认识的基本规律是：某种感知或某个动作一旦重复多次而成为习惯，便成为带有惯性的"自动化"（"程式化"）或"机械性"了。对此，什克洛夫斯基正确地指出："经过数次感受过的事物，人们便开始用认知来接受：事物摆在我们面前，我们知道它，但对它视而不见。因此，关于它，我们说不出什么来。使事物摆脱知觉的机械性，在艺术中是通过各种办法实现的。"② 当然，尽管什克洛夫斯基认为使事物摆脱知觉机械性的"陌生化"艺术手法有多种，但他的考察始终没有超出"语言"范围："研究诗歌言语，在语音和词汇构成、在措词和由词组成的表义结构的特性方面考察诗歌言语，无论在哪个方面，我们都可发现艺术的特征，即它是专为使感受摆脱机械性而创造的，艺术中的视象是创造者有意为之的，它的'艺术的'创造，目的就是为了使感受在其身上延长，以尽可能地达到高度的力量和长度，同时一部作品不是在其空间性上，而是在其连续性被感受的。'诗歌语言'就是为了满足这些条件。按照亚里士多德的说法，诗歌语言应具有异国的和可惊的性格；而实际上诗语也常常是陌生的。"③ 总之，俄国形式主义者通过使语词"陌生化"的艺术手法，使平常事物走出了"自动化"或"机械性"的窠臼而带来新架构、新面貌、新意义，从而给文艺作品的读者带来新感觉、新启发、新收获，正如有学者所评述的："艺术家总是使事物造反的罪魁祸首。他使事物不断抛弃自己的旧名字，并以新名字向世人展现自己的新颜。他也可把新的形容词加在旧词上，使其意义扩充到新的系列中去，使人们的耳目为之一新，好象使对象穿了件合身的新衣，使人重新感觉到了点什么，也就是感觉事物的不同寻常，从而改变了平常对它的看法。新的用词和新的句型表示出对人对现实的新的态度，反常化在艺术中经常更新人对世界的感受，从而在人们眼中展现出一个全新的世界。因此反常化

---

① 〔俄〕维克托·什克洛夫斯基：《作为手法的艺术》，《俄国形式主义文论选》，方珊等译，北京：生活·读书·新知三联书店，1989年版，第6页。
② 〔俄〕维克托·什克洛夫斯基：《作为手法的艺术》，《俄国形式主义文论选》，方珊等译，北京：生活·读书·新知三联书店，1989年版，第7页。
③ 〔俄〕维克托·什克洛夫斯基：《作为手法的艺术》，《俄国形式主义文论选》，方珊等译，北京：生活·读书·新知三联书店，1989年版，第8页。

是一种艺术手法，它借用新的艺术形式唤起人的新感觉。"①

在什克洛夫斯基"陌生化"论的基础上，捷克结构主义者穆卡洛夫斯基进一步提出了更为完备的"前推"（foregrounding，亦译"前景化"）论。由于俄国形式主义和捷克结构主义之间本身的思想渊源，正如赵毅衡在为穆卡洛夫斯基的《标准语言与诗歌语言》一文所写的"编者按"中所指出的："这两个论点实际上有相当大部分是重合的。'陌生化'是相对于'自动化'（或程式化）而言的；而'前推'，按其发明者穆卡洛夫斯基的说法，也是'非自动化''反自动化'。但是，穆卡洛夫斯基由于对索绪尔语言学和符号学理论更熟悉，他的'前推'论就更深地植根于系统分析之上。""当我们把一首诗作为一个系统时，诗的某些成分被前推，同时某些成分被后推，成为前推成分的背景，两者的相互关系使诗歌结构成为一个'不可分割的艺术整体'。"② 概括地说，穆卡洛夫斯基的"前推"论较之什克洛夫斯基的"陌生化"论更重结构分析，从而为此后的法国结构主义准备了条件；而且，"前推"论更具有辩证性（"前推"和"后推"或"前景"和"背景"相对，在一定条件下，两种的地位可以互换）和操作性。尽管对于文学语言和文本分析来说，穆卡洛夫斯基的"前推"思想非常系统且足够完备，但由于这个思想仍然局限于一个系统之内，所以还不足以完美解释"艺术与艺术交融"的"跨界"或跨媒介叙事现象。我们认为，要真正从理论上把跨媒介叙事现象解释清楚，最好综合运用穆卡洛夫斯基的"前推"思想、雅各布森的"主导"思想，并结合巴赫金的艺术"时空体"理论进行分析。

我们先来看穆卡洛夫斯基的"招牌理论"——"前推"。

穆卡洛夫斯基的"前推"论，是在诗歌语言与标准语言的比较中形成的，他认为诗歌语言不同于标准语言，"诗歌语言理论，首先对标准语言与诗歌语言的不同之处感兴趣，而标准语言理论则主要对二者的相似之处感兴趣"③。无论是从词汇、句法、表达方式还是从语法形式来说，诗歌语言都有其特殊之处，因此，"诗歌语言不是一种标准语言。这样说并不意味着否认二者之间紧密的联系，这种联系表现如下：对诗歌而言，

---

① 方珊：《前言：俄国形式主义一瞥》，《俄国形式主义文论选》，方珊等译，北京：生活·读书·新知三联书店，1989年版，第22页。

② 赵毅衡：《编者按·标准语言与诗歌语言》，赵毅衡编选：《符号学文学论文集》，天津：百花文艺出版社，2004年版，第15～16页。

③〔捷〕扬·穆卡洛夫斯基：《标准语言与诗歌语言》，竺稼译，赵毅衡编选：《符号学文学论文集》，天津：百花文艺出版社，2004年版，第16页。

标准语言是一种背景，用以反映因审美原因对作品语言成分的有意扭曲，也就是对标准语言的有意违反。……正是这种对标准语言准则的违反，这种系统的违反，使诗歌式地使用语言成为可能；没有这种可能性也就没有诗歌可言。在一个特定的语言中，标准规范越固定，对它的违反形式就越复杂，因而该语言中诗歌的可能性也就更多。反之，这个规范的意识越弱，违反的可能性就越少，诗歌的可能性也就越少"[1]。当然，并不是诗歌语言的所有成分都能够被"前推"，这些没有被"前推"的语言成分成为在一个系统内衬托其他成分的"背景"，但文艺创作者要"诗歌式地使用语言"，就必须最大限度地把想突出的话语成分"前推"，以使整部诗歌作品脱离自动化而显得新奇化或陌生化。正如穆卡洛夫斯基所说："诗歌语言的作用就在于为话语提供最大限度的前推。前推是与自动化相对的，也就是非自动化。一个行为的自动化程度越高，有意识的处理就越少，而其前推程度越高，就越成为完全有意识的行为，客观地说，自动化是对事件的程式化，前推则意味着违反这个程式。最纯粹的标准语言，作为以公式化为目标的科学语言，是避免前推的。所以，一个因新奇而被前推的表达方式在科技论文中会立即被对其含义的确切定义所自动化。当然，在标准语言中前推还是常见的，比如在新闻体作品中。散文则更是如此。但是在这些地方它总是服从于传达，其目的是把读者（听者）的注意力更紧密地吸引到被前推的表达方式所表达的内容上来。……在诗歌语言中，前推的强度达到了这样的程度：传达作为表达目的的交流被后推，而前推则似乎以它本身为目的；它不服务于传达，而是为了把表达和语言行为本身置于前景。……一个成分的前推明确地意味着将其置于前景。然而，这一成分在前景是由于与另一个或一些仍然留在背景的成分相比较所致。因此，同时前推所有成分会把它们置于同一地位，从而形成新的自动化。"[2] 应该说，穆卡洛夫斯基"前推"理论的核心思想在上面这段话中表达得非常清晰，但最后几句话也暴露出了其理论的盲区或短板：由于其"前推"论局限于一个系统之内，所以在诗歌、小说、戏剧、电影等同一个门类艺术系统内具有很强的解释力，但难以超出系统而对诗画关系等跨媒介叙事问题做出合理的解释。其实，

---

[1] 〔捷〕扬·穆卡洛夫斯基：《标准语言与诗歌语言》，竺稼译，赵毅衡编选：《符号学文学论文集》，天津：百花文艺出版社，2004年版，第17页。
[2] 〔捷〕扬·穆卡洛夫斯基：《标准语言与诗歌语言》，竺稼译，赵毅衡编选：《符号学文学论文集》，天津：百花文艺出版社，2004年版，第18~19页。

他只要往前再走一小步，把整个综合性的艺术系统看作一个统一的整体，而把某个门类艺术看作其"成分"，便可以很好地用来解释门类艺术之间的跨界或跨媒介叙事问题，比如说，诗人所写的某首诗想要达到"绘画"的效果，他可以把整首诗作为背景，通过语言的造型性而把"绘画"的空间性要素"前推"，而在形式上让读者感受到诗歌的画意。

　　穆卡洛夫斯基"前推"理论的系统外突围，是由布拉格学派的另一位主将雅各布森完成的。雅各布森在"前推"论的基础上适时地提出了他的"主导"论。其实，"主导"思想在穆卡洛夫斯基的相关论述中已经出现，只是让我们略感遗憾的是，这个思想仍然局限于一个艺术系统之内。在《标准语言与诗歌语言》一文中，穆卡洛夫斯基这样写道："一部诗歌作品中各成分的系统前推存在于这些成分间相互关系的不同层次之中，也就是说存在于它们之间的相互依附与被依附关系之中。处于这些层次最高点的成分便成为主导。所有其他成分及其相互关系，不论前推与否，都依照主导成分的观点来评价。所谓主导成分，就是指作品中驱动并引导其他成分间相互关系的成分。诗歌作品的材料是同各成分间的相互关系交织在一起的，甚至在完全非前推的情况下也是如此。所以，诗歌作品与传达言语一样，总是存在着语调与意义、句法、词序的潜在关系，或者作为意义单位的词与作品的语音结构、词汇选择，以及同一句子中其他作为意义单位的词的关系。可以说，每一个语言学成分都通过这些多边的相互关系直接或间接地与每一个其他成分取得某种联系。在传达性言语中这些关系大都仅是潜在的，因为它们的存在和相互关系并不引人注意。然而，这些潜在关系已足以在某一点打破这个系统的平衡，从而使整个关系网络倾向某个方向，并在内在结构上遵从这个方向：这个网络的一部分（通过始终如一的单向前推）产生张力，而其他部分由于被视为有意安排的背景的自动化而松弛下来。各种关系的这种内在结构会因所涉及的点，也就是因主导成分变更而有所不同。更具体地说，有时语调会（通过各种步骤）被意义所支配，有时反过来意义结构会为语调所决定，又有时一个词与总词汇的关系会被前推，它与全文语音结构的关系也一样会被前推。"[①] 必须承认，关于在一个艺术系统之内的"主导成分"与其他成分间的相互关系，及其对整个文本结构所起到的决定性作用，穆卡洛夫斯基的论述已经非常精致、严密和深刻了，只可惜

---

　　① 〔捷〕扬·穆卡洛夫斯基：《标准语言与诗歌语言》，竺稼译，赵毅衡编选：《符号学文学论文集》，天津：百花文艺出版社，2004年版，第20页。

他的思维停留在单一系统或内部"结构"之中,而没有走向更广阔的社会和整个艺术系统,从而把一个极具创意的思想留给了其朋友雅各布森来做最后的拓展、深化和完善①。

接下来,我们再来看看雅各布森的"主导"论。

雅各布森认为:主导成分是"俄国形式主义理论中最关键、最精微、最有成果的概念之一。对主导可以这样下定义:一件艺术品的核心成分,它支配、决定和变更其余成分。正是主导保证了结构的完整性。"②对于诗歌等艺术作品的分析,雅各布森认为应区分开作品的"美学功能"和"指称功能"等其他功能,"诗歌作品应被定义为一种其美学功能是它的主导的语言信息","作为一部诗作之主导的美学功能的定义,允许我们规定诗作之内多种多样语言功能的等级。在指称功能中,符号与指示对象具有最小限度的联系,因此,符号自身只具有最小的重要性。另一方面,表现功能要求符号与对象之间有更为直接密切的联系,因此,要求对符号的内在结构多加注意"③。无论如何,在雅各布森看来,如果某一部作品是诗性作品,那么其"美学功能"应在作品中占主导地位,其他功能都只能从属于"美学功能",并围绕这个主导成分而在特定作品中存在,依照这个主导成分而在不同作品中发生变更。

除了分析单个文艺作品,"主导"还可用来分析诗歌等文艺作品的形式演变,用来分析文学史,正如雅各布森所说:"对于形式主义文学演变观来说,探索主导成分具有极大的重要性。诗的形式的演变,与其说是某些因素消长的问题,不如说是系统内种种成分相互关系的转换问题,换句话说,是个主导成分转换的问题。通常在一整套诗的准则中,尤其在对某种诗的类型有效的一套诗的准则中,原来处于次要地位的诸因素成了基本的和主要的因素。另一方面,原来是主导因素的诸因素成了次要的和非强制性的因素。什克洛夫斯基在早期著作中认为,一部诗作仅是它的艺术手法的总和,而诗的演变只不过是某些手法的替换而已。随着形式主义的发展,把一部诗作看做是一个结构系统,看做是一套艺术

---

① 其实,"主导"概念的首创者既非穆卡洛夫斯基,也非雅各布森,而是俄国形式主义的另一位关键人物尤·迪尼亚诺夫,穆卡洛夫斯基和雅各布森都只是这个重要概念的深化者和完善者。参见〔苏〕尤·迪尼亚诺夫:《论文学的演变》,〔法〕茨维坦·托多洛夫编选:《俄苏形式主义文论选》,蔡鸿滨译,北京:中国社会科学出版社,1989年版,第109页。
② 〔俄〕罗曼·雅各布森:《主导》,任生名译,赵毅衡编选:《符号学文学论文集》,天津:百花文艺出版社,2004年版,第8页。
③ 〔俄〕罗曼·雅各布森:《主导》,任生名译,赵毅衡编选:《符号学文学论文集》,天津:百花文艺出版社,2004年版,第11页。

手法的有规则有秩序的等级系统的精确概念产生了。诗的演变是在这个等级系统内的一种转换。艺术手法的等级在某种诗的类型的框架内变化；而且，这变化既影响到诗的类型的等级，也影响到各种类型中艺术手法的分类。原来是二流品种以及次要变体的各种类型现在跻于前列，而典范的类型则被推到了后面。"①

雅各布森的"主导"思想中尤为可贵的是，他不仅在纵向上研究了文艺作品的形式演变，而且在横向上考察了各种艺术类型之间的"过渡地带"或"边缘地带"，这就为解释不同艺术作品之间的跨媒介影响提供了思路和理论准备。雅各布森说得好："演变问题并不局限于文学史。关于各门艺术之间相互关系中的变化问题也产生了，在这里仔细研究过渡地带特别富有成效。举例来说，可以分析绘画与诗的过渡地带，比如插图，或者可以分析音乐与诗的边缘地带，比如浪漫曲。"② 总之，"不仅在个别艺术家的诗作中，不仅在诗的法则中，在某个诗派的一套标准中，我们可以找到一种主导，而且在某个时代的艺术（被看做特殊的整体）中，我们也可以找到一种主导成分。譬如，文艺复兴的艺术有这样一种主导，代表这个时期最高美学标准的，显然是视觉艺术。其他的艺术均指向视觉艺术，其价值按照与后者接近的程度来确定。另一方面，在浪漫艺术中，最高价值当定于音乐……它的诗体的核心是音乐性；它的诗体的语调模仿音乐的旋律。这种集中于一个实际上外在于诗歌作品的主导的情况，从本质上改本了依存于声音特征、句法结构和意象的诗的结构；它改变了诗的韵律标准和诗节标准，改变了诗的构成成分。而在现实主义美学中，主导成分是语言艺术，从而改变了诗的价值等级系统。"③ 雅各布森所指出的这种一个时代艺术模仿主导艺术的情况，到了20世纪仍然存在，而且其程度甚至会达到"被迫否定了自身的性质"的地步，且经常发展成为一种艺术风潮："今天，当一门个别的艺术恰巧被赋予支配性作用的时候，它就成为所有艺术的楷模：其他的艺术试图摆脱自己固有的特征而去模仿它的效果。主导艺术也同样试图吸收其他艺术的功能。处于从属地位的艺术通过各种艺术效果的混合而被歪曲和变

---

① 〔俄〕罗曼·雅各布森：《主导》，任生名译，赵毅衡编选：《符号学文学论文集》，天津：百花文艺出版社，2004年版，第11~12页。

② 〔俄〕罗曼·雅各布森：《主导》，任生名译，赵毅衡编选：《符号学文学论文集》，天津：百花文艺出版社，2004年版，第12页。

③ 〔俄〕罗曼·雅各布森：《主导》，任生名译，赵毅衡编选：《符号学文学论文集》，天津：百花文艺出版社，2004年版，第9~10页。

形；它们在努力获得主导艺术效果的过程中被迫否定了自身的性质。但是，从属性艺术只有在这种方式中才会被歪曲，即当它们达到这样一种技术熟练的程度从而使它们能够假装掩盖其媒介的时候，换句话说，艺术家必须获得这种超越其材质的力量，以便消除它在外表上所热衷的幻象。"①

《主导》篇幅不长，但思想丰富，解释力强，"如果说'文学性''诗性功能'是雅各布森语言诗学体系最核心的范畴，那么，'主导'正是通往'诗性功能'和'文学性'的第一扇门"②。雅各布森不仅认为"主导"是一件艺术作品的核心成分，而且指出"主导"不断变化和转换的动态特性。当然，如果仅止于此，那么其思想也并没有超出穆卡洛夫斯基的"前推"和"主导"思想；事实上，雅各布森"主导"论的重要之处和革命性力量就在它突破了门类艺术的单一系统，把它放到了整个艺术系统甚至整个社会历史系统之中进行考察，从而为解释"艺术与艺术的交融"现象的跨媒介叙事理论提供了思路方法和思想资源。在《主导》之后，雅各布森《语言学与诗学》一文进一步论及超出单一艺术媒介范围的"跨界"问题："诗学研究的许多技巧并不限于语言艺术。各种艺术之间是相通的。我们不是可以把《呼啸山庄》转换成为一部电影，把中世纪的传奇转换为壁画和袖珍画，把《牧神的下午》改编成音乐、芭蕾和绘画艺术吗？……有人还提出布莱克对于《神曲》的说明是否充分的问题，这样一种提问本身就足以证明，各类艺术之间是可以比较的。所有关于巴洛克或艺术史上其他风格的问题均超出了单一艺术的范围。在我们分析一个超现实主义的隐喻时，就很难仅通过麦克思·恩斯特的绘画或路易斯·布努艾尔的电影《黄金时代》或《安达卢西亚犬》而得到完全阐明。简言之，许多诗的特征不仅属于语言科学的研究范围，而且属于整个符号理论，一般符号学的研究范围。"③

关于雅各布森在艺术与艺术的相互影响或跨媒介方面的重要贡献，有学者这样评价道："文学系统的演变是在更大的艺术系统中进行的，借用'主导'概念，雅各布森更深入地解释了艺术系统内部的结构运行规

---

① 〔美〕克莱门特·格林伯格：《走向更新的拉奥孔》，易英译，易英主编：《纽约的没落——〈世界美术〉文选》，石家庄：河北美术出版社，2004年版，第29页。

② 江飞：《雅各布森与〈主导〉》，高建平主编：《西方文论经典精读》，北京：高等教育出版社，2022年版，第54页。

③ 〔俄〕罗曼·雅各布森：《语言学与诗学》，滕守尧译，赵毅衡编选：《符号学文学论文集》，天津：百花文艺出版社，2004年版，第171页。

律。在艺术系统中，文学系统与非文学系统之间的关系同样是主导成分与次要成分的转换。比如，当视觉艺术、音乐艺术成为文艺复兴时期的最高美学标准即主导的时候，居于从属地位的语言艺术只能'为主导是瞻'，趋向主导艺术并受其形式要素的支配性影响；而当语言艺术成为现实主义美学的主导成分的时候，文学又成为整个艺术等级系统中的最高级，现实主义文学成为其他艺术争相仿效的对象。无论如何，文学始终处于不断变动之中，在主导地位和次要地位之间不断转换，尤其是当居于次要地位时，它不得不依据主导艺术的特性来改变自身，而当它成为系统主导的时候，情况则可能发生逆转。"[①] 应该说，这样的评价是恰切的、合适的，也是符合实际情况并具有解释力的。

俄国形式主义包括后来的捷克结构主义是一笔无比丰富的文艺理论遗产，但对其核心概念"文学性""陌生化""前推"和"主导"等，我们还缺乏系统深入的研究，尤其是对于这些概念之间的内在关联和逻辑关系，我国以往的研究基本上付之阙如。以上我们对这几个主要概念做了简要介绍和大致梳理，这里再略作概括：文学研究的对象不是文学，而是"文学性"；同样，我们也可以说，艺术研究的对象不是艺术，而是"艺术性"。文艺作品通达"文学性"或"艺术性"的路径是"陌生化"，而"前推"和"主导"则是文艺作品"陌生化"的具体方式。如果说，穆卡洛夫斯基的"前推"论还局限于门类艺术的单一系统之内的话，那么，雅各布森的"主导"论则将其推及整个综合性的跨门类艺术系统，从而为解释"艺术与艺术的交融"现象及其跨媒介叙事理论提供了思路、方法与理论资源。

无疑，相对于一般叙事，跨媒介叙事本身就构成了一种叙事的"陌生化"。既然如此，那么接下来我们就以叙事"陌生化"的具体手段——"前推"和"主导"，并结合巴赫金的艺术"时空体"理论，来对跨媒介叙事现象做具体的作品分析。

三、艺术时空体的跨媒介叙事分析

叙事是具体时空中的现象，无论是文学、历史、传记、绘画、雕塑、建筑，还是戏剧、影视、视频，乃至任何一件以任何媒介表达的叙事作品，都是从时间和空间两个维度结合的特殊存在物，并以时空两个维度

---

① 江飞：《雅各布森与〈主导〉》，高建平主编：《西方文论经典精读》，北京：高等教育出版社，2022年版，第55~56页。

导　论　"前推"与"主导":艺术时空体与跨媒介叙事

留存于世界。无论是哲学式的思考,还是物理式的描述,我们对任何一个物体、任何一个事件的分析和研究,都应该是时空兼顾,才能得以周全,避免片面性,对叙事作品的考察当然也不能例外。物理学家阿尔伯特·爱因斯坦说得好:"空间(位置)和时间在应用时总是一道出现的。世界上发生的每一件事都是由空间坐标X、Y、Z和时间坐标T来确定。因此,物理的描述一开始就一直是四维的。但是这个四维连续区似乎分解为空间的三维连续区和时间的一维连续区。这种明显的分解,其根源在于一种错觉,认为'同时性'这概念的意义是自明的,而这种错觉来自这样的事实:由于光的作用,我们收到附近事件的信息几乎是即时的。"[①] 总而言之,爱因斯坦站在相对论的立场把世界上的万事万物看成时空交融的"四维连续区",正如他所指出的:"空间和时间融合成为一个均匀的四维连续区。"[②] 后来,德国数学家赫尔曼·闵可夫斯基进一步把这一"四维连续区"叫作"时空连续统"(即四维时空),从而为爱因斯坦的相对论奠定了数学基础。

对于文艺作品的时空统一性,20世纪以来的研究者也有了更为深刻的体认。波兰的现象学哲学家罗曼·英伽登认为:"文学作品实际上拥有'两个维度':在一个维度中所有层次的总体贮存同时展开,在第二个维度中各部分相继展开。"[③] 法国学者让-伊夫·塔迪埃在研究马塞尔·普鲁斯特的小说《追忆似水年华》时也深刻地认识到:"小说既是空间结构也是时间结构。说它是空间结构是因为在它展开的书页中出现了在我们的目光下静止不动的形式的组织和体系;说它是时间结构是因为不存在瞬间阅读,因为一生的经历总是在时间中展开的。"[④] 当然,关于文学的时空一体属性认识最深刻、研究最具体而且最具有解释力和可操作性的,还是要数苏联著名文艺理论家米哈伊尔·巴赫金在借鉴爱因斯坦相对论和闵可夫斯基的相关概念基础上所提出的文学"时空体"理论。关于"时空体"概念,巴赫金是这样界定的:"文学中已经艺术地把握了的时间关系和空间关系相互间的重要联系,我们将称之为时空体。这个术语

[①] 〔美〕阿尔伯特·爱因斯坦:《爱因斯坦文集》(第一卷),许良英译,北京:商务印书馆,1977年版,第251页。
[②] 〔美〕阿尔伯特·爱因斯坦:《爱因斯坦文集》(第一卷),许良英译,北京:商务印书馆,1977年版,第268页。
[③] 〔波〕罗曼·英伽登:《对文学的艺术作品的认识》,陈燕谷、晓未译,北京:中国文联出版公司,1988年版,第11页。
[④] 〔法〕让-伊夫·塔迪埃:《普鲁斯特和小说》,桂裕芳、王森译,上海:上海译文出版社,1992年版,第224页。

15

见之于数学科学中，源自相对论，以相对论（爱因斯坦）为依据。它在相对论中具有的特殊含义，对我们来说并无关紧要；我们把它借用到文学理论中来，几乎是作为一种比喻（说几乎而并非完全）。对我们来说，重要的是这个术语表示着空间和时间的不可分割（时间是空间的第四维）。我们所理解的时空体，是形式兼内容的一个文学范畴（这里不涉及其他文化领域中的时空体）。"① 对于时空体这个概念，巴赫金特别强调的是其"空间和时间的不可分割"，而且强调这是"形式兼内容的一个文学范畴"。当然，考虑到我们研究对象的性质，这里需要特别说明的是：为了考察不同文艺作品之间的跨媒介现象，我们也把巴赫金的文学"时空体"概念扩大延伸到整个艺术领域，既涉及小说、音乐等所谓的"时间艺术"，也涉及所谓的绘画、雕塑等"空间艺术"。

关于艺术时空体的特征，巴赫金是这样描述的："在文学中的艺术时空体里，空间和时间标志融合在一个被认识了的具体的整体中。时间在这里浓缩、凝聚，变成艺术上可见的东西；空间则趋向紧张，被卷入时间、情节、历史的运动之中。时间的标志要展现在空间里，而空间则要通过时间来理解和衡量。这种不同系列的交叉和不同标志的融合，正是艺术时空体的特征所在。"② 不难看出，在巴赫金所描述的"艺术时空体"里，强调的仍然是时间和空间的"交叉"和"融合"。而且，巴赫金认为时空体具有重大的体裁意义："时空体在文学中有着重大的体裁意义。可以直截了当地说，体裁和体裁类别恰是由时空体决定的；而且在文学中，时空体里的主导因素是时间。作为形式兼内容的范畴，时空体还决定着（在颇大程度上）文学中人的形象。这个人的形象，总是在很大程度上时空化了的。"③ 巴赫金认为时空体具有重要的体裁意义，可谓别具慧眼，而且他正确地认识到了文学时空体的"主导因素是时间"；当然，巴赫金并没有涉及造型艺术，但我们完全可以顺着他的逻辑，认为绘画、雕塑等造型艺术时空体的主导因素是空间。事实上，正是时间因

---

① 〔苏〕M. 巴赫金：《长篇小说的时间形式和时空体形式——历史诗学概述》，白春仁译，《巴赫金全集》（第三卷），白春仁、晓河译，石家庄：河北教育出版社，1998年版，第274页。

② 〔苏〕M. 巴赫金：《长篇小说的时间形式和时空体形式——历史诗学概述》，白春仁译，《巴赫金全集》（第三卷），白春仁、晓河译，石家庄：河北教育出版社，1998年版，第274~275页。

③ 〔苏〕M. 巴赫金：《长篇小说的时间形式和时空体形式——历史诗学概述》，白春仁译，《巴赫金全集》（第三卷），白春仁、晓河译，石家庄：河北教育出版社，1998年版，第275页。

素或空间因素在不同艺术类型中的"前推"(凸显)或"后推"(背景化),造成了不同的文艺类型,并形成了不同类型的艺术特征。

总之,一切文学艺术作品都是时空体,只是特定作品中的"主导因素"是时间还是空间,决定了它们到底属于时间艺术还是空间艺术。而且,我们一般所说的"时间艺术",并不是说只存在时间因素而没有空间因素,其实质只是时间因素成了作品中的"主导因素",空间因素则退居为"背景"而已;反之,我们一般所说的"空间艺术",也不是说只存在空间因素而没有时间因素,其实质只是空间因素成了作品中的"主导因素",时间因素则退居为"背景"而已。就此而言,所谓跨媒介叙事,无非就是违反艺术媒介的本质特性,在小说等时间艺术叙事中把本来处于"背景"位置的空间元素"前推"为"主导"元素,在绘画等空间艺术叙事中把本来处于"背景"位置的时间元素"前推"为"主导"元素而已。明白了这一点,我们便可以用"艺术时空体"概念来分析跨媒介叙事这种特殊的叙事现象了。

一般的艺术分类学往往把文学、音乐、传记等艺术作品称作"时间艺术",把绘画、雕塑、建筑等艺术作品称作"空间艺术",把戏剧、电影、电视等艺术作品称作"时空艺术"(在具体作品中可能趋向或偏重时间维度或空间维度)。在《"出位之思"与跨媒介叙事》一文中,我认为跨媒介叙事主要有三种基本类型:(1)时间艺术与空间艺术之间的相互模仿;(2)一种空间艺术与另一种空间艺术之间的相互模仿;(3)一种时间艺术与另一种时间艺术之间的相互模仿。[①] 其中第一种是最主要的跨媒介叙事类型,接下来我们就主要分析这种类型的跨媒介叙事。

文学的表达媒介是语词,因而是一种时间艺术,但一切文艺作品本质上都是时空艺术,文学当然也不例外。就其媒介本身的特征而言,文学的时间特性自然而然地被"前推"成为作品的"主导"因素,而其空间特性则被"后推"而成为作品隐而不显的"背景";但当文学叙事追求违逆其媒介时间本性的空间效果时,创作者通过艺术手段"前推"本身已成为"背景"的空间因素,让空间因素突显出来而成为作品的"主导"因素,而时间因素则被有意"后推"为"背景"。文学在时间维度进行叙事,符合其媒介本性,因而是常规化的;而文学在空间维度进行叙事,则有违其媒介的时间本性,本质上是一种"跨界"行为,所以是一种跨媒介叙事。正是在这个意义上,我把小说的空间叙事界定为一种跨媒介

[①] 龙迪勇:《"出位之思"与跨媒介叙事》,《文艺理论研究》2019年第3期。

叙事。① 而小说突显空间因素进行空间叙事的方式主要有两种：在"内容"层面强化"故事空间"的书写；在"形式"层面创造叙事的"空间形式"。②

所谓故事空间，就是叙事作品中事件所发生的地点或场所。无疑，能够构成叙事作品中故事空间的，必定具有某种"可视性"或"时间视觉"的特征。在这方面，巴赫金所论及的德国大作家歌德就具有典型性。巴赫金认为，"首先我们要强调的（这是众所周知的），是可视性对歌德所具有的特殊意义。其余一切的外部感觉、内心感受、种种思考和抽象概念，都聚合在作为自身中心、作为原始级也是终极级的可见之目。一切重要的东西，都能够而且应该是可视的；一切不可视的东西也是不重要的。众所周知，歌德赋予了目视文化以巨大的意义；他对这一文化的理解是那么深刻、那么广阔。在理解目视和可视性方面，他距离粗陋原始的感觉论和狭隘的唯美主义是同样地遥远。可视性对他来说，不仅是源始级，而且是终极级，在这里可视的东西因其涵义和认识的全部复杂性而丰富而充实。"③ 对于歌德来说，不仅绘画、雕塑等造型艺术具有"可视性"，语词作品同样具有"可视性"，正如巴赫金所说："对歌德来说，语言文字能兼容着最明显的可视性。他在《诗与真》中告诉我们他往往使用一种'相当奇特的方法'。他在纸上画上几条线，勾勒出他感兴趣的物体或地方，细节则以语词来补充，写到这张草图上。这些令人惊异的艺术混杂体，帮助他准确地回忆起逗留过的任何地方，这对他诗歌或小说的创作大有益处。"④ 正因为歌德具有这种特殊的观照特点或思维方式，所以，"那些在他之前似乎无处不表现为任何运动和变化的牢固不变的背景的东西，在歌德看来，却进入生成过程之中，完全为时间所渗透，甚至恰恰成为创作上最重要的活力。在分析《威廉·麦斯特》时我们将会看到，小说中那些通常用作情节运动的牢固的背景、不变的常数、静止的前提的东西，在这里恰好变成运动的主要载体、运动的肇始者，

---

① 龙迪勇：《空间叙事本质上是一种跨媒介叙事》，《河北学刊》2016年第6期。
② 参见龙迪勇《空间叙事学》第二章、第三章，北京：生活·读书·新知三联书店，2015年版。
③ 〔苏〕M. 巴赫金：《教育小说及其在现实主义历史中的意义》，晓河译，《巴赫金全集》（第三卷），白春仁、晓河译，石家庄：河北教育出版社，1998年版，第237页。
④ 〔苏〕M. 巴赫金：《教育小说及其在现实主义历史中的意义》，晓河译，《巴赫金全集》（第三卷），白春仁、晓河译，石家庄：河北教育出版社，1998年版，第238页。

成为情节运动的组织中心；小说的情节本身就发生了根本的变化……"①

巴赫金提到的《威廉·麦斯特》，其实包括《威廉·麦斯特的学习时代》《威廉·麦斯特的漫游时代》两部小说，属于富有德国特色和时代特征的"教育小说"（Bildungsroman）或"发展小说"（Entwicklungsroman），其中《威廉·麦斯特的学习时代》更有德国教育小说"最重要的经典"之称。《威廉·麦斯特的学习时代》的中译者杨武能先生把小说的主题精当地概括为"逃避庸俗"：这既是主人公威廉·麦斯特登上人生舞台、长期在外漂泊的初衷，也是他进入贵族圈子、参加秘密会社的动机，"逃避庸俗，是脱离了蒙昧状态的新人进一步自我完善的要求。逃避庸俗的结果，使威廉认识了社会、人生，经受了磨炼，完成了'学业'。尽管演员生涯的自由，贵族社会的高雅，塔楼兄弟会的积极有为，都是与商贾的孜孜为利、庸俗狭隘相对而言，各自都有很大的局限，但是，经过了它们的熏染、洗礼，年轻的主人公确实洗心革面，成了高尚的人。也就难怪，在小说的最后一部，威廉青年时代的好友和妹夫威尔纳在与他重逢时大发感慨，说他'已完全变成了另一个人'。这一对出身和生长环境完全相同的青年，由于分道扬镳，迷恋经商的威尔纳变得越来越庸俗、越来越浑身铜臭味，与逃脱了庸俗、提高了修养、完善了自我的威廉，恰成鲜明对照"②。其实，在我看来，威廉和威尔纳两人的出身和生长环境并不完全相同，而是同中有异、异中有同，在小说的第十一章让我们"认识认识这一对朋友的父亲"的有关文字中，作者这样写道："这两个人思维方式迥然不同，但在有一点上却志同道合，那就是视经商为最高尚的事情，都一个心眼儿抓住任何的机会投机捞钱。老麦斯特在自己父亲死后，立即将家里收藏的所有珍贵油画、素描画、铜刻画和古董通通换成现钱，把住宅按照最时髦的式样彻底改建和装修一通，让其他财产尽可能以各种方式发挥了效益。……他尽管对华丽的东西，对炫目耀眼的东西，有着特殊的喜好，但这些东西同时还要有内在的价值，并且经久耐用。所以他家里的一切都必须结实而又粗壮，储备必须丰富，银制器皿必须是沉甸甸的，餐具必须很值钱；另一方面，家中却人客稀少，因为每一次聚餐都将是节日盛宴，不但花费大，而且也叫人感觉不舒服，

---

① 〔苏〕M. 巴赫金：《教育小说及其在现实主义历史中的意义》，晓河译，《巴赫金全集》（第三卷），白春仁、晓河译，石家庄：河北教育出版社，1998 年版，第 241 页。
② 杨武能：《〈威廉·麦斯特的学习时代〉：逃避庸俗·代译序》，〔德〕歌德：《威廉·麦斯特的学习时代》，杨武能译，成都：四川文艺出版社，2017 年版，第 9 页。

没法子经常反复进行。"① 而老威尔纳所住的宅子及其对器物和聚餐的爱好,却和老麦斯特的大异其趣,正如歌德在小说中所描绘的:"老威尔纳住在一幢阴暗的宅子里,生活方式跟老麦斯特迥然不同。在狭窄的账房间里,他伏在古老的写字台旁做完了商务,就希望吃好和尽可能地喝好,而且还不愿独自进行这样的享受:席间,在自己的家人身边,他总得看见坐着他的朋友,坐着所有与他家哪怕只是关系一般的外人;他的那些座椅已很古老,应邀而来的座上客却日新月异。美味佳肴使客人只顾饱口福,谁也不注意它们是用粗陋的餐具端上来的。他的地窖藏酒不多,但喝光之后总有更可口的来充实顶替。"② 我们认为,这两段文字对老威尔纳和老麦斯特有关的空间性物事的描写,已经预示了整部小说的情节走向,体现出了"歌德具有空间中看出时间的非凡能力","这样的时间观照(其实十八世纪的作家都是这样,对他们来说,时间仿佛全是初次揭示出来的)十分新颖而鲜明,令人叹为观止;尽管这种新颖而鲜明性,相对地说尚属简单而肤浅,因而却具有更强烈的感性直观效果"③。

歌德不仅对大自然中一切可见的时间特征明察秋毫,而且对历史时间拥有高度的敏感,能够一眼就看穿"历史时间视觉的结构"。这种"历史时间视觉所具有的非常重要的特征,即过去本身应是有创造力的,应是在现在中起着积极作用的(哪怕对现在起着消极作用的、不希望出现的作用的)。这种积极的、有创造力的过去决定着现在,并与现在一起给未来指明了一定的方向,在一定程度上预先决定着未来。对时间的观照由此而变得圆满,而且是明显可见的充分圆满"④。歌德认为罗马就是人类历史的一个"伟大时空体",之所以如此,是因为"共时性、不同时代在一个空间点上、罗马的空间点上的共存,为歌德揭示出'时间的完整性'"⑤。当然,限于篇幅,我们不拟结合具体的叙事作品对歌德的"历

---

① 〔德〕歌德:《威廉·麦斯特的学习时代》,杨武能译,成都:四川文艺出版社,2017年版,第35页。
② 〔德〕歌德:《威廉·麦斯特的学习时代》,杨武能译,成都:四川文艺出版社,2017年版,第35~36页。
③ 〔苏〕M. 巴赫金:《教育小说及其在现实主义历史中的意义》,晓河译,《巴赫金全集》(第三卷),白春仁、晓河译,石家庄:河北教育出版社,1998年版,第241页。
④ 〔苏〕M. 巴赫金:《教育小说及其在现实主义历史中的意义》,晓河译,《巴赫金全集》(第三卷),白春仁、晓河译,石家庄:河北教育出版社,1998年版,第246页。
⑤ 〔苏〕M. 巴赫金:《教育小说及其在现实主义历史中的意义》,晓河译,《巴赫金全集》(第三卷),白春仁、晓河译,石家庄:河北教育出版社,1998年版,第255页。

史时间视觉"进行文本分析,这里仅引用巴赫金对这一视觉特征的概括和总结:"不同时间(过去和现在)的融合,空间中时间的视度所具有的完整性和鲜明性,事件时间与完成这一事件的具体地点的密不可分性(Localität und Geschichte),不同时间(现在和过去)之间有目共睹的重要联系,时间(存在于现在中的过去和现在本身)所具有的积极创造性品格,贯穿于时间之中的、连接时间与空间、连接不同时间的那种必然性,最后,以贯穿着局部时间的必然性为基础,还必然包括将来时间,就这样歌德笔下的形象身上实现了完整的时间。"[1]

总之,歌德具有特殊而高超的时间视觉,能够一眼洞悉世界上万事万物(无论是现实中的、历史上的,还是虚构中的)的时空体性。不仅他的已完成作品,甚至包括一些没有最终完成的创作构思,都包含明显的时空体性。正如巴赫金所深刻地指出的:"所有这些构思具有深刻的时空体性。在这里,时间和空间无论在情节本身还是在各个形象中,都融合为一个不可分割的整体。在大多数情况下,创作想象的一个基本出发点便是确定一个完全具体的地方。不过,这不是贯穿了观察者情绪的一种抽象的景观,绝对不是。这是人类历史的一隅,是浓缩在空间中的历史时间。所以,情节(所写事件的总和)与人物不是从外部进入场景的,不是凭空硬加上去的,而是原本就在其中而随后渐渐展开的。这是一种创造力,能赋予景致以形态和人格,使场景成为历史(历史时间)运动会说话的见证,并在一定程度上决定历史的未来进程;或者,情节和人物是这一地方所需要的一种创造力,是体现在这一地方上的历史进程的组织者和承续者。"[2] 事实上,巴赫金正是从歌德创作的这个本质特征出发,而发展出了他充满原创性的艺术时空体理论。当然,考虑到小说叙事本身的时间特性,当作为故事空间的地点或景观成为创作者有意强调的因素而被"前推"("创作想象的一个基本出发点便是确定一个完整具体的地方"),并成为叙事中的"主导"因素时,其跨媒介性的空间叙事特征便得以凸显。

小说的空间叙事在"形式"层面的表现,即在叙事结构上模仿空间艺术而创造出一种特殊的"空间形式"。这种空间形式可以是嵌套式

---

[1] 〔苏〕M. 巴赫金:《教育小说及其在现实主义历史中的意义》,晓河译,《巴赫金全集》(第三卷),白春仁、晓河译,石家庄:河北教育出版社,1998年版,第257页。

[2] 〔苏〕M. 巴赫金:《教育小说及其在现实主义历史中的意义》,晓河译,《巴赫金全集》(第三卷),白春仁、晓河译,石家庄:河北教育出版社,1998年版,第267页。

("中国套盒"式)、圆圈式、链条式、橘瓣式、拼图式、词典式、迷宫式、主题－并置式、分形式，等等。对此，我在《空间叙事学》一书中有详细论述[①]，此不赘述。这里只想补充的是：这种作为"时间艺术"的小说，偏偏要去追求空间艺术的表现特征或美学效果的跨媒介叙事，无非把本非小说所长的空间要素在艺术时空体中"前推"为"主导"，而作为以语词为媒介的小说的时间－线性特性则"后推"为艺术时空体的背景而已。就拿我曾经重点探讨过的主题－并置叙事这种特殊的空间叙事形式来说，其结构特征无非围绕一个"主题"而"并置"若干个作为"子叙事"的单元故事而已。并置或并列当然是绘画等空间艺术的主要特征，就像莱辛在《拉奥孔》一书中所说："既然绘画用来摹仿的媒介符号和诗所用的确实完全不同，这就是说，绘画用空间中的形体和颜色而诗却用在时间中发出的声音；既然符号无可争辩地应该和符号所代表的事物互相协调；那么，在空间中并列的符号就只宜于表现那些全体或部分本来也是在空间中并列的事物，而在时间中先后承续的符号也就只宜于表现那些全体或部分本来也是在时间中先后承续的事物。"[②] 在这种主题－并置叙事中，并置或并列的"空间性"是其主要形式特征，是一种"前景化"的"主导"因素，而小说的时间因素本身也并没有消失不见，而是作为"背景"存在于小说构成单元的"子叙事"之中。比如说，法国作家左拉的小说《人是怎样结婚的》，其主题是19世纪资本主义社会"讲究实利的爱情"，小说围绕这个主题并置了四个相互之间没有因果关联的故事。小说的总体叙事呈现出并置或并列的"空间"特征，而四个"子叙事"故事本身则完全遵循语词这一表达媒介的时间叙事规律。

正如本文前面所指出的，跨媒介叙事最主要的类型是时间艺术与空间艺术之间的相互模仿。刚刚用穆卡洛夫斯基的"前推"论、雅各布森的"主导"论，并结合巴赫金的艺术"时空体"理论，对时间艺术模仿空间艺术的"空间叙事"现象做了比较具体的分析。其实，反向模仿即空间艺术模仿时间艺术的跨媒介叙事情况，同样可以用这套理论做出具有说服力的分析。绘画、雕塑等空间艺术，空间要素居于"前景"之中而成为"主导"，按照莱辛等理论家所阐述的媒介特性，图像本身是不适合叙事的媒介，因为任何叙事都必然涉及一个时间进程。当图像这种空

---

① 参见龙迪勇：《空间叙事学》第三、第四、第五章，北京：生活·读书·新知三联书店，2015年版。

② 〔德〕莱辛：《拉奥孔》，朱光潜译，北京：人民文学出版社，1979年版，第84页。

间性媒介进行叙事的时候，其实就是在"跨界"，是一种典型的跨媒介叙事。在《图像叙事：空间的时间化》一文中①，我认为所谓的图像叙事，无非要用图像这种空间性媒介去表征叙事所必须经历的时间进程，因而图像叙事的本质就是"空间的时间化"。在此基础上，我还总结出了单幅图像叙事的三种模式：单一场景叙述、纲要式叙述（综合性叙述）与循环式叙述。在这三种叙事模式中，第二种即纲要式叙述或综合性叙述的时间特征最明显，因而其跨媒介叙事特征最强。这种模式要求把不同时间点上的叙事场景或事件要素挑取重要者"并置"在同一个画幅上，而时间涉及一个进程，其实是很难并置在单一画面之内的，由于这种做法改变了事物的原始语境或自然状态，带有某种"综合"的特征，故又称"综合性叙述"。这种叙事模式为了展示叙事的时间进程，有时同一个主人公会在画面上出现多次。这些都显然是出于叙事目的，而把图像这一艺术时空体的时间性一面尽量"前推"，使其成为整个作品的"主导"因素。当然，由于图像本身的空间"可见性"和时间的抽象性特征，所以其时间性因素的"主导"地位其实并不明显，要做逻辑严密的跨媒介叙事分析，才能让观者真正明白叙事性图像中的奥秘。

　　上面对时间艺术与空间艺术之间的跨媒介叙事进行了理论阐释和作品分析。关于一种时间艺术与另一种时间艺术之间的跨媒介叙事，我在《"出位之思"：西方小说的音乐叙事》一文中已做过详细研究②，有兴趣者可以参阅。至于一种空间艺术与另一种空间艺术之间的跨媒介叙事，我在《"出位之思"与跨媒介叙事》一文中，在第一部分"绘画与雕塑之争"的话题中也简要论及。考虑到"空间艺术"由于其媒介特性本就不适合用来叙事，两种空间艺术之间的相互模仿在叙事方面可能研究的空间不大，这里就不拟细说了。当然，跨媒介叙事还涉及戏剧、电影、电视等"时空艺术"与时间艺术、空间艺术之间的相互模仿，我仅在《从戏剧表演到图像再现——汉画像的跨媒介叙事》一文中小试牛刀，关于小说与戏剧、小说与电影、戏剧与电影、绘画与电影、电影与电视等更多的跨媒介叙事现象，只能留待未来继续研究。但我相信，无论是哪种情况的跨媒介叙事现象，我们都可以运用"前推"和"主导"理论，通过对它们做艺术时空体分析而得到合理的解释。

---

① 龙迪勇：《图像叙事：空间的时间化》，《江西社会科学》2007年第9期。
② 龙迪勇：《"出位之思"：西方小说的音乐叙事》，《外国文学研究》2018年第6期。

第一章　空间叙事本质上是一种跨媒介叙事

　　叙事是一种基本的人性行为，人性有多深邃叙事就有多深邃，人性有多丰富叙事就有多丰富。叙事本质上就是一种跨媒介、跨学科的现象，"它超越国度、超越历史、超越文化，犹如生命那样永存着"[①]。因此，叙事表达从来就不是某一种媒介的专擅，叙事研究也从来就不是某一个学科的专利。

　　在我看来，真正富有魅力、具有独创性的叙事研究应该超越媒介的束缚，并打破学科的藩篱。十多年以前，正是在这种研究思路的指导下，我开始了自己的空间叙事研究。在《空间叙事学》[②]一书中，我主要考察了语词叙事、图像叙事及其相互关系，并对建筑空间的叙事问题有所涉猎。如今看来，尽管该书也在跨学科层面考察了"历史叙事的空间基础"问题，但主要还是在跨媒介层面展开研究的。其实，历史、心理、教育等跨学科层面的空间叙事问题，也和跨媒介叙事息息相关。本章试图进一步明确：究其实际，空间叙事其实就是一种跨媒介叙事。要明白这一点，我们首先必须对跨媒介叙事有一个清晰的描述和准确的界定。只有在这个基础上，才能对空间叙事的跨媒介特性展开具体的分析。

第一节　媒介的分类及其叙事属性

　　要明白什么是跨媒介叙事，我们首先需要知道跨媒介；而要知道什么是跨媒介，则首先必须对媒介有一个清晰的把握。

　　媒介当然是一个很常见的概念，但由于人们对这个概念的使用非常

[①]〔法〕罗兰·巴特：《叙事作品结构分析导论》，张寅德译，张寅德编选：《叙述学研究》，北京：中国社会科学出版社，1989年版，第2页。

[②]龙迪勇：《空间叙事学》，北京：生活·读书·新知三联书店，2015年版。

混乱，要把握起来并不容易，正如玛丽-劳尔·瑞安所说："倘若要不同学科的专家提供一份媒介列表，将会得到各种令人困惑的答案。社会学家或文化批评家的回答可能是电视、电台、电影、互联网；艺术批评家可能列举音乐、绘画、雕塑、文学、戏剧、歌剧、摄影、建筑；艺术家的清单会以黏土、铜、油彩、水彩、织物开始，以所谓混合媒介作品的奇特物品结束，如草、羽毛、啤酒罐拉环；信息理论家或文字历史学家会想到声波、古本手卷、抄本古籍、浮凸表面（盲文文本）、硅片；现象学派的哲学家会把媒介分成视觉、听觉、言语，抑或是触觉、味觉、嗅觉。"① 由此不难看出，媒介确实应算是使用最混乱的概念之一。那么，到底什么是媒介？对此，《韦氏大学词典》的"媒介"词条，收录了两种定义："（1）通讯、信息、娱乐的渠道或系统；（2）艺术表达的物质或技术手段。"② 第一种定义把媒介看作管道或信息传递方法；第二种定义把媒介视为"语言"（广义上的语言，相当于符号）。也就是说，关于媒介，主要有"管道论"和"符号论"两种定义，第一种定义下的媒介可称为传播媒介，第二种定义下的媒介可称为表达媒介。我们认为，第二种定义更为基本，对我们的研究也更为重要。之所以如此，是因为："在信息以第一种定义的具体媒介模式编码之前，部分信息已然通过第二种定义的媒介得到了实现。一幅绘画必须先用油彩完成，然后才能数字化并通过互联网发送。音乐作品必须先用乐器演奏，才能用留声机录制和播放。因此，第一种定义的媒介要求将第二种媒介定义所支持的对象翻译成二级代码"；而且，"媒介可以是也可以不是管道，但必须是语言，才能呈现跨媒介叙事学的趣味"。③ 对于叙事学来说，主要研究的是"表达"而不是"传播"，所以，跨媒介叙事所指的"媒介"，在非特指的情况下一般均指作为表达媒介的"语言"或符号。

对于作为"语言"或符号的媒介，我们当然首先应该有一个基本的分类，并在此基础上辨识出不同类型媒介的叙事特性。只有在此基础上，我们才能接下来顺利地探讨跨媒介叙事问题。

在《拉奥孔》这一理论名著中，莱辛主要根据表达媒介的不同特性，

---

① 〔美〕玛丽-劳尔·瑞安：《故事的变身》，张新军译，南京：译林出版社，2014年版，第16页。

② 〔美〕玛丽-劳尔·瑞安：《故事的变身》，张新军译，南京：译林出版社，2014年版，第16页。

③ 〔美〕玛丽-劳尔·瑞安：《故事的变身》，张新军译，南京：译林出版社，2014年版，第17页。

把以画为代表的造型艺术称为空间艺术，而把以诗为代表的文学作品称为时间艺术。据此，我们不妨把绘画、雕塑等图像类媒介称为"空间性媒介"，它们长于表现"在空间中并列的事物"，而把口语、文字和音符等媒介称为"时间性媒介"，它们长于表现"在时间中先后承续的事物"。对于这两者之间的区别，莱辛有一段经典的论述：

> 既然绘画用来摹仿的媒介符号和诗所用的确实完全不同，这就是说，绘画用空间中的形体和颜色而诗却用在时间中发出的声音；既然符号无可争辩地应该和符号所代表的事物互相协调，那么，在空间中并列的符号就只宜于表现那些全体或部分本来也是在空间中并列的事物，而在时间中先后承续的符号也就只宜于表现那些全体或部分本来也是在时间中先后承续的事物。
>
> 全体或部分在空间中并列的事物叫做"物体"。因此，物体连同它们的可以眼见的属性是绘画所特有的题材。
>
> 全体或部分在时间中先后承续的事物一般叫做"动作"（或译为"情节"）。因此，动作是诗所特有的题材。①

当然，莱辛也认识到："物体"作为绘画所特有的题材，以及"动作"作为诗所特有的题材，都只是相对而言的，绝不可绝对化。之所以如此，是因为："一切物体不仅在空间中存在，而且也在时间中存在。物体也持续，在它的持续期内的每一顷刻都可以现出不同的样子，并且和其他事物发生不同的关系。在这些顷刻中各种样子和关系之中，每一种都是以前的样子和关系的结果，都能成为以后的样子和关系的原因，所以它仿佛成为一个动作的中心。因此，绘画也能摹仿动作，但是只能通过物体，用暗示的方式去摹仿动作。""另一方面，动作并非独立地存在，须依存于人或物。这些人或物既然都是物体，或是当做物体来看待，所以诗也能描绘物体，但是只能通过动作，用暗示的方式去描绘物体。"②在这种认识的基础上，莱辛提出了在创作"画"与"诗"时所必须遵循的原则："绘画在它的同时并列的构图里，只能运用动作中的某一顷刻，所以就要选择最富于孕育性的那一顷刻，使得前前后后都可以从这一顷刻中得到最清楚的理解"；"同理，诗在它的持续性的摹仿里，也只能运

---

① 〔德〕莱辛：《拉奥孔》，朱光潜译，北京：人民文学出版社，1979年版，第84页。
② 〔德〕莱辛：《拉奥孔》，朱光潜译，北京：人民文学出版社，1979年版，第84~85页。

用物体的某一个属性，而所选择的就应该是，从诗要运用它那个观点去看，能够引起该物体的最生动的感性形象的那个属性。"① 总之，正如有学者所总结的："莱辛认为诗（文字）是连续的，是时间的艺术；画是一刻的捕捉，是空间的艺术；文字表现的世界，所呈露的物象是依次进行的，无法像画一样把四五个物象同时呈露。……文字亦有呈露物象的性能（虽然与画中的物象相异），但却受限于时间的因素而不易（在理论上是不能）同时呈露，因为呈露的过程必分先后。"②

尽管莱辛的上述看法后来引起了不少批评，但我们认为只要稍稍改变一下那些过于绝对化的语词（如"只能"），它们大致上还是成立的。因为对于理论工作来说，分类是至关重要的，而莱辛对媒介及其相关艺术作品的分类性描述，为以后的相关研究奠定了一个坚实的基础。而且，哪怕是不同意莱辛的看法，在研究诗画关系、研究"时间性媒介"与"空间性媒介"的基本特性时，也不能忽视莱辛的存在，而是必须以其看法作为研究的起点和基础，否则就很难写出真正的厚重之作。

在莱辛的基础上，玛丽-劳尔·瑞安进一步把作为符号的媒介分为"语言"（狭义的而非相当于符号的广义的语言）、"静止图像"、"器乐"以及"没有音轨的活动画面"四类。对于前三类，瑞安还给出了它们的"叙事属性"。关于"语言"的叙事属性，瑞安这样概括道：

> 容易做的：表征时间性、变化、因果关系、思想、对话。通过指涉具体对象和属性提出确定性命题，表征现实性同虚拟性或曰反事实性之间的差异，评估所叙述的事情并对人物作评判。
>
> 做起来有点难度的：表征空间关系，并诱导读者创造一幅关于故事世界的精确认知地图。
>
> 做不了的：显示人物或环境的外貌，展示美（语言只能告诉读者某个人物是美的；读者不能自行判断，必须相信叙述者），表征连续的过程。（语言能告诉我们：小红帽用了两个钟头才到外婆的家，但不能显示她的进程。语言通常将时间分段成离散的各个时刻。）③

---

① 〔德〕莱辛：《拉奥孔》，朱光潜译，北京：人民文学出版社，1979年版，第85页。
② 叶维廉：《现代中国小说的结构》，《叶维廉文集》（第1卷），合肥：安徽教育出版社，2002年版，第219~220页。
③ 〔美〕玛丽-劳尔·瑞安：《故事的变身》，张新军译，南京：译林出版社，2014年版，第18页。

至于"静止图像"的叙事属性,她得出的结论则是:

> 容易做的:将观众沉浸到空间中,描绘故事世界地图,表征人物和环境的视觉外观。通过"有意味的时刻"技法暗示邻近的过去和未来,通过面部表情表征人物的情绪,表征美。
>
> 做不了的:表征明确的命题(如索尔·华斯所说的,"图画无法说'不是'"),表征时间的流动、思想、内心状态、对话,让因果关系明确,表征可能性、条件制约、反事实性,表征不在场的客体,作评价和判断。
>
> 弥补其局限的策略:通过标题,利用互文或互媒介指涉来暗示叙事连接,表征故事世界里的有言语铭文的客体,利用多幅帧或将图画分解成不同场景,来暗示时间的流逝、变化、场景之间的因果关系,采用绘画规约(思想标注框),来暗示思想和其他模式的非事实性。[1]

应该说,瑞安的概括是比较准确和全面的,其看法有助于我们对语词和图像这两种主要叙事媒介基本特性的理解。至于器乐,尽管是一种"时间性媒介",但由于它基本上是非"述义性"的,其叙事能力非常弱,所以我们认为没必要在这里讨论其叙事属性。总之,瑞安认为不同性质的媒介具有各自不同的叙事属性——"有些媒介是天生的故事家,有些则具有严重的残疾"[2];对于这种属性,创作者必须要有深刻的洞悉,才能在利用它们进行创作时如鱼得水,从而创造出真正出色和伟大的作品。

第二节 出位之思:跨媒介叙事的美学基础

在对语词和图像这两种最基本的叙事媒介的本质特征有了一个大致的了解之后,接下来要探讨的是"跨媒介叙事"的美学基础。

---

[1] 〔美〕玛丽-劳尔·瑞安:《故事的变身》,张新军译,南京:译林出版社,2014年版,第18~19页。

[2] 〔美〕玛丽-劳尔·瑞安:《故事的变身》,张新军译,南京:译林出版社,2014年版,第4页。

我们认为，要真正深刻地理解"跨媒介叙事"问题，就必须对"出位之思"这一美学思想有所了解。事实上，"跨媒介叙事"本质上就是一种"出位之思"现象。因此，我们把"出位之思"视为跨媒介叙事的美学基础。

所谓"出位之思"，源出德国美学术语 Andersstreben，指的是一种媒介欲超越其自身的表现性能而进入另一种媒介擅长表现的状态。钱锺书把这种美学状态称为"出位之思"。在《中国画与中国诗》[①] 一文中，钱锺书说得好："一切艺术，要用材料来作为表现的媒介。材料固有的性质，一方面可资利用，给表现以便宜，而同时也发生障碍，予表现以限制。于是艺术家总想超过这种限制，不受材料的束缚，强使材料去表现它性质所不容许表现的境界。譬如画的媒介材料是颜色和线条，可以表现具体的迹象，大画家偏不刻划迹象而用画来'写意'。诗的媒介材料是文字，可以抒情达意，大诗人偏不专事'言志'，而用诗兼图画的作用，给读者以色相。诗跟画各有跳出本位的企图。"[②] 可见，"跳出本位"，超出媒介或材料固有性质之限制或束缚，强使它们"去表现它性质所不容许表现的境界"，正是"出位之思"的本意。钱锺书就是在这一思路下写出《中国画与中国诗》一文的。

对于"出位之思"这一特殊的创作心理现象，心理学家鲁道夫·阿恩海姆亦有很好的论述："所有的感觉表达媒介都在发生相互的渗透，尽管每一种媒介在依靠自身最独特的性质时倾向于发挥得最好，它们又都可以通过与自己的邻者偶然连袂为自己灌注新的活力。"[③] 阿恩海姆是在讨论具体诗时得出上述结论的。在他看来，具体诗追求"图像"的效果，注重非时间的联系，在一些较为极端的具体诗中，甚至通过两种手段"取消了语词之间的限定关系"，"首先是它减少或者排除了连接成分，使得诗歌中留下的语词'凝练如钻石'。'语词是元素。语词是原料。语词

[①] 据日本学者浅见洋二，下面所引《中国画与中国诗》一文中的这段文字见《开明书店二十周年纪念文集》（开明书店，1947 年版）所收该文的初版。后来，钱锺书对《中国画与中国诗》一文进行过大幅度修改，此段文字不见其《旧文四篇》（上海古籍出版社，1979 年版）和《七缀集》（上海古籍出版社，1985 年版）所收该文。《开明书店二十周年纪念文集》1985 年由中华书局重版，但所收的该文是修改后的版本。（浅见洋二：《距离与想象——中国诗学的唐宋转型》，金程宇、冈田千穗译，上海古籍出版社，2005 年版，第 113 页）

[②] 〔日〕浅见洋二：《距离与想象——中国诗学的唐宋转型》，金程宇、冈田千穗译，上海：上海古籍出版社，2005 年版，第 113 页。

[③] 〔美〕鲁·阿恩海姆：《语言、形象与具体诗》，《艺术心理学新论》，郭小平、翟灿译，北京：商务印书馆，1994 年版，第 119 页。

就是物体！'其次，具体诗或者彻底排斥那种从头至尾的顺序，或则以另一种互不支配的顺序有力地与之抗衡"①。"按照具体诗的特有性质，它既无所谓开端又无所谓结尾。它不但总是回到任何一个故事的发生之先，而且它的探索还超出了结尾从而预测未来。"② 总之，阿恩海姆认为具体诗写作的目的不在于提供"信息"，而在于成为像早期文化中的图像那样的"纪念物"（如帕特农神庙中的雕塑、复活节岛上的巨石人像），此类"纪念物"不传达思想，或者说其主要功能不是传达思想，而是"为思想准备的场所"。显然，具体诗即是一种追求图像（空间）效果的文字性（时间性）作品，其创作的内在心理即体现出了"出位之思"的倾向。

其实，早在19世纪，"出位之思"现象就曾经引起过批评家和理论家的高度关注。但遗憾的是，自20世纪以来，尽管在创作领域出现了很多重量级的极好地体现了"出位之思"的跨媒介性的文学艺术作品，但在理论上对这一现象进行探讨的有创见的成果却难以看到。

1868年，诗人兼艺术批评家波德莱尔在《哲学的艺术》一文中曾经这样写道：

> 若干个世纪以来，在艺术史上已经出现越来越明显的权力分化，有些主题属于绘画，有些主题属于雕塑，有些则属于文学。
>
> 今天，每一种艺术都表现出侵犯邻居艺术的欲望，画家把音乐的声音变化引入绘画，雕塑家把色彩引入雕塑，文学家把造型的手段引入文学，而我们今天要谈的一些艺术家则把某种百科全书式的哲学引入造型艺术本身……③

那么，什么是所谓的"哲学的艺术"呢？按照波德莱尔的说法，哲学的艺术"就是一种企图代替书籍的造型艺术，也就是一种企图和印刷术比赛教授历史、伦理和哲学的造型艺术"，"哲学的艺术是向着人类童年所必需的那种形象化的一种倒退，如果它要严格地忠实于自己，它就

---

① 〔美〕鲁·阿恩海姆：《语言、形象与具体诗》，《艺术心理学新论》，郭小平、翟灿译，北京：商务印书馆，1994年版，第127页。
② 〔美〕鲁·阿恩海姆：《语言、形象与具体诗》，《艺术心理学新论》，郭小平、翟灿译，北京：商务印书馆，1994年版，第130页。
③ 〔法〕波德莱尔：《哲学的艺术》，《1846年的沙龙——波德莱尔美学论文选》，郭宏安译，桂林：广西师范大学出版社，2002年版，第336页。

不得不把它想要表达的一句话中的形象——画出来"①。

波德莱尔表示:"尽管我把哲学的艺术家视为异端,我仍能出于我自己的理性而常常欣赏他们的努力。"之所以如此,是因为他认为:"任何深刻的敏感和对艺术具有天赋的人(不应把想像力的敏感和心的敏感混为一谈)都会像我一样感觉到,任何艺术都应该是自足的,同时应停留在天意的范围内。然而,人具有一种特权,可以在一种虚假的体裁中或者在侵犯艺术的自然肌体时不断地发展巨大的才能。"②波德莱尔的这几句话是颇耐咀嚼的:首先,他认为"任何艺术都应该是自足的",应该发挥自身媒介的优势,承认自身媒介的局限;其次,他也认为人有特权在艺术创造中打破自足状态、克服媒介局限,并顺应"出位之思"的冲动去发展自己"巨大的才能"。我们认为,这种"出位之思"的冲动实际上是人类的一种创造性冲动。在《空间叙事学》一书中,我曾经这样写道:"人类的创造性冲动之一,即是要突破媒介表现的天然缺陷,用线性的时间性媒介去表现空间,或者用空间性媒介去表现线性展开的时间。"③美国学者W. J. T. 米歇尔甚至认为这种冲动是"艺术理论和实践中的一种根本冲动",正如他所指出的:"艺术家要打破时间艺术和空间艺术之间界限的倾向不是一种边缘的或例外的实践,而是艺术理论和实践中的一种根本冲动,并不局限于任何特定文类或时期的冲动。实际上,这股冲动如此重要,甚至见于康德和莱辛等确立了否定这股冲动的传统的理论家的著述中。"④因此,"出位之思"本质上是一种符合人性,也符合艺术创造规律的创造性冲动,正是这种冲动为跨媒介叙事奠定了坚实的美学基础。

讨论"出位之思",当然不可不提英国唯美主义运动的理论家和代表人物沃尔特·佩特(1839—1894)。事实上,对"出位之思"发表看法的学者很多,但都不如佩特的说法有影响。佩特对这一问题的看法集中体现在《文艺复兴》一书中。在讨论画家桑德罗·波提切利时,佩特认为这位画家主要是从他同时代的文学作品(如但丁、薄伽丘的著作)和

---

① 〔法〕波德莱尔:《哲学的艺术》,《1846年的沙龙——波德莱尔美学论文选》,郭宏安译,桂林:广西师范大学出版社,2002年版,第336页。
② 〔法〕波德莱尔:《哲学的艺术》,《1846年的沙龙——波德莱尔美学论文选》,郭宏安译,桂林:广西师范大学出版社,2002年版,第342页。
③ 龙迪勇:《空间叙事学》,北京:生活·读书·新知三联书店,2015年版,第67页。
④ 〔美〕W. J. T. 米歇尔:《图像学:形象,文本,意识形态》,陈永国译,北京:北京大学出版社,2012年版,第122页。

"古典故事"中寻找灵感①；在谈到法国"七星诗社"诗人龙萨的诗歌时，他认为："龙萨的诗歌，其独创性、其精致华丽的外表、其轻盈以及奇妙的韵律组合和位于布尔日的雅克·科尔的住所或者鲁昂法院的窗饰息息相关。"②当然，集中表达其"出位之思"思想的，还在于该书中的《乔尔乔涅画派》一篇。

佩特关于"出位之思"的思想，有三点值得注意。首先，艺术家必须认识到，艺术所用的材料或媒介具有自身的特点，这是"美学批判的真正起点"，舍此即不可言创造。在《乔尔乔涅画派》中，佩特认为，清晰理解这一原则——"每门艺术中给人美感的材料都带有一种独特的美，它无法转化成其他任何形式，各自都是一种独特的感受状态"，是"美学批判的真正起点"，"因为艺术所关注的不是纯粹的理性，更不是纯粹的心智，而是通过感官传递的'充满想象力的理性'。而美学意义上的美有很多不同的类型，对应不同的感官禀赋。因此，拥有各自独特而不可转化的感官魅力的各门艺术，也有着各自独特的呈现想象的模式，对各自的材料手段负有责任。美学批判的一个任务就是确定这些界限，来评估一个给定艺术品对自己特定材料形式的负责程度；来指出一幅画画面的真正魅力所在，它一方面既不单单只是一个富有诗意的构思或情感的表达，另一方面也不仅仅是色彩或构图上的技巧所营造的效果；还有，来界定一首诗真正属于诗歌的特质，这种特质不单纯是描述性或沉思式的，而是来自对韵律语言，即歌唱中的歌曲元素的创造性处理；来指出一首乐曲的音乐魅力，那种不表现为语言、并且与情绪和思想无关、可以从其具体形式中脱离出来的本质音乐的魅力"③。显然，在这方面，佩特与波德莱尔的看法一致，认为"出位之思"的前提即是对自身媒介的深刻把握，绝不可片面地强调"出位之思"。其实，那些真正能在跨媒介叙事中成功地创造出伟大作品的人，都是深谙此道的大师，画家如此，作家同样如此。

其次，艺术创作中常常会出现"出位之思"的现象，其实质不是两种艺术的彼此取代，而是相互提供新的美感和新的力量。对此，佩特这

---

① 〔英〕沃尔特·佩特：《文艺复兴》，李丽译，北京：外语教学与研究出版社，2010年版，第65页。
② 〔英〕沃尔特·佩特：《文艺复兴》，李丽译，北京：外语教学与研究出版社，2010年版，第197~199页。
③ 〔英〕沃尔特·佩特：《文艺复兴》，李丽译，北京：外语教学与研究出版社，2010年版，第165页。

样写道:"虽然每门艺术都有着各自特殊的印象风格和无法转换的魅力,而对这些艺术最终区别的正确理解是美学批评的起点;然而,需要注意的是,我们可能会发现在其对给定材料的特殊处理方式中,每种艺术都会进入到某种其他艺术的状态里。这用德国批评家的术语说就是'出位之思'——从自身原本的界限中部分偏离出来;通过它,两种艺术其实不是取代彼此,而是为彼此提供新的力量。"[1] 正因为如此,所以我们在艺术的百花园中,发现了多少因杂交或越位而培育出来的具有别样风姿的动人的艺术之花:

> 一些最美妙的音乐似乎总是近似于图画,接近于对绘画的界定。同样,建筑虽然也有自己的法则——足够深奥,只有真正的建筑师才通晓——但其过程有时似乎像在创作一幅绘画作品,比如阿雷那的小教堂;或是一幅雕塑作品,比如佛罗伦萨乔托高塔的完美统一;它还常常会被解读为一首真正的诗歌,就好像那些卢瓦尔河乡村城堡里奇形怪状的楼梯,好像是特意那样设计,在它们奇怪的转弯之间,人生如戏,生活大舞台上的演员们彼此擦肩而过,却看不见对方。除此之外还有一首记忆和流逝的时间编织而成的诗歌,建筑常常会从中受益颇多。雕塑也一样渴望走出纯粹形式的森严界限,寻求色彩或具有同等效果的其他东西;在很多方面,诗歌也从其他艺术里获得指引,一部希腊悲剧和一件希腊雕塑作品之间、一首十四行诗和一幅浮雕之间、法国诗歌常和雕塑艺术之间的类比,不仅仅是一种修辞。[2]

是啊,那种因"出位之思"而创作出来的跨媒介的文学艺术作品,与那些仅以单一媒介创作出来的文学艺术作品相比,确实多了几分别样的魅力。从上面佩特用其生花妙笔所描述出来的那种特殊情况中,我们不难发现"出位之思"的别致情思与跨媒介叙事的独特风韵;而且,这"不仅仅是一种修辞"。

最后,所有文学艺术"出位之思"的最终目标,就是达到音乐的境

---

[1] 〔英〕沃尔特·佩特:《文艺复兴》,李丽译,北京:外语教学与研究出版社,2010年版,第169页。

[2] 〔英〕沃尔特·佩特:《文艺复兴》,李丽译,北京:外语教学与研究出版社,2010年版,第169页。

界，成就一种"内容"和"形式"无法区分的纯粹状态。佩特明确地指出："所有艺术都共同地向往着能契合音乐之律。音乐是典型的、或者说至臻完美的艺术。它是所有艺术、所有具有艺术性的事物'出位之思'的目标，是艺术特质的代表"，"所有艺术都坚持不懈地追求音乐的状态。因为在其他所有形式的艺术里，虽然将内容和形式区分开来是可能的，通过理解力总是可以进行这种区分，然而艺术不断追求的却是清除这种区分。诗歌的纯内容，例如它的主题，也就是给定的事件或场景——绘画的纯内容，即一个事件的真实情境、一处景观的地形地貌——如果没有创作的形式、没有创作精神与主旨，它们就什么都不是。这种形式，这种处理模式应该终结于其自身，应该渗透进内容的每个部分：这是所有艺术在不断追求、也在不同程度上实现了的东西。"[1] 在佩特的眼中，威尼斯画派的风景画就具有一种抽象的、纯粹的音乐效果；而诗歌，则以好的抒情诗为理想类型，因为此类诗是一种把内容与形式之分"降到最低限度的作品"，这接近音乐的境界。总之，佩特认为："艺术总是追求独立于纯理智之外，成为一种纯感觉的东西，并极力摆脱其对主题或是材料的责任；诗歌和绘画的理想范例是那些构成元素在其中紧密融合，其材料或主题不仅仅对智力形成吸引力，其形式也不仅仅是为悦目或悦耳；而是形式和内容在融合或统一中向'富有想象力的理性'呈现一种整体的效果，而这种理性有着复杂的机能，每种想法和感觉都与其可感知的相似物或象征物孪生存在"，"而音乐这门艺术最大程度地实现了这种艺术理想、这种内容和形式的完美统一。在极致完美的时刻，目的和手段、形式和内容、主题和表达并不能截然分开；它们互为对方的有机部分，彼此完全渗透。这是所有艺术都应该不懈向往和追求的——这种完美瞬间的状态。那么，不是在诗歌中，而是在音乐里我们将会找到完美艺术的真正类型或标准。因此，虽然每门艺术都有不可言传的元素、不可转化的表现手法以及为'富有想象力的理性'所感知的独特模式，但是可以说这些艺术都表现为对音乐的法则或原则不懈地追随，力求达到只有音乐才完全达到的状态。从这个意义上讲，在面对或新或旧的艺术品时，美学批判的主要任务之一，就是评估每一件作品接近音乐法则

---

[1] 〔英〕沃尔特·佩特：《文艺复兴》，李丽译，北京：外语教学与研究出版社，2010年版，第169~171页。

的程度"。①

显然，佩特所强调的一切文艺作品都追求达至音乐状态的思想，体现了一种追求纯粹形式的"现代"文艺观，在内在精神上与叙事学存在着某种深刻的契合，众所周知，叙事学本身就是追求"形式"的结构主义的产物。此外，还值得指出的是：我们经常可以听到"一切艺术最终都通向音乐"这样的说法，佩特即是对这一著名观点做出最早、最完整、最清晰表述的理论家。

总之，"出位之思"正是跨媒介叙事的美学基础。通过上面对"出位之思"现象的描述和分析，我们认识到：所谓"出位之思"之"出位"，即表示某些文艺作品及其构成媒介超越其自身特有的天性或局限，去追求他种文艺作品在形式方面的特性。而跨媒介叙事之"跨"，其实也就是这个意思，即跨越、超出自身作品及其构成媒介的本性或弱项，去创造出本非自身所长而是他种文艺作品特质的叙事形式。我们认为，奠基于"出位之思"思想的跨媒介叙事，在成功的状态下，创作者可以据此创造出高度复杂并体现极致美感的叙事作品，小说方面如詹姆斯·乔伊斯的《尤利西斯》《芬尼根的守灵夜》和马塞尔·普鲁斯特的《追忆逝水年华》，绘画方面如拉斐尔的《奥狄家族祭坛画》②《基督受难》③ 以及凡·艾克高度复杂的《根特祭坛画》④ 等，就是这样的伟大的跨媒介叙事作

---

① 〔英〕沃尔特·佩特：《文艺复兴》，李丽译，北京：外语教学与研究出版社，2010年版，第175页。

② 《奥狄家族祭坛画》约作于1503年，是为佩鲁贾普拉托的圣弗兰西斯科教堂礼拜堂创作的。此画的主画拦腰分为上下两部分，下部分描绘的是圣母的棺木周围盛开着玫瑰和洁白的百合花，使徒们环绕棺木围成半圆形；上部分描绘的则是圣母在众天使的赞美声中加冕。主画事实上通过一个画幅处理了发生在不同时间和不同"故事空间"中的事件。主画的下方还伴有三幅较小的精美的木版画，分别为《天使报喜》《三博士来朝》《圣母于耶路撒冷神殿中奉献耶稣》，这三幅画分别叙述了和圣母有关的几个著名的故事。

③ 《基督受难》是一幅祭坛画，约作于1503—1504年，是拉斐尔为卡斯泰洛城圣多明我教堂内的伽瓦里礼拜堂绘制的作品。关于这幅祭坛画的内容和艺术特色，据意大利学者保罗·弗兰杰斯，"此画描绘了被钉在十字架上的耶稣基督形象。耶稣两侧各有一位飞翔的天使，手持小小的高脚杯承接自耶稣胸膛与双手滴落的鲜血。与此同时，圣母与福音圣约翰立在十字架下，圣哲罗姆与抹大拉的玛利亚双膝跪地，正在一同为耶稣祈祷"。"拉斐尔借鉴了中世纪晚期人像绘画传统，在耶稣受难的十字架两臂上方分别绘制了太阳和月亮，以此影射希腊字母表中的起首字母'α'与结尾字母'ω'，寓意神子耶稣掌控万物之始终。"（〔意〕保罗·弗兰杰斯：《拉斐尔》，王静、皋芸菲译，北京：北京时代华文书局，2015年版，第38页）

④ 此画约作于1424—1432年，是凡·艾克最著名的作品，也是弗莱芒画派乃至整个绘画史上最为复杂、最为细致、最为神秘也最有创造性的作品之一。此画共有24个画面，在画板闭合和打开时各12个。在画板闭合时，其中心是由4个画面组成的《圣母领报》；在画板打开时，其中心则是单一画面的《神秘羔羊》。此画高度复杂，对其内容和形式的分析需要撰写专文，这里仅作此简单的介绍。

品。而阅读和欣赏这样的叙事作品，我们也必须"跨"出单一媒介，并借助其他媒介的"眼光"。就像叶维廉所说：我们面对那些高度复杂的跨媒介叙事作品，"在欣赏过程中要不断地求助于其他媒体艺术表现的美学知识。换言之，一个作品的整体美学经验，如果缺乏了其他媒体的'观赏眼光'，便不得其全"[①]。

写到这里，必须强调指出的是：体现"出位之思"的跨媒介叙事作品，它们本身在文本形态上仍然是单一媒介，只是在创作或欣赏此类作品时，我们必须"跨"出其本身所采用的媒介，而追求他种媒介的美学效果或形式特征。比如，我们说普鲁斯特的《追忆逝水年华》这一文字性叙事作品在结构上体现出了某种"空间形式"（这种形式本身是图像作品所擅长或固有的），但这并不是说《追忆逝水年华》这一小说文本是由文字和图像两种媒介构成，而是说该作品仅以单一的文字为媒介但在很大程度上达到了图像作品的形式效果。同理，我们说贝诺佐·戈佐利（1420—1497）的画作《莎乐美之舞和施洗者约翰被斩首》"在其最简单的形式中，图画叙事用清晰的序列表现事件，即从左到右，类似于西文字母表的顺序"[②]，也并不是说这幅画作中有图像和字母两种媒介，而仅仅是说贝诺佐·戈佐利以图像达到了文字所具有的那种叙事效果，其画面本身仍只有图像这个单一的媒介。当然，我们常常可以在小说中发现增饰或说明性的插图，在图像中发现解释或题记性的文字，但这种现象并不是我们这里所说的跨媒介叙事，也许把它们称作"多媒介叙事"更为恰当些。"多媒介叙事"现象很重要，当然值得研究，但它们并不是我们所说的"跨媒介叙事"，这是一个常常容易被一些研究者搞混的问题，因此不得不在这里加以辨析。

第三节　空间叙事的跨媒介特性

本章的核心观点是：空间叙事本质上就是一种跨媒介叙事，即空间叙事具有明显的跨媒介特性。然而，就像空间叙事在经典叙事学阶段几

[①] 叶维廉：《"出位之思"：媒体及超媒体的美学》，《中国诗学》（增订版），北京：人民文学出版社，2006年版，第200页。

[②] 〔美〕西摩·查特曼：《故事与话语——小说和电影的叙事结构》，徐强译，北京：中国人民大学出版社，2013年版，第20页。

乎无人问津一样，跨媒介叙事在那时候也基本上没有进入研究者的视野。我们认为，这种状况无论是对于叙事学本身的理论深度还是其完善程度来说，都意味着一种局限性。

当然，在叙事学学科创始之初，罗兰·巴特等人倒是清醒地认识到了叙事媒介的多样性与丰富性，而绝非仅限于语言文字。在《叙事作品结构分析导论》一文中，作为叙事学重要创始人之一的罗兰·巴特曾经这样写道："世界上叙事作品之多，不计其数；种类浩繁，题材各异。对人类来说，似乎任何材料都适宜于叙事：叙事承载物可以是口头或书面的有声语言、是固定的或活动的画面、是手势，以及所有这些材料的有机混合；叙事遍布于神话、传说、寓言、民间故事、小说、史诗、历史、悲剧、正剧、喜剧、哑剧、绘画（请想一想卡帕齐奥的《圣于絮尔》那幅画）、彩绘玻璃窗、电影、连环画、社会杂闻、会话。而且，以这些几乎无限的形式出现的叙事遍存于一切时代、一切地方、一切社会。"① 除此之外，叙事学的另一位缔造者克劳德·布雷蒙在论及"故事"这一叙事要素时，亦曾经这样谈道："（故事）独立于其所伴生的技术。它可以从一种媒介转换到另一种媒介，而不失落其基本特质：一个故事的主题可以成为一部芭蕾剧的情节，一部长篇小说的主题可以转换到舞台或者银幕上去，我们可以用文字向没有看过影片的人讲述影片。我们所读到的是文字，看到的是画面，辨识出的是形体姿态。但通过文字、画面和姿态，我们追踪的却是故事，而且这可以是同一个故事。"②

尽管两位学者的出发点和问题意识不一样，但他们对叙事媒介多样性的看法却毫无二致。按照他们的描述，叙事学的研究对象应该包括以各类媒介表征的一切带有"叙述性"的作品，正如张寅德所指出的："叙述学研究的叙事作品泛指一切带有叙述性（narrativité）的作品。这种叙事作品可以用语言材料，包括书面语和口头语作载体，因而神话、民间故事和小说毫无疑问属此范围。但是这种叙事作品还包括用其他非语言的或和语言相结合的交际手段作载体的作品种类，如电影、连环画、广告等等。此外，在文学范围内，叙述学的研究对象打破体裁种类的局限，它不仅包括用散文写成的叙事作品，而且还包括诗歌（如史诗、寓言诗）

---

① 〔法〕罗兰·巴特：《叙事作品结构分析导论》，张寅德编选：《叙述学研究》，北京：中国社会科学出版社，1989年版，第2页。

② 〔美〕西摩·查特曼：《故事与话语——小说和电影的叙事结构》，徐强译，北京：中国人民大学出版社，2013年版，第7页。

和戏剧这些体裁，因为这些体裁同样蕴含着叙事成分。总之，所有这些叙事作品共同构成叙述学的对象，而叙述学的任务就在于从中找出一种叙述特征，建立一种抽象的理论模式。"① 如果按照这一规划蓝图，多媒介、跨媒介、跨学科本来就应该是叙事学研究的题中应有之义，但让人感到遗憾的是："叙述学的实际研究并没有完全遵循罗兰·巴特等理论家最初的主张和设想，从一切叙事作品中发掘抽象的叙述特性，而是将研究范围局限在以自然语言，尤其是书面语言为载体的叙事作品上，而对用其他交际手段为构成材料的叙事作品则较少问津。换而言之，神话、民间故事，尤其是小说的研究获得长足进展，而诸如彩绘玻璃上的宗教故事或日常会话中叙述的故事等叙事作品却鲜为理论家们注意。这并不意味着叙述学从未进入用非语言材料构成的叙事领域，如电影、电视、连环画等。问题在于这些叙事作品的研究是以用语言作载体的叙事作品的研究为参照才得以进行的，其分析方法和分析语言不是独创的，在很大程度上来源于文字语言叙事作品所建立的叙述学。"②

显然，叙事学学科初创时期的理论主张和学科发展的实际情况并不完全相符。我们此后实际看到的叙事学并没有罗兰·巴特等学科缔造者们所设想的那种阔大的理论气象，而是成为一门专门研究文字性叙事虚构作品的学问。就像美国学者玛丽-劳尔·瑞安所指出的："叙事学被其两位缔造者构想为一个超越学科与媒介的研究领域。孰料随后三十年却歧路徘徊：在热奈特的影响下，叙事学演化成一个专究书面文学虚构的项目。"③ 这一方面当然与叙事学倡导者们的兴趣转移有关④，但更重要的还在于多媒介、跨媒介、跨学科叙事研究本身的难度：要从涉及语词、

---

① 张寅德：《叙述学研究·编选者序》，北京：中国社会科学出版社，1989年版，第6~7页。

② 张寅德：《叙述学研究·编选者序》，北京：中国社会科学出版社，1989年版，第7页。

③ 〔美〕玛丽-劳尔·瑞安：《故事的变身》，张新军译，南京：译林出版社，2014年版，第4页。

④ 比如，在写出《叙事作品结构分析导论》一文之后，罗兰·巴特就几乎不再从事叙事学研究了；而叙事学的另一个主要奠基者茨维坦·托多罗夫也根本没有把主要兴趣放在叙事学上，其研究触角伸向了文学理论、思想史以及文化研究等诸多领域。说起来颇有意味的是：原来压根就没有想过研究叙事学的热拉尔·热奈特，受罗兰·巴特之邀为1966年第8期的《交流》杂志（众所周知，正是这一期《交流》标志着作为学科的叙事学的正式诞生）撰稿，他并不是太情愿地答应了下来，想不到居然一发而不可收，成为此后叙事学风貌的主要锻造者，"热奈特津津乐道的一个故事，受巴特之邀为该期杂志撰稿，正是这次勉励导致了他终身投入叙事研究。"（〔美〕玛丽-劳尔·瑞安：《故事的变身》，张新军译，南京：译林出版社，2014年版，第3页）

图像、音乐、舞蹈等各类叙事媒介并关涉多个学科的无数叙事作品中发现问题、找出规律，从而建构起普适的叙事理论，这谈何容易！

在这种研究状况下，不仅跨媒介叙事没有进入叙事学研究者的视野，建立在跨媒介叙事研究基础上的空间叙事更是无人问津。

自20世纪90年代以来，情况开始逐渐发生变化。伴随着"后经典叙事学"兴起的浪潮，学者们对经典叙事学的局限性开始有了深刻的体认。就研究的实际状况而言，无论是中国还是西方，研究者对非语词叙事（如图像、连环漫画、建筑、音乐等）现象的关注度都大为提高，相关成果也在稳步增加。而且，伴随着互联网的发展和各类新兴媒介的出现，媒介研究也进入了一个新的地平线。在这种情况下进行跨媒介叙事研究可谓恰逢其时，它既可以把叙事学研究重新奠定在宏阔、深厚的基础上，又可以为媒介研究拓展新的领域、增加新的维度。玛丽-劳尔·瑞安说得好："我们对媒介的理解已更趋精细。我们不再认为所有媒介都能提供同样的叙事资源，并非所有的故事都能以不同的媒介如文学、芭蕾、绘画、音乐来表征。我们也不认为，故事能从一种媒介迁徙到另一种媒介而不对认知产生影响。意义的核心可以跨越媒介，但进入新媒介时，其叙事潜力可通过不同的方式得到充实和实现。说到叙事能力，媒介的资质是不一样的；有些媒介是天生的故事家，有些则具有严重的残疾。叙事的概念提供了一个公约数，可以让人们更好地领会单个媒介的优势与局限。反过来说，对各种媒介实现叙事意义的方式进行研究，提供了一个机会来批判性审视并扩展叙事学的分析词汇。因此，跨媒介叙事研究使得媒介研究和叙事学均受益匪浅。"[1] 应该说，玛丽-劳尔·瑞安的这种看法是符合实际情况的。也就是说，在新的研究形势和媒介环境下，跨媒介叙事应该尽快进入研究者的视野，并取得扎实的研究成果，最终建立起"跨媒介叙事学"。

当然，从目前已有的有关跨媒介叙事的学术成果来看，真正具有理论深度的成果还难得一见，可谓寥若晨星。在已经出版的号称是"跨媒介叙事学"的著作中，玛丽-劳尔·瑞安的《故事的变身》是一部较为重要的作品。正如前面所述，瑞安对不同媒介特性的概括是合理的，也是适用的。而且，《故事的变身》一书改写或补充了经典叙事学仅仅基于

---

[1] 〔美〕玛丽-劳尔·瑞安：《故事的变身》，张新军译，南京：译林出版社，2014年版，第4页。

语言而得出的有关"叙事"的概念，并对之进行了新的界定①；而且，该书还拓展了叙事学研究的空间，把叙事学研究的对象由文字性叙事虚构作品，拓展到以其他媒介，尤其是伴随着网络而产生的各种"新媒介"所表征的叙事作品。然而，由于瑞安认为"跨媒介叙事研究所面临的主要问题，是为经典叙事学中的基于语言的正常定义寻找替代"②，受限于这种问题意识和研究目标，所以《故事的变身》一书无法给"跨媒介叙事"提供太多真正的洞见，当然更谈不上建构起"跨媒介叙事学"。我甚至认为，如果从"出位之思"的视域来看，该书所考察的很多问题也许并不是"跨媒介叙事"。

幸运的是：近些年来，"空间叙事学"正蔚然成风，已经给叙事学乃至给文学等其他相关学科带来了一股新风。与"空间叙事"有关的理论探讨正在蓬勃展开，相关成果正在不断积累，加入这一领域中来的研究者也在逐年增加。我们认为，这一新的叙事学分支学科的勃兴，或许能给"跨媒介叙事"研究开拓出一片新的理论空间。

根据我自己这十多年来研究"空间叙事"的经验，我深深地认识到：空间叙事实际上就是一种跨媒介叙事。比如说，我2007年刊发的《时间性叙事媒介的空间表现》③一文，尽管没有冠以"跨媒介叙事"之名，但从研究思路、理论观点和精神实质来看，应算是一篇典型的关于"跨媒介叙事"研究的论文。该文主要考察了语言文字这一时间性媒介是如

---

① 对"叙事"这一广泛流行的术语重新进行界定，确实很有必要，正如瑞安所指出的："过去十年左右，'叙事'术语广为流行，以至于严重稀释了它的意思。杰洛米·布鲁纳论述身份叙事，让-弗朗索瓦·利奥塔论述资本化历史的'宏大叙事'，艾比·唐论及计算机软件的界面叙事，而且每个人都在说着文化叙事。其意思自然不是指传统故事的遗产，而是指界定一个文化的集体价值观，诸如西方社会对言论自由的信念，或者是指隐蔽的刻板印象与偏见，如种族叙事、阶级叙事、性属叙事。'叙事'瓦解成'信念'、'价值观'、'经验'、'阐释'或干脆是'内容'。这只能通过一种界定来防止，这种界定强调确切的语义学特征，如行动、时间性、因果论、世界建构。叙事的跨媒介界定要求将此概念拓展到语言之外，但这种拓展应该通过语义压缩来补偿，否则的话，所有媒介的所有文本到头来都将成为叙事。"（〔美〕玛丽-劳尔·瑞安：《故事的变身》，张新军译，南京：译林出版社，2014年版，第6~7页）那么，瑞安是如何在跨媒介的视域中对"叙事"进行重新界定的呢？"我建议将所有叙事视为模糊的集合，将叙事性（或'故事性'）视为一个分级属性，而非将心理表征分成故事与非故事的僵化的二元特征。在叙事性的分级性概念中，界定就成了由同心圆组成的开放系列，当从外圈向内圈、从边缘情况向典型情况移动时，条件规定的限制性趋强并预设前面陈述的项目。"（同上书，第7页）在构成"叙事性"的条件中，瑞安提出了四个维度，即"空间""时间"和"心理"三个语义维度，以及形式与语用维度。（同上书，第7~8页）

② 〔美〕玛丽-劳尔·瑞安：《故事的变身》，张新军译，南京：译林出版社，2014年版，第7页。

③ 龙迪勇：《时间性叙事媒介的空间表现》，《江西社会科学》，2007年第4期。

何在叙事时表征空间的,文章从"所指"层面研究了古老的"诗中有画"问题,并从"能指"层面研究了叙事文本的"空间形式"问题。该文首先从心理层面考察了"万象齐临"的意识状态,以及像语词这样的线性的时间性媒介在表现这一复杂的意识状态时的局限性与无奈感,认为正是这种"局限性"和"无奈感",促成了跨越或突破单一媒介限制的"出位之思"问题。在研究这一问题的过程中,我其实已经大体认识到了跨媒介叙事与空间叙事的内在关联。于是,在发表《时间性叙事媒介的空间表现》一文之后,我开始策划一次小规模的学术会议,准备邀请不同学科领域的学者共同来探讨"跨媒介叙事"这一重要的学术问题。经过近一年的准备,"跨媒介叙事"学术研讨会于2008年8月2—3日在南昌顺利召开,会议收获了很多学术成果,并取得了不少共识,与会学者公认"跨媒介叙事"是一个很有学术魅力和研究前景的话题;当然,大家也认为研究这一问题具有相当的难度[1]。

这次会议之后,由于我仍在忙于建构"空间叙事学"的理论体系,所以还顾不上梳理"跨媒介叙事"的内在理路、心理动因及美学基础,当然也就因此没有合适的机会点明"空间叙事"与"跨媒介叙事"的内在关系。2014年,我出版了《空间叙事研究》[2] 一书。现在回过头去看,该书每一章研究的问题其实都既是"空间叙事"也是"跨媒介叙事"。《空间叙事研究》出版之后的这两年,我还完成了《建筑空间与中国文学叙事传统》[3] 和《世系、宗庙与中国历史叙事传统》[4] 两篇论文。明眼人不难看出,这两篇涉及"建筑"与"叙事"关系的文章仍然是在不同媒介之间的跨界性研究,也就是说,它们其实也是一种跨媒介叙事研究。因此,我在此得出结论:空间叙事就是一种跨媒介叙事,空间叙事研究也就是跨媒介叙事研究。

需要注意的是,因为空间叙事仅仅是"一种"跨媒介叙事,所以我们不能反过来说:跨媒介叙事就是空间叙事,跨媒介叙事研究也就是空间叙事研究。之所以如此,是因为除存在时间性叙事媒介与空间性叙事

---

[1] 龙迪勇:《叙事学研究的跨媒介趋势——"跨媒介叙事"学术研讨会综述》,《江西社会科学》,2008年第8期。

[2] 该书于2013年列入"国家哲学社会科学成果文库",2014年由生活·读书·新知三联书店出版发行。2015年,生活·读书·新知三联书店出版了该书的增订版,并改名为《空间叙事学》(在《空间叙事研究》的基础上增加了《建筑空间与中国文学叙事传统》一文,作为该书的"附录")。

[3] 龙迪勇:《建筑空间与中国文学叙事传统》,《中国比较文学》,2014年第4期。

[4] 龙迪勇:《世系、宗庙与中国历史叙事传统》,《思想战线》,2016年第2期。

媒介之间（如创造"空间形式"的小说作品或追求文学效果的"连续性"叙事画），以及空间性叙事媒介自身之间（如追求雕塑般立体效果的叙事画）的"出位"或"越界"之外，还存在着时间性叙事媒介自身之间（如文字性叙事作品追求音乐或口头叙事的那种特殊效果）的"出位"或"越界"。

"空间叙事学"的问题域，就大的方面而言，其实也就是两大部分：（1）由时间性叙事媒介（主要是文字）所建构的叙事文本所关涉的"内容"层面的"空间叙事"，以及结构层面的"空间形式"问题；（2）由空间性叙事媒介（绘画、雕塑、建筑等）所建构的叙事图像或叙事空间，在表征故事、延续时间、建构秩序时所产生的种种问题。事实上，这两方面的内容都涉及媒介的"出位"或"越界"问题，所以，空间叙事研究必然就是跨媒介叙事研究。至于我所说的这些"空间叙事学"的内容与跨媒介叙事的关系，其实都已经体现在我的《空间叙事学》[①]一书中了。下面，仅在这两大问题域中各选取一个有代表性的问题略加探讨。

首先，我们来看小说的"空间形式"问题。美国批评家约瑟夫·弗兰克于1945年肇其端[②]，但一直以来并没有得到很好的解决。我撰写了《空间形式：现代小说的叙事结构》[③]一文，意在深化对"空间形式"问题的讨论。在文中，我先由博尔赫斯的短篇小说《阿莱夫》出发，分析了小说叙事的困境。接下来，则通过分析博尔赫斯的另一篇小说《小径分岔的花园》，探讨了现代小说家试图摆脱"叙事困境"的努力。时间是《小径分岔的花园》的主题。事实上，时间也正是20世纪以来许多现代或后现代小说的主题。然而，"时间总是不间断地分岔为无数个未来"，如果我们只是选择其中的一种，显然就把其他的可能性人为地否定掉了，在现代小说家看来，这并不符合时间或生活的本质。现代小说的目的，就是要表现这种更深层的"本质"。为了达到表现生活的复杂性和多个"未来"目的，现代小说家在寻找一种新的结构方式。于是，时间的序列

[①] 龙迪勇：《空间叙事学》，北京：生活·读书·新知三联书店，2015年版。

[②] 1945年，美国批评家约瑟夫·弗兰克在《西旺尼评论》（*Sewanee Review*）上发表了《现代文学中的空间形式》一文，此文结合具体的叙事文本进行分析，明确地提出了现代主义文学作品中的"空间形式"问题。然而，由于历史的原因，弗兰克仅仅天才地提出了问题，还远远称不上解决了问题；而且，当时的接受语境也决定了"空间形式"问题难以引起更多学者的关注。因此，此后有关"空间形式"的问题被悬置起来，并没有引起叙事学家们的重视。此文的第二、第三部分曾以《现代小说中的空间形式》为题，被翻译成了中文，收录在秦林芳编译的《现代小说中的空间形式》（北京大学出版社，1991年版）一书之中。

[③] 龙迪勇：《空间形式：现代小说叙事结构》，《思想战线》，2005年第6期。

性和事件的因果律被大多数现代小说家"抛弃"或终止了,代之而起的是空间的同时性和事件的"偶合律"。与传统小说相比,现代小说运用时空交叉和时空并置的叙述方法,打破了传统的单一时间顺序,展露出了一种追求空间化效果的趋势。因此,在结构上,现代小说总是呈现出某种空间形式。叙事作品的空间形式包括中国套盒、圆圈式、链条式、橘瓣式、拼图式等。当然,这里所说的空间并不是日常生活经验中具体的物件或场所那样的空间,而是一种抽象空间、知觉空间、图式空间。这种空间只有在完全弄清楚了小说的时间线索,并对整部小说的结构有了整体的把握之后,才能在读者的意识中呈现出来。也就是说,空间形式是读者接受反应的产物,它和我们的阅读方式息息相关。

显然,所谓"抛弃"或终止时间的序列性,追求"空间的同时性",以取得图像那样的"空间化效果",正是基于"出位之思"思想之上的跨媒介叙事。小说家创作此类作品时,要从文字这一叙事媒介越位到他种媒介图像中去,要不然就不可能达到"空间化效果",也不可能使小说这样以时间性媒介(文字)写成的叙事作品具有图像那样的"空间形式"。同样,读者阅读这样的叙事作品,也必须超越文字这一媒介本身,而像看图那样去阅读这类作品;要不然,他很可能就看不懂像詹姆斯·乔伊斯的《尤利西斯》或克洛德·西蒙的《植物园》这样具有"空间形式"的小说作品。正如戴维·米切尔森所说:"读者面临的是一系列无尽头的在主题上相互联系的因素,他必须把这些因素连结成一幅图画——一个'空间形式'。"[1]

其次,再来看图像叙事中的时间表现问题。众所周知,图像是一种空间性的叙事媒介,而任何叙事活动都必然涉及一个时间进程。正是在这个意义上,莱辛认为图像只能表现时间进程中的某个"顷刻",因而是一种不能够或不擅长叙事的媒介;如果实在需要用绘画、雕塑这样的空间性媒介来叙事的话,那就必须选择那种"最富于孕育性的瞬间",以暗示这一"顷刻"前后的那些时间。显然,莱辛是立论于图像这一空间性叙事媒介的。

莱辛的观点当然不能说错,但至少是片面的。为了对莱辛的观点有所补充,更为了对图像叙事的本质与基本模式有一个较为全面、科学的

---

[1] 〔美〕戴维·米切尔森:《叙述中的空间结构类型》,秦林芳编译:《现代小说中的空间形式》,北京:北京大学出版社,1991年版,第168页。

了解，我撰写了《图像叙事：空间的时间化》①一文。在该文中，我首先探讨了图像叙事的本质问题，并在此基础上总结出了单幅图像叙事的三种模式。在我看来，所谓图像叙事，无非要用图像这种空间性媒介去表征叙事所必需的时间进程，所以图像的本质就是"空间的时间化"。概括起来，在图像叙事中，主要有两种使空间时间化的方式：利用"错觉"或"期待视野"而诉诸观者的反应；利用图像系列来重建事件的形象流或时间流。对于单幅图像叙事，我根据其时间处理方式，概括出了三种叙事模式：单一场景叙述、纲要式叙述与循环式叙述。所谓"单一场景叙述"，就是要求艺术家在其创造的图像作品中，把"最富于孕育性的顷刻"通过某个单一场景表现出来，以暗示出事件的前因后果，从而让观者在意识中完成一个叙事过程。所谓"纲要式叙述"，也叫"综合性叙述"，即把不同时间点上的场景或事件要素挑取重要者"并置"在同一个画幅上。由于这种做法改变了事物的原始语境或自然状态，带有某种"综合"的特征，故又称"综合性叙述"。所谓"循环式叙述"，"就是把一系列情节融合在一起"的一种叙述模式，这种模式消解了时间逻辑，遵循的是空间逻辑。在这三种图像叙事模式中，第一种，也就是"单一场景叙述"，其实就是莱辛所说的那一种，即选取"最富于孕育性的顷刻"来表征故事，这是一种符合图像这种空间性媒介本性的叙事模式；而后两种，也就是纲要式叙述与循环式叙述，其实都已经由仅适合于表征一个时间点（也就是一个所谓的"顷刻"）的空间性媒介"出位"或"越界"了，它们在单一的画幅中"并置"或"融合"了多个时间点上发生的事件，从而构成一个较为完整的时间系列——这不就"跨"到像文字这样的时间性媒介所擅长的叙事领域中去了吗？

无疑，"跨媒介"对于空间叙事来说是至关重要的，因为无论是对于文字性（时间性）叙事作品的"空间形式"，还是对于图像性（空间性）叙事作品的时间表现来说，都离不开对本有媒介的"出位"或"越界"，离不开对他种媒介美学效果的主动追求。如果一切媒介都死守自身的界线，如果叙事活动中不存在"跨媒介"现象，那就根本不会有空间叙事，当然也就不会有人类精神园地中那些摇曳生姿、散发着独特魅力的跨媒介叙事作品了。总之一句话：空间叙事本质上就是一种跨媒介叙事。

---

① 龙迪勇：《图像叙事：空间的时间化》，《江西社会科学》，2007年第9期。

第二章　出位之思与跨媒介叙事

文学和其他艺术之间存在着种种复杂的关系，这本应该成为文艺理论研究中的重要问题；但在俄国形式主义、法国结构主义和英美"新批评"等注重"内部研究"的文艺理论家们看来，这类问题因属于"外部研究"而价值有限。如果考虑到上述流派在20世纪以来的文艺理论界所占据的支配性地位，那么文学和其他艺术之间的关系这一重要问题会受到有意无意的忽视、遮蔽或压制，就是可以想见的了。由勒内·韦勒克和奥斯丁·沃伦合作撰写的堪称"新批评"派理论宝典的《文学理论》一书的第十一章，其研究的对象就是"文学和其他艺术"。在由勒内·韦勒克执笔的这一章中，这位学识渊博的批评家这样写道："迄今为止，我们还没有进行各种艺术间比较的任何工具。这里还有一个困难的问题：各种艺术可以进行比较的共同因素是什么？"[①] 对于这个困难的问题，韦勒克认为从克罗齐、杜威、格林（T. M. Greene）、伯克霍夫（G. D. Birkhoff）和施本格勒等人的理论中"找不出什么答案"；至于瓦尔泽尔把艺术史家沃尔弗林《艺术史的原理》中的概念移用到文学研究中来的做法，尽管取得了一定的成功，但也留下了不少问题"完全没有解决"。[②] 因此，韦勒克得出结论："艺术史家包括文学史家与音乐史家的任务从广义上讲，就是以各种艺术的独特性质为基础为每种艺术发展出一套描述性的术语来。所以，今天的诗歌需要一种新的诗学、一种新的分析技术，这种新的标准仅仅靠简单地移植和套用美术的术语是不可能取得的。"[③]

[①] 〔美〕勒内·韦勒克、〔美〕奥斯丁·沃伦：《文学理论》，刘象愚、邢培明、陈圣生、李哲明译，杭州：浙江人民出版社，2017年版，第121页。
[②] 〔美〕勒内·韦勒克、〔美〕奥斯丁·沃伦：《文学理论》，刘象愚、邢培明、陈圣生、李哲明译，杭州：浙江人民出版社，2017年版，第121~125页。
[③] 〔美〕勒内·韦勒克、〔美〕奥斯丁·沃伦：《文学理论》，刘象愚、邢培明、陈圣生、李哲明译，杭州：浙江人民出版社，2017年版，第126页。

对于文学理论自身的完善和自洽来说，韦勒克的话当然不无道理，但文学艺术史上一个不容忽视的事实是：文学确实在不同的历史阶段向各种艺术借鉴了创作原则和写作技巧。远的且不说，就拿19世纪的批判现实主义文学来说，就是"通过对现实主义艺术的影响获得了首要地位"，而且，正如著名的比较文学研究者乌·维斯坦因所指出的："这是由荷兰十七世纪和英国十九世纪初（如J. 康士塔伯的画）的绘画模式激发出来的。"① 至于20世纪的文学，同样向其他艺术借鉴了许多创作方法或技巧："在决定二十世纪艺术的各个分支发展方向的先锋派运动那几十年里，文学求助于造型艺术，从那里借来了很多技巧，特别是电影艺术问世后。'艺术互通互释'在这种时候作为一门学问出现并非偶然，人们虽然不是普遍，然而却已广泛地把它看作比较文学的一个分支了。"② 既然如此，文学理论研究者还有什么理由对文学和其他艺术之间相互影响这一重要问题视而不见呢？

好在近年来，随着视觉文化及各类图像研究的日渐深入，文学（"诗"）与图像（"画"）的关系问题也引起了很多研究者的重视③，并成为我国文艺理论界的一个热点话题④，这当然是一件值得高兴的事情。但对于那些对文学和其他艺术这一问题感兴趣的人来说，我们认为此类研究仍然存在很大的不足，这主要表现在三个方面：首先，目前我们看到的各类文学与图像关系研究成果，在处理"图像"问题时大都不区分"静态图像"（绘画、雕塑等）与"动态图像"（电影、电视、视频等），

---

① 〔美〕乌·维斯坦因：《文学与视觉艺术》，孙景尧选编：《新概念 新方法 新探索——当代西方比较文学论文选》，桂林：漓江出版社，1987年版，第163页。

② 〔美〕乌·维斯坦因：《文学与视觉艺术》，孙景尧选编：《新概念 新方法 新探索——当代西方比较文学论文选》，桂林：漓江出版社，1987年版，第163～164页。

③ 如赵宪章先生的"文学图像论"及其相关研究（赵宪章：《"文学图像论"之可能与不可能》，《山东师范大学学报》（人文社会科学版），2012年第5期）、衣若芬女史的"文图学"（衣若芬：《文图学：学术升级新视界》，《当代文坛》，2018年第4期）、笔者的"图像叙事学"（龙迪勇：《图像叙事：空间的时间化》，《江西社会科学》，2007年第9期）及"图像叙事与文字叙事比较研究"（龙迪勇：《图像叙事与文字叙事——故事画中的图像与文本》，《江西社会科学》，2008年第3期），等等。

④ 当然，如果追根溯源起来，这个话题其实并不新鲜，因为无论是对西方还是对中国来说，这都是一个源远流长的老问题：在西方，对这个问题发表过看法并对后来产生了重要影响的著名人物，我们就可以追踪到古希腊的西摩尼德斯（"画是一种无声的诗，诗是一种有声的画"）和古罗马的贺拉斯（"诗如画"）；而在中国，哪怕是排除传说中的"河图洛书"，早在东汉王充的《论衡》中我们亦可以找到"图""文"关系的比较性论述："人好观图画者，图上所画，古之列人也。见列人之面，孰与观其言行？置之空壁，形容具存，人不激劝者，不见言行也。古贤之遗文，竹帛之所载粲然，岂徒墙壁之画哉！"（《论衡·别通》）

而且，在处理"静态图像"问题时，也不区分二维平面图像（绘画）与三维立体图像（雕塑），而事实上，作这样的区分对于此类研究来说往往是至关重要的；其次，目前的研究成果几乎都集中在文学与图像方面[①]，对于文学与音乐及其他艺术之间的比较研究还难得一见；最后，也是最重要的，对于文学与图像及音乐之间的比较研究，就像韦勒克半个多世纪前所指出的，目前仍然没有找到合适的理论工具和可以"进行比较的共同因素"。

那么，有没有可能找到在文学和各门艺术之间"进行比较的共同因素"呢？我们认为答案是肯定的，而这一因素就是"媒介"。而且，由"媒介"（"跨媒介"）这一"共同因素"出发，我们可以建立起分析文学与其他艺术之间关系的理论工具。事实上，无论是像文学、音乐这样的时间艺术，还是像绘画、雕塑这样的空间艺术，抑或是像戏剧这样的综合艺术，都必须使用某种媒介作为表达或书写的"符号"。对于表达媒介在文学艺术创作中的重要性，韦勒克有很好的论述："一件艺术品的'媒介'不仅是艺术家要表现自己的个性必须克服的一个技术障碍，而且是由传统预先形成的一个因素，具有强大而有决定性的作用，可以形成和调节艺术家个人的创作方式和表现手法。艺术家在创作想象中不是采用一般抽象的方式，而是要采用具体的材料；这个具体的媒介有它自己的历史，与别的任何媒介的历史往往有很大的差别。"[②] 当然，韦勒克这里所强调的是具体媒介自身的本质特色，也就是各类媒介在"本位"方面的差异性，但这只是问题的一个方面；事实上，媒介在保持自身特色的同时，往往还具有跨出自身去追求他种媒介表达长处的另一方面——正

[①] 当然，在文学和艺术的比较研究中，把重点放在文学与图像（视觉艺术）的比较研究上，在某种意义上有其内在的合理性，正如维斯坦因所指出的："比较艺术在其婴儿和幼儿时期便对视觉现象，而不是听觉现象，表示出了决定性的偏爱。……在学术界里，人们一直感觉到视觉艺术与文学之间的共同点要多于音乐与文学之间的共同点。因为二者在根本上来说都属摹仿艺术，因此，将它们之间的平行发展放在精神史的背景之中去进行研究，这会获得更大的成果。"（〔美〕乌·维斯坦因：《文学与视觉艺术》，孙景尧选编：《新概念 新方法 新探索——当代西方比较文学论文选》，桂林：漓江出版社，1987年版，第164页）但我们也必须明确的是：文学与图像的比较研究，并不能涵括文学与艺术比较研究的全部内容，比如德国浪漫派文学受到音乐的影响，就是一个众所周知的事实；此外，文学受到图像、音乐之外艺术的影响，在文学史上也不乏其例，比如，"斯宾塞就从挂毯的图案设计和露天演出获得过某些诗的灵感与素材。"（〔美〕勒内·韦勒克、〔美〕奥斯丁·沃伦：《文学理论》，刘象愚、邢培明、陈圣生、李哲明译，杭州：浙江人民出版社，2017年版，第116页）

[②] 〔美〕勒内·韦勒克、〔美〕奥斯丁·沃伦：《文学理论》，刘象愚、邢培明、陈圣生、李哲明译，杭州：浙江人民出版社，2017年版，第120页。

是这种所谓的"出位之思"及其相应的跨媒介叙事，构成了文学和其他艺术之间进行比较研究的"共同因素"和理论基础。

第一节　从绘画与雕塑之争说起

考虑到文学（"诗"）与图像（"画"）的关系问题，无论是在中国还是西方都已经产生了大量研究成果，所以为了避免重复，更为了凸显本论题的普适性，下面拟从不太被一般人关注的绘画与雕塑之争开始我们的论述。

众所周知，绘画与雕塑都属于空间艺术或造型艺术，那么，它们在表征事物时孰优孰劣呢？这恐怕是造型艺术家或研究造型艺术的学者们非常关心的问题。意大利文艺复兴时期威尼斯画派的一代宗师乔尔乔内（Giorgione，1477—1510，亦译作乔尔乔涅）就曾经与一些雕塑家发生了争论，争论的内容恰恰是绘画与雕塑的优劣问题。对于这一争论，乔治·瓦萨里在其《著名画家、雕塑家、建筑家传》中有较完整的记载："雕塑家们认为，一个人绕着一尊雕塑走一圈，可以看到雕塑的不同方面和姿态，因此，雕塑优于绘画，绘画只向人显示一个面。乔尔乔内却认为，不必绕着走，一眼便能看到一幅图画中的各种姿态所表现的变化，而雕塑却不是这样，观者得改变角度和着眼点才能看到，所以绘画不是只显示一个面，而是显示许多面。再者，他设法在描绘一个人的时候，同时表现其正面、背面和两个侧面，那是对感觉的挑战；他用以下方法来画。他画一个背过身来的裸体男子，站在清澈见底的水池中，水映出他的正面。在身体的一侧，是他已脱下的铮亮的胸甲，胸甲显示他的左侧，在盔甲光亮的表面上，可以看到所有的东西；另一侧是一面镜子，反映出裸体人像的另一侧。这是异想天开的极为美丽的一张画，他想借此证明：事实上，从一个视角看一个活生生的人，优秀的绘画比雕塑更全面。此作广受赞誉，被视为破天荒的妙作。"①

其实，绘画与雕塑孰优孰劣，从文艺复兴时期开始，就已经成为艺术创作中的一个重要问题；而且，不限于创作实践，这个问题在当时还上升到了理论和思想的高度。正如英国思想史研究者彼得·沃森所指出

---

① 〔意〕乔治·瓦萨里：《著名画家、雕塑家、建筑家传》，刘明毅译，北京：中国人民大学出版社，2004年版，第246~247页。

的："到底是绘画高于雕塑，还是雕塑高于绘画？这是 15 世纪的一个重大思想问题，也是阿尔贝蒂、安东尼奥·费拉莱特和列奥纳多等人著述中的中心话题。阿尔贝蒂主张绘画优越论。绘画有色彩，能够描绘雕刻无法描述的许多事物（云、雨、山），并且运用了自由七艺（例如透视法中的数学）。列奥纳多认为浅浮雕介于绘画和雕刻之间，也许比二者更优越。提倡雕塑优越论的人则认为雕塑的三维空间更真实，而画家从雕刻的人物中获得灵感。费拉莱特争辩说，雕塑永远不能逃避这一事实，即它用石头或木头做成，而绘画能够展现皮肤的色彩和金黄色的头发，可以描绘烈火中的城市、美丽的晚霞和波光粼粼的大海。所有这些都优于雕塑。为了说服那些主张雕塑优越论的人，曼提尼亚和提香等画家创作了错视画。绘画能够模仿雕塑，而雕塑却不能模仿绘画。"[1]

无疑，绝对的雕塑优越论和绝对的绘画优越论都是不可取的，因为作为艺术类型或模仿媒介，雕塑和绘画有着各自的长处和短处，它们并不能彼此取代。在文艺复兴时期的艺术家和艺术理论家中，持绝对观念的当然不在少数，但也有一些持辩证看法的人，比如莱昂·巴蒂斯塔·阿尔贝蒂就是这样一位见识卓绝者。总体而言，阿尔贝蒂是主张绘画优越论的，但他认为雕塑也自有其长处。阿尔贝蒂之所以认为绘画要比雕塑优越，是因为平面的绘画在再现立体的外在事物时难度更大："雕塑和绘画这两种艺术是相连的，而且出自同一种才智。但我总是给予画家的才智以更高的地位，因为他的难度更大。"[2] 然而，雕塑和绘画毕竟"出自同一种才智"，而且雕塑在体现明暗、创造立体感等方面也确实有绘画所不及之处，所以阿尔贝蒂也主张画家应该"学一点雕塑"："先贤的杰作其实与我们纱屏中的景象一样，皆是大自然美妙而精准的影像。倘若你对人比对天工更有耐心，一定要复制他人的作品，我宁愿你描摹一座平庸的雕塑，而不是一幅杰出的画作。从画中，你只能学会临摹；而描摹雕塑不仅有助于学习造型，而且有助于掌握明暗。……对于画家，也许学一点雕塑比单练素描更有效，因为雕塑比绘画更容易精准。一个不知如何描绘对象立体感的人，鲜能画出好画。而雕塑比绘画的立体感容易把握。我们看到，几乎每个时代都有一些平庸的雕塑家，但笨拙、甚

---

[1] 〔英〕彼得·沃森：《思想史：从火到弗洛伊德》，胡翠娥译，南京：译林出版社，2018年版，第 582～583 页。
[2] 〔意〕阿尔贝蒂：《论绘画》，胡珺、辛尘译，南京：江苏教育出版社，2012年版，第 31 页。

至荒唐的画家总是更为常见。"①

事实上，不管怎么说，自然中的事物毕竟是立体的、三维的，它们不限于观者所能看到的一面，而雕塑作为模仿媒介也是立体的、三维的，所以就模仿媒介与被模仿事物的符合度和适应性而言，雕塑确实更适合于表征具有多面性、多维度的自然事物本身，这正是雕塑作为模仿媒介的"本位"和长处。平面的、二维的绘画，如果仅仅表现自然事物的某一面当然没有问题，也更具有优势，但如果要同时表现出事物的前后左右四个面，则会有相当的难度，因为这种表现正是绘画这种平面媒介的短处，而且这种表现已经属于媒介模仿规律中的"越位"现象了——这种跨越本位的高难度表现属于艺术家发挥创造性的特例，只有在一种特定的条件下才可能做到，也只有像乔尔乔内这样的大画家才能得心应手。也就是说，作为一种表现媒介的雕塑在表征事物的立体性、三维性方面具有天然的优势，而绘画作为表现媒介在这方面则具有天然的劣势，但如果画家具有足够的创造性，则可以化劣势为优势，利用平面的、二维的画面来达到雕塑般的立体的、三维的艺术效果。乔尔乔内在这方面做得很成功，他打破了"雕塑优于绘画"的成见，从而证明了"优秀的绘画比雕塑更全面"。

第二节 出位之思

乔尔乔内的做法其实涉及"跨媒介（体）"问题。所谓"跨媒介"，就是一种表达媒介在不改变其自身媒介特性的情况下去追求另一种媒介的"境界"或效果（如"诗中有画，画中有诗"）。对于"跨媒介"现象，叶维廉先生专门撰写了《"出位之思"：媒体及超媒体的美学》一文予以探讨，其中谈道："现代诗、现代画，甚至现代音乐、舞蹈里有大量的作品，在表现上，往往要求我们除了从其媒体本身的表现性能去看之外，还要求我们从另一媒体表现角度去欣赏，才可以明了其艺术活动的全部意义。事实上，要求达到不同艺术间'互相认同的质素'的作品太多了。迫使读者或观者，在欣赏的过程中要不断地求助于其他媒体艺术表现的美学知识。换言之，一个作品的整体美学经验，如果缺乏了其他媒体的

---

① 〔意〕阿尔贝蒂：《论绘画》，胡珺、辛尘译，南京：江苏教育出版社，2012年版，第68~69页。

'观赏眼光',便不得其全。"① 也就是说,对于具有"跨媒介"特征的文艺作品,我们除了了解该作品本身的媒介特性,对于它"跨"出自身媒介而追求的他种媒介的特性也必须有所了解,只有这样才能更好、更完整地欣赏其美学特色。所谓"出位之思",源出德国美学术语 Andersstreben,指的是一种媒介欲超越其自身的表现性能而进入另一种媒介擅长表现的状态。在《中国画与中国诗》一文中,钱锺书说得好:"一切艺术,要用材料来作为表现的媒介。材料固有的性质,一方面可资利用,给表现以便宜,而同时也发生障碍,予表现以限制。于是艺术家总想超过这种限制,不受材料的束缚,强使材料去表现它性质所不容许表现的境界。譬如画的媒介材料是颜色和线条,可以表现具体的迹象,大画家偏不刻划迹象而用画来'写意'。诗的媒介材料是文字,可以抒情达意,大诗人偏不专事'言志',而用诗兼图画的作用,给读者以色相。诗跟画各有跳出本位的企图。"② 可见,"跳出本位",超出媒介或材料固有性质之限制或束缚,强使它们"去表现它性质所不容许表现的境界",正是"出位之思"的本意。也正是在这个意义上,"出位之思"可以被视为跨媒介叙事的美学基础③。

说起"出位之思",我们当然不会忘记英国唯美主义运动的理论家和代表人物沃尔特·佩特。事实上,佩特对"出位之思"问题的看法,也

---

① 〔美〕叶维廉:《"出位之思":媒体及超媒体的美学》,《中国诗学》(增订版),北京:人民文学出版社,2006 年版,第 200 页。

② 据日本学者浅见洋二,此处所引《中国画与中国诗》一文中的这段文字见于《开明书店二十周年纪念文集》(开明书店,1947 年版)所收该文的初版。后来,钱锺书对《中国画与中国诗》一文进行过大幅度修改,此段文字不见其《旧文四篇》(上海古籍出版社,1979 年版)和《七缀集》(上海古籍出版社,1985 年版)所收该文。《开明书店二十周年纪念文集》1985 年由中华书局重版,但所收的该文是修改后的版本。(参见〔日〕浅见洋二:《距离与想象——中国诗学的唐宋转型》,金程宇、冈田千穗译,上海:上海古籍出版社,2005 年版,第 113 页)至于钱锺书在《中国画与中国诗》一文的定稿中为什么删除讨论"出位之思"的文字,现在当然难以知道确切的原因,窃以为这除了问题本身的难度(钱先生该段文字并没有涉及任何"出位之思"的学术谱系,而且出现在讨论"中国画与中国诗"的论述脉络中略显突兀),当与后来的文艺、学术语境有关:在《中国画与中国诗》一文初版刊发之后的几十年里,中国的文艺政策、文艺理论都倡导能直接、迅速地反映生活的"反映论",而带有唯美主义色彩、主张为文艺而文艺的"出位之思"思想,在这种语境下当然显得有点"不合时宜"。

③ 龙迪勇:《空间叙事本质上是一种跨媒介叙事》,《河北学刊》,2016 年第 6 期。

正是在其《文艺复兴》一书中论及乔尔乔内时提出来的①。在《乔尔乔涅画派》一文中，沃尔特·佩特这样写道："虽然每门艺术都有着各自特殊的印象风格和无法转换的魅力，而对这些艺术最终区别的正确理解是美学批评的起点；然而，需要注意的是，我们可能会发现在其对给定材料的特殊处理方式中，每种艺术都会进入到某种其他艺术的状态里。这用德国批评家的术语说就是'出位之思'——从自身原本的界限中部分偏离出来；通过它，两种艺术其实不是取代彼此，而是为彼此提供新的力量。"② 正因为如此，所以我们在文学艺术的百花园中，可以发现那么多因杂交或越位而培育出来的具有别样风姿的动人的花朵：

> 一些最美妙的音乐似乎总是近似于图画，接近于对绘画的界定。同样，建筑虽然也有自己的法则——足够深奥，只有真正的建筑师才通晓——但其过程有时似乎像在创作一幅绘画作品，比如阿雷那的小教堂；或是一幅雕塑作品，比如佛罗伦萨乔托高塔的完美统一；它还常常会被解读为一首真正的诗歌，就好像那些卢瓦尔河乡村城堡里奇形怪状的楼梯，好像是特意那样设计，在它们奇怪的转弯之间，人生如戏，生活大舞台上的演员们彼此擦肩而过，却看不见对方。除此之外，还有一首记忆和流逝的时间编织而成的诗歌，建筑常常会从中受益颇多。雕塑也一样渴望走出纯粹形式的森严界限，寻求色彩或具有同等效果的其他东西；在很多方面，诗歌也从其他艺术里获得指引，一部希腊悲剧和一件希腊雕塑作品之间、一首十四行诗和一幅浮雕之间、法国诗歌常和雕塑艺术之间的类比，不仅仅是一种修辞。③

---

① 乔尔乔内之所以被沃尔特·佩特视为一个体现了"出位之思"的"跨媒介"艺术家，除了上文提及的其绘画可以很好地达到雕塑般的立体效果，还表现在这一点上：其画作具有浓郁的诗意和音乐感。而之所以会有这种效果，是因为乔尔乔内本身就是一个出色的诗琴演奏者和歌手。对此，乔治·瓦萨里在《著名画家、雕塑家、建筑家传》一书中有这样的记载："他酷爱诗琴，在他的时代里是一个出色的诗琴演奏者和歌手，因而常常受雇在各种音乐聚会和达官贵人的宴会上表演。他学习绘画，觉得十分合意；在这方面他是大自然的宠儿，他亦酷爱大自然之美，因而他作品中的一切都是写生的；……好的作品总是打动他的心，他博采众长，把能发现的不同寻常的美和丰富多彩的变化融入他的画中。"（[意]乔治·瓦萨里：《著名画家、雕塑家、建筑家传》，刘明毅译，北京：中国人民大学出版社，2004年版，第242~243页）
② [英]沃尔特·佩特：《文艺复兴》，李丽译，北京：外语教学与研究出版社，2010年版，第169页。
③ [英]沃尔特·佩特：《文艺复兴》，李丽译，北京：外语教学与研究出版社，2010年版，第169页。

在沃尔特·佩特看来,在音乐、绘画、建筑、雕塑与文学(诗歌)之间,往往会发生追求跨媒介效果的"出位之思",而这会给文学艺术作品带来别样的魅力和独特的美感。正如我们在上文中已经知道的,乔尔乔内通过在平面的、二维的画面中"同时表现其正面、背面和两个侧面",从而在描绘一个人的时候达到了一种雕塑般的立体的、三维的艺术效果。沃尔特·佩特把乔尔乔内画派这种具有立体效果和丰富表现力的绘画叫作"绘画诗"。沃尔特·佩特认为,创作这种"绘画诗","在很大程度上依赖于主题或是主题阶段的灵活选择;而这种选择是乔尔乔内画派的秘密之一。它是风俗画派,主要创作田园诗画,但是在创作这种绘画诗的过程中,在选择像最迅捷、最完全地适应图画形式,以便通过素描和色彩来完整表达内容等方面,它练就了一种神奇的手法。因为虽然此流派的作品是诗画,却属于一种无需讲述就能展现其中故事的诗歌形式。大师在做出决定、把握时机、迅速反应方面是卓越不凡的,借此他再现了瞬间的动作——披上盔甲,头颅高贵地向后扬着——昏倒的女子——拥抱,快如亲吻,与死亡一起从垂死的嘴唇上捕捉到——镜子、光亮盔甲和平静水面的刹那联结使一个立体形象的各个角度同时展现出来,解决了绘画能否像雕塑一样完全展现物体的令人迟疑的问题。突然的动作、思维的快速转变和一瞬即逝的表情——他捕捉到了瓦萨里评价他时所说的那种活泼的线条和鲜明的色彩。……它是戏剧性诗歌最高门类的理想部分,给我们展现了一种深刻的、具有重大意义的活生生的瞬间:一个简单手势、一道目光、也可能是一抹微笑——短暂但却具体的瞬间——然而,一段漫长历史的所有主题、所有的趣味和效果都浓缩其中,而且似乎在一种对现在的强烈意识中承载了过去和未来。这些是乔尔乔涅画派在掌握了高超手法的同时,从古老的威尼斯市民那个狂热、喧嚣、多姿多彩的世界里选取的理想瞬间——从时间流逝中精致的停顿,我们被吸引于其中,似乎在观看存在那里的所有丰盈内涵,而它们也像是生活的完美精华或典范。"[①] 不难看出,在沃尔特·佩特的笔下,乔尔乔内画派的"绘画诗"魅力是多么的大、表现力是多么的强、艺术性是多么的高——它有限的画面竟然可以同时展现"一个立体形象的各个角度",它选取的"理想瞬间"竟然可以浓缩"一段漫长历史的所有主题、所有的趣味和效果"——它无愧于"戏剧性诗歌最高门类的理想部分"

[①] 〔英〕沃尔特·佩特:《文艺复兴》,李丽译,北京:外语教学与研究出版社,2010年版,第189页。

的美誉，而这正是"出位之思"所带来的神奇的艺术效果。

总之，沃尔特·佩特认为，乔尔乔内画派通过其高超的艺术手法，在空间维度上，以二维的画面达到了立体的效果；在时间维度上，其画作也超出了空间性媒介的界限，达到了像时间性的文学作品那样的叙事效果，其画作是一种"绘画诗"——"属于一种无需讲述就能展现其中故事的诗歌形式"。

此外，沃尔特·佩特还主张，所有成功的艺术作品都应该尽可能地逼近音乐，从而创造纯粹或尽可能纯粹的形式美。在《乔尔乔涅画派》一文中，佩特这样写道："所有艺术都共同地向往着能契合音乐之律。音乐是典型的，或者说至臻完美的艺术。它是所有艺术、所有具有艺术性的事物'出位之思'的目标，是艺术特质的代表。……所有艺术都坚持不懈地追求音乐的状态。因为在其他所有形式的艺术里，虽然将内容和形式区分开来是可能的，通过理解力总是可以进行这种区分，然而艺术不断追求的却是清除这种区分。诗歌的纯内容……如果没有创作的形式、没有创作精神与主旨，它们就什么都不是。这种形式，这种处理的模式应该终结于其自身，应该渗透进内容的每个部分……"① 显然，佩特认为所有其他艺术都难以完全达到这种创造纯粹形式，也就是说，难以完全实现形式即内容的艺术理想，"而音乐这门艺术最大程度地实现了这种艺术理想、这种内容和形式的完美统一。在极致完美的时刻，目的和手段、形式和内容、主题和表达并不能继截然分开；它们互为对方的有机部分，彼此完全渗透。这是所有艺术都应该不懈向往和追求的——这种完美瞬间的状态。那么不是在诗歌中，而是在音乐里我们将会找到完美艺术的真正类型或标准"②。对于沃尔特·佩特的这种观点，大作家博尔赫斯非常欣赏，在《长城与书》一文中，博尔赫斯谈道："一切形式的特性存在于它们本身，而不在于猜测的'内容'。……而佩特早在1877年就已经指出，一切艺术都力求取得音乐的属性，而音乐的属性就是形式。"③ 我们认为，佩特的观点尽管稍显偏狭，却也不无几分道理，因为创造出完美、纯粹的形式，或者说把"内容"尽可能地融入"形式"，确

---

① 〔英〕沃尔特·佩特：《文艺复兴》，李丽译，北京：外语教学与研究出版社，2010年版，第169~171页。
② 〔英〕沃尔特·佩特：《文艺复兴》，李丽译，北京：外语教学与研究出版社，2010年版，第175页。
③ 〔阿根廷〕豪尔赫·路易斯·博尔赫斯：《长城与书》，王永年译，《探讨别集》，王永年、黄锦炎等译，上海：上海译文出版社，2015年版，第5页。

实是艺术创造的最高理想,而只有音乐"最大程度地实现了这种艺术理想",因此音乐应是所有艺术"出位之思"所追求的目标。

第三节 跨媒介叙事

就叙事而言,"出位之思"实际上就表现为跨媒介叙事:"所谓'出位之思'之'出位',即表示某些文艺作品及其构成媒介超越其自身特有的天性或局限,去追求他种文艺作品在形式方面的特性。而跨媒介叙事之'跨',其实也就是这个意思,即跨越、超出自身作品及其构成媒介的本性或强项,去创造出本非自身所长而是他种文艺作品或他种媒介特质的叙事形式。"[①]

这里需要强调指出的是:"跨媒介"并不是"多媒介",也并不会在实际上变成另一种媒介,它只是以一种表达媒介(如绘画)去追求另一种表达媒介的美学效果(如乔尔乔内绘画中雕塑般的立体的、三维的艺术效果),其媒介本身自始至终都没有发生改变(如乔尔乔内的绘画并没有因为它具有雕塑般的效果而变成实际的雕塑,它本质上还是一种绘画)。也就是说,体现"出位之思"的跨媒介叙事作品,它们本身在文本形态上仍然是单一媒介,只是在创作或欣赏此类作品时,我们必须"跨"出其本身所采用的媒介,而追求他种媒介的美学效果或形式特征。比如,我们说马塞尔·普鲁斯特的《追忆逝水年华》这一文字性叙事作品在结构上体现出了一种"大教堂"般的"空间形式"(这种形式本身是造型艺术所擅长或固有的),但这并不是说《追忆逝水年华》这一小说文本是由文字和图像两种媒介构成,而是说该作品仅以单一的文字为媒介而在很大程度上达到了造型艺术的形式效果。同理,我们说贝诺佐·戈佐利(1420—1497)的画作《莎乐美之舞和施洗者约翰被斩首》,"在其最简单的形式中,图画叙事用清晰的序列表现事件,即从左到右,类似于西文字母表的顺序"[②],也并不是说这幅画作中有图像和字母两种媒介,而仅仅是说贝诺佐·戈佐利以图像达到了文字所具有的那种叙事效果,其画面本身仍只有图像这个单一的媒介。

[①] 龙迪勇:《空间叙事本质上是一种跨媒介叙事》,《河北学刊》,2016年第6期。
[②] 〔美〕西摩·查特曼:《故事与话语——小说和电影的叙事结构》,徐强译,北京:中国人民大学出版社,2013年版,第20页。

按照罗兰·巴特的说法,叙事的媒介是多种多样、五花八门的:"对人类来说,似乎任何材料都适宜于叙事:叙事承载物可以是口头或书面的有声语言、是固定的或活动的画面、是手势,以及所有这些材料的有机混合;叙事遍布于神话、传说、寓言、民间故事、小说、史诗、历史、悲剧、正剧、喜剧、哑剧、绘画(请想一想卡帕齐奥的《圣于絮尔》那幅画)、彩绘玻璃窗、电影、连环画、社会杂闻、会话。"[1] 既然如此,那么对于叙事来说,何种媒介才堪称其"本位",何种媒介最适合用来叙事,或者说,何种媒介在叙事时效果最好呢?显然,由于任何叙事作品均涉及或长或短的一段时间,所以像绘画、雕塑、建筑这样在表征时间方面具有天然缺陷的空间性媒介是不太可能很擅长叙事的,而在时间性媒介中,纯粹的音符由于不具备明确的表意功能,所以也不太适合用来叙事。因此,只有既具备时间特性又具有极佳表意功能的语词才是最好的叙事媒介,也就是说,在叙事活动中,语词才可以说是最具本位性的媒介。正因为如此,当以语词写成的文学作品(时间艺术)在表征时间性的叙事活动中却有意识地去追求某种造型艺术的空间效果的时候,其实就已经在越出本位而进行跨媒介叙事了;相反,本来擅长表现空间中并列性事物的造型艺术(空间艺术)却偏偏喜欢去表征时间性的叙事活动(中外艺术史上存在的大量故事性图像即为明证),这当然也是一种跨媒介叙事。

在我们看来,最主要的跨媒介叙事就发生在时间艺术与空间艺术的相互模仿之中:像诗歌、小说这样的时间性叙事作品欲取得造型艺术的"空间形式",或者用像绘画、雕塑这样的空间艺术去创造文学性、叙事性的"绘画诗"的时候,那种最富创意的"出位之思"就出现了。无疑,这种"出位之思"——跨媒介叙事,往往会催生出仅仅墨守媒介本位的文学艺术所无法达到的神奇的艺术效果,表征出单一媒介所无法表征的丰盈的艺术内涵。当然,跨媒介叙事不仅发生在时间艺术与空间艺术之间,还发生在空间艺术与空间艺术之间(比如,绘画通过二维平面讲述故事时有时候会力求达到雕塑般的立体效果),以及时间艺术与时间艺术之间(比如,某些现代小说会极力追求音乐般的叙事效果)。

由于小说现在已经毋庸置疑地成了文学体裁中最主要的叙事文体,而"空间叙事"自20世纪以来则构成了小说叙事艺术中最富有创造性的

---

[1] 〔法〕罗兰·巴特:《叙事作品结构分析导论》,张寅德译,张寅德编选:《叙述学研究》,北京:中国社会科学出版社,1989年版,第2页。

领域，所以，下面我们将通过考察小说的"空间叙事"，来对跨媒介叙事现象做简要的阐述。

小说的"空间叙事"当然是一种跨媒介叙事现象，因为在"空间叙事"中，作为时间艺术的小说偏偏要去追求空间艺术的美学效果。对于这种现象，笔者已在专著《空间叙事学》[①]及论文《空间叙事本质上是一种跨媒介叙事》[②]中做过系统的探讨，此不赘述。下面，我们仅从"跨媒介"的角度对其叙事特性做些补充论述。

1972年3月2日，乔·戴维·贝拉米曾对苏珊·桑塔格做过一次访谈，其中就谈到了小说这一叙事文类所受到的来自其他艺术或其他媒介的影响。桑塔格认为，现代小说已经发生了深刻的变化，它们不再像19世纪的小说那样以种种平庸的方式去看待现实了，"这部分地是因为其他形式的影响，部分地又是因为其他形式（比如新闻业，它已经变得更加充满活力）和电视的竞争。……正如摄影出现时绘画发生的变化、画家再也无法感到他的工作可以不言自明地提供一种图像一样，小说在当下与其他形式分享的任务重压下，也已经慢慢地发生了变化"[③]。接下来，贝拉米谈道："电视已经影响了小说的形式，尤其是因为图像的迅速和场景与人物变化的迅捷。也就是说，即使你看一小时的连续剧，每十分钟你也得看六条广告，于是你被突然带到了某个遥远的地方。某些实验小说里似乎正在形成的一个惯例是运用多个空间，众多空间之间进行切换，这可以归因于电视里在发生的事情。但是，当然，电视里发生的事情，我认为，要么是偶然的，要么是出于对高端电影技术的模仿。"[④] 对此，桑塔格的回答是："我认为它更多地来自于电影，这是一种老的影响。比如，福克纳和多斯·帕索思都深受电影叙事技巧的影响，《美国三部曲》里的一些招式则是直接对故事片和新闻短片某种剪辑的模仿。人们在学习同时处理更多的信息，似乎某些说明已经没有必要，甚至无趣。大多数年轻读者——中学生和大学生——会告诉你他们发现以前的小说太长了。他们感觉狄更斯、詹姆斯、托尔斯泰或者普鲁斯特看不下去。他们

---

① 龙迪勇：《空间叙事学》，北京：生活·读书·新知三联书店，2015年版，具体可参考其中的第一至第七章。
② 龙迪勇：《空间叙事本质上是一种跨媒介叙事》，《河北学刊》，2016年第6期。
③ 〔美〕乔·戴维·贝拉米、〔美〕苏珊·桑塔格：《现代小说的风格》，〔美〕利兰·波格编：《苏珊·桑塔格谈话录》，姚君伟译，南京：译林出版社，2015年版，第4页。
④ 〔美〕乔·戴维·贝拉米、〔美〕苏珊·桑塔格：《现代小说的风格》，〔美〕利兰·波格编：《苏珊·桑塔格谈话录》，姚君伟译，南京：译林出版社，2015年版，第5~6页。

希望读某种节奏更快、描述不那么多的东西。"①

确实如此，随着电影、电视以及其他大众化艺术形式的迅猛发展和普及化，那种传统的小说叙事方式已经不受读者欢迎了，这在某种程度上逼迫着以语词为写作工具的作家们去学习和借鉴其他艺术或其他媒介的长处，从而在小说中进行试图达到其他艺术美学效果的跨媒介叙事。就贝拉米和桑塔格所谈到的电影对小说的影响而言，也确实是20世纪以来小说叙事领域毋庸置疑的事实，爱德华·茂莱说得好："随着电影在20世纪成了最流行的艺术，在19世纪的许多小说里即已十分明显的偏重视觉效果的倾向，在当代小说里猛然增长了。蒙太奇、平行剪辑、快速剪辑、快速场景变化、声音过渡、特写、化、叠印——这一切都开始被小说家在纸面上进行模仿。"② 尽管也有人觉得小说家和电影导演所操持的叙事媒介各有特色、互有短长，而语词自有图像所无法比拟的优点，所以作家们没有必要为电影的飞速发展而忧伤，因为像"霍桑这样的作家善于对人物和思想作出深刻的分析，而电影导演则仅限于侍弄平面的画面而已"，那些更为偏激者甚至公开叫嚣让电影"见鬼去吧。"③ "然而，并非所有的文人……都主张让电影'见鬼去'的。在詹姆斯·乔伊斯的指引下，一代新成长起来的小说作家很快就试图去找出霍桑的艺术在多大程度上能够既吸收进电影的技巧而又不牺牲它自己的独特力量。1922年而后的小说史，即《尤里西斯》问世后的小说史，在很大程度上是电影化的想象在小说家头脑里发展的历史，是小说家常常怀着既恨又爱的心情努力掌握20世纪的'最生动的艺术'的历史。"④ 尽管有人也许不愿意相信上面的话，但爱德华·茂莱所说的确实是事实。如果去考察20世纪以来的小说史，在那些最富有创造性的小说，尤其是那些具有"空间叙事"特征的小说中，我们很容易就能够发现来自电影的影响。下面，我们就以20世纪以来最具独创性的作家之一詹姆斯·乔伊斯为例，来谈谈小说所受到电影影响的情况。

说起詹姆斯·乔伊斯对电影的喜爱，在小说家中可能无出其右者。除

---

① 〔美〕乔·戴维·贝拉米、〔美〕苏珊·桑塔格：《现代小说的风格》，〔美〕利兰·波格编：《苏珊·桑塔格谈话录》，姚君伟译，南京：译林出版社，2015年版，第6页。
② 〔美〕爱德华·茂莱：《电影化的想象——作家与电影》，邵牧君译，北京：中国电影出版社，1989年版，第4页。
③ 〔美〕爱德华·茂莱：《电影化的想象——作家与电影》，邵牧君译，北京：中国电影出版社，1989年版，第4页。
④ 〔美〕爱德华·茂莱：《电影化的想象——作家与电影》，邵牧君译，北京：中国电影出版社，1989年版，第5页。

了经常出入影院、入迷地观看电影,他1909年甚至说服特里斯特的一家电影联营公司到爱尔兰去开设影院线,以都柏林为起点,并雇用他当院线的筹备人;资方还答应给他利润的百分之十作为报酬。在乔伊斯的努力下,位于都柏林玛丽街45号的伏尔塔影院于1909年12月20日正式开张营业。但我们很难想象这种商业行为会让这位大作家真正感兴趣,其结果当然是可以预料的:"在很大程度上是由于这位小说家疏于经营,都柏林的这家影院终于关门大吉,乔伊斯在他的影院生意上获利殊微。"①

然而,乔伊斯小说中的电影技巧却是普遍存在,也是常为评论家所津津乐道的。就拿他的代表作《尤利西斯》来说,像蒙太奇、交叉剪辑、淡入淡出、特写、切割、叠印、化(一个形象仿佛重叠在另一个之上)等电影技巧简直俯拾皆是,以至于有论者宣称:"可以毫不夸张地说,几乎所有的电影技巧都可以在《尤里西斯》里找到其对等物。"② 乔伊斯的写作习惯也不是传统的那种线性的、时间性的,而是拼贴的、空间性的,他自己把这种方法称作"镶片":"乔伊斯有一次在某个地方把《尤里西斯》的长条校样称之为'镶片'。A. 沃尔顿·里兹对乔伊斯在《尤里西斯》和《为芬尼根守灵》中的结构方法作了系统的研究,指出这位作家使用的'镶片'一词实在是最准确不过的。乔伊斯不是按先后顺序写作《尤里西斯》的。他先设计好全书的总提纲,然后时而写作品的这一部分,时而写另一部分,最后以粗略的初稿形式实现全部计划。这正是一个电影导演在拍摄一部影片时所用的方法。在某一外景地拍摄的一些场面,在完成片里被交叉剪接进另一些在异时异地拍摄的一些场面;换句话说,即在拍摄工作全部告竣后,由导演和(或)剪辑师把'镶片'收集起来,按适当的顺序进行组合。"③ 因此,正如我们最后在小说中看到的:"《尤里西斯》有18个部分,每个部分都有自己的风格和独特的节奏,它们被'剪辑'在一起,就如同一部爱森斯坦的影片用各种不同的活动画面来创造出丰富多彩的外部形式一样。"④ 除了像"镶片"这样整体意义上的电影化的写作技巧之外,乔伊斯将一些具体的电影技巧也用

---

① 〔美〕爱德华·茂莱:《电影化的想象——作家与电影》,邵牧君译,北京:中国电影出版社,1989年版,第130页。
② 〔美〕爱德华·茂莱:《电影化的想象——作家与电影》,邵牧君译,北京:中国电影出版社,1989年版,第133页。
③ 〔美〕爱德华·茂莱:《电影化的想象——作家与电影》,邵牧君译,北京:中国电影出版社,1989年版,第132页。
④ 〔美〕爱德华·茂莱:《电影化的想象——作家与电影》,邵牧君译,北京:中国电影出版社,1989年版,第132页。

得出神入化。爱德华·茂莱就曾对乔伊斯使用"空间蒙太奇"的一个卓越范例——"游荡的岩石"插曲做过出色的分析。所谓"空间蒙太奇","那就是一种时间不变而空间元素有变的蒙太奇,或者说,它同空间不变而内心独白在时间上自由流动的'时间蒙太奇'正好相反"①。"游荡的岩石"插曲篇幅不长,但在结构上却被分割成19个场景。乔伊斯之所以要在这个"插曲"中使用"空间蒙太奇"手法,是想赋予其中的19个场景以统一性,并清楚地表明这些场景所叙述的各种事件是同时发生的(均发生在下午三点至四点)。正如爱德华·茂莱分析的结果所显示的,乔伊斯通过使用"空间蒙太奇"的电影技巧,完全达到了这个目的。

对于詹姆斯·乔伊斯小说中的电影蒙太奇技巧,加拿大媒介理论家马歇尔·麦克卢汉亦有精彩的论述:"随着分光镜的发明,一旦图像艺术打破了线性艺术和叙述的连续体,电影的蒙太奇手法立刻就要冒出来了。蒙太奇必须要推前和闪回。一推前,它就产生叙述。一闪回,它就产生重建。一定格,它就产生报纸的静态风景,就产生社区生活各个方面的共存。这就是《尤利西斯》表现的都市形象。"② 确实,要表现出现代都市生活中的那种高度复杂性的"共时性"状态,继续沿用传统小说的那种线性叙事模式显然是难以实现的;而电影所惯用的蒙太奇技巧,正好可以给乔伊斯这样的小说家提供叙事技巧方面的借鉴。当然,从上面的引文我们也知道:除了电影的蒙太奇手法,麦克卢汉认为乔伊斯的小说在叙事技巧上还受到了另一种媒介——报纸排版的"空间形式"的影响③。限于篇幅,对于乔伊斯小说所受到的这方面的影响,本章就不展开来谈了。

我们认为,小说的"空间叙事"其实就是对图像(空间)艺术的模

---

① 〔美〕爱德华·茂莱:《电影化的想象——作家与电影》,邵牧君译,北京:中国电影出版社,1989年版,第136页。
② 〔加〕马歇尔·麦克卢汉:《乔伊斯、马拉美和报纸》,〔加〕埃里克·麦克卢汉、〔加〕弗兰克·秦龙格编:《麦克卢汉精粹》,南京:南京大学出版社,2000年版,第110页。
③ 正如麦克卢汉所指出的:"对乔伊斯而言,报纸是人的世界的'微型'表现。报纸的栏目,是全人类悠久激情和兴趣的不变的里程碑。报纸的出版和发行,是整个'政体'的手脚和器官都要参与的戏剧。如果把它当做报纸来分析,由于《尤利西斯》表现的日期是1904年6月16日,它就是用一小段时间来表示整个浓缩的空间。《觉醒》也是一样,它把时间压缩成一小块空间,即'豪斯城堡和环境'……不过,《觉醒》的手法显然是'远程动态式'的广播、电话、新闻记录片和人物说话的结巴;而马拉梅却认为,给《尤利西斯》提供大多数印象派风景的是报纸。作为人日常活动和冲动的样品,报纸是一个无所不包的形象,提供了各种协调组合的可能性。"(〔加〕马歇尔·麦克卢汉:《乔伊斯、马拉梅和报纸》,〔加〕埃里克·麦克卢汉、〔加〕弗兰克·秦龙格编:《麦克卢汉精粹》,南京:南京大学出版社,2000年版,第106页)

仿，既包括对绘画式的静态平面图像的模仿（这一类"空间叙事"的小说较多，写作起来也相对容易些），也包括对电影这样的动态平面图像的模仿。而且，有些具有"空间叙事"特征的小说并不满足于模仿二维平面图像，它们甚至还试图模仿像雕塑、建筑那样的三维立体空间艺术，从而使语词这样的时间性媒介能够在很大程度上实现立体性的空间叙事。比如说，日本作家芥川龙之介的短篇小说《竹林中》[①]与美国作家威廉·福克纳的长篇小说《喧哗与骚动》的叙事模式，就是具有雕塑意味的立体空间叙事。就《竹林中》而言，围绕一桩杀人事件，七个人的讲述各不相同，同一个事实，根据人们看问题的角度以及目的和情感的不同，可以呈现出不同的面貌。将这些各不相同的讲述置于同一个小说文本之中，就如同用语词构造了一个雕塑（圆雕）作品。

总之，像小说这样的叙事艺术要获得发展，就必须抛弃成见、与时俱进，就必须不断地借鉴其他艺术形式或其他表达媒介的长处，以发展、丰富和完善自身的艺术技巧和叙事能力。在20世纪70年代，苏珊·桑塔格曾经这样断言："散文体小说会越来越多地受到其他媒介的影响，不管这些媒介是新闻、平面、歌曲还是绘画。小说很难保持其纯洁性——也没有理由要它保持。"[②] 如今，随着电脑与网络技术的飞速发展，随着新媒介的不断出现，能给小说叙事带来影响的媒介当然远不止是桑塔格所提到的那些，而所谓的数字媒介就是其中最具有活力，也最具有创造性的一种。作为一种"新媒介"，数字媒介所创造的各类数字文本不仅在传统的叙事范畴方面有所创新，而且开辟了许多新的领域——这尤其值得我们重视，就像玛丽-劳尔·瑞安所指出的："虽然数字文本在表现传统叙事范畴如人物、事件、时间、空间等方面创造了新颖的变体，然而，它们真正开辟的叙事学探究的新领地，却是在文本架构和用户参与方面。各种架构包括网络、树状、流程、迷宫、侧枝矢量、海葵、转轨系统……覆盖这些架构的是四个基本的用户参与模式，来自两对二元对立的交叉分类——内在参与和外在参与、探索和本体。每个参与模式都将被展示为与特定架构和特定主题的搭配，以产生互动叙事的各种文

[①] 《竹林中》后来因被日本著名导演黑泽明改编成电影《罗生门》而广为人知，《罗生门》获得了威尼斯电影节金狮奖，是日本第一部获此殊荣的影片。

[②] 〔美〕乔·戴维·贝拉米、〔美〕苏珊·桑塔格：《现代小说的风格》，〔美〕利兰·波格编：《苏珊·桑塔格谈话录》，姚君伟译，南京：译林出版社，2015年版，第6页。

类。"① 正如我们在如今的现实中所看到的，数字媒介确实已经在很多方面为叙事艺术打开了新的视域，小说家需要做的就是去了解这种媒介、熟悉这种媒介，并创造性地运用"出位之思"，以把这种新媒介的本质特性融入语词叙事的跨媒介实践中去。

第四节 文学艺术的"杂交能量"

就像某些生物经过杂交后可以产生优良品种一样，一种媒介与另一种媒介杂交后也会产生巨大的艺术能量。对于文学艺术中的"出位之思"或跨媒介叙事的能量和魅力，马歇尔·麦克卢汉有非常深刻的洞悉。这位不仅对新闻传播学而且对其他人文社会科学也产生了重要影响的媒介理论家认为，当一种表达媒介跨出"本位"去追求另一种媒介的"境界"或美学效果的时候，两种媒介间就存在着一种"危险的关系"，但这种关系却孕育着巨大的"杂交能量"②。麦克卢汉说得好："两种媒介杂交或交汇的时刻，是发现真理和给人启示的时刻，由此而产生新的媒介形式。因为两种媒介的相似性，使我们停留在两种媒介的边界上。这使我们从自恋和麻木的状态中惊醒过来。媒介交汇的时刻，是我们从平常的恍惚和麻木状态中获得自由解放的时刻，这种恍惚麻木状态是感知强加在我们身上的。"③麦克卢汉甚至认为，那些真正创造出了伟大作品的"我们的时代"的作家与艺术家，都借用了"另一种媒介的威力"："像叶芝这样一位诗人在创造文学效果时就充分运用了农民的口头文化。很早的时候，艾略特就精心利用了爵士乐和电影的形式来创作诗歌，造成了极大的影响。……正如肖邦成功地使钢琴适应芭蕾舞的风格一样，卓别林匠心独运，将芭蕾舞和电影媒介美妙地糅合起来，发展出一套似巴甫洛娃狂热与摇摆交替的舞姿。卓别林把古典芭蕾舞步运用于电影表演中。他的表演恰到好处地糅合了抒情和讽刺。这种糅合也反映在艾略特的诗作《普鲁夫洛克情歌》和乔伊斯的小说《尤利西斯》之中。各种门类的艺

---

① 〔美〕玛丽-劳尔·瑞安：《故事的变身》，张新军译，南京：译林出版社，2014年版，第13~14页。
② 马歇尔·麦克卢汉的经典著作《理解媒介——论人的延伸》第一部第五章的标题就叫做"杂交能量——危险的关系"。
③ 〔加〕马歇尔·麦克卢汉：《理解媒介——论人的延伸》，何道宽译，北京：商务印书馆，2000年版，第91页。

家总是首先发现,如何使一种媒介去利用或释放出另一种媒介的威力。"① 是的,那些真正具有独创性的现代作家与艺术家们,总是会有意无意地去进行"出位之思",也就是说,它们在保持自身媒介本色的同时也会利用或释放"另一种媒介的威力"而进行跨媒介叙事。在我们看来,这其实也正是现代文学、现代艺术有别于传统文学、传统艺术而独具魅力的根本原因。

放眼 20 世纪以来文学中的跨媒介叙事作品,在艺术效果上借鉴了图像(造型艺术)的小说作品,我们随便就可以举出格特鲁德·斯坦因的《三个女人》、伊塔洛·卡尔维诺的《命运交叉的城堡》、乔治·佩雷克的《人生拼图版》、米洛拉德·帕维奇的《君士坦丁堡最后之恋》和《茶绘风景画》,以及法国"新小说"派作家的几乎所有叙事作品;借鉴了音乐主题或音乐结构的著名小说作品,则包括罗曼·罗兰的《约翰·克利斯朵夫》、托马斯·曼的《浮士德博士》、弗吉尼亚·伍尔夫的《海浪》、威廉·福克纳的《野棕榈》以及米兰·昆德拉的几乎所有小说作品;至于马塞尔·普鲁斯特的《追忆逝水年华》、詹姆斯·乔伊斯的《尤利西斯》、罗伯特·穆齐尔的《没有个性的人》等高度复杂的叙事作品,则借鉴了绘画、音乐、电影等多种艺术作品。

本章的最后,我们还想从"出位之思"或跨媒介叙事的角度再简单地谈谈文学的"内部研究"与"外部研究"问题。勒内·韦勒克和奥斯丁·沃伦在他们合写的《文学理论》一书中把考察"文学和其他艺术"的第十一章放到了该书的第三部"文学的外部研究"中。其实,这种安排只是考虑到了"文学和其他艺术"比较研究中的表层关系,即他们认为文学和其他艺术无非一种简单的"平行"关系。而事实上,正如本章的研究所表明的:文学在向其他艺术借鉴写作技巧、叙事结构或美学效果的时候,其实就已经进入"影响"层面,也就是说,其他艺术的某些长处、效果或"威力"已经深入文学的"内部",表现在语词、话语、结构或形式等各个层面。比如,当我们说马塞尔·普鲁斯特《追忆逝水年华》的叙事结构是"大教堂"的时候,说格特鲁德·斯坦因的《三个女人》的叙事结构是"三联画"的时候,或者说石黑一雄的《小夜曲——音乐与黄昏五故事集》的叙事结构是"奏鸣曲"的时候,所指的并不是这几篇小说的叙事结构与外在的建筑("大教堂")、绘画("三联画")或

---

① 〔加〕马歇尔·麦克卢汉:《理解媒介——论人的延伸》,何道宽译,北京:商务印书馆,2000 年版,第 88~89 页。

乐曲（"奏鸣曲"）的平行关系，而是小说的叙事结构本身。也就是说，通过"出位之思"或跨媒介叙事，"文学和其他艺术"的比较已经不再仅仅属于"外部研究"，而恰恰已经成为结构主义或"新批评"意义上的名副其实的"内部研究"了。遗憾的是，韦勒克和沃伦并不明白这一点，所以他们把"文学和其他艺术"的比较完全视为"文学的外部研究"，而"外部研究"在他们的研究中仅仅居于"次要地位"[①]，所以"文学和其他艺术"的比较研究长期以来得不到应有的重视——现在该是改变这种状况的时候了。

[①] 在其影响深远的《文学理论》一书中，韦勒克和沃伦这样写道："除非我们集中研究艺术品本身，而把对读者（观众）或作家（艺术家）的心理研究以及对艺术品的文化和社会背景的研究降到次要地位，无论这些研究本身是如何有意义，否则，我们就不可能有一部好的艺术史，更谈不上比较艺术史了。遗憾的是，迄今为止，我们还没有进行各种艺术间比较的任何工具。这里还有一个困难的问题：各种艺术可以进行比较的共同因素是什么？"〔美〕勒内·韦勒克、〔美〕奥斯丁·沃伦：《文学理论》，刘象愚、邢培明、陈圣生、李哲明译，杭州：浙江人民出版社，2017年版，第121页）

第三章　视觉形象与小说的跨媒介叙事

作家在进行小说创作时，到底是基于抽象的语词、模式、思想，还是基于一个具体的视觉形象，不同的作家、理论家对于这个问题可能会有不同的回答；而且，对于这两种创作方式，我们都可以在小说史上找到成功的范例。本章所考察的是那类依赖视觉形象建构文本的作家及其所创作的跨媒介叙事作品，试图通过这一考察，把目前方兴未艾的跨媒介叙事研究推向深入，且为当今盛行但并未落实到文学创作和文本分析的语图关系研究拓展新的研究空间。

第一节　叙事与迷宫

赫伯特·西蒙是一位少见的在多个学科领域都取得了突出贡献的学术天才，在经济学领域，他获得了诺贝尔奖；在计算机科学和人工智能领域，他获得了图灵奖；在认知心理学领域，他获得了心理学杰出贡献奖；此外，在数学、政治学、运筹学、工程学、生物学和管理科学等学科领域，他都取得了一系列一般人难以企及的巨大成就。在其自传《我人生的多样模型》(*Models of My Life*)[①]中，这位伟大的科学家这样写道："我人生轨迹的迷宫（maze）出现了多个分岔口，有时我会向左，有时我会向右。作为一个致力于研究人类选择的人，我的人生用'迷宫'这个比喻再恰当不过了。如果我在早年没有涉足过多个迷津园（labyrinth），我也会以后在豪尔赫·路易斯·博尔赫斯的故事中遇到

[①] 该书的中译本被改名为《科学迷宫里的顽童与大师：赫伯特·西蒙自传》（中译出版社，2018年版）。

它们。"①

之所以说人生像迷宫，是因为赫伯特·西蒙有着与众不同的"多样人生"，或者说他的人生有着"多样模型"。对此，西蒙是这样解释的："这样措辞否定了人生——至少是我的人生——只有一种中心主题、一种统一思想或者基调的看法。诚然，我的人生有很多主题（照样是复数），有些主题看似更加明朗厚重，或者说比其他主题更加明显。也许，我的人生最清晰的主题是身为科学家和教师，我一直孜孜不倦地开展启发式搜索，希望能找到人类决策过程中真理的圣杯。就我的人生主题而言，还有比较精细的分支：我既是政治科学家、组织理论学家、经济学家、管理学家、计算机科学家和心理学家，又是科学哲学家。"② 而且，西蒙认为其人生的每个主题都让他"有了多个不同的角色，每个角色都有自己独特的迷宫设置"；既然如此，那么，"在这些多样的迷宫中，走哪一条路最能代表赫伯特·西蒙？哪条路都可以。因为所谓真正的自己，不过是一种错觉。我们无时无刻不在具体的情境中生活，每一刻都要面临不同的人生际遇。实话说，我们扮演不同的角色，不会让我们失去本真，也不会让我们变得伪善。我们在人生的迷宫里走出属于自然和社会赋予我们的特色"③。

多样的人生故事当然需要别样的叙述，《我人生的多样模型》正是一部有着独特叙事结构的自传作品。正如西蒙所指出的："身兼多种角色，便不可能只发出一种声音，也无法只用一种风格作传。……所以本书不是一部单独的戏文剧，而是23个独幕剧，其中有些有前因后果的关联，也有一些彼此独立。"④ "本书整体的描述可以说是我个人经历多个人生片段的再现，就像电影式的回放。我的回忆中总有些印象深刻的印记，这些情景关联后，就形成了如安藤广重（Ando Hiroshige）从江户时代到京都的场景画风格的叙事。"⑤

---

① 〔美〕赫伯特·西蒙：《科学迷宫里的顽童与大师：赫伯特·西蒙自传》，陈丽芳译，北京：中译出版社，2018年版，第8页。
② 〔美〕赫伯特·西蒙：《科学迷宫里的顽童与大师：赫伯特·西蒙自传》，陈丽芳译，北京：中译出版社，2018年版，第9页。
③ 〔美〕赫伯特·西蒙：《科学迷宫里的顽童与大师：赫伯特·西蒙自传》，陈丽芳译，北京：中译出版社，2018年版，第9~10页。
④ 〔美〕赫伯特·西蒙：《科学迷宫里的顽童与大师：赫伯特·西蒙自传》，陈丽芳译，北京：中译出版社，2018年版，第10页。
⑤ 〔美〕赫伯特·西蒙：《科学迷宫里的顽童与大师：赫伯特·西蒙自传》，陈丽芳译，北京：中译出版社，2018年版，第11页。

无疑，赫伯特·西蒙是把他的自传当作一个文字迷宫来建构的，其最终呈现出来的是一种类似"场景画"一样的文本化的视觉形象，也就是说，西蒙的自传本质上是一种通过语词模仿人生迷宫这一视觉形象的跨媒介叙事作品。至于这个迷宫形象的来源，西蒙也说得很清楚：这最早源于他早年涉足过的"多个迷津园"，后来博尔赫斯小说中的迷宫形象则进一步强化了他人生故事的迷宫感觉，而这种感觉又自然而然地内化于其自传的叙事结构之中。

在《我人生的多样模型》一书中，西蒙多次表示喜欢博尔赫斯的小说，尤其喜欢博氏小说中的迷宫形象。至于博尔赫斯在其小说中所创造的迷宫，如今已经成为非常著名的文学形象了。比如，在其最具代表性的短篇小说之一《小径分岔的花园》中，博尔赫斯就用文字创造了一座堪称文学史上最著名的迷宫，即主人公彭寇花了整整13年所创作的"一部比《红楼梦》人物更多的小说"，这其实是"一个谁都走不出来的迷宫……一个由迷宫组成的迷宫，一个错综复杂、生生不息的迷宫"[1]——正如小说中斯蒂芬·艾伯特所解释的，这不是一座具体的迷宫，而是"一座象征的迷宫""一座时间的无形迷宫"[2]。小说中的"我"一开始对这个特殊的迷宫百思不得其解，但在艾伯特的耐心解释之下终于恍然大悟："'小径分岔的花园'就是那部杂乱无章的小说；'若干后世'（并非所有后世）这句话向我揭示的形象是时间而非空间的分岔。我把那部作品再浏览一遍，证实了这一理论。在所有的虚构小说中，每逢一个人面临几个不同的选择时，总是选择一种可能，排除其他；在彭寇的错综复杂的小说中，主人公却选择了所有的可能性。这一来，就产生了许多不同的后世，许多不同的时间，衍生不已，枝叶纷披。小说的矛盾就由此而起。比如说，方君有个秘密；一个陌生人找上门来；方君决定杀掉他。很自然，有几个可能的结局：方君可能杀死不速之客，可能被他杀死，两人可能都安然无恙，也可能都死，等等。在彭寇的作品里，各种结局都有；每一种结局是另一些分岔的起点。有时候，迷宫的小径汇合了：比如说，您来到了这里，但是某一个可能的过去，您是我的敌人，在另

---

[1] 〔阿根廷〕豪尔赫·路易斯·博尔赫斯：《小径分岔的花园》，《小径分岔的花园》，王永年译，上海：上海译文出版社，2015年版，第89页。
[2] 〔阿根廷〕豪尔赫·路易斯·博尔赫斯：《小径分岔的花园》，《小径分岔的花园》，王永年译，上海：上海译文出版社，2015年版，第92页。

一个过去的时期，您又是我的朋友。"①

整体而言，《小径分岔的花园》采用了一种"书中书"的叙事结构，而其中的核心部分则是一座由文字构筑成的迷宫。一般来说，人们为了解释宇宙或描绘世界而写书，写出来的书本身却可能是无穷无尽的迷宫，而储存书的图书馆则构成了一种迷宫中的迷宫。这种"迷宫中的迷宫"形象，正是博尔赫斯这位曾长期担任阿根廷国家图书馆馆长的作家极其喜欢的意象。在《通天塔图书馆》这个精彩的短篇小说中，博尔赫斯笔下图书馆的视觉形象即是一座"无休无止的"迷宫："宇宙（别人管它叫图书馆）由许多六角形的回廊组成，数目不能确定，也许是无限的，中间有巨大的通风井，回廊的护栏很矮。从任何一个六角形都可以看到上层和下层，没有尽头。回廊的格局一成不变。除了两个边之外，六角形的四边各有五个长书架，一共二十个，书架的高度和层高相等，稍稍高出一般图书馆员的身长。没有放书架的一边是一个小门厅，通向另一个一模一样的六角形……"② 至于图书馆中所储存的大量用各种语言文字所写成的书籍，则更是无休无止的各式各样的复杂迷宫，这样的迷宫一般人根本就无法进入，更别说去破解和穿越了。曾经有一个堪称思想家的聪明的图书馆员，声称他发现了图书馆的基本规律，"那位思想家指出，所有书籍不论怎么千变万化，都由同样的因素组成，即空格、句号、逗号和二十二个字母。他还引证了所有旅人已经确认的一个事实：在那庞大的图书馆里没有两本书是完全相同的。根据这些不容置疑的前提，他推断说图书馆包罗万象，书架上包括了二十几个书写符号所有可能的组合（数目虽然极大，却不是无限的），或者是所有文字可能表现的一切……"③ 既然如此，人们就"指望澄清人类的基本奥秘，澄清图书馆和时间的起源。奥秘无疑是可以用语言解释清楚的：假如哲学家的语言不足以解释，那么包罗万象的图书馆里应该找得出所需的一种闻所未闻的语言，以及那种语言的词汇和语法。四百年来，人们找遍了那些六角形……甚至有专职的寻找者，稽查员。我看见他们履行职务的情况：他们总是疲于奔命；谈论某处几乎害他们摔死的没有梯级的楼梯；他们和

---

① 〔阿根廷〕豪尔赫·路易斯·博尔赫斯：《小径分岔的花园》，《小径分岔的花园》，王永年译，上海：上海译文出版社，2015年版，第94页。
② 〔阿根廷〕豪尔赫·路易斯·博尔赫斯：《通天塔图书馆》，《小径分岔的花园》，王永年译，上海：上海译文出版社，2015年版，第69页。
③ 〔阿根廷〕豪尔赫·路易斯·博尔赫斯：《通天塔图书馆》，《小径分岔的花园》，王永年译，上海：上海译文出版社，2015年版，第74页。

图书馆员讨论回廊和楼梯；有时候随手拿起一本书翻阅，寻找猥辞恶语。显然，谁都不指望发现什么"①。是啊，图书馆本身是一座迷宫，而其中的每一本书又都是一个迷宫，我们还能指望从中发现什么"基本规律"呢？当然，在这篇小说的最后，博尔赫斯这样写道："我不揣冒昧地为这个老问题提出一个答案：图书馆是无限的、周而复始的。假如一个永恒的旅人从任何方向进去，几个世纪后他将发现同样的书籍会以同样的无序进行重复（重复后便成了有序：宇宙秩序）。"②

显然，博尔赫斯上面所说的无序重复之后所呈现的有序是一种文字迷宫的"秩序"，这也正符合博尔赫斯一辈子都在和文字与图书打交道的人生经历；但一个毋庸置疑的事实是：出现在我们面前的迷宫首先是一种视觉形象。正如专门研究迷宫的学者雅克·阿达利所说："在一切文明中，迷宫首先是一个象征，其次是一个神话的载体，最后也是一种交流方式。因此，迷宫就成了某种非常精细的表达方式，一种先于文字的语言。"③ 是的，早在文字尚未发明的公元前1万年之前，"人们在极不相同的地方发现了新石器时期的迷宫图"④。博尔赫斯在小说中所创造的迷宫，其实只是以语词这种线性的时间性媒介对空间性的迷宫图的跨媒介书写。

诚然，"在原始人类的涂写物中，迷宫图并非唯一富有含义的画图"⑤，但它无疑是形式最为复杂、含义最为丰富的图像。既然如此，那么我们的问题是：对于如此复杂和丰富的迷宫图，博尔赫斯在进行小说创作时是凭空想象出来的，通过研究文字材料构想出来的，还是有某种视觉形象作为创作的依据呢？作为一个博尔赫斯迷，尤其是作为一个喜欢博氏小说所创造的迷宫形象的研究者，这个问题自多年前浮现于脑海中之后，一直以来就没有消失过，直到最近看了赫伯特·西蒙的自传《我人生的多样模型》，纠缠多年的这个问题才算是得到了明确的、完满的解答。

---

① 〔阿根廷〕豪尔赫·路易斯·博尔赫斯：《通天塔图书馆》，《小径分岔的花园》，王永年译，上海：上海译文出版社，2015年版，第75~76页。
② 〔阿根廷〕豪尔赫·路易斯·博尔赫斯：《通天塔图书馆》，《小径分岔的花园》，王永年译，上海：上海译文出版社，2015年版，第80~81页。
③ 〔法〕雅克·阿达利：《智慧之路——论迷宫》，邱海婴译，北京：商务印书馆，1999年版，第38页。
④ 〔法〕雅克·阿达利：《智慧之路——论迷宫》，邱海婴译，北京：商务印书馆，1999年版，第21页。
⑤ 〔法〕雅克·阿达利：《智慧之路——论迷宫》，邱海婴译，北京：商务印书馆，1999年版，第38页。

正如前面所谈到的，赫伯特·西蒙一辈子喜欢迷宫，早在1956年发表的论文《理性选择和环境结构》中，他就"围绕'迷宫'这个隐喻构建了有机体（人）如何在令人满意的水准上满足多种要求，且不依赖于超人的智慧和计算能力下生存的模型"①，他后来还以论文中的思想创作了一个题为《苹果》(The Apple) 的故事，"它的核心人物不是忒修斯，而是一个普通人，名叫雨果。这个故事描述了雨果的一生，就像普通人的人生，在迷宫中逐渐探索的一生"②。显然，故事《苹果》是对论文《理性选择和环境结构》所提出的抽象的"生存的模型"叙事性阐释。

1970年12月，趁去布宜诺斯艾利斯讲学的机会，西蒙拜会了他仰慕已久的作家博尔赫斯。西蒙特别想知道的是博尔赫斯的"创作初衷"，为此，他在见面之前先用英文给博尔赫斯写了一封信，信的主要内容如下：

> 我是一名社会科学家，想通过数学模型（近年来利用计算机模拟程序）来理解人类的行为。1956年，我发表了一篇论文，以迷宫视角解释了生活的曲折和多种可能性，各个岔口和最终目标各不相同。
> ……在《通天塔图书馆》(La Bilioteca de Babel) 这个故事里，我发现其实人生就像是一场在迷宫中寻寻觅觅的过程。是否曾有类似的从无生命的数学模型到有血有肉的文学作品的转变过程。③

从信中我们不难看出，西蒙最关心的问题是：是否存在从抽象的"模型"到具体的文学作品的创作过程。由于他的《苹果》就是这样创作出来的，所以他特别期待博尔赫斯给出肯定的答案。当两人见面之后，西蒙直接问博尔赫斯，他是如何关注到迷宫，并把它写进故事的。没想到，博尔赫斯的回答与他期待的答案相反：

> 我记得在一本法文书中看到过迷宫的雕刻——那时我还是个孩

---

① 〔美〕赫伯特·西蒙：《科学迷宫里的顽童与大师：赫伯特·西蒙自传》，陈丽芳译，北京：中译出版社，2018年版，第227页。
② 〔美〕赫伯特·西蒙：《科学迷宫里的顽童与大师：赫伯特·西蒙自传》，陈丽芳译，北京：中译出版社，2018年版，第227页。
③ 〔美〕赫伯特·西蒙：《科学迷宫里的顽童与大师：赫伯特·西蒙自传》，陈丽芳译，北京：中译出版社，2018年版，第228页。

子。那是一种没有门但有许多窗的圆形建筑。我常盯着这幅雕刻，想着如果我拿着高倍放大镜接近它的话，可能就会看到牛头人身的怪物。①

我在写作时，不会受到概念教义的约束。我想，从某种程度上讲，我的故事是在我思如泉涌的时候用心叙述的结果。我不会特意去寻找不可言传之内涵，也不会从抽象的思想出发，我不是一个善于玩转符号之人。但如果对我的故事有些超验主义的解释，那就不是我去发现，而是读者和批评家的任务了。②

对于这样的回答，西蒙似乎并不满意，他接下来以非常肯定的语气跟博尔赫斯说道："无疑，你在作品中对于不同的迷宫是有明确定义的。显然，在《通天塔图书馆》中，你是从抽象的描述开始的。"③没想到，博尔赫斯进一步否定了他的看法，并明确地告诉他"这个故事一开始是怎么来的"：博尔赫斯曾在布宜诺斯艾利斯西部的一个小公共图书馆里工作9年，由于拿的工资少，同事又不好相处，他感到非常郁闷和可悲。在这种情绪笼罩之下，他对于图书馆这个特殊的形象本身产生了兴趣："有一天，我想我的人生难道就这样埋葬在这座图书馆里吗？为什么不发明一种以无穷的图书馆为代表的宇宙呢？在这个图书馆里，人们可以找到历史上所有成稿的书。同时，我阅读了一些关于排列组合的理论。我觉得图书馆的可能性几乎接近无穷。这就是我一开始有故事主题和灵感的起源。"④听到这些，西蒙进一步追问："你的组合分析，灵感是什么？"博尔赫斯接着谈到了罗素的《数理哲学导论》和罗伊斯（Josiah Royce）的《世界与个人》，尤其是后者，博尔赫斯特别看重，因为他认为："这本书体现了这个主题的非常具体的实例，说的是英格兰的地图。整张地图就在岛上，假设这张图本身就是另外一张更大的地图的一部分，

---

① 〔美〕赫伯特·西蒙：《科学迷宫里的顽童与大师：赫伯特·西蒙自传》，陈丽芳译，北京：中译出版社，2018年版，第229页。
② 〔美〕赫伯特·西蒙：《科学迷宫里的顽童与大师：赫伯特·西蒙自传》，陈丽芳译，北京：中译出版社，2018年版，第230页。
③ 〔美〕赫伯特·西蒙：《科学迷宫里的顽童与大师：赫伯特·西蒙自传》，陈丽芳译，北京：中译出版社，2018年版，第230页。
④ 〔美〕赫伯特·西蒙：《科学迷宫里的顽童与大师：赫伯特·西蒙自传》，陈丽芳译，北京：中译出版社，2018年版，第231页。

所谓的'图中图',以此类推,就会有无穷的思想。"①

从小时候看过的迷宫雕刻,到工作过多年的图书馆形象,再到罗伊斯书中的英格兰地图,激发博尔赫斯创作灵感的东西都是一个个非常具体的视觉形象;事实上,他小说中所创造的"迷宫",都是通过文字这一时间性媒介对某个视觉化的空间性迷宫形象的模仿,也就是说,其小说中的"迷宫"都是一种文本试图达到视觉(空间)效果的跨媒介书写,而这种小说叙事本质上是一种非线性叙事或空间叙事。最后,赫伯特·西蒙不得不承认:"博尔赫斯否认了《通天塔图书馆》或者《小径分岔的花园》背后有抽象的模型。他写故事,不是在用具体的例证来实现模型。他是讲故事的人。"② 实际上,正如前文所论及的,西蒙本人作为文字迷宫来建构的自传《我人生的多样模型》,亦源于他早年涉足过的视觉形象——迷津园(迷宫),只是由于他创作的叙事作品《苹果》直接源于一个抽象的"数学模型",他内心深处希望得到当时已闻名世界的大作家博尔赫斯的认同或支持而已。

当然,作家进行小说创作的动机,或者说作家所创作的叙事作品的源头,并不限于一种,而是多种多样的。但可以肯定的是:像博尔赫斯这样旨在打破传统的线性叙事、创造全新叙事模式的作家,其小说作品往往源于某个视觉形象——迷宫仅仅是其中最为复杂的一种,其叙述模式则往往是语词模仿图像的跨媒介叙事。

第二节 视觉形象与小说叙事

迷宫是一种非常特殊、内涵丰富的存在,除了给我们呈现出一个无比复杂的视觉形象,它本身也是一幅别致的叙事作品,这更增加了迷宫的复杂性。正如雅克·阿达利所言:"迷宫图在叙述一个个故事。彼此永不雷同。时而快乐,时而悲伤。依据所要达到的目标的不同位置、择路的难易、进出的次数、有无死巷,故事的复杂程度也不尽相同。"③ "迷

---

① 〔美〕赫伯特·西蒙:《科学迷宫里的顽童与大师:赫伯特·西蒙自传》,陈丽芳译,北京:中译出版社,2018年版,第231页。
② 〔美〕赫伯特·西蒙:《科学迷宫里的顽童与大师:赫伯特·西蒙自传》,陈丽芳译,北京:中译出版社,2018年版,第233页。
③ 〔法〕雅克·阿达利:《智慧之路——论迷宫》,邱海婴译,北京:商务印书馆,1999年版,第39页。

宫是曲折回还和盘根错节的综合，它依据人们是穿越迷宫还是要达到迷宫的中心，而叙述着不同的故事。"[1] 对于迷宫这样一种形式复杂、内涵丰富的视觉形象，小说家要通过文字把它写进叙事作品，无论是在小说中书写迷宫本身，还是采用迷宫的形式架构叙事作品，都是一件非常困难的工作。像翁贝托·埃科在《玫瑰的名字》中那样把迷宫作为"故事空间"来书写，尚可勉力完成；要以迷宫的形式来形成叙事作品的结构，则除了像博尔赫斯一样的小说家，一般人不敢轻易尝试。事实上博尔赫斯也承认，他其实是采用了一种比较讨巧的做法："编写篇幅浩繁的书籍是吃力不讨好的谵妄，是几分钟能讲清楚的事情硬抻到五百页。比较好的做法是伪托一些早已有之的书，搞一个缩写和评论。卡莱尔在《旧衣新裁》、巴特勒在《安乐的避难所》里都是这样做的：那两本书也有不完善之处……最偷懒的做法是写假想书的注释。"[2] 正如我们所看到的，博尔赫斯所创作的著名的迷宫形式的小说《小径分岔的花园》，主体部分其实只是叙述者之一的斯蒂芬·艾伯特对彭寇所写的那部《小径分岔的花园》的简介或评述。正因为如此，所以一般的小说家都不会把迷宫形象视为创作的灵感或叙事活动的开端，成为他们创作动力或作品核心形象的往往是相对简单的视觉形象。

下面，我们就来进一步阐述视觉形象与小说叙事之间的内在关联，并指出这类作品的跨媒介叙事性质。

一、视觉形象在叙事活动中的重要性

众所周知，决定小说家创作活动的心理活动主要有想象和记忆两种，在很多叙事活动中，想象往往至关重要。在《美国讲稿》一书中，伊塔洛·卡尔维诺把想象的过程分为两类："一类是从语词出发到视觉形象；一类是从视觉形象出发到语言表达方式。"[3] 前者一般发生在阅读的时候，后者则往往发生在创作的时候。卡尔维诺以但丁创作《神曲》为例，对创作中的想象活动进行了具体的分析："但丁讲的是（即《神曲》里的人物但丁）头脑里的这些想象，就像银幕上的电影或屏幕上的电视形象，

---

[1] 〔法〕雅克·阿达利：《智慧之路——论迷宫》，邱海婴译，北京：商务印书馆，1999年版，第40页。

[2] 〔阿根廷〕豪尔赫·路易斯·博尔赫斯：《小径分岔的花园·序》，王永年译，上海：上海译文出版社，2015年版，第2页。

[3] 〔意〕伊塔洛·卡尔维诺：《美国讲稿》，萧天佑译，南京：译林出版社，2012年版，第81页。

与他正在阴界进行的旅行没有联系。但对作者但丁来说，人物但丁的梦游等于这些幻觉。作者的任务是，通过想象看到他的人物看到的或他的人物认为看到的一切幻象，看到他的人物梦见的东西、回忆的东西，听到他的人物听到的东西，并通过想象构思出它们的内容。就是说，但丁在《神曲》中要尽力确定想象应起的作用，说得更确切些，他要确定他想象力中视觉形象那一部分，亦即在想象力的语词部分之前就存在或与之同时存在的视觉部分。"① 一旦确定了想象力中的视觉形象部分，叙事作品才能顺利进行并达到"形象鲜明"的效果。卡尔维诺认为依纳爵·罗耀拉在其《避静》一书中特别强调视觉形象的作用："在对待当时的神像方面，罗耀拉的做法与众不同之处是，他以视觉想象代替口头传道，作为获取深层含义的途径。他这种做法的起点和终点是既定的，而在其起点和终点之间，为应用个人想象力留下了无限可能的空间，以便去想象人物、场所和各种活动的场景。信徒要把自己的大脑看成一面墙壁，要凭借自己对某个神学词语或福音书上的某个凝练的诗句进行想象而得到的启发，在那面墙壁上亲手绘制充满各种人物的壁画。"② 罗耀拉是从效果方面考虑问题的，当以视觉想象代替口头传道的时候，信徒就可以在大脑这面墙壁上"亲手绘制充满各种人物的壁画"。这样一来，传道的效果自然是非常强烈的。充满视觉形象的小说叙事作品又何尝不是这样？因此，小说家应从出现在其意识中的视觉形象出发，通过语词进行跨媒介叙事，努力创造出具有造型效果或空间特征的小说叙事作品。

至于卡尔维诺自己，他认为其叙事活动的动力首先来源于视觉形象，也就是说，视觉形象在其创作活动中具有压倒一切的重要性："……我写的每一个故事都有个视觉形象为依据。例如，有个分为两半的人的形象，他的两个半身不仅不死，而且还独立地生存着；另一个形象是，一个青年爬到树上，在上面攀来攀去，不再下到地面上来；第三个形象是一件内中无人的铠甲，四处行走，独自讲话，仿佛有什么人穿着它似的。"③ "就是说，构思一篇故事时，我头脑里出现的第一个东西是一个形象。它代表着某种含义，但我还不能把这个含义用语言或概念表述出来。当这

---

① 〔意〕伊塔洛·卡尔维诺：《美国讲稿》，萧天佑译，南京：译林出版社，2012年版，第81页。
② 〔意〕伊塔洛·卡尔维诺：《美国讲稿》，萧天佑译，南京：译林出版社，2012年版，第84页。
③ 〔意〕伊塔洛·卡尔维诺：《美国讲稿》，萧天佑译，南京：译林出版社，2012年版，第86页。

个形象在我头脑中变得足够清晰时,我便着手把它发展成一篇故事,或者说得更确切些,是这些形象渐渐显露出它们自身的活力,变成它们的故事。每个形象周围又产生了其他形象,形成一个类比、对称和相互映衬的场所。在对这些此时已不再是视觉形象而是已变成概念的素材进行组织时,我的意图才开始起作用,试图把它们排列起来使故事得以展开。或者说,我的工作只是看看哪些东西与我对故事的构思一致,哪些不一致。……我是说,当我开始在白纸上写黑字时,语言才是起决定作用的:首先寻找一个与视觉形象相等的表达式,再看它是否符合既定的风格,最后使之逐渐变成故事的主宰。文字将故事的发展引向流畅的方向,视觉形象这时只能尾随其后。"[1]

我认为,在上面这段文字中,卡尔维诺关于叙事活动中视觉形象的优先性、视觉形象在头脑中如何起作用的论述,都是非常正确的,但他最后关于落笔写作时文字开始占支配地位、"视觉形象这时只能尾随其后"的说法存在问题。这种说法说明卡尔维诺对视觉形象并没有真正清晰的理解。事实上,视觉形象至少应包括现实生活中的、意识中的(头脑里中的)和媒介化的视觉形象等几种。现实生活或头脑里中的视觉形象可以分别被绘画、雕塑、装置、影像或语词等媒介表征,而意识中的视觉形象既可能来自现实生活,也可能源于阅读语词作品,观看戏剧、电影、绘画或雕塑等艺术作品。实际上,小说等文学作品中也存在视觉形象——一种被文字表征的视觉形象,而卡尔维诺认为:一旦"开始在白纸上写黑字的时候",语言文字的绝对地位就开始凸显,视觉形象则变得不再重要了。而在笔者看来,当小说家开始写作的时候,他们所做的其实只是用语词去表征头脑或想象中的视觉形象,即通过语词的跨媒介叙事,去创造文本中的文字性视觉形象。

当然,对于视觉形象在叙事活动中的第一性、决定性作用,卡尔维诺本人是绝对承认的,他在对自己创作方法的总结中也说得非常清楚:"总之,我的创作方法是,把幻想中自发出现的形象与语言思维中的意图统一起来。虽然视觉幻想及其逻辑是最先产生的,但它或早或晚都要陷入思维与语言表达以及它们的逻辑这张罗网之中。尽管如此,视觉形象

---

[1] 〔意〕伊塔洛·卡尔维诺:《美国讲稿》,萧天佑译,南京:译林出版社,2012年版,第87页。

仍然是决定性的,有时它能出人意料地解决思维与语言所不能解决的问题。"①

不仅卡尔维诺认为视觉形象在叙事活动中具有优先地位,很多现代小说家都曾明确坦言视觉形象在其创作中的重要作用。就这个话题谈得最多且观点最为明确和坚决的,可能要算是哥伦比亚作家加西亚·马尔克斯了。在其与P. A. 门多萨的对谈录《番石榴飘香》中,当门多萨问道"对你来说,具备什么条件才能动手写一本书时",马尔克斯这样回答道:

> 一个视觉形象。我认为,别的作家有了一个想法、一种观念,就能写出一本书来。我总是得先有一个形象。我认为《礼拜二午睡时刻》是我最好的短篇小说,我在一个荒凉的镇子上看到一个身穿丧服、手举黑伞的女人领着一个也穿着丧服的小姑娘走在火辣辣的骄阳下,之后写了它。《枯枝败叶》是一个老头儿带着孙子去参加葬礼。《没有人给他写信的上校》是基于一个人在巴兰基亚闹市码头等候渡船的形象,那人沉默不语,忧心忡忡。②

当门多萨继续追问《百年孤独》是基于怎样的视觉形象时,马尔克斯是这样说的:"一个老头带着一个小男孩去见识冰块。那时候,马戏团把冰块当作稀罕宝贝来展览。"③ 而且,最终建构起《百年孤独》这座小说大厦的视觉形象,其实是源于马尔克斯本人小时候的现实经历,那个带小孩去见识冰块的老头的原型就是作家的外祖父马尔克斯上校。当然,作家在小说中并不是照搬小时候所看到的相关形象,正如马尔克斯所进一步解释的:"不是直接从现实中取材,而是从中受到启迪,获得灵感。我记得,我们住在阿拉卡塔卡的时候,我年纪还小,有一次我外祖父带我去马戏团看单峰驼。另一天,我对他说,我还没见过冰块呢,他就带着我去香蕉公司的营地,让人打开一箱冰冻鲷鱼,把我的手按在冰块里。

---

① 〔意〕伊塔洛·卡尔维诺:《美国讲稿》,萧天佑译,南京:译林出版社,2012年版,第88页。
② 〔哥伦比亚〕加西亚·马尔克斯、〔哥伦比亚〕P. A. 门多萨:《番石榴飘香》,林一安译,海口:南海出版公司,2015年版,第29页。
③ 〔哥伦比亚〕加西亚·马尔克斯、〔哥伦比亚〕P. A. 门多萨:《番石榴飘香》,林一安译,海口:南海出版公司,2015年版,第29~30页。

《百年孤独》就是根据这个形象开的头。"① 熟悉马尔克斯的读者都知道，作家非常重视作品的开头，尤其是小说的第一句话。《百年孤独》里的这第一句话几乎可算是文学作品中最著名的开头了："多年以后，面对行刑队，奥雷里亚诺·布恩迪亚上校将会回想起父亲带他去见识冰块的那个遥远的下午。"② 根据马尔克斯本人对《百年孤独》视觉形象来源的叙述，门多萨认为作家是"把两件事合并在一起了"③。确实如此，在最终的小说文本中，去马戏团看单峰驼、去香蕉公司见识冰块，这两个形象被马尔克斯合并成一个视觉形象了。在和乌拉圭记者埃内斯托·贡萨雷斯·贝梅霍的访谈中，马尔克斯进一步谈到了有关《百年孤独》的视觉形象："在单峰驼和冰之间做决定时，我自然是倾向于冰了，因为从文学的立场看，它更容易引起联想。现在，让人感到难以置信的是，《百年孤独》居然是从这么简单的视觉形象开始的。"④ 当然，正如马尔克斯所指出的：决定他创作一部小说的确实是某个视觉形象，"但这并不一定是指那个形象必须成为书中的第一个形象，即便《百年孤独》的形象是这样的"⑤。

马尔克斯自己承认，他"对如何探明故事的诞生太着迷了"，就他自己来说，"它总是始于某个形象，不是某个想法或某个概念。关于《霍乱时期的爱情》，那个形象就是两个老人在船甲板上跳舞，跳的是波列罗舞"⑥。确实，促使马尔克斯故事诞生的视觉形象中往往有一个老人，"《枯枝败叶》的出发点是一个老人带着孙子去参加葬礼，《没有人给他写信的上校》是一个老人在等待，《百年孤独》是一个老人带着孙子去集市探寻什么是冰"⑦。对此，马尔克斯是这样解释的："我幼年时期的守护

---

① 〔哥伦比亚〕加西亚·马尔克斯、〔哥伦比亚〕P. A. 门多萨：《番石榴飘香》，林一安译，海口：南海出版公司，2015年版，第30页。
② 〔哥伦比亚〕加西亚·马尔克斯：《百年孤独》（插图纪念版），范晔译，海口：南海出版公司，2020年版，第1页。
③ 〔哥伦比亚〕加西亚·马尔克斯、〔哥伦比亚〕P. A. 门多萨：《番石榴飘香》，林一安译，海口：南海出版公司，2015年版，第30页。
④ 〔美〕吉恩·贝尔－维达亚编：《加西亚·马尔克斯访谈录》，许志强译，南京：南京大学出版社，2019年版，第26页。
⑤ 〔美〕吉恩·贝尔－维达亚编：《加西亚·马尔克斯访谈录》，许志强译，南京：南京大学出版社，2019年版，第326页。
⑥ 〔美〕吉恩·贝尔－维达亚编：《加西亚·马尔克斯访谈录》，许志强译，南京：南京大学出版社，2019年版，第305页。
⑦ 〔美〕吉恩·贝尔－维达亚编：《加西亚·马尔克斯访谈录》，许志强译，南京：南京大学出版社，2019年版，第89～90页。

天使就是一个老人——我的外祖父。我的父母亲没有养育我，他们把我留在了外祖父母的家中。外祖母过去常常给我讲故事，外祖父带我去看东西。这些就是我的世界从中得以构成的环境。我总是看见外祖父向我展示事物的那个形象，现在我能意识到这一点。"① 是啊，对于一个以写作为业的人来说，这是非常优越的成长环境——外祖母常常给他讲故事，外祖父则经常带他去看东西，这两个条件结合起来，确实可以给马尔克斯的小说叙事与视觉形象之间的关系提供一个合理的解释。

在马尔克斯的创作历程中，也偶尔会遇到终止一部小说的创作而写作另一部小说的情况，这往往和视觉形象与叙事结构有关。比如说，马尔克斯曾经花了相当多的时间写《族长的秋天》，但后来觉得难以继续，就转而先写《百年孤独》了。当时促使他写《族长的秋天》的视觉形象是"一个非常衰老的独裁者在一个体育场受审判的情景"，而小说的基本叙事结构是"老独裁者的长篇独白"，但后来这种视觉形象和叙事结构都被马尔克斯废弃不用了。关于废弃不用的原因，马尔克斯有很好的解释："长期以来，我在进行创作时，总是碰到结构方面的问题。这个问题不解决，我是绝不动笔的。在哈瓦那公审索萨·布朗科的那个夜晚，我觉得被判处死刑的老独裁者的长篇独白也许是较好的结构。但是，我错了。首先，这是违反历史真实的：那些独裁者不是寿终正寝就是被人们处死，要不就亡命国外，但从来没有受到过审判。第二，独白可能会使我局限于仅仅从独裁者的视角来进行叙述，并且只使用他个人的语言。"② 《族长的秋天》后来当然也圆满完成了，并成为马尔克斯的另一部名作，而最终决定这部小说的视觉形象是这样的："一个非常衰老的独裁者形象，衰老得令人难以想象，孤零零地一个人待在一座母牛到处乱闯的宫殿里。"③

那么，当一个视觉形象确定之后，它是如何展开并扩展成一部小说的呢？马尔克斯的回答是："我让它炖着……这不是一个很自觉的过程。我所有的作品都孵化了很多年的。《百年孤独》是十五或十七年。"④ "形

---

① 〔美〕吉恩·贝尔-维达亚编：《加西亚·马尔克斯访谈录》，许志强译，南京：南京大学出版社，2019年版，第90页。
② 〔哥伦比亚〕加西亚·马尔克斯、〔哥伦比亚〕P. A. 门多萨：《番石榴飘香》，林一安译，海口：南海出版公司，2015年版，第111页。
③ 〔哥伦比亚〕加西亚·马尔克斯、〔哥伦比亚〕P. A. 门多萨：《番石榴飘香》，林一安译，海口：南海出版公司，2015年版，第110页。
④ 〔美〕吉恩·贝尔-维达亚编：《加西亚·马尔克斯访谈录》，许志强译，南京：南京大学出版社，2019年版，第90页。

象在我的头脑里生长,直到整个故事成形,就像它在真实生活中会发生的那样。问题在于生活不同于文学,因此我就必须向自己提出那个大问题:这个我该如何写?这部作品最恰当的结构是什么?我一向都是渴望找到完美的结构的。""故事和结构彻底解决了,就可以开始写了——但只有在为每个人物都找到了合适的名字的条件下才可以开始。如果没有完全符合人物的名字,人物就活不起来。我就看不见它了。"① 总而言之,独具特色的视觉形象、恰到好处的叙事结构、符合人物性格的名字,当这些建构叙事作品的关键要素具备了之后,马尔克斯就可以写出像《百年孤独》《霍乱时期的爱情》和《族长的秋天》这样既具有高超的艺术水准又广受读者欢迎的小说了。

马尔克斯所接受的文学影响,当然包括很多方面,涉及不少作家作品,他比较推崇的当代作家包括威廉·福克纳、尤金·奥尼尔、格雷厄姆·格林以及同为拉丁美洲作家的博尔赫斯、卡彭铁尔等,其中尤其崇拜福克纳:"没有博尔赫斯和卡彭铁尔,我无论如何都会写出我写的东西,但没有福克纳不行。"② 而福克纳的很多小说,其创作由头也是基于一个具体的、特别的、富有象征意味的视觉形象。比如,当《巴黎评论》记者问他是如何开始写《喧哗与骚动》时,福克纳是这样回答的:"开始,只是我脑海里有个画面。当时我并不懂得这个画面是很有些象征意味的。画面上是梨树枝叶中一个小姑娘的裤子,屁股上尽是泥,小姑娘是爬在树上,在从窗子里偷看奶奶的葬礼,把看到的情形讲给几个弟弟听。我先交代明白他们是些什么人,在那里做些什么事,小姑娘的裤子又是怎么会沾上泥的,等到把这些交代清楚,我一看,一个短篇可绝对容不下那么许多内容,要写非写成一部书不可。后来我又意识到弄脏的裤子倒很有象征意味,于是便把那个人物形象改成一个没爹没娘的小姑娘,因为家里从来没有人疼爱她、体贴她、同情她,她就攀着落水管往下爬,逃出了她唯一的栖身之所。"③ 由此我们不难看出,福克纳的经典名作《喧哗与骚动》其实也是建构在一个视觉形象基础之上的。

---

① 〔美〕吉恩·贝尔-维达亚编:《加西亚·马尔克斯访谈录》,许志强译,南京:南京大学出版社,2019年版,第306页。
② 〔美〕吉恩·贝尔-维达亚编:《加西亚·马尔克斯访谈录》,许志强译,南京:南京大学出版社,2019年版,第97页。
③ 〔美〕《巴黎评论》编辑部:《巴黎评论·作家访谈5》,王宏图等译,北京:人民文学出版社,2020年版,第21页。

二、小说中的视觉形象及其跨媒介叙事

促使作家进行小说创作的视觉形象当然也是构成整个叙事作品的核心形象。下面，就让我们通过对这类小说文本中的视觉形象的分析，来考察其叙事特征。

不管是哪一种视觉形象，都具有造型或空间的特征，都属于莱辛所说的"画"的类型；小说则是时间艺术，其表达媒介是线性的语词，属于莱辛所说的"诗"的类型。按照莱辛在《拉奥孔或称论画与诗的界限》一书中的说法，前者适合表现"在空间中并列的事物"，后者则适合表现"在时间中先后承续的事物"。[①] 既然如此，当小说这种线性的时间艺术试图通过语词去表达空间性的视觉形象的时候，其美学基础必然是"出位之思"，其叙事方式必然是跨媒介叙事。所谓"出位之思"，是对德国美学术语 Andersstreben 的汉译，指的是一种表达媒介试图超越其自身的表现性能而进入另一种媒介擅长表现的状态。比如，以语词作为表达媒介的小说本来不适合表现视觉艺术擅长表现的"在空间中并列的事物"，但作家们为了突破自我、创造艺术效果却经常偏偏要去表现各类视觉形象，这就进入到"出位之思"的状态了，"出位之思"体现在叙事方面就是所谓的跨媒介叙事。

一般来说，建构在视觉形象基础上的文学作品的跨媒介叙事，在叙事结构上主要体现为两种模式：一种仍保持因果－线性的基本模式，故事仍然按照时间先后和因果规律往前推进，只是在这种线性叙事模式的基础上，文本串联起了一系列的"语词图画"，根据其基本特点，我们不妨把这种叙事模式叫做"语词连环画"。另一种则根据视觉艺术擅长表现"在空间中并列的事物"的特点，采用几个叙事线条并置的非线性叙事结构讲述整个故事，根据"并置"的缘由，可以进一步把此类非线性叙事分为两种类型：根据同样的主题，把几个发生在不同时空之中且有着不同主人公的故事并置在一起，这种模式可以叫做"主题－并置叙事"；另一种类型则不妨称之为"视点－并置叙事"，即故事中不同的人物根据各自不同的视点讲述同一个故事。当然，这种模式划分仅仅是理论上的，事实上，"语词连环画"式的跨媒介叙事与"并置"式的跨媒介叙事经常交叉在一起，它们往往共同出现在同一个具体的叙事文本之中。

[①] 〔德〕莱辛：《拉奥孔或称论画与诗的界限》，朱光潜译，北京：人民文学出版社，1979年版，第84页。

正如上文所指出的，促使马尔克斯写《礼拜二午睡时刻》这篇被他本人认为是其最好的短篇小说的，是这样一个视觉形象："我在一个荒凉的镇子上看到一个身穿丧服、手举黑伞的女人领着一个也穿着丧服的小姑娘走在火辣辣的骄阳下……"而为了把这个形象扩展成一篇小说，马尔克斯以文字描绘了一系列充满画面感的"图像"，这些"图像"给我们展示的是这样一个悲伤的故事：一位母亲带着一个12岁的小姑娘，坐火车到另一个镇子去给被寡妇雷薇卡太太当成小偷一枪打死的儿子上坟。小说在开篇对火车及铁轨两边的风景做了一段描写之后，就开始对车厢中的母女俩进行描绘："她们是这节简陋的三等车厢里仅有的两名乘客。机车的煤烟不停地飘进窗子里来。小女孩离开座位，把她们仅有的随身物件——一个塑料食品袋和一束用报纸裹着的鲜花——放了上去，自己坐到对面离窗较远的位子上，和妈妈正好脸对脸。母女二人都穿着褴褛的丧服。"① 接下来，则是对母亲的素描："那个女人的眼皮上青筋暴露，她身材矮小羸弱，身上没有一点儿线条，穿的衣服裁剪得像件法袍。要说是女孩的妈妈，她显得太老了一点。整个旅途中，她一直是直挺挺地背靠着椅子，两手按着膝盖上的一个漆皮剥落的皮包，脸上露出那种安贫若素的人惯有的镇定安详。"② 下了火车之后，"母女俩沿着巴旦杏树荫悄悄地走进小镇，尽量不去惊扰别人午睡。她们径直朝神父的住处走去。母亲用手指甲划了划门上的纱窗，等了一会儿又去叫门"③。当女人从神父那儿问清楚了儿子的墓地并拿到进入墓园的钥匙之后，就径直朝墓园走去，此时是夏天午后最热的时候，一般来说这个时候大家都在午睡，大街上不会有什么人，但这天的情景不像往常，而是镇子上的人似乎倾巢而出："在临街的门打开之前，神父就觉察到有人把鼻子贴在纱窗上往里瞧。那是一群孩子。门完全敞开后，孩子们立刻一哄而散。在这个钟点，大街上通常没有人。可是，现在不光孩子们，巴旦杏树下还聚集着一群群的大人。神父一看大街上乱哄哄的反常样子，顿时就明白了。他悄悄地把门关上。"④ "直到这时，那个女人好像还是不知道出了什么

---

① 〔哥伦比亚〕加西亚·马尔克斯：《礼拜二午睡时刻》，刘习良、笋季英译，海口：南海出版公司，2015年版，第4页。
② 〔哥伦比亚〕加西亚·马尔克斯：《礼拜二午睡时刻》，刘习良、笋季英译，海口：南海出版公司，2015年版，第4页。
③ 〔哥伦比亚〕加西亚·马尔克斯：《礼拜二午睡时刻》，刘习良、笋季英译，海口：南海出版公司，2015年版，第7页。
④ 〔哥伦比亚〕加西亚·马尔克斯：《礼拜二午睡时刻》，刘习良、笋季英译，海口：南海出版公司，2015年版，第12~13页。

事。她试着透过纱窗往大街上看,然后从女孩手里把鲜花拿了过去,就向大门走去。女孩跟在她身后。"①

从上面引述的文字中我们不难窥一斑而见全豹,小说中基本上都是这种画面感极强的形象描写。事实上,我们完全可以把《礼拜二午睡时刻》看作一套"语词连环画"。这篇小说源于马尔克斯小时候的亲身经历,他自己其实就是小说中所写到的"把鼻子贴在纱窗上往里瞧"的小孩中的一个。这个视觉形象让作家深受触动,以至于多年以来都让他魂牵梦萦、不能自已。多年以后,当马尔克斯陪同母亲回老家卖房子,路过小说中雷薇卡太太的原型玛利亚·孔苏埃格拉家的时候,当年所看到的那一幕仿佛又一次复活了,而且这次作家更深刻地理解了那个视觉形象的意义。在其自传《活着为了讲述》中,马尔克斯说得好:"这一幕在我脑海中萦绕多年,是趴在窗口的所有人共同的梦境。后来我写了篇故事,才算解脱。问题是,直到妈妈去卖房子,直到自己也在午睡时分孤零零地走在同一条街道上时,我才意识到当年那对母女厄运之下,尊严犹存。"②

关于"并置"式的跨媒介叙事,本人曾经专门撰文探讨过"主题－并置叙事"③,此不赘述。下面,我们仅对"视点－并置叙事"略做探讨。

仔细分析起来,福克纳的《喧哗与骚动》其实就是"视点－并置叙事"的典型代表。前面我们已经指出过《喧哗与骚动》基于一个视觉形象(画面)的事实。事实上,福克纳清楚地知道,要通过线性的语词叙事把脑海中的画面故事讲清楚,绝非易事,所以他一直不够自信,总觉得自己没有把这个故事讲好。福克纳面对《巴黎评论》记者所说过的这番话,可算得上是对"视点－并置叙事"模式的最好阐释:"《喧哗与骚动》我先后写了五遍,总想把这个故事说个清楚,把我心底里的构思摆脱掉,要不摆脱掉的话,我的苦恼就不会有个完。""我先从一个白痴孩子的角度来讲这个故事,因为我觉得这个故事由一个只知其然,而不知其所以然的人说出来,可以更加动人。可是写完以后,我觉得我还没有把故事讲清楚。我于是又写了一遍,从另外一个兄弟的角度来讲,讲的还是同一个故事。还是不能满意。我就再写第三遍,从第三个兄弟的角

---

① 〔哥伦比亚〕加西亚·马尔克斯:《礼拜二午睡时刻》,刘习良、笋季英译,海口:南海出版公司,2015年版,第13页。

② 〔哥伦比亚〕加西亚·马尔克斯:《活着为了讲述》,李静译,海口:南海出版公司,2015年版,第20页。

③ 龙迪勇:《试论作为空间叙事的主题－并置叙事》,《江西社会科学》2010年第7期。

度来写。还是不理想。我就把这三部分串在一起，还有什么欠缺之处就索性用我自己的口吻加以补充。然而总觉得不够完美。一直到书出版十五年以后，我还把这个故事最后写了一遍，作为附录附在另一本书的后边，这样才算了却一件心事，不再搁在心上。我对这本书最有感情。总是撇不开、忘不了，尽管用足了功夫写，总是写不好。我真想重新再来写一遍，不过恐怕也还是写不好。"①是啊，天才如福克纳，要想把空间性、视觉性的画面以时间线、线性的语词表现出来，也不是一件容易的事。福克纳"总觉得不够完美"，试图不断重写，并把从各个视点所讲述的同一个故事并置在同一个文本中，却最终打破了线性叙事的桎梏，成就了一部真正伟大的叙事作品。

不仅《喧哗与骚动》如此，后来在《我弥留之际》中福克纳也采用了"视点－并置叙事"的模式，不过也没有完全照搬，而是有了新的变化：不像《喧哗与骚动》那样以不同的视点讲述同一个完整的故事，即每个人从他的视角所讲述的故事本身都是完整的；《我弥留之际》则以不同的人从各自的视点讲述故事的一部分，所有视点所讲述的内容连接起来，才能够形成一个完整的故事。

深受福克纳影响的马尔克斯也经常采用"视点－并置叙事"的模式来结构小说。比如，其《枯枝败叶》一书就模仿了福克纳的《我弥留之际》。马尔克斯本人说得好："《枯枝败叶》的结构较为系统化，因为那时我二十二三岁，不敢单飞。于是我就采用了一点儿福克纳的《我弥留之际》的方法。福克纳，事实上，当然是把名字分派给了独白。我嘛，只是为了避免雷同，便从三个视角来讲述了，它们很容易识别的，因为它们是老人、男孩和女人。"② 除了《枯枝败叶》，马尔克斯在《族长的秋天》中也采用了同样的叙事结构，"要是你留神看就会看到，《族长的秋天》的结构和《枯枝败叶》的结构是一模一样的……"③

马尔克斯把这种通过"视点－并置叙事"模式写成的小说叫做"综合体"，即一种类似雕塑一样的三维立体图像——当然是由语词构筑而成的图像。关于《族长的秋天》的叙述方法，马尔克斯曾经这样谈道："既

---

① 〔美〕《巴黎评论》编辑部：《巴黎评论·作家访谈5》，王宏图等译，北京：人民文学出版社，2020年版，第21~22页。
② 〔美〕吉恩·贝尔－维达亚编：《加西亚·马尔克斯访谈录》，许志强译，南京：南京大学出版社，2019年版，第165页。
③ 〔美〕吉恩·贝尔－维达亚编：《加西亚·马尔克斯访谈录》，许志强译，南京：南京大学出版社，2019年版，第165页。

然我想创造出一个综合体，一个复合的人物，我就必须诉诸一种新的叙述方法。许多人觉得这本书不大看得下去，但越来越多的读者现在觉得它再正常不过了。如今孩子们能够通读《族长的秋天》的许多章节了。我不是要把自己和毕加索相提并论，但它有点儿像是他的立体主义和其他的技法，起初似乎令人生畏，可很快就变成综合事物的另一种方式罢了。"[1] 分析起来，这种多视点讲述同一个故事的"视点－并置叙事"，确实和毕加索的立体主义有其相似之处，只不过前者是以语词把立体的视觉形象表现在文本这个"综合体"中，后者则把三维的立体事物再现在二维的画面上而已。

第三节　现实生活、视觉形象与叙事文本

放眼文学史，我们恐怕找不到比法国"新小说"更注重书写视觉形象的文学流派了。是的，只要对"新小说"有所涉猎的人，应该都会有这么一个印象：像罗伯-格里耶、克洛德·西蒙等"新小说"作家，一般不直接去再现或描绘现实生活，而往往是对某个特定的视觉形象（绘画或雕塑作品、照片或明信片，以及作家或主人公意识中的某个视觉形象）的语词摹写或描绘，因此，读者阅读"新小说"就像是看一幅幅眼花缭乱的"语词连环画"，其文本中还包括不少框架性的"画中画"。

为什么会这样呢？这当然和"新小说"作家特定的文学观念有关。对此，克洛德·西蒙于1993年10月29日在安大略的金士顿（Kingston）的女王大学所作的一次题为《文学与记忆》的讲座做出了非常精彩的说明。西蒙先从绘画说起。他认为绘画可以分为"仿物写生"和"凭记忆"画的两类，"而事实上，即便是'仿物写生'，即便眼前就有模特儿或者'题材'，在艺术家瞧着这一模特的时刻和他用手中的笔画下一条线（或者点上一点油彩）的时刻之间，也必然会有一种时间上的间隔，无论它多么短暂，都在迫使他召唤起对他刚刚看到的对象的记忆"；而且，"当画家重新把目光落到模特儿身上时，后者就会依据点在或画在画布上的色彩或线条而有所变化，而这一切，经历过记忆，会让

---

[1] 〔美〕吉恩·贝尔-维达亚编：《加西亚·马尔克斯访谈录》，许志强译，南京：南京大学出版社，2019年版，第277~278页。

他的眼光有所不同"①。也就是说，现实生活（模特）固然影响艺术作品（绘画），艺术作品反过来也影响现实生活，而创作者的眼光在这种双向影响下也会发生深刻的变化。

绘画如此，小说创作是否也是这样呢？西蒙通过分析司汤达在《亨利·布吕拉尔的一生》中所谈到的一个例子，对此做出了肯定的回答。司汤达在《亨利·布吕拉尔的一生》中，记述了他跟意大利军队于1800年5月12或14日（具体日期他记不确切了）行军经过大圣贝尔纳山口的故事。司汤达认为，当时他似乎觉得进入"人们为我而作的收容所内部的叙述生产出了一个形象，它三十六年以来一直就占据了现实的地位"，但他仔细一想这样说其实就出现了"一种谎言的危险"，他接下来写道："我很好地想象了下山的行进，但我并不想掩盖说，五六年之后我看到了关于下山的一幅版画，我觉得很有逼真性，而我的回忆不再是别的，仅仅只是那幅版画而已。……很快地，版画构成了整个的回忆，并摧毁了真正的回忆。"② 这真的是一种非常奇特的现象：在回忆中，先前的亲身经历居然被后来的版画摧毁并取代！

在司汤达思考的基础上，克洛德·西蒙进一步认为，作家在写作时所描绘的甚至都不是那幅版画，而仅仅是其中极少的一部分："假如人们考虑到在版画上应该被再现出来的一切（步兵、骑兵、马匹、大炮、骡子、各种武器、辎重装备、岩石、山峰、冰川，等等），那么，一幅如此的版画以及它所有构成部分的'真实的'描绘（不妨依然借用司汤达的词汇），或者，详尽的描绘（假如人们更喜欢忠实的话），就将要求许多页许多页的篇幅……换句话说，它描绘的甚至都不是那幅版画……而仅仅只是那幅版画的构成元素中的某一些（数量极少的一些）……"③ 在西蒙看来，作家在创作小说时，"他描绘的不是一个过去的事件，而是一个现在的事件……那是他写作的确切那一刻在他头脑里的东西，也就是说，依然还是写作的现在"④。而作家真正所描绘的东西，"始终处在写

---

① 〔法〕克洛德·西蒙：《四次讲座》，余中先译，长沙：湖南文艺出版社，2017年版，第118页。
② 转引自〔法〕克洛德·西蒙：《四次讲座》，余中先译，长沙：湖南文艺出版社，2017年版，第120页。
③ 〔法〕克洛德·西蒙：《四次讲座》，余中先译，长沙：湖南文艺出版社，2017年版，第121～122页。
④ 〔法〕克洛德·西蒙：《四次讲座》，余中先译，长沙：湖南文艺出版社，2017年版，第121～122页。

作的这一现在时，并'占据了版画的地位'"①。

事实上，作家创作中最后那个写作的"现在时"，最后那个占据"版画"的东西，才真正决定叙事文本最终呈现给我们的面貌。一般的作家只是在对现实生活进行简化再简化（先把"生活"简化成"版画"，再把整幅'版画'简化成"版画"中某个相对简单的部分）之后，才能开始写作，包括司汤达在内的传统小说家所采取的办法就是如此，所以其叙事文本所呈现出来的是一种因果－线性的叙事结构。克洛德·西蒙说得好："司汤达在他自己的叙述中，以多多少少有意识的方式，把一个事件（他写道，'现实'）替换成了对这一事件的一种再现（此后看到过的版画），然后，在某种第二时间中（这只是一种说话方式，只是为了让事情变得更简单），他把这一第二'现实'简化成了已经替代了一切的那些成分中的某一些。"② 西蒙认为以这种方式创作出来的传统的所谓现实主义叙事作品，其实反而是对现实生活的极大简化或扭曲，对此，西蒙引用让·杜布菲话评述道："被看见的，在思维抓住它的那一刻，就已经过去了，通过一个消化性的栅栏。思维所接受的部分，只不过是一种阐释，一种用代码表示的转译。当人们把我们以为看到的事物的幻象认定为现实时，人们就弄错了。……我们并不是使它们像我们看到的那样成形，而是被带领着看到它们在所采纳——约定俗成地和随心所欲地采纳——的形式中成形。而被人称为现实主义的成形只是听从习俗的那些成形，它们忠实地复制着我们的生存条件让我们相信亲眼看到的那些事物。但是，若是说，凡是在那里的就是真实的，那就错了。"③ 事实上，在现实生活、视觉形象和叙事文本之间至少隔着两道"消化性的栅栏"。因此，我们认为，以往那种要求文学作品真实再现生活的所谓现实主义创作观，确有反思和再探讨的必要。

正是因为有了上述清醒而深刻的认识，所以本章所论及的那些作家，无论是博尔赫斯、卡尔维诺、马尔克斯，还是威廉·福克纳、克洛德·西蒙，他们都对传统那种"简化再简化"的因果－线性叙事模式保持必要的警惕，他们都非常严肃认真地对待引导着他们进行小说创作的视觉

---

① 〔法〕克洛德·西蒙：《四次讲座》，余中先译，长沙：湖南文艺出版社，2017年版，第122页。

② 〔法〕克洛德·西蒙：《四次讲座》，余中先译，长沙：湖南文艺出版社，2017年版，第122页。

③ 〔法〕克洛德·西蒙：《四次讲座》，余中先译，长沙：湖南文艺出版社，2017年版，第123页。

形象，并对语词这种时间性媒介在再现或描绘空间性视觉形象时的跨媒介叙事特性有深刻的洞悉，所以他们都试图通过创作"语词连环画"，或者根据视觉艺术擅长表现"在空间中并列的事物"的特点而采用"并置"式的叙事结构，其目的无非是更为有效、更为真实地描述无比复杂、无比丰富的现实生活，并试图创造出新的旨在超越传统线性叙事模式并适合跨媒介叙事特性的非线性叙事结构，从而为未来小说开辟道路。

第四章　小说中的描写及其跨媒介叙事

在叙事作品中，描写一般被视为一种与叙述相对应的艺术手法或修辞方法，也常被称作描绘或描述。描写与叙述在叙事活动中各司其职，承担着不同的功能。尽管作为艺术手法或修辞方法的描写历史悠久、作用重要，但在以往的叙事学研究中，却往往被认为是一种仅对叙述起辅助性作用的次要元素，甚至常常被认为是一种阻碍故事进展并中断叙述流程的消极因素，因而招致各种各样的批评。我们认为，这种批评是不合理的：描写在很多叙事作品中亦具有叙事功能，它不仅不是叙事作品中的叙述阻力和消极因素，而且是一部好的叙事作品成立的必要条件和衡量标准；小说中的描写不仅为故事叙述提供空间性的背景，而且在很多情况下就是一种特殊的重要的叙述，尤其是对于那些具有跨媒介叙事特征的叙事作品来说，描写更是一种不可缺少的特殊的修辞手段或叙事方式。本章将通过具体研究揭示：描写在叙事作品中不仅不是可有可无的次要元素，而且是一种体现跨界创意和艺术魅力的特殊的叙事手法；无论是左拉小说中的"文学图画"，福楼拜小说所展示的"空间诗学"，还是法国"新小说""静物画"般的美学追求，其实都是作为叙述的描写所进行的跨媒介叙事。

第一节　叙述与描写

无论是在理论上还是实践上，叙述与描写（描绘、描述）都常被视为两种不同的艺术手法，在叙事作品中承担不同的功能：叙述提供叙事动力、推动故事进展，描写揭示故事环境、绘制人物肖像。这种划分当然很有必要，因为"任何叙事都包括对行动与事件的表现——它构成严格意义上的叙述，以及对人与物的表现——即今日所称的描写"①，但按照叙事学家热奈特的说法，就算这种区分有必要且有道理，也只是一种存在于"叙事内部"的界限："作为文学表达方式的描写，在目的的自主性和手段的独特性方面，看来与叙述没有明显的区别，因而没有必要打破柏拉图和亚里士多德称之为叙事的叙述与描写的统一体（以叙述为主）。如果说描写是叙事的一条界线，那它也是一条内部的界线，而且总的说来不大分明。"②在19世纪之前，很少有人对叙述与描写进行区分，"人们旷日持久地把二者混为一谈或不注意区分，这从希腊语二者共用同一字眼 diégésis 这个事实中看得很清楚，究其原因，或许主要在于两种表现类型在文学上的地位十分不平等。从原则上讲，构思纯描写的作品以表现与一切事件、甚至与一切时间无关、只存在于空间的物品显然是可能的，甚至构思无任何叙事成分的纯描写比相反的情况更容易，因为最简洁地指出一个行动过程的各个成分和环境已可视为描写的开端。……描写可以说比叙述更必不可少，因为不带叙述的描写比不带描写的叙述更容易做到（或许因为物品不运动也可存在，而运动不能脱离物品而存在）。"③当然，描写作为一种艺术手法尽管在文学史上早就存在，但只是随着现实主义文学的兴盛，才开始大段地引入小说这种叙事体裁之中，以凸显其表现能力和现实要求。

让我们感到遗憾的是：尽管作为艺术手法的描写历史悠久，而且自19世纪以来在小说等叙事性体裁中大量存在，但描写却往往被视为阻碍故事进展并中断叙述流程的消极因素，因而招致各种各样的批评，如超现实主义运动的奠基人和理论旗手安德烈·布勒东、匈牙利美学家和文艺批评家乔治·卢卡契，即是对描写持批评态度的著名人物。安德烈·布勒东对描写的批评集中表现在1924年发表的《超现实主义宣言》一文中，他在该"宣言"中表示不喜欢那种"提供纯粹信息类的写作风格"，"作者将每一段文字都描写得很详细，却毫无特色……读了他们的描述，我对书中人物的疑问反而更多了：他是长着金黄色头发吗？他叫什么名字呢？我们夏天去接他吗？不管有多少问题，答案都可以胡乱地给出去，

---

① 〔法〕热·热奈特：《叙事的界限》，王文融译，《马克思主义文艺理论研究》编辑部编选：《美学文艺学方法论》（续集），北京：文化艺术出版社，1987年版，第197页。
② 〔法〕热·热奈特：《叙事的界限》，王文融译，《马克思主义文艺理论研究》编辑部编选：《美学文艺学方法论》（续集），北京：文化艺术出版社，1987年版，第200页。
③ 〔法〕热·热奈特：《叙事的界限》，王文融译，《马克思主义文艺理论研究》编辑部编选：《美学文艺学方法论》（续集），北京：文化艺术出版社，1987年版，第197~198页。

也算是一劳永逸吧，但除了合上书本之外，我没有其他的自由决定权……但书里又是怎样的描述噢！什么也无法与这类空洞的描述相比，那不过是画册重叠的画面……"① 比如，陀思妥耶夫斯基的小说名作《罪与罚》中有这么一段描写性的文字："年轻人走进一间不大的屋子，屋里糊了黄色的壁纸，窗口摆着天竺葵，挂着薄纱窗帘。在这时候，屋子正给夕阳照得通明。……屋里没有什么别的东西。家具都很陈旧，是黄木做的，只有一张带有庞大的木头拱背的长沙发，沙发前面有一张椭圆形的桌子，两个窗户之间放了一张带镜子的梳妆台，靠墙摆着几张椅子，还有两三幅镶在黄色镜框里的不值钱的画，画的是几个手里拿着鸟的德国小姐，——这就是全部家具了。墙角里，在一幅不大的神像前燃着一盏神灯。"② 面对这一类的描写，布勒东认为自己"可没有心思去接受这种东西"，哪怕是"将来有人确信这幅范本型的图画会得到自己应有的位置"，但书中的这段描写还是"让我感到难堪"，"因为我是不会走进他那间房子的"，因此，"这段描写房间的文字，请允许我把它拿掉，许多其他这类的描述也都应该拿掉"③。"拿掉"这类描写性的文字当然非常容易，但任何文学作品都难免涉及人物、物品、场所和方位等空间性要素，当所有文字性的描写都被"拿掉"之后，作者该如何清楚地表述这类事物呢？布勒东所采取的办法是：在实在需要书写这一类空间性事物时，就干脆插入一张或几张该事物的照片，以代替那些冗长、无效、令人生厌的描写。在《娜嘉》这个特殊的文学文本中，超现实主义者布勒东就具体实践了这种文图兼顾或文图一体的写作理念。这种现象很有意思且值得研究，但与我们的写作主题无关，这里先不赘述。

卢卡契对描写的批评主要体现在1936年撰写的长篇论文《叙述与描写——为讨论自然主义和形式主义而作》之中。该文对作为一种艺术手法的描写进行了堪称猛烈的批评，其批评对象主要是法国自然主义作家埃米尔·左拉，以及比左拉年纪稍长的居斯塔夫·福楼拜。卢卡契对左拉和福楼拜在描写问题上所提出的批评，我们会在后面做具体的辨析。这里先提出自己的看法：总的来说，我们认为布勒东、卢卡契的批评是

---

① 〔法〕安德烈·布勒东：《超现实主义宣言》，袁俊生译，北京：北京联合出版公司，2020年版，第10页。
② 〔俄〕陀思妥耶夫斯基：《罪与罚》，朱海观、王汶译，北京：人民文学出版社，1982年版，第7页。
③ 〔法〕安德烈·布勒东：《超现实主义宣言》，袁俊生译，北京：北京联合出版公司，2020年版，第11~12页。

不恰当、不合理的；本章力图为描写正名，认为：描写在很多叙事作品中亦具有叙事功能，它不仅不是叙事作品中的叙述阻力和消极因素，而且是一部好的叙事作品成立的必要条件和衡量标准；小说中的描写不仅为故事叙述提供背景，而且在很多情况下就是一种特殊的叙述，尤其是对于那些具有跨媒介叙事特征的叙事作品来说，描写更是一种不可缺少的特殊的修辞手段或叙事方式。

热奈特曾经正确地指出：“研究叙述与描写之间的关系，归根结蒂主要是研究描写的叙述功能，即描写段落或描写方面在叙事的整体结构中所起的作用。”① 本章研究的就是描写的叙述功能，即作为一种特殊叙述方式的描写在叙事作品中所起的作用，尤其是拟从跨媒介叙事视角，探讨空间性、图像性的描写在时间性、运动性的叙述中起到的重要作用。

第二节　文学图画：左拉小说中的描写及其跨媒介叙事

卢卡契在《叙述与描写》一文中，首先对左拉小说《娜娜》中有关"赛马"和"剧院"的描写进行了详细分析与严厉批评。关于赛马，卢卡契是把《娜娜》中的有关描写同托尔斯泰《安娜·卡列尼娜》中沃伦斯奇所参加的那场赛马来进行比较分析的。关于《娜娜》中有关赛马的段落，卢卡契认为仅就描写而言，堪称左拉"艺术造诣的光辉例证"："凡是在一场赛马中可能出现的一切，都被精细地、形象地、感性地、生动地写到了。左拉的描写可以说是现代赛马业的一篇小小的专论：赛马的一切方面，从马鞍直到结局，都同样无微不至地加以描写了。观众席像第二帝国时代的巴黎时装表演一样的五光十色。连幕后的世界也描写得十分精细，并按照它的一般关系加以表现：赛马以一场意外告终，而左拉不但描写了这场结局，并且揭露了作为这场结局之基础的圈套。"② 但接下来卢卡契话锋一转，开始对左拉的描写进行他所谓非常必要的批评了："这种精妙的描写在小说本身中只是一种'穿插'。赛马这件事同整

---

① 〔法〕热·热奈特：《叙事的界限》，王文融译，《马克思主义文艺理论研究》编辑部选：《美学文艺学方法论》（续集），北京：文化艺术出版社，1987年版，第198页。

② 〔匈〕乔治·卢卡契：《叙述与描写——为讨论自然主义和形式主义而作》，刘半九译，中国社会科学院外国文学研究所外国文学研究资料丛刊编辑委员会编：《卢卡契文学论文集》（一），北京：中国社会科学出版社，1980年版，第38～39页。

个情节只有很松懈的联系，而且很容易从中抽出来——唯一的关系在于娜娜的许多逢场作戏的客人之一在被揭发的圈套之中……同主题的另一种联系就更松懈了，一般说就不再是情节的一部分——但正因为如此，就写作方式而言，就更有特色了。引起意外结局获胜的马匹也叫做娜娜。而且，左拉没有忽略强调这个松懈而偶然的巧合。上流妓女娜娜同名者的胜利，正象征了她在巴黎上流和下流社会的胜利。"①

而对于《安娜·卡列尼娜》中的赛马，卢卡契认为无论是从情节推进还是从人物性格塑造来说，都堪称托尔斯泰的伟大创造，"是一篇宏伟戏剧的关节"：" 渥伦斯奇的堕马意味着安娜生活中的突变。……小说中的主要人物的全部关系通过这场赛马进入了一个崭新的阶段。这场赛马因此决不是什么'譬喻'，而是一系列真正戏剧性的场景，是整个情节的关键。"② 而且，"托尔斯泰并不描写一个'事件'，而是在叙述人的命运。因此，小说的发展过程两次都是按照真正的叙事风格来叙述，而不是按照绘画风格来描写的。在第一次叙述中，以参加骑赛的渥伦斯奇为主角，赛马的准备过程和赛马本身的一切本质性事物都必须精确地运用专门知识加以叙述。而后则以安娜和卡列宁为主角。托尔斯泰的卓越的叙事技巧在于，他并没有把骑赛的第二次叙述直接安排在第一次后面。他先叙述了卡列宁前一天的整个情况，叙述了他和安娜的关系，然后再使骑赛本身的叙述形成这一天的顶点。骑赛本身现在变成一场内心的戏剧。"③

总而言之，卢卡契认为：托尔斯泰在《安娜·卡列尼娜》中所写到的赛马，"是按照真正的叙事风格来叙述"，而左拉《娜娜》中的赛马则"是按照绘画风格来描写的"。"叙述"才是真正属于小说的"叙事风格"，"描写"则是一种"绘画风格"，放到小说中当然是不合适的。

此外，卢卡契还从"偶然性"和"必然性"的角度讨论了《娜娜》和《安娜·卡列尼娜》中的赛马问题。当然，卢卡契也承认小说叙事中

---

① 〔匈〕乔治·卢卡契：《叙述与描写——为讨论自然主义和形式主义而作》，刘半九译，中国社会科学院外国文学研究所外国文学研究资料丛刊编辑委员会编：《卢卡契文学论文集》（一），北京：中国社会科学出版社，1980年版，第39页。
② 〔匈〕乔治·卢卡契：《叙述与描写——为讨论自然主义和形式主义而作》，刘半九译，中国社会科学院外国文学研究所外国文学研究资料丛刊编辑委员会编：《卢卡契文学论文集》（一），北京：中国社会科学出版社，1980年版，第39页。
③ 〔匈〕乔治·卢卡契：《叙述与描写——为讨论自然主义和形式主义而作》，刘半九译，中国社会科学院外国文学研究所外国文学研究资料丛刊编辑委员会编：《卢卡契文学论文集》（一），北京：中国社会科学出版社，1980年版，第40页。

的偶然性难以避免,但这种偶然性必须"扬弃在必然性之中",才可以称得上是一种成功的艺术表现:"没有偶然性的因素,一切都是死板而抽象的。没有一个作家能够塑造出活生生的事物,如果他完全避免了偶然性。另方面,他又在创作过程中必须超脱粗野的赤裸的偶然性,必须把偶然性扬弃在必然性之中。"[①] 以此为标准,卢卡契认为左拉在《娜娜》中对赛马的描写在艺术上是不成功的,因为它仅仅是一种松懈的、偶然性的"穿插",而《安娜·卡列尼娜》对沃伦斯奇赛马的书写则是成功的,因为它体现了一种"艺术必然性":"无论如何,渥伦斯奇的野心同参加赛马一事联系起来,能够产生一种同左拉的完整描写迥然不同的艺术必然性。参观赛马或者参加赛马可能客观上不过是一段生活插曲。托尔斯泰却尽可能紧密地把这段插曲同重大的人生戏剧联系起来。赛马从一方面说诚然不过是爆发一场冲突的近因,但是这个近因由于它同渥伦斯奇的社会野心——后来的悲剧的重要组成部分——相联系,决不是一个偶然的近因。"[②]

除了赛马的场景,卢卡契还以《娜娜》开篇娜娜初登舞台时有关剧院的描写与巴尔扎克在《幻灭》中的剧院描写进行比较,认为前者的描写尽管具有一种专论式的"最严谨的完整性",但对于小说叙事艺术来说却只具有"偶然性",因而是不成功的;相反,"巴尔扎克所写的初演却意味着吕西安·吕庞泼莱生涯中的一个转折点,他从一个无名诗人变成了一个走运的肆无忌惮的新闻记者"[③]。无疑,就剧院描写本身来说,就像对赛马场景的描写一样,左拉是十分出色的,"在左拉笔下,剧院又是以最严谨的完整性来描写的。当然,这次只是从观众席开始的。凡是在观众席、休息厅、包厢中发生的一切,凡是从这些地方所见到的舞台上的情况,都以一种令人目眩的写作技巧描写出来了。而左拉追求专论式的完整性的热忱并不以此为满足。他还拿出小说的另一章来描写舞台上所见到的剧院,演出和休息过程中的换景、换装等等都得到同样精细的

[①] 〔匈〕乔治·卢卡契:《叙述与描写——为讨论自然主义和形式主义而作》,刘半九译,中国社会科学院外国文学研究所外国文学研究资料丛刊编辑委员会编:《卢卡契文学论文集》(一),北京:中国社会科学出版社,1980年版,第40页。
[②] 〔匈〕乔治·卢卡契:《叙述与描写——为讨论自然主义和形式主义而作》,刘半九译,中国社会科学院外国文学研究所外国文学研究资料丛刊编辑委员会编:《卢卡契文学论文集》(一),北京:中国社会科学出版社,1980年版,第41页。
[③] 〔匈〕乔治·卢卡契:《叙述与描写——为讨论自然主义和形式主义而作》,刘半九译,中国社会科学院外国文学研究所外国文学研究资料丛刊编辑委员会编:《卢卡契文学论文集》(一),北京:中国社会科学出版社,1980年版,第41页。

描写。而且，为了使这些画面更加完整，在第三章中还同样严谨、同样灿烂地描写了一幕戏的预演"[1]。可是，"这种客观的、资料式的完整性在巴尔扎克的作品中是没有的。剧院、演出对于他来说，只是人们的下列内心戏剧的舞台：吕西安的发迹、高拉莉的演员生涯、吕西安和高拉莉的热恋的产生、吕西安同他以前的大丹士周围的朋友们以及他现在的保护人罗斯多的未来的冲突、他对巴日东夫人的复仇活动的开端"[2]。而且，巴尔扎克在《幻灭》中的剧院描写，"表现了资本主义制度下的剧院的命运：即剧院对于资本、对于新闻业（它也从属于资本主义）的多方面的复杂的从属关系；剧院和文学、新闻业和文学的相互关系；女演员的生活同公开的和秘密的卖淫所发生的关系的资本主义性"[3]。当然，我们可能会说：左拉《娜娜》中的剧院描写未尝没有反映这些社会问题；但按照卢卡契的说法，"它们只是作为事实，作为事件，作为发展的'渣滓'而被描写的。……巴尔扎克却表现出，资本主义制度下的剧院是怎样被变成了妓院的。主角的戏剧在这里同时是他们从中进行合作的社会机构的戏剧，他们借以生活的事物的戏剧，他们从事斗争的舞台的戏剧，使他们的关系得以表现并由此得以斡旋的各种事件的戏剧"[4]。

总之，卢卡契认为：无论是关于赛马场景的描写，还是对剧院的描写，左拉的小说都仅仅满足于巨细无遗的完整的专论式的图画式描写，而不是一种既利于情节发展又利于人物性格塑造，并深刻揭示社会问题的真正的"叙述"。之所以如此，是因为在左拉的小说作品中，"人物本身只是一些偶然事件的多少有点关系的旁观者。所以，这些偶然事件对于读者就变成一幅图画，或者不如说，是一批图画。我们在观察这些图

---

[1] 〔匈〕乔治·卢卡契：《叙述与描写——为讨论自然主义和形式主义而作》，刘半九译，中国社会科学院外国文学研究所外国文学研究资料丛刊编辑委员会编：《卢卡契文学论文集》（一），北京：中国社会科学出版社，1980年版，第41页。

[2] 〔匈〕乔治·卢卡契：《叙述与描写——为讨论自然主义和形式主义而作》，刘半九译，中国社会科学院外国文学研究所外国文学研究资料丛刊编辑委员会编：《卢卡契文学论文集》（一），北京：中国社会科学出版社，1980年版，第41~42页。

[3] 〔匈〕乔治·卢卡契：《叙述与描写——为讨论自然主义和形式主义而作》，刘半九译，中国社会科学院外国文学研究所外国文学研究资料丛刊编辑委员会编：《卢卡契文学论文集》（一），北京：中国社会科学出版社，1980年版，第42页。

[4] 〔匈〕乔治·卢卡契：《叙述与描写——为讨论自然主义和形式主义而作》，刘半九译，中国社会科学院外国文学研究所外国文学研究资料丛刊编辑委员会编：《卢卡契文学论文集》（一），北京：中国社会科学出版社，1980年版，第42页。

画"①。

　　客观地说，如果抛开那些否定性的评价，卢卡契对左拉在《娜娜》中有关描写的总的感觉还是蛮准确的，即无论是关于赛马场景的描写，还是关于剧院的描写，左拉都把特定的描写对象看成是一幅或一批图画，"是按照绘画风格来描写的"。我们认为，左拉对"赛马"和"剧院"的描写，尽管其表达媒介是文字，但所达到的艺术效果却具有图画所具有的直观性、生动性和逼真性；也就是说，我们完全可以把左拉有关描写的段落看成是一种"文学图画"，小说中这种特殊的以文字为媒介的"图画"，具有一种单纯的线性"叙述"所不具备的空间叙事特征，具有一种特殊的跨媒介叙事效果。只是由于卢卡契不了解这种特殊的跨媒介叙事效果，所以他才认为左拉的描写性文字只是一种"穿插"或不具有必然性的偶然性的段落。那么，事实是否真的像卢卡契所说的那样呢？通过下面的历史事实阐明和具体的文本分析，我们的答案是否定的。

　　从历史上看，西方从古希腊、古罗马时期开始，就存在一种叫做"艺格敷词"（ekphrasis）的特殊的修辞手法。"艺格敷词"源于古典修辞学，首先是试图在演讲活动中使"听者"（auditors）转变成"观者"（spectators），使其"看到"演讲者所准备的论证；后来这种修辞格被移用到文学活动中，作者试图通过语词"跨界"而达到图像般的具体、逼真、生动效果。正如笔者在《从图像到文学——西方古代的"艺格敷词"及其跨媒介叙事》一文中所指出的："艺格敷词"意即"以文述图"，是西方文学史、美术史和修辞学史上一种源远流长的对某一物品（主要是艺术作品）或某个地方进行形象描述的修辞手法或写作方法，它试图达到的是一种"语词绘画"般的跨媒介叙事效果：一方面，"艺格敷词"以语词作为表达的媒介，这决定了它首先必须尊重语词这种时间性媒介的"叙述"（文学）特性；另一方面，"艺格敷词"又追求与其所用媒介并不适应的视觉效果和空间特性，所以它体现了美学上的"出位之思"，是一种典型的跨媒介叙事。②

　　当然，尽管作为修辞格或艺术手法的"艺格敷词"源远流长，早在古希腊的时候就已经大量存在，但由于小说是一种晚起的文体，而且小

---

① 〔匈〕乔治·卢卡契：《叙述与描写——为讨论自然主义和形式主义而作》，刘半九译，中国社会科学院外国文学研究所外国文学研究资料丛刊编辑委员会编：《卢卡契文学论文集》（一），北京：中国社会科学出版社，1980年版，第44页。

② 龙迪勇：《从图像到文学——西方古代的"艺格敷词"及其跨媒介叙事》，《社会科学研究》2019年第2期。

说的主要任务是"叙述"即讲故事,所以"艺格敷词"本身很少直接影响到小说,而是主要在艺术史文本和诗歌中延续文脉,但毋庸置疑的是:一些博学而敏感的小说家还是受到了"艺格敷词"的深刻影响,如和左拉同属"梅塘集团"的若利斯·卡尔·于斯曼就是这样一位有趣的作家,其小说《逆流》中的很多篇章简直就是地地道道的"艺格敷词"。应该说,尽管因写作观点不一致,左拉最终和于斯曼分道扬镳,但他们保持着终生的友谊,于斯曼创作观念和创作实践对左拉有着潜移默化的影响。

近代小说,尤其是"现实主义"小说主要还是受到了17世纪荷兰绘画的深刻影响。伊恩·瓦特说得好:"'现实主义'这个术语主要与法国现实主义流派相关。法语的'现实主义'(réalisme)是1835年首次作为美学描写的词语使用的,用以表达伦勃朗绘画中'极度真实的人性',借此表明他与新古典主义绘画中'理想主义诗性'的那种对立。后来,沃特·杜兰蒂主编的《现实主义》于1856年创刊,'现实主义'才成为一个特定的文学术语。"[①] 因为荷兰绘画本身就是一种特别注重描绘身边寻常景物的艺术,所以受其"跨界"影响的近代小说,一改古罗马阿普列乌斯《金驴记》以及意大利文艺复兴时期薄伽丘《十日谈》几乎不涉及描写的叙事风格,开始把描写视为小说创作中特别重要的一种艺术或修辞手段。我们甚至可以说,正是因为这种具有"现实主义"风格的描写艺术,小说这种晚起的文体才在极短的时间内,通过巴尔扎克、狄更斯和托尔斯泰等"批判现实主义"作家而达到了其辉煌的顶点,并开始超越诗歌、戏剧等其他文体而成为一种现代读者阅读的主要对象和主要文体。确定无疑的是,左拉本人亦是这一注重描写的现实主义文学潮流中的一代宗师和艺术巨匠。

事实上,卢卡契对此也是有所意识的,他在《叙述与描写》一文中这样写道:"巴尔扎克在他的关于司汤达《帕尔马修道院》的评论中,强调过描写的重要性,认为它基本上是一种现代的写作方法。十八世纪(萨勒日、伏尔泰等人)的小说,几乎不知描写为何物;它在这类小说中只起很小的、微不足道的作用。只是随着浪漫主义的兴起,情况才有所改变。……他所代表的那个文学派别(他把瓦尔特·司各特当作它的创

[①] 〔英〕伊恩·瓦特:《小说的兴起:笛福、理查逊和菲尔丁研究》,刘建刚、闫建华译,北京:中国人民大学出版社,2020年版,第2~3页。

始人)赋予描写以更大的意义。"① "但是,巴尔扎克着重反对十七、十八世纪小说的'枯燥'、表示赞同一种现代方法的时候,他提出了这种方法所特有的一系列新的风格因素。按照巴尔扎克的理解,描写乃是许多因素中的一种。同这个因素一起,他还强调了戏剧因素的新意义。"② 而且,卢卡契还难能可贵地谈道:"就象在生活的其它领域中一样,在文学中也没有'纯粹现象'。……的确,还没有一个作家,根本没有运用过描写方法。同样,也不能说一八四八年以后的写实主义的伟大代表们,象福楼拜和左拉,根本没有运用过叙述方法。问题在于作品结构的原则,而不在于叙述和描写方法的'纯粹现象'的幻影。问题在于:描写原来是许多叙事性的写作方法之一,而且无疑只是一种次要的方法,它是怎样并且为什么变成了主要的创作原则的。因为,描写就是这样从根本上改变了它在叙事创作中的性质和任务。"③

其实,既然承认了描写"是许多叙事性的写作方法之一",卢卡契只要再往前走一小步就可以了:描写在小说中不是一种阻碍叙述的"次要的方法",它本身就是一种特殊的叙述方式,一种绘制具有叙述功能的"文学图画"的艺术手段;描写构成的也不是一种冗长的、无用的"穿插",而是通过一种特殊的空间性的跨媒介叙事,与单纯的"叙述"一起,以一种更为丰富多彩的叙事方式,表达了社会内涵、推进了故事情节、塑造了人物形象。接下来,我们将通过具体的文本分析,来证明这一点。

在小说《娜娜》的开篇,就是以下一段关于"游艺剧院"的描写:"已经晚上九点钟了,游艺剧院的大厅里还是空荡荡的。在二楼楼厅和楼下正厅前座里,有几个早到的观众在那里等待,他们在多枝吊灯半明半暗的灯光照耀下,隐没在石榴红丝绒面子的座椅中。舞台帷幕像一大块红渍,被一片暗影淹没;台上没有一点声音,台前成排的脚灯都熄灭了,乐队的乐谱架子七零八落地乱放着。惟有在四楼楼座高处,

---

① 〔匈〕乔治·卢卡契:《叙述与描写——为讨论自然主义和形式主义而作》,刘半九译,中国社会科学院外国文学研究所外国文学研究资料丛刊编辑委员会编:《卢卡契文学论文集》(一),北京:中国社会科学出版社,1980年版,第45页。
② 〔匈〕乔治·卢卡契:《叙述与描写——为讨论自然主义和形式主义而作》,刘半九译,中国社会科学院外国文学研究所外国文学研究资料丛刊编辑委员会编:《卢卡契文学论文集》(一),北京:中国社会科学出版社,1980年版,第45~46页。
③ 〔匈〕乔治·卢卡契:《叙述与描写——为讨论自然主义和形式主义而作》,刘半九译,中国社会科学院外国文学研究所外国文学研究资料丛刊编辑委员会编:《卢卡契文学论文集》(一),北京:中国社会科学出版社,1980年版,第45页。

有持续不断的人声，还不时响起呼唤声和笑声；那里，沿着镀金框架的大圆窗，坐着一排排观众，头上都戴着廉价女帽或者工人帽。四楼楼座贴近剧院的圆拱顶，天花板上画着裸体的女人和在天空飞翔的孩子，在煤气灯的照耀下，天空变成了绿色。不时有一个显得很忙碌的女领座员出现，手里拿着票根，指引着走在她前面的一位先生和一位太太，叫他们坐下。"① 这段对巴黎"游艺剧院"看似平常的描写，其实从空间角度透视了剧院观众的社会分层：二楼楼厅和楼下正厅是有钱有地位的巴黎上层人士的观戏空间，他们在演出正式开始前一般是不会提前光顾的，因为这个时段他们有其他的宴会、休闲或娱乐；而在四楼楼座高处，则是那些"戴着廉价女帽或者工人帽"的社会底层观众，这些人一般是不会舍得花钱来剧院这种地方的，当他们下决心来剧院消费看戏的时候，当然是非常重视的，因此早早地就来到剧院……而两个观戏空间的座位、灯光和装饰，当然也是大不一样的，正如这段文字所描写的那样。

  作为一个演员和歌唱家，娜娜当然是十分拙劣的，但她具有另外一种特殊的魔力，凭这种魔力她足以征服整个巴黎。正如有"训练女人的专家"之称的剧院经理博尔德纳夫，在演出还没有正式开始前对剧评家福什里所说的那样："难道一个女人必须懂得演戏和唱歌吗？啊！我的老弟，你太笨了……娜娜有别的东西，一点不假！这点东西就足够抵得上别的一切。我已经嗅出来了，这点东西在她身上十分强烈……你等着瞧吧，只要她一出场，保险全场观众都垂涎三尺。"②

  果然，当这出《金发爱神》的戏剧终于开始，当娜娜扮演的爱神终于出场时，娜娜一开口演唱，就立刻让全场的观众惊讶得面面相觑："观众从来没有听到过走调走得那么厉害的歌声，而且唱得那样缺少方法。她的经理说得对，她唱起歌来句句走调。而且连在台上应该怎样站立都不知道，她把两只手拼命往前伸，整个身子都摇晃起来，观众觉得既不得体，又不雅观。"③ 可是，这又有什么关系呢？很多年轻的绅士马上就被娜娜的魔力迷住了，很快就如醉如痴地鼓起掌来……

---

① 〔法〕左拉：《娜娜》（精装版），郑永慧译，北京：人民文学出版社，1985年版，第1页。

② 〔法〕左拉：《娜娜》（精装版），郑永慧译，北京：人民文学出版社，1985年版，第4页。

③ 〔法〕左拉：《娜娜》（精装版），郑永慧译，北京：人民文学出版社，1985年版，第14页。

> 这时候，娜娜看见全场都在哄笑，她也笑了起来。愉快的气氛就增加了一倍。这个漂亮的姑娘，她也有她奇特的地方。她一笑起来，下巴上就出现一个惹人喜欢的小酒涡儿；她随随便便，毫无拘束地等在那里，马上就能同观众融成一体；她眨了眨眼睛，仿佛自己在说，她没有天才，她的本事连两个子儿都不值，可是没有关系，她有的是别的东西。……
>
> 她的嗓音仍然是那么酸涩，可是现在，她巧妙地搔着了观众的痒处，能使观众不时产生一阵轻微的战栗。娜娜依然满脸笑容，使她的红色小嘴显出光彩，浅蓝色的大眼睛闪烁光芒。她唱到某些比较生动的诗句时，一种陶醉的感觉使她的鼻子向上翘，两片粉红色的鼻翼一起一伏，这时两颊就像火似的绯红。她继续摇晃着身体，因为她只会这样做。现在观众也不认为难看了，男人们反而拿起望远镜来观看。她这一段唱到末了的时候，简直完全发不出声来，她心里明白她支持不到最后。于是她不慌不忙地扭一下腰，让屁股在薄薄的衣衫下显出圆圆的轮廓，又挺起腰，使胸脯向前突出，然后把两条胳膊向前伸去。掌声从四面八方爆发出来。她马上转过身，向台里走去，把颈背呈现在观众眼前，颈背上布满红棕色的头发，像动物的茸毛一样……①

这就是娜娜作为演员在"游艺剧院"的首次亮相，当然也是她作为一个交际花在巴黎这个更大舞台上的首次公开亮相。正如上面这段精彩的描写所揭示的，娜娜作为一个演员在舞台上的表现是那样的拙劣，可是这又有什么关系呢？她照样以其另一种魅力很快征服了剧院的几乎所有观众，就像她很快以其魔力征服了整个巴黎一样。可以说，上面这段描写堪称一种充满性感与魅惑的"文字肖像"，它既展示了娜娜的某种尽管"酸涩"甚至不乏神秘的魅力，也显示了在第一章中已陆续登台的巴黎各色人等的粗俗趣味；无论如何，这段描写绝不是可有可无、联系松懈的"穿插"，而是以其独特的图画般的叙事性，为后面陆续展开的曲折故事提前做了"预叙"和铺垫。

至于《娜娜》中关于赛马场景的描写，出现在小说的第十一章（全书共十四章）。这一章名义上是写赛马，实际上却是通过写赛马来写人，

---

① 〔法〕左拉：《娜娜》（精装版），郑永慧译，北京：人民文学出版社，1985年版，第15页。

写各种身份地位的人在观看赛马时的不同表现；跑马比赛时那匹也叫"娜娜"的赛马的胜利，象征交际花娜娜最后的辉煌，并预示了她最后的结局。

赛马将在六月刚开始炎热的一个星期天举行。这一天，"娜娜十分兴奋，仿佛赛马大奖将决定她的命运似的，想坐在栅栏对面，终点标志的旁边。她很早就来了，是到得最早的人当中的一个；她坐的是她那辆镶银的四轮马车，由两名车夫驾着四匹雪白的骏马，全套都是米法伯爵赠送的礼物。她在草坪入口处出现的时候，两个马车夫驾着左边的两匹马疾跑，车子后面站着两个纹丝不动的跟班，人群中引起一阵骚乱，人人挤着往前观看，仿佛一位王后经过似的。她穿的是旺德夫尔赛马号衣的蓝、白颜色；她的服装非常别致，紧身围腰和蓝绸紧身衣绷紧在身体上，后腰高高地撑起，使下肢的轮廓十分大胆地显露出来，当时流行宽大裙子，可是像她这样炫耀下肢仍然十分触目。然后外面穿一件白缎长裙，袖子也是白缎的，肩上披着一条白缎带，全部服装都镶着银色镂空花边，在阳光下闪闪发亮。此外，她为了使自己更像一位骑师，又大胆地在发髻上戴上一顶蓝色无边女帽，上面插着一根白翎毛，发髻上又垂下一绺绺金黄色的头发，一直落到背脊的中部，看上去很像一条红棕色马尾巴"①。娜娜之所以那么早就来到了赛马场，一方面当然是为了填充她自己那种无所事事的空虚无聊感，另一方面也是想尽一个善良母亲的职责——带儿子小路易来赛马场看热闹。这段描写的头两句显示了娜娜的精神状态；她所乘坐的由米法伯爵赠送的那辆镶银的四轮马车，则暴露了她目前的情感状态；她乘车疾跑时人群中所引起的骚乱，表明她仍是当红的交际花；她的穿着打扮，既性感又纯洁，显示出其矛盾的心态；而那像红棕色马尾巴的一绺绺金黄色的头发，则把她与那匹也叫"娜娜"的赛马关联起来……

接下来对来到赛马场的各种马车的描写，真的堪称一篇对马车的精彩的小小专论，既展示了当时巴黎马车种类的丰富多样，更说明了来看赛马者社会身份的多种多样："这时候，草坪上渐渐挤满了车马和人群。从瀑布门那里接连不断地有马车到来，密密重重，汇成一条望不到边的长流。其中有从意大利人大街开过来的宝莲式公共马车，上面载着五十个乘客，一直驶到看台右边才停下。还有单马拉的双轮马车，四轮敞篷

---

① 〔法〕左拉：《娜娜》（精装版），郑永慧译，北京：人民文学出版社，1985年版，第300～301页。

马车，豪华的双篷四轮马车，它们同驾着劣马摇摇晃晃驶过来的破旧出租马车混在一起。还有一个人驾驶的四轮马车；有车主人坐在高处座位上的邮车，仆人们则坐在车厢里面看管香槟酒篮子；再有就是二轮轻便马车，车轮很大，闪着亮钢的光芒；有些双套的轻便二轮马车，构造的巧妙就像钟表的部件，在丁零零的铃声中轻快地前进。不时有一个骑马人，和一群惊慌的行人从马车中穿过。"① 不仅仅是对马车的描写，左拉还通过对其他人和物的精彩描写，把整个小说的第十一章变成了一个展示人物性格和社会关系的大舞台。

在整个赛马的过程中，娜娜都是全场的中心和焦点，"围着娜娜的圈子越来越大了。……慢慢地整个草坪都向这里聚拢过来了。娜娜向每个人投过一下笑容，或是说上一句诙谐有趣的话。一群群酒客都向她靠近，四面八方的香槟酒都向她进军；不到一会儿，草坪上只有这一堆喧闹的人群，那就是围着娜娜马车的一群人。在许多高高举起的酒杯当中，她像女王似的居高临下，她的金黄色头发随风飘扬，雪白的脸庞沐浴在阳光中。最后，为了使对她的胜利感到气愤的女人们更加伤心，她在最高处举起了一杯酒，模样儿完全像过去她扮演的胜利爱神"② 尤其是当那匹也叫"娜娜"的赛马最终获得胜利时，娜娜成了"巴黎的王后"，"这时候，簇拥在娜娜马车周围的男人越来越多。……娜娜的宫廷越来越大，她的胜利使迟迟不肯来的人也来了；人群的移动使娜娜的马车成了草坪的中心，最后竟使娜娜成为这中心里最受人膜拜的天神，这是爱神王后受她的子民狂热拥戴的结果。博尔德纳夫在娜娜背后，带着父亲的慈爱在骂着粗话。连斯泰内也再度被娜娜征服，抛开西蒙娜过来站在娜娜马车的一级踏脚板上。香槟酒送来以后，娜娜举起斟满酒的玻璃杯，大家又高声喝彩，大声喊叫：娜娜！娜娜！娜娜！喊得那么响亮，不知内情的群众听了都惊异地回过头来寻找那匹小母马，人们也弄不明白，大家心里装的，究竟是那匹马，还是那个女人"③。由于娜娜实际上只是一个富有魅力的高级妓女，所以作者不便通过实际生活中的具体事件来写她如何征服整个巴黎，而成为所有男人的"爱神王后"，但左拉通过对赛马

---

① 〔法〕左拉：《娜娜》（精装版），郑永慧译，北京：人民文学出版社，1985年版，第303页。
② 〔法〕左拉：《娜娜》（精装版），郑永慧译，北京：人民文学出版社，1985年版，第315页。
③ 〔法〕左拉：《娜娜》（精装版），郑永慧译，北京：人民文学出版社，1985年版，第331页。

会这种特殊空间的描写，通过这种带有狂欢性质的象征性描写，而更好地达到了特定的叙事目的，从而写出了小说其他章节没有写出也不便写出的内容；而且，小说在这里通过对娜娜在一种特殊情境下成为"胜利爱神"和"爱神王后"的描写，而与第一章中她所扮演的"金发爱神"形成了有趣的对应。

除此之外，左拉还通过对赛马会上娜娜最后辉煌的描写，预示了她悲惨的结局。因为母马"娜娜"的胜利，娜娜本可以赢100万法郎，最终却只得到了4万多法郎，因为种种误会，她委托的投注人拉博德特没有得到具体操作母马"娜娜"获胜及如何下注的旺德夫尔"正确而详尽的指示"，而"可怜的旺德夫尔……用一次愚蠢的诈骗行为，一种极其平庸的笨拙手法，把自己准备得极其巧妙的一手完全破坏了"①。当娜娜好不容易"从胜利的兴奋中镇静下来"，发现事情正在往乐极生悲的方向发展：首先是勒拉太太来告诉她，"小路易那天在露天冻病了……"；然后是听到巴黎人人都在谈论的"一件大新闻"，"据说旺德夫尔被开除出赛马场，这项决定当晚就在皇家俱乐部执行，第二天旺德夫尔就在自己的马厩里放起一把火，把自己连同自己的马匹，全都烧死了"②。烧死的自然也包括那匹叫作"娜娜"的母马，而且人和马都死得很惨："火焰像塔一样一个劲地往上升……最可观的，是那些马匹不愿意被活活烤死。听得见它们在冲呀，撞呀，撞到门上，发出像人似的喊声……"③

左拉在小说中没有直接写娜娜最后的死亡，因为死亡总是一件残忍、无奈、痛苦和丑陋的事情，但他在第十一章的赛马场景描写中已经做出了出色的预叙：那匹也叫"娜娜"的母马的死，其实正是娜娜死亡的象征。在小说最后的第十四章中，左拉只是这样写道："娜娜突然失踪了；这又是一次溜走，逃跑，或者飞到异国他乡去了。她动身以前，有过一次使她激动的事，那就是拍卖她的公馆。她把一切打扫个彻底，卖个干净，家具，珠宝，甚至连化妆品和内衣裤都卖光。据说，五次拍卖总共卖了60万法郎。巴黎最后一次见到她是在一出名叫《仙女梅侣锡娜》的梦幻剧里，是在快乐剧院演出的……""几个月过

---

① 〔法〕左拉：《娜娜》（精装版），郑永慧译，北京：人民文学出版社，1985年版，第332页。

② 〔法〕左拉：《娜娜》（精装版），郑永慧译，北京：人民文学出版社，1985年版，第333页。

③ 〔法〕左拉：《娜娜》（精装版），郑永慧译，北京：人民文学出版社，1985年版，第334页。

去了。娜娜被大家忘记了。等到她的名字又出现在这几位先生和太太的嘴里的时候，就能听到关于她最离奇的一些故事，不过各人有各人的消息，这些消息又相互矛盾，同时又奇妙得不可思议……"① 不过，大家最后确定的事实是：娜娜死了。在确认这个确凿的事实后，左拉写下了这么一段精彩的文字：

> 娜娜死了！这对所有人都是一下打击。米法一言不发，回到长凳上坐下来，仍然用手帕捂住脸……
> ……………………
> 娜娜死了！这真是不可想象，她是多么漂亮的一位姑娘！米尼翁叹了一口气，心里轻松了：罗丝总算可以下来了吧。大伙儿都感到一阵寒冷。方堂在琢磨一个悲剧的角色，装出一脸悲痛的神情，耷拉着两只嘴角，眼睛向上翻，一直翻到眼皮边；而福什里呢，虽然他这个小小的新闻记者很爱说笑话，对一切都不严肃，这时也真的感动了，神经紧张地嚼着他的雪茄。可是两个女人依然在尖叫。露西最后一次看见她，是在快乐剧院；布朗时也在，最后一次在《仙女梅侣锡娜》剧里看见她。啊！亲爱的，那时她出现在一个水晶山洞里，多么了不起啊！这里的几位先生对当时的她也记得清清楚楚。……可不是吗？她那鲜艳的脸色在水晶山洞里看上去多么漂亮！……你再也找不出像她那样的身体了，还有她的肩膀，屁股，和腰身，更不用说了。她这个人竟然死了，这简直太奇怪了！……她的周围全是用玻璃做的山洞，亮如水晶宫；钻石的瀑布，从上边流下来，一串串闪烁的珍珠在拱顶的钟乳石中间闪闪发光；周围都是透明的，一道宽宽的电光照亮着清泉，她在这当中，露着她的白皮肤，还带着她一头火焰似的头发，像太阳般的光辉夺目。巴黎将永远看见她这个样子，在水晶玻璃中间光芒四射，像在空中的善良的上帝一样。让她这样病死，实在是太不应该了！现在，她在楼上的样子一定够漂亮的。②

---

① 〔法〕左拉：《娜娜》（精装版），郑永慧译，北京：人民文学出版社，1985年版，第397页。
② 〔法〕左拉：《娜娜》（精装版），郑永慧译，北京：人民文学出版社，1985年版，第402~403页。

确凿无疑的是，娜娜死了！她曾经带给大家，尤其是带给巴黎的男人们很多很多的欢乐，但无论大家如何想象这位"爱神"，想象她水晶般的身体和皮肤，想象她的"光辉夺目"与"光芒四射"，都改变不了她已经死去的事实。而事实就是："真够呛！……断气的时候……她的样子一点也不好看……"①几位在娜娜生前无论美貌和气质都无法与其相比的女人，很想看看娜娜死后的真容：在罗丝把壁炉上的铜烛台点燃之后，"一道明亮的光线倏地照亮了死者的面孔。真可怕！几个女人顿时哆嗦着逃了出去"②。是的，左拉在小说中根本没有花费笔墨去直接描绘娜娜神秘的死亡，而只是描写了大家的回忆或想象图景，以及几位目睹者的出奇反应；但他确实在书写赛马的那一章，通过描写母马"娜娜"之死，而预先叙述了娜娜死亡的情状，两个死亡事件之间形成了一种神奇的空间性的对位叙述关系。

总之，我们认为，左拉在小说《娜娜》中的这些有关赛马的描写充满了图画性和造型感，它们绝不是大家熟悉的单纯的线性叙述，而是一种具有空间叙事特性的特殊的"文学图画"，是一种通过文字描写而达到图像效果的跨媒介叙事。左拉在这里采用的，其实是一种极其高明的跨媒介叙述，而不是像卢卡契所说的那样，仅仅是一种情节松懈的在叙事文本中起次要作用的"穿插"。

第三节 "空间诗学"：福楼拜小说的完整描绘与共时叙述

关于描写问题，卢卡契不仅批评左拉，也批评大名鼎鼎的福楼拜。如果说，卢卡契对前者的批评主要表现在：左拉往往"按照绘画风格来描写"，从而把时间性、动态性、叙事性的小说写成了空间性、静态性、造型性的"文学图画"；那么，他对后者的批评既有相同之处，也有不同的地方：福楼拜的小说常常不分主次、抹煞差别，总是试图完整地描绘眼睛所见到的一切，总是像空间艺术那样迷恋场景、关注细节，经常不加区别、去共时性地叙述那些"不属于正题的东西"，从而忘记了叙事艺

---

① 〔法〕左拉：《娜娜》（精装版），郑永慧译，北京：人民文学出版社，1985年版，第406页。

② 〔法〕左拉：《娜娜》（精装版），郑永慧译，北京：人民文学出版社，1985年版，第413页。

术中那些"本质的东西",使文本失去了"叙事性的关联"。其实,就像左拉小说中的"文学图画"具有跨媒介叙事功能一样,福楼拜小说中的完整描绘与共时叙述,追求的是一种"空间诗学",也具有一种特殊的空间性的跨媒介叙事特征。

卢卡契认为:"叙述要分清主次,描写则抹煞差别。"① 卢卡契引用歌德的观点,这样写道:"戏剧从一开始就远比叙事诗更高度地抽象化。戏剧总是把一切集中在一个冲突的周围。凡是同冲突没有直接或间接联系的一切,一般都不应当存在,这是一个带干扰性的附属因素。"② "歌德主张把叙事诗的情节转移到过去,就是要求作家从广泛而丰富的生活中选择本质的东西……所以,判断一个细节是否属于正题,它是本质的还是非本质的,在叙事诗中一定要比戏剧中'更宽厚一些',一定要不断地承认那些错综的、间接的关系是本质的。但是,在这样一个对于本质事物的更广阔的理解的范围内,选材是同在戏剧中一样严格的。凡是不属于正题的东西,在叙事诗中同在戏剧中一样,都是妨碍产生效果的补白。"③ 因此,无论是戏剧作品还是叙事作品,作家都应该分清主次,应该选择事件中"本质的东西"加以叙述,而不应该旁逸斜出地去叙述那些"不属于正题的东西",因为它们说到底只是一些"妨碍产生效果的补白"。

在卢卡契看来,描写作为一种艺术手法,就像绘画、雕塑、摄影等"空间艺术"一样,往往把眼前所见到的一切不加区别地摆在眼前,因而是一种静止、呆滞、消极的东西:"描写把一切摆在眼前。……描写的对象是眼前见到的一切……旁观的从事描写的作家……他们描写状态、静止的东西、呆滞的东西、人的心灵状态或者事物的消极存在,情绪或者静物。"④ 正因为如此,所以"艺术表现就这样堕落为浮世绘。

---

① 〔匈〕乔治·卢卡契:《叙述与描写——为讨论自然主义和形式主义而作》,刘半九译,中国社会科学院外国文学研究所外国文学研究资料丛刊编辑委员会编:《卢卡契文学论文集》(一),北京:中国社会科学出版社,1980年版,第56页。
② 〔匈〕乔治·卢卡契:《叙述与描写——为讨论自然主义和形式主义而作》,刘半九译,中国社会科学院外国文学研究所外国文学研究资料丛刊编辑委员会编:《卢卡契文学论文集》(一),北京:中国社会科学出版社,1980年版,第56页。
③ 〔匈〕乔治·卢卡契:《叙述与描写——为讨论自然主义和形式主义而作》,刘半九译,中国社会科学院外国文学研究所外国文学研究资料丛刊编辑委员会编:《卢卡契文学论文集》(一),北京:中国社会科学出版社,1980年版,第56~57页。
④ 〔匈〕乔治·卢卡契:《叙述与描写——为讨论自然主义和形式主义而作》,刘半九译,中国社会科学院外国文学研究所外国文学研究资料丛刊编辑委员会编:《卢卡契文学论文集》(一),北京:中国社会科学出版社,1980年版,第59页。

叙事诗应有所选择这个自然的原则消失了。一个人的某一种心灵状态，就其本身而论——如果对于他的本质活动不相干的话——就同其他心灵状态一样的重要或者不重要。而这种不分轩轾的现象在物体方面表现得尤为明显。在叙述中，按道理来说，只能从一个事物的这些方面来着手，那就是对于它在具体的人的行动中的特殊任务显得重要的方面。每件事物就其本身而论，有无穷多的特质。如果作家作为一个旁观的描写者，力图达到事物的客观的完整形象，那么他就一般地失去了选择原则，试图用文字表现那些无穷的物质，象西西弗斯的苦役一样劳而无功，要么就偏爱事物的那些像画一样的、最适于描写的肤浅的方面"①。而且，事情还不止于此，"内在意义的丧失，从而叙事诗所应有的轻重缓急的丧失，并不止于仅仅抹煞一切差别，并不止于仅仅将生活图像变成一幅静物画。人和物体的直接感性的生动化，他们的直接感性的个别化，是有其独特的逻辑的，是能赋予独特的新的语气的。由此……产生了一种用颠倒的符号排列而成的次序。这种可能性必然包含在描写之中。因为，既然本身重要的和不重要的东西都一律深入地加以描写，便有了产生颠倒符号的趋势。这种趋势在许多作家身上便转变为一种冲掉了人重要的一切的浮世绘"②。

卢卡契甚至认为描写是资本主义社会发展的必然产物：福楼拜和左拉等资产阶级作家的描写，"作为叙事创作的主要方法，产生于这样一个时期，当时由于社会的原因，对叙事结构中最重要的鉴赏力业已丧失殆尽。描写乃是作家丧失了叙事旨趣之后的代用品"；"作品中盛行的描写不仅是结果，而且同时还是原因，是文学进一步脱离叙事旨趣的原因。资本主义的散文压倒了人的实践的内部的诗，社会生活日益变得残酷无情，人性的水平日益下降——这都是资本主义发展的客观事实。从这些事实必然产生描写的方法。但是，这种方法一旦存在，一旦为重要的、有坚定风格的作家所掌握，它就会对现实的诗意反映产生影响。生活的

---

① 〔匈〕乔治·卢卡契：《叙述与描写——为讨论自然主义和形式主义而作》，刘半九译，中国社会科学院外国文学研究所外国文学研究资料丛刊编辑委员会编：《卢卡契文学论文集》（一），北京：中国社会科学出版社，1980年版，第59～60页。

② 〔匈〕乔治·卢卡契：《叙述与描写——为讨论自然主义和形式主义而作》，刘半九译，中国社会科学院外国文学研究所外国文学研究资料丛刊编辑委员会编：《卢卡契文学论文集》（一），北京：中国社会科学出版社，1980年版，第60页。

诗意的水平降低了，——而文学更加速了这种低落"①。

卢卡契认为，这种空间性的浮世绘式的资本主义的描写方法是"淹没了一切本质的"，它最终导致细节的独立化和结构的瓦解："随着叙述方法的真正修养的丧失，细节不再是具体情节的体现者。它们得到了一种离开情节、离开行动着的人物的命运而独立的意义。但是，任何同作品整体的艺术联系也就因此丧失了。描写的虚假的现场性表现为作品细分成种种独立因素的原子化，表现为结构的瓦解。"② 而且，"细节的独立化对于表现人的命运，具有各种各样、但一律起破坏作用的后果。一方面，作家努力把细节描写得尽可能完整，尽可能如塑如画。他们在这方面达到了卓越的艺术成就。但是，事物的描写同人物的命运毫不相干。不仅事物被描写得脱离了人的命运，从而获得一种在小说中不应有的独立意义，而且它们的描写方式还发生在一个和人物命运完全不同的生活领域中。……在描写中则见出一种精致的画室艺术的反复推敲的匠气。这样被描绘的人同这样被描写的事物一般不可能有任何联系"，"这样，每种叙事性的关联便从描写风格中消失殆尽。僵硬的偶像化的事物周围，便扑腾着一种空洞的情调。叙事性的关联决不是简单的顺序排列。即使被描写的个别大小形象是一些带有时间承续性的复本，也还不能由此产生叙事性的关联"③。

总之，卢卡契认为：描写把人、事、物都"降低到死物的水平"，"只产生出这样一些个别图像，它们在艺术意义上彼此毫无关联，就象博物馆里挂的那些画像一样"④。因此，描写的手法既不能流畅地叙述故事或使事物产生"叙事性的关联"，也不能很好地表现人的命运、塑造人的性格。正是出于这种考虑，所以卢卡契对著名作家福楼拜也像对左拉一样，持强烈的批评态度。

---

① 〔匈〕乔治·卢卡契：《叙述与描写——为讨论自然主义和形式主义而作》，刘半九译，中国社会科学院外国文学研究所外国文学研究资料丛刊编辑委员会编：《卢卡契文学论文集》（一），北京：中国社会科学出版社，1980年版，第55~56页。
② 〔匈〕乔治·卢卡契：《叙述与描写——为讨论自然主义和形式主义而作》，刘半九译，中国社会科学院外国文学研究所外国文学研究资料丛刊编辑委员会编：《卢卡契文学论文集》（一），北京：中国社会科学出版社，1980年版，第61页。
③ 〔匈〕乔治·卢卡契：《叙述与描写——为讨论自然主义和形式主义而作》，刘半九译，中国社会科学院外国文学研究所外国文学研究资料丛刊编辑委员会编：《卢卡契文学论文集》（一），北京：中国社会科学出版社，1980年版，第61~62页。
④ 〔匈〕乔治·卢卡契：《叙述与描写——为讨论自然主义和形式主义而作》，刘半九译，中国社会科学院外国文学研究所外国文学研究资料丛刊编辑委员会编：《卢卡契文学论文集》（一），北京：中国社会科学出版社，1980年版，第63页。

卢卡契对福楼拜的批评，主要表现在：小说家总是像造型艺术家那样，"企图完整地描绘环境"①，并共时性地叙述在该环境中发生的多个事件，因而未能主次分明地区分事件并形成清晰的叙事链条；而且，在福楼拜的描写中，人物往往成为"旁观者"，有些描绘的场景与故事发展和人物性格没有必然的、内在的关联。

对于福楼拜最负盛名的小说《包法利夫人》，卢卡契一方面做了肯定的评价，认为："福楼拜的《包法利夫人》中关于农产品展览和给农民授奖的描写，乃是近代写实主义描写手法的众口交誉的顶峰。福楼拜在这里实际上只描写了一个'舞台'。因为整个展览在他的作品中不过是为鲁道尔夫和爱玛·包法利的决定性爱情场面提供了一个机缘。这个舞台是偶然的，而且的确是字面意义上的舞台。这种偶然性由福楼拜本人尖锐而讽刺地加以突出了。当他将官吏的演说和片段的情话加以并置和对比时，他以一种讽刺性的对比并置方式表现了小市民生活的公私两方面的平淡无味。这种讽刺性的对比表现得非常确切、十分圆熟。"② 另一方面，卢卡契又指出："但是，还有没有解决的矛盾：这个偶然的舞台，这个爱情场面的偶然的机缘，同时又是《包法利夫人》世界中的重大事件；由于福楼拜企图完整地描绘环境，对这一重大事件加以详细描写，在他看来便是绝对必要的了。因此，进行讽刺对比并不是这种描写的全部意义。'舞台'作为环境的完整性的因素，是有一种独立意义的。但是，这个作品中的人物仅仅只是旁观者。因此，他们对于读者便变成了福楼拜所描写的那个事件的性质相同、意义相同的组成部分，而那个事件也只是从描绘环境的观点来说才是重要的。他们变成了一幅图画的颜色点子。而这幅图画又只有被提高成为对一般庸俗性的讽刺象征，才能超越于仅仅模拟现状的风俗画之上。这幅图画获得一种意义，这种意义并非来自所叙述的事件之内的人的重要性，它同这种重要性几乎毫无关系，而是借助于讲求形式上的因袭，人工地制造出来的。"③

---

① 〔匈〕乔治·卢卡契：《叙述与描写——为讨论自然主义和形式主义而作》，刘半九译，中国社会科学院外国文学研究所外国文学研究资料丛刊编辑委员会编：《卢卡契文学论文集》（一），北京：中国社会科学出版社，1980年版，第43页。

② 〔匈〕乔治·卢卡契：《叙述与描写——为讨论自然主义和形式主义而作》，刘半九译，中国社会科学院外国文学研究所外国文学研究资料丛刊编辑委员会编：《卢卡契文学论文集》（一），北京：中国社会科学出版社，1980年版，第43页。

③ 〔匈〕乔治·卢卡契：《叙述与描写——为讨论自然主义和形式主义而作》，刘半九译，中国社会科学院外国文学研究所外国文学研究资料丛刊编辑委员会编：《卢卡契文学论文集》（一），北京：中国社会科学出版社，1980年版，第43～44页。

也就是说，在卢卡契看来：尽管《包法利夫人》可以称得上是一篇不错的写实主义小说，但其实问题也还不少，仅就农产品展览和给农民授奖的这段著名的空间性的场景描写来说，就存在这样几点致命的不足：首先，小说所描写的农展会这个"舞台"，是"偶然的"而不是必然的，它仅仅为鲁道尔夫和爱玛·包法利的爱情场面提供一个"偶然的机缘"，而不是按照叙事逻辑的必然发展结果；其次，鲁道尔夫和爱玛·包法利在农展会相遇这个偶然事件，同时又是小说世界中的重大事件，所以福楼拜必须尽可能"完整地"描写农展会这一空间环境，但这个被完整描绘的环境作为故事发生的"舞台"具有一种独立意义，从而在某种程度上导致环境描写从小说的叙事逻辑中偏移出来；最后，由于"舞台"或环境描写的独立性，对于小说叙事至关重要的"人物"和"事件"都失去了其应用的重要性和主导性，因此，在《包法利夫人》有关农展会的书写中，"作品中的人物仅仅只是旁观者"，而"事件也只是从描绘环境的观点来说才是重要的"。于是，正如卢卡契所指出的：整个农展会描写便"变成了一幅图画的颜色点子"，而整幅图画也只是"借助于讲求形式上的因袭，人工地制造出来的"。总之，卢卡契认为：《包法利夫人》中有关农展会的描写，仅仅关注对环境或"舞台"的空间性的完整描绘，把人、事、物都"降低到死物的水平"，从而使人物成为"旁观者"，使事物失去了"叙事性的关联"；而且，有关农展会描写中的人、事、物，只是一些空间性图画中的"颜色点子"，它们与整幅图画并没有有机的紧密关联。

卢卡契的看法当然是片面的，因为福楼拜的小说从来就不以"情节"见长，他本质上是一个以文字为工具的"色彩画家"[①]，而且福楼拜的"文学图画"自带时间节奏、自具叙事功能。首先，作为人物活动"舞台"的农展会，并不只是为鲁道尔夫和爱玛·包法利的爱情场

[①] 正如英国作家兼艺术批评家朱利安·巴恩斯所指出的："色彩画家福楼拜。他告诉龚古尔兄弟，他写小说时，情节不那么重要，他更想做的，是表现一种颜色，一个色调。因此，对于他来说，《萨朗波》是一种紫色，而《包法利夫人》，'我所想做的，就是表现一种灰色，土鳖虫生活中的那种朽色'。"（〔英〕朱利安·巴恩斯：《霍奇金：为 H. H. 而写的话》，〔英〕朱利安·巴恩斯：《另眼看艺术》，陈星译，南京：译林出版社，2018 年版，第 258 页）而且，"福楼拜热爱墓室画家们用的那些'惊人的''难以置信'的色彩，也喜欢墓室墙壁'从上到下都画满了'的状态——这个表达方式，后来他在描述希望自己的文章是什么样的时候，也拿来用了。"（同上书，第 258~259 页）尤其有意思的是：福楼拜写小说时喜欢模仿画家，"他最喜欢模仿的，是一位姓梅洛特的二流小画家，来自鲁昂。此人有个怪习惯，就是每当说到'艺术的'这个标志性词汇时，必定用双手比画出一个阿拉伯藤蔓纹来，活像两个 S。"（同上书，第 252~253 页）

面提供一个"偶然的机缘",而是在叙事的因果逻辑链条上具有"前因"的。关于农展会的描绘,出现在小说的第 2 部第 8 章,而在此前的第 7 章,鲁道尔夫这个情场老手首次见到爱玛·包法利时,"他的眼睛始终看着爱玛",就认为"她非常可爱",心里想的全是"一定要把她弄到手",而事后又能轻易"从中脱身"……不久他就想到了一个主意:"马上就要开农展会了;她一准会去,我可以在那儿见到她。事情会入港的,放大胆子干就是了,保险得很。"① 可见,农展会上所谓"偶然的机缘",其实是鲁道尔夫早有的"预谋",是他早就期盼并策划好了的"结果"。

其次,对农展会空间环境的完整描写,并没有具有完全独立的意义,也没有从小说的叙事逻辑中偏移出来,而是作家用文字为小说描绘的一幅具有跨媒介特征的具体、生动的"文学图画",从而为小说中相关事件的发生和人物的行动提供了一个背景或"舞台"。如第 2 部第 8 章开头处的这段描写:

> 著名的农展会终于开幕了!从这天早晨起,全镇的居民都在门口议论盛典的筹备情况;镇公所的三角楣上装饰了常春藤;草坪上支起一个帐篷,准备在里面张席请宴;广场中央,教堂前面架起一门白炮,省长驾到和宣读获奖农民名单的当口都要鸣炮。……镇上的好些人家,头天起就把屋子刷洗干净;半开的窗户悬挂着三色旗;所有的酒馆都挤满了人;这天赶巧是个大晴天,上过浆的软帽、金色的十字架、彩色的头巾,都在明艳的阳光下亮得耀眼,明晃晃的比雪还白,缤纷的色彩更反衬出黑礼服和蓝工装色泽的单调。四邻的农妇方才生怕弄脏裙子,把裙边撩上去用粗别针别住,此刻下得马来,先自将别针一一取下;做丈夫的则不同,为爱惜帽子起见,他们拿手帕盖在上面,轻轻用牙齿叼住帽檐。
>
> 人群从镇的两头涌上大街。夹弄、小巷、街屋也都有人流汇聚过去,不时能听见门环落下的声响,那是戴着纱手套的女主人出门去观瞻庆典的盛况。最让众人交口称赞的,是那两株高高的紫衫,上面缀满彩灯,中间正是安排当局人士入座的主席台;更令人叫绝

---

① 〔法〕福楼拜:《包法利夫人》,周克希译,上海:上海文艺出版社,2017 年版,第 125 页。

的，是镇公所门口的四根柱子上绑着四根长竿子，分别挑出四面浅绿色的小旗，上面写着金字。只见一面上写着："推动商业"；另一面上写着"促进农业"；第三面上是："发展工业"；第四面上是："弘扬艺术"。①

这段文字把人们对农展会的重视和期盼，以及大街小巷上的热闹景象，都做了形象的罗列和生动的描写，从而为人物的出场和故事的发展提供了空间性的环境或背景。正如有学者所指出的："封闭或者开放、宽阔或者窄狭、明亮或者昏暗、荒无人烟或者人迹已至、城市或者乡村、熟悉或者陌生……各种各样的地点摆放在叙述者面前，被福楼拜充分地加以利用，并辅之以各种各样的感觉和标志。"②确实，各种各样的地点（空间）不仅为故事的发生提供了"舞台"，而且为人物的出场和感觉提供了"标志"。

最后，不管是对"舞台"或环境的描写，还是对人物肖像或穿着的描写，都不是孤零零地独立的，而是对小说情节发展具有推动作用；而且，这种描写也能够揭示人物的典型性格特征。比如，鲁道尔夫与爱玛在农展会见面没多久，就发现爱玛并不是对农展会本身感兴趣，而是久居乡下的无聊和烦闷促使她来看热闹、找刺激，且看这段描写："罗多尔夫虽说一个劲儿揶揄展评会，可为了走动方便，还是向值勤岗哨出示了自己的蓝色请柬，偶尔遇上些出色的展品，他还会驻足瞧上几眼，可包法利夫人对此毫无兴趣。他注意到这一点后，便拿永镇太太们的穿戴开玩笑；随后又拿自己的不修边幅自我解嘲。他的衣着既随便又考究，显得不大协调，一般人看在眼里，往往会觉得从中透露出一种怪僻的生活方式，不仅有情感的骚乱、手段的峻切，而且始终有一种对社会习俗的蔑视在里面，有人看得着迷，有人看得光火。但见他身穿袖口打裥的细麻布衬衫，灰色的斜纹布背心，风一吹，衬衫就在背心开口处鼓起来，宽条纹的长裤垂到脚背，露出一双米黄色的布面镶皮靴子。靴帮擦得很亮，草影清晰可鉴。"③当明白了爱玛的真

---

① 〔法〕福楼拜：《包法利夫人》，周克希译，上海：上海文艺出版社，2017年版，第126~127页。
② 〔法〕亨利·密特朗：《现实主义幻象：从巴尔扎克到阿拉贡》，孙婷婷译，北京：外语教学与研究出版社，2020年版，第59页。
③ 〔法〕福楼拜：《包法利夫人》，周克希译，上海：上海文艺出版社，2017年版，第132页。

实心理之后，鲁道尔夫便马上开口说道："一旦住在乡下……"没想到爱玛马上接上了一句："也就别想指望什么了。""这一来，他俩就谈起了外省生活的平庸，这样的环境令人感到压抑，感到幻灭。"① 于是，鲁道尔夫和爱玛很轻易地便找到了共同的话题，他们所谓的爱情故事当然也就顺理成章地往前推进和发展了……而且，这段描写也表现出了鲁道尔夫既轻浮又老练，既善于察言观色、见机行事又行为果敢的性格特征。可见，描写并不像卢卡契所说的那样，会使人物成为"旁观者"并使事物失去"叙事性的关联"，而是既表征了人物的性格特征，又推动了故事的发展和叙事的进程。

关于空间性、图像性的描写在表征人物性格特征方面的作用，笔者曾在《叙事作品中的空间书写与人物塑造》一文②中论之甚详，有兴趣者可以参考，这里就不展开讨论这一话题了③，下面仅就空间性描写的叙事功能进行阐释。

在《包法利夫人》有关农展会的空间性场景描写中，当鲁道尔夫发现爱玛的空虚无聊之后，很快展开言语攻势，极尽讨好之能事。"就在这时，罗多尔夫挽着包法利夫人走上镇公所二楼，步入议事厅，一看里面

---

① 〔法〕福楼拜：《包法利夫人》，周克希译，上海：上海文艺出版社，2017年版，第132页。

② 龙迪勇：《叙事作品中的空间书写与人物塑造》，《江海学刊》2011年第1期。

③ 这里仅以俄国作家屠格涅夫《猎人笔记》中的一个故事为例，补充一种在《叙事作品中的空间书写与人物塑造》一文中没有论及的带有评价功能的对比性描写，及其对相应的人物性格特征的对比性表征。屠格涅夫《猎人笔记》第一个故事《霍里和卡利内奇》，开篇第一段就是对奥廖尔省和卡卢加省这两个地方及其中所生活之人的描写："奥廖尔省人跟卡卢加省人有着气质上的明显差异，这也许会让那些从波尔霍夫县前来日兹德拉县的人大为吃惊。奥廖尔省的庄稼人个头不大，略显驼背，郁郁寡欢，老是愁眉不展。他们住的是窄小的白杨木屋，身服劳役，不事经商，饮食粗劣，穿的是树皮鞋；而卡卢加省的交田租的庄稼人可就大不一样了，他们住的是宽绰的松木房子，个子高高的，神情快活而胆大，脸孔白白净净，做奶油和柏油买卖，逢年过节便穿起长统靴。奥廖尔省的村庄（我们说的是奥廖尔省的东部）一般都坐落在耕地中间，在那种稀里糊涂变成了污水塘的溪谷边上。除了寥寥几棵随时供人派用场的爆竹柳以及三两棵瘦巴巴的白桦，方圆一俄里内不见树木。房子鳞次栉比，屋顶铺的是烂麦秸……卡卢加省的村庄恰好相反，大部分都是林木四绕；房子的间距显得极为宽松，排列得也较为齐整，房顶是用木板盖的，大门锁得严严实实的，后院的篱笆也不见东倒西歪，不往外倾斜，不会招那些过往的猪来登门做客……对于猎人来说，卡卢加省也比较称心。过上五年六载，奥廖尔省最后一批森林和茂密的灌木丛将会荡然无存，沼泽地亦将无处可寻；相反，在卡卢加省，几百俄里内林木连绵不绝，沼泽地也占几十俄里，依然有高雅的松鸡在此栖息，和善的大鹬也常常光临，忙忙碌碌的山鹬猛的腾空而起，令猎手和猎犬又惊又喜。"（〔俄〕屠格涅夫：《猎人笔记》，张耳译，南京：译林出版社，1998年版，第1页）无疑，对奥廖尔省和卡卢加省这两个地方的空间性描写，也是对这两个地方所生活之人的性格特征的描写，因为对于这两个地方及其所生活之人来说，这两者其实是一而二、二而一的事情。

没人，他说不如就在这儿看评奖场景，可以清静些。国王胸像下面有张椭圆形会议桌，他过去拿了三个凳子，搁在一扇窗子跟前，然后两人并肩坐下。"① 待选定好空间位置之后，鲁道尔夫继续采用各种手段去诱惑、勾引包法利夫人，他把自己说成是那种"始终在受着煎熬"的人，"他们需要梦想，也需要行动，需要最纯洁的爱情，也需要最恣意的享乐，所以他们就整天沉湎在种种不着边际的幻想和荒诞无稽的念头之中。"② 这其实是说出了爱玛的内在心理，所以当鲁道尔夫说出这些话之后，"她望着他，用的是人们平时看见异邦游客时凝神注视的目光，随后她开口说道：'我们这些可怜的女人，就连这样的消遣也没有呵！'"③ 此时，也许鲁道尔夫觉得时机已经成熟，"他把手遮在脸上，就像一个人被炫目的阳光照得睁不开眼睛似的；然后他让这只手落在爱玛的手上。爱玛抽回了自己的手"④。这说明爱玛其实并不是那种只要一勾搭就上钩的水性杨花的浪荡女人，她只是太空虚、太无聊、太爱幻想、太受虚幻的浪漫爱情之影响而已。而此时，正在进行的农展会的评奖仪式上，参议员还在滔滔不绝地说着那些大而无当的空话；鲁道尔夫则"挨近爱玛"，继续低声说着那些动听的好话兼情话……接下来，小说中有这样一段描写："他抱住双臂撑在膝盖上，仰起脸来对着爱玛，离得很近地凝望着她。她看见他的眼睛里有些细小的金光，从黑色的眼眸向四周射出来，她还闻到了他抹的发蜡的香味。她顿时觉得全身软绵绵的，回想起了沃比萨尔那位请她跳华尔兹的子爵，他的胡子也像这些头发一样，有一股香草和柠檬的气息；她情不自禁地眯起眼睛，想要更真切地闻到这股气息。而就在她保持这姿势，靠在椅背上挺起胸来的时候，她远远地瞥见在天际尽头，那辆燕子号旧驿车正缓缓驶下野狼岭的山坡，在车后扬起一道长长的烟尘。当初莱昂就是三日两头坐着这辆黄色的马车来跟她相会的；而他也正是沿着那条大路一去不复返的！她依稀觉得他就在面前，就在窗边，接下去就一切都变得模糊起来，仿佛阵阵云雾在眼前掠过；她似乎还在跳着华尔兹，在枝形烛灯的光影里，由子爵挽着不停地旋转，

---

① 〔法〕福楼拜：《包法利夫人》，周克希译，上海：上海文艺出版社，2017年版，第135页。
② 〔法〕福楼拜：《包法利夫人》，周克希译，上海：上海文艺出版社，2017年版，第137页。
③ 〔法〕福楼拜：《包法利夫人》，周克希译，上海：上海文艺出版社，2017年版，第137页。
④ 〔法〕福楼拜：《包法利夫人》，周克希译，上海：上海文艺出版社，2017年版，第138页。

而莱昂也离得不远,他就要过来了……然而她又始终感觉得到罗多尔夫的头就在她旁边。于是这种甜蜜的感觉渗入了昔日的渴念,犹如被阵风扬起的沙粒,在弥散心头、令人陶醉的芳香里旋转飞舞。她好几次使劲张开鼻孔,尽情吸进攀在柱头上的常春藤的清香气息。她脱下手套,擦了擦手,又用手帕扇着自己的脸,而与此同时,她透过太阳穴汩汩的脉搏声,听见了人群中嗡嗡营营的嘈杂声响,以及参议员那单调的演讲声……"① 此时此刻,爱玛心中泛起的全是昔日的渴念和美好的气息,而耳边听到的则是令人烦闷的嘈杂声响和单调演讲……在这种特定的情境下,鲁道尔夫当然不会错失良机,他继续展开言语和心理攻势,爱玛终于沦陷,被他成功俘获,甘心成了他的情妇……无疑,上面这段描写性的文字,既符合小说叙事的情感逻辑和心理逻辑,也确实在实质上推动了故事的发展和整个叙事的进程——因为如果爱玛没有在农展会这一特定空间被鲁道尔夫俘获的话,《包法利夫人》接下来的故事就没有办法按照既定叙事逻辑顺利往下讲了;至少,整个小说的叙事进程会发生大的改观,作家必须安排另一个爱玛被鲁道尔夫征服的场所(空间)来延续故事,那当然是另一个故事和另一种叙事了。

在爱玛陷入昔日美好幻想的时候,参议员利欧万先生终于结束了他单调而又无聊的演讲(福楼拜在小说中把参议员的演讲完整地书写了出来,这就让人更加感觉到烦闷和无聊),但事情并没有结束,本次农展会评审委员会主席——庞镇的德罗兹雷先生紧接着就开始另一个演讲了。

  与参议员的演讲相比,他也许显得华彩有所不足,却以一种更为实际的风格见长,也就是说,他的演讲学识更专,立论更高。因此,演讲中少了些对政府的颂扬,宗教和农业则占了更多的篇幅。他论证了两者相互间的关系,以及它们对文明的始终不渝的促进作用。罗多尔夫则跟包法利夫人谈起了梦、预感和吸引力。演讲者追溯到人类社会的蒙昧时期,描述了那个蛮荒时代的人们怎样栖居在森林深处,采食栎实为生。从那以后,人类才渐渐脱离兽皮,织布为生,耕田种地,栽植葡萄。这究竟是不是好事,在这种进化过程中究竟是否弊大于利呢?德罗兹雷先生提出了这个问题。罗多尔夫

---

① 〔法〕福楼拜:《包法利夫人》,周克希译,上海:上海文艺出版社,2017年版,第140~141页。

则从吸引力渐渐谈到了意气相投,就在那位主席先生援引辛辛纳图斯如何扶犁耕地、戴克里先如何莳种白菜,以及中国皇帝如何将播种期定为新年伊始这些例证的时候,这位年轻人向少妇解释了这种难以抵挡的吸引力是如何由前世的缘分而定的。"就说我们吧,"他说,"我们为什么会相识?为什么会有这样的机缘?这想必是我俩特定的气质在吸引着我们,让我们走到一起,就像两条河流穿越遥远的时空,终于汇合到一起来了。"①

在上面这个段落中,福楼拜极具匠心地把德罗兹雷先生的演讲与鲁道尔夫对包法利夫人的诱惑性言语及相关动作,进行了交叉、并置式的描绘,接下来的描绘亦是如此:

说着他捏住她的手;她没有抽回去。
"精耕细作综合奖!"主席高声说道。
"比如说,我不久前上您家去的那会儿……"
"授予坎康普瓦的比内先生。"
"我怎么知道以后会跟您作伴呢?"
"七十法郎!"
"有多少次我都想走了,可最后我还是舍不下您,留了下来。"
"厩肥优胜奖!"
"正如今儿傍晚,明天,以后的每一天,我这一辈子,都要留在您身旁一样!"
"授予阿盖依的卡隆先生,金牌一枚!"
"因为我在别人身上,从来没有见过这样令人倾倒的魅力。"
"授予吉弗里-圣马丁的班恩先生!"
"所以我会永远记住您。"
"美利奴公羊……"
"可是您会忘记我,有一天我会像个影子那样消失得无影无踪的。"
"授予圣母堂的贝洛先生……"
"噢不!我在您心里,在您的生活里,还是会有一席之地的,

---

① 〔法〕福楼拜:《包法利夫人》,周克希译,上海:上海文艺出版社,2017年版,第141~142页。

115

是吗?"

"肉猪良种奖,并列授予勒埃里塞先生和居朗布尔先生;六十法郎!"

罗多尔夫握着她的手,觉得这只手热乎乎地颤动着,犹如一只被捉住的斑鸠想要飞出去;可是,不知她是试着抽回这只手,还是对另一只手的轻按作出反应,她的手指做了个动作;他大声说道:

"哦!谢谢!您没有拒绝我!您真好!您知道我是属于您的!让我看着您,让我把您看个够吧!"

一阵风从窗口吹进来,桌上的薄毯起了皱,下面的广场上,村妇们宽大的女帽飘动起来,宛似一群白蝴蝶在振动着翅膀。

"油菜籽饼应用奖!"主席还在往下宣读名单。

他愈读愈快:

"人粪施用奖,——亚麻种植奖,——排水引流奖,——长期租赁奖,——雇工劳作奖,"

罗多尔夫不再作声。两人相对凝望着。发干的嘴唇被一股强烈的欲火烧得颤动不已;两只手都变得柔软而乏力,自然而然地让手指紧贴在一起。[①]

这段描绘最让人们欣赏的,是鲁道尔夫对包法利夫人的诱惑情节,与同一空间场景中农展会评委会主席德罗兹雷先生在颁奖仪式上的具体颁奖情况,进行了交叉、并置式的共时性叙述。这两件事本身在故事情节的构成上可谓毫无关联,但福楼拜在小说中却把它们看似任意地交叉、剪接在一起,仅仅因为它们发生在同一个空间性的场景——农展会中,因此,卢卡契认为:这种描写把每一个具体事件都变成了"一幅图画的颜色点子",从而使整个叙事作品成为一个结构松散的文本。殊不知,恰恰是这种完整描绘与共时叙述,而不是那种单一的线性-因果叙事,最能符合生活本身的共时性本质和复杂性存在。因此,福楼拜的这种像"图画的颜色点子"似的共时性叙述,恰恰是一种极具匠心的符合现代小说特征的复线叙事方式。

意大利作家卡尔维诺在其著名的《美国讲稿》中,曾以他喜欢的作家卡尔洛·埃米里奥·加达为例,说明"现代小说应该像百科辞典,应

[①] 〔法〕福楼拜:《包法利夫人》,周克希译,上海:上海文艺出版社,2017年版,第142~143页。

该是认知的工具,更应该成为客观世界中各种人物、各种事件的关系网"①。"卡尔洛·埃米里奥·加达终生不渝地把外部世界描绘成一个线团、一个线球或一团乱麻……或者说得确切些,从不忽视同时存在的众多相互区别的因素。恰恰是这些众多的因素决定了每一件事物。"②"在加达的短篇小说以及他的长篇小说的各个情节里……哪怕是最小的一件物品,都被看做是一张关系网的纲,作者不能不去注意它,结果小说的细节与离题发挥多得数不胜数。小说的主题就这样向四面八方伸延,范围越来越宽、越来越广。如果这些话题能够向各自的方向发展的话,那么它们就会包罗整个宇宙。"③卡尔维诺本人当然也写出了很多他欣赏的加达式的复杂的小说,但最早实践这种共时性叙事的却是福楼拜,其《包法利夫人》中有关农展会这一空间性场景的完整描绘与共时叙述,正是这种叙事方式的完美典范。

在关于农展会的描绘中,福楼拜似乎觉得仅有鲁道尔夫对包法利夫人的诱惑以及德罗兹雷先生进行颁奖这两条叙事线索还不够,接下来他还增加了一段对同一空间性场景中女雇工伊丽莎白·勒鲁的共时性描绘……"授予萨斯托-拉盖里埃尔的卡黛丽娜-尼凯兹-伊丽莎白·勒鲁,表彰她在同一农庄任雇工达五十四年之久,银牌一枚——奖金二十五法郎。"④人们找了半天,才终于发现了这位获奖者,"于是,人们看见一个矮小的老妇人,衣着寒碜,全身干瘦,畏畏缩缩地走上了主席台。她脚上套着一双硕大的木靴,腰间束着一条蓝布大围裙。瘦削的脸庞裹在没有边饰的女帽中间,皱纹比日子放久了苹果还多。红色短上衣的袖口里,伸出两只骨节粗大的长长的手。谷仓的尘土,洗衣的碱水,羊毛的粗脂,使这双手变得又糙又硬,布满老茧和裂口,尽管用清水冲洗过,看上去仍然脏兮兮的;而且,由于长年都在干活,手指总是微屈着,仿佛这双手本身就是她身受苦难的卑微见证。脸上印有一种修女般的峻刻的表情。眼神默然,既无悲苦亦无矜悯,因而更显得其僵滞。成年累月跟牲畜打交道,久而久之也就变得

---

① 〔意〕伊塔洛·卡尔维诺:《美国讲稿》,萧天佑译,南京:译林出版社,2012年版,第101页。
② 〔意〕伊塔洛·卡尔维诺:《美国讲稿》,萧天佑译,南京:译林出版社,2012年版,第101页。
③ 〔意〕伊塔洛·卡尔维诺:《美国讲稿》,萧天佑译,南京:译林出版社,2012年版,第102页。
④ 〔法〕福楼拜:《包法利夫人》,周克希译,上海:上海文艺出版社,2017年版,第143页。

木讷寡言，跟它们差不多了。这是她第一回瞧见自己被这么多人围在中间；这些旗帜，军鼓，穿黑礼服的先生，还有参议员胸前的荣誉勋章，她看着只觉得心里发怵，木呆呆地站在那儿，不知道是该向前走，还是该往后退，也不知道下面的人群干吗要把她推上来，这些评审先生又干吗要这么笑吟吟地看着她。这位操劳了半个世纪的女雇工，就这样站立在喜气洋洋的先生太太们跟前。"[①] 当伊丽莎白·勒鲁终于明白银牌和奖金是奖给她的时候，"她接过银牌，端详着它，然后脸上漾开一股充满幸福的笑意；旁边的人听见她边往下走，边喃喃地说：'我要把它交给本堂神甫，请他为我望弥撒。'"[②]

相信所有看到关于伊丽莎白·勒鲁的这段描写的人，都会认为这个矮小的老妇人是一个有故事的人……然而，按照卢卡契的说法，这种描绘只是一种和情节无关的"穿插"，只是构成一幅空间性图画中的"颜色点子"。当然，正如前面所阐明的，卢卡契的看法无疑是一种落后的偏见，事实上，福楼拜在这里所展示的，是一种极具匠心并符合现代小说特征的空间性的共时叙述。

法国学者亨利·密特朗认为：在福楼拜的小说中，"空间上的转换是多方向和多维度的。法语小说在'视觉调配法'方面还从未有过这般的灵活性"[③]；正是在这个意义上，福楼拜的小说体现了一种特殊的"空间诗学"，这不仅体现在对各种各样的地点或场景的描绘上，而且体现在共时性叙述的空间结构上。亨利·密特朗说得好："小说空间虽然与人物一起耗损甚至消亡，我们却不应该因此而忘记作品书写和结构上的种种精彩，是它们保证了贯穿小说始终的繁复而无穷的完美的空间效果。地点之于叙述逻辑的中立和冷漠立场，正好因为以下事实而得到补偿：文本将之作为耽于空间想象的理由和借口。……无论如何，福楼拜的写作非常喜欢——也让我们喜欢——把某种敏锐（也许应该说是'感觉性'）、某个时刻和可以感知的某个空间结合起来，并把相关的研究和技巧推向前所未闻的精湛和高妙。这便是他作品中最隐秘、最困难、最精心谋划

---

① 〔法〕福楼拜：《包法利夫人》，周克希译，上海：上海文艺出版社，2017年版，第144页。

② 〔法〕福楼拜：《包法利夫人》，周克希译，上海：上海文艺出版社，2017年版，第145页。

③ 〔法〕亨利·密特朗：《现实主义幻象：从巴尔扎克到阿拉贡》，孙婷婷译，北京：外语教学与研究出版社，2020年版，第46页。

和最为成功之处。"① 是的，如果说，空间性地点的完整描述还稍嫌"中立和冷漠"的话；那么，文本的空间性结构——"某个时刻和可以感知的某个空间结合起来"的多线共时性叙述（比如，在《包法利夫人》有关农展会的描绘中，就至少包括鲁道尔夫与包法利夫人的情感发展、德罗兹雷先生主持的颁奖仪式、女雇工伊丽莎白·勒鲁的故事等三条情节线），则是福楼拜小说中"最隐秘、最困难、最精心谋划和最为成功之处"，其本质则是时间艺术的语词媒介模仿空间艺术多线结构的跨媒介叙事。

总之，伟大作家福楼拜通过语词这种时间性媒介创造了一种"空间诗学"，这集中体现在其小说的完整描绘与共时叙述上。卢卡契不理解福楼拜的这种具有现代小说特征的叙事方式，认为作家为了"描写"而抛弃"叙述"，最终导致细节的独立化和结构的瓦解，从而使小说"堕落为浮世绘"或成为图画中的"颜色点子"。应该承认，卢卡契其实看出了福楼拜小说的跨媒介特征——把小说文本转化为"浮世绘"或"图画"，但他认为这只是一种不分主次的"描写"，而不是真正意义上的"叙述"，这种非叙述性的描写总是去关注那些"不属于正题的东西"，因而只是一些"妨碍产生效果的补白"。如今看来，卢卡契的看法当然是不对的，这主要是因为他把"描写"和"叙述"看成是两种截然对立的艺术手法，而不知道在很多情况下"描写"也是"叙述"：一种特殊的跨媒介叙事，一种把时间性、运动性的单一的因果－线性叙事转化为空间性、图像性的多线－共时性的"空间叙事"。福楼拜在《包法利夫人》中有关农展会的描绘，即是这种多线－共时性"空间叙事"的文学典范。

福楼拜的"空间叙事"往往涉及多种感官，尤其是"视觉"和"听觉"两种主要感官；而且，在其以语词为媒介的文学性的"空间叙事"中，"视觉"和"听觉"这两种感官往往水乳交融，让读者们难以分出彼此了。说到福楼拜小说中的视觉及视觉艺术，亨利·密特朗这样写道："假如我们由此想到福楼拜与画家在灵感和技巧上的一致性，就会有很多话说却又无从表达。有很多话说，是因为《情感教育》②里的所有空间

---

① 〔法〕亨利·密特朗：《现实主义幻象：从巴尔扎克到阿拉贡》，孙婷婷译，北京：外语教学与研究出版社，2020年版，第73~74页。

② 在此，亨利·密特朗是以《情感教育》这部小说为例来说明其观点的。其实，福楼拜小说中的空间与绘画空间的关系——"摆脱了绘画上的严格的平面构图"，对于《包法利夫人》及其他小说来说，也同样适用。

都摆脱了绘画上的严格的平面构图；福楼拜追求的，是聚焦和视界的永不停止的接续和滑移，从而将运动与'延时'的效果嵌入空间；他也想让（取景）镜头的变换既多又快……福楼拜已经彻底发明出后世电影工作者们所谓的'蒙太奇'……"① 之所以"却又无从表达"，一方面是因为福楼拜试图以语词模仿的画家实在是太多了，"大概要提及1840年以后的几乎所有的画家，一页页地罗列他们各自偏爱的主题和独特的技法：这一页引证杜米埃，那一页引证康斯坦丁·盖斯，第三页是安格尔，再一页是马奈，以此类推，名册会没完没了"②。尤其关键的，还在于有另一方面，即"福楼拜所特有的、不属于绘画领域的东西（绘画却正是一种绝对的空间艺术）"——"耳朵"："在他的笔下，眼睛负责倾听，耳朵负责观看。……于是，在这种对小说空间的罕见的书写中，倾听和观看的喜悦水乳交融。"③ 确实如此，在福楼拜的小说中，"眼睛负责倾听，耳朵负责观看"（只要我们仔细体味《包法利夫人》中有关农展会场景描绘的那种交叉、并置式的视听世界，就不难理解这种说法的精彩之处了），正是其文学感官的交叉交融和互通互用，铸就了这位伟大作家的特殊的打通时空的跨媒介叙事。遗憾的是，卢卡契不能理解福楼拜小说跨媒介叙事的这种高妙和精微之处，所以他对伟大作家恰恰具有独创性的叙事技巧，做出了错误的批评。

第四节　作为叙述的描写及其跨媒介叙事

卢卡契认为："描写作为流行一时的写作方法……是诗对于造型艺术的徒劳的竞争。对人的描写作为人的表现方法，只能把他变成死的静物。只有绘画才有办法使人的形体特征直接成为表现人的最深刻的性格特征的手段。当自然主义的绘画式的描写手法把文学作品中的人贬低为静物画的组成部分的同时，连绘画也丧失了高度的感性表现的能力，这决不是一种巧合。塞尚的肖像画同提香或伦勃朗反映人的心灵整体的肖像画

---

① 〔法〕亨利·密特朗：《现实主义幻象：从巴尔扎克到阿拉贡》，孙婷婷译，北京：外语教学与研究出版社，2020年版，第74页。
② 〔法〕亨利·密特朗：《现实主义幻象：从巴尔扎克到阿拉贡》，孙婷婷译，北京：外语教学与研究出版社，2020年版，第75页。
③ 〔法〕亨利·密特朗：《现实主义幻象：从巴尔扎克到阿拉贡》，孙婷婷译，北京：外语教学与研究出版社，2020年版，第75~76页。

相比较，不过是一些静物画，正如龚古尔或左拉的人物同巴尔扎克或托尔斯泰的人物相比较一样。"① 如此看来，卢卡契本质上还是一个机械的传统意义上的理论家和批评家，他不仅一笔抹煞了"诗"与"画"之间的跨媒介关系，而且把塞尚这样具有独创性并有"现代艺术之父"之称的后印象派大画家，与龚古尔或左拉这样的"自然主义"作家相提并论，认为他们的作品只是一些实质上或文学意义上的"静物画"。显然，卢卡契尽管生活在"现代"，但他的观念和意识还停留在"过去"，他理解不了，更不能准确地评价那些具有"现代性"品格的文学艺术作品②。在我们看来，无论是左拉小说中的"文学图画"，还是福楼拜小说所展示的"空间诗学"，都是作为叙述的描写所进行的跨媒介叙事。

事实上，小说史上迷恋描写并试图把描写转化成叙述的作家为数不少，比如19世纪美国作家爱伦·坡（1809—1849），就在其小说《阿恩海姆乐园》和《兰多的小屋——〈阿恩海姆乐园〉之姊妹篇》中把描写

---

① 〔匈〕乔治·卢卡契：《叙述与描写——为讨论自然主义和形式主义而作》，刘半九译，中国社会科学院外国文学研究所外国文学研究资料丛刊编辑委员会编：《卢卡契文学论文集》（一），北京：中国社会科学出版社，1980年版，第68页。

② 在《叙述与描写——为讨论自然主义和形式主义而作》一文中，卢卡契这样写道："现代作家的虚伪的客观主义和虚伪的主观主义造成了叙事作品的图式化和单调化。就左拉型的客观主义而论，一种题材范围的客观统一就是创作的原则。这种创作的基础就在于：题材范围的所有重要的客观因素是从各个不同方面呈现出来的。于是，我们看到一系列状态性的图画，一系列静物画，这些图画只是作为题材而互相联系，按照它们的内在逻辑而并列在一起，从来不是相继发生的，更勿论它们的因果关系了。所谓情节只不过是把那些状态性图画串联在一起的一根细线，它为一些个别的状态性图画造出了一种肤浅的、在生活中不起作用的、在创作上带偶然性的时间连续性。这样一种创作方式在艺术风格上的变化是很小的。作家们不得不凭借被表现的题材的新奇和描写手法的独创，努力使人忘却这种创作方式的天生的单调性。""那些从虚伪的主观主义的精神产生的小说，它们在艺术风格上的可变性并不比前者更大多少。这类作品的模式就是现代作家的基本经验——幻灭的直接反映。先总是对主观的希望从心理上加以描写，然后通过不同生活阶段的描写，把希望在粗暴而残忍的资本主义生活中的破灭表现出来。当然，这类作品从主题来看，可以有时间上的先后次序。但是，一方面这种时间上的先后次序总是千篇一律，另一方面主体和世界的对立是那样呆板而又突然，以致根本不能产生激动人心的相互作用。现代小说（乔哀斯、朵士·帕索斯）中的主观主义的最高发展阶段，事实上已经把人的内心生活变成了一种静止的物件般的状态化。说来令人难以置信，到了这一发展阶段，极端的主观主义重又近似虚伪的客观主义的死一般的物件化。"（〔匈〕乔治·卢卡契：《叙述与描写——为讨论自然主义和形式主义而作》，刘半九译，中国社会科学院外国文学研究所外国文学研究资料丛刊编辑委员会编：《卢卡契文学论文集》（一），北京：中国社会科学出版社，1980年版，第73~74页）无疑，卢卡契的这种看法是极其陈旧、保守和落后的，按照他的看法，不仅左拉和多斯·帕索斯，甚至具有高度的独创性和开拓性，并已被公认为现代派小说一代宗师的詹姆斯·乔伊斯也乏善可陈，因为他同样"把人的内心生活变成了一种静止的物件般的状态化"，把时间性、动态的小说变成了"一系列静物画"，并"把人变成一件事物的零件、一个状态、一幅静物画"（同上，第74~75页）。

运用到了极致,尤其是后者。《兰多的小屋》是"去年夏天",叙述者"在一次穿越纽约州一两个临河县的徒步旅行途中"①,对一个山谷中所见到的"画境"及"画境"中的"兰多的小屋"的描绘。正如小说中所描写的:"并非艺术的价值而是其性质使我在一块野花簇拥的石上坐了下来,怀着迷惑而赞美的心情把那条只有仙境才会有的道路足足凝望了半个小时。我凝望得越久心里便越确信:肯定有一位画家,一位对形态一丝不苟的画家,监督了眼前这一切的摆布。是他无微不至的细心使这一切都保持在整洁优雅和美丽自然之间,这里的美丽自然是这个意大利词的真正含义。整幅图画很少有笔直而不间断的线条。从任何角度望去,相同的曲线效果或色彩效果一般出现两次,但不会再多。画面的每个部分都有一种和谐的变化。这是一幅'杰作',一幅最挑剔的批评家几乎也提不出修改建议的杰作。"② "谷底的景象慢慢呈现出来,就像我要描绘的那么慢。东闪出一棵树,西亮出一片水波,接着又是一个烟囱的顶部。我差点儿禁不住以为,眼前的一切只是有时在名曰'透视画'的展出中所看见的那种精心构制的幻象。"③ 当兰多的小屋终于映入叙述者眼帘时,他接下来这样写道:"再也找不出比这更天然质朴、毫无矫饰的小屋了。它神奇的效果完全在于它如诗如画的艺术布局。当我凝视这幢小屋时,我禁不住想象它是由某位风景画大师用彩笔绘成的。"④ 当进入小屋之后,作者还是继续对屋内布置进行描写,而不是对主人公兰多的故事进行叙述:"进入客厅之后我见到了兰多先生——因为我随后就得知他姓兰多。兰多先生温文尔雅,诚恳热情。可我当时更感兴趣的是那幢令我如此着迷的住房,而不是主人的举止风采。"⑤ 总之,《兰多的小屋》几乎全篇都是类似的描写,而没有实质性的叙述。事实上,这是一篇小说而不是其他什么文体,叙述者着迷的是把屋外屋内所见到的风景转化为一幅幅"图画"——当然是那种用文字描绘的跨媒介性的"文学图画"。

---

① 〔美〕埃德加·爱伦·坡:《兰多的小屋——〈阿恩海姆乐园〉之姊妹篇》,《爱伦·坡短篇小说全集》(下卷),曹明伦译,北京:商务印书馆,2022年版,第929页。
② 〔美〕埃德加·爱伦·坡:《兰多的小屋——〈阿恩海姆乐园〉之姊妹篇》,《爱伦·坡短篇小说全集》(下卷),曹明伦译,北京:商务印书馆,2022年版,第930~931页。
③ 〔美〕埃德加·爱伦·坡:《兰多的小屋——〈阿恩海姆乐园〉之姊妹篇》,《爱伦·坡短篇小说全集》(下卷),曹明伦译,北京:商务印书馆,2022年版,第931页。
④ 〔美〕埃德加·爱伦·坡:《兰多的小屋——〈阿恩海姆乐园〉之姊妹篇》,《爱伦·坡短篇小说全集》(下卷),曹明伦译,北京:商务印书馆,2022年版,第936页。
⑤ 〔美〕埃德加·爱伦·坡:《兰多的小屋——〈阿恩海姆乐园〉之姊妹篇》,《爱伦·坡短篇小说全集》(下卷),曹明伦译,北京:商务印书馆,2022年版,第940页。

显然，在爱伦·坡的这篇小说中，是描写承担了叙述功能，这是一种作为叙述的描写；而整篇小说的叙事特征，则是一种以时间性的语词进行空间性造型描绘的跨媒介叙事。

至于左拉的"文学图画"，卢卡契给予了比福楼拜还多还严厉的批评。其实，对左拉小说中描写的批评，甚至在左拉还在世时就开始了，对此左拉自己亦有深刻的认识，比如他的小说《爱情一叶》，"招来最多的批评是对巴黎的五次描写，作为每一章的结尾，呆板重复。读者感到这是作家的任性，为了显示笔法高明，却反反复复、啰里啰嗦令人生厌"①。对这种无谓的指责，左拉这样"提醒"道："我不为自己的五段描写争辩，我只是要提醒大家注意，有人称我们有描写的狂热，其实我们从来不会为描写而描写，我们心中所酝酿的东西，总是与人性的意图交织在一起的。创意完全属于我们，我们试图把它纳入我们的作品中，我们梦想巨大的方舟。"② 是的，《爱情一叶》中的描写并不是"为描写而描写"，而是具有特定的叙述功能；而且，这种以空间性、图像性的描写面貌出现的跨媒介叙述，是一叶"巨大的方舟"，它引导着小说文本驶向更大的故事海洋。马振骋在该小说中译本的"译序"中说得好："左拉从青年时代就要写一部人物不多而又以巴黎为背景的小说。这个念头，也可说这种偏执，使他在《爱情一叶》中对巴黎作了五段冗长的描写，他的意图是借景物的变幻反映埃莱娜心中出现的情欲：二月寒夜，初次相遇；大地苏醒，内心骚动；自然万物蓬勃生长，热情达到高潮；十二月的阴霾天，双重约会中失身；最后大雪覆盖巴黎，感情又陷入冰似的冷漠中……"③ 这就是说，《爱情一叶》中的每一段描写，都代表着埃莱娜情欲或情感发展的一个阶段，这种描写以一种特殊的方式承担着小说的叙述功能，它们是一种作为叙述的描写。尽管《爱情一叶》是一个以语词构成的时间性的小说文本，但它追求的是空间性的造型艺术的效果，正如亨利·密特朗所指出的："在左拉的作品里，小说空间的构思不仅要满足'摹仿'的各种要求，可以让人看出某些真实的地点，还要为情节

---

① 〔法〕埃米尔·左拉：《左拉致编辑部的信》，埃米尔·左拉：《爱情一叶》，马振骋译，北京：人民文学出版社，2018年版，第1页。
② 〔法〕埃米尔·左拉：《左拉致编辑部的信》，埃米尔·左拉：《爱情一叶》，马振骋译，北京：人民文学出版社，2018年版，第2页。
③ 马振骋：《译序》，〔法〕埃米尔·左拉：《爱情一叶》，马振骋译，北京：人民文学出版社，2018年版，第2~3页。

（包括人物、场景和起伏跌宕）的逻辑服务，让它充满活力。"[1] 这个论断指出了左拉的小说不仅具体描绘"真实的地点"（空间），还涉及空间性的叙事结构（即"情节的逻辑"），这其实正是作为时间艺术的小说而追求空间艺术美学效果的跨媒介叙事特征。

到了法国"新小说"，描写几乎成为一种有意识的、全面而系统化的美学追求；我们完全可以说，"新小说"就是一种具有"艺格敷词"特征的跨媒介叙事作品。"新小说"作家认为，当今是一个"怀疑的时代"（娜塔丽·萨洛特语），首先被怀疑的是"心理要素"：在当下的小说和绘画艺术中，"心理要素""都是缓慢地从其寄存的物体上分离出来……趋向于独立存在"[2]；而此前，早在拉·法耶特夫人时代，心理分析就"成了一切散文文学的基础，主宰着作品的构思、人物的描写和情节的开展。从此以后，一部好小说一直就是对于一定环境下一定激情的研究，不是激情的冲突便是激情的缺乏"[3]。其次被怀疑的是"意义"。在"新小说"作家看来，世界上万事万物的意义都是人赋予的，而事实上，"世界既不是有意义的，也不是荒诞的。它存在着，如此而已"；因此，"我们必须制造出一个更实体、更直观的世界，以替代现有的这种充满心理的、社会的和功能意义的世界"[4]。最后被怀疑的是"深度"：在以往的文学中，深度"这个无所不包的、独一无二的字眼，它企图把物件的内在品质、隐藏的灵性集中于自身；深度像是一个罗网，作家用以捕获宇宙把它交给社会"，而"今天有一种新的因素彻底把我们和巴尔扎克，同样把我们和纪德、拉·法耶特夫人区别开来，那就是抛弃关于'深度'的古老神话"[5]。当对"心理""意义""深度"这些传统小说中至关重要的东西表示"怀疑"并把它们彻底抛弃之后，"新小说"作家们认为"未来的小说"必须"让物件和姿态首先以它们的存在去发生作用，让它们的存在驾临于企图把它们归入任何体系的理论阐述之上，不管是感伤的、社会

---

[1] 〔法〕亨利·密特朗：《现实主义幻象：从巴尔扎克到阿拉贡》，孙婷婷译，北京：外语教学与研究出版社，2020年版，第93页。

[2] 〔法〕娜塔丽·萨洛特：《怀疑的时代》，林青译，柳鸣九编选：《新小说派研究》，北京：中国社会科学出版社，1986年版，第37页。

[3] 〔法〕阿兰·罗伯-葛利叶：《未来小说的道路》，朱虹译，柳鸣九编选：《新小说派研究》，北京：中国社会科学出版社，1986年版，第59页。

[4] 〔法〕阿兰·罗伯-葛利叶：《未来小说的道路》，朱虹译，柳鸣九编选：《新小说派研究》，北京：中国社会科学出版社，1986年版，第63页。

[5] 〔法〕阿兰·罗伯-葛利叶：《未来小说的道路》，朱虹译，柳鸣九编选：《新小说派研究》，北京：中国社会科学出版社，1986年版，第64页。

学、弗洛伊德主义，还是形而上学的体系"①。这样一来，"在小说的这个未来世界里，姿态和物件将在那里，而后才能成为'某某东西'。此后他们还是在那里，坚硬、不可变、永远存在，嘲笑自己的意义，这些意义妄图把它们的作用降为一个无形过去和一个不定未来之间的轻脆工具"②。"与此同时，表明视觉的和描写性的词——限于度量、定位、限制、形容——为未来的小说艺术指出了一条艰巨然而可行的道路。"③

众所周知，小说不是绘画和雕塑，也不是摄影和电影，它如何通过语词在叙事作品中把"姿态和物件"呈现出来呢？当然是通过跨媒介性的"描写"，通过"表明视觉的和描写性的词"，来呈现空间性的姿态、物件和动作。但这种"新小说"中的描写，正如罗伯-格里耶（亦译罗伯-葛利叶）所指出的："描写的地位和使命已经彻底地变了。当对描写秩序的关注侵入到整个小说时，它同时也就失去了它的传统意义。"④ 明白地说，在"新小说"中，描写承担了叙述功能；换句话说，"新小说"之"新"，恰恰就在于它把描写变成了叙述。也正是这种作为叙述的描写，使"新小说"成为一种典型的跨媒介叙事作品。

那么，作为跨媒介叙事艺术手段的描写，到底是"诗对于造型艺术的徒劳的竞争"（乔治·卢卡契语），还是"未来小说的道路"（罗伯-格里耶语）呢？对于前一个问题，我们的答案是否定的，正如前面所阐明的：跨媒介性的描写其实正是作为时间艺术的小说极具创意地进行跨界性的"空间叙事"的奥秘所在。至于后一个问题，其实作为"新小说"旗手的罗伯-格里耶已经做出了回答："尽管这些描述——纹丝不动的物体或者场景的片段——通常都以令人满意的方式作用于读者，许多专家对它们的评价却是贬义的，他们觉得它们无用而又混杂；无用，因为跟情节行为没有现实的关系。混杂，因为不能履行它们的基本角色所应履行的使命：让人看到。"⑤ 我们认为，真正对描写（述）不满并进行贬义

---

① 〔法〕阿兰·罗伯-葛利叶：《未来小说的道路》，朱虹译，柳鸣九编选：《新小说派研究》，北京：中国社会科学出版社，1986年版，第63页。
② 〔法〕阿兰·罗伯-葛利叶：《未来小说的道路》，朱虹译，柳鸣九编选：《新小说派研究》，北京：中国社会科学出版社，1986年版，第63～64页。
③ 〔法〕阿兰·罗伯-葛利叶：《未来小说的道路》，朱虹译，柳鸣九编选：《新小说派研究》，北京：中国社会科学出版社，1986年版，第65页。
④ 〔法〕阿兰·罗伯-格里耶：《今日小说中的时间与描述》，〔法〕阿兰·罗伯-格里耶：《快照集为了一种新小说》，余中先译，长沙：湖南美术出版社，2001年版，第217页。
⑤ 〔法〕阿兰·罗伯-格里耶：《今日小说中的时间与描述》，〔法〕阿兰·罗伯-格里耶：《快照集为了一种新小说》，余中先译，长沙：湖南美术出版社，2001年版，第215页。

评价的，不应该是专家，因为作为叙述的描写，作为跨媒介叙事艺术手段的描写，理应纳入专家的视野并进行严肃认真的研究；对描写真正不满的应该是普通读者，因为小说毕竟是让人看并让大部分读者都能够看懂的，当花了很多时间和精力都无法把像"新小说"这样的小说看懂的时候，读者最终失去耐心并进行负面或贬义的评价，当然是可以预见且容易理解的。

第五章　模仿律与跨媒介叙事
——图像叙事对语词叙事的模仿

在中外艺术史上,我们都不难发现这样一种现象:在相当长的一个历史时期里,那些叙事性图像所叙述的故事很少是直接模仿生活的,而大多是对民间口传的或文本记载的著名故事的再一次叙述,也就是说,图像叙事一般不是直接对生活中事件的模仿,而是对语词叙事已经叙述过的故事的再一次模仿。按照古老的模仿理论,如果叙事性话语或叙事性文本是对现实或虚拟生活的模仿,那么叙事性图像则是对话语或文本的模仿,即对"模仿"的再一次模仿——模仿中的模仿。按照叙事学理论,如果叙事性图像模仿的话语或文本是对现实或想象中发生的事件的叙述,那么叙事性图像本身则是对已在话语或文本中叙述过的"故事"的再一次叙述——叙述中的叙述。在《图像叙事与文字叙事——故事画中的图像与文本》[①]一文中,笔者曾经从符号学的角度对叙事性图像的这种"模仿中的模仿"与"叙述中的叙述"的现象本身做过描述和分析。但当时由于篇幅所限,该文对于这种现象出现的原因仅约略提及而未及深入论述,本章拟从"模仿"和"媒介"的角度,揭示图像叙事模仿语词叙事的深层原因。

[①] 龙迪勇:《图像叙事与文字叙事——故事画中的图像与文本》,《江西社会科学》2008年第3期。

第一节　模仿与媒介

因为任何叙事作品都必须用一种或多种媒介[①]去叙述一个或多个外在于该媒介的事件，所以叙事作品无非一种通过媒介去模仿外在事件的艺术，而外在事件在被媒介表征之后就成为情节化的"故事"了。因此，叙事作品其实就是一种模仿艺术，在叙述或模仿的过程中，模仿物就是被媒介表征的"故事"，而被模仿物则是外在于该媒介的"事件"。显然，在叙述或模仿的过程中，媒介扮演了一个非常重要的角色：不借助表达的媒介，任何叙述或模仿活动都无法正常进行；而且，哪怕是面对同样的"事件"，只要被不同的媒介表征，就会形成不同类型的叙事作品。

在文艺理论史上首先系统而深入地论述模仿与媒介问题的著作是亚里士多德的《诗学》。亚里士多德在《诗学》第1章中这样写道："史诗的编制，悲剧、喜剧、狄斯朗勃斯（酒神颂）的编写以及绝大多数供阿洛斯和竖琴演奏的音乐，这一切总的来说都是摹仿[②]。它们的差别有三点：即摹仿中采用不同的媒介，取用不同的对象，使用不同的、而不是相同的方式。"[③] 在这段话中，亚里士多德主要提出了两个问题：第一，各种类型的"诗"（文艺）的本质都是模仿；第二，区别"诗"（文艺）之类型的三个标准，即模仿中所用的媒介不同、所取的对象不同、所采的方式不同。其中第二个问题尤为重要，因为它关涉模仿艺术的分类，

[①] 在叙事学研究中，媒介是最重要也是使用最混乱的概念之一，其中最常见的混乱就在于对"表达媒介"和"传播媒介"不加区别地混用。《韦氏大学词典》的"媒介"词条，收录了两种有关媒介的定义："（1）通讯、信息、娱乐的渠道或系统；（2）艺术表达的物质或技术手段。"（〔美〕玛丽－劳尔·瑞安：《故事的变身》，张新军译，南京：译林出版社，2014年版，第16页）第一种定义把媒介看作管道或信息传递方法；第二种定义把媒介视为"语言"（广义上的语言，相当于符号）。也就是说，关于媒介，主要有"管道论"和"符号论"两种定义，第一种定义下的媒介可称之为传播媒介，第二种定义下的媒介可称之为表达媒介。我们认为，第二种定义更为基本，对我们的研究也更为重要。之所以如此，是因为"在信息以第一种定义的具体媒介模式编码之前，部分信息已然通过第二种定义的媒介得到了实现。一幅绘画必须先用油彩完成，然后才能数字化并通过互联网发送。音乐作品必须先用乐器演奏，才能用留声机录制和播放。因此，第一种定义的媒介要求将第二种定义所支持的对象翻译成二级代码"；而且，"媒介可以是也可以不是管道，但必须是语言，才能呈现跨媒介叙事学的趣味。"（同上书，第17页）对于叙事学来说，主要研究的是"表达"而不是"传播"，所以，本章所说的"媒介"，指的是作为表达媒介的"语言"或符号。

[②] 摹仿（mimēsis）亦作模仿，为了行文的统一，本章除引用的文字外，均写成模仿。

[③] 〔古希腊〕亚里士多德：《诗学》，陈中梅译，北京：商务印书馆，1996年版，第27页。

而在决定分类标准的三个要素中，模仿的媒介是至关重要的。事实上，模仿媒介是亚里士多德《诗学》首先具体论及的问题，也是其三大文艺分类标准中的第一个。在总括性地提出模仿艺术及其三点差别（也就是文艺分类的三个标准）之后，亚里士多德在《诗学》第 1 章中接下来这样写道：

> 正如有人（有的凭技艺，有的靠实践）用色彩和形态摹仿，展现许多事物的形象，而另一些人则借助声音来达到同样的目的一样，上文提及的艺术都凭借节奏、话语和音调进行摹仿——或用其中的一种，或用一种以上的混合。阿洛斯乐、竖琴乐以及其它具有类似潜力的器乐（如苏里克斯乐）仅用音调和节奏，而舞蹈的摹仿只用节奏，不用音调（舞蹈者通过揉合在舞姿中的节奏表现表现人的性格、情感和行动）。
>
> 有一种艺术仅以语言摹仿，所用的是无音乐伴奏的话语或格律文（或混用诗格，或单用一种诗格），此种艺术至今没有名称。……
>
> 还有一些艺术，如狄斯朗勃斯和诺摩斯的编写以及悲剧和喜剧，兼用上述各种媒介，即节奏、唱段和格律文，差别在于前二者同时使用这些媒介，后二者则把它们用于不同的部分。①

在上述文字中，亚里士多德以模仿媒介为标准，对文艺作品进行了分类。首先是"用色彩和形态摹仿"的艺术和"借助声音来达到同样的目的"的艺术，它们的目的都是"展现许多事物的形象"。其实，这两类艺术也就是我们后来常说的空间艺术和时间艺术，当然，对于前者，亚里士多德没有展开详细的论述，他重点探讨的是后者，也就是重点考察借助声音来模仿的艺术（时间艺术）。接下来，亚里士多德根据节奏、话语（语言）和音调三个要素的使用情况——"或用其中的一种，或用一种以上的混合"，对借助声音来模仿的艺术（时间艺术）进行了进一步的分类：第一类是器乐，包括阿洛斯乐、竖琴乐以及其他像苏里克斯乐这样具有类似潜力的器乐，此类艺术仅用音调和节奏来模仿；第二类是舞蹈，只用节奏、不用音调来模仿；第三类是仅以语言进行模仿的艺术，所用的是无音乐伴奏的话语或格律文——这种艺术在当时还不太重要，

---

① 〔古希腊〕亚里士多德：《诗学》，陈中梅译，北京：商务印书馆，1996 年版，第 27～28 页。

所以连名称也还没有；第四类是混合艺术，兼用节奏、唱段（音调）和格律文（语言）等多种媒介，包括狄斯朗勃斯（酒神颂）和诺摩斯（日神颂）以及悲剧和喜剧，它们的差别在于前二者同时使用这些媒介，后二者则把它们用于不同的部分。

必须承认，亚里士多德是首位认识到了模仿艺术与模仿媒介之间存在紧密关联的理论家，并以模仿媒介为标准，对"诗"（时间艺术）的基本类型做出了清晰的界定和系统的描述。当然，由于论述对象的限制，他没有对"用色彩和形态摹仿"的空间艺术做出描述和阐释，更没有对形成空间艺术和时间艺术的不同模仿媒介的特性进行比较性研究——要等到18世纪的莱辛写出著名的《拉奥孔》一书之后才算是真正取得了扎实可靠的理论成果。

在《拉奥孔》一书中，莱辛主要论述的是"诗"与"画"，也就是时间艺术与空间艺术在模仿媒介和表现题材等方面的差异。在该书中，莱辛主要根据表达媒介的不同特性，而把以画为代表的造型艺术称为空间艺术，把以诗为代表的文学作品称为时间艺术。据此，我们不妨把绘画、雕塑等图像类媒介称为"空间性媒介"，它们长于表现"在空间中并列的事物"——"物体"，而把口语、文字和音符等媒介称为"时间性媒介"，它们长于表现"在时间中先后承续的事物"——"动作"或"情节"。当然，莱辛也认识到了："物体"作为绘画所特有的题材，以及"动作"作为诗所特有的题材，都只是相对而言的，绝不可绝对化。之所以如此，是因为："一切物体不仅在空间中存在，而且也在时间中存在。物体也持续，在它的持续期内的每一顷刻都可以表现出不同的样子，并且和其他事物发生不同的关系。在这些顷刻的各种样子和关系之中，每一种都是以前的样子和关系的结果，都能成为以后的样子和关系的原因，所以它仿佛成为一个动作的中心。因此，绘画也能摹仿动作，但是只能通过物体，用暗示的方式去摹仿动作……另一方面，动作并非独立地存在，须依存于人或物。这些人或物既然都是物体，或是当作物体来看待，所以诗也能描绘物体，但是只能通过动作，用暗示的方式去描绘物体。"① 在这种认识的基础上，莱辛提出了在创作"画"与"诗"时所必须遵循的原则："绘画在它的同时并列的构图里，只能运用动作中的某一顷刻，所以就要选择最富于孕育性的那一顷刻，使得前前后后都可以从这一顷刻中得到最清楚的理解……同理，诗在它的持续性的摹仿里，也只能运用

---

① 〔德〕莱辛：《拉奥孔》，朱光潜译，北京：人民文学出版社，1979年版，第85页。

物体的某一个属性，而所选择的就应该是，从诗要运用它那个观点去看，能够引起该物体的最生动的感性形象的那个属性。"①

在莱辛的基础上，美国学者玛丽－劳尔·瑞安进一步把作为符号的媒介分为"语言"（狭义的而非相当于符号的广义的语言）、"静止图像""器乐"以及"没有音轨的活动画面"四类。对于前三类，瑞安还给出了它们的"叙事属性"。关于"语言"，瑞安认为其"叙事属性"容易"表征时间性、变化、因果关系、思想、对话"②，因而便于叙事；至于"静止图像"，其"叙事属性"则容易"将观众沉浸到空间中，描绘故事世界地图，表征人物和环境的视觉外观"③，而在叙事方面却处于明显的劣势。应该说，瑞安的概括是比较准确的，其看法有助于我们对语词和图像这两种主要叙事媒介的基本特性的理解。总之，瑞安认为不同性质的媒介具有各自不同的"叙事属性"，对于这种属性，创作者必须深入了解，才能在利用它们进行创作时如鱼得水，从而创造出真正出色和伟大的作品。

从上面的介绍不难看出，无论是亚里士多德、莱辛还是玛丽－劳尔·瑞安，他们所强调的都是模仿所采用的媒介给模仿艺术本身所带来的本质特征，以及这种艺术由于媒介自身的局限所带来的表达方面的界限，也就是说，他们所做的主要工作是以模仿媒介为标准而给艺术分类，并为各类艺术的表达能力划界。这种研究当然非常重要，因为只有在对艺术的基本分类及其表达界限有了一个清晰的认识之后，我们才能对各门具体的文学和艺术进行有效的描述、分析和阐释，也才能真正推进文学理论的进步和发展。正是在这个意义上，我们认为亚里士多德和莱辛等人的研究工作是奠基性的，此后的相关研究都不能忽视他们的观点，而且只有把后续研究建立在他们的基础之上，才能取得真正突破性的进展。就拿叙事媒介来说，正如瑞安所指出的："有些媒介是天生的故事家，有些则具有严重的残疾。"④ 对于各类媒介自身的"叙事属性"，无论是作为创作者还是作为研究者，我们都必须要有深刻的洞悉。

---

① 〔德〕莱辛：《拉奥孔》，朱光潜译，北京：人民文学出版社，1979年版，第85页。
② 〔美〕玛丽－劳尔·瑞安：《故事的变身》，张新军译，南京：译林出版社，2014年版，第18页。
③ 〔美〕玛丽－劳尔·瑞安：《故事的变身》，张新军译，南京：译林出版社，2014年版，第18页。
④ 〔美〕玛丽－劳尔·瑞安：《故事的变身》，张新军译，南京：译林出版社，2014年版，第4页。

然而，无论是亚里士多德还是莱辛，他们所强调的都是模仿艺术和模仿媒介的"本位"，而对于文学史、艺术史上的另一种重要现象——"出位之思"则根本没有意识到，当然更谈不上研究了。瑞安尽管对这种现象有所了解，但并没有做出正本清源的理论性的研究。

叶维廉认为："一首诗、一张画、一首乐曲的'美感主位对象'并不存在于其媒体性能所发挥的魅力；这个对象应该存在于 Kraft 里，一种不受媒体差别所左右的生命威力。……要找出一个艺术的核心，我们必须在媒体特有性能之'外'去寻求。"① 正因为如此，所以"文人画避过外在写实的一些细节而捕捉事物主要的气象、气韵。同样地，诗人避过'死义'的说明性，而引我们渡入事物原真的'境界'。两者都要求超越媒体的界限而指向所谓'诗境'、所谓'美感状态'的共同领域"②。

叶维廉对于莱辛在《拉奥孔》一书中阐述的诗画观有所修正，就"诗"而言，他以汉乐府民歌《江南可采莲》、王维的《辛夷坞》、柳宗元的《江雪》等中国诗为例，认为尽管诗由于用了语言，物象只能依次呈现，"但它们并不如戏剧动作那样用一个故事的线串联起来；它们反而先是'空间性的单元'并置在我们目前，而我们对它们全面的美感印象，还要等到它们全部'同时'投射在我们觉识的幕上始可完成。物象不但以共存并置的关系出现；这些空间性的物象，由于观者的移动而被时间化。更重要的是：以上的美感瞬间没有一个可以称得上莱辛所说的'动作'（事件）。莱辛的心目中只有一种诗，那便是史诗或叙事诗；他完全忽视了 Lyric（抒情诗）的整个创作的现实。"③ 此外，叶维廉还认为诗的主要任务是写出感情和思想的"生成状态"而不是完成状态，"为了要达致感情和思想的'生成状态'，诗便要消弥文字的述义性，转而依赖一种音乐与绘画的结构或程序。自庞德、艾略特、威廉斯、史蒂芬斯到黑山诗人（Black Mountain Poets）都曾设法打破文字的局限而攀向斐德（佩特）所说的'音乐的状态'（如应用了母题重叠、题旨逆转，变易，寂音交替等）和'绘画的状态'（如放弃纵时式串联性展露而代之以并时式罗列性构筑），都是为了要达到厄尔都所说的'中心的表现'，介乎'手势

---

① 〔美〕叶维廉：《"出位之思"：媒体及超媒体的美学》，《中国诗学》（增订版），北京：人民文学出版社，2006年版，第206页。
② 〔美〕叶维廉：《"出位之思"：媒体及超媒体的美学》，《中国诗学》（增订版），北京：人民文学出版社，2006年版，第214页。
③ 〔美〕叶维廉：《"出位之思"：媒体及超媒体的美学》，《中国诗学》（增订版），北京：人民文学出版社，2006年版，第204页。

与思想之间'，介乎语言与音、色之间的一种中性的表现"①。就"画"而言，叶维廉也认为莱辛"单一瞬间（顷刻）的呈现"理论不存在普适性，比如将之运用于中国画就有点格格不入："几乎所有的中国山水画的构图，都不是'一瞬'的描摹，都不是'单一的透视'（即选择一个固定的方向看出去）。在中国的山水画里，我们不但从前山看，也从后山看，不但从侧看，也仰视，也俯视，是从许多不同的'瞬间'、从许多不同的角度同时看。……在结构上避开单一的视轴，而设法同时提供多重视轴来构成一个整体的环境，观者可以移入遨游。换言之，观者并未被画家任意选择的角度所左右；观者仿佛可以跟着画中提供的多重透视回环游视。"②不仅中国画如此，"在西方古典画里，莱辛的结论也是有问题的。西方画中虽然大致上是依循科学式的单一透视，但在中世纪的画中，不乏同时用'逆转透视'（reverse perspective）的例子；而在文艺复兴时期的画中，要利用不同时间的情节压缩在同一画面上来制造'幻觉的空间'（illusionary space），也大有人在。虽然这些画在结构上和中国画的多重透视或回旋透视还是大不相同，但它们对空间的处理也可以说明莱辛的'单一瞬间的呈现'的理论之粗略"③。总之，无论是就"诗"而言还是就"画"而言，叶维廉都认为存在着所谓的"出位之思"现象，而这种现象的存在给文学艺术作品带来了一种别样的美感。

事实上，本章所说的"跨媒介叙事"本质上就是一种"出位之思"现象。在"空间叙事本质上是一种跨媒介叙事"一章中，我曾经把"出位之思"视为跨媒介叙事的美学基础，并这样写道："所谓'出位之思'之'出位'，即表示某些文艺作品及其构成媒介超越其自身特有的天性或局限，去追求他种文艺作品在形式方面的特性。而跨媒介叙事之'跨'，其实也就是这个意思，即跨越、超出自身作品及其构成媒介的本性或强项，去创造出本非自身所长而是他种文艺作品或他种媒介特质的叙事形式。"④

从上面的论述不难看出，就模仿与媒介的关系而言，既存在"本位"

---

① 〔美〕叶维廉：《"出位之思"：媒体及超媒体的美学》，《中国诗学》（增订版），北京：人民文学出版社，2006年版，第215～216页。
② 〔美〕叶维廉：《"出位之思"：媒体及超媒体的美学》，《中国诗学》（增订版），北京：人民文学出版社，2006年版，第204～205页。
③ 〔美〕叶维廉：《"出位之思"：媒体及超媒体的美学》，《中国诗学》（增订版），北京：人民文学出版社，2006年版，第205页。
④ 龙迪勇：《空间叙事本质上是一种跨媒介叙事》，《河北学刊》2016年第6期。

现象,也存在"出位"现象,前者强调的是模仿时遵循媒介自身的特性,后者强调的是模仿时在遵循自身特性的同时也跨出自身而追求另一种媒介的美学效果。在我看来,前者是各种文艺类型存在的基础,也是作家、画家们在进行模仿活动时必须把握的准绳;后者则为创作活动提供了一种创造性的途径,有利于文学艺术打破常规而取得别样的美学效果。

第二节 模仿律

正如本章开头所说,我们试图回答的问题是:为什么图像叙事一般不直接模仿生活中的事件,而模仿语词叙事中的故事?从第一部分的论述不难知道,图像叙事模仿语词叙事的情况正是一种典型的"出位之思"现象:以"图像"作为媒介的叙事作品跨出本位去模仿"语词"叙写的"故事"。必须指出的是:中西艺术史上这种叙事性图像模仿叙事文本的倾向持续了好多个世纪。就西方而言,从古希腊罗马开始,经中世纪,到文艺复兴时期这种叙事性图像模仿叙事文本的倾向达到了顶峰,"十九世纪依然有这种风尚"[①]。在《图像叙事与文字叙事——故事画中的图像与文本》一文中,我曾经指出:"19世纪末20世纪初之前的西方艺术叙事史简直就是图像模仿文本的历史。这是一种彻底的文本中心主义,是由古希腊肇其端的理性主义或'逻各斯中心主义'思维方式造成的结果。"[②]可是,除文本中心主义或理性主义这一思想渊源之外,我们还必须给出图像叙事热衷于模仿语词叙事的内在原因,而这一内在原因还得从模仿与媒介的角度去寻找。

为了发现图像叙事模仿语词叙事的内在原因,我们首先需要知道的就是模仿的基本规律。在这方面,法国社会学家加布里埃尔·塔尔德的"模仿律"会给我们提供许多有关模仿的洞见。

塔尔德是法国社会学的创始人之一,在社会学、社会心理学、刑事犯罪学、统计学等方面均取得了较大的成就,尤其以社会学著作《模仿律》著称于世。塔尔德认为,人是一种模仿性的生物,而模仿正是促使

[①] 钱锺书:《读〈拉奥孔〉》,《七缀集》,北京:生活·读书·新知三联书店,2002年版,第48页。

[②] 龙迪勇:《图像叙事与文字叙事——故事画中的图像与文本》,《江西社会科学》2008年第3期。

人类进行文化创造和社会融合的根本性冲动之一。所谓模仿，按照塔尔德的说法就是："一个头脑对隔着一段距离的另一个头脑的作用，一个大脑上的表象在另一个感光灵敏的大脑皮层上产生的类似照相的复写。……我所谓的模仿就是这种类似于心际之间的照相术，无论这个过程是有意的还是无意的，被动的还是主动的。如果我们说，凡是两个活生生的人之间存在着某种社会关系，两者之间就存在着这个意义上的模仿（既可能是一人被另一人模仿，也可能是两人被其他人模仿，比如，一个人用相同的语言和另一个人交谈，那就是用原来就有的底片复制新的证据）。"[1] 在写完这些话后，塔尔德还作了这样一条注释："如果模仿的对象是自己，就可能是在同样的一个大脑里的复写，这是因为，模仿的两个分支记忆和习惯必须要和其他的记忆和习惯联系在一起才能够理解，我们所关心的模仿只能是这一种模仿。心理现象要用社会现象来解释，那是因为社会现象是从心理现象中产生出来的。"[2] 可见，塔尔德是主张"泛模仿说"的，也就是说，模仿在社会和心理现象中是无处不在、无时不在的。

在塔尔德的《模仿律》中，"发明"（发现）是与"模仿"对应的一个概念，前者代表社会中变革、创新和进步的一面，后者则代表社会中持续、融合和稳定的一面。关于"发明"，塔尔德指出："我把这个词用来描绘个人的一切首创（initiative）。我不考虑个人是否意识到自己的首创性——这是因为个人常常是在无意之间搞革新，可实际上最富有首创性的总是这样那样的发明家。"[3] 当首创性的"发明"发生之后，必然会引来无数人的模仿，于是一个模仿性的"社区"便得以形成。在一个正常的社会中，当然会存在许多个"发明"，这些"发明"处于一种竞争的状态之中。正如塔尔德所说："两个发明满足同一个欲望时，就互相冲突……每一个发明的生产者和消费者都希望或相信，这一个发明更加适合他心中的目的，另一个发明则略逊一筹。不过，即使两个发明满足不同的欲望，它们也可能矛盾，原因有二：一是因为两个欲望是另一个高一级欲望的不同表现，两者都认为自己更加适合表达那个高一级的欲望；

---

[1]〔法〕加布里埃尔·塔尔德：《模仿律·第二版序》，何道宽译，北京：中国人民大学出版社，2008年版，第7页。

[2]〔法〕加布里埃尔·塔尔德：《模仿律·第二版序》，何道宽译，北京：中国人民大学出版社，2008年版，第7页。

[3]〔法〕加布里埃尔·塔尔德：《模仿律·第二版序》，何道宽译，北京：中国人民大学出版社，2008年版，第7页。

一是因为一个欲望的满足意味着另一个欲望的不满足，而且两个发明都希望对方的欲望得不到满足，这就是它们竞争的结局。"①

塔尔德认为："一个民族的发明和发现越多，它的创造力就越旺盛，新发现越是多，它越是热心去探索新的发现。"② 然而，尽管"发明"很重要，但与之相比，模仿对于社会、历史却更为重要：对社会而言，"模仿是一切社会相似性的原因"③，是社会的灵魂；对历史来说，"历史是最成功的事物的集合，换言之，历史就是被模仿得最多的首创性的集合"，"总体上来说，唯一对历史有意义的东西是模仿的历程（the career of imitations）。历史的真正定义就在其中"。④ 而且，"在文明开化的人中，驾轻就熟的模仿能力的增长速度，超过了发明的数量和复杂性的增长速度"⑤，"模仿的生命力更强；其影响力不仅跨越很长的距离，而且跨越长时间的中断。模仿在发明者和模仿者之间架设起了孕育的关系，哪怕二者相隔数千年之遥……"⑥ 正因为如此，所以塔尔德指出："文明的进步似乎是在促进模仿发明的才能，而不是在繁殖发明的天才。真正名副其实的发明日益困难，所以在不久的将来，这样的发明必然会越来越稀罕。而且，有朝一日它必然会消减殆尽，因为任何一个种族的头脑都不可能无穷无尽地发展。随之而来的结论必然是，或迟或早，每一个文明，无论它是亚洲的还是欧洲的文明，注定要撞到它固有的藩篱上，然后就开始它那无穷无尽的循环往复。"⑦ 也就是说，"发明"只是少数人的专利，而且"发明"总有耗尽的时候，而模仿却是人与生俱来的天性，它既是维持社会存在的强韧纽带，又是形成社会历史的关键性因素。

模仿当然是有一定规律可循的，这也就是塔尔德所谓的"模仿律"，

---

① 〔法〕加布里埃尔·塔尔德：《模仿律》，何道宽译，北京：中国人民大学出版社，2008年版，第115页。
② 〔法〕加布里埃尔·塔尔德：《模仿律》，何道宽译，北京：中国人民大学出版社，2008年版，第108页。
③ 〔法〕加布里埃尔·塔尔德：《模仿律》，何道宽译，北京：中国人民大学出版社，2008年版，第28页。
④ 〔法〕加布里埃尔·塔尔德：《模仿律》，何道宽译，北京：中国人民大学出版社，2008年版，第100页。
⑤ 〔法〕加布里埃尔·塔尔德：《模仿律》，何道宽译，北京：中国人民大学出版社，2008年版，第136~137页。
⑥ 〔法〕加布里埃尔·塔尔德：《模仿律》，何道宽译，北京：中国人民大学出版社，2008年版，第26页。
⑦ 〔法〕加布里埃尔·塔尔德：《模仿律》，何道宽译，北京：中国人民大学出版社，2008年版，第99页。

第五章 模仿律与跨媒介叙事——图像叙事对语词叙事的模仿

而"模仿律"又可分为"逻辑模仿律"和"超逻辑模仿律"。相较而言，塔尔德认为"超逻辑模仿律"更为重要，因为"超逻辑模仿"是一种根植于内心深处的无意识行为：首先，许多自觉的、有意识的模仿行为会慢慢地变成无意识的模仿行为；其次，许多模仿行为始终都是无意识的。正如塔尔德所说："随着一个民族开化程度的增长，它模仿的方式是不是越来越自觉、有意和自愿呢？我想事实正好是相反的。个体无意识的习惯在发轫之初是有意识的、自主的行为；同理，一个民族符合传统或风俗的一切所作所为在最初滥觞之时，也是一个艰难的问题，需要反复拷问是否需要引进。……许多模仿行为自始至终都是无意识的、无意为之的。口音和举止的模仿就是无意识的，与我们的生活环境相关的理性和情感的模仿行为，常常是无意识的、无意为之的。……非随意、无意识的模仿决不会成为随意和有意的模仿；相反，随意和有意的模仿却可能带上相反的特征。"① 所谓的"逻辑模仿律"，就是决定极少数"发明"（革新）被传播（模仿），而大多数"发明"（革新）被忘记的社会逻辑规律，正如塔尔德所说："我们的问题是要弄清楚，在同时构想的100种语词、神话思想、工业流程等革新之中，为什么一成的革新能够得到传播，九成的却被忘记。"② 形成这一问题的原因既包括"物质原因"，也包括"社会原因"，塔尔德认为后者更为重要，《模仿律》一书所考察的也主要是"社会原因"："影响革新和模仿的社会原因分两种：逻辑的原因和非逻辑的原因（nonlogical）。这样的区分极其重要。一个人喜欢某一个革新而不喜欢其他的革新，那是因为他认为，这一革新比其他革新更加有用，就是说，这个革新更加符合业已在他的脑子里占有一席之地的目的或原理（当然是通过模仿而学到的）——在这个时候逻辑原因就在起作用。在这些情况下，新旧发明或发现本身就成为唯一的问题；它们和周围的发明发现所带有的毁誉是没有关系的，和其他发明发现滥觞的时间地点也是没有关系的。"③ 也就是说，逻辑性模仿的对象主要是那些对

---

① 〔法〕加布里埃尔·塔尔德：《模仿律》，何道宽译，北京：中国人民大学出版社，2008年版，第138~139页。
② 〔法〕加布里埃尔·塔尔德：《模仿律》，何道宽译，北京：中国人民大学出版社，2008年版，第101页。
③ 〔法〕加布里埃尔·塔尔德：《模仿律》，何道宽译，北京：中国人民大学出版社，2008年版，第102页。

模仿者"更加有用"的发明或革新①，这显然是一种有意识的模仿行为；与之相反，超逻辑性的模仿则更多带有无意识色彩，因而也是一种更具深层心理也更为基本的模仿行为。塔尔德认为，"逻辑不起作用的模仿分为两大类：轻信（credulity）和顺从（docility），也就是信念（belief）的模仿和欲望（desire）的模仿。表面上看，把被动追随另一人的思想叫做模仿，似乎有一点奇怪。然而……一个脑袋对另一个脑袋的反映无论它是主动还是被动，其实并没有什么关系，我用模仿这个词的引申义应该是合情合理的。……我把顺从纳入模仿是有道理的，也是必要的，这一点很容易证明。只有这样，我们才能够看清模仿现象的全部意义。一个人模仿另一个人时，一个阶级模仿另一个阶级的衣着、家具和娱乐时，它已经借用了后者的欲望和情感，因为衣着、家具和娱乐是欲望和情感的外在表现"②。"轻信"和"顺从"这种看似不经意的行为，当然具有无意识的色彩，因而这种模仿更多带有一种不受逻辑制约的"超逻辑"特征。

正是在"超逻辑"的层面，塔尔德提出了两条重要的"模仿律"：（1）从内心到外表的模仿；（2）从高位到低位的模仿。接下来，我们就结合这两条模仿的规律，来具体分析图像叙事对语词叙事模仿的内在原因。

---

① 窃以为，塔尔德本人的学术思想被后人模仿，就体现出了一种"逻辑模仿律"。在法国，塔尔德与孔德、迪尔凯姆同为社会学的创始人和先驱者，当年纪稍长的孔德去世后，塔尔德与迪尔凯姆势不两立，最终迪尔凯姆占尽上风，塔尔德的学术思想却没有很好地得到继承和发展。仔细分析起来，应该和两个学术流派在"逻辑决斗"中迪尔凯姆一边占了上风有关，在这种情况下，模仿迪尔凯姆显然对模仿者来说"更加有用"。而塔尔德的学术思想之所以模仿者少，可能跟以下原因有关：（1）孔德的思想偏重实证主义哲学，塔尔德则偏重抽象的哲学思辨。迪尔凯姆得到孔德的真传，把实证主义思潮推向顶端，塔尔德则偏离孔德的传统，因此得不到孔德的荫蔽；（2）在两套对立的学术体制中，迪尔凯姆处于强势的一方，塔尔德则处于弱势的一方。迪尔凯姆的立场是教会、政府、军队和国立大学的立场，塔尔德则是自发性思潮的代表，他抱定反体制的姿态，反映的是破落贵族、都市无产者和乡村农夫的立场；（3）迪尔凯姆在国立巴黎大学任教，垄断最重要的学术资源，塔尔德则在私立大学任教，而这些私立大学后来纷纷衰败，所以他难以拥有体制内的学术声誉；（4）巴黎大学授博士学位，所以迪尔凯姆有世代嫡传的弟子担任吹鼓手，塔尔德执教的法兰西公学是私立大学，不授博士学位，所以他没有多少嫡传弟子，因而也没有多少人继承、弘扬和鼓吹其学术成就（关于这些原因，可参阅《模仿律》一书的中译者何道宽先生撰写的"中译者前言"）。正是由于上述原因，尽管塔尔德的学术原创性丝毫不比迪尔凯姆逊色，但其名声和影响却没有后者那么大。

② 〔法〕加布里埃尔·塔尔德：《模仿律》，何道宽译，北京：中国人民大学出版社，2008年版，第142页。

第三节　作为"范本"的语词叙事

　　塔尔德把被模仿者叫作"范本",把模仿者叫作"副本"。"范本"和"副本"是相比较而存在的,当两个或多个"范本"相遇的时候,占据优势、处于高位的"范本"往往会成为真正的"范本",处于弱势或低位的"范本"则降为"副本";当两个或多个"副本"相遇的时候,同样会出现这种情况。可作为"范本"或"副本"的,既可以是人、事、物,也可以是一种精神气质、一种生活方式、一种人生态度,当然也可以是一种模仿媒介、一种文艺体裁、一种叙述方式,等等。对于"超逻辑模仿律"的两条原理,塔尔德是这样表述的:"假定在逻辑价值或目的论价值相同的情况下,(1)主观范本被模仿的机会走在前,客观范本被模仿的机会走在后;(2)被认为占优势的人物、阶级或地域的范本将获得胜利,处于劣势的人物、阶级或地域的范本会败下阵来。"[①] 所谓"主观范本",指的是那些更靠近内心,更具有"主观性"的精神、思想、情感上的东西,这类东西具有更多成为范本的潜质,在模仿活动中具有成为范本的优先性;所谓"客观范本",则是指那些带有某种"客观性"的物质、表象、符号上的东西,它们也能成为范本,但如果与"主观范本"相比较,它们一般都是作为"副本"而存在。当然,在两个或多个"客观范本"中,要成为真正的范本,则要看谁在竞争中能取得优势,从而成为占优势的范本。所谓占优势的范本,也就是占据着高位的范本;所谓处于劣势的范本,也就是在"逻辑决斗"中败下阵来了的、处于低位的"范本",事实上它们更多是作为"副本"而存在。

　　某一种东西之所以被称为"范本",是因为它们在某一方面具有优势而容易成为被模仿的对象。在叙事方面,语词比图像更具有优势,因而语词更容易成为范本而被图像模仿。下面,我们就分别介绍塔尔德所概括的两条"模仿律",并以之作为理论工具来分析图像叙事模仿语词叙事的内在规律。

[①] 〔法〕加布里埃尔·塔尔德:《模仿律》,何道宽译,北京:中国人民大学出版社,2008年版,第139~140页。

一、从内心到外表的模仿

在模仿中，总是先有精神、思想、情感上的模仿，然后才有物质、表象、符号上的模仿，或者说，首先模仿的往往是"范本"的内心情感和精神实质，然后才会模仿其外在表象和表现形式。正如塔尔德在《模仿律》一书中所写道的："在起初阶段，模仿基本上是从内心开始的，而且它必然与信念或欲望的传播有关；模仿的外在形式仅仅是信念或欲望的表达形式和次要的目标而已；……与此相反，到了第二阶段，虽然内在源头逐渐干涸而且必然会失去力量，然而外在形式还是会继续传播下去——难道不是这样吗？于是，我们就可以这样来解释模仿的现象：模仿的走向是从里到外，是从模仿的对象走向模仿的抽象符号。到了某一时刻，被复制的东西不再是范本内在的一面，不是言行中潜隐的信念或欲望，而是范本外在的一面。"① "如果给予更具精确的表述，这个从里到外的模仿过程就含有两层意思：（1）思想的模仿走在思想的表达之前；（2）模仿的目的走在模仿的表达之前。目的和思想是内在的东西，手段和表达是外在的东西。"② 除了这种高度概括性的表述，塔尔德对这一模仿律还有更为具体和形象的描述："模仿在人身上的表现是从内心走向外表的。乍一看，一个民族或阶级模仿另一个民族或阶级时，首先是模仿其奢侈品和艺术，然后才迷恋上其爱好和文学、目的和思想，也就是其精神。然而，事实刚好相反，16世纪，西班牙的时装之所以进入法国，那是因为在此之前西班牙文学的杰出成就已经压在我们头上。到了17世纪，法国的优势地位得以确立。法国文学君临欧洲，随后法国艺术和时装就走遍天下。15世纪，意大利虽然被征服并遭到践踏，可是它却用艺术和时装侵略我们，不过打头阵的还是他们令人惊叹的诗歌。究其原因，那是由于它的诗歌挖掘并转化了罗马帝国的文明，那是因为罗马文明是更加高雅、更有威望的文明，所以意大利征服了征服者。此外，法国人的住宅、服装和家具被意大利化之前，他们的习惯早就屈从于跨越阿尔卑斯山的罗马教廷，他们的内心早就被意大利化了。"③ 在这段文

---

① 〔法〕加布里埃尔·塔尔德：《模仿律》，何道宽译，北京：中国人民大学出版社，2008年版，第151~152页。
② 〔法〕加布里埃尔·塔尔德：《模仿律》，何道宽译，北京：中国人民大学出版社，2008年版，第149页。
③ 〔法〕加布里埃尔·塔尔德：《模仿律》，何道宽译，北京：中国人民大学出版社，2008年版，第143~144页。

字中，文学和思想等精神产品的重要性远远高于艺术和奢侈品，显然，塔尔德认为文学（文本）的地位远远高于艺术（图像），因此图像对文本的模仿是顺理成章、不可避免的。之所以如此，是因为塔尔德认为语词构成的文学是一种更靠近"内心"的东西，图像构成的艺术则徒具外表而远离"内心"。

在塔尔德看来，靠外在模仿的方法是不可能形成社会纽带的。他以尚没有发明语言的"史前史的黎明期"为例，对此进行了说明："在那个时候，脑袋里私密的内容，它的欲望和思想是如何从一个脑袋传入另一个脑袋的？实际上，我们可以从动物社会的行为来推断。动物没有符号，但是它们似乎互相理解，好像用暗示在心理上实现了'通电'一样。应当承认，在那个历史的黎明期，大脑之间的远距离作用也许是令人惊叹的……催眠术的暗示能够给我们一个朦朦胧胧的概念，这种病态的现象有点像正常的现象。"① 是啊，没有符号的动物尚且可以实现大脑之间的远距离作用，处于"史前史的黎明期"的人类当然是更容易实现一个心灵对另一个心灵、一个大脑对另一个大脑的模仿的。

后来，随着语言的诞生，模仿当然是变得更容易了，但正如塔尔德所说："语言的发明大大促进了思想和欲望从一个头脑进入另一个头脑，而不是启动了这样的嫁接。因此，模仿的走向是从里到外的。如果没有这样的进步事先存在，语言诞生是难以想象的。言语的发明者首先在自己的脑子里是如何把一个给定的思想和一个给定的语音联系起来（用体态使之完善）的呢？这一点不难理解。然而，仅仅靠对方听见他发出的语音，他又怎么能够向另一个人暗示这个语义关系呢？这个问题就难以理解了。倘若听话人仅仅像鹦鹉学舌一样地重复这个语音，不能够把它和语义挂钩，我们就难以明白，这种表面上机械的重复怎么能够使他理解陌生人的意思，如何能够使他从语音过渡到语词。必须承认，语义是通过声音传播的，语义反映了语音。催眠术用暗示创造的奇迹近来已非常普及；凡是接触过催眠术的人肯定是不难承认这个假设的……况且，观察两三岁幼儿咿呀学语的情况就可以加重这个假设的分量。他们学会表达想说的东西之前，早就能够听懂父母对他们说的话。如果不是从里到外地模仿成人，他们怎么能够先听懂话然后才说出话来呢？承认这一点之后，语言在幼儿身上的扎根虽然神奇，理解起来也就没有什么困难

---

① 〔法〕加布里埃尔·塔尔德：《模仿律》，何道宽译，北京：中国人民大学出版社，2008年版，第147页。

了。历史发轫期的语言不是后来那个样子的语言,不是用作知识和观点交换的语言。我经常提及任何学习过程都有一个先单边后双向的规律,根据这个规律,在其发轫期,语言一定是父亲给幼儿的单边传授或指令,是对不做应答的神灵的祈祷,它一定具有一种祭司的、君主的功能,具有明显的权威,伴有暗示的幻觉,它是一种神圣的仪式,是令人敬畏的垄断。"① 也就是说,原初的语言具有一种内在的模仿性,从语义到语音再过渡到语词的过程,本身就是一种单边的传授或指令,是一种几乎没有中断的连续的模仿过程。

  细分起来,语言其实包括言语和文字两种表达媒介,而无论是言语还是文字,它们都拥有比图像更强的表达内心想法和精神活动的能力,因此也更容易成为模仿中的范本。就言语而言,塔尔德说得好:"一个占优势的脑袋对一个被支配的脑袋具有远距离的作用,一旦受到言语交流习惯的促进和调控,这种作用就得到了难以抗拒的力量。……多亏了言语,模仿才能够在人类世界里突显出它的主导作用。首先,它以最活生生的样式依附在人类最固有的特征之上,并且以难以想象的精确度复制人们潜隐的思想和目的;然后,它才以不那么准确的方式来捕捉住手势、态度和动作的范本。动物界的情况则刚好相反。动物的模仿相当不精确,仅仅表现为鸣叫、肌肉动作的复制,而神经传导的现象、思想和欲望的传播总是模模糊糊的。动物世界停滞不前的原因就在这里。这是因为,即使一个机灵的念头在一只乌鸦或野牛的脑袋里闪光,根据我们的假设,它也必然随着这只动物的思维而消失。在动物界,首先和显著的模仿是肌肉的模仿;在人类身上,首先和显著的模仿是神经的模仿和大脑的模仿。这就是人类和动物界的主要差别,我们可以用这个反差来解释人类社会的优越性。"② 至于文字作为范本的潜质,则更为明显了:因为掌握文字不是一件容易的事,它必须经过一番艰苦的学习过程;而且,在相当长的一个历史时期里,识字权都掌握在上层阶级的手中。正如塔尔德所说:"使用文字的权利是由上层阶级垄断的;在不识字的人的心里,文字曾经享有崇高的威望,其原因就在这里。《圣经》里就有这样的记

---

① 〔法〕加布里埃尔·塔尔德:《模仿律》,何道宽译,北京:中国人民大学出版社,2008年版,第147页。
② 〔法〕加布里埃尔·塔尔德:《模仿律》,何道宽译,北京:中国人民大学出版社,2008年版,第148页。

第五章 模仿律与跨媒介叙事——图像叙事对语词叙事的模仿

载。"① 无疑,在文字产生之前,其威望是由言语所拥有的,但言语受制于特定的时空,所以文字诞生之后言语的部分优势就被文字取代了,按照塔尔德的说法就是:"倘若言语失去了文字那样的威望,显然那是因为它比文字要古老得多。然而,言语曾经享有崇高的威望,其证据有:古老司法程序被赋予圣典的功能,《祈祷书》被赋予神奇的力量,雅利安人的《吠陀经》、拜占庭人的圣语、基督徒的逻各斯被神化的地位等。"②

当然,尽管语词在再现思想情感和精神生活时具有图像等其他模仿媒介所难以比拟的广度和深度,但语词的表现也自有其弱点,比如,"语言文字从表现感觉直到表现最高级的观念,却都最多止于某种近似的程度。它不能把事物具体化到表现出事物的物质性质。它能说'颜色',但不能让我们看到颜色。因此人们才用舞台动作来补充对话,用插图来补充小说。同时我们也懂得这种补充并非必不可少的。作家在描写任何物体时,都能在精确性方面达到他的艺术目的所必须的程度"③。这说明,尽管语词的表现有其弱点,但这种弱点并不会影响到作家们的艺术创作目的。对此,德国艺术理论家鲁道夫·爱因汉姆概括道:"如果我们把文学称为一切手段中最完备的一种,那么我们就必须记住它的广泛性同时也构成了它的弱点,而其他的手段也有它们特有的力量。但是,就内容来说,语言文学却能兼有其他一切手段的全部领域:它能把世界上的事物描写成静止的或不断变化的;它能无比轻易地从一个地方飞跃到另一个地方,从一个时刻飞跃到另一个时刻;它不仅表现我们的外部感觉世界,而且也表现灵魂、想像、情绪和意志的整个领域。语言文字不仅能抓住外部的和内在的事实本身,它还能表达人的头脑在这些事实之间所建立的逻辑的和本能的联系。它几乎能用任何程度的抽象性来表现物体:从个别的具体现象到经过提炼的概念。它能自由地来往于感觉和观念之间,从而既满足最世俗的要求,也满足最世俗的要求。它特别擅长为现象和思想提供一个诱人的会面场所——这是诗人进行活动的场所。"④ 也就是说,无论语言文字具有什么样的弱点,其弱点都不会妨碍它成为

---

① 〔法〕加布里埃尔·塔尔德:《模仿律》,何道宽译,北京:中国人民大学出版社,2008年版,第148页。
② 〔法〕加布里埃尔·塔尔德:《模仿律》,何道宽译,北京:中国人民大学出版社,2008年版,第148页。
③ 〔德〕鲁道夫·爱因汉姆:《新拉奥孔:艺术的组成部分和有声电影》,《电影作为艺术》,杨跃译、木菌校,北京:中国电影出版社,1981年版,第177页。
④ 〔德〕鲁道夫·爱因汉姆:《新拉奥孔:艺术的组成部分和有声电影》,《电影作为艺术》,杨跃译、木菌校,北京:中国电影出版社,1981年版,第177页。

"一切手段中最完备的一种",它作为一种表达手段"能兼有其他一切手段的全部领域"。

总之,就像德国语言学家洪堡特所说的那样:"我们决不应该把语言看作与精神特性相隔绝的外在之物。虽然初看起来并非如此,事实却是,语言是不可教授的;语言只能够在心灵中唤醒,人只能递给语言一根它沿之独立自主地发展的线索。"[1] 所以无论是言语还是文字,它们在作为模仿媒介时都具有强大的表达内心想法和精神活动的能力,而这种能力是图像无法比拟的。因此,在叙事活动中,包括言语和文字在内的语词叙事往往会成为模仿的范本,而图像叙事在一般的情况下则只能成为副本。正是考虑到了模仿的这一特点,所以塔尔德指出:"艺术并不像斯宾塞主张的那样演化。他认为,艺术演化从比较客观的东西走向比较主观的东西,从建筑走向雕塑,从绘画走向音乐和诗歌。相反,艺术总是发轫于一部伟大的著作、史诗或相当完美的诗歌创作。荷马史诗中的《伊利亚特》、《圣经》、但丁的《神曲》等都是高山流水一样的源头,一切艺术注定要从这些源泉流淌而出。"[2] 的确,在一切民族的文学艺术源头中,都存在一些足以让后人高山仰止的完美的叙事作品,它们作为永恒的范本而为后来的各类叙事作品所模仿。历史事实证明,这类叙事作品都是语词性的,而不是图像性的。

其实,在讯息的传播与交流或内心思想情感的表述活动中,从模仿者的角度来说是模仿,而从被模仿者的角度来说则是分享。与模仿一样,分享也是最基本的人类动机之一。美国演化语言学家迈克尔·托马塞洛说得好:"人类有基本的与人分享讯息的动机……这种与人分享,可以扩展自己和他人的共同基础,让自己变得跟团体中的其他人一样,也希望他人喜欢自己,以便能与他们更亲密地沟通,所以这是某种形式的社会认同及联系。……这种分享/认同动机,最后也导致许多社会行为的常态化,因为有个内在的社会压力,督促自己照着别人的方法去做事。语言总呈现出强烈的常态结构,不管是在我们以特定的语言惯例指涉事物的方法上,或是在句子形式合不合乎语法上。"[3] 无疑,"督促自己照着别

---

[1] 〔德〕威廉·冯·洪堡特:《论人类语言结构的差异及其对人类精神发展的影响》,姚小平译,北京:商务印书馆,1999年版,第49页。

[2] 〔法〕加布里埃尔·塔尔德:《模仿律》,何道宽译,北京:中国人民大学出版社,2008年版,第148~149页。

[3] 〔美〕迈克尔·托马塞洛:《人类沟通的起源》,蔡雅菁译,北京:商务印书馆,2012年版,第198页。

人的方法去做事"的情况就是与分享相对应的模仿，正是这种模仿性的行为，才导致"社会行为的常态化"。而且，"社会行为的常态化"与"语言的常态结构"之间又存在着一种紧密的对应关系。也就是说，人类内心深处分享讯息的动机导致了相应的模仿行为，模仿则导致了社会行为的常态化，而社会行为的常态化又被语言的常态结构表征，于是，人类的动机、社会行为与语言结构之间存在着一种牢固的共构性的关系。我们认为，这种共构性关系为作为范本的语词叙事奠定了坚实的基础，因为这种关系的主要表现途径就是叙事活动，正如迈克尔·托马塞洛所说："世界上所有文化背景的人，与团体中其他人分享讯息、态度的主要场合，就是叙事。基本上所有文化都有叙事，帮助定义这个团体是个历经时间考验却仍连贯的实体，如创世神话、民俗传说、寓言等等，这些东西代代相传，是文化主轴的一部分。"① 在这里，必须指出的是：在叙事活动中，能够成为"文化主轴"的往往是语词叙事，而不是图像叙事；之所以如此，就是因为与图像叙事相比，语词叙事更适合表现个人内心的思想和情感以及民族文化中更具精神性的内容。

二、从高位到低位的模仿

在论述从高位到低位的模仿律时，塔尔德这样写道："人类的模仿从远古开始就带有深刻的主观性，这个主观性能够使不同的灵魂脱离各自的中心并将之捆绑在一起。……主观性的优势孳生出人的不平等，孳生出社会等级结构。这是必然的结果，因为范本与副本的关系演变出使徒与教徒、主子和仆从的关系。因此，既然模仿的过程是从范本的内部走向外部，这里面就有一个范本的下行过程，这就是模仿从高位到低位的走势。这就是从里到外的模仿律隐含着的第二条规律，这是值得我们单独审视的规律。"② 与从里到外的模仿律一样，这条模仿律也体现在政治、宗教、阶级以及文化、媒介等很多方面，比如在政治方面，塔尔德认为："一切东西都是靠模仿实现的，靠模仿优势阶级实现的，甚至连走向平等的趋势都是这样实现的。"③ 总之，从模仿的角度审视在政治上处

---

① 〔美〕迈克尔·托马塞洛：《人类沟通的起源》，蔡雅菁译，北京：商务印书馆，2012年版，第198页。
② 〔法〕加布里埃尔·塔尔德：《模仿律》，何道宽译，北京：中国人民大学出版社，2008年版，第154页。
③ 〔法〕加布里埃尔·塔尔德：《模仿律》，何道宽译，北京：中国人民大学出版社，2008年版，第165页。

于不同阶层的人时，我们可以发现："在距离相等的情况下，模仿总是从高到低、从高位人到低位人，在地位低的阶层中，模仿的走向总是从里到外的。"①

塔尔德以言语中的"口音"为例，对从高位到低位的模仿律进行了具体的说明："我们今天在客栈酒店里看见的无数打牌人，无意之间在模仿昔日宫廷的时尚。各种形式规则的礼节也是通过这样的模仿渠道传播的。上层的风雅来自宫廷，公民的礼仪来自都市。宫廷的口音逐渐传遍京城，又逐渐传遍各个阶级和各个省区。可以肯定，古代曾有过巴比伦口音、尼尼微口音、孟斐斯口音，正如今天有巴黎口音、佛罗伦萨口音、柏林口音一样。言语口音的传播是最难以察觉、难以抗拒、难以说清楚的模仿形式，所以它非常恰如其分地说明了我们正在阐述的规律：从上到下辐射的模仿的力量强大、道理深刻。我们看到，即使在口音上，我们也可以感觉到上层阶级对下层阶级……上层人对下层人的影响；因此在书写、手势、表情、衣饰和风俗上，高位人对低位人的影响就更加强大了，更不容置疑了。"②

关于文学艺术方面从高位到低位的模仿律，塔尔德则以"神权贵族政治时期"为例进行了令人信服的阐述：

> 在神权贵族政治时期，如果说陋屋模仿城堡，那么城堡就模仿教堂和神庙，先模仿建筑风格，后模仿各种艺术和奢侈之风，这些风尚先在上层兴盛，然后就向下传播到下层阶级。在中世纪，教堂的金匠和木工为世俗的工匠定下标准，所以世俗的工匠能够把哥特式的珠宝装饰和家具塞满贵族的官邸。雕塑、绘画、诗歌和音乐就是这样世俗化的。宫廷以谄媚、狭隘和单向礼节的形式，创造了相互而普遍的、和谐而礼貌的时尚；同理，一旦首领的指令、少数幸运儿的特权传播开来，就会产生法律，产生一人对众人的指令和众人对一人的服从；同理，在每一个民族的文学之首，我们都可以发现一本圣典——万书之典，后世的一切世俗书籍只不过是从圣殿里盗取的星火；一切历史著作之首，都有一部圣典；一切音乐之首，

---

① 〔法〕加布里埃尔·塔尔德：《模仿律》，何道宽译，北京：中国人民大学出版社，2008年版，第166~167页。

② 〔法〕加布里埃尔·塔尔德：《模仿律》，何道宽译，北京：中国人民大学出版社，2008年版，第156页。

都有一种哀婉乐和抒情乐；一切雕塑之首，都有一种偶像；一切绘画之首，都有一种墓室壁画、庙堂壁画或诠释圣典的帝王画……认为是世俗的中心的先是庙堂，然后是宫殿，这是恰如其分的。宫殿长期被认为是传播文明的中心；无论在表层意义还是在深层意义上，无论在艺术和风雅上还是在箴言和信仰上，宫殿都是传播文明的中心。①

在这里，尽管塔尔德没有直接谈到艺术（图像）对文本（语词）的模仿，但他说到了"诠释圣典的帝王画"——这种画存在的目的就是诠释文学或历史中的"圣典"，也就是说，这种艺术（图像）正是以文学或历史中的"圣典"作为模仿的对象的。

事实上，按照塔尔德从高位到低位的模仿律，在相当长的一个历史时期里，图像也确实是以文本作为模仿对象，或者说，图像叙事也正是以语词叙事作为模仿对象的。文学性文本在历史上身处高位，往往会成为各类图像的模仿对象。这一点，美国学者保罗·奥斯卡·克里斯特勒在《艺术的近代体系》一文中有很好的阐述："诗歌总是最受尊重，诗人从缪斯（Muses）那里获得灵感的观念可追溯到荷马（Homer）和赫西奥德（Hesiod）。拉丁术语 vates 也表明了诗歌与宗教预言的古老联系，因此当柏拉图在《斐多篇》中认为诗歌是神性疯狂的形式之一时他是在利用一个早期的观念。"② 为了说明诗歌（文学）确实高于图像，克里斯特勒对从古希腊罗马开始一直到 18 世纪的西方文学艺术史进行了有理有据、颇具说服力的梳理。

首先，在古希腊罗马时期，雕塑、绘画等图像艺术的地位比诗歌（文学）的地位要低得多。正如克里斯特勒所说："当我们考虑绘画、雕塑和建筑这些视觉艺术时，似乎它们在古代的社会和知识声望比人们可能根据它们的实际成就或者多半属于后来几个世纪偶然的热情评论所预期的要低得多。诚然，西摩尼得斯（Simonides）和柏拉图、亚里士多德和贺拉斯把绘画与诗歌相比较，如西塞罗、哈利卡尔那索斯的狄奥尼西奥斯（Dionysius of Halicarnassus）和其他作家把它与修辞学相比较一

---

① 〔法〕加布里埃尔·塔尔德：《模仿律》，何道宽译，北京：中国人民大学出版社，2008年版，第 160～161 页。
② 〔美〕保罗·奥斯卡·克里斯特勒：《文艺复兴时期的思想与艺术》，邵宏译，北京：东方出版社，2008 年版，第 171 页。

样。也诚然，瓦罗（Varro）和维特鲁威（Vitruvius）把建筑包括在自由艺术（liberal arts）中，普林尼（Pliny）和盖伦（Galen）把绘画包括在自由艺术中，戴奥·克里索斯托（Dio Chrysostom）把雕塑家的艺术和诗人的艺术相比较，菲洛斯特拉托斯（Philostratus）和卡利斯特拉托斯（Callistratus）在写关于绘画和雕塑的文字时充满热情。然而塞内加明确地否认了绘画在自由艺术中的地位，大部分其他作家也不予理睬这一问题，卢奇安（Lucian）关于人人都赞美伟大的雕塑家的作品而自己却不想当雕塑家的话，似乎反映了在作家和思想家中流行的观点。通常用于画家和雕塑家的希腊词 δημιουργός，反映出他们低下的社会地位，它与古代对体力劳动的蔑视有关。当柏拉图把对他的理想国的描述比作一幅画，甚至把他的塑造世界的神称作造物主（demiurge）时，他与亚里士多德在把雕塑用做人类艺术的产物的标准范例时一样，也没有提高艺术家的重要性。……没有一位古代哲学家撰写过关于视觉艺术的单独的有系统的论著，或者在他的知识序列中给予它们突出的位置。"[1] 不仅在自由艺术中如此，在缪斯女神的序列中，古代的视觉艺术（图像艺术）也是没有地位的："正如在自由艺术序列中那样，在缪斯女神的序列中诗歌和音乐与一些科学学科归在一起，而视觉艺术却被略去。在古代并没有主绘画和雕塑的缪斯女神；她们必须由近代早期的寓言作家们创造。构成近代体系的五门美的艺术[2]在古代并没有被归到一起，而是与不同的学科为伍；诗歌通常与语法和修辞相伴，音乐与数学和天文学紧密相随，如它与舞蹈和诗歌紧密相随一样；而视觉艺术由于被大多数作家排除于缪斯女神和自由艺术的领域，必然卑微地与其他手工艺为伍。"[3]

在中世纪，圣维克托隐修院的于格（Hugo of St. Victor）最先阐述

---

[1] 〔美〕保罗·奥斯卡·克里斯特勒：《文艺复兴时期的思想与艺术》，邵宏译，北京：东方出版社，2008年版，第172~174页。

[2] 五门美的艺术指的是绘画、雕塑、建筑、音乐和诗歌。在克里斯特勒看来，五门美的艺术的观念一直要到近代才产生。克里斯特勒认为："尽管人们常常把'艺术'、'美的艺术'或者'Beaus Arts'只等同于视觉艺术，然而它们通常也具有更广泛的意义。在这种更广泛的意义上，'艺术'一词首先包括绘画、雕塑、建筑、音乐和诗歌这五门大艺术（major arts）。这五门艺术构成了近代艺术体系不可分割的核心，所有作家和思想家似乎都同意这一点。从另一方面说，有时人们把某些其他的艺术添加到这个系统中，但是不那样有规律，而是取决于有关作者的观点和兴趣：园艺、版画和装饰艺术，舞蹈和戏剧，有时还有歌剧，最后是雄辩术和散文文学。"（〔美〕保罗·奥斯卡·克里斯特勒：《文艺复兴时期的思想与艺术》，邵宏译，北京：东方出版社，2008年版，第167~168页）

[3] 〔美〕保罗·奥斯卡·克里斯特勒：《文艺复兴时期的思想与艺术》，邵宏译，北京：东方出版社，2008年版，第176页。

了相应于自由艺术的七门"技工艺术"序列,其中包括编织、装备、商贸、农业、狩猎、医学和演剧等。在这个序列中,"建筑以及雕塑和绘画的各种不同分支连同几种其他的技艺被列为 armatura(装备)的亚类,因而甚至在技工艺术中也占有十分从属的位置"①。而且,在中世纪,"诗歌与音乐包含在许多学校和大学教授的学科之中,而视觉艺术则只局限于工匠的行会,在那里,人们有时把画家与为他们调制颜料的药剂师相联系,把雕塑家与金饰工相联系,把建筑师与石匠和木匠相联系"②。

一直要等到文艺复兴时期,视觉艺术(图像艺术)的地位才有所提高。"在意大利从契马布埃(Cimabue)和乔托(Giotto)开始,绘画与其他视觉艺术稳步兴起,在 16 世纪达到高潮。在佛罗伦萨的钟塔(the Campanile of Florence)上可见到视觉艺术的声望不断提高的早期表现,在那里,绘画、雕塑和建筑独立成组,并与自由艺术和技工艺术并列。这一时期的特点不仅是艺术品的质量,而且是在视觉艺术、科学和文学之间确立的密切联系。"③ "日益强烈的要求提高视觉艺术的社会和文化地位的呼声,在 16 世纪的意大利导致了新的发展,新的发展稍晚些时候又在其他欧洲国家出现:三门视觉艺术,绘画、雕塑和建筑,第一次与技艺截然分离。而在此前的一个时期里,它们与技艺是联系在一起的。……1563 年,理论上的这种变化在制度上得到表现。那时,在佛罗伦萨……画家、雕塑家和建筑师们断绝了他们先前与工匠行会的联系,成立了一所艺术学院(Accademia del Disegno),这是第一所这类的学院,它为意大利和其他国家后来类似的机构充当了样板。"④

值得指出的是,文艺复兴时期视觉艺术(图像艺术)地位的提高是通过对文学的模仿以及与文学的比较而取得的。比如,佛罗伦萨艺术学院的教学模式就模仿了文学学园的模式,正如克里斯特勒所谈到的:"艺术学院仿效已存在相当长时间的文学学园模式,它们用一种正规教育取

---

① 〔美〕保罗·奥斯卡·克里斯特勒:《文艺复兴时期的思想与艺术》,邵宏译,北京:东方出版社,2008 年版,第 178 页。
② 〔美〕保罗·奥斯卡·克里斯特勒:《文艺复兴时期的思想与艺术》,邵宏译,北京:东方出版社,2008 年版,第 178~179 页。
③ 〔美〕保罗·奥斯卡·克里斯特勒:《文艺复兴时期的思想与艺术》,邵宏译,北京:东方出版社,2008 年版,第 183 页。
④ 〔美〕保罗·奥斯卡·克里斯特勒:《文艺复兴时期的思想与艺术》,邵宏译,北京:东方出版社,2008 年版,第 184 页。

代了更古老的作坊传统，而这种教育包括诸如几何和解剖学等科学学科。"① 在文艺复兴时期的人们看来，"文学优先于视觉艺术"，"文学之所以优先有几条理由，其一是艺术还没有一种完全为世人所知的古典理论。所以，诗歌和修辞学理论被用来作为视觉艺术的指导原理"②。此外，通过与诗歌（文学）的比较，绘画艺术也开始分享文学的传统声誉。"绘画要分享文学的传统声望的雄心也说明了一种观念何以如此流行，这种观念第一次显著地出现在 16 世纪的画论中，其吸引力将持续到 18 世纪：绘画与诗歌之间的比较。其基础是贺拉斯的《诗如画》（*Ut picture poesis*），以及普鲁塔克转述的西摩尼得斯（Simonides）的话，连同柏拉图、亚里士多德和贺拉斯著作中的其他一些文字。人们认真地研究了从 16 世纪到 18 世纪这一观念的历史，并正确地指出，当时对于这种比较的利用超过了古人们所做的或者打算做的任何事情。实际上，这一比较的意义被人们颠倒了，因为古人们是在撰写关于诗歌的文章时把诗歌与绘画相比较，而近代作家们更经常的是在撰写关于绘画的文章时把绘画与诗歌相比较。贺拉斯的《诗艺》（*Ars poetica*）被奉为一些画论的文学范本，这些作者以多少有些矫揉造作的方式把许多诗歌理论和概念应用于绘画，由这个事实可以看出人们多么认真地看待这一比较。和三种视觉艺术从技艺中解放出来一样，诗歌与绘画之间持续的比较，为后来五门美的艺术体系十分有力地准备了条件……"③

绘画要分享文学传统声誉的观念，不仅在意大利，在其他国家同样盛行。"在 17 世纪，欧洲的文化领导地位由意大利移到了法国，意大利文艺复兴时期的许多颇具特色的观念和倾向被法国古典主义和启蒙运动所延续和转化，然后成为后来欧洲思想和文化的一部分。"④ 在诗画比较方面，法国也延续了意大利的传统。"迪弗雷努瓦有意模仿贺拉斯《诗艺》（*Ars poetica*）的形式写的拉丁诗《论画艺》（*De arte graphica*）被译成德文和英文，一时注家蜂起。诗的开首便引用了贺拉斯的'诗歌就像绘画'（Ut Picture Poesis），然后又颠倒过来'绘画就像诗歌'。将画

---

① 〔美〕保罗·奥斯卡·克里斯特勒：《文艺复兴时期的思想与艺术》，邵宏译，北京：东方出版社，2008 年版，第 184 页。
② 〔波〕比亚洛斯托基：《图像志》，曹意强、麦克尔·波德罗等：《艺术史的视野——图像研究的理论、方法与意义》，杭州：中国美术学院出版社，2007 年版，第 321 页。
③ 〔美〕保罗·奥斯卡·克里斯特勒：《文艺复兴时期的思想与艺术》，邵宏译，北京：东方出版社，2008 年版，第 184~185 页。
④ 〔美〕保罗·奥斯卡·克里斯特勒：《文艺复兴时期的思想与艺术》，邵宏译，北京：东方出版社，2008 年版，第 190 页。

第五章 模仿律与跨媒介叙事——图像叙事对语词叙事的模仿

与诗作平行比较,以及诗与画之争,对于这些论者来讲,如同在他们意大利文艺复兴时期的前辈那里一样都是很重要的,因为他们急于为绘画争得与诗歌和文学相等的地位。这种观念(人们对此作过全面的研究)一直延续到18世纪初期。尤其有意义的是,绘画因为其与诗歌的相似性而获得的荣耀,有时就像意大利文艺复兴时期那样,被雕塑、建筑甚至版画所分享,都被视作相关的艺术。至于 Beaux Arts(美的艺术)这一术语,作为 Arti del Disegno(设计的艺术)的对应词最初专指视觉艺术,可有些作家也喜欢用它来指称音乐或诗歌。绘画与音乐的比较也有人作过,像居住在意大利的普桑,就曾尝试将希腊音乐中的施调法(Greek Musical Modes)理论移植到诗歌,尤其是绘画中去。"①

文本因处于高位而容易成为图像模仿的范本的情况,一直到19世纪都还是一个不容忽视的事实。比如说,摄影在19世纪作为一种新的图像形式产生的时候,就一直试图通过与文学(文本)的比较而提升自己的地位。这样一来,"摄影与文学的关系因此组成了摄影复杂的发展史上一个至关重要的部分,并且成了一个不断增长的探究领域"②,"这其中反复出现的一个假设是:文学是二者之间更古老、更普遍、更有序,且更成熟的一种文化形式,而摄影,姑且不算是麻烦制造者的话,也是(仍然是!)新生事物,是一个外来物。……诚然,在话语与影像或书面与视觉文化之间关系的西方传统叙述中,或许能观察到同样的关系模式,并且这类叙述在西方哲学中已经根深蒂固"③。当然,正如法国学者弗朗索瓦·布鲁纳所指出的,"并非摄影的所有用途和用户均信奉文学为其伴侣"④,但一个不容忽视的事实是:"'摄影'一词的创造本身就反映了印刷传统〔约翰·赫舍尔(John F. W. Herschel)将该词与平版印刷术和铜版雕刻术联系起来〕,而不是诸如'阳光绘画'或'光绘'这些流行的注释,然而塔尔博特早期关于'光照相术'(skiagraphy,即'利用影纹制作出的图画或文字')的理解将他的发明与文字联系起来。很多摄影先驱的首次实验都围绕书面或印刷文献的复制展开,这其中包括尼埃普

---

① 〔美〕保罗·奥斯卡·克里斯特勒:《文艺复兴时期的思想与艺术》,邵宏译,北京:东方出版社,2008年版,第193页。
② 〔法〕弗朗索瓦·布鲁纳:《摄影与文学》,丁树亭译,北京:中国摄影出版社,2016年版,第7页。
③ 〔法〕弗朗索瓦·布鲁纳:《摄影与文学》,丁树亭译,北京:中国摄影出版社,2016年版,第8页。
④ 〔法〕弗朗索瓦·布鲁纳:《摄影与文学》,丁树亭译,北京:中国摄影出版社,2016年版,第9页。

斯的平版印刷案例、海格力斯·弗洛伦斯（Hercules Florence）的证书，以及塔尔博特早期光学成像的手稿。如果影像在19世纪确实不曾依赖印刷和书面文字而呈现，对于历史学家而言，对摄影早期的研究仍然主要基于对书面资料的探究——这其中往往掺杂一些它们自身的历史，而不是依靠'影像'本身。任何关于摄影、科学或法律话语，以及系谱语言方面发明的叙述往往忽略了摄影的存在，这是不充分的，有时在视觉上会给人以平庸之感。这些系谱叙事承认摄影发明的变革性及其在看似普遍的'人类梦想'中的根源，它们通常借助文学资料与手法来充实这种新的媒介。最终，伴随早期摄影图像的书面话语的数量证明了摄影在最初的几年甚至是几十年里所处的附属地位。"[①] 总之，"摄影就像19世纪的其他发明一样，先作为一个事件而为人们所知，并付诸文字，然后才在视觉上呈现在人们面前。这种话语上的先发制人意味着摄影首先是作为一个概念或文本而被人们接受，而不是一幅图片，更不是一项实验。对于一项被描述为'自然的自我呈现'的发明而言，这种情况是相当矛盾的：自然的图像，在进入公众的视野之前，已经被列入文化的产物"[②]。也就是说，在摄影与文学（文本）的关系中，前者在相当长的一个时期里都试图借助后者的影响力来提升自己作为一种新生事物的地位；而之所以如此，就是因为文学（文本）处于"高位"而成为处于"低位"的摄影（图像）所模仿的"范本"。

　　总之，从古希腊罗马开始，一直到19世纪，一部西方艺术史都是以叙事性图像作为主流的，而这种叙事性图像大都追踪、模仿着叙事性文本。因此很多20世纪的艺术家都认为：艺术要获得真正的独立和发展，就必须彻底摆脱图像对文本的依赖。在著名的《无墙的博物馆》一书中，安德烈·马尔罗这样写道："在现代艺术能够产生之前，虚构的艺术必须死去。"[③] 所谓"虚构的艺术"，也就是那种图像模仿文本的艺术，因为这种艺术让人看到的"不是作品本身，因为它们往往是在讲故事"，而"现代艺术的首要特征是它不讲故事"。[④] 20世纪兴起的

[①] 〔法〕弗朗索瓦·布鲁纳：《摄影与文学》，丁树亭译，北京：中国摄影出版社，2016年版，第13~14页。

[②] 〔法〕弗朗索瓦·布鲁纳：《摄影与文学》，丁树亭译，北京：中国摄影出版社，2016年版，第17页。

[③] 〔法〕安德烈·马尔罗：《无墙的博物馆》，李瑞华、袁楠译，桂林：广西师范大学出版社，2001年版，第34页。

[④] 〔法〕安德烈·马尔罗：《无墙的博物馆》，李瑞华、袁楠译，桂林：广西师范大学出版社，2001年版，第34页。

达达主义、立体主义、超现实主义等艺术流派就充分地证明了这一点——这些流派的艺术几乎不叙事,尤其不模仿文本中的那些故事。只有到了这个时候,一直执意模仿语词(文本)的叙事性图像才基本上消歇下来。

第四节　图像与语词在叙事中的相互模仿问题

从前面的论述中可以发现,无论是从内心到外表的模仿,还是从高位到低位的模仿,语词都堪称一种具有更大优势的媒介,在抒情表意或叙事说理等活动中容易作为"范本"而成为图像等其他媒介模仿的对象;塔尔德所揭示的这一模仿律,正是图像作为一种空间性叙事媒介试图通过模仿语词叙事而力求达到相应的时间性效果的深层原因。

其实,这种跨出图像的空间本位而追求语词的时间效果的叙事倾向,只是语词与图像之间跨媒介叙事的一个方面,另一个方面则是:由语词构成的文学性文本,其本位的效果应该是一种与语言文字这一时间性媒介相对应的线性结构;可在一些具有创造性的现代、后现代作家的笔下,却每每中断文本的时间进程而追求一种图像般的空间效果——这就是备受关注的所谓现代文学的"空间形式"问题。其实,后者也是一种跨媒介叙事,只不过它跨出的是语词的本位而追求图像的效果,与本章所考察的图像跨出本位去追求语词效果的现象正好相反。关于文学文本追求图像效果的"空间形式"问题,我在《空间叙事学》一书中已经做过大量研究[1],这里不再赘述,下面仅从双向模仿的角度略加阐述[2]。

按照塔尔德的看法,模仿一般总是双向流动的。我们不妨把处于低位和劣势者对处于高位和优势者的模仿叫作正向模仿,把处于高位和优势者对处于低位和劣势者的模仿叫作反向模仿。塔尔德认为"互相模仿

---

[1]　龙迪勇:《空间叙事学》,北京:生活·读书·新知三联书店,2015年版。有兴趣者可参阅该书的第一、第三、第四和第五章。
[2]　当然,双向模仿只能部分地解释语词叙事(文本)模仿图像叙事的情况,要完全、彻底地解决这一问题,还得寻找其他的角度和其他的理论资源,不过那应该是下一部著作的任务了。

是人的普遍天性"[①]，"事事处处都被人模仿的个人已经不复存在。在诸多方面受到别人模仿的人，在某些方面也要模仿那些模仿他的人。由此可见，在普及的过程中，模仿变成了相互的模仿，形成了特化的倾向"[②]。然而，相互模仿的现象尽管也确实存在，但多的是正向模仿，反向模仿现象一般较为少见。正如塔尔德所正确指出的："不仅高位人引起低位人的模仿，并成为模仿的对象；不仅平民模仿贵族、普通信徒模仿教士、外省人模仿巴黎人、乡下人模仿城里人；而且，低位者也能够引起高位者的模仿，或者可能被高位者模仿，当然他们成为模仿对象的可能性在一定程度上要小得多。两个人长期相处时，无论其地位多么悬殊，他们总是要互相模仿的，当然一个人的模仿要多得多，另一个人的模仿要少很多。"[③] 不仅如此，而且"只有在从上到下的影响耗尽之后，反过来从下到上的模仿才会发生，不过从下到上的影响是相当罕见的"[④]。就语词与图像的相互模仿而言，从前面的论述不难看出历史上多的是正向模仿，反向模仿则是在正向模仿"影响耗尽之后"的19世纪之后，才开始大量地出现。

不过，正因为相互模仿现象的存在，所以就作为叙事媒介的文本（语词）与图像的关系而言，除了正向的图像叙事模仿语词叙事（文本）的情况，文化史上也存在不少反向模仿，也就是语词叙事（文本）模仿图像叙事的情况。这主要表现在两个方面：（1）某些叙事文本是直接受到了图像的启发或根据图像而写成的；（2）不少有创造性的叙事文本用线性、时间性的话语去模仿图像的"共时性"特征，以使其结构或形式达到某种空间效果（尤其是在一些现代或后现代小说中）。在这两种情况中，后者也就是结构或形式方面的模仿是语词叙事（文本）模仿图像叙事的主流，正如我在《空间叙事学》中所指出的：图像叙事模仿语词叙事的情况，多发生在内容层面，因为语词作为时间性媒介，在再现世界

[①] 〔法〕加布里埃尔·塔尔德：《模仿律》，何道宽译，北京：中国人民大学出版社，2008年版，第173页。

[②] 〔法〕加布里埃尔·塔尔德：《模仿律》，何道宽译，北京：中国人民大学出版社，2008年版，第167页。

[③] 〔法〕加布里埃尔·塔尔德：《模仿律》，何道宽译，北京：中国人民大学出版社，2008年版，第154页。

[④] 〔法〕加布里埃尔·塔尔德：《模仿律》，何道宽译，北京：中国人民大学出版社，2008年版，第62页。

或模仿生活的时候比图像更"深"、更"广"①，所以在叙事时图像模仿语词的现象是"顺势而为"；而语词叙事模仿图像叙事的情况则是"逆势而上"，这种情况多发生在结构或形式层面，因为作为空间性媒介的图像具有"再现"和"造型"的双重性质，其"造型"的一面虽然让图像在叙事时吃亏不小，但其在结构或形式方面的长处却每每为那些具有创造力的天才作家所羡慕并模仿。②

---

① 因为语词既可以很好地描述物质的外观、流畅地展示事件的进程，又可以清晰地表达深刻的思想、自如地抒发内心的情感，而图像在这方面则有所欠缺，所以说语词在再现世界或模仿生活的时候比图像更"深"。而且，语词可以自由地叙述一个涉及较长时间流程的完整故事，图像则只能展示故事时间进程中的一个特定"瞬间"，所以说语词在再现世界或模仿生活的时候比图像更"广"。正因为语词再现世界或模仿生活的能力比图像强，所以图像模仿语词的时候是"顺势而为"。语词模仿图像就没有图像模仿语词那样自然和顺利了，会碰到许多困难，需要克服很多障碍，只能强行模仿、"逆势而上"了。

② 龙迪勇：《空间叙事学》，北京：生活·读书·新知三联书店，2015年版，第521～522页。

第六章 时间与媒介
——文学叙事与图像叙事差异论析

法国现象学美学家杜夫海纳说得好,"因为每种艺术都有自己的特有技巧,都要求特有的组构方式,绘画的组构与小说的不同,舞蹈的组构也与建筑物不同",所以我们在分析艺术作品时首先需要看到的,"是按照作品的体裁决定作品组构的形式模式。这些模式也是体裁强加于作者的,因为每个作品都要选择一种形式。这里说的形式仅仅是指其一般的规定性,这些规定性使我们可以根据通行的文化标准把作品归入某种艺术和某种体裁。……审美对象必须服从一种形式,这种模式强迫使它遵守某些规则,赋予它正式的地位"。[①] 是的,不同类型或不同体裁的文学艺术作品,决定其组构的"形式模式"并不一样,而这归根结底又取决于其表达媒介的不同。因此,分析文学叙事与图像叙事之间的差异,首先需要考察的便是叙事与媒介的关系。

第一节 叙事与媒介

任何叙事作品都必须通过一种或多种表达媒介去叙述一个或多个外在于该媒介的事件,因此任何叙事作品最终都必须以符合该媒介本性的形态或组构方式表现出来。也就是说,任何一件叙事作品的本质特征、内在结构甚至外部形态最终都与其表达的媒介息息相关。在漫长的历史中,人类尝试过用各种各样的媒介来讲述故事,口语、绘画、雕塑、文字、手势、音符以及身体动作等,都曾在人类的叙事活动中发挥过重要作用。正如罗兰·巴特所说:"对人类来说,似乎任何材料(媒介)都适

[①] 〔法〕米·杜夫海纳:《审美经验现象学》(下),韩树站译,北京:文化艺术出版社,1996年版,第275页。

宜于叙事；叙事承载物可以是口头或书面的有声语言、是固定的或活动的画面、是手势，以及所有这些材料的有机混合……"① 正因为可用于叙事的媒介如此之多，我们才可以欣赏到各式各样形态各异的叙事作品。

媒介在叙事活动中的重要性毋庸置疑：如果不利用表达媒介，任何叙事活动都无法正常进行；而且，哪怕是同一个故事，只要是通过不同的媒介叙述出来，呈现出来的就会是不同的面貌。亚里士多德在《诗学》中说得好："史诗的编制，悲剧、喜剧、狄斯朗勃斯的编写以及绝大多数供阿洛斯和竖琴演奏的音乐，这一切总的来说都是摹仿。它们的差别有三点：即摹仿中采用不同的媒介，取用不同的对象，使用不同的、而不是相同的方式。"② 也就是说，尽管亚里士多德所列出的那些作品的本质都是模仿，但决定它们不是同一类型作品的关键因素便在于模仿的媒介、对象及方式，而其中最重要的便是模仿时所采用的媒介。正是考虑到这一点，我们认为：考察文学叙事与图像叙事的差异必须从叙事与媒介的关系入手。

在《拉奥孔》一书中，德国美学家莱辛把绘画、雕塑等图像类媒介称为"空间性媒介"，它们长于表现"在空间中并列的事物"；把口语、文字等媒介称为"时间性媒介"，它们长于表现"在时间中先后承续的事物"。③ 在此基础上，美国学者玛丽－劳尔·瑞安进一步认为：不同媒介具有不一样的"叙事属性"，也就是说，不同媒介的"叙事能力"并不一样。文学所用的媒介是"语言"，美术所用的媒介是"静止图像"，就"叙事属性"来说，瑞安认为擅长"表征时间性"的"语言"要远远高于"静止图像"。④

当然，任何媒介在某一方面的长处在另一个方面就可能成为短处：尽管在流利地叙述时间进程中的故事方面，图像叙事不如文学叙事，但图像的描写能力却强于语言，所以绘画、雕塑等美术作品对故事人物或故事背景的描写可以极尽丰富之能事，而文学作品中的描写如果过多则往往会成为负担或败笔；此外，在模仿或再现故事之外，图像叙事还具有得天独厚的造型能力，而文学叙事在这方面则相形见绌。而且，就表

---

① 〔法〕罗兰·巴特：《叙事作品结构分析导论》，张寅德译，张寅德编选：《叙述学研究》，北京：中国社会科学出版社，1989年版。
② 〔古希腊〕亚里士多德：《诗学》，陈中梅译，北京：商务印书馆，1996年版，第27页。
③ 〔德〕莱辛：《拉奥孔》，朱光潜译，北京：人民文学出版社，1979年版，第84页。
④ 〔美〕玛丽－劳尔·瑞安：《故事的变身》，张新军译，南京：译林出版社，2014年版，第18~19页。

征时间流动或叙事进程而言，空间性的图像固然不如线性的语词，但在表征空间方位或共时性的事物方面，图像却有着明显的优势。限于篇幅，本章不拟对叙事与媒介的关系展开全面论述，下面仅就叙事时间及其媒介表征问题进行考察，并在此基础上简要分析文学叙事与图像叙事的差异。

第二节　叙事时间及其媒介表征：文学与图像

日常生活中的任何一个事件都必然会有一个时间进程，而讲述任何一个故事也必然会涉及时间问题，所以叙事与时间的关系一直以来都是叙事学研究中最重要的内容之一。正如让-伊夫·塔迪埃所说：叙事时间"这个无形物的技巧"，"处于小说艺术的顶峰，并将人们所看不见的东西创造出来。在作品中重新创造时间，这是小说的特权，在较小的程度上也是音乐的特权，它是想象力的胜利"。[①] 他认为处理时间的技巧"处于小说艺术顶峰"，在小说叙事中具有压倒一切的重要性，我们完全赞同，因为像马塞尔·普鲁斯特的《追忆似水年华》、詹姆斯·乔伊斯的《尤利西斯》以及威廉·福克纳的《喧哗与骚动》这样具有高度原创性的伟大小说，正是凭着对时间的特殊理解及其处理时间的特殊技巧，才攀上小说艺术的顶峰的，但认为在作品中重新创造时间仅仅是小说和音乐这类"时间艺术"的特权却有失之偏颇，其实，像绘画、照片和雕塑这样的"空间艺术"在叙述故事时，同样有权利在作品中对时间这一叙事要素进行重新创造或艺术处理——事实上，中外艺术史上那些著名的图像叙事作品，也正是凭着这一点才获得成功的。

为了有效地展开论述，我们必须对叙事学中的"故事"与"话语"（"情节"）概念进行区分。所谓"故事"，其实就是所表达的对象；所谓"话语"，则是表达的方式，即经过作家或艺术家进行艺术化处理之后的变形的"故事"。正如有论者所指出的："无论是现实世界中发生的事，还是文学创作中的虚构，故事事件在叙事作品中总是以某种方式得到再现。再现的手段可以是文字，也可以是电影镜头、舞蹈动作等。也就是说，可以区分所表达的对象和表达的方式。西方叙事学家一般采用'故

[①] 〔法〕让-伊夫·塔迪埃：《普鲁斯特和小说》，桂裕芳、王森译，上海：上海译文出版社，1992年版，第284页。

第六章 时间与媒介——文学叙事与图像叙事差异论析

事'(story)与'话语'(discourse)来指代这两个层次。叙事作品的意义在很大程度上源于这两个层次之间的相互作用。"[①] 至于"情节",则是叙事学诞生之前俄国形式主义文论家什克洛夫斯基和艾亨鲍姆等人所提出的术语,其涵义大体相当于"话语"。

事实上,俄国形式主义者对"故事"与"情节"的区分,主要就是在时间维度上进行的:"'故事'指按照实际(自然)时间、因果关系排列的事件总合,'情节'指包括文本篇章结构在内的一切加工手段,尤其指时间上对故事事件的重新安排。"[②] 后来,叙事学家延续了这一区分,主张把"故事时间"与"话语时间"("情节时间")严格区分开来:"作品的故事,即,情节结构表层的事件序列,具有先来后到的时序,而话语层(构成文本的书面语言)的时间则有可能会显现为逆时序的安排(如,倒叙、预叙等)。"[③] 如果按照符号学的观点,叙事学所说的"故事时间"与"话语时间"其实也就是所谓的"所指时间"与"能指时间",即"被讲述的事情的时间"与"叙述的时间",而叙事活动无非就是把"所指时间"转换成"能指时间"。克里斯蒂安·麦茨说得好:"叙事是一组有两个时间的序列……被讲述的事情的时间和叙事的时间('所指'时间和'能指'时间)。这种双重性不仅使一切时间畸变成为可能,挑出叙事中的这些畸变是不足为奇的(主人公三年的生活用小说中的两句话或电影'反复'蒙太奇的几个镜头来概括等等);更为根本的是,它要求我们确认叙事的功能之一是把一种时间兑现为另一种时间。"[④]

显然,小说家艺术水平的高下主要就表现在"话语"层面,尤其是表现在对"话语时间"的独特创造上。说到底,衡量一部好的叙事作品的标志,就在于作者能创造性地把"故事时间"("所指时间")兑现为艺术性的"话语时间"("能指时间"或"叙述时间")。

当然,在很多叙事学家看来,把"故事时间"兑现为"话语时间"的活动是一种十足的"文学"叙事行为,把这种情况放到其他媒介的叙事活动中就未必恰当。正如热拉尔·热奈特所说:"这一十足'文学'层

---

① 申丹、王丽亚:《西方叙事学:经典与后经典》,北京:北京大学出版社,2010年版,第1页。
② 申丹、王丽亚:《西方叙事学:经典与后经典》,北京:北京大学出版社,2010年版,第115页。
③ 申丹、王丽亚:《西方叙事学:经典与后经典》,北京:北京大学出版社,2010年版,第115页。
④ 转引自〔法〕热拉尔·热奈特:《叙事话语 新叙事话语》,王文融译,北京:中国社会科学出版社,1990年版,第12页。

次上的特点。它在其他叙述表达形式中也许不太确当，如'摄影小说'或连环画（图画如乌尔比诺的祭坛装饰屏下部的一组绘画，刺绣如玛蒂尔德王后的'挂毯'），这些形式既构成一组组图像，要求连续的或历时性的阅读，又宜于甚至要求用某种总体的和共时性的眼光去观看，至少目光的扫视不再受图像接续的左右。"①

无疑，由于表达媒介的局限，"摄影小说"或连环画等图像类叙事作品在"把一种时间兑现为另一种时间"方面，确实有相当难度，而且可操作的空间不是太大，单幅图像更是如此。但热奈特的上述看法并不可取，我们认为：只要是进行叙事活动，就必然涉及"故事时间"向"话语时间"的转换问题，而我们最终看到的叙事作品所表征的时间必然是"话语时间"，也就是由"故事时间"或"所指时间"畸变而来的"能指时间"或"叙述时间"，文学叙事如此，图像叙事同样如此。既然如此，那么，以语词为媒介的文学叙事、以图像为媒介的美术叙事分别是如何表征时间的呢？这还得从它们各自所用的叙事媒介说起。

从媒介来分析，小说叙事的媒介是语词，属于"时间性媒介"；而美术叙事的媒介是图像，属于"空间性媒介"。以语词这样的"时间性媒介"去叙述一个或多个在时间中延展的事件（故事），自然更具有便利性，因为这是以时间性的媒介去表征时间性的故事，所以作家们只要做到"时间（媒介）的时间化（话语）"即可；而以图像这样的"空间性媒介"去叙述在时间中延展的故事，则必然会碰到种种因媒介与其所表征对象的不协调而带来的不便或障碍，因为这是以空间性的媒介去表征时间性的故事，因而需要艺术家做到"空间（媒介）的时间化（话语）"。总之，就叙事媒介而言，由于语词是一种"时间性媒介"，在叙述本身就在时间中延展的故事时自然具有相当的优势，因此小说家在叙事活动中可以尽情地与时间进行各种游戏；而图像则是一种"空间性媒介"，由于"空间"在表征"时间"时并不符合其媒介的本性，所以艺术家在创作叙事作品时必须考虑所用媒介的局限性。

一般来说，叙事学研究者会从"时序""时距"和"频率"三个方面去考察"故事时间"与"话语时间"之间的不对等现象。由于"时距"

---

① 〔法〕热拉尔·热奈特：《叙事话语 新叙事话语》，王文融译，北京：中国社会科学出版社，1990年版，第12～13页。

和"频率"一般仅对文学叙事有效[1]，所以本章不拟讨论，下面我们仅考察"时序"及其在文学叙事与图像叙事中的不同表现。

研究叙事作品的"时序"，按照热奈特的界定，"就是对照事件或时间段在叙事话语中的排列顺序和这些事件或时间段在故事中的接续顺序，因为叙事的时序已由叙事本身明确指出，或者可从某个间接标志中推论出来"[2]。关于叙事作品中的"时序"，概括起来无非三种：顺叙、倒叙和预叙。所谓"顺叙"，就是依照故事发生的"自然时序"进行叙述；所谓"倒叙"，就是"事件时间"早于"叙述时间"，即叙述者颠倒故事中事件发生的顺序，从某个"现在"开始追溯或回忆"过去"所发生的事；所谓"预叙"，则是对叙述时尚未发生的事进行预先的概括性叙述。由于"倒叙"和"预叙"使故事发生的"自然时序"产生了畸变，所以热奈特把它们称为叙事中的"时间倒错"现象。

关于"时序"，还需要强调指出的是："倒叙"和"预叙"在叙事作品中其实仅仅起一种提示的作用，在这种提示性的叙述之后，叙事进程一般会自然地过渡到"顺叙"，因此，真正"倒叙"和"预叙"的文字在整个叙事文本中所占的篇幅并不是太大。就"倒叙"而言，正如有学者所指出的："一些以回顾往事作为情节基本结构的小说大致上都以一个引子开始回顾叙述。除了叙述者（通常是第一人称叙述者）在开篇时予以明确的追叙，故事时间往往是以过去某个点作为起点，并由此开始进入顺序叙述。"[3] 比如，俄国作家伊万·布宁的长篇小说《阿尔谢尼耶夫的一生》开篇时这样写道："我出生在半个世纪前的俄罗斯中部，在乡间，父亲的一个庄园里。"[4] 显然，这是一个"倒叙"的句子。在写完这个

---

[1] 所谓"时距"，其基本含义是："故事时长（用秒、分钟、小时、天、月和年来确定）与文本长度（用行、页来测量）之间的关系。"（申丹、王丽亚：《西方叙事学：经典与后经典》，北京：北京大学出版社，2010年版，第119页）所谓"频率"，指的是："一个事件出现在故事中的次数与该事件出现在文本中的叙述（或提及）次数之间的关系。"（Rimmon-kenan, *Narrative Fiction:Contemporary Poetics*, London and New York: Methuen, 1986, p.56）也就是说，叙述"频率"关涉的是事件在"故事"和"话语"中的重复问题。从"时距"和"频率"的基本含义不难看出，这两个概念主要适用于文学叙事，在图像叙事（尤其是单幅图像叙事）中则基本上没有用武之地。

[2] 〔法〕热拉尔·热奈特：《叙事话语 新叙事话语》，王文融译，北京：中国社会科学出版社，1990年版，第14页。

[3] 申丹、王丽亚：《西方叙事学：经典与后经典》，北京：北京大学出版社，2010年版，第116页。

[4] 〔俄〕伊万·布宁：《阿尔谢尼耶夫的一生》，靳戈译，杭州：浙江文艺出版社，2018年版，第3页。

"倒叙"句之后，"我"便开始了对童年的回忆："童年渐渐地开始使我和生活建立起联系——现在，我的记忆中已经隐隐约约出现了一些人的面孔、庄园里日常生活的一些情景和一些事件……"① 而对这些童年往事的叙述，则已经转为"顺叙"，比如"我"对生平第一次旅行的叙述，就是按照事件本身发生的顺序进行叙述的。关于"预叙"，最著名的例子可能是加西亚·马尔克斯《百年孤独》的那个著名的开头："多年以后，面对行刑队，奥雷里亚诺·布恩地亚上校将会回想起父亲带他去见识冰块的那个遥远的下午。"② 这里的时间形态无疑非常复杂：小说叙述的时间点是"上校面对行刑队"这个事件发生的多年之前，叙述者站在"过去"对"多年以后"上校"回想"起的一个事件——"父亲带他去见识冰块"进行了"预叙"，但在结束这个"预叙"之后，"见识冰块"这一事件本身却是以"顺叙"的方式进行的。总之，无论是"倒叙"还是"预叙"，一般都是与"顺叙"结合起来进行的，完全意义上的"倒叙"和"预叙"非常少见。

一般而言，"倒叙"和"预叙"是语词叙事的专利，所以在文学叙事中用得比较多；而图像叙事中的"倒叙"和"预叙"现象非常少见，尤其是在单幅图像叙事中，更是几乎不可能存在这种"时间倒错"现象。而"顺叙"不仅在文学叙事中常见，在美术叙事中也比较常见。而且，由于图像这样一种"空间性媒介"的特殊性，美术作品的"顺叙"问题具有许多有别于文学叙事的特征。考虑到图像叙事问题的复杂性，下面我们仅讨论单幅图像叙事问题。

在维克霍夫看来，图像叙事的方式概括起来无非三种："尽管图画艺术的表现方法各不相同，但只有三种讲故事的方式：除了连续法（continuous method）和隔离法（isolating method）以外，还有第三种方法，它最古老，是古往今来一切艺术的出发点，'剧中人'并不重复出现。由于此法旨在完整表现中心事件前后发生的事情，或与该题材有关的一切事情，故建议称为补充法（complementary method）。"③ 显然，维克霍夫所概括的这三种方式都涉及至少两个或两个以上的叙事时间点，

---

① 〔俄〕伊万·布宁：《阿尔谢尼耶夫的一生》，靳戈译，杭州：浙江文艺出版社，2018年版，第8页。
② 〔哥伦比亚〕加西亚·马尔克斯：《百年孤独》范晔译，海口：南海出版公司，2017年第2版，第1页。
③ 〔奥〕维克霍夫：《罗马艺术——它的基本原理及其在早期基督教绘画中的运用》，陈平译，北京：北京大学出版社，2010年版，第14页。

如果算上莱辛所说的那种仅涉及一个时间点,即选择"最富于孕育性的那一顷刻"①加以表现的"单一场景叙述"②,那么图像叙事的方法其实有四种。在这四种方法中,"单一场景叙述"由于画面仅涉及一个时间点,所以不存在所谓的"时序"问题;而"隔离法"涉及多幅图面,也不在本章的考察之列;至于"补充法",由于在一个画面中罗列或堆砌了多个场景和多个人物,其画面难以形成单一的情节,所以本章也暂不讨论。下面,我们仅对图像叙事中"连续法"的"顺叙"问题进行简要分析。

所谓"连续法",即在单个画面上以连续的图像表征画面外多个时间点上的连续性事件。在这种叙事方法中,"如果需要利用同一场景的话,同一人物形象便会在我们眼前出现两次、三次甚至四次,不管合不合情理。这里并未受到以下这种经验的制约:只有同时发生的事件才可以置于同一画面中,因此,在同一瞬间同一空间中,同一人物数次出现是不可能的"③。关于图像叙事的"连续法",主要有两个问题值得探讨。

一、时间方向与叙事进程问题

这个问题如果反映在"故事"层面,在文学叙事和图像叙事中并没有区别,都遵循事件在时间上的由先至后顺序。如果反映在"话语"层面,则因表达媒介不同而有所区别:文学叙事在"顺叙"时的时间方向与叙事进程在某种意义上等同于排版或阅读顺序,可以分为两种——要么像中国古籍那样,先由上而下,再从右到左;要么就是像现在一般的书籍那样,先从左到右,再由上而下。而图像叙事则依照画面的空间方位或纵横方向,可以分为以下四种基本类型。

1. 由下而上

这种依照画面的空间方位进行图像叙事的模式很好理解,即画面由下往上的构图方式即表征着故事的时间先后顺序,如下面这幅表现采蜜人正爬向蜂巢的原始岩画(图6-1)。我们认为,这幅画面所展示的是两个时间点上的情节内容:(1)表现一个肩背篮子的人爬向一只野蜂巢;

---

① 〔德〕莱辛:《拉奥孔或称论画与诗的界限》,朱光潜译,北京:人文学出版社,1979年版,第85页。
② 龙迪勇:《空间叙事学》,北京:生活·读书·新知三联书店,2015年版,第428~437页。
③ 〔奥〕维克霍夫:《罗马艺术——它的基本原理及其在早期基督教绘画中的运用》,陈平译,北京:北京大学出版社,2010年版,第10页。

（2）该人将篮子执于左手，右手则抓起蜂巢，为的是取出蜂房。关于这个远古时期（公元前8世纪）西班牙洞窟岩画中的叙事性图画，德国学者施林洛甫这样写道："通常将这两个人解释为'两个采蜜人'缺乏说服力。……更有可能的是艺术家两次展示了唯一一位采蜜人，为的是表现该采蜜人在到达蜂巢之前，必须先攀行很长一段路。"[1] 无疑，施林洛甫的解释是完全正确的：此图表现的并非两个采蜜人，而是一个采蜜人在采蜜行动中的两个阶段。

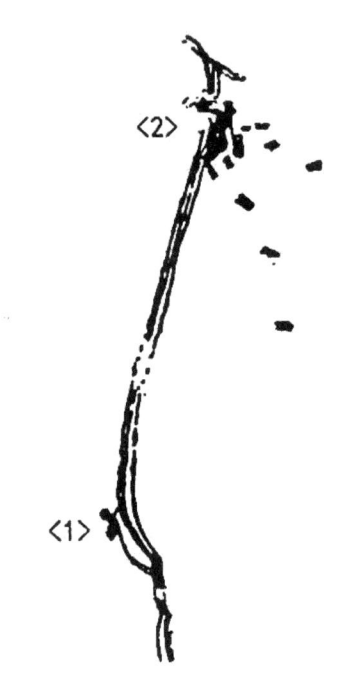

图 6-1　《采蜜人》，阿拉尼亚山洞里的岩画，约公元前 8 世纪

对于这种叙事方式，不仅远古时期的人们常用，近代以来的画家们也偶尔会用到，这里再举 15 世纪的早期尼德兰画家罗吉尔·凡·德·维登的《圣约翰祭坛画》（三联画）的右翼那幅《施洗者约翰被斩首》（图 6-2）为例。熟悉圣经故事的都知道，这幅画表现的是莎乐美及其母亲希罗底与施洗者圣约翰的故事。

---

[1] 〔德〕迪特·施林洛甫：《叙事和图画——欧洲和印度艺术中的情节展现》，刘震、孟瑜译，兰州：兰州大学出版社，2013年版，第3页。

图 6-2 《施洗者约翰被斩首》（局部）
柏林国立普鲁士文化遗产图书馆藏，约 1455—1460 年

画面前景表现的是刽子手刚刚砍下圣约翰的头，而穿着华丽性感衣服的莎乐美正双手端着托盘接住被砍下的头颅，画面背景表现的则是夜宴的场景：在夜宴上，莎乐美的母亲希罗底出于对施洗者约翰的仇恨，正在刺穿他那个被砍下而盛放在托盘上的头颅。显然，在凡·德·维登的这幅《施洗者约翰被斩首》中，按照故事时间的先后，画面在布局上做了由下而上的空间方位安排。

2. 由上而下

毋须多言，这种图像叙事模式在空间方位和时间顺序上正好与第一种类型相反，如印度桑奇大塔东门一个柱子上的这块叙事性浮雕（图 6-3）。这个柱子上有多块叙事性浮雕，它们共同讲述的是佛陀展示种种神通，使得一位耆年苦修人及其众弟子皈依的故事。画面中的这块浮雕表现的是佛陀所展示的最后一种神通："大水将佛陀站立的地方淹没，却不能够碰到佛陀，因为佛陀在水中围绕着自己化现出一块陆地，他在这块陆地上行走。耆年苦修人及其弟子们在一条船上驶入洪水区，因为他认为，他必须将佛陀从溺水中救出。当佛陀看到苦行者时，他再次用神通登上了渡船。显神通之后，佛陀让苦行者明白，尽管他年高、尽管他通过苦修得到神力，但仍未得道。由此，这位耆年苦修人拜倒在佛陀脚下，请求收他入僧团。表现该事件的浮雕展示了被大水淹没的树林中的一块平台，象征着（在佛教艺术的最早阶段，佛陀不能以肉身形象表现）佛陀的在场。耆年苦修人与其弟子们出现了两次：第一次在船里（画面上部），第二次再次在陆地上顶礼佛足（画面下部）。"①

图 6-3　《在水面上行走的佛陀》
桑奇大塔浮雕，约公元前 1 世纪

时代较晚的由上而下的空间方位叙事模式图像作品，我们可以米开朗基罗《西斯廷礼拜堂天顶画》系列组画中的《创世记：诺亚醉酒》（图 6-4）为例进行说明。从画面上不难看出，这幅画由上而下描绘了两个时间点上的故事：在四方形画面的左上部，诺亚正专注地在田地里劳动，他正在开垦着自己的葡萄园；在画面的下部，喝得烂醉的诺亚赤身裸体半躺在地上，正处于熟睡之中，他的身后则是一个巨大的葡萄酒酿酒桶；画面的右侧，则是诺亚的儿子可汗叫来自己的两个兄弟，用手指着父亲的难堪模样，做出嘲笑父亲的姿势，而被叫来的雅弗和西姆两兄弟则试图遮挡父亲的身体，并试图赶走可汗。

---

① 〔德〕迪特·施林洛甫：《叙事和图画——欧洲和印度艺术中的情节展现》，刘震、孟瑜译，兰州：兰州大学出版社，2013 年版，第 5～7 页。

图 6-4 《创世记：诺亚醉酒》（局部）
梵蒂冈博物馆藏，1508—1512 年

3. 从左到右

按照从左到右的空间顺序进行图像叙事的作品由于符合人们阅读的习惯，所以较为常见，比如这幅维也纳《创世记》书籍中的插图作品《堕落》（图 6-5）即属于此类。这幅图像叙事作品从左到右依次讲述的是亚当和夏娃在伊甸园中偷吃禁果的故事："夏娃将苹果递给亚当，接着他们意识到这罪过而害羞地弯下身去。我们看到他们是如何将身体藏在灌木丛中，从云端伸出来的手则代表了要施加惩罚的上帝。这整副画的背景并没有作任何划分，人类的这对祖先在同一画面上出现了三次，第一次是堕落的瞬间，接着是急匆匆地走向灌木林，最后是畏缩于灌木林中，躲避着上帝。"①

图 6-5 《堕落》
维也纳皇家图书馆藏，约公元 5 世纪

---

① 〔奥〕维克霍夫：《罗马艺术——它的基本原理及其在早期基督教绘画中的运用》，陈平译，北京：北京大学出版社，2010 年版，第 8~10 页。

叙述亚当和夏娃在伊甸园中偷吃禁果故事的此类图像叙事作品，我们在米开朗基罗著名的《西斯廷礼拜堂天顶画》系列组画中也可以找到。在这幅题为《创世记：原罪与逐出伊甸园》（图6-6）的图像作品中，米开朗基罗把两个时间点上的故事画面布置在同一个画幅上了：画面左侧描绘的是"原罪"——蛇把禁果递给了亚当和夏娃；画面右侧描绘的是"逐出伊甸园"——天使用手推动着亚当和夏娃；处在画面中间的则是善恶树，两个故事画面正好以它为中轴呈左右对称排列。对此，有学者这样评述道："《圣经》中的这两个故事并不是相连的，但是米开朗基罗将它们放在同一个画面中，意在强调这两个事件的因果关系，让画面更具有叙事效果。"[1]

图6-6 米开朗基罗：《创世记：原罪与逐出伊甸园》（局部）
梵蒂冈博物馆藏，1508—1512年

4. 从右到左

这显然是与从左到右相对而言的一种图像叙事类型，如公元前7世纪的这块尼尼微的浮雕（图6-7）。浮雕上的图像叙述的是亚述班尼拔（Assurbanipal）国王杀死一头被捕的狮子的故事，画面的叙事顺序是从右边开始，然后依次向左边推进的："在图的右边，卫士打开狮笼，狮子走了出来。它的边上我们第二次看到这头狮子，它被利箭所伤，并准备跳跃。第三次狮子以跃起的形态出现；国王张弓搭箭，同时一位随从站立于前，用盾牌挡住狮子强有力的一扑。"[2]

---

[1] 〔意〕马塔·阿尔瓦雷斯·冈萨雷斯：《米开朗基罗》，于雪风、娄翼俊、郑昕译，北京：北京时代华文书局，2015年版，第74页。
[2] 〔德〕迪特·施林洛甫：《叙事和图画——欧洲和印度艺术中的情节展现》，刘震、孟瑜译，兰州：兰州大学出版社，2013年版，第4页。

图 6-7 《亚述班尼拔国王斗狮》，尼尼微的浮雕，公元前 7 世纪

除了尼尼微浮雕上的这幅古代作品，属于这种图像叙事类型的著名作品还有法国让·安托万·华托的《舟发西苔岛》（图 6-8）。大雕塑家罗丹对这幅画非常欣赏，他对画面上的"故事情节"亦有很好的描述："在这幅画的前面部分，先看见的是少妇和她的崇拜者这两个人，他们在阴凉的树下，一座绕着花环的维纳斯的半身像前……他跪着，多情地恳求这位美人随从他的心愿；而她则用一种也许是假装的对他漠不关心的态度，只注意自己扇子上的装饰，好像很感兴趣……"[①] 以上说的是画中偏右侧的第一个场面，接下来是位于画面中间的第二个场面："在刚才那一对男女的左边，还有一对情侣，男的伸手来扶女的，女的接受了。"画中偏左侧的第三个场面则是："男的搂着情人的腰，带着她向前，她回顾自己的同伴姗姗而行，又不免有些羞涩，可是温顺地被引去了"，"接着，情人们走下河滩，他们彼此都情投意合，一面笑着，一面走下小船；男子们已无需再要求——女的自己来挽着他们"。[②] 总之，对于这幅画中的故事场景，正如德国学者伯尔施-祖潘所说："画中的三对男女分别演绎着登船过程的不同阶段，每个人物的动作都迥然相异。"[③] 在我们看来，画中所展示的整个求爱过程，就像是一篇完整的浪漫主义爱情小说，而这篇"图像小说"中的几个关键性场景，或者说它的几个关键性的时间点，都被画家艺术性地"并置"到了同一个画面上。

---

① 〔法〕罗丹：《罗丹艺术论》，沈琪译，北京：人民美术出版社，1987 年版，第 40 页。
② 〔法〕罗丹：《罗丹艺术论》，沈琪译，北京：人民美术出版社，1987 年版，第 40～41 页。
③ 〔德〕赫尔穆特·伯尔施-祖潘：《华托》，吴晶莹译，北京：北京美术摄影出版社，2015 年版，第 70 页。

图6-8　《舟发西苔岛》，卢浮宫，约1719年

显然，上述关于图像叙事"连续法"的四种基本类型，都是画家基于上下左右的基本空间方位而做出的选择。在四种基本的图像叙事类型中，不同的是叙事时间的方向或叙事进程在画面上的走向，相同的则是不同时间点上的作为情节承担者的人物均重复出现。应该说，这四种类型的图像叙事模式都相对简单，非常容易辨认，观者只要分别从画面的上下左右找出叙事的起点，进而确定故事发展的进程或方向即可。但有时候，画家也会对画面场景或故事要素进行一定程度的调整或"变异"，从而使整个图像叙事变得相对复杂起来。

二、"连续法"的简化与复合问题

上面所列的四类叙事性图像，在叙事上都用了标准的连续法。这种方法在图像叙事中的有效性当然毋庸置疑，但一个显而易见的问题也不容忽视：由于在不同时间点上的情节承担者在画面中重复出现，尽管故事的情节要素还保留在单幅图像之内，但这种图像叙事法与连环画（多幅图像）之间的差别其实仅仅只是几根分隔线或几个分隔框。对于那些熟悉故事本身的人来说，这种叙事性图像所展示的连续性情节难免给人以模仿语词叙事的印象。因此，在漫长的发展历程中，很多创作这种图像的艺术家便会根据画面的实际情况做出一定程度的调整或"变异"：要么对画面进行简化，对叙事要素进行合并；要么把几种类型在同一个画面中复合、连接在一起。这样做自然是为了把这种在时间中延展的叙事性图像塑造得更符合画面本身的空间性要求。

关于对画面中的叙事要素进行简化或合并的情况，我们可以来看看印度巴尔胡特大塔上的这块围栏浮雕，浮雕上雕刻着《摩调王本生》故事中的两个场景（图6-9）：（1）摩调王在靠椅上坐着，头发打开，准备剃发，他注视着左边理发师用拇指和食指拿着的一根白发；（2）两人的右边，摩调王的儿子正双手合十。关于这个故事及其叙述方式，德国学者迪特·施林洛甫有很好的描述和解释："摩调王看到了他第一根白发之后决定出家；他将王位传给儿子，自己成为苦行者。尽管该场景给人一个自我封闭的印象，但是它不可能还原成一个单独的瞬间。国王的更衣室，王储肯定不在场。他是根据维克霍夫提出的'完整化的'表述才登场的，也就是说，根据我们的诠释，作为一个情节载体，国王连接了一个故事情节的两个不同阶段。"① 本来，如果按照标准的"连续法"，摩调王应该在画面中出现两次，但这副浮雕省略了一次，从而让画面更加符合空间艺术的图式规则或造型要求。此外，在巴黎的一个拉孔的碗上有一个画面（图6-10），展示的是奥德修斯及其同伴刺伤独眼巨人波吕斐摩斯眼睛的故事，更是把发生在不同时间点的几个"故事步骤"集中、融合于一处。分析起来，这个画面应该包括三个时间点上的"故事步骤"：（1）波吕斐摩斯正在吃人；（2）奥德修斯向波吕斐摩斯敬酒（试图把巨人灌醉）；（3）待独眼巨人喝醉之后，奥德修斯及其同伴用杆子刺波吕斐摩斯的眼睛。由于画面对出现在不同时间点上的奥德修斯和波吕斐摩斯做了省略，而且这几个"故事步骤"事实上不可能同时出现，所以有学者认为：这个画面"向我们展现了一个如此荒诞不经的场景：巨人既不能拿住奥德修斯递过来的酒杯，因为他的双手没空，也不能想象，他在清醒的状态下有耐心让杆子刺入前额"②。对于这种观点，施林洛甫反驳道："认为荒诞不经自然只是对于一位现代欣赏者而言，他接受的是一图一瞬间的习惯。"③ 无疑，施林洛甫的看法更值得我们重视。事实上，这幅图画是古人对叙事进程中的多个时间点进行空间化处理，以使

---

① 〔德〕迪特·施林洛甫：《叙事和图画——欧洲和印度艺术中的情节展现》，刘震、孟瑜译，兰州：兰州大学出版社，2013年版，第22页。
② 转引自〔德〕迪特·施林洛甫：《叙事和图画——欧洲和印度艺术中的情节展现》，刘震、孟瑜译，兰州：兰州大学出版社，2013年版，第18页。
③ 〔德〕迪特·施林洛甫：《叙事和图画——欧洲和印度艺术中的情节展现》，刘震、孟瑜译，兰州：兰州大学出版社，2013年版，第18页。

之更契合器物（碗）本身和画面要求的伟大尝试。对此，大文豪歌德说得好："古代人把这幅图画看作一个封闭和包容的整体，他们想在这个空间里展示一切。人们不应该置身在图画旁边思索，而应该思索这幅图画并在其中看到一切。他们将诗歌的、传统的不同时代推到一起，以此向我们展现这一连续性，因为我们的肉眼应该观看并享受这幅图画。"[①] 而认为如此具有创意的画面"荒诞不经"的看法也提醒我们：研究艺术史上的叙事性图像，就像研究历史上的其他现象一样，我们必须时刻提醒自己千万不要戴上今人的有色眼镜，要不然，就很可能得出不符合历史实际情况的错误结论。

图 6-9 《摩调王决定出家》（线描图），巴尔胡特大塔围栏浮雕，约公元前 2 世纪

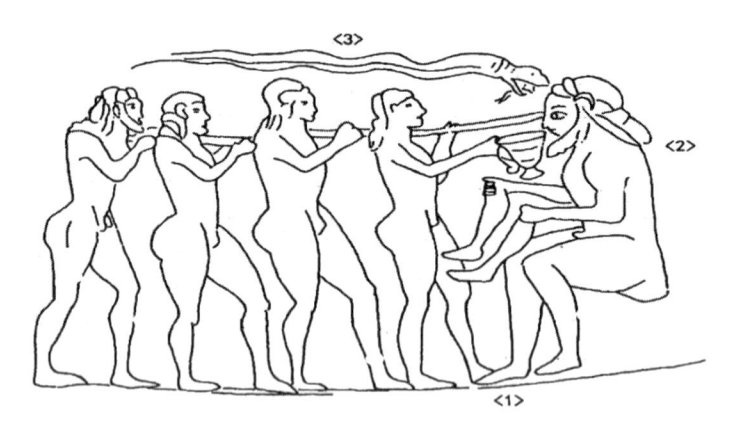

图 6-10 《奥德修斯的波吕斐摩斯历险》，拉孔的碗，公元前 550 年

---

① 转引自〔德〕迪特·施林洛甫：《叙事和图画——欧洲和印度艺术中的情节展现》，刘震、孟瑜译，兰州：兰州大学出版社，2013 年版，第 18~19 页。

关于把几种空间方位的图像叙事类型在同一个画面中复合、连接在一起的情况，西班牙画家迭戈·德·希尔瓦·委拉斯贵支的《修道者圣安东尼和第一个隐士圣保罗》（图6-11）即是一个较为典型的例子。据意大利学者斯蒂芬尼·祖菲介绍："这幅作品据信是为毗邻丽池宫的圣帕勃罗修道院所作，后来被移至圣安东尼奥的小教堂。……作品的题材来源于隐修者圣安东尼和圣保罗的圣徒言行录中几个不同的章节，还参考了《黄金传说》（Legenda Aurea），而图像非常可能来自委拉斯贵支在意大利考察时的研究。十分清楚的是，作品参考了丢勒的木刻版画、平图里乔（Pinturicchio）创作的梵蒂冈博尔吉亚居所的湿壁画，以及威尼斯美术学院的乔万尼·吉罗拉莫·萨沃尔多（Giovanni Girolamo Savoldo）、约阿希姆·帕蒂尼尔（Joachim Patinir），他们都处理过这一题材。"[1] 这幅画最具特色的，便在于把全部叙事性的场景均镶嵌在风景画的整体布局中，而且，其全部叙事性场景都安排在画面的下部三分之一处。仔细分析起来，我们可以发现四个分别代表不同时间点上的叙事性场景：（1）在稍远的画面左下三分之一处，可以看到圣安东尼和人马怪相遇，而萨蒂正为他指引前往圣帕勃罗修道院的路；（2）在画面右三分之一偏下处，圣安东尼正在敲山洞的门；（3）在画面下部正中前景处，是最主要的叙事性场景——两位圣徒隐士圣安东尼和圣保罗正在会面时的情景，在他们上部偏左处，一只大乌鸦飞下来带给他们即将均分的面包；（4）在画面的左下角，圣安东尼在圣保罗的尸体上方祈祷，旁边有两只狮子徘徊着为圣保罗挖掘墓穴。无疑，这四个叙事性场景所表征的"故事"有一个自然的时间先后顺序，而这种顺序表现在画面上便是：第一个叙事性场景（1）按从左至右（稍偏下）的路线发展到第二个叙事性场景（2），第二个叙事性场景（2）按从上至下（稍偏左）的路线发展到第三个叙事性场景（3），第三个叙事性场景（3）按从右至左（稍偏上）的路线发展到第四个叙事性场景（4）。而且，四个叙事性场景都有机地融合进了画面整体的风景构图之中。对于这种比较复杂的复合类型的连续法图像叙事，我们必须对画面所表征的故事本身非常熟悉，才有可能面对相对复杂的构图时把整个故事的空间叙事脉络梳理清楚。

---

[1] 〔意〕斯蒂芬尼·祖菲：《委拉斯贵支》，张黎译，北京：北京时代华文书局，2015年版，第82页。

图 6-11 《修道者圣安东尼和第一个隐士圣保罗》
普拉多国家博物馆藏，1634—1642 年

第三节 空间逻辑与叙事秩序

此外，我们还必须看到，在中国、印度以及西方的叙事性图像中，也存在大量并不严格遵循时间规律（方向、顺序等），而是依照造型艺术的空间逻辑来组构情节并形成叙事秩序的作品。比如，在印度的桑奇大

塔和果利的门楣上叙述普护王子被放逐故事的浮雕上，就出现了这种独特的"空间叙事"图像："艺术家遵循了一种传统，单个的场景并非独立地根据时间顺序一一呈现，而是根据一个空间的模式来布局的……"①这些空间性的叙事场景有时候会在一个共同的以风景作为衬托的背景上展开，有时候则会以柱子或树木等物象来进行场景分隔，"不过，是场景分隔还是风景衬托的问题并不构成印度特殊的表现方式的决定性准则，而是在场景空间中的考量，这种考量表现为：为了适应空间的实际情况而作的场景安排，一一接续的场景顺序可以被打破"②。

既然"一一接续的场景顺序可以被打破"，那就意味着：在图像叙事中，某些时间规律并不是必须严格遵循的铁律，在特殊的情况下，为了适应空间性的画面，"时间"甚至可以从图像作品中"退隐"。而这种情况在以语词为媒介的文学叙事中却是不可能实现的，美国作家格特鲁德·斯坦因曾经这样尝试过，但这种尝试却是以彻底的失败告终。关于斯坦因试图在小说中根除时间的尝试，E. M. 福斯特说得好："她干脆将她的时钟打成碎片而且磨成粉末，像播撒俄塞里斯般遍撒世界，而且她这么做可不是出于淘气，动机很是崇高：她一直希望将小说从时间的暴政中解救出来，在其中只表现价值生活。但她失败了，因为小说一旦脱离了时间，它就什么都表现不了了。……她走的根本就是绝路。……时间的顺序一旦毁坏，势必将所有理应取而代之的一切连带毁灭；旨在表现价值的小说只会变作不可理喻的谜团，因此成为毫无价值的废物。"③

把时间压倒一切的重要性大大降低，甚至不遵循某些时间规律，在图像叙事中并不成为问题，而在小说叙事中却是一条"绝路"，这正好深刻地反映了表达媒介的不同给文学叙事和图像叙事带来的差异。

---

① 〔德〕迪特·施林洛甫：《叙事和图画——欧洲和印度艺术中的情节展现》，刘震、孟瑜译，兰州：兰州大学出版社，2013年版，第53页。
② 〔德〕迪特·施林洛甫：《叙事和图画——欧洲和印度艺术中的情节展现》，刘震、孟瑜译，兰州：兰州大学出版社，2013年版，第53～54页。
③ 〔英〕E. M. 福斯特：《小说面面观》，冯涛译，上海：上海译文出版社，2016年版，第37～38页。

第七章　出位之思：西方小说的音乐叙事

1972年3月2日，在接受乔·戴维·贝拉米的访谈时，苏珊·桑塔格谈到了小说这一叙事类作品所受到其他艺术或其他媒介的影响。在她看来，随着电影、电视以及流行音乐的迅猛发展和高度普及化，"连小说这种懒散的艺术都变得无法抵挡来自其他艺术的某些影响了"①，"正如摄影出现时绘画发生的变化、画家再也无法感到他的工作可以不言自明地提供一种图像一样，小说在当下与其他形式分享的任务重压下，也已经慢慢地发生了变化"②。出于对那种墨守成规并拘泥于传统"现实主义"条条框框的作家的不屑，桑塔格认为小说应该接受这样的影响，她断言："散文体小说会越来越多地受到其他媒介的影响，不管这些媒介是新闻、平面、歌曲还是绘画。小说很难保持其纯洁性——也没有理由要它保持。"③

苏珊·桑塔格的说法涉及的其实是"出位之思"，也就是"跨媒介（体）"问题。所谓"跨媒介"，就是一种表达媒介在不改变其自身媒介特性的情况下，还跨出其本位去追求另一种媒介的"境界"或效果（如"诗中有画，画中有诗"）。这其实是一个古老的美学问题，但苏珊·桑塔格在媒介高度发达的新的时代背景下重提这一问题，自有其现实意义和学术价值。对于"出位之思"或"跨媒介"现象，叶维廉先生专门撰写了《"出位之思"：媒体及超媒体的美学》一文予以探讨，其中谈道："现代诗、现代画，甚至现代音乐、舞蹈里有大量的作品，在表现上，往往要求我们除了从其媒体本身的表现性能去看之外，还要求我们从另一媒

---

① 〔美〕乔·戴维·贝拉米、〔美〕苏珊·桑塔格：《现代小说的风格》，〔美〕利兰·波格编：《苏珊·桑塔格谈话录》，姚君伟译，南京：译林出版社，2015年版，第3页。
② 〔美〕乔·戴维·贝拉米、〔美〕苏珊·桑塔格：《现代小说的风格》，〔美〕利兰·波格编：《苏珊·桑塔格谈话录》，姚君伟译，南京：译林出版社，2015年版，第4页。
③ 〔美〕乔·戴维·贝拉米、〔美〕苏珊·桑塔格：《现代小说的风格》，〔美〕利兰·波格编：《苏珊·桑塔格谈话录》，姚君伟译，南京：译林出版社，2015年版，第6页。

体表现角度去欣赏，才可以明了其艺术活动的全部意义。事实上，要求达到不同艺术间'互相认同的质素'的作品太多了。迫使读者或观者，在欣赏的过程中要不断地求助于其他媒体艺术表现的美学知识。换言之，一个作品的整体美学经验，如果缺乏了其他媒体的'观赏眼光'，便不得其全。"① 也就是说，对于具有"跨媒介"特征的文艺作品，我们除了了解该作品本身的媒介特性之外，对于它"跨"出自身媒介而追求的他种媒介的特性也必须有所了解；只有这样，才能更好、更完整地欣赏其美学特色和艺术价值。

就叙事而言，"出位之思"实际上就表现为跨媒介叙事。正如我在《空间叙事本质上是一种跨媒介叙事》一文中所指出的："所谓'出位之思'之'出位'，即表示某些文艺作品及其构成媒介超越其自身特有的天性或局限，去追求他种文艺作品在形式方面的特性。而跨媒介叙事之'跨'，其实也就是这个意思，即跨越、超出自身作品及其构成媒介的本性或强项，去创造出本非自身所长而是他种文艺作品或他种媒介特质的叙事形式。"② 跨媒介叙事不仅发生在异质媒介之间（比如，作为时间艺术的小说，借鉴绘画、雕塑等空间艺术的特性而在结构上创造出某种"空间形式"），也发生在同质媒介之间（比如，同为空间艺术，绘画通过二维平面讲述故事时有时候会力求达到雕塑般的立体效果）。本章所要探讨的，就是同为时间性艺术的小说与音乐之间的"跨媒介"关系：小说是如何通过"出位之思"来进行音乐叙事，从而在某种程度上达到像音乐那样的美学效果的。由于在中国小说中，有意识地追求小说音乐效果的跨媒介叙事现象极为罕见，而西方小说中的这种情况却较为常见，所以本章具体考察和分析的是西方小说的音乐叙事。

第一节　在内容层面模仿音乐的叙事作品

所谓小说的音乐叙事，指的并不是小说家在创作小说时利用音乐艺术的基本语言——音符来进行叙事，而是说：小说家创作的基本工具仍是语词，但通过模仿或借鉴音乐艺术的某些特征，在内容或形式上追求

---

① 〔美〕叶维廉：《"出位之思"：媒体及超媒体的美学》，《中国诗学》（增订版），北京：人民文学出版社，2006年版，第200页。

② 龙迪勇：《空间叙事本质上是一种跨媒介叙事》，《河北学刊》2016年第6期。

达到像音乐那样的美学效果。概括起来，我们认为西方小说的音乐叙事，或者说，西方小说模仿音乐艺术的跨媒介叙事作品可以分为三种类型。下面，就让我们通过对其基本类型的描述、分析和阐释，来进入西方小说音乐叙事的世界。

首先，最直接也是最主要的一类，是在内容层面模仿音乐，而其最常见的形式便是叙述音乐家的故事，或者说塑造音乐家形象的叙事作品。在这类叙事作品中，不乏著名作家的著名作品，如 E. T. A. 霍夫曼的《雄猫穆尔的生活观暨乐队指挥克赖斯勒的传记片段》、托马斯·曼的《浮士德博士》以及石黑一雄的《小夜曲——音乐与黄昏五故事集》，等等。此外，除了塑造音乐家形象的完整的叙事作品，还有不少小说部分内容涉及音乐或音乐家，比如，在普鲁斯特的长篇巨著《追忆似水年华》（亦译《追寻逝去的时光》）中，就有很多涉及音乐或音乐家的文字。下面，我们仅以《浮士德博士》这一叙事文本为例，对文学书写音乐或音乐家的跨媒介叙事加以简要阐述。

《浮士德博士》全名为《浮士德博士——一位朋友讲述的德国作曲家阿德里安·莱韦屈恩的生平》，是德国大作家托马斯·曼流亡美国时创作的一部长篇小说。托马斯·曼本人非常重视这部作品，在其心目中，其地位甚至超过了《布登勃洛克一家》和《魔山》，堪称作家本人的最爱。在晚年接受的一次采访中，托马斯·曼曾经这样说："这部浮士德小说于我珍贵之极……它花费了我最多的心血……没有哪一部作品像它那样令我依恋。谁不喜欢它，我立刻就不喜欢谁。谁对它承受的精神高压有所理解，谁就赢得我的由衷感谢。"[①] 托马斯·曼之所以如此重视这部小说，除了小说本身的思想性和艺术性，还与作家在主人公阿德里安身上投注了大量的自传性因素有关；此外，不可否认的是，对于一般仅限于用语言文字书写的作家来说，能够在叙事作品中畅谈音乐艺术，自然还别有一种跨界或越位的快乐。

《浮士德博士》以作曲家阿德里安·莱韦屈恩的一位朋友的回忆为线索，讲述了一个浮士德式的与魔鬼结盟的音乐家的故事。那么，在这个特殊的故事中，为了塑造莱韦屈恩这样一个与魔鬼结盟的音乐家的形象，托马斯·曼主要采用了哪些文学手法或叙事技巧呢？

一般而言，小说家塑造人物形象的方法主要有两种：一是展示人物

[①] Thomas Mann, *Gesammelte Werke in dreizehn Bänden*. 2., durchgesehene Auflage. Band XI, Frankfurt am Main: S. Fischer Verlag, 1974, S. 686.

的行动，让读者在人物的言谈举止或所作所为中把握其典型的性格特征；二是对人物的外貌特征或内心活动进行描写，从而使读者对人物形象有一个直观或直接的印象。与其他作家一样，托马斯·曼在《浮士德博士》中也主要采用了这两种方法。当然，因为所塑造人物是音乐家，所以这两种塑造人物形象的方法都尽量地和音乐关联起来，比如，小说在多处写到人物（主人公或较次要人物）的演奏，而且，为了说明莱韦屈恩音乐思想的精深及其见解的独特，小说还在多处通过文字这一媒介对音乐这种特殊的艺术形式进行了"出位之思"式的书写，从而真正达到了一种跨媒介叙事的美学效果。

因此，除了展示人物的行动，即讲述人物的生平故事（比如，为了凸显莱韦屈恩的渴求成功与急功近利，小说较为详细地书写了主人公与魔鬼签订契约之事），托马斯·曼为了塑造像莱韦屈恩及其音乐老师文德尔·克雷齐马尔这样的音乐家形象，还通过人物之口道出了大量的音乐知识和音乐理论，其中就包括阿诺德·勋伯格的"十二音体系"以及特奥多尔·W. 阿多诺对这一音乐体系的哲学性论述。值得一提的是，由于托马斯·曼在《浮士德博士》中把阿多诺论述勋伯格的"十二音体系"的《新音乐的哲学》中的大量内容以及阿多诺另外一篇论述贝多芬晚期风格的文章，都用于莱韦屈恩的音乐老师克雷齐马尔所作的报告以及莱韦屈恩后来在音乐创作方面所展开的革命性构思中，小说出版后还曾引起评论界，尤其是勋伯格和阿多诺本人对托马斯·曼盗用或剽窃的指控[①]。

当然，小说的人物形象本身不是本章的重点，我们关注的是托马斯·曼在塑造人物形象时的"出位之思"。比如，阿多诺那篇论述贝多芬晚期风格的文章的应用成果——《浮士德博士》第八章克雷齐马尔论述贝多芬钢琴奏鸣曲作品第 111 号的那篇报告，历来被评论界誉为"出位之思"的典范，即"文学描绘音乐的杰作"[②]。这里值得强调指出的是，克雷齐马尔在讲述贝多芬钢琴奏鸣曲作品第 111 号的时候，采用了用声乐（歌唱）去诠释器乐的做法——这无疑有助于塑造一位见解独特的音乐家形象；

---

① 可参看《浮士德博士》的中译者罗炜所撰写的"译本序"第 2~4 页，〔德〕托马斯·曼：《浮士德博士》，罗炜译，上海：上海译文出版社，2016 年版。

② Kurt Böttcher, Günter Albrecht und kollektiv für Literaturgeschichte (Hrsg.), *Romanfühere A−Z*, Berlin: Volk und Wissen Verlag, 1974, S. 112.

……他继续说道,他特别谈及的这部作品,即奏鸣曲作品第111号,必须结合前面讲过的东西来考察。随后,他坐到那架小钢琴前,不看乐谱,全凭脑子记忆为我们完整地演奏了这部音乐作品,演奏了它的第一乐章和它那非同寻常的第二乐章。而在演奏过程中,他还不断地加进自己的大声评论,以图引起我们对他的讲解的高度注意,其间,他还跟着音乐一起进行热情洋溢的、示范性的歌唱。凡此种种的结果便是一种既迷人又滑稽的热闹场面的出现,而小小的礼堂里的观众们也一再地报以愉快的回应。由于他的指触非常有力,同时又用强音极力渲染,所以,为了让我们还能够勉强听得清他的插话,他就不得不发出声嘶力竭的叫喊,而为了再用声乐的形式强调那个被他演奏着的东西,他同时还不得不耗费最大的音量来进行歌唱。他用嘴去模仿双手弹奏的东西。咚,咚——隆,隆——锵,锵,他弹起第一乐章最初的几个愤怒的音符,并用高音的假声给那些悦耳动听的段落伴唱,这些段落犹如温柔和煦的阳光,偶尔也会照亮作品里那片混乱不堪的、狂风大作的天空。①

追根究底起来,这种用声乐(歌唱)去解说器乐的做法又何尝不是"出位之思",不是一种"跨媒介叙事"呢?

此外,在《浮士德博士》中,莱韦屈恩所创作的那部有关世界末日的清唱剧《形象启示录》,首先就是对阿尔布雷希特·丢勒的木版画系列图像叙事作品《约翰启示录》的模仿或借用。当然,在构思这部清唱剧的过程中,莱韦屈恩收集了很多相关资料,并进行了严肃认真的研究,"他又是写,又是画,又是收集,又是研究,还搞连接组合"②。"这整个的消魂迷醉、宣告审判、教育煽动人们畏惧永恒惩罚的基督教前期和早期末世论的文献资料,其中拔摩岛的约翰的启示只是一个类比丰富的例子而已,从欧洲北部的那些遗嘱到同样性质的意大利证明文件,到教皇的歌唱大师格列高尔的那些对话,以及对但丁影响明显的蒙特卡夏洛僧侣阿尔伯利希的幻象——这些文献……构成一个非常深厚的、充满反复出现的主题的传统领域。阿德里安置身其中,目的是要为自己的一部作

---

① 〔德〕托马斯·曼:《浮士德博士》,罗炜译,上海:上海译文出版社,2016年版,第67~68页。
② 〔德〕托马斯·曼:《浮士德博士》,罗炜译,上海:上海译文出版社,2016年版,第458页。

品定下基调,这部作品将把这个领域所有的元素全都集中到一个焦点上,将运用后来的艺术的综合方法对它们进行具有威胁性的总结,并按照无情的委托去把一面启示的镜子高举到人类面前,好让他们从中可以瞧见什么东西已经在向他们逼近。"[1] 所以最终的结果是:"莱韦屈恩在创作这部无与伦比的合唱作品的歌词时绝对不是只以《约翰启示录》为准的,而是把我所说的那整个的预言的来源全拿进他的作品里去了,以至于该作品快要成为一部全新的和自成一体的《启示录》了,在某种程度上都快要变成一个对所有末日预告进行总结的集大成者了。"[2]

总而言之,莱韦屈恩所创作的音乐作品《形象启示录》,是源于丢勒的图像作品《约翰启示录》及其相关文献资料的"启示",是对这些"跨媒介"符号的模仿、借用和创造性发挥。托马斯·曼在小说中对《形象启示录》有许多精彩的描述,但下面这段文字是对莱韦屈恩音乐创作手法最为集中的描写和揭示:

>　　《形象启示录》这个标题是对丢勒的一种致敬,也是意欲强调视觉上真实的东西,外加版画般的细致入微的东西,浓厚的空间充盈感连同富于想象力的精确的细节,这都是两部作品所共有的特点。但如果就此认为,阿德里安的非凡的壁画法是对这位纽伦堡画家那十五幅木刻插图的纲领性遵循,那就大错特错了。这幅壁画,尽管其中极具艺术性的乐音是由许多出自丢勒那份神秘文献的词句作为衬垫,而且前者也的确从中受到启发;但是,他却把音乐的可能性,合唱的、朗诵的、如歌的可能性的余地扩大了,他不仅把《圣经·旧约》中《诗篇》卷的一些阴郁的部分,如那首尖锐的《我的灵魂充满悲伤,我的生活在地狱近旁》,而且也把伪经的最具表现力的恐怖景象和谴责非难,另外还把一些出自《耶利米哀歌》的在今天看来是无言的影射的未完成的诗篇,以及一些生冷怪僻的东西,全都纳入到他的这部音乐作品之中,所有这些必然有助于制造那种另一个世界正在开启、就要算总账了的整体印象,那种下地狱的整体印象,与此同时,他也充满幻想地对早期的、萨满教时期的彼岸想象

---

[1] 〔德〕托马斯·曼:《浮士德博士》,罗炜译,上海:上海译文出版社,2016年版,第461页。

[2] 〔德〕托马斯·曼:《浮士德博士》,罗炜译,上海:上海译文出版社,2016年版,第462页。

以及被古希腊和基督教直到但丁所发展的彼岸想象进行了加工和处理。莱韦屈恩的音乐油画从但丁的诗歌中受益匪浅，但它从黑压压挤满人的那面墙那里得到的东西更多，在这面墙上，这边有天使吹响毁灭的号角，那边有卡戎的小船在卸载亡灵，死人复活，圣徒朝拜，恶魔面具等待着腰间缠蛇的弥诺斯的暗示，这个被诅咒的人，一身横肉，被地狱的狞笑着的儿子们包围、扛起、拉走，开始恐怖的下降，只见他用手遮住一只眼睛，用另一只眼睛惊恐万状地看着这永久的灾祸发愣，而就在离他不远的地方，上帝的仁慈还在拯救两个下降的罪恶灵魂，用力把他们往上提拉——总之，它从这末日审判的群体和情景结构中得到的东西更多。①

　　无疑，这段文字涉及的是音乐作品对图像作品和语词作品的模仿或借用：首先，莱韦屈恩的这部题为《形象启示录》的音乐作品，借鉴了丢勒的版画（图像）叙事作品；其次，莱韦屈恩在创作这部作品时，还把《圣经·旧约》中的相关诗篇、"伪经"中的相关场景、《耶利米哀歌》中的"未完成的诗篇"、但丁的诗歌以及其他宗教的怪异想象等各种或熟悉或生冷怪癖的文献材料及叙事因素熔于一炉，锻造成一部丰富瑰丽、魅力非凡的"音乐叙事作品"。当然，从《形象启示录》这个标题就不难看出，它主要的灵感来源和艺术技巧还是源于图像叙事作品——丢勒的版画，它意欲强调的是"视觉上真实的东西"：音乐作品本为时间性的艺术，但《形象启示录》却有着"版画般的细致入微的东西"和"浓厚的空间充盈感"；而且，莱韦屈恩所创作的是时间性的音乐作品，但从"非凡的壁画法"和"音乐油画"这样以画为喻的概念中，我们很容易窥见一种"出位之思"的存在，也就是说，莱韦屈恩的创作本身就是一种跨媒介叙事。此外，还必须强调的是：莱韦屈恩的跨媒介叙事——从音乐跨越到绘画，其实是存在于另一种跨媒介叙事——从文学跨越到音乐——之中的，也就是说，它存在于托马斯·曼的《浮士德博士》这一欲达到音乐效果的文字性作品之中。在小说中的这段"出位之思"式的描写中，"图像"和"音乐"这两种媒介形式都已经融入托马斯·曼的这段绝妙的文字叙述之中，这是一种双重意义上的"跨媒介叙事"。无疑，《浮士德博士》中的这种特殊的音乐叙事，是为了说明莱韦屈恩在与魔鬼

---

　　① 〔德〕托马斯·曼：《浮士德博士》，罗炜译，上海：上海译文出版社，2016年版，第462~463页。

结盟之后音乐技艺的突飞猛进及其音乐思想的戛戛独造,而这种跨媒介叙事当然是为塑造特定人物形象服务的。

第二节　在形式上追求纯粹"音乐性"的叙事作品

西方小说音乐叙事的第二种类型,是最大限度地缩减了语词的表意性的叙事作品,这类叙事作品会尽量减少对外在事件或"故事"的再现,它们追求的是像音乐那样去创造纯粹的美的形式。这种类型的音乐叙事,是英国唯美主义作家和理论家沃尔特·佩特最为欣赏的,因为他主张的是所有好的艺术作品都应该尽可能地逼近音乐,从而创造纯粹或尽可能纯粹的形式美。

在《文艺复兴》一书中,沃尔特·佩特曾经这样写道:"所有艺术都共同地向往着能契合音乐之律。音乐是典型的,或者说至臻完美的艺术。它是所有艺术、所有具有艺术性的事物'出位之思'的目标,是艺术特质的代表。"[①] "所有艺术都坚持不懈地追求音乐的状态。因为在其他所有形式的艺术里,虽然将内容和形式区分开来是可能的,通过理解力总是可以进行这种区分,然而艺术不断追求的却是清除这种区分。诗歌的纯内容……如果没有创作的形式、没有创作精神与主旨,它们就什么都不是。这种形式,这种处理的模式应该终结于其自身,应该渗透进内容的每个部分:这是所有艺术在不断追求、也在不同程度上实现了的东西。"[②] 当然,佩特认为所有其他艺术都难以完全达到这种创造纯粹形式、实现了形式即内容的艺术理想,"而音乐这门艺术最大程度地实现了这种艺术理想、这种内容和形式的完美统一。在极致完美的时刻,目的和手段、形式和内容、主题和表达并不能继截然分开;它们互为对方的有机部分,彼此完全渗透。这是所有艺术都应该不懈向往和追求的——这种完美瞬间的状态。那么不是在诗歌中,而是在音乐里我们将会找到完美艺术的真正类型或标准。因此,虽然每门艺术都有不可言传的元素、不可转化的表现手法以及为'富有想象力的理性'所感知的独特模式,

---

① 〔英〕沃尔特·佩特:《文艺复兴》,李丽译,北京:外语教学与研究出版社,2010年版,第169~171页。
② 〔英〕沃尔特·佩特:《文艺复兴》,李丽译,北京:外语教学与研究出版社,2010年版,第171页。

但是可以说这些艺术都表现为对音乐的法则或原则不懈地追随,力求达到只有音乐才完全达到的状态。从这个意义上讲,在面对或新或旧的艺术品时,美学批判的主要任务之一,就是评估每一件作品接近音乐法则的程度"[1]。把"评估每一件作品接近音乐法则的程度"看作"美学批判的主要任务之一",自然是难以操作,暴露出佩特作为唯美主义理论家的偏狭,却也不无几分道理,像语词、绘画、雕塑这样的表达媒介固然无法彻底清除表达的"内容"层面(尤其是语词),但创造出完美、纯粹的形式,或者说把"内容"尽可能地融入"形式",却是艺术作品之所以成为艺术作品的本质所在。

就非音乐艺术作品而言,佩特认为绘画领域的威尼斯画派(乔尔乔内、提香所属的画派)是最接近音乐状态的,而文学(诗歌)领域的"七星诗社"也是如此。佩特非常推崇的"七星诗社"诗人龙萨和贝莱,就是以语词写成的诗歌在很大程度上达到了音乐般的美学效果。概括起来,"七星诗社"诗人主要是通过两种方式,使自己的文字性作品达到音乐的效果:一是通过韵律,追求语词本身的音乐感;二是通过尽可能减少再现的"内容",创造出尽可能纯粹的形式,从而逼近纯粹的器乐作品那样的美学效果。关于前者,"七星诗社"诗人追求的是把法国古典诗歌的韵律与拉丁和希腊诗歌的韵律结合起来,正如佩特所指出的:"拉丁和希腊诗歌里那种整齐、合辙押韵诗句中的韵律是一回事,有节奏的、不押韵的维永诗句和法国古诗歌,那种'被唱出来的诗歌',是另一回事。在一个法国诗歌新流派里把这两种韵律结合起来,创作一种符合韵律且押韵的诗歌,去寻求并使每个音节的拍子达到和谐,并把它和迅速、轻盈、如燕子一般敏捷的押韵动作结合起来,把双重韵律渗透进他们的诗歌中——这是七星诗社的愿望。他们对音乐感永不满足。他们渴望一种比文字可能产生的范围更大的音乐感,汲取某种音符或重音包含的最后的芳醇。"[2] 至于后者,"七星诗社"诗人主张形式即内容,形式就是一

---

[1] 〔英〕沃尔特·佩特:《文艺复兴》,李丽译,北京:外语教学与研究出版社,2010年版,第175页。

[2] 〔英〕沃尔特·佩特:《文艺复兴》,李丽译,北京:外语教学与研究出版社,2010年版,第213页。

切。为了说明这一点，佩特举出了贝莱的《扬麦农夫歌》一诗为例①。他认为仅凭这一首诗，贝莱就足以名垂千古。关于这首诗的美学价值，佩特这样写道："他的这首诗是移植到安茹绿色乡村景色的意大利作品，脱胎于安得里亚·纳瓦基罗拉丁诗歌的法文版本。但是就这首诗而言，内容几乎毫无意义，形式才是一切。诗歌用古法语写成，形式完全是杜·贝莱自己的风格。"② "这是整个七星诗社流派诗歌特点和价值的最高体现，也是这个流派赖以形成的整个时代趣味的最高体现：是某种明丽优雅的喜好，而所有的乐趣来自于对其中一个微小事物的快乐巧妙的处理方式所感到的惊讶。但它的芳香绝不是通过碾压得来的，像碾压野生香草来获取香味那样。在杜·贝莱的家乡——博斯地区这个法国谷仓的一个大粮仓里，人们听到风扇有节奏的摆动时，似乎会有小孩子第一次碰到这场景的欣喜。一束突如其来的光把风标、风车、扬谷扇亦或谷仓门上的灰尘这些小东西都美化了。那一刻事物已经消失，因为它只是单纯的光的效果；但是它却留下了余味，留下来一种希望它再次发生的渴望。"③ 品读《扬麦农夫歌》一诗之后，我们发现这首诗书写或叙述的"内容"确实非常之少，但要说该诗的"内容几乎毫无意义，形式才是一切"，还是绝对了些；阅读该诗的乐趣固然很大程度上来自"对其中一个微小事物的快乐巧妙的处理方式"，但如果缺少了"风标、风车、扬谷扇亦或谷仓门上的灰尘"这些事物或意象（当然，还有那轻风携带"喃喃的气息"轻轻摇曳"暗影婆娑绿叶"的意境）本身，诗歌还能够剩下什么呢？如果没有上述事物的映衬，光也无非仅仅是光而已，而必然会缺少诗歌所特有的那种韵味。我们认为，更准确的说法应该是：在《扬麦农夫歌》一诗中，其优美的形式渗透进了诗歌内容的每一个部分，从而实现了内容和形式的完美统一，这其实已经逼近了佩特所说的纯粹音乐的状态，实现了文学追求音乐效果的跨媒介叙事。

如果诗歌通过削减再现"内容"、创造纯粹形式来达到像音乐那样的

---

① 郑克鲁先生对《扬麦农夫歌》一诗的中译为："轻飘飘的气浪，/鼓动迅捷翅膀，/飞掠过世界，/用喃喃的气息，/轻轻地去摇曳/暗影婆娑绿叶，/我献给你堇菜、百合花、金花菜、/这里的玫瑰花，/这些美妙玫瑰/全都饱绽蓓蕾，/还有石竹一把。/你用温柔呼吸/吹拂原野大地，/吹拂这所茅屋，/而我手臂一挥，/扬起我的小麦，/冒着日晒之苦。"（郑克鲁：《法国诗选》（上），石家庄：河北教育出版社，2004 年版，第 90~91 页）

② 〔英〕沃尔特·佩特：《文艺复兴》，李丽译，北京：外语教学与研究出版社，2010 年版，第 221~223 页。

③ 〔英〕沃尔特·佩特：《文艺复兴》，李丽译，北京：外语教学与研究出版社，2010 年版，第 223~225 页。

美学效果存在相当的困难，那么，小说要通过类似方法来达到同样的效果，则是难上加难了。尽管创作出这样的小说很难，但一些富有创造性的作家还是迎难而上，并确实创作出了不少成功的此类叙事作品。这里需要指出的是：像"七星诗社"诗人那样通过韵律而使语词作品具有音乐感的方式在小说中很难实现，所以一般来说，小说都是通过减少内容、注重情感、凸显形式来模仿音乐艺术的。比如，德国浪漫派作家所创作的音乐叙事作品，就是通过减少内容来实现的。无论是瓦肯罗德的短篇小说《音乐家约瑟夫·伯格灵耐人寻味的音乐生涯》，还是蒂克的长篇小说《施特恩巴尔德的游历》，其中都找不到复杂的故事情节，我们只能从中读到主人公看似平淡的日常生活故事，但就像佩特所欣赏的《扬麦农夫歌》一样，我们从小说轻灵的叙述中感受到某种音乐特有的美感。

对于德国浪漫主义文学的这种"音乐性"，著名的丹麦文学史家勃兰兑斯有很好的阐述："瓦肯罗德尔称赞音乐是艺术的艺术，是首先懂得压缩和固持人心中的情感的艺术，是教导我们'感觉感情本身'的艺术。浪漫派还能感觉什么呢！……蒂克比瓦肯罗德尔走得更远。他又从音乐中挑选出器乐来，因为只有在器乐中，艺术才是真正自由的，才摆脱了外界的一切限制。所以，到后来，彻头彻尾的音乐化的霍夫曼也把器乐称为一种最浪漫的艺术；这就显著地证明了一个时代的伟大精神现象之间经常发生的联系，证明了浪漫主义者尽管自以为可以为所欲为，实际上放浪不羁，却不自觉地服从于一个使他们就范的历史必然性，不得不追随这个历史必然性的潮流；不妨顺便指出，正是在这个时候，悲多汶也解放了器乐，并把它推到了最高的位置。由于把对音乐和声的热忱转移到创作艺术方面，蒂克便把化为和声和丁冬之声的诗视为真正的诗、'纯粹的诗'。"① 当然，不仅仅限于诗，德国浪漫派创作的小说也具有这种"音乐性"的特点，也就是说，不少德国浪漫主义小说正是此类压缩"内容"、注重情感、凸显形式的"音乐叙事作品"。对于德国浪漫主义小说的音乐叙事，我们将另撰专文探讨，此不赘述，下面仅以英国意识流小说家弗吉尼亚·伍尔夫（亦译为弗吉尼亚·伍尔芙）的长篇小说《海浪》为例，对这种类型的音乐叙事进行分析。

在其随笔《狭窄的艺术之桥》中，弗吉尼亚·伍尔夫曾描述过她心目中的理想小说究竟是一种什么面貌："它将与我们现在所知道的小说不

---

① 〔丹麦〕勃兰兑斯：《十九世纪文学主流》（第二分册），刘半九译，北京：人民文学出版社，1981年版，第109～110页。

同，而这又主要的是它将与生活保持更远的距离。它将像诗歌一样，概要地进行描写，而不是描写细节。它将很少使用那个神奇的记录事实的力量，而记录事实则是小说的一种属性。它将告诉我们很少的有关它的人物的住房、收入、职业的事情，它将与社会小说或者环境小说没有什么亲属关系。……它将缜密而又生动地表现人物的感情和思想，但却是从一种不同的角度来表现的。……它所描述的将不仅仅是或者主要是人们彼此的关系或者他们一起的活动——小说迄今所做的就是如此，而是头脑与一般思想的关系以及头脑在寂寞时的独白。……我们渴望获得某种更为非个人的关系。我们渴望获得思想、获得梦想、获得想象、获得诗的意境。"[1] "这种未命名的小说，将会在与生活保持一段距离的情况下被写出，因为这样才可以对生活的某些重要面貌获得一个更大的视野。它将是用散文写出的，因为如果你使散文摆脱众多小说家必然加在它身上的那个役畜的工作——负载细节重负和大量事实工作的话，那么得到这样对待的散文将表明，它能够高高地从地面升起，不是猛冲着升起，而是涌动着、盘旋着升起……"[2] 与这种主张相适应，伍尔夫创作的《海浪》正是这样一种小说：与生活保持着较大的距离，对事物进行概要的描写而不过分注重细节，很少记录事实而重视感情、思想、梦想等抽象的精神层面的东西。

众所周知，"记录事实"或叙述事件是一切叙事作品都应该遵循的规律，如果没有被叙述的事件，没有叙述这一基本行为，叙事作品就不能称其为叙事作品了。在伍尔夫的《海浪》中，对具体事件的叙述几乎可以忽略不计，也就是说，作品所要再现的内容已经减少到最低程度了，这就使小说创造出了像音乐那样的纯粹的艺术形式。《海浪》全书不分章节，但从文本可以看出整篇小说共有九个部分，而每一部分均由靠字体区分出的两种风格的语篇构成：第一种文字很短，是纯描写性的，它们按照太阳出没及其在天空中的不同位置，而分别描写了同一景色在一天中九个时段的变化，构成景色的元素包括太阳、海浪、天空、房屋、花园、花朵、鸟儿、光线等；第二种文字较长，书写的是六个人物在人生各个阶段的瞬间内心独白，这六个人物分别是伯纳德、苏珊、奈维尔、

---

[1] 〔英〕弗吉尼亚·伍尔芙：《狭窄的艺术之桥》，王义国译，《伍尔芙随笔全集》（IV），王义国、黄梅等译，北京：中国社会科学出版社，2001年版，第1559~1560页。

[2] 〔英〕弗吉尼亚·伍尔芙：《狭窄的艺术之桥》，王义国译，《伍尔芙随笔全集》（IV），王义国、黄梅等译，北京：中国社会科学出版社，2001年版，第1563~1564页。

珍妮、路易斯和罗达,除了第九部分是伯纳德在总结六人的一生,其余八个部分均是由八个人物交替进行的瞬间内心独白。在九个部分的两种语篇中,放在前面的较短的文字类似文章的"引子",它涉及的时间仅为一天;而后面较长的文字则类似"正文",它涉及的时间是人的整个一生,两者形成明显的对应关系,正如有论者所指出的:"晨光熹微,太阳初升的时候,花园里的鸟儿唱着单调的歌曲,而处在孩提时代的六个孩子的意识和言辞犹如这单调的鸟鸣一样显得既简单、又跳跃。太阳升起来时,阳光洒下越来越阔大的光斑,读书时代的六个儿童的意识也在成长,开始对周围的一切做出初步的反映。随着太阳已经升起,六个人物步入青春时代,他们的意识、情感就像海浪和海岸上的景色一样全都变得明亮、复杂起来。升起的太阳垂直地俯瞰着波涛起伏的海面,阳光像尖锐的楔子射进了房间,六个人物的个性意识也终于成形并显露出来;他们聚在一起为他们共同的朋友珀西瓦尔就要前往印度饯行,这场为了告别的聚会其实就是一场成人仪式。太阳升至中天后,阳光下的景物没有秘密,全都被清清楚楚、细致入微地暴露出来;与此相应,成熟起来的六个人物开始听到死亡的信息——他们共同的朋友珀西瓦尔在印度死了,世界和生命开始笼罩上了阴影。接着,午后的阳光斜斜地照射下来,浪潮在海岸上留下片片积水,搁浅的鱼儿在那里扑打着尾巴,六个人物刚刚步入中年,他们尝试着越出自我,寻求爱情。太阳落得越来越低之后,花园里的花朵开始凋谢,六个人物开始意识到时间无可挽回的流逝,意识到生命的局限。太阳沉落时,如同坚硬岩石般的白昼碎裂了,收割后的庄稼只剩下一片片残茬,海岸上的阴影开始蔓延开来,日近黄昏,历尽沧桑的六个人物又一次聚在一起,充满绝望和幻灭感地回忆他们的人生历程。太阳完全沉落之后,黑暗的潮水淹没一切,唯一还活着的人物伯纳德面对即将走完的生命历程,开始总结他和他的朋友的一生。随后,能够听到的只剩下——'海浪拍岸声声碎'。这是一个非常形象的总结。这种潮生潮灭的海浪形象构成了人的生命、意识、感觉的永恒象征。"[①] 总之,"引子"和"正文"构成了一种映射和对应关系,全书的九个部分都是由这样的两个部分组成,某种程度的"类同性"使小说的九个部分就像是一部大型音乐作品的九个乐章,因而使全书形成了一种类似复调音乐那样的重复与变奏。

---

① 曹元勇:《海浪拍岸声声碎——译本序》,〔英〕弗吉尼亚·伍尔夫:《海浪》,曹元勇译,上海:上海译文出版社,2012年版,第2~3页。

整篇小说几乎没有严格意义上的故事，也没有严格意义上的性格丰满的人物。由于小说的内容已经减少到了最低的程度，而且叙述语言也是高度抽象化和程式化的，所以《海浪》的形式特征就突显出来。按照沃尔特·佩特的逻辑，我们可以说《海浪》就是那种高度近似音乐的叙事作品，其形式就是内容，就是构成作品的一切。对于《海浪》的这种趋近音乐的跨媒介叙事，译者曹元勇有精辟的概括："在《海浪》的正文部分，六个人物的独白就像一个乐章的六个声部，轮番交替地呈现出来，它们有时候互相独立，有时候又存在一些对位关系。这六个人物按照太阳的运行，海浪的起落，以程式化的独白语言描述着他们从幼年到老年的人生体验。六个声部所呈现出来的不是具体的、实在的个人化声音，而是被提炼到了很纯粹、很抽象的层次上，远离了原质生活的静默的声音。不仅如此，六个声部之间还基本上没有相互对话。并且，在同一个章节中，六个声部的独白不是在同一个时间水平上进行的，而是递进式地展示着时间、生命、人生的进程。……六个人物在整个作品中又并不具备鲜明的、活灵活现的个性，他们每个人的性格特征均呈现为程式化的、抽象化的、类型化的。……六个人物仿佛代表了人的生命的不同侧面。"[①]确实如此，《海浪》的九个"乐章"以及每一"乐章"的六个"声部"，均体现出了高度程式化、抽象化和类型化的形式特征，它是小说家弗吉尼亚·伍尔夫富有创造性的"出位之思"的产物，整篇小说看上去简直就像是一部用文字谱写出来的纯粹的音乐作品——那种把"内容"因素压缩到了最低程度，仅在"抽象"层面集中地、概括地表现作者的人生体悟的"音乐叙事作品"。

第三节　在结构上模仿音乐的叙事作品

西方小说音乐叙事的第三种类型，便是在结构上模仿或借鉴音乐艺术的那一类跨媒介叙事作品。当然，由于结构对于任何叙事作品来说都是最重要的因素之一，所以我们对西方小说音乐叙事的分类存在交叉之处，比如我们把它归入第二类的弗吉尼亚·伍尔夫的《海浪》，其实也在结构上借鉴了复调音乐的形式；又比如，我们把它放在第一类的石黑一

[①] 曹元勇：《海浪拍岸声声碎——译本序》，〔英〕弗吉尼亚·伍尔夫：《海浪》，曹元勇译，上海：上海译文出版社，2012年版，第3～4页。

雄的《小夜曲——音乐与黄昏五故事集》,也明显借鉴了音乐中奏鸣曲的结构。关于后者,石黑一雄在一次采访中曾经这样说:"现如今很多叫做小说的书其实更像短篇集,如大卫·米切尔的《云图》和《幽灵代笔》、罗贝托·波拉尼奥的《2666》等,都是由几个不同的故事构成的。自己在构思小说时,也会想到几个不同的方面,再把这些不同的方面发展、组织成一部小说。《小夜曲》的五个故事同样是全盘构思的结果。"[1] 由于《小夜曲》中的五个故事都和音乐相关,而且其主人公也都是音乐家或音乐爱好者,所以我们把它归入了第一类,但换个角度看,把它归入第三类,即在结构上模仿音乐的跨媒介叙事作品也未尝不可。关于其结构上模仿音乐的特征,有论者说得好:"石黑把这五个故事比作一首奏鸣曲的五个乐章、一张专辑的五支单曲,既各自独立,又密不可分。他以音乐为线索,把不相关的人和事联系在一起,五个故事服务于同一个主题。但是五个故事也不是简单的同义反复,故事时而温馨感人,时而荒诞不经,时而令人捧腹,时而令人唏嘘。恰似奏鸣曲中由若干个相互形成对比的乐章构成主题的呈示、发展和再现。"[2]

正是考虑到结构在构成叙事文本中的重要性,所以有学者或作家认为,小说对音乐的模仿,或者说小说作品的音乐化,主要就表现在叙事结构上。英国作家奥·赫胥黎在其借鉴音乐中的"对位"手法写成的长篇小说《旋律的配合》中,就有这样的说法:"小说作品音乐化。不是以象征主义的方式,不是将意义附着于声音……而是在大的规模上,在结构上。"[3] 一般而言,只有那些结构上比较复杂的非线性小说,因为需要把多条在故事情节上也许没有什么关联的叙事线条结合在一起而形成完整、协调的作品,才有可能借鉴像音乐中的"复调"那样的结构手法;而且,并非所有非线性结构的小说都借鉴了音乐的手法,因为作家们在创作中涉及非线性叙事的时候,也有可能去借鉴空间艺术(绘画、雕塑、建筑)的某些结构方式,这一点,我在《空间叙事学》一书已做过具体探讨[4],此不赘述。下面,我们以美国作家威廉·福克纳的《我若忘记

---

[1] 张晓意:《浮世音乐家——代译后记》,〔英〕石黑一雄:《小夜曲——音乐与黄昏五故事集》,张晓意译,上海:上海译文出版社,2011年版,第242页。
[2] 张晓意:《浮世音乐家——代译后记》,〔英〕石黑一雄:《小夜曲——音乐与黄昏五故事集》,张晓意译,上海:上海译文出版社,2011年版,第242页。
[3] 〔英〕奥·赫胥黎:《旋律的配合》,龚志成译,上海:上海译文出版社,2002年版,第381页。
[4] 龙迪勇:《空间叙事学》,北京:生活·读书·新知三联书店,2015年版,具体可参考其中的第一、第三、第四、第五章。

你，耶路撒冷》(《野棕榈》)为例，对小说模仿音乐中的"对位法"而形成某种特殊叙事结构的情况加以具体分析。

所谓对位法（counterpoint），是一种复调音乐的谱写技法，即在音乐创作中使两条或多条相互独立的旋律同时发声并且彼此融洽的技巧，比如说，作曲家写下一组旋律后，可以根据对位法再写下第二、第三、第四组旋律而合成一支多重旋律的乐曲或多重声部的歌曲，这里至关重要的是：这几组旋律需要既保持相对独立，又合成一个和谐的整体。对位法是音乐史上最古老的创作技巧之一，是复调音乐的主要写作技术，其名称源于拉丁文 punctum contra punctum（音符对音符），对位法所指的并不是单独音符之间的和弦，而是旋律之间的相互作用。对位法在巴洛克时期的音乐中就得到了广泛的应用，其中尤以约翰·塞巴斯蒂安·巴赫所作的《赋格的艺术》及《音乐的奉献》最为著名。那么，如何把"对位法"用到小说中从而形成一种跨媒介叙事呢？在《旋律的配合》中，奥·赫胥黎借人物菲利普·夸尔斯的笔记这样写道："将其用到小说中。如何？突然转调是轻而易举的。你所需要的只是足够的人物和相似之物，对位法的情节。当琼斯正在谋杀一个妻子的时候，斯密斯正在公园推婴儿车。你将主旋律互相交替。"[①] 赫胥黎说得倒是轻飘飘的，可事实上将"对位法"用到小说中是非常不容易的，而且就算作家处理得很成功，这种使用"对位法"的跨媒介叙事也不容易为读者所接受，福克纳的《我若忘记你，耶路撒冷》(《野棕榈》)的遭遇就充分地说明了这一点。

尽管威廉·福克纳的《野棕榈》在1939年1月19日出版后不久，就被康拉德·艾肯认为"肯定是他最好的长篇小说之一"[②]，但这篇小说的形式却一开始就被编辑误解和分割了，直到半个多世纪之后小说文本才得以恢复原貌。福克纳最初给《野棕榈》起的书名为《我若忘记你，耶路撒冷》，是一部包含两个故事的长篇小说，这两个故事分别为《野棕榈》和《老人河》，可在出版过程中编辑却不顾作者的意愿，将小说前一个故事的篇名用作全书的书名，虽然两篇故事是照原稿交叉编排的。1946年，马尔科姆·考利在编选《袖珍本福克纳文集》时将《老人河》

---

① 〔英〕奥·赫胥黎：《旋律的配合》，龚志成译，上海：上海译文出版社，2002年版，第382页。
② 〔美〕康拉德·艾肯：《论威廉·福克纳小说的形式》，俞石文译，李文俊编：《福克纳的神话》，上海：上海译文出版社，2008年版，第79页。

单独编入文集，于是给广大读者造成两个故事各自独立、互不相干的错误印象。1948年，"美国文库"新丛书先将《老人河》印成单行本，后又将《野棕榈》印成另一个单行本；1954年，该丛书总算出版了一个包括两篇故事的全本，却又把两者分开编排，仿佛它们是两个没有关联的独立的故事。1958年，"现代文库"丛书再次将《老人河》作为一个单独的故事编进《威廉·福克纳：三篇著名短篇小说》一书。1985年，我国出版的《福克纳中短篇小说选》也只单独收入《老人河》一篇。这样一来，在相当长的一个时期里，读者都只能读到小说的一部分，于是，其原初面貌和整体魅力便无法感受。这种情况一直要等到1990年才得以改变。这一年，福克纳版本专家波尔克在为"美国文库"编辑《福克纳小说：1936～1940》时，才恢复福克纳最初拟定的书名《我若忘记你，耶路撒冷》，并用方括号将《野棕榈》附于其后。①

《我若忘记你，耶路撒冷》讲述的是这样两个相互对位的故事："《野棕榈》讲的是人世间的故事，一对年轻男女突破社会规范和世俗约束，牺牲了一切，去寻找个人的自由和爱情，到头来却并不自由，把爱情也丢了：女的怀了孕，堕胎后流血不止而死，男的非法动手术致人死命，被判五十年监禁。《老人河》讲的则是自然界里的故事，阴雨连绵，洪水决堤泛滥，两个犯人，一个高瘦一个矮胖，受命进入波涛汹涌的洪流去搭救一男一女；高个子在水上漂泊了十天，颠沛流离长达七周，圆满完成任务之后回到监狱，却被荒谬地加判了十年徒刑。前一个故事是一出悲剧，后一个则是一幕喜剧。"② 这两个故事各有五个部分，在结构上它们相互穿插、交叉讲述，也就是说，在讲完《野棕榈》的第一部分之后，接下来再讲《老人河》的第一部分，然后再按同样的顺序讲述两个故事的第二部分……于是，两个故事每一部分都形成了一种对位的关系。此外，"从时间上看，《野棕榈》故事设定在一九三七年，是作者写作的现在时，《老人河》则在一九二七年，并以传统的讲历史故事的口吻开头（'从前……有两个罪犯'），用过去的故事来对应现在的故事，这就相当于'对位法'中明确设定两个不同

---

① 蓝仁哲：《音乐对位法的形式，自由与责任错位的主题——代译后记》，〔美〕威廉·福克纳：《野棕榈》，蓝仁哲译，上海：上海译文出版社，2009年版，第294～295页。
② 蓝仁哲：《音乐对位法的形式，自由与责任错位的主题——代译后记》，〔美〕威廉·福克纳：《野棕榈》，蓝仁哲译，上海：上海译文出版社，2009年版，第298页。

的声部。"①《我若忘记你，耶路撒冷》中的两个故事不仅开头、结尾和正文的每个部分形成对位关系，甚至最后一句话也是对位性的：在《野棕榈》中，夏洛特死了，留给哈里·威尔伯恩的只有记忆——"他想，在悲痛的存在与不存在之间，我选择悲痛的存在。"而《老人河》中的高个子犯人呢，面对矮胖犯人的调侃——"再有十年没有女人的日子"，他说："女人，呸！"② 在《野棕榈》中，哈里·威尔伯恩之所以没有追随夏洛特而去，是因为他需要一副躯体来记住那段经历；而在《老人河》中，高个子犯人之所以是那种态度，是因为他为了救那位孕妇而被判多坐十年牢。这两个人的一"想"一"说"，不仅在思想内容上，而且在表达方式上都巧妙地对上了位。

关于《我若忘记你，耶路撒冷》的形式结构问题，福克纳本人曾经有过三次访谈讲话，这三次讲话均涉及小说结构上的对位问题。1939年，福克纳接受新奥尔良《新闻条目》的记者采访后，4月5日该报发表的访问记里有这样的文字："他写了一个故事觉得它不错但是不够好。因此他写了另一个故事，把两个故事的章节交叉排列，就像洗一副扑克牌那样，只不过并非那么随意。'我互相对比地表现它们'，他说，'按对位法'规则那样做'。"③ 1955年，福克纳访问日本，8月5日在回答长野提问者所问到的他在《野棕榈》中究竟要达到什么效果时，他这样说："为的是叙述我所要讲的故事，那个女的抛弃了自己的家庭与丈夫，跟着医生一起出走。为了要那样讲述，我这样那样一来总算发现了它得有一个对应部分，因此我创造了另一个故事，它绝对的对立面，用它来作对位部分。我当初并不是写好两个故事，然后把一个插到另一个里面去的。我是像你们读到的那样，一章一章写下来的。先是《野棕榈》的一章，接着是大河故事的一章，《野棕榈》的另一章，然后再用大河故事的又一章来作对应部分。我想象如同一个音乐家那样做，音乐家创作一个乐曲，在曲子里他需要平衡，需要对位。"④ 后来，在1956年初对吉恩·斯太因的那次谈话中，福克纳再一次谈到《我若忘记你，耶路撒冷》结构上的对位问题："我写完了《野棕榈》目前第一节这一部分，突然感到像是少

---

① 蓝仁哲：《音乐对位法的形式，自由与责任错位的主题——代译后记》，〔美〕威廉·福克纳：《野棕榈》，蓝仁哲译，上海：上海译文出版社，2009年版，第298页。
② 〔美〕威廉·福克纳：《野棕榈》，蓝仁哲译，上海：上海译文出版社，2008年版，第292页。
③ 李文俊：《福克纳传》，北京：现代出版社，2017年版，第233页。
④ 李文俊：《福克纳传》，北京：现代出版社，2017年版，第233页。

了点什么，感觉到作品需要加强气势，需要采用一点音乐中的对位法之类来加以提高。因此我就转而去写那个《老人河》的故事，写着写着，《野棕榈》的调子又高起来了。等《老人河》的小说写到目前的第一节结束，我就停下笔来，把《野棕榈》的故事再接着写下去，一直写到它劲头松下来为止。这时我就再写一节它的对立面，重新把小说推向高潮。"[1] 结合这三次谈话，我们不难看出福克纳的创作手法和创作目的：《我若忘记你，耶路撒冷》中的两个故事是一种对位关系，其中《野棕榈》这个故事是主体、主调或主旋律，《老人河》这个故事则是对位性的映衬、是副调，写作后者是为了加强前者的气势。而且，福克纳并不是写完一个故事之后再来写另一个故事的，而是交叉写作的，也就是说，在写完《野棕榈》故事的一部分之后，再接着写《老人河》故事的一部分。

福克纳的小说，无论是《喧哗与骚动》《我弥留之际》，还是《八月之光》《押沙龙，押沙龙！》，除了深邃的思想、奇异的情感、丰满的人物给我们留下了无限的阐释空间，其高超的叙事技巧更是让一代又一代的写作者和研究者趋之若鹜。在福克纳的叙事技巧中，与所讲述故事相得益彰的叙事结构无疑是最让人叹为观止的。在《我若忘记你，耶路撒冷》（《野棕榈》）中，他借鉴音乐中的"对位法"来进行小说的跨媒介叙事，把两个几乎不相关的故事巧妙地搭配在一起，却奇迹般地产生了单个故

---

[1] 李文俊：《福克纳传》，北京：现代出版社，2017年版，第233页。

事不可能具备的神奇的艺术魅力①,这不能不让我们由衷地赞叹作家的创造力和跨媒介叙事的魔力。

也许,有人会觉得《我若忘记你,耶路撒冷》(《野棕榈》)是福克纳小说中不怎么知名且充满争议的作品,对于小说模仿音乐结构的跨媒介叙事问题缺乏说服力。其实,就西方文学史上的实际情况而言,在小说模仿音乐的三种类型的跨媒介叙事作品中,体现在形式结构方面的音乐叙事作品是最为普遍的,不仅艺术质量最高,在数量上也是最多的。就拿在我们中国很受欢迎的小说家米兰·昆德拉来说,其每篇小说几乎都

---

① 米兰·昆德拉认为,尽管威廉·福克纳的《野棕榈》写得非常成功,但不值得也无法被作家们模仿,因为:"在这部小说中,一个爱情故事与一个逃犯的故事交替进行,两个叙述毫无共同之处,不仅没有共同人物,甚至连动机或主题上都没有一丝的相似性。这种结构恐怕不会被任何一个小说家当作样板;它只能存在一次;它是随心所欲的,不值得推荐的,无法说明的;无法说明,是因为在它后面人们可以听到一曲使得一切说明变得多余的 es muss sein(必然之歌)。"(〔法〕米兰·昆德拉:《被背叛的遗嘱》,余中先译,上海:上海译文出版社,2022年版,第190~191页)福克纳的《野棕榈》这样的天才的小说作品让昆德拉想起贝多芬的奏鸣曲作品第111号。就贝多芬的这部音乐作品而言,"它只有两个乐章:第一乐章具有戏剧味,以一种多多少少古典的奏鸣曲形式作成;第二乐章,具有沉思的性质,以变奏曲的形式(在贝多芬之前,这种形式在一首奏鸣曲中是极不寻常的)写成……"(同上书,第189页)"第一乐章是戏剧味十足的,第二乐章则是平静的、沉思的。然而,以戏剧性开始而以一个冗长的沉思告终,这似乎违背了一切创作的建筑原则,而且使奏鸣曲失去了以前对贝多芬来说曾是那么珍贵的整个戏剧性强度。"(同上书,第190页)"但是,恰恰正是两个乐章出人意料的相邻关系具有雄辩的说服力,正是它成了奏鸣曲的语义学行为,成了奏鸣曲的隐喻意义,这意义展现了艰辛而短暂的生活的形象,展现了随生活而来的无休无止的怀恋之歌。这一隐喻意义无法用词语抓住,但却坚韧有力,给两个乐章以整体感。不可模仿的整体感。(人们可以没完没了地模仿莫扎特奏鸣曲的无个性结构;而奏鸣曲作品111号的结构是那么的个性化,以至于对它的模仿将成为一种伪造。)"(同上书,第190页)的确,无论是何种类型的文学艺术作品,有不少真正的天才之作是难以甚至是无法模仿的,就贝多芬的奏鸣曲作品第111号而言,其结构是那么的个性化,"以至于对它的模仿将成为一种伪造";但福克纳的小说作品《野棕榈》却以文字这种不同于音符的媒介,在结构上达到了像贝多芬的奏鸣曲作品第111号同样的美学效果。我们认为,无论福克纳在创作《野棕榈》时是有意地模仿贝多芬的奏鸣曲作品第111号,还是他无心插柳、只是在结构上与贝多芬的这首音乐作品殊途同归,这种高度的创造性都值得我们对小说家表示由衷的敬意。当然,对于《野棕榈》结构上的技巧,也有不以为然甚至基本上持否定态度者,比如说,阿根廷著名作家博尔赫斯就是这样认为的。总体而言,博尔赫斯对威廉·福克纳的小说,尤其是其形式或结构方面的创造性是非常肯定的,认为福克纳是"当代首屈一指的小说家","但在《野棕榈》里,他的技巧与其说吸引人,不如说使人不适;与其说有理,不如说使人发闷。这本书包括了两本书和两个并行但相悖的故事。第一个故事——《野棕榈》——讲的是一个男人被淫欲送进坟墓;第二个故事——《老人河》——讲的是一个目光无神的青年企图抢劫火车,在监狱里度过漫长岁月之后,密西西比河洪水泛滥,给了他无用、残酷的自由。第二个故事相当精彩,当中总是以大段的篇幅一次又一次地插入第一个故事。"(〔阿根廷〕豪尔赫·路易斯·博尔赫斯:《威廉·福克纳〈野棕榈〉》,《文稿拾零》,陈泉、徐少军等译,上海:上海译文出版社,2017年版,第518~519页)因此,博尔赫斯认为:"《野棕榈》是他作品中最不理想的一部。但是,就是这部著作(如同福克纳的所有著作一样)中也有描写深刻的章节。他的能力远在其他作家之上。"(同上书,第519页)

在结构上模仿了音乐。

我们在阅读昆德拉的小说时不难发现,他的绝大多数小说都分为七个部分,《生活在别处》《不能承受的生命之轻》《玩笑》《笑忘录》《好笑的爱》《不朽》等,莫不如此;而事实上,小说的这七个部分就像七个乐章,是从结构上对音乐中奏鸣曲形式的跨媒介模仿,比如《生活在别处》就是对贝多芬的第131号四重奏的模仿[①]。在写作《不能承受的生命之轻》时,昆德拉曾试图打破"七"这个"命定的数字",但最终没有成功:"这部小说一直是按六部分来构思的。可第一部分一直让我觉得不成形。最后,我明白了这一部分实际上包含了两个部分,就像是孪生的连体婴儿一样,要运用一种极为精细的外科手术,将它分为两个部分。我把这些讲出来是为了说明:(有七个部分)不是出于我对什么神奇数字的迷信,也不是出于理性的计算,而是一种来自深层的、无意识的、无法理解的必然要求,一种形式上的原型,我没有办法避免。我的小说是建立在数字七基础上的同样结构的不同变异。"[②] 数字"七"之所以成为昆德拉小说创作中"命定的数字""一种形式上的原型",归根到底就在于他年轻时的音乐爱好和作曲经历。对此,昆德拉有这样的夫子自道:"一直到二十五岁之前,我更多的是被音乐吸引,而不是文学。我当时做的最棒的一件事就是为四种乐器作了一首曲:钢琴、中提琴、单簧管和打击乐器。它以几乎漫画的方式预示了我当时根本无法预知其存在的小说的结构。……这首《为四种乐器谱的曲》分为七个部分! 就跟我小说中一样,整体由形式上相当异质的部分构成(爵士乐;对圆舞曲的滑稽模仿;赋格曲;合唱;等等),而且每个部分有不同的配器(钢琴、中提琴;钢琴独奏;中提琴、单簧管、打击乐器;等等)。这一形式的多样性因主题的高度统一性而得到平衡……"[③] 限于篇幅,本章就不对昆德拉的小说在形式结构上模仿音乐的跨媒介叙事进行具体的文本分析了。总之,我们认为:米兰·昆德拉的小说是"出位之思"的产物,其叙事结构是对音乐结构的模仿或变奏;而昆德拉自己年轻时的音乐修养和保持终生的音乐爱好,则为其小说独具魅力的音乐叙事提供了艺术及技巧上的保证。

[①] 〔法〕米兰·昆德拉:《小说的艺术》,董强译,上海:上海译文出版社,2014年版,第112~117页。

[②] 〔法〕米兰·昆德拉:《小说的艺术》,董强译,上海:上海译文出版社,2014年版,第109~110页。

[③] 〔法〕米兰·昆德拉:《小说的艺术》,董强译,上海:上海译文出版社,2014年版,第116~117页。

第八章　世系、宗庙与中国历史叙事传统

尽管叙事堪称一种基本的人性冲动，自从人之为人的那个时候开始，人类就具备了基本的叙事能力，但作为一门学科的叙事学却迟至20世纪60年代才伴随着结构主义的浪潮在法国正式诞生。自20世纪80年代进入中国以来，叙事学因为自身的理论活力和强大的阐释能力，一直受到中国学者，尤其是文学研究者的青睐。但叙事学毕竟是一门舶来的学科，其概念、范畴和理论模式都是基于西方的叙事传统和文学经验的。在经过一段时间的接受、消化和吸收之后，如何把源于西方的叙事理论中国化，并最终建立起奠基于中国叙事传统和文学经验的中国叙事学，是每一个国内叙事学研究者都必须面对的一个严肃问题。而要建立起有别于西方叙事理论的中国叙事学，首先要做的就是对中国叙事传统的梳理。近年来，有不少学者已经开始了这方面的工作，但他们的主要着眼点还在于试图在中国文学内部梳理出一个有别于抒情传统的叙事传统。这方面的研究当然有其学术价值，但我认为：考虑到中国古代并没有明确学科分野的事实，我们对中国叙事传统的梳理必须在跨学科的视野中进行；而且，对中国文学叙事传统的研究，最重要的是描述并概括出其有别于西方文学叙事传统的本质特点，而不在于确定中国文学叙事传统存在本身，因为与抒情传统并列的叙事传统本来就是中国文学史上确凿无疑的事实。

在《建筑空间与中国文学叙事传统》[①]一文中，我考察了中国明清章回小说分回立目与单元连缀的"缀段性"特征及其与中国古代建筑结构之间的内在关联，并认为这种特征与中国古人特殊的"关联思维"息息相关，正是这种特殊的思维方式铸造了中国文学叙事传统。本章要考察的则是中国历史叙事传统。在我看来，构成这一传统核心的世系叙事，其结构性特征与中国古代一种特殊的建筑——宗庙有关，而

---

① 龙迪勇：《建筑空间与中国文学叙事传统》，《中国比较文学》2014年第4期。

归根结底，中国历史叙事传统又可追溯到中国古代的祭祀传统与世系结构。

第一节　前文字时期的世系

在长期的发展过程中，每一种文化都会形成某种"凝聚性结构"（Konnektive Struktur），这种结构在社会和历史两个层面发挥作用，前者在空间层面把人与他人联系在一起，后者则在时间层面把昨天与今天联系在一起[1]。这种"凝聚性结构"先是通过仪式，后又通过经典文本，把一个共同体从空间和时间两个方面凝聚在一起。在上古之时，早期文明往往都把对祖先的追忆塑造成"凝聚性结构"，古埃及如此，古巴比伦如此，古代中国尤其如此。

在先秦时期，血族存续高于一切，祭祀祖先则是压倒一切的大事，所谓"国之大事，在祀与戎"[2]。与祭祀祖先活动相伴随的则是记述祖先的世系，因为祭祖活动中首先必须搞清楚的就是祖先的世系。徐中舒先生说得好："祀祖观念在我国之发达，古今无殊。故祖孙世系先后，在文字肇兴以前即以结绳记之。"[3] 在中国古代，辨清王室世系的工作往往由

---

[1] "凝聚性结构"是德国学者扬·阿斯曼提出的一个重要概念，它指的是一种文化结构，这种文化结构能够将一群人、一个共同体甚至一个民族国家凝聚在一起。在《文化记忆：早期高级文化中的文字、回忆和政治身份》一书中，扬·阿斯曼这样写道："每种文化都会形成一种'凝聚性结构'（Konnektive Struktur），它起到的是一种连接和联系的作用，这种作用表现在两个层面：社会层面和时间层面。凝聚性结构可以把人和他身边的人连接到一起，其方式便是让他们构造一个'象征意义体系'（贝格尔/卢克曼［Breger/Luckmann］）——一个共同的经验、期待和行为空间，这个空间起到了连接和约束的作用，从而创造了人与人之间的相互信任并且为他们指明了方向。这一文化视角在古代文明的文本中以关键词'公正'的形式得到了梳理。凝聚性结构同时也把昨天跟今天连接到了一起：它将一些应该被铭刻于心的经验和回忆以一定形式固定下来并且使其保持现实意义，其方式便是将发生在从前某个时段中的场景和历史拉进持续向前的'当下'的框架之内，从而生产出希望和回忆。这一文化视角是神话和历史传说的基础。规范性和叙事性的两个方面，即指导性和叙事性方面，构成了归属感和身份认同的基石，使得个体有条件说'我们'。与共同遵守的规范和共同认可的价值紧密相连、对共同拥有的过去的回忆，这两点支撑着共同的知识和自我认知（Selbstbild），基于这种知识和认知而形成的凝聚性结构，方才将单个个体和一个相应的'我们'连接到一起。"（［德］扬·阿斯曼：《文化记忆：早期高级文化中的文字、回忆和政治身份》，金寿福、黄晓晨译，北京：北京大学出版社，2015年版，第6~7页）

[2] 语出《左传·成公十三年》，杨伯峻编著：《春秋左传注》（第二册），北京：中华书局，1981年版，第861页。

[3] 徐中舒：《结绳遗俗考》，《徐中舒历史论文选辑》（上），北京：中华书局，1998年版，第710页。

专人负责。据《周礼》所述,在周代,"小史"的主要职责即为"掌邦国之志,奠系世,辨昭穆",在举行大祭祀的时候,"读礼法","以书叙昭穆之俎簋"①。对此,冯尔康这样解释道:"小史主管记录诸侯国的历史,其中最重要的是搞清帝王、诸侯世系以及两方面的昭穆关系,写出《帝系》、《世本》,当先王宗庙中有祭祀之类的事情时,应当提前告诉时王,以免误事。小史是中央史官,主要任务是辨明帝王与诸侯的世系关系,并予以记录。在诸侯国设有专官掌管公室事物,如楚国设立三闾大夫一职,管理楚王族昭、屈、景三族,编辑宗谱,表彰贤良族人,鼓励他们为国出力。"②当然,这指的是书写、记录手段比较发达时的情况。事实上,在中国,对祖先世系的追忆、传承、记录与重塑,在文字发明之前的原始社会就开始了,由于缺乏像文字那样的记录手段,当时对家族世系的传承要么以口传心授的方式,要么就以结绳记事的方式来进行。

在长期的历史发展过程中,对家族世系的记述形态即构成了我们平常所说的家谱。所谓"家",是指一定的血缘集团;所谓"谱",是指全面系统地布列同类事物,那么,将"家"与"谱"合起来,"家谱"就是"记述血缘集团世系的载体"③。在专门研究谱牒的王鹤鸣先生看来,"将家谱定义为'记述血缘集团世系的载体'比较确切。这个定义包含了'记'和'述'两个方面的家谱。'记'的家谱主要指文字家谱,'述'的家谱主要指口传家谱。这个定义涵盖面也比较广,既包括了一个家族、宗族的系谱,也包括了多个家族、宗族的百家系谱;……既包括文字记载的家谱,也包括非文字记载的家谱,如结绳家谱等;既包括宋以后体例比较成熟、内容比较丰富的家谱,也包括最为原始的家谱,如甲骨家谱、青铜家谱等。同时这个定义也排斥了那些未系统记载家族世系的家族历史记载,如家传、家史等。这些著作尽管记述了一个家族的历史事迹,但因其缺乏家族完整的世系罗列,故难以称其为家谱。家族世系是家谱的核心内容,也是区别判断是否为家谱文献的唯一标准。"④应该指出的是:在前文字时期,有些家谱的记述范围非常有限,是名副其实的一家之谱;如果稍作扩展就必然

---

① 语出《周礼·春官·小史》,(汉)郑玄注、(唐)贾公彦疏、彭林整理:《周礼注疏》(中),上海:上海古籍出版社,2010年版,第1005页。
② 冯尔康:《中国古代的宗族和祠堂》,北京:商务印书馆,2013年版,第30页。
③ 王鹤鸣:《中国家谱通论》,上海:上海古籍出版社,2010年版,第4页。
④ 王鹤鸣:《中国家谱通论》,上海:上海古籍出版社,2010年版,第4页。

会涉及宗族，于是家谱就成为宗谱。

中国最早的家谱是口传家谱和结绳家谱，这两种家谱都是在文字尚未发明的时候因记述家族世系的需求而产生的。所谓口传家谱，就是以口耳相传的方式传授、记忆并以"口碑"形式流传的家谱。冯尔康说得好："在没有文字以前，人们就懂得谱系的作用，以口碑相传，保存家族史。"[①] 无论是少数民族还是汉族，都是如此[②]。关于口传家谱，王鹤鸣这样认为："中国家谱最早起源于母系氏族社会的口传家谱。按中国家谱的定义——记述血缘集团世系的载体，口传家谱是通过世代口传心授流传下来的，已具备家谱定义中'血缘集团'和'世系'两个基本要素，是中国家谱中形态最原始的家谱，也是最古老的家谱。"[③] 对于中国上古时期的口传家谱，我们尽管难以理解其真实形态，但透过《世本》《山海经》等古籍，我们尚可窥其一斑。比如，《世本》就是一部专门记录上古著名家族世系的典籍，其中很多口传家谱都被该书文字化了，班固说它"录黄帝以来至春秋时帝王公侯卿大夫祖世所出"[④]，司马迁著《史记》时，就大量采用了《世本》中的记载。至于《山海经》，尽管它是一部杂著，但也载录了不少上古时期的口传家谱。比如，《山海经》这样记录帝俊的世系："帝俊生禺号，禺号生淫梁，淫梁生番禺，是始为舟。番禺生奚仲，奚仲生吉光，吉光是始以木为车。"[⑤] 关于炎帝神农氏的世系，《山海经》也以大体相同的模式予以记载："炎帝之妻，赤水之子听訞生炎居，炎居生节并，节并生戏器，戏器生祝融，祝融降处于江水，生共工，共工生术器，术器首方颠，是复土穰，以处江水。共工生后土，后

---

① 冯尔康：《中国古代的宗族和祠堂》，北京：商务印书馆，2013年版，第15页。
② 关于少数民族口传家谱的情况，冯尔康引述了《西南少数民族风俗志》中的一个例子：在20世纪以前的彝族社会，"每个家支都有从共同的男性祖先开始而世代相传的父子连名系谱，彝语称为'茨'。家支成员从童年开始就得接受'茨'的严格教育。如果成年后不能熟诵无误地远溯本家支的世系，那他就会受到社会和家人的歧视，甚至被视为'外人'而沦为奴隶；反之，若能熟背本家支的系谱，那他不论走到家支的什么地方，遇到家支中无论怎样的陌生人，他都会被视为骨肉而受到亲切款待。故有'走家支地方不带干粮，依靠家门三代都平安'的谚语。"（《思想战线》编辑部编：《西南少数民族风俗志》，北京：中国民间文艺出版社，1981年版，第56页）关于汉族的情况，冯尔康这样写道："汉人在没有文字时，也有这样的口碑系谱时代，即'瞽矇（瞽史）说史'：瞽矇是一种官职，负责乐器和演唱，所唱的内容之一是帝王贵胄的家世和功德，以劝诫人君。"（冯尔康：《中国古代的宗族和祠堂》，北京：商务印书馆，2013年版，第16页）
③ 王鹤鸣：《中国家谱史图志》，合肥：安徽科学技术出版社，2012年版，第6页。
④ （汉）班固撰、（唐）颜师古注：《汉书·司马迁传》（点校本），北京：中华书局，1962年版，第2737页。
⑤ 袁珂：《山海经校注》，成都：巴蜀书社，1993年版，第534页。

土生噎鸣，噎鸣生岁十有二。"[1] 对于这种叙述家族世系的模式，有学者把它们叫作"连名家谱"："这种连名家谱是将上一代名字的末一个或两个乃至三个音节，置于下一代名字之前，如'炎居生节并，节并生戏器，戏器生祝融'等。这种连名的形式，很像唐代著名诗人李白《白云歌送别刘十六归山》一诗中的连句：'楚山秦山皆白云，白云处处常随君，常随君，君如楚山里……'这样连句的形式便于记忆、背诵及流传。"[2] 这种以"连名"形式载录家族世系的家谱确实"便于记忆、背诵及流传"，它们正是口传文化的重要特征。

我国西南一些少数民族由于没有自己的文字，直到20世纪上半期还流行记忆家族世系的口传家谱。1921年，丁文江赴云贵调查地质时采辑的《安氏世纪》，就记录了彝族水西安氏土司的口传家谱，共计114代[3]。20世纪30年代，傅懋勣在川康调查时记录的罗洪家谱，"共十四代五十四人，世系清晰，脉络分明"[4]。"云南哈尼族较普遍地存在着父子连名的家庭谱系。每个成年男子都可以通过背诵从始祖传下来的连名家谱而找到自己的家族与本家族分支立户的时间，从而判断自己与族人之间的血缘远近和亲戚关系。这些家谱解放后还流传着，一般有四五十代左右。红河思陀地区一个李姓土司的世系谱，据其专用巫师的背诵，共有七十一代。"[5] 当然，涉及如此多代的口传家谱，其早期世系的准确性必然会打折扣，但较近时代的世系却基本准确，就像有学者所指出的："虽然这些家谱的开始若干代是人鬼不分的世系，带有传说的色彩，但其后来的世系却都是真实的。"[6]

口传家谱一般没有实物留存，但我国苗族有一种非常特殊的"没有文字记载的实物家谱"，即所谓的"无字家谱"，我们认为本质上也应该属于口传家谱。据王鹤鸣记述："在湖北恩施土家苗族自治州宣恩县的小茅坡营村、苗寨村和湖南湘西土家苗族自治州花垣县的夯寨村等苗族居住地区，就保留有'无字家谱'。这里的苗族保留着这样的文化习俗：将一块无字的精制青布或黑布密封在一个小竹筒内，苗族称为'表'，每逢

---

[1] 袁珂：《山海经校注》，成都：巴蜀书社，1993年版，第534页。
[2] 王鹤鸣：《中国家谱通论》，上海：上海古籍出版社，2010年版，第30页。
[3] 王鹤鸣：《中国家谱通论》，上海：上海古籍出版社，2010年版，第31~33页。
[4] 欧阳宗书：《中国家谱》，北京：新华出版社，1992年版，第11页。
[5] 王鹤鸣：《中国家谱通论》，上海：上海古籍出版社，2010年版，第34页。
[6] 杨冬荃：《中国家谱起源研究》，《谱牒学研究》（第一辑），北京：书目文献出版社，1989年版，第73页。

人口出生或死亡，都要举行隆重的入'表'、出'表'仪式。婴儿出生后，拿出'表'顺转两次，谓之入'表'；族内人死后，再拿出'表'反转两次，谓之出'表'。'表'是苗族族内的一件最高信物，其入'表'、出'表'仪式显示：苗族既要保存家族的血缘关系，但又不愿留下任何文字依据。在族内，每一个人都时刻牢记自己的族源，自己已入了'表'（或谱）；但在族外，对外人来说却一无所知，这件被苗族称为'表'的信物起到了家谱的作用，这块被称为'表'的精制布，实际上就是一件'无字家谱'。"[1] 在这种所谓的"无字家谱"中，尽管有实物（精制布）的存在，但这件实物本身事实上并没有表达任何实质性的内容，苗族人的家谱内容仍然要靠口授和记忆，这种成为"表"的"无字家谱"只不过起一种信物的作用——入"表"或出"表"，其实质仍是一种口传家谱。苗族人之所以采用这种"无字家谱"，王鹤鸣认为是与其特殊的民族历史有关："苗族传统文化习俗上保留'无字家谱'，与苗族的悲壮历史有着密切关系。苗族既是一个古老的民族，又是一个多灾多难和不断迁徙的民族。历史上，历代王朝都不断地残酷镇压和围剿苗族，在不断的战争和颠沛流离中，用文字详细记叙族谱是一件很危险的事情。苗族为了保存自己的民族，被迫采用'无字家谱'的形式，将世代传承的家谱变成内在的坚定信仰，仅仅举行入'表'、出'表'的简单仪式，达到了编修家谱传承家族世系的功能，既使得民族的血缘不致中断和混乱，又掩盖了自身的本来面目，对外起到了保密作用。"[2]

在许多古老文明的早期，由于文字还没有产生，所以都曾经存在

---

[1] 王鹤鸣：《中国家谱通论》，上海：上海古籍出版社，2010年版，第11页。
[2] 王鹤鸣：《中国家谱通论》，上海：上海古籍出版社，2010年版，第11~12页。

结绳记事的现象①，中国上古时期同样如此。《周易·系辞下》曰："上古结绳而治，后世圣人易之以书契，百官以治，万民以察。"许慎《说文解字·序》亦云："神农氏结绳为治，而统其事，庶业其繁，饰伪萌生。"唐人李鼎祚《周易集解》则说得更明白："古者无文字，其有约誓之事，事大大其绳，事小小其绳，结之多少，随物众寡。各执以相考，亦足以相治也。"总之，在文字还没有产生的时候，"人们不但用结绳记事来过日子、记账目、传递信息，而且还用来记载本家族历代成员的情况，用来记载本家族的世系，于是就形成了特殊的结绳家谱"②。结绳家谱反映了上古先民试图把家族世系外化至物质媒介形态上的努力。"所谓结绳家谱，就是以结绳记事的方法反映家族世系情况的家谱，这也是中国家谱中形态最原始的家谱，同时也是最古老的实物家谱。"③ 与口传家谱一样，结绳家谱也是中国最早的记录家族世系的家谱形态之一，据专家研究，"中国的原始家谱中，与口传家谱基本

---

① 比如，南美洲的古代印加人，就流行以"基谱"记事，"'基谱'是一组打结的绳子，一般是棉条，常染色，单色多色均有"，"在过去的时代里，印加人每到一地，总是要进行人口普查，而且把结果记录在'基普'上。金矿的产量、劳动力的构成、贡税的数量和种类、库房的藏品直到最新的丑闻，全都记录在'基普'上。当权力从一位萨巴王（Sapa）传给下一位萨巴王时，储存在'基普'上的一切信息都提取出来去重述历代国王的丰功伟绩。'基普'可能在印加人上升到权力顶峰前就已经存在。但在印加人的治理下，'基普'成了治国术的一部分。齐耶查（Cieza）著书讴歌印加王的文治武功，在论述'基普'那一章时得出这样的结论：'印加基普井然有序地系统记录印加王的功绩，他统治帝国，使其各方面达到顶峰状态，我们从这一结绳记事系统和其他更伟大的成就中可以看出来。'"（〔美〕玛西尔·阿舍、〔美〕罗伯特·阿舍：《无文字的文明——印加人与结绳记事》，〔加〕戴维·克劳利、〔加〕保罗·海尔编：《传播的历史：技术、文化和社会》（第五版），董璐、何道宽、王树国译，北京：北京大学出版社，2011年版，第36页）"基谱"既可以横向解读，也可以纵向解读，总之，"'基谱'是由绳子及其间隔空间构成的。……绳子间的大大小小的空间是在总体构建中有意安排的"，"这些属性的重要意义在于：绳子可以与不同的意义联系，意义的依据是绳子的垂直方向、层次及其在主绳上的相对位置；副绳的意义则依据其在同一层次中的相对位置。"（同上书，第37页）除了方向、层次和位置，颜色在"基谱"中亦具有表意功能，"每一根绳子自有其位置，亦有其颜色。颜色在'基普'的象征系统中具有这样的意义。颜色的编码即颜色的使用自有其意义，代表的是另一层意义，而不是颜色本身"（同上书，第38页），"一个'基普'所用的颜色的多少取决于它要区别的意义的多少。颜色的总体模式表现绳子所表征的关系。紧密排列、互相联系的绳子所用的颜色编码系统和电阻器的颜色系统有相似之处，这就是将视觉功能与触觉功能联系在一起。……'基普'与电阻器颜色系统的另一个相同的特征是，颜色的意义和位置的意义是互相联系的"。（同上书，第39页）总而言之，古代印加人的"基谱"是一种非常复杂的表意系统，就是在古印加社会内部也得有专人才能进行完整的解读，外人要把握这种表意系统是非常困难的。

② 王鹤鸣：《中国家谱通论》，上海：上海古籍出版社，2010年版，第41页。
③ 王鹤鸣：《中国家谱史图志》，合肥：安徽科学技术出版社，2012年版，第6页。

同时的就是结绳家谱"①。

与口传家谱一样，结绳家谱也是直到20世纪还在我国一些少数民族中存在（图6-1）②，如鄂伦春族、满族、锡伯族等，其中较为典型的是锡伯族的结绳家谱。"如果说满族具有结绳家谱性质的索绳记载家族世系尚嫌较模糊的话，那么锡伯族的结绳家谱，记载家族世系的辈数、子女人数则清晰多了。锡伯族同满族一样，也非常重视祭祖。锡伯族人不供祖父母画像，只供父母画像。父母死三年后，即将祖父母像撤去，送山上僻静处，换上父母画像。祖先位置在西墙，有两个木匣，即为祖宗匣。靠南木匣为子孙妈妈，也称喜利娟娟，是传说中的女祖先。与满族一样，子孙妈妈也是保佑家宅平安和人口兴旺的神灵，用长约两丈的丝绳，上系小弓箭、小靴鞋、箭袋、摇篮、铜钱、布条、背式骨（猪后腿的距骨，俗称嘎拉哈）等物制作而成。平日装入纸袋里，每到春节，由袋内取出，斜拉到东南墙角，烧香磕头，二月二日再装入纸袋。制作子孙妈妈要邀请人丁兴旺、子孙满堂、岁数大的人。添一辈人添一背式骨，生男孩挂一弓，生女孩挂一红布条。锡伯族立祖宗匣的仪式非常隆重，也很神秘，一般在午夜进行，只准本族人参加，不准外人观看。仪式进行时，要杀牛，牛先拴在外面西烟囱柱上，杀后用肉供祖先。"③ "锡伯族这条长约二丈的丝绳，就是他们的结绳家谱。从丝绳上看出，有几块背式骨，表明本家族经历了多少代；有几个小弓箭，知道本家族有多少男子；有几条红布条，知道本家族有多少女子。作为结绳家谱，锡伯族的这条丝绳，较鄂伦春的马鬃绳、满族的索绳要更加精确。"④ 与口传家谱一样，结绳家谱在母系氏族社会时期也产生了。常建华认为："从锡伯族、满族用起着谱书作用的绳系祭祀其祖先的子孙妈妈来看，结绳谱系或产生于母系氏族社会。"⑤ 结合实际情况，我们认为这一论断是成立的。

---

① 王鹤鸣：《中国家谱通论》，上海：上海古籍出版社，2010年版，第40页。
② 冯尔康：《中国古代的宗族和祠堂》，北京：商务印书馆，2013年版，第246页。
③ 王鹤鸣：《中国家谱通论》，上海：上海古籍出版社，2010年版，第42~43页。
④ 王鹤鸣：《中国家谱通论》，上海：上海古籍出版社，2010年版，第43页。
⑤ 常建华：《宗族志》，上海：上海人民出版社，1998年版，第227页。

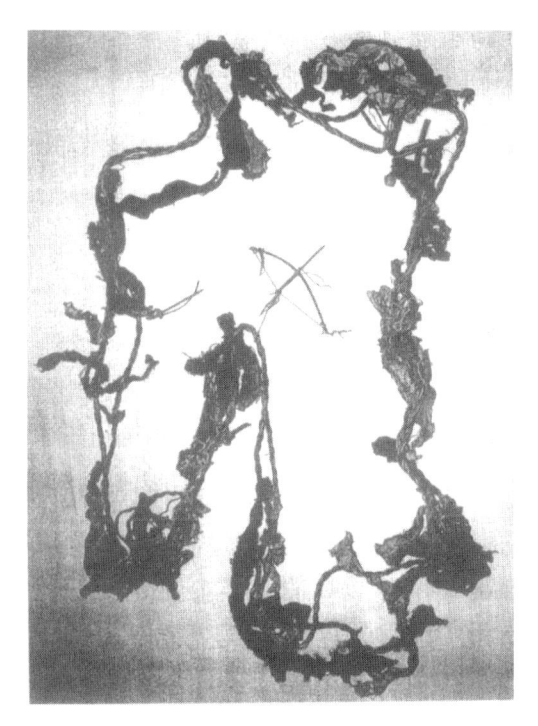

图 8-1　满族原始族谱——子孙绳

　　由于结绳家谱出现在文字产生之前，而其所记的宗族世系又具有某种实物形态，所以它对有关文字的诞生产生了重要影响。比如，对于"世系"之"世"字，徐中舒不同意《说文解字》"从卉"之说，而当循金文之字形从结绳遗俗去考察，考察"系"之本义亦当如此。在《结绳遗俗考》一文中，徐中舒这样写道："《说文》'三十年为一世'，从卉而曳长之。按金文世，从止不从卉，《说文》据后出字形为说，不可信。金文世……从止结绳，止者足趾。《诗·下武》'绳其祖武'，《传》云：'武，迹也。'谓足止迹也。此即世字确解。意者古代祖先祭坛上，必高悬多少绳结以记其世系。故《诗·抑》云'子孙绳绳'，《螽斯》云'宜尔子孙绳绳兮'，并此事之实录。孙之从系，系亦象绳形。盖父子相继为世，子之世即系于父之足趾之下，故今人犹云'踩到祖先足迹'，仍古俗之遗也。又先、后字亦分从止与绳形。先、金文……从止在人上。后、金文……从倒止系绳下。"① 关于纪录之"纪（记）"字的本义，徐中舒亦认为与结绳遗俗有关："纪，记也，记识也。凡年代世次有所记识，必

---

① 徐中舒：《结绳遗俗考》，《徐中舒历史论文选辑》（上），北京：中华书局，1998 年版，第 710～711 页。

以绳结之。故十二年为一纪,世次相承曰本纪,曰世系,曰继统,曰绍绪,皆此意也。"① 可见,早在文字还没有发明的时代,古人就有了结绳记世系的需求,也正是这种实际需求才导致了纪(记)录这一行为的产生。

在上古时期的中国人看来,结绳记世系这一纪(记)录行为具有一种神圣的意味。按照徐中舒先生的看法,"神"字之本义即与结绳记世系有关:"神从申者,申象绳形,其初当为祖先祭坛所悬以记世次者,其后即引申为百神之称。"② 除了从"申","神"又从"示"。"示"者,"主"也,"示与主本为一字,主乃从示字分化出来"③。所谓"主",即"神主"或"木主",也就是后来所说的代表祖灵的"牌位"④。"示"与"主"之所以相通,是因为"示与主俱为祭祀之对象,俱为神灵之象征物,但示为神位而主为神本身,故示与主虽然不同,却是无法隔离的一而二、二而一的东西。因此罗振玉说示即主,而王国维谓'其说至确而证之至难'"⑤。对于"证之至难",张肇麟先生有很好的解释:"探求示与主的关系,其根本困难还在于字形通常与本义相联系而与假借义无关。'示'之本义为神藉,即神所凭依之物(最初为结茅),即神灵之象征物;而'主'字之本义为火主,主作为神灵之象征物则是假借义。因此主在字形上与神灵没有直接的联系。于是从文字来看,示与主有重大区别,示表示本义而主表示假借义,故二者无法直接沟通,故罗振玉之说无法直接证明,此即问题之所在。"⑥

---

① 徐中舒:《结绳遗俗考》,《徐中舒历史论文选辑》(上),北京:中华书局,1998年版,第711页。
② 徐中舒:《结绳遗俗考》,《徐中舒历史论文选辑》(上),北京:中华书局,1998年版,第711页。
③ 赵林:《殷契释亲——论商代的亲属称谓及亲属组织制度》,上海:上海古籍出版社,2011年版,第45页。
④ 其实,"牌位"之"牌"("主")才代表祖神本身,"牌位"之"位"("示")则代表祖神在世系中的位置。一般而言,"牌"必占有一个"位",故曰"牌位";但有时候,在一个特定场合仅一个空的"位"即可代表祖神。巫鸿就曾对祭祀场合中的"空位"以及墓葬中的"灵座"进行过探讨,认为:"一个祭祀场合中的空位代表着该场合中所供奉的对象,同时也意味着供奉者精神集中的焦点。古代世界其他宗教中礼拜者所崇奉的人形偶像不属于这种宗教、礼制传统。这种以座位隐喻主体的形式促使礼拜者对礼拜对象做形象化的想像。"〔美〕巫鸿:《无形之神:中国古代视觉文化中的"位"与对老子的非偶像表现》,《礼仪中的美术——巫鸿中国古代美术史文编》,北京:生活·读书·新知三联书店,2005年版,第517页)
⑤ 张肇麟:《示与主》,《姓氏与宗社考证》,北京:社会科学文献出版社,2015年版,第278~279页。
⑥ 张肇麟:《示与主》,《姓氏与宗社考证》,北京:社会科学文献出版社,2015年版,第279页。

"示"或"主"必与"宗"("庙")相连，也就是说，"示"或"主"必藏之于"宗"(庙)之中，或者说，对于祖先"神主"的祭祀必须要在"宗庙"这一特定空间中进行。于是，宗庙便成为一个"神圣空间"，在上古时期的中国具有压倒一切的重要性；而且，在这一"神圣空间"中，宗族的世系得到了空间化的展示。

第二节　宗庙：世系的空间化

在文字产生之后，对家族世系的记录当然是更为便利了。进入商代，随着文字的出现，我国出现了最原始、最古老的用文字记载的实物家谱——甲骨家谱和青铜家谱。"所谓甲骨家谱，即锲刻在龟甲、兽骨上揭示家族世系的家谱。在没有文字之前，家族成员要记住自己的祖先，只能靠口耳传授、结绳记事的办法来认识自己家族的血缘关系。时间一长，记忆难免有错。到文字产生之后，人们开始将文字锲刻在甲骨上来记事，甲即龟甲，骨指兽骨，尤其是牛的肩胛骨。其记载家族成员世系的甲骨，即锲刻在龟甲和兽骨上的家谱，即为甲骨家谱。"[①] 目前，共有三件甲骨可以被确认为家谱：一件最早见于容庚等编的《殷契卜辞》，序号为209；一件最早见于董作宾编的《殷墟文字乙编》，序号为4856；一件最早见于《库方二氏藏甲骨卜辞》，序号为1506。这三件甲骨家谱上的人名都不属于商代王室成员，"由此可以推测不仅王室，就是其他一些显贵家族，也已出现了用文字记载本家族世系的家谱"[②]。在商代，与甲骨家谱差不多同时出现的还有青铜家谱，即铸刻在青铜器上的家谱，也叫金文家谱。在现存的商代末年的青铜器中，共有四件专门记载家族世系人名的家谱，一件为"祖丁"戈（又称"祖乙"戈），另三件因出土于易州（今河北易县）而合称"易州三戈"。"祖丁"戈一共只有6字，分别为"祖丁""祖己""祖乙"。"易州三戈"则各有22字、24字和19字，分别记载了6位"祖"、6位"父"和6位"兄"，所以又叫作"六祖戈""六父戈""六兄戈"。对于这些青铜家谱的目的和作用，杨冬荃认为："这些单纯铭刻祖先兄弟世系、忌日的铜戈，应是某家族供奉于祖庙、用来祭祀祖先、记录世系的家谱载体。其作器的目的，就在于以铜戈为载体而

[①] 王鹤鸣：《中国家谱通论》，上海：上海古籍出版社，2010年版，第44页。
[②] 王鹤鸣：《中国家谱通论》，上海：上海古籍出版社，2010年版，第46页。

铭刻文字，记录家谱，使子孙不忘祖先世系忌日，按时追祭，使祖先世系得以随器而永存。这与后世人们将祖先名讳忌日刻之于石、陈于家祠家庙的用意完全相同。"①

其实，甲骨家谱和青铜家谱都是被供奉于宗庙之中的，它们所记录的宗族世系是为了"小史"等专业人士在祭祀祖先时备查（当然，"小史"本身也是记录人员）。至于这些家谱本身，在祭祀仪式中是并不出现的（至少是不起主要作用的），因为此时宗族的世系表现在宗庙的排列和宗庙中神主的排列上。显然，此时的世系体现出了一种空间化的特征。

宗庙的出现及其制度化是随着祭祀观念的演变而来的，而祭祀观念的变化又伴随着祭祀场所的变化，这就涉及庙祭和墓祭问题。我国古代墓祭的情况是学术界争论很大的一个问题，其中主要有三种观点，对此，霍巍先生这样写道："一种观点认为古有墓祭；一种观点认为'古不墓祭'；还有一种观点认为墓祭在春秋战国之际在民间已开始推行，但其普遍流行则是在秦汉以后。我们认为，第三种观点比较接近于秦汉以来意识形态变化的客观实际。祭祀礼俗，反映着人们对于祖先灵魂的敬仰和崇拜，因此，祖先灵魂的去向，对于祭祀场所的选择影响极大。由于古时认为'冢以藏形，庙以安神'，所以先秦时期的祭祀活动多在都邑中所设立的宗庙里进行。宗庙仿生人的宫室，设立前'朝'后'寝'，庙中安放祖先神主，寝中陈设祖先衣冠用具，四时祭祀，供奉祖先灵魂。这种情况在秦汉时期已发生变化……为什么要把'寝'从宗庙中移到墓侧？其中主要的原因之一，就在于当时人们已普遍认为墓室才是祖先灵魂居住的地方。"② 对于祭祀场所在秦汉时期发生变化的情况，其实汉代人王充和蔡邕已说之甚明。王充在《论衡·四讳》中说："古礼庙祭，今俗墓祀……墓者，鬼神所在，祭祀之所。"③ 蔡邕《独断》则云："宗庙之制，古者以为人君之居，前有朝，后有寝，终则前制庙以象朝，后制寝以象寝。庙以藏主，列昭穆；寝有衣冠几杖象生之具，总谓之宫。……古不墓祭，至秦始皇出寝，起之于墓侧，汉因而不改，故今陵上称寝殿，有

---

① 杨冬荃：《中国家谱起源研究》，《谱牒学研究》（第一辑），北京：书目文献出版社，1989年版，第63页。
② 霍巍：《从丧葬礼俗看先秦两汉时期两种不同的形神观念》，《西南考古与中华文明》，成都：巴蜀书社，2011年版，第365页。
③ 黄晖：《论衡校释》，北京：中华书局，1990年版，第971~972页。

起居衣冠象生之备，皆古寝之意也。"①

　　上述看法如果仅就商周至秦汉以后变化的大趋势来说，是大体不错的，但问题是"古不墓祭"之中的"古"到底是什么时候。其实，古人最原始的祭祖行为主要还是在墓地进行的，甚至到了商代前期，仍主要盛行墓祭。晁福林先生根据甲骨文中有关"□（堂）"的卜辞，并结合相关考古材料，得出了商代武乙以前的"□（堂）"即是殷王陵区的公共祭祀场所的结论。晁福林认为："关于甲骨文'□（堂）'字的卜辞可以分为两大类。一类是时代较早的从武丁到武乙时期的卜辞。这类卜辞里的堂字单独使用；另一类是文丁、帝乙时期的卜辞，这类卜辞里的堂字附属于某一位先王或先妣的名号之后使用。"② "殷王陵区的公共祭祀场所是殷墟考古发掘所见的面积最大、使用时间最长、祭祀种类最多、用牲数量最多的祭祀场所。在卜辞中能够在各个方面和这个祭祀场所相符合的只有关于堂的前一类卜辞。由此可得出这样的推论，即武乙以前甲骨卜辞中的堂，就是殷王陵区公共祭祀场所的名称"，"堂是殷王陵区公共祭祀场所里举行祭祀和各种仪式的主要所在，绵延数万平方米的祭祀葬坑只不过是堂的附属区域"③。商代祭祀制度在康丁、武乙时期开始发生变化，其中一个大的变化就是公共祭祀场所开始远离王陵区而出现在宫殿区。"康丁、武乙时期，商王朝的祭祀制度正酝酿着深刻而重大的变化。主要是，第一，商王陵区的公共祭祀场所逐渐被废弃，所发掘的祭祀坑皆属殷墟文化第一、二期就是明证，我们前面提到的那种没有限定的专门祭祀对象的堂祭卜辞皆属一、二期，也是明证。第二，从康丁时开始在堂祭时较多地选祭父辈先王，说明商王室随着王权的加强已经不满足于以前习见的那种笼统地堂祭。第三，和前一类堂祭卜辞锐减的情况形成鲜明的对照的是在宗、室等处祭祀的卜辞大量涌现"，"宗的位置很可能不在王陵区，而应当是在宫殿区的建筑。这个时期不仅有祭祀所有先王和神灵的作为公共祭祀场所的宗，还出现了专属某位先王的宗……"④ 总之，商代自康丁、武乙之后，就开始出现"宗庙"这一建筑形式，并将其作为祭祖的场所。

---

　　① 转引自杨宽：《中国古代陵寝制度史研究》，上海：上海人民出版社，2003年版，第178页。
　　② 晁福林：《先秦社会形态研究》，北京：北京师范大学出版社，2003年版，第361页。
　　③ 晁福林：《先秦社会形态研究》，北京：北京师范大学出版社，2003年版，第366页。
　　④ 晁福林：《先秦社会形态研究》，北京：北京师范大学出版社，2003年版，第369～370页。

"宗庙"之所以能作为祭祀祖先的场所，首先就在于它模仿了祖先的形貌。"宗"的本义就是祖庙，《说文解字》解释说："宗，尊祖庙也，从宀示。"关于"宀"，《说文解字》继续解释说："宀，交复深屋也。""交复"指的是其人字形的屋顶，所以"宀"即屋宇，"示"即神主，"宗"之本义即为内藏神主之庙。《说文解字·广部》又云："庙，尊先祖貌也。"可见宗庙是象征先祖形貌所在的宫室。邢昺疏注《孝经·丧亲》曰："宗，尊也；庙，貌也。言祭宗庙，见先祖之尊貌也。"也就是说，祭宗庙就像是看见了祖先。[1] 这就是说，宗庙本身即是一种象征祖先形貌的建筑形式。

　　既然商代后期祭祀制度已经发生了变化，并开始出现"宗庙"这一新的作为祭祀场所的建筑形式，那么商代的庙制如何呢？要回答这个问题，我们必须考虑商周时期宗法制度的基本情况，因为正如有学者所指出的："庙制和宗法是一个问题的两方面，庙制体现并导源于宗法制度。……因此，庙制的研究必须追溯宗法制度的形成过程。"[2] 商代后期已经有了大宗、小宗和大示、小示的区分，不少学者据此认为商代后期已经有了初步的宗法制，并因而形成了初步的庙制。王玉哲认为："大宗与小宗有分别，大示与小示也有分别。'宗'是宗庙，而'示'则是祭祀时的神主（或称庙主）。商人所谓'大宗'，乃是大的祖庙，庙主自上甲起，在大宗举行合祭的祀典，是祭自上甲或大乙以下的大示；'小宗'是小的祖庙，庙主自大乙起，在小宗举行合祭的祀典，是祭自大乙以下的小示。所谓'大示'是指的自身所出的直系先王先公，而'小示'则是指包括旁系的先王先公。这是宗法制度中'大宗'和'小宗'的根源。"[3] 王贵民亦根据宗系制度的演变，认为商代已经有了庙制的雏形："所谓宗系，就是宗法上的大宗、小宗和直系、旁系的划分。这种划分，在商代也是由来已久。而这种制度的最终确立，也是在商代后期和祭祀制度的长期演变中，结合在一起的。西周的情况大体与此相同。"[4] "商代后期祭祀制度的变化……体现了宗法制度的逐步完成，随之也就显露

---

[1] 王鹤鸣、王澄：《中国祠堂通论》，上海：上海古籍出版社，2013年版，第41页。

[2] 王贵民：《商周庙制新考》，《寒峰阁古史古文字论集》，北京：社会科学文献出版社，2015年版，第228页。

[3] 王玉哲：《中华远古史》，上海：上海人民出版社，2000年版，第365页。

[4] 王贵民：《商周庙制新考》，《寒峰阁古史古文字论集》，北京：社会科学文献出版社，2015年版，第233页。

了庙制的雏形。"①

与上述看法不同，晁福林认为不能根据卜辞中大宗、小宗和大示、小示的划分而得出商代已有宗法制的结论。他认为："过去以为卜辞里的'大宗''小宗'是宗庙建筑，'中宗'是先王称谓。现在看来，并非绝对如此。应当说，大宗、中宗、小宗既是宗庙建筑，又是先王称谓。它们之间的区分标准应当和大示、中示、小示一样，以时代先后划分，而不在于所谓的'直系'与'旁系'的区别。一般来说，大示者入大宗，中示者入中宗，小示者入小宗。"② 之所以可以依时代先后来进行这种划分，是与商代祭祀场所的发展演变情况相关的："分析殷代'宗'的演变情况，可以看到其发展趋势是由合祭所有先王的公共祭祀场所，渐次变为合祭某一些先王的场所，最后变为某一位先王的单独祭祀场所。殷代祭祀先祖的神庙殿堂是由大而小、由集中到分散而演变的。"③ 据此，晁福林指出："殷代的祭祀形式，无论是对于示、宗的祭祀，或是周祭，其实质都是要轮流祭祀殷先王，并且这些先王在享祭时基本上没有高低贵贱之别，而仅以先后次序而享祭。这种情况与周代大、小宗在祭祀制度上的严格区分很不相同。"④ 晁福林认为宗法制的关键是嫡长子继承制，并引用王国维"商人无嫡庶之制，故不能有宗法"⑤的论断，而否认了商代有宗法制。最后，晁福林指出："早在原始氏族时代，宗法制就有所萌芽，但作为一种维系贵族间各种复杂关系的完整制度，其形成和完备则是周代的事情。尽管如此，就是到了周文王、武王时期，宗法制仍然没有确立，因此，文王舍长子伯邑考之子而立次子武王，武王死前又欲传位于弟周公。随着周公执政称王和平定三监之乱，封邦建国的制度遂成为周王朝的立国之本。周代从周公开始，经成康昭穆诸王以降所实行的分封制的精髓，在于将尽量多的王室子弟和亲戚分封出去，建立新的诸侯国，故有'立七十一国，姬姓独居五十三人'（《荀子·儒效》）之

---

① 王贵民：《商周庙制新考》，《寒峰阁古史古文字论集》，北京：社会科学文献出版社，2015年版，第231页。
② 晁福林：《先秦社会形态研究》，北京：北京师范大学出版社，2003年版，第318~319页。
③ 晁福林：《先秦社会形态研究》，北京：北京师范大学出版社，2003年版，第318页。
④ 晁福林：《先秦社会形态研究》，北京：北京师范大学出版社，2003年版，第321页。
⑤ 在《殷周制度论》一文中，王国维这样写道："商人无嫡庶之制，故不能有宗法；藉若有之，不过一族之人奉其族之贵且贤者而宗之。其所宗之人，固非一定而不可易，如周之大宗、小宗也。周人嫡庶之制，本为天子、诸侯继统法而设，复以此制通之大夫以下，则不为君统而为宗统，于是宗法生焉。"（王国维：《殷周制度论》，周锡山编校：《王国维集》（第四册），北京：中国社会科学出版社，2008年版，第127页）

说。从根本上看，宗法制是适应了周代分封制普遍展开以后、稳固周王朝统治的需要而产生的。与周王朝的情况不同，殷代没有分封之制，所以也就没有实行宗法制的社会需要。"①

我们认为，说商代晚期已经出现了宗法制或庙制的雏形是成立的，但这种制度毕竟还只具备"雏形"，与周代成熟时的状况是有较大区别的。王玉哲先生说得好："称作宗法制度的'宗法'乃是一种宗庙之法，必然与宗庙制度、祖先崇拜、血缘关系、尊卑制度有关。宗法既是与血缘关系有关，所以，它起源很早。考商之世，尚无像西周那样的宗庙制的昭穆序列，而是所有先王几乎都立有尊庙，存而不毁，凡有子继承王统的，死后即祀于大庙，亦即'大宗'；无子继承王统的，虽系嫡长子，也归入小庙，即为'小宗'。所以，殷墟卜辞中之大宗、小宗，与周人具有严格嫡庶规定的所谓大小宗意义是不同的。商时兄弟的权位差别不大，王位继承是'兄终弟及'，而周人的兄弟间严格分别嫡庶长幼，'立嫡以长不以贤，立子以贵不以长'，周人新创的继承法是固定的'嫡长子'继承和宗法制度。"② 商与周"宗法"的一个大的区别，就在于商代的王位继承制度中还存在"兄终弟及"现象，也就是说，当兄长去世后，其王位由弟弟继承而不一定由嫡长子继承。这样一来，当兄弟几人相继为王而只有一人的儿子继承王位的情况下，就只有这一人拥有单独或个别的宗庙，其后代可以在此宗庙中认祖归宗；其他几个兄弟则因为不拥有自己单独的宗庙，其后代必须到上一代，也就是其祖父的宗庙中去认祖归宗。上述情况涉及给历代直系先王建立单独宗庙的问题："所谓历代直系先王乃指有嫡子继位的商王，其嫡子可以仅有一位，也可以有多位，例如祖丁有四子阳甲、盘庚、小辛、小乙皆相继为王，但四人仅小乙有子武丁为王，小乙因而有宗，但阳甲、盘庚、小辛因无子为王而成了旁系先王，没有他们个别的宗，他们的后代只能前往祖丁宗去认祖归宗。商王室的宗（庙、嗣系）制无疑将商人的群体依血脉、世代、直旁的关系作出了分类，而每一类的建立，乃以个别先王的宗作为区隔的标志。"③ 此外，商代所说的大宗、小宗也与周代的有别。对此，赵林先生说得很明白："商人的宗（庙、嗣系）制以建立两座集体的祖庙，即大宗、小

---

① 晁福林：《先秦社会形态研究》，北京：北京师范大学出版社，2003年版，第322页。
② 王玉哲：《中华远古史》，上海：上海人民出版社，2000年版，第566页。
③ 赵林：《殷契释亲——论商代的亲属称谓及亲属组织制度》，上海：上海古籍出版社，2011年版，第90页。

宗，以及建立历代直系先王个人的祖庙为制度核心结构之所在。大宗神主始自上甲下及历代先王，这表示商王室追认商汤开国前六世先祖的后裔和所有先王的后裔为王室之血亲，因此大宗是此一商人血亲群体的象征，也可以说是子姓的象征。小宗神主始自大乙（商汤）下及历代先王，小宗因此象征商王室本身，而王室为子姓的主干。历代直系先王个别的宗，乃为一个所有出自该商先王的后人认祖归宗的礼拜场所，因此历代直系先王个别的宗象征着子姓主干的各个分枝。"[1] 显然，这里所说的大宗、小宗，和周代的涵义是不同的：周代的小宗是从大宗分出来的旁系，而小宗自身经过世代的延续，又不断地分出更小的宗，相对于更小的宗来说，该小宗又是大宗；只有最初的大宗为"百世不迁之宗"[2]，永远继承始祖，其他各小宗则只能"继祢"，后延至第五世则要离宗，是为"五世则迁之宗"。在这个意义上，说商代没有"宗法制"也是可以成立的，当然，必须明白的是：我们这里说的是商代没有像周代那样的为后世所

---

[1] 赵林：《殷契释亲——论商代的亲属称谓及亲属组织制度》，上海：上海古籍出版社，2011年版，第89~90页。

[2] 此处的"百世不迁之宗"以及后文的"五世则迁之宗"，语出《礼记·大传》："别子为祖，继别为宗，继祢者为小宗。有百世不迁之宗，有五世则迁之宗。百世不迁者，别子之后也。宗其继别子之所自出者，百世不迁者也。宗其继高祖者，五世则迁者也。尊祖故敬宗，敬宗，尊祖之义也。有小宗而无大宗者，有大宗而无小宗者，有无宗亦莫之宗者，公子是也。"（郑玄注、孔颖达正义、吕友仁整理：《礼记正义》，上海：上海古籍出版社，2008年版，第1363~1365页）对于这段话所涉及的宗法关系，杜正胜先生这样解释道："别子即是从母族分别出去到外地殖民的子孙，诸侯是别子，卿或大夫也可以是别子。以鲁国为例，周公是文王的别子，立国于鲁，周公未就封，留佐周室，其子伯禽为鲁公。周公成为鲁国之祖，谓之'别子之祖'；伯禽继承周公，就是'继别为宗'，鲁公在鲁国传祚不绝，就是'百世不迁者，别子之后也，宗其继别子之所自出者，百世不迁者也'。鲁所尊奉为大宗者是周公所自出的文王，继文王而为天子者是大宗，相对来说，鲁公是小宗。鲁在东方立国，子孙又向外殖民，占领封邑。譬如费国，春秋早期为鲁所并吞，鲁僖公将费赐给季友（《左传·僖公》）。季友是季氏的始祖，桓公的别子，对费邑而言，他是'别子为祖'，他的继承者在费便'继别为宗'，累世不迁，似亦可以百代不朽。他们尊为大宗的是季友所自出的鲁公，所以鲁公对季氏是大宗，季氏自己则是小宗。"（杜正胜：《古代社会与国家》，台北：允晨文化实业股份有限公司，1992年版，第406~407页）"如果武装殖民不断发展，氏族分衍随之递演下去，当然不断地会有别子和独立的邦国或采邑出现，也就不断地有各邦国采邑上的百世不迁之宗。事实上不可能有不断成功的武装殖民，源源繁衍的贵胄既不能'别'立封地，遂沦为'继祢者为小宗'之列。因为父之嫡子上继于祢，为诸弟所宗，古亦谓之'小宗'（参《礼记·大传·正义》），这是只能'宗其继高祖者'，'五世则迁'的小宗。继祢小宗五世之外不在继高祖的范围内，于是'祖迁于上'，他的'宗'便'易于下'。郑玄注说：'宗者，祖祢之正体。'严分大小宗是要让人知道自己之所自出。周天子让人知道他出自文王，鲁公出自周公，季氏出自季友。人能'尊祖，故敬宗，敬宗，所以尊祖祢也'（《礼记·表服小记》）。由于殖民运动有时而穷，殖民封疆不能无限地拓展，'继别之宗'自然有限；不能安顿之宗日众，沦落为庶人者日速，族类难收，乃不得不以'祖'济'宗'，藉着宗庙祭祀把祖子孙凝聚在宗族长之下。……凡周之同族皆能因尊过去之祖而敬目前的宗，以达到收获的功效，这是大小宗的精义。"（同上书，第408~409页）

继承的宗法制。

应该说，通过大宗、小宗这两座集体的祖庙以及历代直系先王个人单独的"宗"这三种宗庙形式，商代的世系被宗庙这种建筑形式空间化了；通过认祖归宗的程序，每一个商人都可以在这一空间化的宗族世系中找到自己的位置："总之，先王的宗，乃为出自这位先王所有的后代子孙提供了一个认祖归宗的对象。而通过认祖归宗的程序，每一位商人都可以为自己，以及为自己的家人，在整个亲属组织的网络中标示出属于他或他们的位置。"① 在这种复杂的世系网络中，其世系分类模式也许是抽象的，但整个认祖归宗程序却是在具象的、空间化的宗庙中进行的，正如赵林先生所说："在商人认祖归宗之运作程序中，每一位商人需要一代一代地向上追溯，而每一代的祖先皆可以'亲称+前或后缀'的命名式来识别分辨。这是以商人的亲称体系为序列（order）的、对己之血亲所进行的再分类，它同时也为每一位活着和死去的商人在其血亲组织的网络中做了垂直（世代先后）及水平（直旁尊卑）的定位。虽然认祖归宗一部分的程序以抽象思维的方式进行，但其整个程序乃是在有形的庙祭仪式中实践、体现、完成。总之，商人的血亲分类兼有具象和抽象思维的性质，而其抽象性是内在于具象的庙祭及其仪式中的。"② 也就是说，商代认祖归宗的世系总体来说是比较复杂和抽象的，但这种世系都体现在其具象化、空间化的宗庙制度之中了。是的，对于一般人来说，他们不需要对宗族世系作抽象化的理解，而只要在特定的日子里按时到宗庙参加祭祀典礼就行了，这种规范化的祭祀仪式的不断重复，就是对宗族世系的潜移默化的灌输。于是，对于参与宗庙祭祀仪式的人来说，宗族世系就成了像英国学者迈克尔·波兰尼所说的那种"默会知识"③。

由于传世文献所记载的庙制都限于周代，所以对于商代庙制和世系的考察只能依据考古材料来进行。依据甲骨文中有关商王室的资料，王国维先生撰写了开风气之先的《殷卜辞中所见殷先王先公考》一文。此后，不少学者紧接其后，纷纷加入考证商王世系的工作中，尤其是将殷

---

① 赵林：《殷契释亲——论商代的亲属称谓及亲属组织制度》，上海：上海古籍出版社，2011年版，第90页。
② 赵林：《殷契释亲——论商代的亲属称谓及亲属组织制度》，上海：上海古籍出版社，2011年版，第91~92页。
③ 所谓"默会知识"，指的是那种虽然知道但不能明确说出来的知识，也就是说，这种知识可以通过行为方式自然地表现出来而不能加以清晰、系统的描述。关于"默会知识"的讨论，可以参见迈克尔·波兰尼的《个人知识——迈向后批判哲学》一书。（〔英〕迈克尔·波兰尼：《个人知识——迈向后批判哲学》，许泽民译，贵阳：贵州人民出版社，2000年版）

卜辞"周祭"祀周中所显示的商王系统与《史记·殷本纪》作出对比，对厘清问题、重建史实有着较大的贡献。"经过近一个世纪以来，地上与地下材料相互比对，有关商人先公先王从上甲微到帝乙、帝辛（纣王）的世代和位序等问题大致上可以说尘埃已经落定。《史记·殷本纪》的可信度相当高……"[1] 可见，商代宗庙祭祀确实真实反映了商代的宗族世系，尽管我们无法直接看到商代宗庙的面貌，但通过科学考证有关宗庙祭祀的甲骨文，还是可以大体还原出宗庙所反映的商代世系。总之，商代的世系先是反映在宗庙祭祖的仪式中，后又出现在司马迁所撰写的《史记·殷本纪》中。

周代在宗法制成熟之后，就有了明确的宗庙制。由于庙制和宗法的一体两面性，我们在探讨周代的庙制之前，最好先阐明周代的宗法制。周代的宗法制不仅是一项宗法制度，而且是一项政治制度，它总是与周代的分封制（封建制）联系在一起。正如杨宽先生所说："宗法制度不仅是西周春秋间贵族的组织制度，而且和政权机构密切结合着的。它不仅制定了贵族的组织关系，还由此确立了政治的组织关系，确定了各级族长的统治权力和相互关系。"[2] 也就是说，宗法制本质上是一种宗族与政治一致、宗统和君统合一的统治制度。按照宗法制度，周王自称天子，王位由其嫡长子所继承，称为天下的大宗，是同姓贵族的最高族长，又是天下政治上的共主，掌握着统治天下的权力。天子的众子（其他儿子）被分封为诸侯，君位也由其嫡长子所继承，相对天子为小宗，在其本国则为大宗，是国内同宗贵族的大族长，又是本国政治上的共主，掌有统治封国的权力。诸侯的众子被分封为卿大夫，职位也由其嫡长子所继承，相对诸侯为小宗，在其本家则为大宗，世袭官职，并掌有统治封邑的权力。卿大夫的众子则只能为士，而士的众子就已经成为庶人了。"在各级贵族组织中，这些世袭的嫡长子，称为'宗子'或'宗主'，以宗族族长的身份，代表本族，掌握政权，成为各级政权的首长。"[3] 周代的这种宗法与封建（分封）关系，可以形象地用图8-2来表示[4]：

---

[1] 赵林：《殷契释亲——论商代的亲属称谓及亲属组织制度》，上海：上海古籍出版社，2011年版，第419页。
[2] 杨宽：《西周史》，上海：上海人民出版社，2003年版，第426页。
[3] 杨宽：《西周史》，上海：上海人民出版社，2003年版，第426页。
[4] 王鹤鸣、王澄：《中国祠堂通论》，上海：上海古籍出版社，2013年版，第46页。

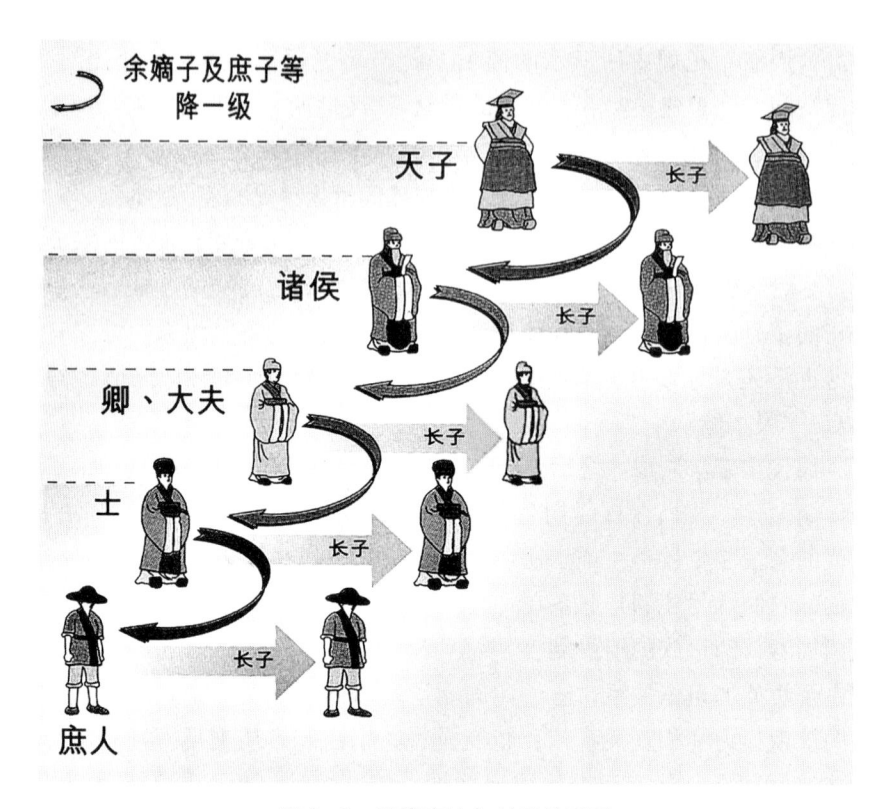

图8-2 周代宗法与封建关系图

  宗法制的作用，主要在于明确王位只能由嫡长子一人继承，从而避免了像商代那样因"兄终弟及"的继承制度而带来的王位和财产之争。冯尔康说得好："周王和各级贵族利用宗法制，确定嫡子（妻生子）、庶子（妾生子）的区别。处理诸子继承问题，是一种行之有效的方法，即嫡长子继承父位为大宗，余子为小宗，大宗统领小宗，实质是'以兄统弟'，把家庭制度纳入这一格局中，避免诸子发生冲突和祸乱。同时由于这一原则的实行，促使分封制得以顺利贯彻，维持了周王与各级贵族的等级秩序和权力，有利于周朝政权的稳定和社会发展，所以宗法制在其初期有积极意义。"[1] 正因为有上述这些好处，周代所制定实施的嫡长子王位继承制，才被以后的封建王朝采纳，成为影响中国两千多年的一项政治制度。

  关于周代的庙制，史籍记载主要有"天子七庙"和"天子五庙"两

---

[1] 冯尔康：《中国古代的宗族和祠堂》，北京：商务印书馆，2013年版，第32~33页。

种说法①。对于这个问题，历代学者争论颇多，难有定论，本章取"天子七庙"说。关于"七庙"说的几处记载，早期典籍主要见于《礼记》和《大戴礼记》：

> 天子七庙，三昭三穆，与太祖之庙而七。诸侯五庙，二昭二穆，与太祖之庙而五。大夫三庙，一昭一穆，与太祖之庙而三。士一庙。庶人祭于寝。②
>
> 礼有以多为贵者。天子七庙，诸侯五庙，大夫三，士一。③
>
> 是故王立七庙、一坛、一墠：曰考庙，曰王考庙，曰皇考庙，曰显考庙，曰祖考庙，皆月祭之；远庙为祧，有二祧，享尝乃止；去祧为坛，去坛为墠。坛墠有祷焉祭之，无祷乃止；去墠曰鬼。……④
>
> 故有天下者事七世，有国者事五世，有五乘之地者事三世，有三乘之地者事二世，待年而食者不得立宗庙，所以别积厚者流泽光，积薄者流泽卑也。⑤

---

① 关于"天子七庙"说，本章后面会有引述并讨论，至于"天子五庙"说，主要见于以下几部早期典籍：(1)《礼记·文王世子》："五庙之孙，祖庙未毁，虽为庶人，冠、取妻者必告，死必赴，练、祥则告。"（郑玄注、孔颖达正义、吕友仁整理：《礼记正义》（中），上海：上海古籍出版社，2008年版，第849页）(2)《礼记·文王世子》："王者禘其祖之所自出，以其祖配之，而立四庙。"郑玄注曰："高祖以下，与始祖而五。"（郑玄注、孔颖达正义、吕友仁整理：《礼记正义》（中），上海：上海古籍出版社，2008年版，第1298页）(3)《吕氏春秋·谕大》："《商书》曰：'五世之庙，可以观怪。万夫之长，可以生谋。"（许维遹撰、梁运华整理：《吕氏春秋集释》，北京：中华书局，2009年版，第304页）除"天子七庙"和"天子五庙"两种说法之外，还有天子多庙说，其代表人物为清代的秦蕙田。秦蕙田在《五礼通考》中这样写道："夏殷以前，太祖亦以世数而迁，复于郊禘及之……凡庙须推始祖为太祖，又须有一创业之主，即所谓祖也。又须有一有功业致太平之主，所谓宗也。祖、宗二祧与始祖之庙永不祧也。若后世之君中有中兴大勋业者，亦当为不祧之主，如祖、宗也……又如四亲庙，自高至祢，皆不可不祭。若使一世之中各有兄弟数人代立，不可以庙数确定，却有所不祭也。虽数人，止是当得一世，故虽亲庙亦不害为数十庙也。"（秦蕙田：《五礼通考》卷59《宗庙制度》，《景印文渊阁四库全书》本，台北：台湾商务印书馆，1983年版，第353页）

② 语出《礼记·王制》，（汉）郑玄注、（唐）孔颖达正义、吕友仁整理：《礼记正义》（上），上海：上海古籍出版社，2008年版，第516页。

③ 语出《礼记·礼器》，（汉）郑玄注、（唐）孔颖达正义、吕友仁整理：《礼记正义》（中），上海：上海古籍出版社，2008年版，第963页。

④ 语出《礼记·祭法》，（汉）郑玄注、（唐）孔颖达正义、吕友仁整理：《礼记正义》（下），上海：上海古籍出版社，2008年版，第1792页。

⑤ 语出《大戴礼记·礼三本》，方向东撰：《大戴礼记汇校集解》（上），北京：中华书局，2008年版，第98页。

由于在宗法制度上确立了五世则迁的原则，所以在祭祀上也应有与其配套的制度，因此天子所立亲庙只能从父庙上及高祖庙，此四亲庙加上始祖（太祖）庙共五庙，至于高祖以上的庙则要不断地毁去，将其神主迁出藏于始祖庙，此之谓"祖迁于上"[1]；同样，高祖以下至本人为五世，在宗法的亲属关系范围内，再下一代则超出这一范围，意味着离宗，此之谓"宗易于下"。这一"迁"一"易"根据的其实是同一原理，同时在世系的两端实行，每一世代均如此，一个宗族始终保持着五世的系统。正因为如此，所以有学者指出："按宗法制度，本人以上的四亲庙，再加始祖庙的五庙制，应该是根本的制度，是普遍的原则。"[2] 这种说法本身是对的，但周代的情况比较特殊，因为周文王和周武王是受命为王的，建立了创立周朝的功勋，所以也和始祖庙一样应在"不迁"之列。于是，常规的"五庙"再加上文王和武王，就成"七庙"了，是故郑玄注曰："七者，大祖及文王、武王之祧与亲庙四。"[3] 也正因为这样，"七庙分为两个部分：第一部分为后稷庙、文王庙、武王庙，其庙主是固定的，即后稷、文王、武王；第二部分为高祖庙、曾祖庙、祖庙、祢庙（即父庙），这四庙成为亲庙，其庙主是不固定的"[4]。文王庙和武王庙因属"不迁"之庙，因而有"文世室"和"武世室"之称。"这种'七庙'的建筑结构可能出现于恭王时期（前10世纪）之后，随即成为周王室宗庙的定制：为后稷、文王和武王所设的三个祠堂固定不变，而四个昭、穆祠堂所供奉的对象则每代变更以保持固定的祠堂数目。当一个周王死去时，他被供奉在'考庙'中；他的父亲、祖父和曾祖父将依次上移；其曾祖父之父的灵位将被拆除，移存到祧中。"[5]

在周代的庙制中，除了庙数的定制，还应该包括宗庙本身以及宗庙中神主的排序，这种序列其实正是周代世系的空间化表征。在周代的宗

---

[1] 此处的"祖迁于上"以及后文的"宗易于下"，语出《礼记·丧服小记》："别子为祖，继别为宗，继祢者为小宗。有五世而迁之宗，其继高祖者也。是故祖迁于上，宗易于下。尊祖故敬宗，敬宗所以尊祖祢也。庶子不祭祖者，明其宗也。"（（汉）郑玄注、（唐）孔颖达正义、吕友仁整理：《礼记正义》（中），上海：上海古籍出版社，2008年版，第1299页）

[2] 王贵民：《商周庙制新考》，《寒峰阁古史古文字论集》，北京：社会科学文献出版社，2015年版，第235页。

[3] 语出《礼记·王制》，（汉）郑玄注、（唐）孔颖达正义、吕友仁整理：《礼记正义》（上），上海：上海古籍出版社，2008年版，第516页。

[4] 张肇麟：《宗及其层级》，《姓氏与宗社考证》，北京：社会科学文献出版社，2015年版，第286页。

[5] 〔美〕巫鸿：《中国古代艺术与建筑中的纪念碑性》，李清泉、郑岩等译，上海：上海人民出版社，2009年版，第104～106页。

庙中，无论是天子、诸侯还是大夫，都把始祖放在最重要的位置上，"天子七庙，是天子之父、祖、曾祖、高祖、始祖等七位祖先的享堂；诸侯五庙，第一位被祭祀的是始受封诸侯，以下四庙为其已去世的子孙袭爵者分享；大夫三庙，也是首先供奉始受封的祖先。"① 就周代的庙制而言，都是把始祖庙放在正中间，其他庙分昭穆排在始祖庙的左右两边。就拿周代的天子七庙来说，其昭穆顺序为：祖考庙（太祖庙）为后稷庙，昭一庙为武王庙（武世室），穆一庙为文王庙（文世室）。至于昭二庙、穆二庙、昭三庙、穆三庙即为皇考庙（曾祖庙）、显考庙（高祖庙）、考庙（父庙）、祖庙（王考庙）。这种分昭穆排列宗庙顺序的制度，可以用图 8-3 来表示②："这种宗庙建制，以最早的祖先（太祖）之庙为中心，后来的祖先则依次按左昭右穆的顺序排列，充分表明昭穆制度在宗庙中居非常重要的地位。所谓'宗庙之礼，所以序昭穆也'。……宗庙中将祖先分为昭辈和穆辈两组，表明了宗庙主的行辈。"③

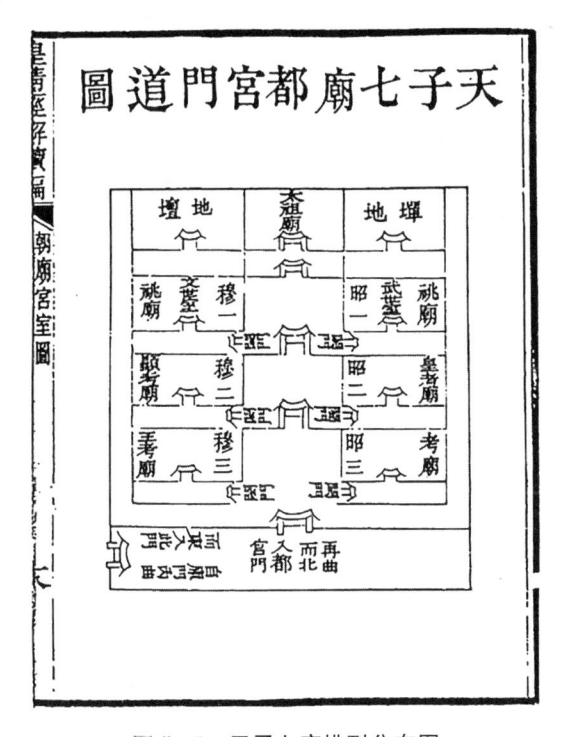

图 8-3 天子七庙排列分布图

---

① 冯尔康：《中国古代的宗族和祠堂》，北京：商务印书馆，2013 年版，第 31 页。
② 〔美〕巫鸿：《中国古代艺术与建筑中的纪念碑性》，李清泉、郑岩等译，上海：上海人民出版社，2009 年版，第 105 页。
③ 王鹤鸣、王澄：《中国祠堂通论》，上海：上海古籍出版社，2013 年版，第 52 页。

除了宗庙本身的布局，宗庙中的神主也按昭穆分类并排序。"宗庙中神主的置放，以始祖的灵牌为正中，其左侧为第二代，右侧为第三代，第四代置于第二代之侧，第五代又回到第三代一侧，以下代数的安置以此原则类推，在左侧的称为'昭'，右侧的称做'穆'，这样的放置原则也称为昭穆制度。"① 这就说明，祖先神主的排列方式，也和宗庙本身的排列一样，遵循着昭穆制，同样体现了宗族的世系。

周代的昭穆制是中国学术史上最复杂难解、最聚讼纷纭的问题之一②。本章不拟对此问题本身发表意见，这里只想征引张富祥先生的观点，以明了昭穆制的本质特征及其缘起。关于昭穆制的特征，张富祥认为："古文献所见昭穆制的特征，不管有多少不同说法，实可总归于一条，即祖孙同昭穆而父子异昭穆。"③ 关于周人昭穆制的缘起，是由于原始的辈分群婚制："种种迹象表明，周人的昭穆之分即是由原始的辈分婚制继承和发展而来的"，"辈分群婚制的基本特征是在同一原始集群内部，

---

① 冯尔康：《中国古代的宗族和祠堂》，北京：商务印书馆，2013年版，第31页。

② 近人研究昭穆制的学者，据张光直先生所说，以葛兰言（Marcel Granet）、李玄伯与凌纯声三位先生最为著名，他们均以为昭穆制代表婚级，在初民社会中不乏其例。在《商王庙号新考》一文中，张光直认为昭穆和周代整个亲属制度有关，并提请我们注意昭穆制的三点特征："其一，昭穆显然为祖庙的分类；周代先王死后，立主于祖庙，立于昭组抑穆组视其世代而定。周王如用庙号，则必是太王穆、王季昭、文王穆、武王昭一类的称呼，与康丁、武乙、文丁、帝乙相类。其二，昭穆制的作用，古人明说为别亲属之序，亦即庙号之分类，实代表先王生前在亲属制上的分类。……按祖庙之祭倘非分为昭穆二系而不能'别父子远近长幼亲疏之序'，则这种'序'显然不是简单的祖—父—子—孙相承的直系。其三，在昭穆制下祖孙为一系而父子不为一系；《公羊传》所谓'以王父之字为氏'，似与此也有消息相关。"（张光直：《商王庙号新考》，《中国青铜时代》，北京：生活·读书·新知三联书店，2013年版，第203页）后来，在《殷礼中的二分现象》一文中，张先生进一步指出："昭穆是周人的制度。它的详情如何，今日已不得而知，但下列的几点特征或许是大家都能承认的。（1）照可靠的周代文献的记载，昭穆制确实盛行于西周的初叶，但西周初叶以后至少还通行于中国的一部分。（2）昭穆制的骨干是世代之轮流以昭穆为名，而某人或属于昭世或属于穆世，终生不变，如王季为昭，文王为穆，武王为昭，成王为穆。换言之，宗族之人分为昭穆两大群，祖孙属于同群，父子属于异群。（3）昭穆制与宗法有关。大宗如果百世不迁，其昭穆世次亦永远不变，但如小宗自大宗分出，则小宗之建立者称太祖，其子为昭世之始，其孙为穆世之始。（4）昭穆制与祖庙之排列有关。太祖之庙居中，坐北朝南，其南有祖庙两列，'左昭右穆'；换言之，昭世祖先之庙在左，即在东列；穆世者在右，即在西列。昭穆两列祖庙之数有定，依宗族的政治地位而异。这种昭穆制度的背后，有什么政治社会或宗教的背景或因素，我们在史籍上无明文可稽。近代学者之研究，或以为与婚姻制度有关……"（张光直：《殷礼中的二分现象》，同上书，第240页）新时期以来，专门研究昭穆制较突出的学者有李衡眉与张富祥两位先生，前者著有《昭穆制度研究》一书（齐鲁书社，1999年版），后者则著有《日名制·昭穆制·姓氏制度研究》一书（上海古籍出版社，2014年版）。

③ 张富祥：《日名制·昭穆制·姓氏制度研究》，上海：上海古籍出版社，2014年版，第182页。

根据人们出生先后的辈分和年龄划分允许通婚的群体，纵向的不同辈分的群体之间不允许存在两性关系，横向的相同辈分的同一群体内部则既是兄弟姐妹，又是夫妻。"① 对于昭穆制的作用，张富祥这样认为："昭穆制的根本机制，其实只在于避免婚姻关系与亲属制度上的乱伦，或说是血亲婚配禁忌上的一种大前提而已……"②

值得指出的是：昭穆制的本质特点，在宗庙本身以及宗庙中神主的排列上，可以借助空间化的方位次序得到形象化的展示；而在历史文本的叙述中，这种左昭右穆的特点却极不容易说清楚。这是因表达媒介的不同而带来的差异。

由于宗庙这一特定空间是对宗族世系的形象化展示，所以我们不妨在广义上把宗庙视为展示宗族世系的空间化文本。从这一"文本"中，人们对周代的历史会有一个结构性的把握。要明白这一点，我们首先必须了解周代祖先神的类型，只有在此基础上，我们才能了解这种类型与宗庙结构的象征性之间的关联。事实上，这两个方面有着重要的内在关联，在某种意义上是一而二、二而一的事情。巫鸿先生曾根据周王室宗庙的内部组织结构而把周代的祖先神分成三组，并用图示的方式表述如下（图8-4）③：

第一组：　　　　　　　[1]远祖

第二组：　[2]祧1：文王　　　[3]祧2：武王

第三组：　　　[穆]　　　　　[昭]
　　　　　[4]高祖父　　　　[5]曾祖父
　　　　　[6]祖父　　　　　[7]父

图8-4　周王室宗庙内部组织结构图

在这一结构系统中，三个祖先群组其实代表着周王朝的三段历史，其中第一、二组代表的历史已经被周人固定化，第三段代表的则是活态的、流动的历史。对此，巫鸿这样写道："总的来说，决定着宗庙结构及其礼器系统的三个祖先群组，为把有关周代的零散历史记忆组织在一起

---

① 张富祥：《日名制·昭穆制·姓氏制度研究》，上海：上海古籍出版社，2014年版，第186页。
② 张富祥：《日名制·昭穆制·姓氏制度研究》，上海：上海古籍出版社，2014年版，第187页。
③ 〔美〕巫鸿：《中国古代艺术与建筑中的纪念碑性》，李清泉、郑岩等译，上海：上海人民出版社，2009年版，第104页。

提供了一个基本系统。换言之，这三个祖先群组是从后代角度对周代历史的分期。郑玄在注解'三礼'时写道：'先公之迁主，藏于后稷之庙；先王之迁主，藏于文武之庙。'这意味着宗庙中的这三个永久性礼拜对象（后稷、文王和武王）不仅仅被看做个体的祖先，而且也被看成周代历史中两个重要阶段的象征：作为姬姓部落的始祖，后稷代表了先周时期；而文王和武王创立了周朝，象征着周代的统一政体。庙中崇拜的其余四个祖先表明在位之王的直系血统，并将这个在位之王与他的远祖联系在一起。"①

那么，为什么始祖后稷的祠堂深藏于整个宗庙的后部，而近祖却被祭祀于靠近外部的祠堂？（参见图8-3）巫鸿认为："回答这个问题的关键在于发现宗庙的建筑空间与宗庙礼仪程序之间的关系。祖先祠堂在宗庙中的位置隐含着从现时向遥远过去进行回溯的编年顺序；这个顺序帮助确定礼仪程序；而这个礼仪程序又使人们重温历史记忆，赋予自己的历史一个确定的结构。实际上，周代的宗庙可以被认为是一座'始庙'，在庙中举行的仪式活动遵循着一种统一模式，以回归到氏族的初始，并和初始交流。《礼记》中不下十次地强调宗庙礼仪是引导人们'不忘其初'、'返其所自生'。《诗经·大雅》中所保存的商周时期的宗庙颂诗，无一例外地将人们的始祖追溯到洪荒时期的神话人物。……确切地说，这类颂诗的主旨并不在于颂扬个别祖先，其创作目的是为了将他们共同的来源告知部落成员。这也就是《姜嫄》一诗为什么以'生民如何'的设问开篇，又以'后稷肇祀，庶无罪悔，以迄于今'之句作为结语。当这首诗在周庙中被唱起、祭品在始祖的灵前陈上，祭祀者便可明了自己的身份与由来。在这个礼仪传统中，'神话'被当作历史，而历史又把现在与过去连在一起。"② 而且，整个"七庙"均以围墙或廊庑围合，各庙既相对独立，又合起来构成一个整体，多重的墙和门造成了一种将宗庙和庙中神主和礼器隐匿起来的层叠结构。"依靠对空间的处理，宗庙创造了时间性的礼仪程序，加强了宗教感。它不向公众显露它的内涵，而是保持着自己的'封闭'结构——一个高墙环绕、外'实'内'虚'的复合建筑体。由于与外部世界隔绝，它那深深的庭院和幽暗的堂室于是变

---

① 〔美〕巫鸿：《中国古代艺术与建筑中的纪念碑性》，李清泉、郑岩等译，上海：上海人民出版社，2009年版，第106页。

② 〔美〕巫鸿：《中国古代艺术与建筑中的纪念碑性》，李清泉、郑岩等译，上海：上海人民出版社，2009年版，第106~107页。

得'庄严'、'秘密'和'神圣'。所有的这些空间要素引导着礼拜者步步接近那秘密的中心，但同时也造成重重屏障去抵制这种努力。甚至于在礼仪过程的终点，人们所见到的仍然不是祖先的实在影像，而是提供与无形神灵沟通之途径的青铜礼器。作为纪念碑综合体的宗庙因而成为历史和祖先崇拜本身的一种隐喻：返回初始、保存过去、不忘其所自生。"① 总之，"宗庙是一种有围墙的集合建筑，其中的祖先享堂以二维的宗谱形式排列"②。

这种试图"返回初始、保存过去"的努力，这种对始祖后稷以及对开国君王文王和武王的追忆，这种对宗族世系的空间化表征，使周代的宗庙成为一种非常有效、非常具有凝聚力的"凝聚性结构"。当然，之所以能够如此，除了宗庙本身的结构性特征，还在于先秦时期宗庙祭祀活动的重要性、经常性与重复性③。扬·阿斯曼认为："每个'凝聚性结构'的基本原则都是重复（Wiederholung）。重复可以避免行动路线的无限延长；通过重复，这些行动路线构成可以被再次辨认的模式，从而被

---

① 〔美〕巫鸿：《中国古代艺术与建筑中的纪念碑性》，李清泉、郑岩等译，上海：上海人民出版社，2009年版，第113页。

② 〔美〕巫鸿：《中国古代艺术与建筑中的纪念碑性》，李清泉、郑岩等译，上海：上海人民出版社，2009年版，第140页。

③ 《左传·成公十三年》所谓"国之大事，在祀与戎"，即是先秦时期宗庙祭祀活动重要性的真实写照；而且，宗庙祭祀在当时还是一种经常性与重复性的日常活动。对于商代祭祀的情况，美国学者吉德炜（David N. Keightley）这样写道："一个具有五个定期祭典的时间表，连同那些向个别王室父系先辈提供的款待一起被执行，这形成了殷商祖先崇拜系统的核心。……直到王朝结束以前，整个完整的周期包括五个祭典，需要不少于360日去施行……"（〔美〕吉德炜：《祖先的创造：晚商宗教及其遗产》，周昭端译，陈致主编：《当代西方汉学研究集萃·上古史卷》，上海：上海古籍出版社，2012年版，第27页）吉德炜所说的五个祭典，其实就是商代的周祭制度，"所谓周祭制度，比如以殷末帝乙、帝辛时期的所谓第五期卜辞（据卜者名亦称黄组卜辞）为例，几乎利用一年的时间对从上甲到康丁为止的三十一个先王以及二十个先妣（直系先王的配偶），总计五十一位全员按顺序进行……五种祭祀的制度"（〔日〕高木智见：《先秦社会与思想——试论中国文化的核心》，何晓毅译，上海：上海古籍出版社，2011年版，第92页）。要完整地完成五种祭祀，"需要不少于360日"或"几乎利用一年的时间"，可见祭祀确实已经成了商人的一种经常性与重复性的日常活动。周代的情况与商代差不多。刘源先生把周代的祭祀分为"常祀"和"临时祭告"两种。关于"常祀"，刘源这样写道："常祀之称，见于文献，为历代学者所沿用，用来称呼定期举行的祭祀仪式。周代贵族对祖先的常祀，从其目的上看……如希望家族绵延、世代发达、个人平安寿考等等，但这些都属于长久的福祉，非由一时一事引发，大致与商人所举行的无具体目的之祭祀仪式相当……"（刘源：《商周祭祖礼研究》，北京：商务印书馆，2004年版，第47页）至于"临时祭告"，周人会出于政治活动、军事活动、社会活动或因灾祸等原因到宗庙去祭告祖先，其祭祀活动之频繁，几乎可说是无日不祭、无事不祭。总之，从以上所述不难看出：商周时期的宗庙祭祀活动确实具有压倒一切的重要性、经常性与重复性。而且，周代因为宗法制的进一步完善，其祭祀活动与商代相比更具有一种规范化的特征，也就是说，周代宗庙祭祀的"重复性"特征更为明显。

当作共同的'文化'元素得到认同。……这样,每次庆典都依照着同样的'次序'来不断地重复自己,就像墙纸总是以'不断重复的图案'呈现那样。我们可以把这个原则称为'仪式性关联'。"①

此外,这里还必须指出的是:在原历史或前历史时期,只有像宗庙这样的"神圣空间"才有可能成为"凝聚性结构",因为"对古代人来说,如果在世上生活具有一种宗教价值的话,那么这也就是可以称为'神圣空间'这种特殊经验所产生的结果"②。之所以如此,是因为只有"神圣空间"与其他空间的分离,才能导致世界秩序的产生,就像埃利亚德所说:"对宗教人士来说,这种空间的非同质性表现在那唯一真实与实际存在的空间,即神圣的空间与所有其他空间,即环绕神圣空间的无形苍穹之间的对立经验中。这种空间非同质性的宗教经验是一种原始的经验,与世界的创立相类似。因为,正是这种在空间上形成的分离才使得世界得以构成,因为,它为所有未来的取向展示出了固定的点即那个中心轴。当这种神圣通过教义来表现时,就不仅仅是对空间同质性的突破,也是对绝对实在的启示。这种绝对实在与四周广袤苍穹的非实在性是互相对立的。在本体论上,这种神圣的自我显现就创造了这个世界。在那个同质性的和无限的苍穹中,在那个没有一个可能的参照点因而也可能确立任何定向的苍穹中,宗教秘义阐释学揭示出了一个绝对的固定点,即一个中心。"③西方的神庙和教堂就是这样的神圣空间,中国古代的宗庙也是这样的神圣空间。此外,举行仪式活动本身,也首先需要一个具有神圣性的场所(空间),只有这样才能把参与仪式活动的人聚合在一起。这就告诉我们:在中国古代,像世系这样的抽象观念,只有在宗庙这样的神圣空间具体化、形象化之后,才能成为真正意义上的"凝聚性结构"。

当然,仪式的意义并不仅仅在于重复上一次仪式,它更重要的意义是"现时化"另一个更早的事件,比如说"后稷肇祀"或"武王伐纣"。《诗经》"雅""颂"中那些歌颂后稷、文王或武王的诗歌,其实就是伴随着歌舞在宗庙礼仪中对他们生平重要事件(也是周代历史上的重要事件)

---

① 〔德〕扬·阿斯曼:《文化记忆:早期高级文化中的文字、回忆与政治身份》,金寿福、黄晓晨译,北京:北京大学出版社,2015年版,第7页。
② 〔美〕米尔希·埃利亚德:《神秘主义、巫术与文化风尚》,宋立道、鲁奇译,北京:光明日报出版社,1990年版,第26页。
③ 〔美〕米尔希·埃利亚德:《神秘主义、巫术与文化风尚》,宋立道、鲁奇译,北京:光明日报出版社,1990年版,第26~27页。

的"现时化"。"现时化"是一种根本不同于"重复"的指涉方式，正如扬·阿斯曼所说："所有的仪式都含有重复和现时化这两个方面。仪式越是严格遵循某个规定的次序进行，在此过程中'重复'的方面就越占上风；仪式给予每次庆典活动的自主性越强，在此过程中'现时化'的方面就越受重视。在这两极之间就形成了一个动态结构的活动空间，文字对于文化中凝聚性结构的重要意义也便在此空间中得以展现。伴随着将流传下来的内容进行文字化这一过程，一个这样的过渡就逐渐形成：……从'仪式性关联'（rituell）过渡到'文本性关联'（textuelle Kohärenz），由此，一种新的凝聚性结构便产生了，这种结构的凝聚性力量不表现在模仿和保持上，而是表现在阐释和回忆上。这样，阐释学便取代了祷告仪式（Liturgie）。"[①] 当然，这里所说的"阐释学"与施莱尔马赫、海德格尔和伽达默尔等人所说的那种哲学阐释学有所区别，它指的主要是一种叙事性阐释。

其实，撰写文本性的历史本质上就是一种阐释活动，是为了"现在"的目的而攫取或利用"过去"，这与为了在宗族世系中获得一席之地的宗庙礼仪活动有着根本性的不同。在宗庙还在祭祀体系中占支配地位的时代，是不可能存在真正的历史思维的。随着战国秦汉之际祭祀中心由

[①] 〔德〕扬·阿斯曼：《文化记忆：早期高级文化中的文字、回忆与政治身份》，金寿福、黄晓晨译，北京：北京大学出版社，2015年版，第8页。

"庙"至"墓"的转变①，为了突显时王个人的成就，社会意识的中心开

---

① 在《中国古代艺术与建筑中的"纪念碑性"》一书中，巫鸿这样写道："早在三代时期'庙'和'墓'就同为祖先崇拜的中心，可二者的宗教含义和建筑形态却大相径庭。……'庙'总是一个集合性的宗教中心，而单独的墓葬，比如妇好墓，仅仅属于死者个人或连同其家族成员。'庙'筑在城内，实际上是城市的核心，而'墓'则多建在城外的旷野。祖庙中祭拜的对象是远祖，而坟墓则奉献给近亲。庙是一个世系的'活纪念碑'——它的宗教内容（被祭拜的祖先）与物质组合（礼器）是可以不断更新的；坟墓则是象征个人静止的符号。'创建'庙的通常不是一个世系宗族的后代，因为那总是宗族开创者的事，而坟墓却是由死者的后人或死者本人建的。对纪念碑的建筑象征研究尤为重要的是，宗庙是一种有围墙的集合建筑，其中的祖先享堂以二维的宗谱形式排列，相反坟墓这一祖先崇拜中心却采取了十分异样的形式"，"墓是'垂直的'，而庙是'水平的'；在墓中，死者的灵魂要顺着一条垂直的通道到地上接受供奉；而在庙里，活着的人要沿着水平的轴线前去祭拜他们的祖先。墓葬的惟一可视部分——地上的小祠堂——是一个地界标志，一个为已故个体而设的纪念碑。……与庙不同，墓地是死亡的领域，不是人们可以从中了解宗族历史和其生命来由的场所。"（〔美〕巫鸿：《中国古代艺术与建筑中的"纪念碑性"》，李清泉、郑岩等译，上海：上海人民出版社，2009年版，第140页）总之，在商周时期，庙及其与之相关的一整套制度，是以血亲世系为导向的与当时社会意识相适应的宗教形态；而为个体而设的墓葬，则只能是祖先崇拜的次要形式。但进入东周之后，随着周王室的衰弱与社会情势的变化，这种情况开始发生转变：人们对墓的兴趣日益增长，而代表宗族世系的宗庙不再是他们关注的焦点，"此时死者的身份和'爵'等"并非由其在宗族内的地位而定，而是取决于他生前的任职和贡献。从这里我们可以了解东周时期'庙'与'墓'截然不同的社会意义：'庙'代表了宗族的世袭，而'墓'象征着个人在新的官僚系统中的位置和成就"（同上书，第145页）。在从'庙'至'墓'的转变中，秦始皇骊山陵的建造是一个标志性的事件，"这座陵墓的核心部分为一个巨大的丘冢。可以说，这一建筑形式的基本原理和象征意义与宗庙建筑全然相反，设计的主题不在于二维空间的纵深扩张，而在于向三维空间发展。在这里，'闭合空间'为'自然空间'所取代，矗立在辽阔地平线上的坟丘背衬着青天，数里以外便可望见。值得注意的是与古埃及、中东地区相比，这类金字塔式纪念碑建筑物在中国出现得相当晚。其晚出的原因在于只是在这一特定时期，纪念碑式建筑才成为适当的宗教艺术形式。正如'始皇'这一称号所示，嬴政自视为'始'，给自己确定了一个开天辟地的历史位置，甚至连他的祖先也无法比拟。这一与三代社会、宗教思想截然两立的新观念在他的坟墓设计中得到了具体的表现"（同上书，第146页）。汉因秦制，"自惠帝以降，每个皇帝皆有一庙，并且就建在他的陵墓附近。……这样，为一个单独世系而存在的传统宗庙消失了，它化解成一系列仅属于帝王个人的庙。庙与陵以甬道相接，每月车骑仪仗将过世皇帝的朝服从陵内寝殿护送到陵外的庙中祭祀一次，这条甬道因而名之为'衣冠道'。有趣的是，庙堂与寝室本为一座宗庙的两个不可分割的组成部分，秦从宗庙中萃取了寝，并将其安置在皇陵中。西汉统治者走得更远：他们将庙也变成自己陵墓的附设。虽说寝建在陵园内，庙建在陵园外，可通过两者之间的那条衣冠道，它们再次连为一个整体"，"因此，一座西汉宗庙从根本上不同于三代王庙。作为君主的私有财产，西汉庙不再意味着王室的系谱和政治传统，那种传统宗庙在秦与西汉之间消亡了，庙已经与墓结下了牢固的姻缘。然而直到东汉，庙一直都建在陵园的外面，而且仍然是举行祭祖仪式的主要场所。紧接其后，墓葬作为祭祖中心获得了完全的独立，丧葬建筑作为社会上最为显著的纪念碑地位得到了充分的提升"（同上书，第151～152页）。也就是说，自东汉开始，墓地开始作为独立的祭祀场所，并成为祖先崇拜的中心。祭祀中心由"庙"至"墓"的这一转变，给中国文学、艺术以及精神文化生活的许多方面都带来了深刻的影响。此处亦可参阅巫鸿《从"庙"至"墓"——中国古代宗教美术发展中的一个关键问题》一文，《礼仪中的美术——巫鸿中国古代美术史文编》（下卷），北京：生活·读书·新知三联书店，2005年版，第549～568页。

始从"过去"转向"现在"[①],而"过去"则成为构筑"现在"的丰富宝藏。于是,历史编纂活动开始兴起[②],经过一个时期的酝酿和实践(如孔子著《春秋》,以及左氏、公羊和榖梁等三家为《春秋》所作的"传"),到汉代终于出现了像《史记》《汉书》这样的文本化的长篇史学巨著。

第三节　宗庙与本纪:建筑空间与中国历史叙事传统

要编纂像《史记》《汉书》这样的长篇史书,史料当然不存在问题,最重要也是最迫切需要解决的是叙事结构问题。在我看来,体现在宗庙中的宗族世系,就为《史记》《汉书》中的纪传体叙事提供了最重要的结构。如果作为祭祀场所的宗庙凸显的是世系的空间化,那么以文字写成的纪传体史书反映的则是世系的文本化。

说到体现在宗庙中的宗族世系,除了上面所论述的宗庙本身以及宗庙中神主的空间化表征,前文字时期的"口传"形式仍起着重要的作用。在《周礼·春官》中,瞽矇位列第27,其主要工作是"掌播鼗、柷、敔、埙、箫、管、弦、歌。讽诵诗、世奠系,鼓琴瑟"[③];而"小史"位列第58,其主要职责为"掌邦国之志,奠系世,辨昭穆"[④]。两者工作性质大体相同,都是为了确定宗族的世系,但他们所使用的媒介却不相同,瞽矇用"声音",小史用文字。从《周礼·春官》中的排序可以看出,瞽矇的位置高于小史。此外,《国语·鲁语上》记载有专门记录、管理世系的官职"工史":"故工史书世,宗祝书昭穆,犹恐其逾也。"[⑤] 韦昭认为"工史"包括"工"和"史"两个官职,他们的共同职责就是管理世系,

---

[①] 从这个意义上说,意大利史学理论家克罗齐"一切历史都是当代史"和英国哲学家科林伍德"一切历史都是思想史"的论述,确实是对历史本质的绝佳概括,他们的观点揭示了一切历史都是为了表述"当代"、都是为"现在"服务的本质。

[②] 当然,商周时已有专门的史官,但他们仅限于对亲历的其时实事的据实记录,这不是真正的历史编纂,而是像西晋杜预所说的那种"记注"。"记注"语出杜预《春秋左氏经传集·解序》:"周德既衰,官失其守,上之人不能使春秋昭明,赴告策书诸所记注,多违旧章。"

[③] 语出《周礼·春官·瞽矇》,(汉)郑玄注、(唐)贾公彦疏、彭林整理:《周礼注疏》(中),上海:上海古籍出版社,2010年版,第891~892页。

[④] 语出《周礼·春官·小史》,(汉)郑玄注、(唐)贾公彦疏、彭林整理:《周礼注疏》(中),上海:上海古籍出版社,2010年版,第1005页。

[⑤] 徐元诰撰,王树民、沈长云点校:《国语集解》(修订本),北京:中华书局,2002年版,第165页。

只不过前者以"诵"(声音)的方式记忆、后者以"书"(文字)的方式书写而已:"工,瞽师官也。史,大史也。世,世次先后也。工诵其德,史书其言也。"①可见,所谓"工史",即"瞽史",也就是"瞽师"和"太史"。所谓瞽师,是中国古代专门给王侯演奏音乐并在宗庙中讽诵诗歌的盲眼乐师,他们凭借自己超常的记忆能力承担着传承历史的责任,并具有预言未来的能力。所谓太史,这里仅笼统地指用文字记录的史官。从"工史"这个词汇的词序,也可以看出"工"的重要性高于"史"。之所以如此,是因为战国以前的中国社会还处于口传文化或声音文化占支配地位的阶段。哪怕文字已经产生,也还存在一个声音文化与文字文化共存的阶段,在文字文化还没有彻底取代声音文化之前,声音文化仍起着主要的作用,战国以前的中国社会就是如此。正如日本学者齐藤道子所说:"当时的思维范式就是,实际上发生的事件与文字记录分属两个范畴,只有用声音相告的事件才可以被记录。换句话说,当时的人们有一种意识:声音比文字更占优势,只有用声音相告,已经发生的事件才可以记录。……出现在这里的认知模式为:在现实的世界中,经过言词的截取,再加上声音的告知,一件已发生的事件才能成为'事实'。不论通告与否,'客观事实'总是客观存在的,类似这种我们现在的思维在当时并没有看到。要成为'事实'、'事件',就必须要告知,对人、对天如此,对祖先也是如此。"② 因此,那种认为先由小史写定世系、再由瞽矇"讽诵"的说法是靠不住的,事实可能恰恰相反。

当然,商周时期毕竟文字已经产生,所以两种媒介在确定宗族世系时共同起着作用,这一点在文字中还保留着证据:表示以口头传承流传下来的世系,其汉字为"谍";表示以文字记录保存下来的世系,其汉字为"牒"。对此,高木智见这样写道:"'世'字加上表示口语的'言'字旁的'谍',指瞽矇传唱的世系;而'世'字加上表示木简的'片'字旁的'牒',指的则是史官记录的世系。还有,表示重复读唱'世'的'谍谍'一词,《史记·张释之列传》里就用的是多次重复的意思。其原因可能是因为帝王诸侯的系谱应该像唱经文一样反反复复不断念唱的缘故。"③

---

① 徐元诰撰,王树民、沈长云点校:《国语集解》(修订本),北京:中华书局,2002年版,第165页。

② 〔日〕齐藤道子:《作为社会规范的"告"》,《日本中国史研究年刊》(2007年度),上海:上海古籍出版社,2009年版,第59页。

③ 〔日〕高木智见:《先秦社会与思想——试论中国文化的核心》,何晓毅译,上海:上海古籍出版社,2011年版,第104~105页。

的确，当时祭祀活动的一个重要内容，就是在宗庙中念唱自始祖以来的宗族世系。念唱的时候，很可能是由瞽矇领唱的。之所以需要念唱，是因为世系在念唱中被进一步确认，而且在念唱中可以给处于世系末端的念唱者本人一个证明自身存在的机会。"春秋的祭祀活动，在宗庙念唱始祖以来的'世'，是子孙们认识创造了自己血族历史的每一位祖先谥号的机会，另外，也是确认处于这种'世'最末端的自己的存在的一个机会。"[①] 这种希望进入世系进而确认自己的行为，可以由当时对死亡的一种表述方法证明。《左传》《国语》等史籍中保留了不少把死亡说成"即世"或"就世"的材料，如《左传》成公十三年有"献公即世""文公即世""穆、襄即世"之说[②]，《国语·越语》则有"先人就世，不穀就位"这样的说法[③]。关于这种现象，高木智见这样解释道："'即'与'就'如同'即位'和'就位'一样，意思相通，是一组同义词，意思是到达某个地方或者到达某种状况，或者说占有某个位置。因此，'就世'可以解释成占有那个叫做'世'的地方或者位置。而如果是表示死亡的意思的话，那么这里的'世'，当然肯定就是……表示血族连续的那个'世'了。所以，'就世'，可以看成死后即占据始祖以来祖先系谱中末端的位置。"[④] 由此我们不难看出，世系观念在当时人们的心目中是多么的重要和神圣。

总之，要进入宗庙这样的神圣空间，参与祭祀活动的人首先需要穿过由宗庙群本身所构筑的世系空间；待进入一个特定的宗庙之后，他们不仅要面对由祖先神主所组成的另一个世系空间，而且还要在祭祖仪式中念唱自始祖以来的宗族世系。通过宗庙中这种多渠道、多媒介的反复灌输或浸染，宗族世系已经成为先秦时期人们的集体记忆。而当宗庙祭祀的重要性有所弱化的时候，宗族世系的观念就作为一种结构性的文化记忆，转移到历史叙事的文本结构中，并在很大程度上建构了中国的历史叙事传统。于是，中国古代的"凝聚性结构"完成了从"仪式性关联"到"文本性关联"的过渡。这样一来，"正典最终取代了圣殿（Tempel）

---

① 〔日〕高木智见：《先秦社会与思想——试论中国文化的核心》，何晓毅译，上海：上海古籍出版社，2011年版，第103页。
② 杨伯峻编著：《春秋左传注》（第二册），北京：中华书局，1981年版，第859~867页。
③ 徐元诰撰，王树民、沈长云点校：《国语集解》（修订本），北京：中华书局，2002年版，第580页。
④ 〔日〕高木智见：《先秦社会与思想——试论中国文化的核心》，何晓毅译，上海：上海古籍出版社，2011年版，第102~103页。

和聚会（Synedrium），实际上，这些被视为正典的文献起初是在后者的框架下作为其沉淀下来的传统逐步形成的。"①

要考察宗庙与中国历史叙事传统的关系，我们只要找出两者之间的内在关联即可。从上面的论述中，我们已经明了由宗庙所体现出来的世系结构，这种结构会以"框架"的形式影响到历史文本的结构。下面，我们需要阐明的是中国历史叙事传统的本质特点和内在结构。

那么，什么是中国历史叙事传统？这一叙事传统的结构性特征又是什么呢？

说起传统，美国学者爱德华·希尔斯曾经这样写道："传统意味着许多东西。就其最明显、最基本的意义来看，它的涵义仅只是世代相传的东西（traditum），即任何从过去延传至今或相传至今的东西。……决定性的标准是，它是人类行为、思想和想象的产物，并且被代代相传。"②"人类所成就的所有精神范型，所有的信仰或思维范型，所有已形成的社会关系范型，所有的技术惯例，以及所有的物质制品或自然物质，在延传过程中，都可以成为延传对象，成为传统。"③但所有这些东西，无论它们是物质方面的，还是精神、信仰或思维方面的，要成为传统，就必须满足持续延传或一再出现这个条件，因为"无论其实质内容和制度背景是什么，传统就是历经延传而持久存在或一再出现的东西"④。当然，堪称传统的那种"持久存在或一再出现的东西"并非意味着一成不变，而是允许它们在保持共同主题、共同渊源和相近表现方式的基础上发生种种变异，但其各种变体之间必须有一条共同的链锁联结其中。

也许有人会说，成为传统只要满足"持久存在或一再出现"这一个条件，岂不是太容易了？但事实恰恰相反，因为无论是物质制品、生活习性，还是社会、历史和文化，都处在不断的变动之中，在这种变动中能保持持续延传的东西不是太多而是太少了。正因为穿越漫长时间的真正传统是如此的难得，所以进入近现代以来，人们甚至会为了种种现实

---

① 〔德〕扬·阿斯曼：《文化记忆：早期高级文化中的文字、回忆与政治身份》，金寿福、黄晓晨译，北京：北京大学出版社，2015年版，第106页。
② 〔美〕E. 希尔斯：《论传统》，傅铿、吕乐译，上海：上海人民出版社，1991年版，第15页。
③ 〔美〕E. 希尔斯：《论传统》，傅铿、吕乐译，上海：上海人民出版社，1991年版，第21页。
④ 〔美〕E. 希尔斯：《论传统》，傅铿、吕乐译，上海：上海人民出版社，1991年版，第21页。

的需要，而不惜伪造或歪曲历史去"发明"所谓的传统。对于这种"发明传统"的现象，英国历史学家 E. 霍布斯鲍姆和 T. 兰杰所编的《传统的发明》一书进行了极为深刻的阐述。E. 霍布斯鲍姆在该书的"导论"中指出："'被发明的传统'意味着一整套通常由已被公开或私下接受的规则所控制的实践活动，具有一种仪式或象征特性，试图通过重复来灌输一定的价值和行为规范，而且必然暗含与过去的连续性。事实上，只要有可能，它们通常就试图与某一适当的具有重大历史意义的过去建立连续性。……然而，就与历史意义重大的过去存在着联系而言，'被发明的'传统之独特性在于它们与过去的这种连续性大多是人为的（factitious）。"① 比如说，大名鼎鼎的苏格兰褶裙，我们现在往往把它视为体现苏格兰民族特性的典型服饰，但据学者休·特雷弗－罗珀的研究，它其实正是一种因应现实需要而被发明出来的"传统"②。显然，这种"被发明的传统"并不是我们所说的真正的传统。

作为有着悠久历史和灿烂文明的古国，我们中国当然有很多优良的传统，无论是物质遗存还是精神文化方面都是如此。然而，也并非所有古老的、躺在时间深处的东西都能够成为传统。就拿中国历史来说，我们有着几千年的文明史，也有着汗牛充栋的各类史籍，但真正足以称得上是中国历史叙事传统的也绝不会太多。那么，什么才真正称得上是中国历史叙事传统呢？对这个问题的回答很可能会见仁见智，但我相信大

---

① 〔英〕E. 霍布斯鲍姆、〔英〕T. 兰杰编：《传统的发明》，顾杭、庞冠群译，南京：译林出版社，2008年版，第2页。

② 在我国，自2009年春节联欢晚会"小沈阳"成功表演小品《不差钱》以来，更是刮起了一阵苏格兰风。殊不知，所谓的苏格兰褶裙其实并非古已有之，而只是一种晚近的"被发明的传统"。正如休·特雷弗—罗珀所说："现在，每逢苏格兰人聚集在一起颂扬其民族特性时，他们总是通过某种具有民族特色的方式来公开肯定这种特性。他们穿着用格子呢做的苏格兰褶裙，裙子的颜色和样式表明了其'克兰'（氏族）；当他们沉溺于音乐时，其乐器是风笛。他们将这种传达民族特性的载体归于伟大的古代遗风，其实它在很大程度上是现代的。这种载体是与英格兰合并以后（其中某些因素甚至在很久以后）才发展起来的，在某种意义上它是对英格兰的一种抗议。在合并以前，它确实以一种残留的形式存在；但大多数苏格兰人视这种形式为野蛮的标志，它是懒散无赖、掠夺敲诈的高地人之象征。这种高地人多是些讨厌鬼而不会对文明开化的古苏格兰构成威胁。其实，甚至在高地残存的这种载体也是相当新近的，它并非高地社会原创的或独特的象征。"（〔英〕E. 霍布斯鲍姆、〔英〕T. 兰杰编：《传统的发明》，顾杭、庞冠群译，南京：译林出版社，2008年版，第16页）

家在这一点上会形成共识，那就是：被称为"正史"的二十五史①形成了中国史学的主流或"正统"，而作为二十五史体裁的纪传体叙事，则构成了中国历史叙事的主要传统。

我们知道，纪传体创始自司马迁，而定型于班固，以后各史遂把它作为常规体裁遵行。纪传体是一种综合性的历史叙事体裁，就《史记》一书言之，它其实包括本纪、表、书、世家和列传五个部分。对此，司马迁在《史记·太史公自序》中说得甚是明白："网罗天下放失旧闻，王迹所兴，原始察终，见盛观衰，论考之行事，略推三代，录秦汉，上记轩辕，下至于兹，著十二本纪，既科条之矣。并时异世，年差不明，作十表。礼乐损益，律历改易，兵权山川鬼神，天人之际，承敝通变，作八书。二十八宿环北辰，三十辐共一毂，运行无穷，辅拂股肱之臣配焉，忠信行道，以奉主上，作三十世家。扶义俶傥，不令己失时，立功名于天下，作七十列传。凡百三十篇，五十二万六千五百字，为《太史公书》。"②

对于《史记》的这种五体结构，一般认为可以大体分成两个部分："经"与"传"，"经"部分包括本纪、表和书三类，"传"部分则包括世家和列传两类。而且，《史记》这种分"经""传"叙述的方法是仿效了《春秋》的做法，对此，唐代的刘知几有云："夫纪传之兴，肇于《史》、《汉》，盖纪者，编年也；传者，列事也。编年者，历帝王之岁月，犹《春秋》之经；列事者，录人臣之行状，犹《春秋》之传。《春秋》则传以解经，《史》、《汉》则传以释纪。"③当然，《史记》的这种分"经""传"叙述的方法，不仅仅是因袭《春秋》等已有史籍，更是太史公的综合创新，对此，顾颉刚先生说得很清楚："司马氏父子④生当西汉全盛的时代，用了他们丰富的知识来整理所能把握的史料，他们想把相传的孔子的《春秋》大义结合自己的正义感而作为历史观点，混合了《春秋》、

---

① 对于"正史"，一般有"二十四史"和"二十五史"两说。传统上一般只有"二十四史"，但1921年中华民国总统徐世昌下令将《新元史》列入"正史"，与"二十四史"合称"二十五史"。《新元史》共257卷，由民国时的柯劭忞（1848—1933）编纂。但也有人主张不将《新元史》列入，而改将赵尔巽（1844—1927）编纂的《清史稿》（共529卷）列为"二十五史"之一。本章从合《新元史》与"二十四史"合称"二十五史"之说。

② （汉）司马迁撰、（宋）裴骃集解、（唐）司马贞索引、（唐）张守节正义：《史记》（点校本），北京：中华书局，1982年第2版，第3319页。

③ 刘知几原著、姚松等译注：《史通全译》（上），贵阳：贵州人民出版社，1997年版，第72页。

④ 因为《史记》的撰述还包括司马迁的父亲司马谈所做的一部分工作，所以顾颉刚才有此言，但学界一般还是把《史记》的"著作权"算在司马迁的名下。

《尚书》、《国语》、《世本》诸种旧史体裁，创作一部囊括古今各时代、各部族和各阶级的通史，于是他们就把当时所有的历史资料一齐打通，加以选择和修改，而建立《史记》的新体裁。……他们隐然把本纪、表、书三类作为'经'，因为这些都是帝王的政治，关系全面，体制高而影响大；世家、列传两类作为'传'，因为这些都是诸侯、大夫和庶民的事情，他们地位低，关系只是局部的，可以当作本纪、表、书的注解，例如春秋、战国时的各诸侯世家就是《周本纪》、《十二诸侯年表》和《六国年表》的传，商鞅、张仪、樗里子、穰侯、白起、范雎、吕不韦、蒙恬、李斯九篇列传就是《秦本纪》和《秦始皇本纪》的传。因为是传，所以把一系列的传文称作'列传'。"①

这种分《史记》五体为"经""传"的做法当然不无道理，这是一种以书写对象的地位或重要性为标准的分类。但如果我们换一个视角，从"叙事特点"或"叙事内容"的角度来考察问题，那么，《史记》的五个部分或五种体裁则可以分为三类：其中，本纪、表和世家因为均以叙述帝王或诸侯的世系为主，我们可以将它们归为一个大类，书和列传则因在叙事上各有特点而各自成为一种单独的类别。

当然，在司马迁所开创的五体结构（本纪、表、书、世家和列传）中，并不是五种体裁均为纪传体史书所必需，也就是说，并不是所有的纪传体史书都必须包括这五种体裁。就二十五史而言，本纪和列传各史都有，有书（《汉书》之后改称为志）的共十八史，有表的共十史，而世家的情况比较复杂，但总的趋势是在《汉书》之后"正史"中甚少出现

---

① 顾颉刚：《史记序》，《顾颉刚古史论文集》（卷十一），北京：中华书局，2011年版，第638~639页。

世家一体[1]。因此，构成纪传体史书的必备体裁是本纪和列传，正如李宗侗所指出的："本纪列传，各史皆有，苟缺一种则不能成为纪传体。"[2] 既然本纪和列传是构成纪传体史书的必备体裁，而以纪传体写成的二十五史又构成了中国史学的主流或"正统"；那么，我们可以说，本纪和列传即是形成中国历史叙事传统的主要体裁。关于列传的叙事问题，笔者拟另撰文作专门探讨，这里仅考察本纪。

我们认为，本纪的叙事可称为世系叙事，其基本结构即源于宗庙这一特定的建筑空间，源于宗庙对家族世系的空间化表述。

由于纪传体这一历史叙事的体裁是由司马迁的《史记》所奠定的，所以我们这里就以《史记》为中心来探讨本纪世系叙事的主要特点。正如前面所谈到的，《史记》全篇采用的是一个包括本纪、表、书、世家和列传五种体裁的综合性结构。其中，本纪、表和世家均以叙述帝王或诸

---

[1] "世家"这一《史记》中的重要体裁为班固所弃之不用，是由于社会情势的变化。对此，李宗侗先生有很好的解释："班固完全采用太史公的体裁，只将《史记》的通史性质改为断代史而已。此外他更将世家并入列传，这由于两人所处的社会不同而非对体裁有何相异的见解。周代列国并立，周王并未若秦以后天子的集权。且各国皆系世传，不只与周相始终，且有较周后亡者，如卫君角之灭较周尚晚。列传只能记一人之事，而世家则记一国之事，故太史公不能不用世家。汉初行郡国制，既有天子直辖的郡县，又有世袭的王侯国。至少汉初的王侯国仍近似东周的列国，所以《史记》遂亦列为世家，如《萧相国世家》等是也。但自景帝削平七国以后，武帝用王侯分封子弟的办法，王侯国遂与东周列国大异。太史公生于汉武之世，社会较近于古代；班固生于东汉之初，社会与古代大不相同，故并世家于列传，亦有其理由存在。这种改变后的体裁遂为各史所遵行。"（李宗侗：《二十五史的体裁》，《中国古代社会新研 历史的剖面》，北京：中华书局，2010年版，第256页）当然，《汉书》之后的史书也不是完全不用"世家"一体，如欧阳修撰《新五代史》时就重新用过这一体裁，而《宋史》因之；此外，《晋书》的"载记"、《辽史》的"外纪"虽不用"世家"之名而所叙述的实际情况则与"世家"相同，但总的来说，班固把"世家"完全并入"列传"的做法确实为后来的修史者所承袭。对此，清人赵翼在《廿二史札记》中曾经颇有微词地这样写道："《史记·卫世家赞》'余读《世家》言'云云。是古来本有世家一体，迁用之以记王侯诸国，《汉书》乃尽改为列传。传者，传一人之生平也。王侯开国，子孙世袭，故称世家，今改作传，而其子孙嗣爵者又不能不附其后，究非体矣。然自《汉书》定例后，历代因之。《晋书》于僭伪诸国数代相传者，不曰世家，而曰载记，盖以刘、石、苻、姚诸君有称大号者，不得以侯国例之也。欧阳修《五代史》则于吴、南唐、前蜀、后蜀、南汉、北汉、楚、吴越、闽、南平，皆称世家。《宋史》因之，亦作十国世家。《辽史》于高丽、西夏，则又称其名曰外纪。"[（清）赵翼：《廿二史札记》，北京：中华书局，1984年版，第3~4页]

[2] 李宗侗：《二十五史的体裁》，《中国古代社会新研：历史的剖面》，北京：中华书局，2010年版，第258页。

第八章　世系、宗庙与中国历史叙事传统

侯的世系为主，但表的叙事过于简略①，而世家在《汉书》之后即基本弃而不用②，所以本纪的世系叙事最具代表性，也最有影响。

《史记》共十二本纪，在五体结构中位列第一。关于本纪，司马贞《史记·五帝本纪·索引》认为："纪者，记也。本其事而记之，故曰本

---

① 《史记》中共有十表，在五体结构中紧随"本纪"排在第二。关于表，司马贞《史记·三代世表·索引》这样写道："应劭云：'表者，录其事而见之。'案：《礼》有《表记》，而郑玄云'表，明也'。谓事微而不著，须表明也，故言表也。"［（汉）司马迁撰、（宋）裴骃集解、（唐）司马贞索引、（唐）张守节正义：《史记》（点校本），北京：中华书局，1982 年版，第 487 页］赵翼《廿二史札记》则曰："《史记》作十表，仿于周之谱牒，与纪、传相为出入。凡列侯、将相、三公、九卿，功名表著者，既为立传，此外大臣无功无过者，传之不胜传，而又不容尽没，则于表载之。作史体裁，莫大于是。故《汉书》因之，亦作七表。"（赵翼著、王树民校证：《廿二史札记校证》，北京：中华书局，1984 年版，第 4 页）看来，两位古代学者对"表"的看法基本一致，认为"表"这种体裁适用于虽有较高的政治地位但无功无过、功名不足以立传之人，以及轻微不著、其重要性不足以写入本纪和世家之事。顾颉刚先生除了指出"表"的适用范围，还点出了这种体裁的文体渊源，并肯定了"表"在史学上的突出贡献："《史记》的表是取资《春秋》和《世本》里的《王侯谱》的。桓谭《新论》说：'太史三代世表，旁行斜上，并效周谱（《梁书·刘杳传》引）。周谱现在看不见了，当即《王侯谱》的一部分，或类似《王侯谱》的一部书。凡是占有高级的政治地位而没有突出的事迹可记的人们，例如长沙王吴芮以及若干帮汉高祖定天下的功臣都只记在表里，以免空占了本纪和世家的篇幅，这是一种最经济的手段。《三代世表》序说：'余读谍记，黄帝以来皆有年数；稽其《历谱牒》、《终始五德》之传，古文咸不同、乖异：夫子之弗论次其年月，岂虚哉！'作者在把后出的资料经过比较和考证之下，发现共和以前的年数，记载虽多而都出于后世的臆测，就毅然决然去掉'年'而专记其'世'，这不能不说是历史面貌的一次革新。又如秦、楚之际，中央和地方政局的变化最为剧烈和急速，如果仅仅编年是看不清楚的，于是就创为'月表'，把极复杂的现象清理了出来，这尤见他们的执简御繁的巧思。"（顾颉刚：《史记序》，《顾颉刚古史论文集》（卷十一），北京：中华书局，2011 年版，第 639～640 页）关于《史记》中的表，张大可先生专门撰有《〈史记〉十表之结构与功用》一文，其中写道："十表在五体序列中紧接本纪之后，二体互补，均编年记正朔。本纪编年以王朝和帝王为体系，反映了从黄帝至汉武帝二千三百余年朝代变迁和帝王相承的大势；年表编年以时代的变革划分段落，打破了王朝和帝王相承的体系，更鲜明地表现了各个历史段落的世势发展与变迁，表序则就各个历史段落的大势承递作理论的剖析，宗其始终，供人自镜。"（张大可：《〈史记〉十表之结构与功用》，《史记研究》，北京：商务印书馆，2011 年版，第 306～307 页）总之，"表"在《史记》中紧随"本纪"之后，它具有重要的结构功能。"表"扩大了叙事的范围，增加了叙事的对象，补充了"本纪""世家"叙事之不足，并在"本纪"与"世家"之间架起了一座关联性的桥梁。当然，"表"的叙事毕竟过于简略，它无法承担更多的保存历史事实和塑造历史人物形象的功能，但正如上面各位学者所指出的："表"在整个《史记》叙事文本中的结构性功能不容小视，它构成了司马迁最突出的创造性贡献之一。

② 但这里必须指出的是："世家"在叙事上具有与"本纪"相同的特征，即：两者都是对宗族世系的叙述。关于"世家"的作用，司马迁在《太史公自序》中说得很清楚："二十八宿环北辰，三十辐共一毂，运行无穷，辅拂股肱之臣配焉，忠信行道，以奉主上，作三十世家。"也就是说，"世家"应该像"二十八宿环北辰，三十辐共一毂"一样，在外围拱卫、辅弼着处于中央的大宗或王室，以使其血脉或基业永远延续下去。由于诸侯也有着自己的世系，所以标准的"世家"，在叙事上与"本纪"具有共通性或相似性，即：它们都是对宗族世系的叙述，只不过"本纪"叙述的是帝王的世系，而"世家"叙述的则是诸侯或巨室大族的世系；而且，"世家"所叙述的世系很可能就是"本纪"所叙述的世系的分支或旁支。

235

纪。又纪,理也,丝缕有纪。而帝王书称纪者,言为后代纲纪也。"① 张守节《史记·五帝本纪·正义》也说:"裴松之《史目》云'天子称本纪,诸侯曰世家'。本者,系其本系,故曰本;纪者,理也,统理众事,系之年月,名之曰纪……"② 上述两位唐代学者都谈到了"本纪"的本质性或纲纪性作用。在此基础上,刘知几在《史通》中则溯"纪"体之源,并谈到了"本纪"的影响:"昔汲冢竹书是曰《纪年》,《吕氏春秋》肇立纪号。盖纪者,纲纪庶品,网罗万物。考篇目之大者,其莫过于此乎?及司马迁之著《史记》也,又列天子行事,以本纪名篇。后世因之,守而勿失。譬夫行夏时之正朔,服孔门之教义者,虽地迁陵谷,时变质文,而此道常行,终莫之能易也"③,"盖纪之为体,犹《春秋》之经,系日月以成岁时,书君上以显国统"④。在以上各位学者论述的基础上,张大可总结出了关于"本纪"的五种意义:

    1. "本纪"为法则、纲要之意,它"纲纪庶品",故为最尊贵之名称。

    2. "本纪"为记载天子国君之言事所专用。

    3. "本纪"是"网罗万物"的,即国家大事无所不载,不得视为人物传记。

    4. "本纪"编年,记正朔,象征天命攸归。从编纂学角度立论,编年记事是我国史法的优秀传统,使叙列的历史事件、兴衰发展的线索分明,它创自《春秋》。

    5. "本纪"效《春秋》十二公,故为十二篇。《太史公自序》云:"著十二本纪。"⑤

关于"本纪"的上述意义,对照《史记》,我们认为确实存在;但

---

① (汉)司马迁撰、(宋)裴骃集解、(唐)司马贞索引、(唐)张守节正义:《史记》(点校本),北京:中华书局,1982年第2版,第1页。

② (汉)司马迁撰、(宋)裴骃集解、(唐)司马贞索引、(唐)张守节正义:《史记》(点校本),北京:中华书局,1982年第2版,第1页。

③ 刘知几著、姚松等译注:《史通全译》(上),贵阳:贵州人民出版社,1997年版,第54页。

④ 刘知几著、姚松等译注:《史通全译》(上),贵阳:贵州人民出版社,1997年版,第57页。

⑤ 张大可:《〈史记〉体制义例》,《史记研究》,北京:商务印书馆,2011年版,第215页。

对于"本纪"更为始源性、基础性的意义,以上各位学者却都是语焉不详。我们认为,理解"本纪"的关键恰恰就在于"本"字上。为了理解这个"本"字,我们首先必须理解其本义,并在先秦宗法制的背景下理解"本纪"的始源性意义。许慎《说文解字》云:"木下曰本。"段玉裁注曰:"从木,一在其下。"[1] 这应该就是"本"字的本义,如果将之引申到人伦关系上,"本"则指宗法上的"大宗",与"大宗"相对的"小宗"则是"支"(枝)。这种植物与人之间的类比,在古代中国是一件非常自然的事,正如日本学者高木智见所说的那样:"在古代中国,人和植物是被类比认识的。在这样的认识下,同族人发挥强烈的生命力保持繁荣,与植物繁盛没有任何区别。"[2] 正因为如此,所以《诗经·小雅·天保》以"如松柏之茂,无不尔或承"[3]、《诗经·大雅·绵》以"绵绵瓜瓞,民之初生"[4] 来比喻周族子孙的繁荣,而《诗经·大雅·板》则以"大帮维屏,大宗维翰(干)"[5] 来比拟宗族核心的直系子孙(大宗)。与"本"之义直接相关的,我们可以举出《诗经·大雅·文王》一诗为例:

> 文王在上,于昭于天。周虽旧邦,其命维新。有周不显,帝命不时。文王陟降,在帝左右。
> 亹亹文王,令闻不已。陈锡哉周,侯文王孙子。文王孙子,本支百世。凡周之士,不显亦世。[6]

对于诗中"文王孙子,本支百世"一句,高木智见这样解释道:"'本支'当然指的就是以文王为始祖的大宗'本(树干)',和旁系子孙小宗亦即'支(枝叶)'。这个'本支百世'的说法,直截了当地形容了周代宗法制度的核心。"[7] "宗法制度作为周代封建制度存在的基

---

[1] (汉)许慎撰、(清)段玉裁注、许惟贤整理:《说文解字注》(上),南京:凤凰出版社,2007年版,第437页。
[2] 〔日〕高木智见:《先秦社会与思想——试论中国文化的核心》,何晓毅译,上海:上海古籍出版社,2011年版,第60~61页。
[3] 周振甫译注:《诗经译注》,北京:中华书局,2002年版,第241页。
[4] 周振甫译注:《诗经译注》,北京:中华书局,2002年版,第402页。
[5] 周振甫译注:《诗经译注》,北京:中华书局,2002年版,第448页。
[6] 周振甫译注:《诗经译注》,北京:中华书局,2002年版,第395~396页。
[7] 〔日〕高木智见:《先秦社会与思想——试论中国文化的核心》,何晓毅译,上海:上海古籍出版社,2011年版,第61页。

础，是一个通过严格区别血族成员之间的亲疏远近，从而达到实现嫡子继承安定化的社会体系。这个体系以继承祭祀祖先、政治权利、封建财产的历代嫡系子孙为大宗，以同母和庶出兄弟为小宗的原则统治全血族的秩序。具体是，继承周天子地位的嫡长子是世系的大宗，作为诸侯被封的次子以下的世系为小宗。在诸侯世系中，虽然对于天子来说是小宗，可是在封国内却是大宗。就是说，诸侯（国王）的地位被历代嫡长子所继承，这个世系是大宗，次子以下被封的卿大夫世系为小宗"，"以下同样，卿大夫的地位被历代嫡长子所继承，这个世系为大宗，而次子以下被封为士的世系则为小宗。再次，历代继承士的地位的嫡长子世系为大宗，次子以下变为庶人的世系为小宗。大略如此的宗法体制，借用植物比喻的正是上述'文王孙子，本支百世'。再重复一遍，文王直系子孙是大宗，比喻为'本'亦即树干，次子以下是小宗，比喻为'支'亦即枝叶"[1]。为了更好地理解宗族世系的这种"本支"关系，我们可以参考下面的"宗法继统表"（见表8-1）[2]。从表中可以看出，"嫡长子"为"大宗"，直接继承父亲拥有的身份与地位；而"别子"为"小宗"，则只能等而"下"之了。在这样的视野下，所谓"本纪"的意义也就显而易见了。说到底，"本纪"无非就是对"本"之"纪"，也就是对作为大宗的帝王之世系及相关事迹的记载或叙述。

---

[1] 〔日〕高木智见：《先秦社会与思想——试论中国文化的核心》，何晓毅译，上海：上海古籍出版社，2011年版，第61~62页。

[2] 许嘉璐主编：《中国古代礼俗辞典》，北京：中国友谊出版公司，1991年版，第421页。

表 8-1　宗法继统表

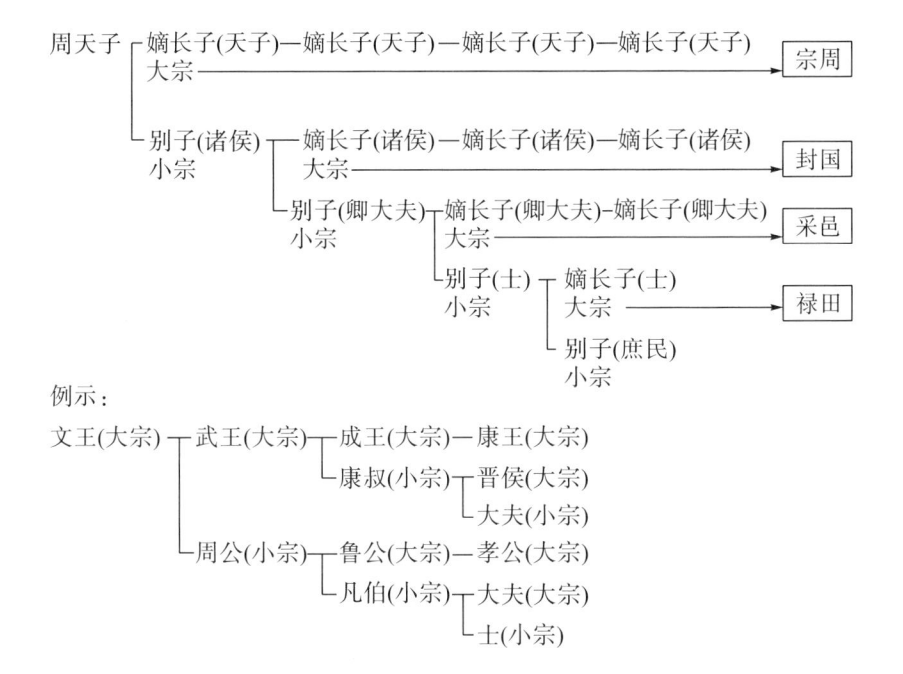

```
周天子 ┬ 嫡长子(天子)—嫡长子(天子)—嫡长子(天子)—嫡长子(天子) → 宗周
       │ 大宗
       └ 别子(诸侯) ┬ 嫡长子(诸侯)—嫡长子(诸侯)—嫡长子(诸侯) → 封国
         小宗       │ 大宗
                    └ 别子(卿大夫) ┬ 嫡长子(卿大夫)-嫡长子(卿大夫) → 采邑
                      小宗         │ 大宗
                                   └ 别子(士) ┬ 嫡长子(士) → 禄田
                                     小宗     │ 大宗
                                              └ 别子(庶民)
                                                小宗
```

例示：

```
文王(大宗) ┬ 武王(大宗) ┬ 成王(大宗)—康王(大宗)
          │            ├ 康叔(小宗) ┬ 晋侯(大宗)
          │            │            └ 大夫(小宗)
          └ 周公(小宗) ┬ 鲁公(大宗)—孝公(大宗)
                       ├ 凡伯(小宗) ┬ 大夫(大宗)
                                    └ 士(小宗)
```

明白了"本纪"的基本涵义，那么，接下来我们要考察的，就是《史记》中以"本纪"为代表的世系叙事的本质特征了。

对于《史记》中的"本纪"在叙事上的特点，以往也有学者做过一些探讨。比如，顾颉刚先生对"本纪"的叙事特征就有一个大致的归纳："《史记》的'本纪'无疑是效法《春秋》的，它用帝王的次序和年代扣住许多重要的事情，来见出盛衰兴亡的线索。不过它已把《春秋》式的文体解放了，不再用很精简的句子来记述一件事情，也不再有记言和记事的区别，而把档案式的《尚书》体裁和杂记式的《国语》体裁汇合在一起，使得人们一览之下就可明白这件事情的全貌。至于没有年代可寻的，如《五帝本纪》，当然效法于《尚书》的《尧典》，只把现存材料略略分出先后而贯穿起来。"[①] 顾颉刚先生把"本纪"的叙事特征概括为"用帝王的次序和年代扣住许多重要的事情，来见出盛衰兴亡的线索"，当然大致不差，但这种说法稍嫌笼统。为了更好地理解《史记》世系叙事的本质特征，我们还必须做更为具体的分析。

我们认为，要把握以"本纪"为代表的世系叙事的本质特征，必须

[①] 顾颉刚：《史记序》，《顾颉刚古史论文集》(卷十一)，北京：中华书局，2011年版，第639页。

把政治性和血缘性,也就是所谓的"政统"和"宗统"结合起来统一考虑,而且后者往往更为重要。之所以如此,是因为上古中国的政治统治模式往往是建立在血缘和宗族的基础之上的。为了便于说明问题,我们最好还是来分析具体的叙事文本。如《史记·五帝本纪》开篇云:

> 黄帝者,少典之子,姓公孙,名曰轩辕。生而神灵,弱而能言,幼而徇齐,长而敦敏,成而聪明。
>
> 轩辕之时,神农氏世衰。诸侯相侵伐,暴虐百姓,而神农氏弗能征。于是轩辕乃习用干戈,以征不享,诸侯咸来宾从。而蚩尤最为暴,莫能伐。炎帝欲侵陵诸侯,诸侯咸归轩辕。轩辕乃修德振兵,治五气,艺五种,抚万民,度四方,教熊罴貔貅䝙虎,以与炎帝战于阪泉之野。三战然后得其志。蚩尤作乱,不用帝命。于是黄帝乃征师诸侯,与蚩尤战于涿鹿之野,遂禽杀蚩尤。而诸侯咸尊轩辕为天子,代神农氏,是为黄帝。天下有不顺者,黄帝从而征之,平者去之,披山通道,未尝宁居。
>
> 东至于海,登丸山,及岱宗。西至于空桐,登鸡头。南至于江,登熊、湘。北逐荤粥,合符釜山,而邑于涿鹿之阿。迁徙往来无常处,以师兵为营卫。官名皆以云命,为云师。置左右大监,监于万国。万国和,而鬼神山川封禅与为多焉。获宝鼎,迎日推筴。举风后、力牧、常先、大鸿以治民。顺天地之纪,幽明之占,死生之说,存亡之难。时播百谷草木,淳化鸟兽虫蛾,旁罗日月星辰水波土石金玉,劳勤心力耳目,节用水火材物。有土德之瑞,故号黄帝。[①]

这段文字包括三段,第一段介绍了黄帝的出身、姓氏以及性格特征。第二段主要叙述了轩辕氏通过种种政治和军事手段而获得诸侯拥戴,并取代神农氏成为"黄帝"的过程。第三段则简要叙述了黄帝在成为天子后的活动范围及主要政绩。显然,这段文字偏重的是政治性的叙述,至于黄帝之前的世系,大概是由于资料的缺乏,司马迁只说黄帝为"少典之子"。整体而言,这段文字"文约而事丰",非常符合刘知几所崇尚的

[①] (汉)司马迁撰、(宋)裴骃集解、(唐)司马贞索引、(唐)张守节正义:《史记》(点校本),北京:中华书局,1982年第2版,第1~6页。

历史叙事应"简要"而"隐晦"的原则①。

接下来,《五帝本纪》就开始叙述黄帝之后或以黄帝为始祖的上古世系了:

> 黄帝二十五子,其得姓者十四人。
>
> 黄帝居轩辕之丘,而娶于西陵之女,是为嫘祖。嫘祖为黄帝正妃,生二子,其后皆有天下:其一曰玄嚣,是为青阳,青阳降居江水;其二曰昌意,降居若水。昌意娶蜀山氏女,曰昌仆,生高阳,高阳有圣德焉。黄帝崩,葬桥山。其孙昌意之子高阳立,是为帝颛顼也。
>
> 帝颛顼高阳者,黄帝之孙而昌意之子也。静渊以有谋,疏通而知事;养材以任地,载时以象天,依鬼神以制义,治气以教化,絜诚以祭祀。北至于幽陵,南至于交阯,西至于流沙,东至于蟠木。动静之物,大小之神,日月所照,莫不砥属。
>
> 帝颛顼生子曰穷蝉。颛顼崩,而玄嚣之孙高辛立,是为帝喾。
>
> 帝喾高辛者,黄帝之曾孙也。高辛父曰蟜极,蟜极父曰玄嚣,玄嚣父曰黄帝。自玄嚣与蟜极皆不得在位,至高辛即帝位。高辛於颛顼为族子。
>
> 高辛生而神灵,自言其名。普施利物,不于其身。聪以知远,明以察微。顺天之义,知民之急。仁而威,惠而信,修身而天下服。取地之材而节用之,抚教万民而利诲之,历日月而迎送之,明鬼神而敬事之。其色郁郁,其德嶷嶷。其动也时,其服也士。帝喾溉执中而遍天下,日月所照,风雨所至,莫不从服。
>
> 帝喾娶陈锋氏女,生放勋。娶娵訾氏女,生挚。帝喾崩,而挚代立。帝挚立,不善,而弟放勋立,是为帝尧。

---

① 在《史通·叙事》篇中,刘知几提出了好的历史叙事应该把握的两条原则:简要与隐晦。第一条原则即是简要:"夫国史之美者,以叙事为工,而叙事之工者,以简要为主。简之时义大矣哉!历观自古,作者权舆,《尚书》发踪,所载务于寡事;《春秋》变体,其言贵于省文。斯盖浇淳殊致,前后异迹。然则文约而事丰,此述作之尤美者也。"(刘知几著、姚松等译注:《史通全译》,贵阳:贵州人民出版社,1997年版,第 326 页)但好的历史叙事仅有简要是不够的,所以刘知几又提出了第二条原则,也即隐晦的原则:"夫饰言者为文,编言者为句,句积而章立,章积而篇成。篇目既分,而一家之言备矣。……然章句之言,有显有晦。显也者,繁词缛说,理尽于篇中;晦也者,省字约文,事溢于句外。然则晦之将显,优劣不同,较可知矣。夫能略小存大,举重明轻,一言而巨细咸该,片语而洪纤靡漏,此皆用晦之道也。"(同上书,第 335 页)

> 尧立七十年得舜，二十年而老，令舜摄行天子之政，荐之于天。尧辟位凡二十八年而崩。百姓悲哀，如丧父母。三年，四方莫举乐，以思尧。尧知子丹朱之不肖，不足授天下，于是乃权授舜。授舜，则天下得其利而丹朱病；授丹朱，则天下病而丹朱得其利。尧曰"终不以天下之病而利一人"，而卒授舜以天下。尧崩，三年之丧毕，舜让辟丹朱于南河之南。诸侯朝觐者不之丹朱而之舜，狱讼者不之丹朱而之舜，讴歌者不讴歌丹朱而讴歌舜。舜曰"天也"，夫而後之中国践天子位焉，是为帝舜。
>
> 虞舜者，名曰重华。重华父曰瞽叟，瞽叟父曰桥牛，桥牛父曰句望，句望父曰敬康，敬康父曰穷蝉，穷蝉父曰帝颛顼，颛顼父曰昌意：以至舜七世矣。自从穷蝉以至帝舜，皆微为庶人。①

在这段文字中，我们可以看到典型的世系叙事。在这里，叙事的主要目的就是讲清楚"五帝"之间的世系关系。为了把这种关系叙述清楚，司马迁既采取了"顺叙"，也采取了"倒叙"。所谓顺叙之法，就是按照从父到子、从子到孙、从上到下进行叙述的方法，如黄帝与正妃嫘祖所生二子，一曰玄嚣，一曰昌意，其后皆有天下，黄帝崩，其孙昌意之子高阳立，是为帝颛顼；颛顼崩，而玄嚣之孙高辛立，是为帝喾；帝喾崩，先是其子挚代立，因施政不善而为弟放勋取代，是为帝尧。所谓"倒叙"之法则相反，就是从下到上的追溯世系之法，比如在谈到高辛时，就这样追溯其世系："高辛父曰蟜极，蟜极父曰玄嚣，玄嚣父曰黄帝。"而叙述帝舜的世系，也是从舜开始一代接一代往上推："虞舜者，名曰重华。重华父曰瞽叟，瞽叟父曰桥牛，桥牛父曰句望，句望父曰敬康，敬康父曰穷蝉，穷蝉父曰帝颛顼，颛顼父曰昌意：以至舜七世矣。"其中尧与舜之间天子位的嬗递尽管被史学家们称为"禅让"，但追溯起来两者间还是有血缘或宗族关系，只是相隔得比较远而已。关于"五帝"之间的世系关系，李学勤先生根据《史记·五帝本纪》的叙述制作了一张世系表（表8-2）②，也许更为直观地反映出了上古的世系。如果按照这个世系

---

① （汉）司马迁撰、（宋）裴骃集解、（唐）司马贞索引、（唐）张守节正义：《史记》（点校本），北京：中华书局，1982年第2版，第9~31页。

② 李学勤：《〈史记·五帝本纪〉讲稿》，北京：生活·读书·新知三联书店，2012年版，第26页。

表,那么后来先秦时期的主要朝代和几乎所有重要人物都可以归结到黄帝及其以下的两大系统。对于这个上古世系表,由于年代太久远、资料太匮乏,我们当然不能全都相信,但我们也不要像"古史辨派"学者那样把它全盘推翻,因为这个世系本身就包含很多重要的有关上古时期的信息。正如李学勤所说:"这张表不代表上古世系的事实,但它反映了中国最古老的一些世系传说,这些传说包含着很多有意思的信息。比如按照《史记》的记载,黄帝、颛顼、帝喾是五帝中的三帝,从这个表中我们可以看到,他们和黄帝的关系都很密切,再往后的尧,传说是喾的儿子,而舜和颛顼之间就隔了很多代,所以古人其实也已经指出,不能完全相信传说,但传说能显现出他们之间存在着一定关系。五帝的这些传说就反映出当时的氏族、部落之间的关系网。"①

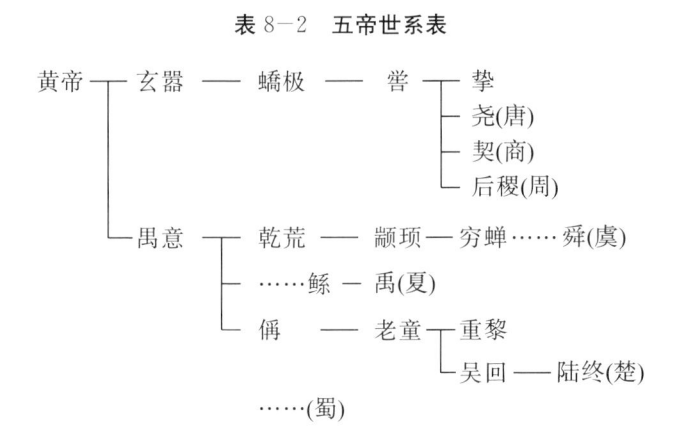

表 8-2 五帝世系表

```
黄帝 ┬ 玄嚣 ── 蟜极 ── 喾 ┬ 挚
     │                      ├ 尧(唐)
     │                      ├ 契(商)
     │                      └ 后稷(周)
     │
     └ 禺意 ┬ 乾荒 ── 颛顼 ── 穷蝉……舜(虞)
             ├ ……鲧 ── 禹(夏)
             ├ 俩 ── 老童 ┬ 重黎
             │             └ 吴回 ── 陆终(楚)
             └ ……(蜀)
```

总之,对于世系叙事来说,阐明世系是第一要务,只有在世系已明的前提下,才展开对各类重大事件的叙述,并对人物性格进行概述或刻画。比如《史记·五帝本纪》,每位帝王都是在首先明确其在家族世系中的位置之后,才展开其他方面的叙述。比如,关于帝颛顼,司马迁首先写明其世系:"帝颛顼高阳者,黄帝之孙而昌意之子也";接下来的两句,是对其性格特征的高度概述:"静渊以有谋,疏通而知事";再接下来的几句,是对帝颛顼所做过的足以传之后世的功德事件的叙述:"养材以任地,载时以象天,依鬼神以制义,治气以教化,絜诚以祭祀";然后,则谈到了帝颛顼所统治的地域:"北至于幽陵,南至于交趾,西至于流沙,东至于蟠木";最后叙述的,则是颛顼统治时期良好的社会和政治状况:

---

① 李学勤:《〈史记·五帝本纪〉讲稿》,北京:生活·读书·新知三联书店,2012 年版,第 26 页。

"动静之物，大小之神，日月所照，莫不砥属。"①

《史记》世系叙事的这种先明世系再叙其他事件的结构模式，在后来的《夏本纪》《殷本纪》《周本纪》《秦本纪》中，因为神话色彩的逐渐淡去和史料的日渐丰富，司马迁对其世系的叙述也就愈益繁复。比如《史记·殷本纪》：

> 殷契，母曰简狄，有娀氏之女，为帝喾次妃。三人行浴，见玄鸟堕其卵，简狄取吞之，因孕生契。契长而佐禹治水有功。帝舜乃命契曰："百姓不亲，五品不训，汝为司徒而敬敷五教，五教在宽。"封于商，赐姓子氏。契兴于唐、虞、大禹之际，功业著于百姓，百姓以平。
>
> 契卒，子昭明立。昭明卒，子相土立。相土卒，子昌若立。昌若卒，子曹圉立。曹圉卒，子冥立。冥卒，子振立。振卒，子微立。微卒，子报丁立。报丁卒，子报乙立。报乙卒，子报丙立。报丙卒，子主壬立。主壬卒，子主癸立。主癸卒，子天乙立，是为成汤。
>
> 成汤，自契至汤八迁。汤始居亳，从先王居，作《帝诰》。
>
> ············
>
> 汤崩，太子太丁未立而卒，于是乃立太丁之弟外丙，是为帝外丙。帝外丙即位三年，崩，立外丙之弟中壬，是为帝中壬。帝中壬即位四年，崩，伊尹乃立太丁之子太甲。太甲，成汤适长孙也，是为帝太甲。帝太甲元年，伊尹作《伊训》，作《肆命》，作《徂后》。
>
> ············
>
> 太宗崩（即帝太甲），子沃丁立，帝沃丁之时，伊尹卒。既葬伊尹于亳，咎单遂训伊尹事，作《沃丁》。
>
> 沃丁崩，弟太庚立，是为帝太庚。帝太庚崩，子帝小甲立。帝小甲崩，弟雍己立，是为帝雍己。殷道衰，诸侯或不至。
>
> 帝雍己崩，弟太戊立，是为帝太戊。帝太戊立伊陟为相。……殷复兴，诸侯归之，故称中宗。
>
> 中宗崩，子帝中丁立。帝中丁迁于隞。河亶甲居相。祖乙迁于邢。帝中丁崩，弟外壬立，是为帝外壬。仲丁书阙不具。帝外壬崩，弟河亶甲立，是为帝河亶甲。河亶甲时，殷复衰。

---

① （汉）司马迁撰、（宋）裴骃集解、（唐）司马贞索引、（唐）张守节正义：《史记》（点校本），北京：中华书局，1982年版，第11~12页。

河亶甲崩，子帝祖乙立。帝祖乙立，殷复兴。巫贤任职。

祖乙崩，子帝祖辛立。帝祖辛崩，弟沃甲立，是为帝沃甲。帝沃甲崩，立沃甲兄祖辛之子祖丁，是为帝祖丁。帝祖丁崩，立弟沃甲之子南庚，是为帝南庚。帝南庚崩，立帝祖丁之子阳甲，是为帝阳甲。帝阳甲之时，殷衰。

自中丁以来，废適而更立诸弟子，弟子或争相代立，比九世乱，于是诸侯莫朝。

帝阳甲崩，弟盘庚立，是为帝盘庚。……殷道复兴。诸侯来朝，以其遵成汤之德也。

帝盘庚崩，弟小辛立，是为帝小辛。帝小辛立，殷复衰。百姓思盘庚，迁作盘庚三篇。帝小辛崩，弟小乙立，是为帝小乙。

帝小乙崩，子帝武丁立。……①

《史记·殷本纪》就是以这种叙事模式写下去，一直写到帝纣亡国。看这样一篇东西，就像是在看一篇帝王家谱，一般人肯定是难以卒读的。但这就是典型的世系叙事，首要目的是把王朝的世系说清楚。不仅《殷本纪》是这样的，其他以朝代命名的本纪，如《夏本纪》《周本纪》等，在叙事上的特点也大体如此。而且，不仅本纪如此，叙述诸侯世系的世家的叙事也具有大体相同的特征，就像日本学者高木智见所说："在《史记》的《本纪》和《世家》中随处都能看到极端枯燥乏味记录世系的记述。这些基本反映了当时'世'的状况。"② 显然，这种近乎机械和枯燥的叙事模式，正是上古中国血缘、世系之极端重要性在历史叙事上的体现。

关于《史记》的世系叙事，还有一个特点必须引起重视：年代越往后的本纪，在叙事上越生动，尤其是那些以帝王个人命名的本纪，如《秦始皇本纪》《项羽本纪》《高祖本纪》等，在叙事上更是生动，有些甚至近乎列传了。这种"近乎列传"的本纪叙事模式，在《史记》之后的纪传体史书中几乎成为一种定制。从《汉书》开始，纪传体史书就从通史改为断代史了，随着书写对象的集中，叙事体例也更趋格式化。于是，

---

① （汉）司马迁撰、（宋）裴骃集解、（唐）司马贞索引、（唐）张守节正义：《史记》（点校本），北京：中华书局，1982年版，第91～102页。
② 〔日〕高木智见：《先秦社会与思想——试论中国文化的核心》，何晓毅译，上海：上海古籍出版社，2011年版，第106页。

本纪的世系叙事从"对象"或"内容"层面完全转到了"形式"或"结构"层面：如果说，《史记》中那些以朝代命名的本纪（如《五帝本纪》《夏本纪》《殷本纪》等），世系还只是叙述的"对象"或"内容"的话；那么，从《汉书》开始，宗族世系则成为各史书本纪中诸位帝王"传记"的"形式"或"结构"了，也就是说，在这些断代史中，除非有篡位等意外情况发生，诸位帝王均在一个相对固定的文本化的"形式"或"结构"中按世系先后各就其位，就像他们死后在宗庙中拥有一个属于自己的牌位一样。

众所周知，对于一种体裁来说，"形式"方面的特征比"内容"方面的特征更为重要。自开创纪传体这一历史叙事体裁的《史记》一书言之，本纪的体例尚不完全统一，因为该书还存在以一朝为一本纪和以一帝为一本纪之分①。也就是说，司马迁的《史记》在本纪的体例上尚没有完成从"内容"到"形式"的转化。到了班固撰写的《汉书》，单个帝王以"近乎列传"的叙事模式书写其功业伟绩，而整个朝代各帝王的本纪则严格按照世系或即位的先后顺序排列。也就是说，在《汉书》中，世系已经不是本纪所书写的内容，而是成为类似帝王家谱那样的一种叙事结构了。《汉书》中本纪的这种世系叙事模式，为以后号称"正史"的"二十四史"中的本纪所完全继承，从而成为影响中国两千多年封建王朝历史叙事的一种正统体裁。正是在这个意义上，梁启超在《中国之旧史学》一文中才作出"二十四史非史也，二十四姓之家谱而已"②这样的论断。一直到1920年，柯劭忞写成了《新元史》一书（该书于1922年刊行于世），该书共257卷，包括本纪26卷、表7卷、志70卷、列传154卷，其本纪的世系叙事模式，亦与《汉书》本纪中的叙事模式毫无二致。也许正因为如此，北洋政府总统徐世昌才于1921年下令把《新元史》列入"正史"，从而与《史记》《汉书》《后汉书》《三国志》等"二十四史"合称为"二十五史"。正是在这个意义上我们说，由《史记》所开创并由《汉书》所定型的世系叙事，构成了中国历史叙事的主要传统之一。

考虑到本纪在所有"二十五史"中都无一例外地存在，而且都处于位列第一的核心位置，我们认为，本纪所代表的世系叙事在中国历史叙

---

① 正如李宗侗在《二十五史的体裁》一文中所说："自《史记·秦始皇本纪》以下，各史多以一帝为一本纪，而始于开国之君。《史记》在秦统一以前，多以一朝为一本纪，如夏、殷、周即是。"（李宗侗：《二十五史的体裁》，《中国古代社会新研 历史的剖面》，北京：中华书局，2010年版，第256页）

② 梁启超：《新史学》，北京：商务印书馆，2014年版，第85页。

事传统中有着特别的重要性。这种世系叙事当然不是仅仅存在于叙事文本中的能指游戏，而是真实反映了中国古代（尤其是先秦时期）血缘意识所具有的压倒一切的重要性。对此，高木智见说得好："对于把自己置身于连续不断的血缘长河中的当时人来说，始祖以来的祖先系谱也就是世系本身，具有一种绝对的价值。"[①] 也许，现在我们面对那些机械的、格式化的世系叙事时，确实难免会产生一种枯燥乏味、隔靴搔痒的感觉，"但我们应该铭记的是这才是反映原中国[②]'历史'意识的记述。如果把历史定义为在从过去到未来的时间长河中确定现在位置的一个工作，那么原中国则把这个工作在祭祀祖先的场合中进行了。对他们来说，通过追溯祖先的系谱，确认自己在始祖以来的血族长河中的位置，从而实际感受到的，就是历史。因此，在这里制作传承系谱，就是传承记录历史。而且这些历史令人惊异的正确"[③]。这种"追溯祖先的系谱，确认自己在始祖以来的血族长河中的位置"的内在需求，先是在空间性的宗庙中，后又在文本性的纪传体史书中得到了完整而清晰的体现。对于 21 世纪习惯了因果-线性历史叙事的今人来说，必须明白这一点：对于先秦时期的人们来说，这种对宗族世系的叙述才是最真实、最重要的历史。

由于本纪存在于所有二十五部"正史"之中，并在其历史叙事中起着"纲纪"性的作用，所以我们说，以本纪为代表的世系叙事构成了中国历史叙事传统的主要模式；而在这一叙事模式的形成过程中，宗庙这一特定的建筑空间起到了至关重要的结构性作用。总之，如果说，宗庙是宗族世系的空间化的话，那么，以本纪为代表的世系叙事则是宗族世系的文本化。

[①] 〔日〕高木智见：《先秦社会与思想——试论中国文化的核心》，何晓毅译，上海：上海古籍出版社，2011 年版，第 103 页。

[②] "原中国"是日本学者高木智见专门用来指称"三代"的一个术语。高木智见把中国历史划分为"原中国""传统中国""现代中国"三个阶段："夏、殷、周三代为'原中国'；秦到清为'传统中国'；民国以后为'现代中国'。但是在原中国和传统中国之间有春秋战国时代这个过渡期。……实际上春秋时代与战国时代有很大的不同。因此作为过渡期的春秋战国时代，可以严密划分如下：春秋时代浓郁地残存有其以前时代的特征，因此应该看作是原中国的完成期或终末期；而战国时代则可以定义为传统中国理论的形成初期，即初始期。"（〔日〕高木智见：《先秦社会与思想——试论中国文化的核心》，何晓毅译，上海：上海古籍出版社，2011 年版，第 4~5 页）

[③] 〔日〕高木智见：《先秦社会与思想——试论中国文化的核心》，何晓毅译，上海：上海古籍出版社，2011 年版，第 107 页。

第四节　传统与新变

在漫长的封建社会，尽管宗族制度也曾遭到挑战甚至破坏，但基于世系认同的宗庙作为一种"凝聚性结构"，还是几乎没有间断地一直沿袭了下来，但20世纪以来，伴随着经济基础、政治制度、社会结构、文化传统和思想观念的急剧变化，宗族组织的情况也发生了巨大的改变。[1]随着中国最后一个封建王朝清王朝被推翻，作为国家礼仪活动的宗庙祭祀活动也停止了。然而，作为尊祖、敬宗活动的宗族祭祀活动本身并没有消失。我们认为，自20世纪以来，尽管宗族组织及其相关活动备受冲击[2]，但并没有完全消失，而是沿着民间化、大众化的方向发展演变。至少在20世纪上半叶，各地的宗族组织仍较完善，祠堂或家庙（图8-5）[3]中的祭祀活动仍较频繁。正如王鹤鸣、王澄所指出的："此时各地

---

[1]　关于宗族组织发展演变的情况，冯尔康先生有简练而又精当的概述："宗族产生于上古，比四邻结社、宗教组织、职业社团、政治团体都产生得早，而且要早得多。宗族产生后，几次遭到破坏，但后来重建，沿袭下来。第一次大破坏是在战国时期，宗子宗族制（大宗法制）瓦解，宗族组织基本消失；两汉时期，经历数百年的恢复，重建宗族，到东汉进入世族宗族时代，随即发展为魏晋南北朝隋唐的士族宗族时代，中间经过旧、新士族的更迭，至唐末五代士族制衰亡，宗族组织再次稀见，然而经历两宋官僚和理学家的倡导、组建，宗族又一次新生。不过，这次是以官僚宗族为主体，平民宗族相应大量出现。到明清时代，绅衿阶层成为社会重要力量，他们对建设宗族表现出更大的热情。他们的宗族也就成为全社会宗族结构中的主体，使这一时期成为绅衿宗族制时代。20世纪中叶，随着社会制度的巨变，古老宗族组织几乎消失，但到20世纪末期，在某些地方，它又出现了，而在台湾、香港和海外华人社会异化为宗亲会。"（冯尔康：《中国古代的宗族和祠堂》，北京：商务印书馆，2013年版，第267页）

[2]　对于这些冲击，王鹤鸣、王澄这样写道："在清末，中西方文化开始出现碰撞、较量与交流，随着军事与政治的双重失败，中国传统的文化形态也跟着衰落下来。当时否定传统成为社会各界的一种主流，作为传统文化代表之一的宗族组织自然受到鞭笞。当清政府着手仿效西方的成文法制颁行《大清民律草案》时，这事实上就是一个瓦解中国宗族制度文化的信号"，"1929年，民国政府颁布民法总则，施行民法债编、物权编、亲属编、继承编。当中就有取消传统宗法制度中所有嫡子、庶子、嗣子的分别，摒除旧法中的子女及配偶继承权的限制，以及削弱家长的权力等规定。这些规定从法律上扫除了传统宗族存在的条件，从法律上真正触动了宗法制度赖以存在的各种基础"，"1949年10月，中华人民共和国成立，使中国传统的宗族组织和宗族祠堂没有沿着20世纪初的趋势自发向前运行，而是发生了剧变。共和国政府命令取缔封建性的宗族组织，中国大陆农村社会结构发生了根本变化，传统的宗族无论是组织形式还是价值标准，都难以与社会主义所要达到的目标、与现代法制相适应。各地的具体做法就是以各种形式解散宗族的组织机构，其结果就是宗约族规被废除，宗族势力受到削弱，祠堂活动受到遏制。"（王鹤鸣、王澄：《中国祠堂通论》，上海：上海古籍出版社，2013年版，第171~172页）

[3]　上海图书馆编、王鹤鸣整理：《中国家谱资料选编·图录卷》，上海：上海古籍出版社，2013年版，第402页。

的宗族组织、宗族观念仍然起着一定的作用,具体的表现就是宗族组织仍较为完善,宗族功能亦较为突出。……许多村庄的族产、族田并没有被瓜分掉,宗族组织依然存在,祠堂依然存在。民众还比较认同宗族权威,在经济上强化宗族合作,在政治上寻求宗族保护,宗族祠堂活动继续开展,宗族还成为人们对外交往的象征资源和实际依托。"① 但不管怎么说,"现代的宗族活动比起古代,无论其所涉及的生活面和产生的社会影响,都要小得多"②。这是我们必须承认的事实。

图 8-5 湖南湘潭乌石吴氏祠堂

随着宗庙的终结,以本纪为核心的纪传体史书,或者说,以本纪为代表的世系叙事在 20 世纪以来的命运又会如何呢?下面,我们将以梁启超的"史界革命"和柯劭忞的《新元史》被列入"正史"一事为例,对此略加申说。

正如前面所述及的,柯劭忞的《新元史》一书于 1921 年被北洋政府总统徐世昌下令列入"正史"。特别富有意味的是:《新元史》一书被列入"正史"的前 20 年,梁启超刚好提出了他的"史界革命"论。其实,梁启超在 1899 年至 1902 年连续抛出了"诗界革命""文界革命""史界

---

① 王鹤鸣、王澄:《中国祠堂通论》,上海:上海古籍出版社,2013 年版,第 171~172 页。
② 冯尔康:《中国古代的宗族与祠堂》,北京:商务印书馆,2013 年版,第 11 页。

革命""小说界革命"等革命主张。其中,"史界革命"的主张是通过《中国史叙论》一文首先发出的①。该文初刊于光绪二十七年(1901)七月二十一日、八月初一日出版的横滨《清议报》第90、91册,刊文的是"本馆论说"栏目。《中国史叙论》开篇即指出:"史也者,记述人间过去之事实者也。虽然,自世界学术日进,故近世史家之本分,与前者史家有异。前者史家,不过记载事实;近世史家,必说明其事实之关系,与其原因结果。前者史家,不过记述人间一二有权力者兴亡隆替之事,虽名为史,实不过一人一家之谱牒;近世史家,必探察人间全体之运动进步,即国民全部之经历,及其相互之关系。以此论之,虽谓中国前者未尝有史,殆非为过。"② 无疑,梁启超的这种主张既是学术性的,也带有一定的政治色彩。正如有学者所指出的:"《清议报》是戊戌政变以后康、梁一派的政治喉舌,同时带有一定的学术普及功能,旨在'增长支那人之学识'、'发明东亚学术以保存亚粹',继而提出'主张清议、开发民智'两大主义。不难设想,《清议报》的政治与学术两方面,完全有可能在同一刊物的文本空间内互相影响。在戊戌以后维新失败、流亡异国的情境下,梁启超毅然发起'新史学',除了受到西洋、日本社会学说和'文明史论'的直接启悟,亦受制于近代国家观念勃发期的政论环境。"③可见,梁启超的"史界革命"所要革的正是那种类似帝王家谱般的纪传体史书的"命",以叙述帝王世系为主的本纪当然是他革命的对象。无疑,梁启超的这种史学主张中还强烈地隐含着以"近代国家观念"取代"封建王朝观念"的政治意图。

但让我们觉得诧异的是,当梁启超的"史界革命"主张提出20年之后,柯劭忞以传统纪传体史书体例写成的《新元史》一书仍然被北洋政府总统徐世昌下令纳入"正史"之列。由此不难看出,"新史学"要完全取代旧史学,还必须有一个过程,无论是在政治层面、观念层面,还是在具体操作层面都是如此。

当然,自20世纪以来,尤其是自"五四"新文化运动以来,各种

---

① 1902年,由于刊发《中国史叙论》一文的《清议报》停办,梁启超再创办《新民丛报》,在该报"历史"栏(开始为"史传"栏)刊发《新史学》一文,在"地理"栏刊发《中国地理大势论》一文。这两篇文章可看作此前《中国史叙论》一文的拓展和具体化。《中国史叙论》、《新史学》与《中国地理大势论》这三篇文章,构成了梁启超"新史学"观的核心文本。

② 梁启超:《新史学》,北京:商务印书馆,2014年版,第65页。

③ 陆胤:《梁启超"新史学"的外来资源与经学背景》,见梁启超《新史学》一书之"导读二",北京:商务印书馆,2014年版,第22~23页。

"革命"的观念毕竟深入人心,"史界革命"同样如此。随着西方文化影响的日渐深入,我们的传统文化在"革命"的浪潮中发生了翻天覆地的变化,各种新文学、新史学、新思潮、新文化最终取得了彻底的胜利。而像纪传体史书、世系叙事这样的历史叙事传统,就像其他文化传统一样,先是被打倒,后又成了被保存的对象,"然而,当它变成一个被'保存'的东西的时候,传统文化已经被深刻地改变了。……'保存'本身改变了一系列的文化文本、实体和具体实践"[1]。总而言之,进入20世纪以来,以纪传体史书为代表的中国历史叙事传统已逐步走向了终结,而从西方舶来的那种因果-线性叙事模式开始成为历史叙事的主流。

这种改变当然有其历史必然性,因为新的时代、新的内容总是需要与其相适应的新的历史叙事模式。但身处21世纪的当代中国,面对这种彻底否定传统的史学新变,当我们肯定其进步或成绩的同时,是不是也应该反思一下:当我们在书写自己的历史,尤其是书写古代历史时,如果仅仅使用从西方舶来的因果-线性叙事模式,在某种程度上不也是一种扭曲、分割和改变吗?在笔者看来,面对已经消失或固化的世系叙事,我们需要做的既不是一棍子打死,也不是盲目地接受,而是应该考虑怎样在适当的场合(比如撰写"中国古代史"的时候)、在扬弃的基础上激活它,让它继续像源头活水那样自时间的深处静静地流淌,继续给我们的文化心灵以丰富的滋养,并把我们自近现代以来深受西方影响的历史叙事重新奠定在传统深厚的文化土壤上。

---

[1] 〔美〕宇文所安:《把过去国有化:全球主义、国家和传统文化的命运》,《他山的石头记——宇文所安自选集》,田晓菲译,南京:江苏人民出版社,2003年版,第336页。

第九章　从戏剧表演到图像再现
——汉画像的跨媒介叙事

按照莱辛等美学家的说法，图像作为一种空间性的表达媒介，适合表达的是空间中并列的事物；而叙事则是一种在时间中延展的行为，与其最相适应的表达媒介自然是具有时间特性的语言文字。因此，从本质上来说，图像并不是一种好的叙事媒介。然而，按照罗兰·巴特等理论家的说法，只要具备一定的表达能力或潜能，任何媒介都可以用来叙事。事实也确实如此：尽管图像在叙事时会遭遇种种不便，但中西艺术史上却存在着数不胜数的图像叙事作品。那么，当图像这一本来并不适合于叙事的媒介被我们用来叙事的时候，会带来一些什么样的本质特征呢？

在《模仿律与跨媒介叙事——试论图像叙事对语词叙事的模仿》一文中，我曾经这样写道："在相当长的一个历史时期里，那些叙事性图像所叙述的故事很少是直接模仿生活的，而大多都是对民间口传的或文本记载的著名故事的再一次叙述，也就是说，图像叙事一般不是直接对生活中的事件的模仿，而是对语词叙事已经叙述过的故事的再一次模仿。按照古老的模仿理论，如果说叙事性话语或叙事性文本是对现实或虚拟生活的模仿的话，那么叙事性图像则是对话语或文本的模仿，即对'模仿'的再一次模仿——模仿中的模仿；按照叙事学理论，如果说叙事性图像模仿的话语或文本是对现实或想象中发生的事件的叙述的话，那么叙事性图像本身则是对已在话语或文本中叙述过的'故事'的再一次叙述——叙述中的叙述。"[①] 当然，叙事性图像所模仿的"故事"，我们既可以通过话语或文本把它们"叙述"（"讲述"）出来，也可以通过动作或姿势把它们"表演"（"展示"）出来。显然，《模仿律与跨媒介叙事——试论图像叙事对语词叙事的模仿》一文所考察的，仅仅是叙事性图像模

[①] 龙迪勇：《模仿律与跨媒介叙事——试论图像叙事对语词叙事的模仿》，《学术论坛》2017年第2期。

第九章　从戏剧表演到图像再现——汉画像的跨媒介叙事

仿以语词为媒介并以"讲述性"见长的话语或文本的情况；而按照柏拉图、亚里士多德等人的经典论述，借助动作或姿势的"表演"（"展示"）也是人类向他人传达故事的基本方式，戏剧即是这种方式的典型代表。那么，这种通过动作或姿势所展示出来的故事，会成为叙事性图像所模仿的对象吗？通过仔细解读各类有代表性的图像叙事作品，我们认为这个问题的答案是肯定的。

事实上，叙事性图像所模仿的也确实并不限于以"叙述"（"讲述"）见长的语词作品，那些通过扮演人物来"展示"行动或故事情节的戏剧作品也是它们经常模仿的对象，就像《荷马史诗》中的故事经常被西方的画家或雕塑家模仿一样，古希腊悲剧中的故事也往往容易成为西方各类图像艺术家所争相模仿的对象。但让人感到遗憾的是：尽管叙事性图像模仿戏剧作品的现象在艺术史上大量存在，但从叙事学角度对这种现象进行研究的论著目前却几乎没有。本章试图以一种具体的叙事性图像——汉画像为例，对图像模仿戏剧这一跨媒介叙事现象做出初步的描述和解释，并希望通过这项研究，既能拓展叙事学研究的领域，也能对汉画像这一中国古代特殊的图像艺术形式做出新的解释。

第一节　跨媒介叙事：汉画像中的戏剧表演

在中国，用壁画、画像石和画像砖等图像形式来装饰宫殿、祠堂和坟墓的风气并不限于汉代，但汉代的这类图像作品最为丰富、最具代表性。当然，由于所用建筑材料（木材）、战争以及火灾等原因，我们现在已经无法看到汉代宫殿中的画像了，目前所能看到的仅限于少量的祠堂画像和大量的墓室画像。

在目前所能看到的汉画像作品中，尽管天界、神仙、祥瑞等宗教内容的题材处于核心位置，但反映墓主个人喜好的世俗作品也不在少数。而在这些世俗作品中，"特别引人注目的是宴饮场面，或在那时充当余兴节目的百戏（技艺）成为了绘画题材"①。当然，汉代的百戏类似杂技②，往往会配合着音乐、舞蹈等表演活动（所以也叫"乐舞百戏"），有时也会通过扮演人物而展示一定的故事情节。在以百戏为题材的汉画作品中，就有不少具备叙事性的内容。而且，当时以历史故事为题材的画像作品本身就是一种故事画，正如有学者所指出的："广义世俗绘画分类中尚有另一种，即关于历史故事的描绘。山东省武氏一族坟墓所附属的祠堂之一为武梁祠，在这祠堂的西壁面雕刻着几幅从伏羲起始之历史人物的连续图画，可算是历史故事画的代表例子。这祠堂的故事画，由上古时代的传承起始，接续数位圣王、乃至于数位恶王的故事所构成。"③ 无论是这种以历史人物为主体的故事画像，还是其他以历史故事或传说故事为题材的故事画像，在汉代都不在少数。学者们就这些叙事性图像也写出了数量巨大的研究成果，但绝大多数学者没有搞清楚此类叙事性图像的故事来源，以至于对一些故事画像产生了误读或误解。

其实，早在半个多世纪前，阿纳利斯·布宁（Anneliese Bulling）教授在一篇具有开创意义的论文《汉代艺术中的历史剧》中，就对汉代叙事性画像的题材来源问题发表过洞见：汉墓墓室或祠堂中的历史故事画，其图像再现的实际上是以历史为题材而敷演的戏剧场面。布宁教授根据山东沂南画像石所刻划人物的脸部线条，甚至推断出该人物很可能戴上了戏剧面具。④ 受到该文的启发，日本学者小南一郎认为汉画像上常见

---

① 〔日〕小南一郎：《汉代戏剧的可能性》，曹官任译，刘苑如编：《桃之宴——京都桃会与汉学新诠》，台北：新文丰出版股份有限公司，2014年版，第3页。

② 关于汉代百戏的性质，廖奔、刘彦君有这样的概括："百戏不是一种成型的、完整的、规范的艺术形式，而是混合了体育竞技、杂技魔术、杂耍游戏、歌舞装扮诸种表演于一炉的大杂烩，一种'俳优歌舞杂奏'（杜佑：《通典》卷146）。"（廖奔、刘彦君：《中国戏曲发展史》（第一卷），太原：山西教育出版社，2012年版，第49页）

③ 〔日〕小南一郎：《汉代戏剧的可能性》，曹官任译，刘苑如编：《桃之宴——京都桃会与汉学新诠》，台北：新文丰出版股份有限公司，2014年版，第3页。

④ Anneliese Gutkind Bulling, "Historical Plays in the Art of the Han Period," *Archives of Asian Art*, 21 (1967/1968), pp. 20—38.

的"二桃杀三士"①图像,也是"根据演戏所摹绘的画像"。看着汉画中的"二桃杀三士"图像,"可以想像在舞台中央设置了摆放两颗桃子的平枱,而三位勇士围绕着平枱,进行各式各样的舞蹈动作"②。比如,出土于洛阳老城西北隅61号西汉墓的这幅"二桃杀三士"图(图9—1)③,按照小南一郎所说,"此壁画所画的也是演戏的舞台":"中央偏左之处,设置有放在桌上的盘子,盘里盛放着两颗桃,桌子右侧的三个人物就是三位勇士(三士),他们各自摆出刚硬的表情,穿着极其宽大的服装,并手持刀剑;三人之中,左边的人伸出体毛浓密的手,正抓向桃子。桌子左侧的人物持节昂立,想必是使者;而最左端的人物坐着,像是正在说明流程,此人物应该是晏子。"④ 而且,此画像中三位勇士应该戴着面具,因为他们的脸部特别大;此外,他们所穿的"极其宽大的服装",也不是普通的衣服,而是一种专门的道具——戏服。正如小南一郎进一步所指出的:"三位勇士的表情和衣裳与左侧使者具有鲜明的差异,其表情嗔忿,而且光是脸的长宽大小就是使者的两倍……演员们戴着面具的可能性非常大。衣服也是如此,勇士的肩膀到袖子部位穿着膨大的特殊衣物,在日本的歌舞伎'荒事'里,主角们也会穿着类似'褞袍'的衣服,可以推测两者大概具备相同的意义与机能;汉代戏剧的主角们,凭藉这种特殊的服装造型,形成各种表演的力道,让观众们印象深刻。"⑤

---

① "二桃杀三士"的故事见于《晏子春秋·谏下》,其故事大意为:齐景公所蓄养的公孙接、田开疆和古冶子三位勇士,都有着各自的勇猛之处。有一次,晏子去见景公时刚好碰上他们三个,"晏子过而趋,三子者不起",于是晏子断定他们"上无君臣之义,下无长率之伦,内不以禁暴,外不可威敌,此危国之器也",就建议齐景公杀了他们。景公觉得三人各有绝技,"搏之恐不得,刺之恐不中也"。于是,晏子就设下计谋,利用两个桃子,让三位英雄"计功而食桃"。首先,公孙接、田开疆二人在先后说了一通自己的能力和功绩之后,就"援桃而起";接下来,古冶子开始陈说自己的能力和功绩,说完之后觉得另外两人不如自己,并"抽剑而起",并大声叫着"二子何不反桃";最后,公孙接、田开疆二人觉得古冶子说得有道理,乃"皆反其桃,挈领而死",而古冶子在两人死后,觉得"二子死之,冶独生之,不仁;耻人以言,而夸其声,不义;恨乎所行,不死,无勇。虽然,二子同桃而节,冶专其桃而宜",所以"亦反其桃,挈领而死"(参见(春秋)晏婴著,吴则虞集释:《晏子春秋集释》,北京:中华书局,1962年版,第164~165页)。
② 〔日〕小南一郎:《汉代戏剧的可能性》,曹官任译,刘苑如编:《桃之宴——京都桃会与汉学新诠》,台北:新文丰出版股份有限公司,2014年版,第16页。
③ 河南省文化局文物工作队:《洛阳西汉壁画墓发掘报告》,《考古学报》,1964年第2期,第115页之插图。
④ 〔日〕小南一郎:《汉代戏剧的可能性》,曹官任译,刘苑如编:《桃之宴——京都桃会与汉学新诠》,台北:新文丰出版股份有限公司,2014年版,第18页。
⑤ 〔日〕小南一郎:《汉代戏剧的可能性》,曹官任译,刘苑如编:《桃之宴——京都桃会与汉学新诠》,台北:新文丰出版股份有限公司,2014年版,第19页。

图 9-1

  比布宁稍早，日本汉学家宫崎市定也发表过《肢体动作与文学——试论〈史记〉的成书》一文，该文被小南一郎认为是"一个足以作为思索汉代戏剧时相当重要的参考资料"："宫崎教授针对《史记·高祖本纪》鸿门宴此节的记述，观察细部描写登场人物动作的书写方式，认为这样的场面描写应是源于说书人叙说故事之表演艺术。详细记录登场人物的行为，正是基于说书人置身高座上，代替那些人物举止所进行的一番演出。"① 当然，宫崎市定所说的是《史记》对鸿门宴的描写模仿了说书人的表演，而不是直接模仿戏剧表演，但事实上，作为一种戏剧的初级形式，汉代的乐舞百戏和汉代的说书艺术在"表演"上其实并没有多大的差别，尽管如此，小南一郎还是愿意更进一步认为：《史记》对鸿门宴的描写直接模仿了一种"表演性剑舞"，并以历史故事剧为基础撰写而成："宫崎教授根据《史记》详细描写历史上重大场面的登场人物动作，将之与说书活动相连结，推测在《史记》中类此场面的记述可能源于说书人的身体表现。但是不同于宫崎教授认为说书人的表演形式间接反映历史描写的看法，对于这些历史场面的描写，我想将其直接考虑为戏剧舞台上人物行动的直接反映，这样的解释较为明晰。《史记》记载登场人物的动作，倘若试着以摹写舞台上俳优们的动作来思考会是如何呢？举例来说，似乎能推定鸿门宴的记述是以表演性剑舞（模拟剑剧）为中心，并以历史故事剧为基础所撰写而成的。"②

  当然，宫崎市定和小南一郎所论及的是像《史记》这样的文字性文本模仿戏剧表演艺术的情况，但既然连《史记》这样的正史都能够把戏剧表演作为材料来源或模仿对象，用于宫殿、祠堂或墓室装饰的图像又何尝不能呢？正如小南一郎在《汉代戏剧的可能性》一文中所指出的：汉代的不少叙事性图像，其实正是以戏剧表演为基础的；或者说，它们

---

① 〔日〕小南一郎：《汉代戏剧的可能性》，曹官任译，刘苑如编：《桃之宴——京都桃会与汉学新诠》，台北：新文丰出版股份有限公司，2014年版，第4页。

② 〔日〕小南一郎：《汉代戏剧的可能性》，曹官任译，刘苑如编：《桃之宴——京都桃会与汉学新诠》，台北：新文丰出版股份有限公司，2014年版，第5页。

第九章　从戏剧表演到图像再现——汉画像的跨媒介叙事

是以图像为媒介对已经被百戏这样的表演性媒介所"演示"过的故事的再一次叙述，也就是说，汉画像叙事本质上是一种图像跨出自身的媒介特性而去模仿他种媒介（表演）所叙述故事的跨媒介叙事。

这里所说的跨媒介叙事，其实也就是美学上所说的"出位之思"在"叙事"方面的表现。所谓"出位之思"，源出于德国美学术语Andersstreben，指的是一种媒介欲跨越其自身的表现特长而进入另一种媒介所擅长表现的状态。正如钱锺书在《中国画与中国诗》一文中所说："一切艺术，要用材料来作为表现的媒介。材料固有的性质，一方面可资利用，给表现以便宜，而同时也发生障碍，予表现以限制。于是艺术家总想超过这种限制，不受材料的束缚，强使材料去表现它性质所不容许表现的境界。譬如画的媒介材料是颜色和线条，可以表现具体的迹象，大画家偏不刻划迹象而用画来'写意'。诗的媒介材料是文字，可以抒情达意，大诗人偏不专事'言志'，而用诗兼图画的作用，给读者以色相。诗跟画各有跳出本位的企图。"[①] 对于这种具有"跨媒介"特征的文学或艺术作品，我们当然不能墨守莱辛等人所提出的媒介"本位"特征，而必须从另一种媒介的角度去欣赏，否则我们不能完全了解作品的整体美学价值。叶维廉说得好，面对此类作品，"在表现上，往往要求我们除了从其媒体本身的表现性能去看之外，还要求我们从另一媒介表现的角度去欣赏，才可以明了其艺术活动的全部意义。……一个作品的整体美学经验，如果缺乏了其他媒体的'观赏眼光'，便不得其全"[②]。

面对汉画像这样的跨媒介叙事作品，除了图像这一媒介本身，我们当然也得同时"从另一媒介表现的角度去欣赏"，也就是从表演性的戏剧角度去欣赏。否则，便很可能望"图"生义，得出一些并不可靠甚至荒唐可笑的结论。邢义田先生是秦汉史领域一位重要的学者，发表了不少极具分量的学术论文，但我们认为他对于汉画像中"捞鼎图"的解读却并没有抓住要领，因为他在解读"捞鼎图"时，没有认识到这一叙事性图像的跨媒介特征。

[①] 转引自日本学者浅见洋二的《关于"诗中有画"——中国的诗歌与绘画》一文，〔日〕浅见洋二：《距离与想象——中国诗学的唐宋转型》，金程宇、冈田千穗译，上海：上海古籍出版社，2005年版，第113页。据浅见洋二所说，钱锺书《中国画与中国诗》中的这段文字仅见于《开明书店二十周年纪念文集》（上海：开明书店，1947年版）所收该文的初版。后来，钱锺书对《中国画与中国诗》一文进行过大幅度修改，此段文字在修改后的版本中不见了。

[②] 〔美〕叶维廉：《"出位之思"：媒体及超媒体的美学》，《中国诗学》（增订版），北京：人民文学出版社，2006年版，第200页。

257

在《汉画解读方法试探——以"捞鼎图"为例》一文中，邢义田提出我们在解读汉画时应超越"文字传统"。他这样写道："画工艺匠传统和文字传统之间可以有叠合，也可以有不同。……今人研究画像多喜以文献比对画像，强画像以附合文献。文献的重要性毋庸置疑。不过，我们应注意画工石匠创作时所依据的，可能并不是由士大夫所掌握的文字传统，而较可能是缙绅所不言的街巷故事。个人深信，在一个读书识字是少数人专利的时代，除了文字传统，应另有民间的口传传统。两者不是截然两分或互不相涉，但传闻异辞，演变各异应该是十分自然的事。……文字、口传和图画都是同一资产的不同形式的表述。"[①] 这种带有方法论意义的主张是非常正确的，在解读某些汉画像时也是有效的，但在我们看来，邢义田的视野并没有超越语词（文字、口传）与图像的范围，也就是说，他并没有把戏剧性的表演传统纳入研究视野，因此在解读具体的"捞鼎图"时就得出了不可靠的结论。

据统计，"目前山东、江苏、河南和四川等地出土可考的汉画捞鼎图共有三十余件，绝大部分集中在山东西南，也就是泗水流域的地区"[②]。为了建立一个好的基础，邢义田先生在文中决定先从一件有"大王"榜题的捞鼎画像说起，这是"迄今所知唯一有榜题，也是迄今可考时代较早的一件捞鼎图"。这幅"捞鼎图"画在一座西汉中晚期双室墓的墓中石椁的右椁室的内侧（图9-2右边的那幅）[③]，该墓1981年出土于山东兖州农业技术学校。关于这幅"捞鼎图"，邢义田的描述是这样的："图中央有二立柱，立柱两旁各有三人正用绳索升鼎，鼎口上方有已不清楚的刻画，从刻画的姿势可以推定应是龙头[④]。鼎旁左侧有一人凭几而坐，其前有榜题'大王'二字。其身后及画面上方共有五人。鼎旁右侧另有

---

① 邢义田：《汉画解读方法试探——以"捞鼎图"为例》，颜娟英主编：《中国史新论·美术考古分册》，台北：联经出版事业股份有限公司，2010年版，第19~20页。
② 邢义田：《汉画解读方法试探——以"捞鼎图"为例》，颜娟英主编：《中国史新论·美术考古分册》，台北：联经出版事业股份有限公司，2010年版，第21~22页。
③ 邢义田：《汉画解读方法试探——以"捞鼎图"为例》，颜娟英主编：《中国史新论·美术考古分册》，台北：联经出版事业股份有限公司，2010年版，图1.1，第27页。
④ 关于秦始皇泗水捞鼎之典故，有两种说法，一是寻而未得；二是找到了鼎，但在升鼎的过程中，系鼎的绳索被龙咬断。一般的"捞鼎图"喜欢选择后一种说法加以表现，而且尤其喜欢选择龙咬断绳索的那一瞬间来表现。对于此事，郦道元在《水经·泗水注》中有如下记载："周显王四十二年（公元前327年），九鼎沦没泗渊，秦始皇时而鼎见于斯水，始皇自以德合三代，大喜，使数千人没水求之，不得，所谓鼎伏也；亦云系而行之，未出，龙齿啮断其系，故语曰：称乐大早绝鼎系。当是孟浪之传耳。"[（北魏）郦道元著、陈桥驿校证：《水经注校证》，北京：中华书局，2007年版，第601页]

第九章　从戏剧表演到图像再现——汉画像的跨媒介叙事

一似龙又似虎的动物①，和鼎中伸出的龙头遥遥相望。"②

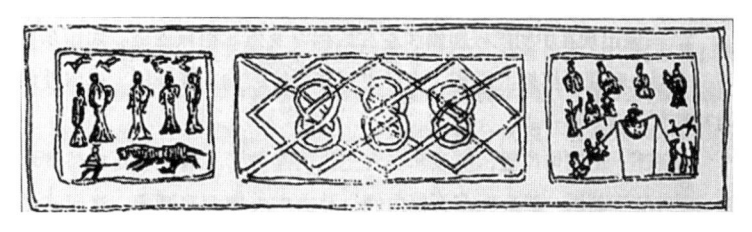

图 9—2

　　画有这幅"捞鼎图"的椁室内侧，还画有其他图像："捞鼎图"画在左挡板的北边一头，该挡板的另一头则是隔着十字穿环的一幅"搏虎图"（图 9—2 左边的那幅）；与之相对的右挡板从北至南依次画的是以老子为核心的一组人物（包括怪兽和云气）、宴饮图（有云气）、以孔子（也有人定为孙武）为核心的一组人物（包括怪兽和云气）；北部和南部较短的挡板上则分别画的是穿璧和墓树。根据这些图像信息，邢义田先生得出结论："要解读它们，一方面须作整体的考虑而不宜分别对待，一方面又要能符合这一地区和这一时期墓葬文化的特色。左思右想，唯一的可能应是升仙。"③ 既然从这幅"捞鼎图"及相关图像得出的"唯一"结论是"升仙"，那么该文后面部分的论述便不得不往"弃鼎得仙"上靠，而最后得出的结论是："自西汉中晚期以后，为表达升仙的愿望，不一定非借用捞鼎的故事，也可以直接借助龙凤。鼎根本不必出现在画面上。"④ 这样一来，通过"秦始皇捞鼎故事寓意的转化"，"捞鼎图"便与一切表示"升仙"的图像扯上了关系，"这些画像十分鲜明地呈现了画像的主题在于墓主得仙而非得鼎，也明确显示捞鼎、龙或凤这些元素，不论同时出现还是分别出现，它们是属于同一个升仙的意义脉络"⑤。在我们看来，

---

　　① 关于画面中的这个动物，我们的看法是老虎。首先，它不可能是龙，因为它所在的位置是在岸上，而不是在水中；其次，它不是真的老虎，而是由人扮演的"老虎"；最后，它之所以出现在"捞鼎"的画面上，很可能是因为作为演员的他在上场表演之前或之后，也想看看这个"捞鼎剧"。而图一中左边的画面也出现了"老虎"，这说明本次宴饮活动所表演的百戏节目，除"捞鼎剧"之外，也包括"搏虎剧"，即下文所说的《东海黄公》。
　　② 邢义田：《汉画解读方法试探——以"捞鼎图"为例》，颜娟英主编：《中国史新论·美术考古分册》，台北：联经出版事业股份有限公司，2010 年版，第 27 页。
　　③ 邢义田：《汉画解读方法试探——以"捞鼎图"为例》，颜娟英主编：《中国史新论·美术考古分册》，台北：联经出版事业股份有限公司，2010 年版，第 30 页。
　　④ 邢义田：《汉画解读方法试探——以"捞鼎图"为例》，颜娟英主编：《中国史新论·美术考古分册》，台北：联经出版事业股份有限公司，2010 年版，第 35 页。
　　⑤ 邢义田：《汉画解读方法试探——以"捞鼎图"为例》，颜娟英主编：《中国史新论·美术考古分册》，台北：联经出版事业股份有限公司，2010 年版，第 37 页。

这种过分泛化的解读是站不住脚的，也是不符合图像本身所呈现的事实的。

我们认为，图9-2右边的那幅"捞鼎图"，所再现的并非"捞鼎"这一事件本身，而是一种叫作"捞鼎剧"的百戏表演：图中的"大王"及其身边两人、画面上部的四人都是观众，正在观看画面下方作为演员的六人（鼎的左右两边各三人）所进行的"升鼎"表演。这一论断还可以通过图9-2左边的"搏虎图"证实①：这幅"搏虎图"所再现的也并非历史上某一个真实的搏虎事件，而是汉代著名的角抵戏《东海黄公》中的情节。在张衡的《西京赋》中就有关于"东海黄公"故事的记载："东海黄公，赤刀粤祝，冀厌白虎，卒不能救。扶邪作蛊，于是不售。"②可惜《西京赋》述而不详，我们难以窥见故事全貌。好在葛洪的《西京杂记》也记述了这个故事，不仅叙述更为详细，而且还提及该故事被取用为角抵戏的情况：

……有东海人黄公，少时为术，能制蛇御虎。佩赤金刀，以绛缯束发，立兴云雾，坐成山河。及衰老，气力羸惫，饮酒过度，不能复行其术。秦末，有白虎见于东海，黄公乃以赤刀往厌之。术既不行，遂为虎所杀。三辅人俗用以为戏，汉帝亦取以为角抵之戏焉。③

对于这一汉代流行的角抵戏，有戏剧史家这样评述道："《东海黄公》具备了完整的故事情节：从黄公能念咒制服老虎开始，以黄公年老酗酒法术失灵而为虎所杀结束，有两个演员按照预定的情节发展进行表演，其中如果有对话一定是代言体。从而，它的演出已经满足了戏剧最基本的要求：情节、演员、观众，成为中国戏剧史上首次见于记录的一场完整的初级戏剧表演。它的形式已经不再为仪式所局限，演出动机纯粹是为了观众的审美娱乐，情节具备了一定的矛盾冲突，具有对立的双方，

---

① 图中的"捞鼎图"与"搏虎图"隔着十字穿环呈对称关系，按照对称的一般原理和汉画像中的实际情况，分别处于十字穿环两边的应该是属于同一性质的两幅画像，也就是说，这两幅画像所再现的都是戏剧表演的图像，而不是现实或历史的真实图像。
② 张衡：《西京赋》，（梁）萧统编选、（唐）李善注：《文选》（卷二），杭州：浙江古籍出版社，1999年版，第41页。
③ 葛洪：《西京杂记全译》，成林、程章灿译注，贵阳：贵州人民出版社，1993年版，第87页。

发展脉络呈现出了一定的节奏性……"① 就图9-2左边的"搏虎图"而言，图中下方的"黄公搏虎"仅占画面的三分之一，而上部占据着画面三分之二的五个人则应是这出戏的观众——这充分体现出了观者的主导地位，《东海黄公》仅仅是他们观看的娱乐节目之一。

图9-3

如果知道了汉画像中的"捞鼎图"往往是对"捞鼎剧"中某一个场面的模仿或再现的话，那么在面对像图9-3②那样的画有房屋的"捞鼎图"时，我们就不会做出这样不得要领的描述了："捞鼎的地点原本在河边，河中有水，有鱼，有船，河岸两边有人拉纤升鼎，可是在山东的一些画像里，主角被描绘成在屋宇之下观看捞鼎。看起来似乎这一切都发生在一座搭建在河旁或河上的建筑物之下。建筑物可以模糊化，或者说容易造成观赏者一种视觉上的错觉，以为故事不完全发生在原本的河边。这些可以说都是刻意改变或模糊化原有的故事主角、时代和空间脉络的另一种手法。"③ 如果我们知道了此画像石所画的并非真正的捞鼎，而是演员们所表演的"捞鼎剧"，就不会对"主角被描绘成在屋宇之下观看捞鼎"而大惊小怪了，因为他们所观看的只是一场表演而已；而且，知道了这一点，我们就不会执着于故事是否发生于"原本的河边"了——因为这种百戏表演只要有一块包括"水"（河流或水池等）这一要素的场所

---

① 廖奔、刘彦君：《中国戏曲发展史》（第一卷），太原：山西教育出版社，2012年版，第61页。
② 赖非编：《中国画像石全集》（第2卷），济南：山东美术出版社，2000年版，图56，第18页。
③ 邢义田：《汉画解读方法试探——以"捞鼎图"为例》，颜娟英主编：《中国史新论·美术考古分册》，台北：联经出版事业股份有限公司，2010年版，第33页。

即可，不可能也没必要非去"原本的河边"表演不可①。

按照小南一郎的看法，作为百戏之一的"捞鼎剧"，除了单独出现在画面上（如图9-2那样②），还往往和其他乐舞百戏项目一起出现在画面上，比如发现于山东济宁城南的这一块画像石（图9-4）③。按照小南先生的描述，"这画像石的画像分为两层，上层以玩耍六博的两个人物为中心，画中有十二个人物，十位男性整襟正坐，而左右最两端的两人可能为女性（可以看见左端的男性似乎正在诱惑着女性）。这些人物应该都是百戏的观众，其下方正进行着百戏的表演"④。"下层百戏场面中，左侧布置了大建鼓（建鼓置于动物形状的平台上，而贯穿建鼓的柱子上方妆点着轻轻飘动的饰品），乐器配合建鼓节拍进行演奏，依序展演剑舞或手球等等技艺。右侧则是捞鼎场面，画面中竖立两根（也许四根）柱子，另外左右两边皆装设了阶梯。柱子顶端的T字形装置，绳索通过其上，并分别由左右两侧的人牵引，当把水下之鼎用力拉起之时，更画出自鼎中伸出的龙头恰好将左侧绳索咬断的那一瞬间。"⑤ "此济宁城南的画像石里，百戏的演出与捞鼎最高潮的场面被绘于同一个画面，由此可知捞

---

① 根据表演的内容和观众的多寡，汉代百戏表演的场所可以分为厅堂、殿庭和广场三种。厅堂中的百戏表演一般是私人性的，而且表演的规模一般较小。如果规模稍大一点、观众再多一点，那么就往往会移到殿庭或院落中去表演。至于像"捞鼎剧"这样的大型表演，则非得到广场上去表演不可，而且这一作为演出场所的广场还必须具备河流或水池这样的"道具"要素。在汉代，由于帝王的喜好和提倡，还出现了特大型的百戏表演。比如，汉武帝在元封三年（公元前108年）举行了一场大型的百戏表演，"三百里内皆观"（《汉书·武帝纪》）。对于这次表演的地点，虽然史书并没有记载，但如此大规模的表演，自然只能在广场上进行了。三年后，汉武帝再次广聚京师民众，又举办了一次大型的百戏表演。对于这一次表演，史书有明确的记载："夏，京师民观角抵于上林平乐馆。"（《汉书·武帝纪》）平乐馆又叫平乐观，是汉代长安未央宫中一座专门用作看台的楼阁，面积极大，"阔十五里"（《括地志》）。"平乐观的望远功能被武帝利用，观看场面阔大的广场百戏演出，平乐观成了最大的看台，所谓'大驾幸乎平乐，张甲乙而袭翠被……临回望之广场，程（逞）角抵之妙戏。'（张衡《西京赋》）这种好大喜功的举动对于当时人心理上的影响一定是巨大的，所以一直到后汉时期，文人学士们还在絮絮不绝地吟咏其事……"（廖奔：《中国古代剧场史》，北京：人民文学出版社，2012年版，第58～59页）
② 如果考虑到墓葬空间的整体性，图二中的"捞鼎图"与"搏虎图"其实也可以看作一起出现在画面上的百戏表演，只是作画者并没有把这两个百戏图像放在同一个画框里而已。
③ 〔日〕小南一郎：《汉代戏剧的可能性》，曹官任译，刘苑如编：《桃之宴——京都桃会与汉学新诠》，台北：新文丰出版股份有限公司，2014年版，图二，第9页。
④ 〔日〕小南一郎：《汉代戏剧的可能性》，曹官任译，刘苑如编：《桃之宴——京都桃会与汉学新诠》，台北：新文丰出版股份有限公司，2014年版，第9～10页。
⑤ 〔日〕小南一郎：《汉代戏剧的可能性》，曹官任译，刘苑如编：《桃之宴——京都桃会与汉学新诠》，台北：新文丰出版股份有限公司，2014年版，第10页。

鼎剧在百戏中是首屈一指的招牌节目。"①

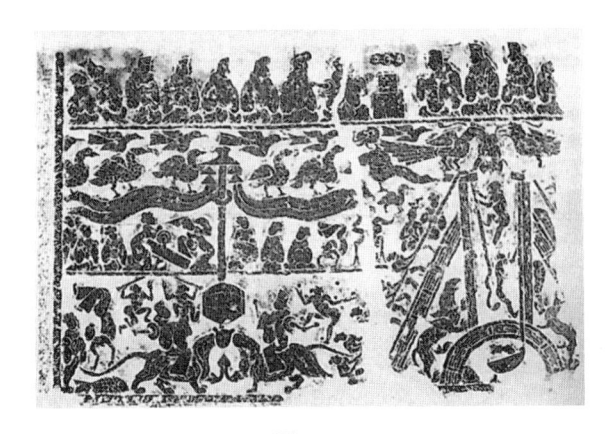

图 9-4

不同的百戏表演之所以被绘于同一个画面，是因为汉代的百戏本身就是混杂在一起进行表演的。汉代的百戏种类繁多，在目前出土的画像作品中可以看到的就多达几十种：跳丸、跳剑、角抵、掷倒、寻橦、跟挂、腹旋、戏龙、戏凤、戏豹、戏鱼、戏车、马技、舞轮、叠案、顶碗、扛鼎、吐火、冲狭、长袖舞、建鼓舞、七盘舞、假形扮饰、歌舞小戏、"海鳞变而成龙"、"舍利化为仙车"，等等。总之，"百戏囊括了当时所能搜罗到的各类表演艺术，是中国表演艺术的大汇集"②。而且，百戏的表演方式非常自由，各种百戏节目可以随意组合，相互之间并不要求一定有实质性的、有机的联系，正如戏曲史专家所指出的："组成百戏的各个基本表演单位都是相对独立的，彼此之间并没有实质性的联系和制约。它们共同构成一个松散的联盟来进行一场表演。随便哪几种成分凑在一起，或多或少，都可以进行演出。这也是汉代百戏文物组合表现为自流性、随意性的原因。真正联系百戏各因子的纽带——把它们串组为一场统一演出的，是宴乐——在酒宴中间进行娱目性的表演。"③

既然如此，当我们在汉画中看到两个或多个看似无关的故事被纳入同一个画面空间时，就没有必要感到大惊小怪了，因为它们都是构成百戏的相对独立的"因子"，仅仅满足于宴乐的要求——只要能让观看者觉

---

① 〔日〕小南一郎：《汉代戏剧的可能性》，曹官任译，刘苑如编：《桃之宴——京都桃会与汉学新诠》，台北：新文丰出版股份有限公司，2014年版，第10页。
② 周有德：《中国戏曲文化》，北京：中国戏剧出版社，2010年版，第29页。
③ 廖奔、刘彦君：《中国戏曲发展史》（第一卷），太原：山西教育出版社，2012年版，第51页。

得开心就好。如果不明白这一点，非要把画面上的独立故事解释成统一的故事或把画面上的不同人物解释成同一个主人公，那就非闹出笑话不可。比如说，对于这幅出自石棺上的画像（图9—5）[①]，有学者这样描述道："成都江安桂花村一号石室墓一号石棺上的画像，左侧是荆轲刺秦王图，右侧则是构图颇不同于山东、河南和苏北的捞鼎图，捞者只有一人，龙在鼎外，咬断绳索。这样两个画面不加区隔地放在一起，其主角很可能即历史上的秦王或秦始皇。石棺上为何出现这样的历史故事？其理由必须另外寻找。"[②] 如果知道该画面所画的仅仅是两出短剧中的画面，那么画面上的内容就很好理解了，而不必非得把故事的主角解释成历史上的秦王或秦始皇[③]，也不必为石棺上为何出现这样的画面去另外寻找什么理由了——其唯一的理由就是宴饮活动中的娱乐需求。

图 9—5

图9—5中的画面左侧是荆轲刺秦王，这也是汉画中经常出现的故事母题。这个故事在《战国策》与《史记》等书中均有记载，司马迁在《史记·刺客列传》中的记载尤为详细，也更为形象和生动。宫崎市定认为，司马迁的记载之所以形象和生动，是因为他所依据的母本来自说书人的说唱和表演。比如，关于燕太子丹与田光先生的对话，在后来田光见荆轲时，就几乎完全重复了一遍。当田光死后，荆轲去见太子丹时，又再次重复了田光的话。《史记》的这种写法，如果仅就文字媒介和语法规则来说，显然是太啰嗦了，但正如宫崎市定所指出的："《史记》的文章不单是作文，重复也不是没有道理。因为这一段都是在讲故事，说唱人要加入肢体动作，时而扮演太子丹，时而扮演田光先生，时而又要扮

[①] 龚廷万、龚玉、戴嘉陵编：《巴蜀汉代画像集》，北京：文物出版社，1998年版，图243，第117页。

[②] 邢义田：《汉画解读方法试探——以"捞鼎图"为例》，颜娟英主编：《中国史新论·美术考古分册》，台北：联经出版事业股份有限公司，2010年版，第51页。

[③] 画面右侧的"捞鼎图"经简化后仅剩下一个人正在捞鼎，显然这个人不可能是秦王或秦始皇，因为以其身份，他不可能亲自从事捞鼎这样的活动。

演荆轲，司马迁把说唱人在观众面前所说的话就此记录了下来。田光先生与荆轲的对话中，前半部分，如果是后世人写文章，一定会被省略，因为省略后也不会影响理解。但是，此处正是讲故事的关键所在。壮士之间以命相托，是一场电光石火般的交涉场面。说唱人时而扮演田光先生，时而扮演荆轲，一瞬间似乎连观众的存在都忘记了。田光先生的一番话，必须要说动在场的荆轲，这时如果省略了他事前与太子丹的对话，故事的光彩就减少了一大半。"① 此外，"因为是带有肢体动作的说唱，因此，在描写情况紧迫的时候必然会带有喊叫声"②。比如，故事高潮部分的这段描写：

> 荆轲奉樊於期头函，而秦舞阳奉地图匣，以次进。至陛，秦舞阳色变振恐，群臣怪之。荆轲顾笑舞阳，前谢曰："北蕃蛮夷之鄙人，未尝见天子，故振慴。顾大王少假借之，使得毕使于前。"秦王谓轲曰："取武阳所持地图。"轲既取图奏之秦王，发图，图穷而匕首见。因左手把秦王之袖，而右手持匕首揕之。未至身，秦王惊，自引而起，袖绝。拔剑，剑长，操其室。时惶急，剑坚，故不可立拔。荆轲逐秦王，秦王环柱而走。群臣惊愕，卒起不意，尽失其度。而秦法，群臣侍殿上者不得持尺寸之兵；诸郎中执兵皆陈殿下，非有诏召不得上。方急时，不及召下兵，以故荆轲乃逐秦王。而卒惶急，无以击轲，而以手共搏之。是时侍医夏无且以其所奉药囊提荆轲也。秦王方环柱走，卒惶急，不知所为，左右乃曰："王负剑！"负剑，遂拔以击荆轲，断其左股。荆轲废，乃引其匕首擿秦王，不中，中桐柱。秦王复击轲，轲被八创。轲自知事不就，倚柱而笑，箕踞以骂曰："事所以不成者，乃欲生劫之，必得约契以报太子也。"③

宫崎市定认为，这段文字中所出现的三次"时（卒）惶急"，"就像相扑时裁判大喊'稳住，稳住'一样，如果换作奥运比赛，那就是'加

---

① 〔日〕宫崎市定：《肢体动作与文学——试论〈史记〉的成书》，《宫崎市定亚洲史论考》（中），张学锋、马云超等译，上海：上海古籍出版社，2017年版，第892页。
② 〔日〕宫崎市定：《肢体动作与文学——试论〈史记〉的成书》，《宫崎市定亚洲史论考》（中），张学锋、马云超等译，上海：上海古籍出版社，2017年版，第892~893页。
③ （汉）司马迁撰、（宋）裴骃集解、（唐）司马贞索引、（唐）张守节正义：《史记》（八），北京：中华书局，2013年版，第3074~3075页。

油'了"①。他还进一步指出:"如果听众们知道故事的梗概,当说唱人讲到'卒惶急'的地方,就会一同拍手打起节拍来,这样的场面一定非常有意思。"② 总之,宫崎市定认为,当面对这样一段文字的时候,"读者在想象当时状况的同时,还要顾及肢体的动作,因此,必须由读者自己承担起调节文句长短节奏来阅读的义务"③。

当然,对于声音元素的摹写,文字尚能做到相当程度的还原,但对于"姿势"或"肢体动作"的书写,文字就有点捉襟见肘了。比如《史记》中有关荆轲刺秦王的记载,尽管宫崎市定一再提醒我们"还要顾及肢体的动作",但大多数人恐怕仍然难以从文字中看出"肢体动作"。而在这方面,图像正好可以发挥其特有优势。例如,画在武梁祠西壁一块画像石上的荆轲刺秦王图(图9-6)④,就很好地表现出了人物的某个肢体动作或某种姿势。从画像本身不难看出,它表现的是荆轲刚将匕首掷向秦王的那一瞬间:荆轲此时正被人抱住,但他的双手都张开了,右手的五个手指都还没有收拢——正是刚刚把匕首掷出的常见动作,其头发也向上竖起,显示他此时正处在一种怒发冲冠的状态。秦王正在柱子的另一边奔跑,秦舞阳则害怕得匍匐在地……巫鸿对这个画面的描述是:"观者不但通过荆轲的动作知道这个情节刚刚发生,而且也通过一个细节了解瞬间的时态:尽管匕首已刺入柱子,但其所系的丝带仍然径直向后飞起。荆轲的帽子在搏斗中已丢掉,头发像剑一样竖起。一个卫士用双臂抱住荆轲,但似乎还不能让他屈服。他是画面中唯一的英雄;秦王在柱子的另一端奔跑,秦舞阳害怕地扑倒在地。另外两个细节进一步揭示了这个故事的悲剧性质:将军樊於期的头静静地躺在敞开的盒子中,匕首没有刺中秦王,而是嵌在柱中。"⑤ 此外,巫鸿还特意写道:"武梁祠上的图像显示出匕首的尖端从柱子的另一边透出来,《史记》没有描述这

---

① 〔日〕宫崎市定:《肢体动作与文学——试论〈史记〉的成书》,《宫崎市定亚洲史论考》(中),张学锋、马云超等译,上海:上海古籍出版社,2017年版,第893页。
② 〔日〕宫崎市定:《肢体动作与文学——试论〈史记〉的成书》,《宫崎市定亚洲史论考》(中),张学锋、马云超等译,上海:上海古籍出版社,2017年版,第894页。
③ 〔日〕宫崎市定:《肢体动作与文学——试论〈史记〉的成书》,《宫崎市定亚洲史论考》(中),张学锋、马云超等译,上海:上海古籍出版社,2017年版,第891页。
④ 〔美〕巫鸿:《武梁祠——中国古代画像艺术的思想性》,杨柳、岑河译,北京:生活·读书·新知三联书店,2015年版,图148(1),第323页。
⑤ 〔美〕巫鸿:《武梁祠——中国古代画像艺术的思想性》,杨柳、岑河译,北京:生活·读书·新知三联书店,2015年版,第324页。

个相当夸张的细节……"① 也许，武梁祠画像的创作者觉得这个细节有利于表达故事高潮所带给人的那种紧张感吧——他需要通过一个能让观者直接看到的画面来表达这种紧张的状态。

图 9-6

荆轲刺秦王是汉画像中很流行的题材，汉画中以此为题材的画像不少，仅武氏祠就有三幅（分别存在于武梁祠、左石室和前石室）。小南一郎认为再现这一故事的画像有"固定的公式"："画面中央竖立着柱子，那柱子上多半插着荆轲朝始皇帝投掷的匕首，而荆轲与始皇帝正围着柱子追赶躲避，凡此为图像的基本结构。"② 当然，在保持这一基本结构的同时，也略有变化，如荆轲与秦始皇的位置，在武氏祠左石室的荆轲刺秦王图（图 9-7）③ 中，相比武梁祠中的同题画像而言，在画面上就恰好左右互换了位置；此外，前石室的画像中柱子左侧有一双鞋子（图 9-8）④，而这个物件在其他两幅画像中并没有。当然，画像中的柱子都立在画面的中间，这是不变的元素。正是这个柱子极有说服力地证明了该图像所模仿或再现的其实是一出戏剧中的特定画面：它的上部并没有到达顶端，也就是说，这根柱子在"秦王宫殿"这一建筑空间中并没有起到结构性的作用，它其实只是一个为了演出荆轲刺秦王这出戏剧所特意摆设的道具。关于这一点，小南一郎说得好："在这画像石里，柱子独立站着，其上端没有支撑任何东西，从此处能推测这根柱子其实是配置于

---

① 〔美〕巫鸿：《武梁祠——中国古代画像艺术的思想性》，杨柳、岑河译，北京：生活·读书·新知三联书店，2015 年版，第 324~325 页。
② 〔日〕小南一郎：《汉代戏剧的可能性》，曹官任译，刘苑如编：《桃之宴——京都桃会与汉学新诠》，台北：新文丰出版股份有限公司，2014 年版，第 13 页。
③ 朱锡禄编著：《武氏祠汉画像石》，济南：山东美术出版社，1986 年版，图 49，第 51 页。
④ 〔美〕巫鸿：《武梁祠——中国古代画像艺术的思想性》，杨柳、岑河译，北京：生活·读书·新知三联书店，2015 年版，图 148（3），第 323 页。

舞台中央的象征性道具。围绕着这道具柱子，荆轲与始皇帝的武打表演，构成此剧的主要桥段。在舞台艺术上，象征性道具发挥着重要机能，这在日本能乐表演中皆可得见。"①

图 9—7

图 9—8

第二节　图像与戏剧：汉画像跨媒介叙事的符号学分析

众所周知，任何文艺作品都必须借助一种或几种媒介才能最终形成。但无论是作品的创作者还是研究者，都对媒介存在不少误解。在叙事学研究中，媒介是最重要也是使用最混乱的概念之一，其中最常见的就在于对"表达媒介"和"传播媒介"不加区别地混用。关于媒介，一般有两种权威的定义："（1）通讯、信息、娱乐的渠道或系统；（2）艺术表达的物质或技术手段。"② 显然，第一种定义把媒介看作管道或信息传递方法，第二种定义把媒介视为"语言"（广义上的语言，相当于符号）。也就是说，关于媒介，主要有"管道论"和"符号论"两种定义，第一种

---

① 〔日〕小南一郎：《汉代戏剧的可能性》，曹官任译，刘苑如编：《桃之宴——京都桃会与汉学新诠》，台北：新文丰出版股份有限公司，2014年版，第14页。
② 〔美〕玛丽-劳尔·瑞安：《故事的变身》，张新军译，南京：译林出版社，2014年版，第16页。

定义下的媒介可称为传播媒介，第二种定义下的媒介可称为表达媒介。我们认为，第二种定义更为基本，对我们的研究也更为重要。之所以如此，是因为"在信息以第一种定义的具体媒介模式编码之前，部分信息已然通过第二种定义的媒介得到了实现。一幅绘画必须先用油彩完成，然后才能数字化并通过互联网发送。音乐作品必须先用乐器演奏，才能用留声机录制和播放。因此，第一种定义的媒介要求将第二种定义所支持的对象翻译成二级代码"；而且，"媒介可以是也可以不是管道，但必须是语言，才能呈现跨媒介叙事学的趣味"①。叙事学主要研究的是"表达"而不是"传播"，所以，本章所说的"媒介"（口语、文字、表演、图像等），指的是作为表达媒介的"语言"或符号。其实，如果从符号学的角度来说，所谓跨媒介叙事，就是用一种不同的符号去转述另一种符号已经讲述过的故事。既然如此，下面我们就从符号学的角度，来对汉画像叙事及其所模仿的汉代戏剧故事做些分析，以发现两者之间的内在关联性。

按照美国符号学家查尔斯·皮尔士（Charles S. Peirce，亦译作查尔斯·皮尔斯）的说法："符号是这样一种对象，这种对象对于某个心灵而言指代着另一对象。"② 也就是说，只要一个记号或事物能成为另一个事物的标志、符码或替代物，它就是一个符号。图像通过色彩、线条和造型，戏剧通过动作、姿势或表演，都指代着"另一对象"——故事，所以它们都是标准的符号。关于符号的理论有好多种，但最主要的是瑞士语言学家索绪尔的二元符号论（即著名的能指/所指理论），以及美国哲学家、符号学家皮尔士的三元符号论。尽管索绪尔的理论同样有名（甚至更为有名），但我们认为皮尔士的符号论更具有活力和解释力，所以下面我们就采用其三元符号论来解释汉画像及其所模仿的汉代戏剧。

皮尔士符号理论的最大特色在于把符号看作一个活动的过程③，而构成这一符号过程的又包括再现体、解释项和指称项等三个要素或三个途径。皮尔士对于符号的界定是："一个符号④，或者再现体，就是在某

---

① 〔美〕玛丽-劳尔·瑞安：《故事的变身》，张新军译，南京：译林出版社，2014年版，第17页。
② 〔美〕查尔斯·S. 皮尔士：《论符号特性》，〔美〕查尔斯·S. 皮尔士著、〔美〕詹姆斯·胡普斯编：《皮尔士论符号》，徐鹏译，上海：上海译文出版社，2016年版，第180页。
③ 正因为如此，所以在皮尔士看来，小到一个单词，大到一部长篇小说，都可以被视为一个符号。
④ 皮尔士这里所说的"符号"是狭义的符号，即广义符号的"再现体"，而广义的符号则是包括再现体、解释项和指称项等要素的一个活动过程。

人看来以某些方式或者实力代表某种事物的某个东西。它对着某人言说，也就是说，在那个人的大脑中创造一个相对应的符号，或许是一个更为高级的符号。它所创造的那个符号，我称之为第一个符号的解释项。符号代表着某个事物，即它的对象。它代表这个对象，但不是在所有方面代表它，而是指称某一种想法，我有时候称之为再现体的'基础'（ground）。"[1] 所谓"更为高级的符号"，指的是人们对"再现体"的复杂的阐释行为，而阐释的结果便构成了符号的"解释项"；所谓"基础"，即阐释行为所以发生的基础："再现体"（狭义的符号）只要在某个方面（而非所有方面）能指称某一事物或对象，就可以作为这一事物或对象的"指称项"而代表事物或对象本身。

　　皮尔士的观点一向以晦涩著称，一般人不容易理解，所以米克·巴尔对其符号定义有以下解释："根据查尔斯·皮尔斯（Charles S. Peirce）的说法，符号活动的过程有这样三个途径：可以感知的或者近乎可感知的事项，即符号，亦即再现体（representamen），它用来代表其他事物；接受者对于符号在大脑中形成的图像，称作解释项（interpretant）；以及符号所代表的事物本身，即对象，或叫指称项（referent）。当人们看到一幅画时，比如说画着水果盘的静物画，这个图像除了是其他东西以外，它还是另外某个东西的符号，或者说再现体。观者会把这个事物与这个图像联系起来，从而在她或他的大脑中形成这个事物的图像。大脑中的图像，而不是形成图像的这个人，就是解释项。解释项指向的是对象体。对象体在每一位观者看来都是不同的：在某个人看来是真实的水果，在另一个人看来则是静物画，对第三个人来说则意味着大量的钱财，而对第四个人来说却是'17世纪的荷兰'绘画作品，如此等等。画作所代表的对象体，在根本上是主观的，是由观众的接收所决定的。"[2] 而符号之所以是一个过程，关键就在于这个"解释项"："至于过程，阐释体总是摇摆不定的。大脑中的图像一旦形成，它就会变成一个新的符号，随之产生一个新的解释项，于是我们也就进入了符号活动（semiosis）的过程。这个过程的各方面，没有一个可以孤立于其他方面，这就是为什么

---

[1] 转引自〔荷〕米克·巴尔的《看见符号：从符号学理解视觉艺术》一文，钱志坚译，〔荷〕米克·巴尔著、段炼编：《绘画中的符号叙述：艺术研究与视觉分析》，成都：四川大学出版社，2017年版，第6页。

[2] 〔荷〕米克·巴尔：《看见符号：从符号学理解视觉艺术》，钱志坚译，〔荷〕米克·巴尔著、段炼编：《绘画中的符号叙述：艺术研究与视觉分析》，成都：四川大学出版社，2017年版，第6页。

这个理论与任何关于符号的二分法理论是不相匹配的,比如索绪尔(Saussure)所配对的能指/所指理论。皮尔斯坚持认为,事物之所以成为一个符号,只有在它开始引发其解释项时才能发生:'符号是带有大脑解释项的再现体。'"①

具体到本章所考察的汉画像,就其作为一个符号来说,出现在画面上的可见的具体图像(如"捞鼎图""搏虎图""荆轲刺秦王图"等)就是这个符号的"再现体",而其"指称项",也就是它所代表的实际对象,则依赖于"解释项"所做出的解释(比如,"荆轲刺秦王图"模仿或再现的到底是真实的历史事件还是就此事件所进行的戏剧表演,可能会因为每个人所做的解释不同而答案不同——甚至不能排除会有人否定这是一幅"荆轲刺秦王图");至于其"解释项",由于存在较大的主观性而"总是摇摆不定的",它最终"是由观众的接收所决定的"。既然如此,那么观众是否可以对一个"再现体"随意做出解释呢?答案当然是否定的,因为皮尔士本质上并不是一个强调符号任意性的符号学家。

在《论符号特性》一文中,皮尔士就提出了符号的"物质特性"问题。在该文中,他认为每一个"符号"("再现体")都必须与其所表征的对象("指称项")有一种"物理联系"。皮尔士从三个方面概述了符号的"物质特性"及其与所表征对象间的"物理联系":"首先,跟其他任何事物一样,一个符号必须有属于它的一些性质,无论将其视为一个符号与否。所以,印在纸面上的词是黑色的,由几个字母拼写而成,而这些字母又有特定的形状。符号的这种特点我称之为其物质属性。其次,一个符号必须与其所意指之物有某种真实的联系,使得当这一对象呈现,或者正如这个符号意指其所是的那样时,这一符号将如是意指之,否则则不然。……风向标是风向的符号。除非风使其旋转,否则它就不是风向的符号,每一符号与其对象间都会有这样一种物理联系。举一幅人物肖像为例。这幅画是其想要描画的那个人的符号。它之所以是那个人的符号,是由于它与那人相像;但这还不够——不能说任何两个相似的事物,其一就是另一个的符号,但这幅肖像之所以是那个人的符号,是因为它是仿照那个人画的而且表现着那个人。……第三,一个符号要成为符号所必需的是,它应该被视为一个符号,因为只有对于那个如此考察的心

---

① 〔荷〕米克·巴尔:《看见符号:从符号学理解视觉艺术》,钱志坚译,〔荷〕米克·巴尔著、段炼编:《绘画中的符号叙述:艺术研究与视觉分析》,成都:四川大学出版社,2017年版,第6~7页。

灵而言它才是一个符号，而假如对于任何心灵而言它都不是符号的话，那它就根本不是一个符号。它必须首先以其物质属性，但同时也以其纯粹的指示性应用为心灵所知。这个心灵必须设想它是与其对象相联系的，如此才有可能从符号到事物进行推理。"① 也就是说，无论是在物质特性上，还是在心灵感知中，一个符号都必须与其所表征的对象有一种"物理联系"，否则它就不成其为符号。此外，尽管观者在面对符号这个"再现体"而形成"解释项"时"存在较大的主观性"，但也必须考虑符号与对象间的"物理联系"，否则便是歪曲事实，打胡乱说。

那么，汉画像画面上的故事图像与汉代戏剧表演之间存在皮尔士所说的"物理联系"吗？从本章第一部分的论述中，我们已经找到了不少两者间的"物理联系"，如"二桃杀三士"图像（图9—1）中三位勇士特别阔大的脸部（戴着面具）及其所穿的"极其宽大的服装"（穿着戏服），以及"荆轲刺秦王"图像（图9—6、图9—7、图9—8）中那根没有起到结构性作用的柱子（特意摆设的戏剧道具）。下面，就让我们再来考察作为"符号"的汉画像的图像叙事，与作为"符号"的汉代戏剧的表演叙事之间的结构性的"物理联系"。

作为符号的汉画像在叙事方面还没有形成以多幅图像共同讲述一个故事的连环画式的结构，也就是说，汉代的图像叙事均表现为单幅图像叙事而非系列图像叙事。在《空间叙事学》一书中，我曾经把单幅图像叙事概括为单一场景叙述、纲要式叙述和循环式叙述三种类型。就叙述时间而言，单一场景叙述一般选择"最富于孕育性的顷刻"（莱辛语）加以表现；而纲要式叙述把不同时间点上的场景或事件挑取重要者"并置"在同一个画面上；循环式叙述则把很多叙事要素按空间逻辑排列，作品的时间逻辑似乎"退隐"到了画面背后，有赖于观者在观赏中重建。② 就汉画像的叙事模式而言，基本上都表现为单一场景叙述。美国学者孟久丽认为：在佛教传入之前，中国叙事画的主要特征就是"通过描绘单独的场景来概述整个故事"，而且早期中国画家还发展出了一种所谓的"概念性手法"来叙述复杂的故事："早期的中国画家甚至能够以单一的并且视觉上一元化的构图来传达复杂的历史、传记或者神话故事。……

---

① 〔美〕查尔斯·S.皮尔士：《论符号特性》，〔美〕查尔斯·S.皮尔士著、詹姆斯·胡普斯编：《皮尔士论符号》，徐鹏译，上海：上海译文出版社，2016年版，第180~182页。
② 龙迪勇：《空间叙事学》，北京：生活·读书·新知三联书店，2015年版，第428~450页。

第九章　从戏剧表演到图像再现——汉画像的跨媒介叙事

这种以一个单独的画面来象征整个故事的概念性手法在中国的早期叙述性图画中是很常见的。"①

当然，也有人认为少量汉画像的叙事模式是纲要式叙述（或叫"合并叙述"或"同发式叙述"），事实上，那些得出这一结论的人，其分析的具体例子的叙述方式是存在争议的。比如，武梁祠中基于《列女传》中的有关记载而绘成的这幅"齐义继母"图（图 9—9）②，讲述的是这样一个故事：当丈夫前妻的儿子犯下杀人罪后，齐义继母自愿让自己的儿子去承担罪行，负责调查的官员非常钦佩她的美德，所以把她的两个儿子都赦免了。

图 9—9

针对有人把这幅图像解读为"纲要式叙述"，孟久丽这样写道："这幅图上共展示了五个人物形象，并且旁边都刻有榜题以表明他们各自的身份：躺在地上的是死人，官员在审问两个同父异母的兄弟，而这位母亲/继母则指着她自己的儿子。在巫鸿的分析中，前四个形象所组成的画面表现的是官员正在设法调查两个年轻人之中究竟是谁杀死了躺在地上的男人的场景，而齐义继母的出现则是表现故事中的稍后的情节，此时官员已经放弃审问并且转而问她犯了罪的是哪一个儿子。然而，这个构图的结构并未表现出这个情节的发展，因此观者会很容易将它理解为一幅一元化的图画。它在视觉上的一致性使得这幅图得以象征整个故事。"③ 此外，在武氏祠的荆轲刺秦王图中，也有人把它解读为存在多个

---

① 〔美〕孟久丽：《道德镜鉴：中国叙述性图画与儒家意识形态》，何前译，北京：生活·读书·新知三联书店，2014 年版，第 54 页。
② 〔美〕巫鸿：《武梁祠——中国古代画像艺术的思想性》，杨柳、岑河译，北京：生活·读书·新知三联书店，2015 年版，图 124（拓本），第 281 页。
③ 〔美〕孟久丽：《道德镜鉴：中国叙述性图画与儒家意识形态》，何前译，北京：生活·读书·新知三联书店，2014 年版，第 55 页。

273

时间节点，如前石室中的荆轲刺秦王图（图9-8），陈葆真就把它解读为包含五个时间阶段："在这个画面中，时间的进展分为五个阶段，每一个阶段以一个物件或人物为代表。它们的顺序是由下而上，再由左而右，最后在中间的地方结束。第一个阶段的代表物是画面中央那根柱子右下方的秦舞阳和他所呈上的范将军首级，这暗示秦王已将首级检验无误。第二阶段的代表物为柱子旁边浮在半空中的衣袖。它暗示当荆轲一手举匕首，一手拉住秦王衣袖，秦王奋力挣脱，致使袖子被扯断的行动过程。第三阶段发生在左边，表现秦王急着跳开，以至于来不及穿好鞋子，一面向左逃跑，一面拔剑相应，卫士也赶来保卫的情形。第四阶段表现荆轲在画面最右方，当他被卫士强行拉走时，怒发冲冠、奋力投掷匕首的情形，以及另一卫士从右后赶来相助的情况。最后一个阶段代表物为穿透柱子的匕首，那反映荆轲最后见计划失败而奋力将匕首掷向秦王未中，却穿透柱身的事实。"① 值得注意的是，尽管陈葆真把这幅故事画解读为包含五个时间阶段，但她仍然认为其画面省略掉了"视觉效果较差的部分"，而保留了故事中"最戏剧性的一幕，以达到最佳的视觉效果"。正如她接下来所指出的："如果我们将这幅图画和文献对照，便发现画中省略了两个重要的阶段：一是当荆轲打开图卷到'图穷匕现'的一刹那，也就是这个行刺计划的第一个关键时刻；二是秦王拔剑砍断荆轲双腿的时候，那表示这个行刺计划已经完全失败，也是这行动中另一个关键时刻。但是，为什么这个汉代艺术家会省去这两个阶段而不表现呢？这并不是他不知道那两个阶段的重要性，而较可能的情况是，画家受限于所提供的狭小空间，因此他只能选择这种同发式的构图，以最精简的方法让故事中最重要的人或物只出现一次；而那唯一一次的出现便代表故事进程中的某一个主要阶段，以此简述故事情节的发展。他便以这种最简洁的方法来表现行刺事件中最戏剧性的一幕，以达到最佳的视觉效果。换句话说，画家以自己的方法来诠释文本，在这种情况下，他可以决定省略他认为视觉效果较差的部分，而加强表现最具有戏剧效果的地方。"② 对于陈葆真所强调的武氏祠中荆轲刺秦王图的视觉效果或戏剧效果，我们是高度赞同的，但我们并不认为她所解析的画面中的五个时间

---

① 陈葆真：《〈洛神赋图〉与中国古代故事画》，杭州：浙江大学出版社，2012年版，第73~74页。

② 陈葆真：《〈洛神赋图〉与中国古代故事画》，杭州：浙江大学出版社，2012年版，第74页。

阶段具有合理性：因为她所说的那些代表每个阶段的物件或人物，在最后那个阶段——荆轲将匕首掷向秦王未中而穿透柱身的那个时刻也是存在的，而这正是画面所表现的那个时刻；也就是说，画面本身并没有显示这五个阶段，这些阶段只不过是解读者的主观想象而已。对于陈葆真对这幅图像的解读，孟久丽评述道："作品本身没有显示事件发生的先后顺序，而且其中没有一个人物形象是重复的。因此，这幅图也可以被看作一幅通过表现荆轲行刺暴君彻底失败的这一刻来概述全部的事件的合并场景。尽管主要的图案涉及故事情节中的各个细节，然而它们的结合则代表了整个故事。"① 显然，孟久丽所持的是一种折中立场，她不认为图像本身显示了事件顺序，但她承认画面"合并"了故事情节所涉及的相关场景和细节。而在我们看来，这个画面本身既没有包含多个时间阶段，也没有"合并"多个场景和细节；说到底，武氏祠前石室中的荆轲刺秦王图，其叙事模式本质上还是一种单一场景叙述。

总之，汉画像的叙事均为单幅图像叙事，而且，尽管不排除"纲要式叙述"的可能性，但在找到确凿的证据前，我们还是把汉画像的叙事模式界定为单一场景叙述。对此，孟久丽说得好："前佛教的叙述性图画②是在视觉上一元化的单幅场景的构图，即使有时其中的形象或者姿势可以被解读为在同时表达故事中的几个不同的情节。如果形制本身就将平面分为多个区域或者间隔，例如墙或者屏风这两种版式，那么各个独立的区域所表现的则并非是出自同一故事中的几个事件，而是能够巩固更大的意识形态或修辞意图的几个不同故事。与此相似，手卷中的多幅画面表现的也是不同的故事，而不是同一故事中的连贯场景。不管前佛教叙述性图画采取的是哪一种媒介或者形制，它们都通过表现单个的戏剧性场景来概述故事的精髓。这些场景都含有主要角色和他们的随身道具，还常刻有便于观者认出其中人物身份的榜题。"③ 在这里，"通过

---

① 〔美〕孟久丽：《道德镜鉴：中国叙述性图画与儒家意识形态》，何前译，北京：生活·读书·新知三联书店，2014年版，第55页。
② 尽管佛教在公元前后（西汉末、东汉初，难以确指）即传入中国，但它对中国图像艺术的真正影响还得等到魏晋以后。因为在接受佛教的影响之后，中国的图像艺术发生了巨大的变化，所以孟久丽才采用"前佛教"这一概念来标示接受佛教影响之前的图像艺术，以与此后的艺术形成对照。正如孟久丽所说："为了在特征上将它们与佛教刺激下发展起来的中国叙述性绘画相区别，我将用'前佛教'一词来表示任何作于佛教彻底确立之前的绘画，以及佛教确立之后所作的但却沿用了同样视觉手法的绘画。"（〔美〕孟久丽：《道德镜鉴：中国叙述性图画与儒家意识形态》，何前译，北京：生活·读书·新知三联书店，2014年版，第47～48页）
③ 〔美〕孟久丽：《道德镜鉴：中国叙述性图画与儒家意识形态》，何前译，北京：生活·读书·新知三联书店，2014年版，第59～60页。

表现单个的戏剧性场景来概述故事的精髓"当然只是一种比喻性的说法，孟久丽其实并不知道汉画像中的很多场景就是模仿或再现了特定的戏剧场景①，但她的直觉确实捕捉到了汉画像中叙事场景的"戏剧性特征"。对于汉画像叙事的这种"戏剧性特征"，巫鸿也曾经有过论述："由于画像石刻固有的特性，它基本上无法表现故事发展的完整时间顺序，一个故事往往是由一个特定的富有戏剧性的瞬间来表现，整个故事情节需要观者的'复原'。"②

无疑，作为符号的汉代叙事画在"物质特性"上确实具有戏剧的特征，这就为它与汉代戏剧之间的内在联系提供了一个"物理"基础。既然如此，那么作为符号的汉代戏剧在表演故事时是否也具有图画般的特性呢？通过对汉代戏剧叙事方式的考察，我们对这一问题的回答也是肯定的。

事实上，"在古老的戏剧里，有不少在舞台上只演出一个故事的最高潮场面的例子"③。汉代戏剧当然也不例外，而这种选取"故事的最高潮场面"进行表演的方式，与汉画像叙事所选取的那种具有"最佳的视觉效果"的场景是高度一致的。小南一郎说得好："汉代戏剧应为单纯的一幕剧，没有将一个故事分为数幕上演。在荆轲刺秦始皇剧里，亦未从荆轲与燕太子丹的相会开始演起，而仅聚焦于整个故事的高潮处，演出刺

---

① 在上引文字的接下来部分，孟久丽继续这样写道："因为前佛教图画的画面很简洁，所以只有那些博学的观众，才能够通过解读其中的视觉符号来理解故事情节的意义。因此，文字在向观者传达有教育意义的启示这一过程中扮演着重要的角色。由于这些观者可能曾经读过或听过图画所描述的故事，因此他们在看图时就会联想到其中的内容，图画上从原文中引述的题字也可能为观者提供理解意图的关键信息。一些现存的图画上还有表明图中人物的名字的榜题，偶尔还有更长的概述故事内容的文字。至于那些被单独描绘的理想化的或是形象普通的人物，这些文字都是观者识别和解读其含义的重要线索。甚至对于那些内容更加详细或者独特的画面来说，虽然观者即使没有榜题也很可能认出它们所表达的内容，但是题字有助于观者确认他们的理解是否正确，还可以提醒观者与这个故事相关的种种观点。"（〔美〕孟久丽：《道德镜鉴：中国叙述性图画与儒家意识形态》，何前译，北京：生活·读书·新知三联书店，2014年版，第60页）显然，孟久丽思考的焦点还是落到了图像与语词作品的关联上：图像中的故事再现或模仿了某个文本或口传的故事，而"那些博学的观众""可能曾经读过或听过图画所描述的故事"，所以他们容易解读故事的内容；或者，那些图像中存在文字性的榜题，这也给观者提供了解读的重要线索。孟久丽所说的这些情况当然也应该存在，但我们认为：由于绘制汉画像的画工艺匠绝大部分都是文盲或略通文墨者，所以他们所模仿的对象还是以戏剧作品为主；这当然并不排除极少数有文化的画工艺匠在绘制画像时会去参考相关文献。

② 〔美〕巫鸿：《汉代艺术中的"白猿传"画像——兼谈叙事绘画与叙事文学之关系》，郑岩、王睿编：《礼仪中的美术——巫鸿中国美术史文编》，郑岩等译，北京：生活·读书·新知三联书店，2005年版，第195页。

③ 〔日〕小南一郎：《汉代戏剧的可能性》，曹官任译，刘苑如编：《桃之宴——京都桃会与汉学新诠》，台北：新文丰出版股份有限公司，2014年版，第14页。

第九章 从戏剧表演到图像再现——汉画像的跨媒介叙事

杀秦王之过程,所以刻在画像石上的几乎都只有这个场面。"① 而且,小南一郎在此基础上还进一步指出:"汉代舞台剧尚未有表演整个故事的戏剧形态,可能仅是将故事中的特定场面,当作一种活动的画面在舞台上演出。"②

"一种活动的画面",这的确概括得非常精妙,也确实道出了汉代戏剧的本质。为了对汉代具有画面感("娱目性")的戏剧故事表演有一个直观的印象,下面我们来分析一下汉代著名的"总会仙倡"表演。张衡《西京赋》中所描写的于长安平乐观前所表演的那场盛大的百戏演出中,就包括"总会仙倡":

> 华岳峨峨,冈峦参差。神木灵草,朱实离离。总会仙倡,戏豹舞罴。白虎鼓瑟,苍龙吹篪。女娥坐而长歌,声清畅而蜲蛇,洪厓立而指麾,被毛羽之襳襹。度曲未终,云起雪飞。初若飘飘,后遂霏霏。复陆重阁,转石成雷。霹雳激而增响,磅礚象乎天威。③

在这段描写中,除了景物,还包括各类由人所扮演的动物,人物则包括传说中舜的两个妃子娥皇、女英("女娥"),以及三皇时代的伎人洪厓。对于这场有"巫风道气"的"总会仙倡"表演,尽管不少研究者觉得它的戏剧性、故事性不强④,但其震慑人心的"舞台布景"和"音响效果"还是获得了人们的高度赞许,比如,叶明生就认为:在这场百戏表演中,"不仅有妆扮豹罴舞蹈、苍龙白虎之演奏、女娥长歌、洪厓指麾的表演,而且还有几乎与现代舞台艺术相接近的声光电的'机关布景'的效果"⑤。既然有着如此具有震撼力的布景效果,整个表演那强烈的画面感当然是可以想见的。对于张衡《西京赋》所描绘的"总会仙倡"的

---

① 〔日〕小南一郎:《汉代戏剧的可能性》,曹官任译,刘苑如编:《桃之宴——京都桃会与汉学新诠》,台北:新文丰出版股份有限公司,2014年版,第14页。
② 〔日〕小南一郎:《汉代戏剧的可能性》,曹官任译,刘苑如编:《桃之宴——京都桃会与汉学新诠》,台北:新文丰出版股份有限公司,2014年版,第15~16页。
③ (汉)张衡:《西京赋》,(梁)萧统编选、(唐)李善注:《文选》(卷二),杭州:浙江古籍出版社,1999年版,第41页。
④ 当然,也有学者认为这出"总会仙倡"戏应该也有一定程度的故事性:"这是集中了神话传说里众多的仙人神兽而进行的一场场面阔大的扮饰表演,这些神人仙兽多有各自的故事,或许表演中也会有一定程度的展现。"(廖奔、刘彦君:《中国戏曲发展史》(第一卷),太原:山西教育出版社,2012年版,第60页)
⑤ 叶明生:《中国傀儡戏史》(古代、近代卷),北京:中国戏剧出版社,2017年版,第66页。

画面感，李啸仓就曾经有这样的描述："这是一个非常热闹的场面，豹、熊、白虎、苍龙都是人扮的兽形。娥皇、女英、洪崖，都是演员装扮的古人（神）。华山景色，大雪，雷声，都是幻术。这个歌舞实际上是由百戏里的'曼延'（扮演各种兽形的变化）幻术和扮演古人的歌舞组合起来的。但从张衡的描写来看，把这几种东西组合起来，无非是为了表现神仙集会的那种境界的。至若在这个境界里的人物（娥皇、女英、洪崖和四兽）都是怎样性格的人物，观众就不知道了，因为在这个演出里没有一点戏剧活动。但是它把几种表现手段组合在一起，企图通过声音和具体形象来直接表现一种事情，却是带有戏剧的因素的。不过，至多也只能说它是一出戏当中的一个画面而已。"[①] 看来，对于"总会仙倡"表演的画面感，学者们的认识还是很一致的。

对于"总会仙倡"的性质，任中敏先生持这样的看法："当生旦诸角所扮的一定人物，如女娲坐而长歌，洪崖立而指挥的前后，舞台上竟有山岭草木的地景，有风云雨雪的天景，还有闪电轰雷，声与光的效果，天地人融为一片，景象不为不伟大，古伎艺中有此，到底是怎么回事？是平面的绘画吗？是静的雕刻吗？是口技带身段的讲唱吗？是两两相当的角觚吗？是单纯惊人的幻术杂技吗？还是活动的、行进的、立体的、综合的、感人的戏剧呢？是什么，就是什么。"[②] 是啊，面对如此声光电交织、天地人融合的壮丽、宏伟场景，观者的感受肯定是非常复杂的，所想到的是什么那就是什么。值得注意的是：任中敏在这里也提到"绘画"和"雕刻"，这表示他也认为"总会仙倡"表演具有一种图像般的"视觉效果"（"娱目性"）。

其实，任中敏先生对汉代戏剧的画面感是真正具有深刻体认的，正因为如此，他主张把汉代的戏剧称作"戏象"，以区别于唐代的"戏弄"和明清时的"戏曲"。在任中敏看来，"'戏象'，是汉代对于戏剧的用语；'戏弄'，是唐代对于戏剧的用语；'戏曲'，是明代起对于戏剧的用语，直到现在还如此用。近人研究我国古剧，曾在五代与北宋之间，划了一条断代的线，用'戏曲'一辞来规范宋以后的戏剧，过分强调了戏曲，以为是汉唐时所没有，纵有，也值不得承认，因而对于汉唐古剧在'戏象'与'戏弄'中所有的表现概予否定，或不加正视。这样做，固然会

[①] 李啸仓：《中国戏曲发展史》，北京：社会科学文献出版社，2016年版，第18页。
[②] 任中敏：《戏曲、戏弄与戏像》，任中敏：《唐艺研究》，樊昕、王立增辑校，南京：凤凰出版社，2013年版，第65页。

昧于我国古剧的渊源，搞不明白，即对戏剧一般的体与用、对宋以后戏剧的具体表现来说，也无从得着真解。"① 我们认为，任中敏的看法是值得高度重视的，"戏象"、"戏弄"与"戏曲"之分，从宏观方面来说可以影响我们对中国戏剧史的科学认识，从微观方面来说则可以影响我们对具体某一出戏剧的正确解读。

就汉代的"戏象"来说，任中敏先生指出："'戏象'之说，显然从'舞象'而来，'象'是现象，用舞来表达现象，靠化装、服饰、道具、姿态、动作五项。用戏来表达现象，除上五项外，还须加上故事人物，及布景、灯光、效果四项，共九项。先民初期的戏剧，乃由舞演进而来，已无待言。当时虽已有音乐、歌唱、曲辞、故事等，并确已运用于戏剧之中，但对于直观所得的现象则尤为注重，必且有过于声音、情节，故特标曰'戏象'。这时欣赏戏剧，应该称为'看戏'，较称为'听戏'必更确切。"② 既然汉戏中有"象"，而百戏又是汉代从庙堂到乡野几乎所有人都喜欢的娱乐节目，那么把汉戏中的"象"移用到汉画之中，当然也是非常自然的事情了。

总之，汉代戏剧与汉画像之间的"物理联系"实在是既明显又普遍的，这就为汉画再现或模仿"戏象"提供了内在的、结构上的可能性证据。这种结构性的"内证"，加上前面所提到的"外证"（面具、戏服和柱子等道具），应该可以充分地证明汉画像叙事确实再现或模仿了当时盛行的戏剧表演故事。从符号学的角度来说，汉人把"直观所得的现象"编排为符号化的"再现体"——"戏象"（一级符号），而这种"戏象"又作为整体被画工艺匠作为对象（"指称项"）看待，并在意识中将之理解成某种图像（"解释项"），最后这一"解释项"自然在他们的刻刀或画笔下成为另一个"再现体"（也就是皮尔士所说的一种"更为高级的符号"）——汉画像（二级符号）。当然，作为二级符号的汉画像也可以是另一出戏剧，或者是文字、口传作品。作为二级符号的另一出戏剧，在这一过程中当然并没有发生媒介的转换，所以其叙事方式仍然是戏剧叙事；而语词叙事作品或图像叙事作品，由于在再现或模仿戏剧叙事时已经发生了表达媒介的转换，所以它们是一种跨媒介叙事。

---

① 任中敏：《戏曲、戏弄与戏像》，任中敏：《唐艺研究》，樊昕、王立增辑校，南京：凤凰出版社，2013年版，第52页。
② 任中敏：《戏曲、戏弄与戏像》，任中敏：《唐艺研究》，樊昕、王立增辑校，南京：凤凰出版社，2013年版，第63页。

在皮尔士的符号理论中，还有关于符号类型的思想。概括起来说，皮尔士把符号分为像似符、指示符与规约符三类：像似符基于对象（"指称项"）与符号（"再现体"）之间的相似关系，如肖像画就是这种类型的符号；指示符基于对象与符号之间的相邻关系，如转动的风向标是风向的符号，地面潮湿是下过雨的符号；规约符则基于对象与符号之间的规约（约定俗成）关系，如语言就是一种规约符。当然，在皮尔士的三元符号系统中，三类符号都离不开"解释项"的存在。

根据前面的具体考察，我们认为汉代的叙事画和它所模仿的"戏象"都是一种像似符，两者间存在一种类比性的相似关系。对于这种类型的符号，皮尔士认为："像似符被定义为这样一种符号，它自身的品格使得它成了正如这种品格所指的那种符号，而这种品格是内在于符号的一种品质（quality）。例如，一个画在纸上的集合图形可能是三角形或其他几何形态的像似符。当一个人遇到了说他听不懂的语言的另一人，他只能通过声音的模仿或者手势来与之进行沟通，这种沟通方式就非常接近于像似符号的这种品格。它们均不是'纯像似符号'（pure icon），因为它们的意图已经被强调出来，而一个纯像似符号是不依赖于任何意图的。它只是单纯地通过展示它能够意指（它物）的那种品质而成为符号。"①"像似符是这样一种再现体，它的再现品质是它作为第一位的第一性。也就是说，它作为物质所具有的那种品质使它适合成为一种再现体。……就单独的第一性而言，一个再现体只能具有一个像似的对象。因此，与之相比，符号只能通过对比两种品质或借助第二性（secondness）的方式，才能指称它的对象。作为第一性的符号是它的对象的一个图像（image），或者更严格地说，它只能是一种观念。因为它必须产生一个解释项的观念：一个外在对象只能借助脑的反作用才能激起一个观念。但严格说起来，甚至连观念都不可能是一种像似符，除非它是基于'可能性'（possibility）或第一性的意义之上的。凭借其品质，一种可能性单独就是一个像似符，但它的对象却只能是第一性的。然而，符号可以是像似性（iconic）的，也即它可以主要凭借其像似性而去再现它的对象，这与符号以何种方式存在无关。"② 对此，米克·巴尔进一步解释道：

---

① 〔美〕C.S. 皮尔斯：《皮尔斯：论符号》，赵星植译，成都：四川大学出版社，2014年版，第52页。

② 〔美〕C.S. 皮尔斯：《皮尔斯：论符号》，赵星植译，成都：四川大学出版社，2014年版，第52~53页。

"正如皮尔斯所清楚表明的,像似符的特性是符号与其对象相关的一种品质;它最好被看成是能够引发不在场的对象的一种符号,因为它提示去想象与符号本身相似的作为解释项的对象。像似首先是一种读解模式,它基于符号与对象之间假设的相似性①。因此,当我们看到弗朗兹·哈尔斯(Frans Hals)的一幅肖像画时,我们会想象有那么一个人长得就像这个形象,而且我们不会怀疑在哈尔斯的时代有这样一个人存在;我们不会要求通过其他来源去证明这个人的存在,因为我们在观看肖像画时采纳了这种像似符式的读解方法。"②

目前我们能够看到的汉画主要包括画像石、画像砖和墓室壁画,它们主要存在于和丧葬有关的载体上,如石阙、墓地祠堂、墓室以及石棺等,所以我们说汉画像主要是一种丧葬艺术③。正如前面所说,乐舞百戏是汉代人生活中的重要内容,而古人对待死亡的态度是"事死如事生",所以在反映汉人死后世界的那些图像上,除表达升仙的主题④之

---

① 当然,这种相似性并不仅仅限于视觉上的相似,正如米克·巴尔所指出的:"决定形象是在相似性的基础上指涉某种事物的提法,不是出于一般意义上的视觉性或者写实性,而是像似符的行为,其结果就是一种镜面上的意义。一部电影中为恋爱场景配乐的小提琴的浪漫声音,与用雨的形状来描述再现阿波利奈尔(Apollinaire)关于雨的诗歌,是同样具有像似符意义的。"(〔荷〕米克·巴尔:《看见符号:从符号学理解视觉艺术》,钱志坚译,〔荷〕米克·巴尔著、段炼编:《绘画中的符号叙述:艺术研究与视觉分析》,成都:四川大学出版社,2017年版,第8页)

② 〔荷〕米克·巴尔:《看见符号:从符号学理解视觉艺术》,钱志坚译,〔荷〕米克·巴尔著、段炼编:《绘画中的符号叙述:艺术研究与视觉分析》,成都:四川大学出版社,2017年版,第7~8页。

③ 当然,根据文献材料,我国古代的宫室中也往往画有壁画,汉代尤其如此,但由于汉代的宫室如今都看不到了,所以汉代的宫室壁画也无从谈起。需要指出的是,宫室壁画与墓室中的图像,其性质并不完全相同,其中最主要的不同表现在两个方面:第一,宫室壁画的基调以入世为主,墓室图像的基调以出世为主;第二,宫室壁画几乎不出现主人的画像,而墓室图像则要直接或间接地显示墓主的存在。正如孙机所说:"古代的宫室壁画中多以鉴戒性的内容为主。……即便是画出了神异性的内容,如屈原在楚先王之庙中'仰见图画,因书其壁,呵而问之'的《天问》中所描写的,仍不外'首问两仪未分、洪荒未辟之事,次问天地既形、阴阳变化之理,以及造化神功、八柱九天,日月星辰之位,四时开阖晦明之原。乃至河海川谷之深广,地形方之径度'等等。虽然在科学不发达的时代,他所提出的问题有的在概念上不甚清晰,但他希望得到的是合理的答案,而不追求借幻想向虚无缥缈作无谓的引申。可见我国古代宫室壁画的基调是入世而不是出世的。但宫室壁画的入世性实有一定限度,其中并不着力描绘现实生活,更几乎不出现宫室之主人公的画像。而墓室壁画和画像石则不然,在郊野的冢墓里,如果不直接或间接地表明墓主的存在,图像漫无依归,或不知为谁刻绘。故研究者将汉画像石的这种创作意向称为'以墓主为中心的主旨'。"(孙机:《仙凡幽冥之间——汉画像石与"大象其生"》,孙机:《仰观集:古文物的欣赏与鉴别》,北京:文物出版社,2015年版,第166~167页)

④ 由于升仙主题本身的虚幻性,汉画像中表达升仙主题的图像并不是一种"像似符",而更多的是一种诉诸象征作用的"规约符"。

外，就是宴乐方面的内容了，而观看戏剧表演（乐舞百戏）则是汉人宴乐最重要的内容。无疑，作为像似符的汉画像在再现或模仿当时流行的戏剧作品时，人们是不会丝毫怀疑其真实性的，因为对于拥有这些图像的"墓主"来说，图像中的乐舞百戏就等同于现实生活中的乐舞百戏。也就是说，这些作为像似符的汉画像，就像这种符号本身所应该具有的功能那样，"能够引发不在场的对象"。于是，在汉画像"像似性"的作用下，那些实际上已经躺在地下的"墓主"们，似乎仍然可以像生时那样津津乐道地欣赏那些场面宏大、形象逼真的戏剧表演。

第三节 评价与展望

加拿大媒介理论家马歇尔·麦克卢汉在其著名的《理解媒介——论人的延伸》一书中曾经这样写道："媒介是一种'使事情所以然'的动因，而不是'使人知其然'的动因。"[1] 确实如此，也许那些绘制汉画像的画工艺匠们并不知道自己制作的图像模仿了当时在各种场合表演的戏剧作品，但那些精彩的、极富画面感的戏剧场面在看过多次之后，必然会在他们的潜意识中形成某种叙事"图式"：一种类似"默会知识"般的东西，当他们应邀为雇主制作画像的时候，这种潜意识中的"图式"便会在自己毫不自觉的情况下被转移到画面上。[2] 于是，一种人们"不知其然"的跨媒介叙事活动就悄然发生了……媒介就这样"使事情所以然"了：日常生活中的戏剧表演活动就这样以一种特别的方式在汉画像上得到了生动的再现。

对于跨媒介叙事所具有的那种"杂交能量"，麦克卢汉有极为深刻的认识。他认为那些真正创造出了伟大作品的"我们的时代"的作家与艺术家，都借用了"另一种媒介的威力"："像叶芝这样一位诗人在创造文

---

[1] 〔加〕马歇尔·麦克卢汉：《理解媒介——论人的延伸》，何道宽译，北京：商务印书馆，2000年版，第82页。

[2] 也许有人会问：难道汉代的画工艺匠们就没有"粉本"之类的画稿供他们模仿吗？我们的回答是：无论是从文献记载还是实物材料来说，都找不到汉代存在"粉本"的证据。从沙武田《敦煌画稿研究》一书所提到的"有明确画稿者"来看，他所引用的最早材料是所谓"番客入朝图"之"梁元帝为荆州刺史日所画粉本"。（沙武田：《敦煌画稿研究》，北京：中央编译出版社，2007年版，第14页）梁元帝萧绎（508—555）为南北朝时人。此外，还需要指出的是：就某一类图像而言，并不是所有的画工艺匠都模仿了戏剧作品，因为只要其中的某一人根据某种戏剧"图式"创作出了某种画像形式之后，其他的画工艺匠就可以直接模仿了。

学效果时就充分运用了农民的口头文化。很早的时候，艾略特就精心利用了爵士乐和电影的形式来创作诗歌，造成了极大的影响。……正如肖邦成功地使钢琴适应芭蕾舞的风格一样，卓别林匠心独运，将芭蕾舞和电影媒介美妙地糅合起来，发展出一套似巴甫洛娃狂热与摇摆交替的舞姿。卓别林把古典芭蕾舞运用于电影表演中。他的表演恰到好处地糅合了抒情和讽刺。这种糅合也反映在艾略特的诗作《普鲁夫洛克情歌》和乔伊斯的小说《尤利西斯》之中。各种门类的艺术家总是首先发现，如何使一种媒介去利用或释放另一种媒介的威力。"① 当然，现代的作家与艺术家们是有意识地去借用"另一种媒介的威力"，而汉代那些无名的画工艺匠们所进行的跨媒介叙事，则基本上是无意识的。但我们认为，不管他们是在什么情况下进行这种跨媒介叙事，两者所达到的效果是完全一致的，它们都在保持自身媒介本色的同时利用或释放了"另一种媒介的威力"。

也许，以今天的眼光去看待汉代的图像叙事艺术，我们会觉得它们略显粗犷和朴拙，但它们所特有的那种融合了戏剧表演的图像叙事模式，及其所达到的"最佳的视觉效果"，哪怕是隔着两千多年的时光，仍然能让我们感动、震撼和沉思。然而，让我们感到遗憾的是：时至今日，我们仍然对汉画像再现或模仿戏剧表演这种重要的现象缺乏认识，系统而深入的研究当然就更谈不上了。阿纳利斯·布宁教授的《汉代艺术中的历史剧》一文都发表半个多世纪了，但仍然没有引起国内学者的注意，倒是日本汉学家小南一郎先生认识到了布宁教授这篇论文的重要价值，并撰写了《汉代戏剧的可能性》一文与之呼应。不过，正如其文章的题目所揭示的，小南一郎教授该文所关注的焦点是"汉代戏剧的可能性"，而事实上，还有很多其他相关的重要问题并没有在文中得到讨论。正是考虑到这种情况，本章从"跨媒介叙事"这一角度，考察了汉代的戏剧表演及其图像再现这一重要问题，并运用符号学的理论对这种跨媒介叙事现象展开了理论性的探讨，希望能把这项研究进一步推向纵深。我们相信，这方面的研究具有非常广阔的学术前景，并希望有更多的学者参与到这一研究中来。

---

① 〔加〕马歇尔·麦克卢汉：《理解媒介——论人的延伸》，何道宽译，北京：商务印书馆，2000年版，第88～89页。

第十章　建筑空间与叙事文本
——明清章回小说叙事结构新探

正如王国维所说：一代有一代之文学，所谓楚骚、汉赋、唐诗、宋词、元曲，各领风骚，各擅胜场。尽管王国维并没有论及明清小说，但小说尤其是章回小说确实是明清时期的代表性文体，这恐怕没有人会否认。在中国，尽管"小说"概念出现较早，但由于一直被前人视为"小道"而难以成为明确的正式的叙事文体。经过明代文人的努力，小说才发展成为中国文学叙事传统中最主要的体裁，这也最终促成了中国文学传统的主流从"抒情"到"叙事"的转变。本章拟从新的视角研究中国古代小说，认为明清章回小说最基本的叙事结构是分回立目与单元连缀，这种结构受到了中国建筑空间组合艺术的深刻影响；而归根结底，无论是明清章回小说，还是中国古代的组合式建筑，都与中国古人的"关联思维"方式息息相关。总之，我们认为：中国的叙事文学一直要等到明清章回小说的出现，才形成了模式化、形式化的叙事结构，才算是形成了真正属于自己的叙事传统；由于这种叙事传统的形成与建筑空间密切相关，所以建筑空间在很大程度上促成了中国文学（小说）叙事传统的形成。

第一节　分类及其问题

人类对世界的认识其实是从分类开始的。"所谓分类，是指人们把事物、事件以及有关世界的事实划分成类和种，使之各有所属，并确定它们的包含关系或排斥关系。"[1] 如果没有分类，我们对世界的认识就只能

---

[1] 〔法〕爱弥儿·涂尔干、〔法〕马塞尔·莫斯：《原始分类》，汲喆译，北京：商务印书馆，2012年版，第2页。

停留在"浑沌"阶段。哪怕是最简单的分类，也可以让我们在混乱中找到某种"秩序"。当然，任何分类都是在某种作为前提的标准下做出的，都在凸显主要特征的同时排除了很多次要的特征而只具有相对的价值，而且，分类都只在一定的范围内适用，如果我们把它绝对化，把它视为放之四海而皆准的真理，那就必然会走向问题的反面，有时甚至会导致认知的谬误而不自觉。因此，作为一个研究者，我们在重视分类的同时必须对各种各样的分类保持某种程度的警醒。

在文艺理论中，文学、音乐等艺术形式常被定义为"时间艺术"，而建筑、绘画、雕塑等艺术门类则被划分为"空间艺术"。这种分类尽管不尽合理，但由于在实际使用中比较方便，所以也就渐渐地被研究者接受，并被不少人视为理所当然。对于一般性的认知，甚至对于某些类型的研究而言，这种分类当然没有问题，但对于那种比较专业的考察和比较精微的研究而言，拘泥于这种分类却可能会遮蔽我们探究的目光，从而使我们的研究停留在"常识"或"定见"的基础上而难以推进。比如说，如果我们要研究绘画、雕塑等图像艺术的叙事问题，就不能满足于一般性的分类，而恰恰需要考察被划归为"空间艺术"的图像的"时间性"特征。而且，在对特定时空、特定文化传统中不同门类的艺术形式进行比较研究时，我们还必须牢记这一点：这些不同的艺术形式（文学、音乐、舞蹈、建筑、绘画、雕塑等）在体现各自艺术特性的时候，不管它们是属于"时间艺术"还是属于"空间艺术"，都往往会体现出某种共同的文化心理结构，因而在深层结构上它们往往会具有某种"同构性"特征。

作为一个以文艺理论为专业的空间叙事研究者，我一向比较关注时间艺术的空间维度和空间艺术的时间维度，试图在时间和空间的双重维度中比较全面地把握研究对象，力图把它们被常见分类遮蔽的那些特征展示出来，并在此基础上提出自己的观点、建构自己的理论。在《空间叙事研究》一书中[①]，我对以小说为主的文学叙事（时间艺术）的空间问题，以绘画、雕塑为代表的图像叙事（空间艺术）的时间特性，以及图像叙事与文字叙事之间的相互模仿和转化问题，都做出了力所能及的考察。但由于种种原因，该书没有涉及建筑空间叙事及其与文学叙事的比较研究。然而，建筑空间的叙事性（时间性）以及建筑空间与文学叙事的相互影响问题，确实是存在的，也是值得好好研究的。显然，要对

---

① 龙迪勇：《空间叙事研究》，北京：生活·读书·新知三联书店，2014年版。

建筑和文学这样两种相差甚远的艺术形式（而且，建筑首先是一种功能性的空间形式，不是所有的建筑都能成为艺术，只有那些能成为艺术的建筑才能进入比较研究的视野）进行比较研究，其难度可想而知，这也正是在"时间艺术"与"空间艺术"的比较研究中，我们很容易找到"诗"（文学）与"画"（图像）比较研究的文献（有关"诗画关系"的研究，无论是在中国还是在西方都是一个古老的问题，近来更是成为我国文学研究中的一个热点问题），而难以发现建筑与文学方面比较研究成果的深层次的原因。本章试图在这方面做出突破。

中国古典小说中最主要的体裁是章回小说，章回小说最基本的叙事结构是分回立目与单元连缀，而这种结构受到了中国建筑空间组合艺术的深刻影响。下面，我们将具体考察中国古代建筑的空间艺术与明清章回小说叙事结构之间的"同构性"关系[①]，希望能给比较文学和中国古典小说研究提供一条新路，并给本人的空间叙事研究开辟新的疆域。当然，由于这种研究的探索性，也由于问题本身的挑战性，不当之处，希望得到方家的指正。

第二节　明代文人的小说创作与建筑趣味

任何文艺作品都是人类主体的创造物，而这些创造物，乃至创造者本身，又都是时代的产物。因此，除了打上主体的烙印，这些创造物也必然会染上时代的色彩。下面，在对中国古代建筑空间与章回小说叙事结构进行比较研究之前，我们先对章回小说出现时的文学生态以及创作主体的有关情况做些考察。

在《宋元戏曲考》一书中，王国维说得好："凡一代有一代之文学，楚之骚，汉之赋，六代之骈语，唐之诗，宋之词，元之曲，皆所谓一代之文学，而后世莫能继焉者也。"[②] 正因为那些常见的文学体裁在以前的朝代都取得了难以逾越的成就，所以明代的文人就面临着一个巨大的挑战：如何在几乎所有的体裁都已被前人写尽且取得辉煌成就的情况下，创造出足以代表自己时代的文学？最终，他们选择了一种被前人视为

---

① 由于章回小说的叙事结构在明代即已完全定型，所以尽管这一文体是明清两代的标志性文学，但本章的论述还是以明代为主。

② 王国维：《王国维文学论著三种》，北京：商务印书馆，2001年版，第46页。

"小道"而加以轻视的叙事性文体——小说[①]来加以发展。然而，由于"小说这一术语仅仅是文学体系内一种带有贬义的分类，而起先并不具有一致性、整体性等特性"[②]，对于明代文人来说，这既是挑战也是机遇：创作一向被正统文人看不起的"小说"，弄不好就会搞得身败名裂，但也正因为"小说"还没有得到主流文学传统的认可，这就等于给创作者提供了极大的创造和探索的空间。几经耕耘和努力，明代文人取得了成功，他们终于把小说这种叙事性的文体从"小道"发展为文学大树，使之成为自己时代的文学代表，并最终促成了中国文学传统的主流从"抒情"到"叙事"的转变。

明代小说最著名也最有代表性的作品，就是有"四大奇书"之称的四部长篇章回体小说：《三国演义》《水浒传》《西游记》《金瓶梅》。对于这四部作品，五四时期的文化旗手们（如胡适、鲁迅、郑振铎等）为了证明他们的"白话文学"或"俗文学"观念的合理性，把它们看作一种源于民间的文体。比如，鲁迅在《中国小说史略》中这样写道："至于宋元平话，元明之演义，自来盛行民间，其书故当甚夥，而史志皆不录。"[③] 郑振铎更是在《中国俗文学史》《插图本中国文学史》等著作中勾画出一个中国文学发展的"平民化"历程，并把明清章回小说看成一种复制或抄录无名氏口耳相传故事的书面文本。由于五四时期文化旗手们的巨大影响，这种把明清章回小说看成流行的通俗文学并由民间艺人集体创作的观念，深刻地影响了之后的几代学者，至今仍在不少人的思想中盘桓不去。如今，在很多学者扎实研究成果的推动下，人们越来越倾向于认为明清章回小说是一种文人小说，是一种高雅的文学艺术作品。

[①] "小说"，实在是中国学术史、文化史和文学史上的一个极其复杂的概念，它在《庄子》中就已经被使用，并在汉代桓谭的《新论》和班固的《汉书·艺文志》中已经被看作一种著述的类型。但这种"小说"概念的所指非常含混，正如有学者所指出的："假如对小说的可能含义的说法粗粗加以归纳的话，就会出现截然不同的诠释。在这个'小'字后面明显有纯粹与作品本身篇幅相关的地方，也被广义地用于对质量的评价……归入小说之列的文字作品可能有短小的故事（纯文学）、对特定作品的短小诠释（评注文献）以及就主流思想方向而言没有多大意义的哲学理论文献。"（〔德〕司马涛：《中国皇朝末期的长篇小说》，顾士渊、葛放等译，上海：华东师范大学出版社，2012年版，第6页）至于明确地把"小说"视为一种叙事艺术的观念，要等到北宋才出现，但此时的"小说"尚与"历史"等其他叙事艺术纠缠不清；从文学研究角度将"小说"与其他叙事艺术分而处置，则是明朝才有的事。（具体讨论可参见《中国皇朝末期的长篇小说》第一章第一节）

[②] 〔德〕司马涛：《中国皇朝末期的长篇小说》，顾士渊、葛放等译，上海：华东师范大学出版社，2012年版，第21页。

[③] 鲁迅：《中国小说史略》，北京：人民文学出版社，1973年版，第6页。

当然，正如美国学者浦安迪所指出的："这个看法并不否认所谓'四大奇书'各各脱胎于通俗文化的民间故事、说书等现象，而只是强调这些长篇小说是经过文人撰著者手里的写作润色才得出一新的文体来，这个体裁除了反映明清文人的美学手法、思想抱负之外，也常呈现一层潜伏在错综复杂的字里行间、含蕴深远的寓意，惯用反讽的修辞法来提醒读者要在书的反面上去追寻'其中味'。"① "这四部16世纪的版本没有一部属于崭新的文学创作，而是都经过对原始素材、先行故事和并行修订本的长期演变，逐步臻于完善的过程②。……我们目前看到的这四部16世纪的版本都代表这一演化过程的最重要阶段，即标志这一过程的最终完成，并将各自的故事内容提高到了自觉进行艺术构思的水准。"③ 而且，"上述四种修订本一问世，便立即成为随后长篇小说发展的范本。事实上……正是这四部书，给明、清严肃小说的形式勾画出了总的轮廓。这四部作品构成小说文类本源的重要地位，恰恰由于作品本身的卓越超群

---

① 〔美〕浦安迪：《明代小说四大奇书·作者弁言》，沈亨寿译，北京：生活·读书·新知三联书店，2006年版，第1页。

② 这种创作模式具有典型的中世纪特色，正如俄国汉学家李福清所指出的："中世纪的作者（不管是东方还是西方）在很大程度上是用现成的情节和修辞模式来构筑自己的作品的"，"中世纪作者一般不虚构不寻常的新情节，他只是全力以赴去改写已有的情节。这样的例子是人所共知的，只要回想一下《摩诃摩罗多》和《罗摩衍那》就已足够，这两部作品不仅在印度本国，而且在东南亚其他国家都有无数改写本，还有西欧以亚瑟王故事为情节的作品。正如 Б. А. 格里夫佐夫指出的，'中世纪作家并不发明情节，他仿佛只做转述，把古老的母题有时用散文，有时用韵文联结起来'。东方和西方中世纪文学中对同样一些情节的无穷无尽的加工和改编便由此而来。"（〔俄〕李福清：《中世纪文学的类型和相互关系》，李明滨编选：《古典小说与传说——李福清汉学论集》，北京：中华书局，2003年版，第293页）英国学者 C. S. 路易斯亦指出："中世纪作家们的典型行为——也许尤其是中世纪的英国作家们——就是'润色'已经存在的作品，而这些作品本身也许就是在更早作品基础上'润色'而成的。"（〔英〕C. S. 路易斯：《中世纪和文艺复兴时期的文学研究》，胡虹译，上海：华东师范大学出版社，2010年版，第57页）对于中世纪作家，我们不能戴着"现代"的有色眼镜而将他们视为缺乏创造力的人。事实上，"我们既可以说我们的中世纪作家是人类最没有创意的，也可以说他们是最具创意的。他们没有创意，因为他们几乎不会尝试写以前没有写过的东西。但他们又是如此叛逆地强求原创，倘若不依靠自己激烈的直观及情感想象进行加工，不把抽象的东西转换成具体的东西，不使静态的活动变得骚动，不用红色与金色覆盖住一切没有颜色的东西，他们就无法在以前作品的基础上写出一页文字。他们无法保留原作品的完整性，正如我们无法原封不动地誊清我们自己以前的草稿。我们总是在修修补补，（希望）能有所提高。但在中世纪的时候，你修补别人的作品时也会像对待自己的作品一样尽致高昂，而这种修补工作常常能带来真正的提高。"（同上书，第57~58页）明清章回小说是一种属于从中世纪文学向近代文学过渡时期的作品，所以其创作还带有很明显的中世纪特色，但越到后来，这种特色就越弱：在《金瓶梅》中，借用现成情节的成分就比较少了，《红楼梦》则已经完全摆脱了这种创作惯性，而向近现代小说迈出了坚实的步伐。

③ 〔美〕浦安迪：《明代小说四大奇书》，沈亨寿译，北京：生活·读书·新知三联书店，2006年版，第1页。

而有点被人忽视,因为它们无比丰富的内容和精巧绝伦的写作手法,同类作品中很少有能与之媲美者,因而,这四部'奇书'在一个半世纪里一直鹤立鸡群,自成一体,直到《儒林外史》与《红楼梦》问世之后,才形成所谓'六大古典小说'。"①

总之,我们认为:不管明清章回小说的标志性作品袭用了多少史书或民间文艺中的素材或手法,它们的定型本总体上还是出自当时某些高级文人(所谓"才子")的手笔。而且,这些文人凭借高超的艺术手法和叙事技巧,把小说这一长期不被重视的文类的艺术水准提到前所未有的高度,并且为长篇章回小说这一新兴的叙事性文体树立了文体规范和美学典范。

俄国汉学家李福清在论及中世纪文学向近代文学过渡时期的文学现象时,曾经这样写道:"中世纪文学体系的一个典型特征,是把'文'的概念作为必须首先包括功能性体裁(即具有非文学的特别功能,一般是宗教仪式和公文功能)的书面语言作宽泛的阐释。中世纪文学体系的核心又恰恰是纯功能性的体裁,而具有弱化功能和完全不具功能的体裁(如各种叙事散文),则处于边缘,或者根本不属于中世纪理论家们公认的文学体系。在向近代文学过渡的时候,这一体系发生了急速的进步,原来处于其边缘的体裁(如小说、戏剧等等),移向了中心,功能性体裁则退居边缘,或者完全处于文学体系之外。"② 李福清认为,欧洲的文艺复兴正是这样的过渡时期,"中国文学发展史上的这样的时期,看来应该划在16世纪中叶以后。正是在那个时候中国产生了资本主义关系的萌芽,没有这种关系,文化中就不可能出现原则性的新质。这是一个城市文化高度发展和尝试彻底打破中世纪文学体系结构的时期"③。显然,这样一个所谓的过渡时期,正是明代"四大奇书"产生并成熟的时期,而它们的产生和成熟也正标志着小说这一叙事性的体裁从文学体系的边缘走到了中心。当然,这一过程绝不是轻易就可以达到的,而是必须靠这些文学革新者树立新的文学观念、形成新的美学典范,并创造与此息息相关的一整套新的叙事技巧,而

---

① 〔美〕浦安迪:《明代小说四大奇书》,沈亨寿译,北京:生活·读书·新知三联书店,2006年版,第1~2页。
② 〔俄〕李福清:《中世纪文学的类型和相互关系》,李明滨选编:《古典小说与传说——李福清汉学论集》,北京:中华书局,2003年版,第274页。
③ 〔俄〕李福清:《中世纪文学的类型和相互关系》,李明滨选编:《古典小说与传说——李福清汉学论集》,北京:中华书局,2003年版,第300页。

这一切都必须靠创作实力。

　　幸运的是，正如我们所看到的：明代的文人小说家创作出了这样的作品，这就是以"四大奇书"为代表的明代章回体长篇小说。这一特殊的叙事性文学体裁，直到晚清民初的时候才被人们正式命名为"章回小说"。对于这一新的叙事文类，美国汉学家浦安迪认为：如果只是泛泛地称之为"古典小说"或"章回小说"的话，由于指代不够明确而难以成为一种很好的文学史研究的分析工具。所以，浦安迪决定干脆用"奇书"一语来界定这几部拥有共同美学原则的叙事作品，并用"奇书文体"一语来界定这一新的叙事文类。显然，这里所谓的"奇书"既指小说的思想和内容之奇，也指小说的形式和技巧之奇。正如浦安迪所指出的："古人专称《三国演义》、《水浒传》、《西游记》、《金瓶梅》为四大奇书，是别有意焉。首先，这一名称本身含蓄指定了一条文类上的界限，从而把当时这四部经典的顶尖之作，与同时代的其他二三流的长篇章回小说区别开来。偏偏高举这四部经典作品不仅是由于它们的故事动情、人物可爱而已，而是因为它们孕育了一种在中国叙事文学史上独一无二的美学典范。这种迟至明末才告成熟的美学形式，又凝聚为一种特殊的虚构文体。"[①] 无疑，浦安迪用"奇书文体"一语来专指《三国演义》《水浒传》《西游记》《金瓶梅》四部优秀的章回体长篇小说所形成的体裁特征，是看重其文体上的创造性和美学上的独特性。事实上，也正是这种文体上的创造性和美学上的独特性，使"四大奇书"迥异于宋元话本，也与同时期的二三流通俗作品划清了界限。"'奇书文体'有一整套固定的体裁惯例，无论是就这套惯用的美学手法，还是就它的思想内容而言，都反映了明清读书人的文学修养和美学趣味。……从它们的刊刻始末、版式插图、首尾贯通的结构、变化万端的叙述口吻等等方面，一望可知那是与市井说书传统天地悬殊的奥秘文艺。……这些'奇书'与同时代的吴门画派、江南文人传奇剧，其实同出一辙，因此我认为，我们不妨袭用'文人画'、'文人剧'的命名方法，用'文人小说'来标榜'奇书文体'的特殊文化背景，庶几不辜负这些才子文人作家的艺术成就和苦心雅意。这一崭新的虚构文体在本质上完全不同于宋元的通俗'话本'，而是当时

---

① 〔美〕浦安迪：《"文人小说"与"奇书文体"》，《浦安迪自选集》，刘倩等译，北京：生活·读书·新知三联书店，2011年版，第119页。

文人精致文化的巅峰境界。"①

　　在我看来，明清长篇章回体小说的出现、成熟并定型，不啻是中国文学艺术史上的一场革命，因为它改变了此前由"抒情"传统独霸文坛的局面，并最终发展成一种此后几乎独领风骚的文学体裁②。章回小说所树立的体裁惯例、美学典范，及其所拥有的比较固定的叙事结构和修辞技巧，更是为中国小说叙事传统奠定了真正的基础——在此之前，"小说"这一概念甚至连合法的文学身份都不具备，一直到明代，在一系列创作实绩的支撑和一大批文人的推动下（通过评点、汇编、出版等多种手段），"小说"才真正成为一种专门的虚构性叙事文体。

　　无疑，上述这种革命性的文学行动绝非"平民集体创作"所能够胜任，而只有富有才情的明代文人堪能为之。那么，明代的文人们到底具备哪些基本的艺术素养和特殊的写作才情呢？

　　明代的文人们常有"才子"之称。这些"才子"们不仅富有文学、艺术才能，具有很高的欣赏水准，而且热爱生活和一切堪称美好的东西③。同时，明人思想活跃，崇尚自由，强调个性，所以明代在文学、

---

①　〔美〕浦安迪：《"文人小说"与"奇书文体"》，《浦安迪自选集》，刘倩等译，北京：生活·读书·新知三联书店，2011年版，第120页。

②　在相当漫长的时间里，叙事性文体都难登中国文学的大雅之堂。在中国最有名的文艺理论著作——刘勰（465—520）的《文心雕龙》，以及最有名的文学选集——昭明太子萧统（501—532）的《昭明文选》中，都毫无例外地表现出了对一些"纯粹的实用功利性"文章、宗教文献、非官方的历史著作、"关于奇异事件的神话小说"（如《搜神记》）以及笑话等纯粹娱乐性文体（如《笑林》）的漠视。正如俄国汉学家李福清先生所指出的："对这些书的轻蔑和明显的对它们的不关注，证明了引人入胜的叙述没有被当时的理论家和文集编者看作是艺术性的标志。用了一千多年的时间，才承认叙事散文有充分权利成为中国文学的一支。"（李福清：《中国中世纪文学中的体裁》，李逸津译，阎纯德主编：《汉学研究》（第十五集），北京：学苑出版社，2013年版，第130页）从刘勰和萧统的时候算起，经过"一千多年的时间"，正是明清章回小说兴起、定型并成长为文学大树的时候。甚至颇被鲁迅等人推崇的唐传奇，在宋代的文学选集中也是难觅踪影。比如在姚铉（967—1020）编选的唐代文选《唐文粹》中，就没有收录一篇今天可以称之为小说的作品，"这样一来，对于生活在10世纪有权威的唐代文学选集的编者而言，也和对于他的前驱者一样，文学既是纯粹艺术的（赋、诗等），又是具有明确功能表现的应用文体的总和。可是，叙事性的作品，如今天著名的唐代小说，更有在佛教寺院里创作的、用那个时代口语来写的、用于口头表演的文本（变文），则全然没有进入文学体系"（同上书，第132页）。由此可见，叙事学文体进入"文学"视野的历程是多么的艰难！由此也不难看出：明清章回小说的出现、成熟、定型并被人们所接受这一事实，是一件多么了不起的事情，所以我们说它掀起了一场文学领域的革命是毫不为过的。

③　正如张岱在其《自为墓志铭》中所说："少为纨绔子弟，极爱繁华，好精舍，好美婢，好娈童，好鲜衣，好美食，好骏马，好华灯，好烟火，好梨园，好鼓吹，好古董，好花鸟，兼以茶淫橘虐，书蠹诗魔，劳碌半生，皆成梦幻。"尽管这是国祚鼎革之后的追忆之语，其中颇有悔恨之意，但从中也不难窥见一个时代的风尚。张岱如此，唐寅、徐渭等人又何尝不是？

绘画、建筑等多方面的创造活动中都产生了足以传世的作品。关于其他创造活动的情况，我们在这里无法细说，下面仅谈几点明代文人和建筑有关的事实。在我看来，这些事实足以说明明代文人具有独特而典雅的建筑趣味。

其一，明代出现了由个人撰写的研究建筑问题的专著。计成（1582—?）的《园冶》与文震亨（1585—1645）的《长物志》都是明代的造园学著作，刊行于崇祯七年（1634）的《园冶》一书更是我国第一部造园学专著。显然，没有相应的知识储备、强烈的爱好和实践的支撑，是写不出这样专门的建筑理论性著作的。而且，明人不仅在《园冶》这样的专门著作中表述对建筑的看法，在一些笔记体著作中也有很多关于建筑的精彩观点，《浮生六记》就是这类著作。

其二，在园林等建造活动中，明代文人强调建造者的主体性地位。在《园冶》卷一《兴造论》中，计成这样写道："世之兴造，专主鸠匠，独不闻三分匠、七分主人之谚乎？非主人也，能主之人也。古公输巧，陆云精艺，其人岂执斧斤者哉？若匠惟雕镂是巧，排架是精，一梁一柱，定不可移，俗以'无窍之人'呼之，其确也。故凡造作，必先相地立基，然后定其间进，量其广狭，随曲合方，是在主者，能妙于得体合宜，未可拘率。假如基地偏缺，邻嵌何必欲求其齐，其屋架何必拘三、五间，为进多少？半间一广，自然雅称，斯所谓'主人之七分'也。第园筑之主，犹须什九，而用匠什一，何也？园林巧于'因'、借，精在'体'、'宜'，愈非匠作可为，亦非主人所能自主者，须求得人，当要节用。"①这段话的重要性在于：它提出了建造活动中起关键作用的不是"匠"，而是营建的业主和建筑师。对此，汉宝德先生这样写道："它代表的意义是向已推演了上千年的宫廷和工匠传统挑战，其历史的重要性不下于欧西文艺复兴时读书人向中世纪的教会御用工匠传统挑战。这是建筑艺术知性化的先声。它提出了'主人'的身份，一方面暗示着营建的业主，再方面则指今日所谓的建筑师（'能主之人也'）。"②

其三，园林开始成为明代文人进行诗文雅集或其他相关活动的场所，并在很大程度上成为他们拥有文人身份的象征。正如有学者所指出的：

---

① （明）计成原著、陈植注释：《园冶注释》（第二版），北京：中国建筑工业出版社，1998年版，第47页。

② 汉宝德：《明清文人系之建筑思想》，《明清建筑二论　斗拱的起源与发展》，北京：生活・读书・新知三联书店，2014年版，第16页。

第十章　建筑空间与叙事文本——明清章回小说叙事结构新探

"文人进行文化实践活动的一种十分重要的形式就是建造或者拥有园林，这种形式在明代中后期非常引人瞩目。"① "把园林作为志同道合的士大夫的聚会之所，这些士大夫通常都用纯粹的文学语言讨论问题，但是他们也利用社会场所例如园林里面的聚会来进行一些另外的议程。文人们结社聚会、诗酒酬唱的现象在中国有悠久的传统，对文人来说这正是社会聚会的基本功能。"② 其实，在唐代以后，尤其是在宋代，随着文人士大夫地位的提升，园林开始成为文人身份的象征和进行文化活动的典型场所。然而，元朝的建立导致了文人士大夫的边缘化。"当明朝在1368年取代蒙古人建立的元朝统治中国后，文人作为文化和政治事务上拥有统治权的精英又重新占据了中心地位。一直到16世纪，文人的文化霸权已经重新建立起来……园林仍然在文人的社会和文化生活中扮演重要角色，特别是在江南，园林的数量激增，著名的园林成为当地的骄傲和其他地方羡慕的对象。"③ 正因为如此，很多明代文人都热衷于造园。比如，王世贞（曾被不少人视为《金瓶梅》的实际作者）就在其家乡江苏太仓建造了著名的弇山园，并为此写了《弇山园记》等文章。在王世贞看来，"建造园林对提高一个家族的声望是十分必要的，而且，园林的建造对显示那些只有像他这样的文人精英分子才能充分欣赏和评论的独特品质（包括道德上的和文化上的品质）也是不可或缺的"④。

其四，明代文人的建筑观是文学化的。汉宝德说得好："这群文人的建筑观，与他们生活中最基本的成分——文学——的关系最为密切。他们对建筑的看法，则直接与他们的金石和绘画的感觉相连通。"⑤ 李晓东与杨茳善亦指出："纵观中国艺术的整个系统，可以认为园林的设计仿照

---

① 〔美〕肯尼斯·J. 哈蒙德：《明江南的城市园林——以王世贞的散文为视角》，聂春华译，载〔法〕米歇尔·柯南、陈望衡主编：《城市与园林——园林对城市生活和文化的影响》，武汉：武汉大学出版社，2006年版，第83页。

② 〔美〕肯尼斯·J. 哈蒙德：《明江南的城市园林——以王世贞的散文为视角》，聂春华译，载〔法〕米歇尔·柯南、陈望衡主编：《城市与园林——园林对城市生活和文化的影响》，武汉：武汉大学出版社，2006年版，第92页。

③ 〔美〕肯尼斯·J. 哈蒙德：《明江南的城市园林——以王世贞的散文为视角》，聂春华译，载〔法〕米歇尔·柯南、陈望衡主编：《城市与园林——园林对城市生活和文化的影响》，武汉：武汉大学出版社，2006年版，第84页。

④ 〔美〕肯尼斯·J. 哈蒙德：《明江南的城市园林——以王世贞的散文为视角》，聂春华译，载〔法〕米歇尔·柯南、陈望衡主编：《城市与园林——园林对城市生活和文化的影响》，武汉：武汉大学出版社，2006年版，第90页。

⑤ 汉宝德：《明清文人系之建筑思想》，《明清建筑二论　斗拱的起源与发展》，北京：生活·读书·新知三联书店，2014年版，第17页。

了绘画，而绘画又勾起了人们对园林的想像。这种相互关系集中体现了中国式空间构想的话语特性。"[1] 确实，把明代文人这种文学化的建筑观付诸园林建筑的实践，正可充分发挥其长处，因为清新、淡雅、充满诗情画意的建筑意匠正是园林艺术所需要的。我们上面所谈到的明代文人都与园林这种特定的建筑形式相关。因此，我们可以说：明代文人所建造的园林其实就是空间化、建筑化了的文学。既然如此，有人可能会问：这些敏感的、多才多艺并具有典雅的建筑趣味的明代文人，是否有能力建造高度规整而又繁多复杂的宫廷建筑和礼仪建筑呢？虽然历史并没有提供这样的机会[2]，但我们的答案是肯定的：尽管明代文人没有建造出像紫禁城这样的多重宫殿式的实际的大型建筑物，但他们却在另一个领域大显身手，他们用文字建造出了像《三国演义》《水浒传》《西游记》《金瓶梅》这样堪称文化瑰宝的大型文学建筑。

接下来，就让我们去看看这些流光溢彩的文学建筑在结构上是如何与建筑空空血脉贯通的吧。

第三节 多重组合的艺术：中国古代建筑与明清章回小说

在结构上，中国古代建筑与明清章回小说都体现了一种组合艺术的特点，它们都不是一个单一的个体，而是由多个个体组成的"群"；而且，为了适应各种功能上的需要，它们还可以不断重复这种组合，从而形成更大的结构性的"群"。所以，从结构上来说，无论是作为空间艺术的中国古代建筑，还是作为时间艺术的明清章回小说，其实都是一种利用一定的结构单元而进行多重组合的艺术。

一、整体结构

从整体上观察，中国古代建筑的院落式结构与明清章回小说的组合结构具有非常明显的相似之处。让我们先从中国建筑的结构说起。

建筑的结构或组合模式与人类的生活方式紧密相关，人类的生活方

---

[1] 李晓东、杨茳善：《中国空间》，北京：中国建筑工业出版社，2007年版，第157页。
[2] 像宫廷建筑和礼仪建筑这样重大建筑的建造活动是国之大事，都是由专门的建筑师来掌案设计并监督建造的。在明清时期，主持皇家建筑设计的建筑师往往是世袭的，如清代的"样式雷"就是著名的建筑世家。而且，就当时整体的社会风气而言，真正从事建筑活动的人员，其社会地位仍然不高。

式是多种多样的，因而对建筑的需求也是多方面的，如居住、聚会、祭祀、朝会、游玩等。有些人类活动对建筑空间的需求是非常大的（如祭祀、朝会），为了满足人类这方面的需求，某些建筑就经常需要扩大规模。不同文化传统中的建筑，其扩大规模的方式并不相同，但概括起来也无非两种，正如李允鉌先生所指出的：

> 在建筑的历史经验中，我们可以看到曾经有过两种不同的扩大建筑规模的方式。一种就是"量"的扩大，将更多、更复杂的内容组织在一座房屋里面，由小屋变大屋，由单层变多层，以单座房屋为基础，在平面上以至高空中作最大限度的伸展。西方的古典建筑和现代建筑基本上是采用这种方式的，因此产生了一系列又高又大的建筑物，取得了巨大而变化丰富的建筑"体量"（mass）。另一种就是依靠"数"的增加，将各种不同用途的部分分处在不同的"单座建筑"中，由一座变多座，由小组变大组，以建筑群为基础，一个层次接一个层次地广布在一个空间之中，构成一个广阔的有组织的人工环境。中国古典建筑基本上是采取这一个方式，因此产生了一系列包括座数极多的建筑群，将封闭的露天空间、自然景物同时组织到建筑的构图中来。[1]

这两种不同的扩大建筑规模的方式，其实也就决定了两种建筑体系不同的结构方式和不同的性格特征。而且，在设计原则和建造技术上，也会有着相应的差别，"从'数'出发和从'量'出发对平面组织的要求是完全不同的。……当建筑设计以'座'为单位时，房屋内部的平面因使用功能上的要求，内部的分隔必然就十分复杂；相反地，因为室内部分已经将所有问题'化整为零'，整体布局必然便是十分简洁。如果建筑设计以'群'为单位时，每一单位建筑的内部其实只相当于'整座'建筑物的一个房间或者一个局部，平面自然就会十分简单。在另一方面，因为使用上的组织要求要落在总平面中去解决，总平面的布局就变得颇为繁琐和零碎了。平面的'组织'问题一个是处理于屋内，一个是解决于屋与屋间，因而两者表现出来的形式就适得其反了。中国古典建筑是出现过好些十分繁复的总平面组织的，根据文献的记载，唐代最大的寺院'章敬寺'凡四十八院，殿堂屋舍总数达四千一百三十余间。我们可

---

[1] 李允鉌：《华夏意匠》，天津：天津大学出版社，2005年版，第130页。

以想像，将四千多'间'房屋组成一个建筑单位，它的总平面组织会是何等复杂，简直就是一个'城市'"①。

相较而言，中国古代对"单座建筑"不那么重视，这其实是由木结构建筑本身的结构所导致的："中国传统的'单座建筑'殿堂房舍等平面构成一般都是以'柱网'或者'屋顶结构'的布置方式来表示的。建筑的平面其实只不过是结构的平面。"② 所谓"柱网"，就是排列柱位所依据的参考，用"轴线"纵向和横向所构成的方格形的"网"。这些"轴线"反映着标准的屋面构造，基本上是平行的。柱位则是这些方格形的"网"的交点，而屋面就支撑在以这些交点作为支点的上面。因为"单座建筑"的平面就是结构平面，所以其内部空间的构成也就相应地比较固定，难以有很大的变化，只有通过组合成"群"才能满足各种需要，并表达各种象征性的意义。

中国古代建筑之所以长期采用木结构体系，并非如有些人所说的那样限于材料和技术，而主要是出于文化观念和历史传统。文化观念的不同导致中西建筑的根本差异，才促成了中国古代多单元相连缀的院落式建筑的最终形成和长期流行。关于中国古代院落式建筑的基本特征，楼庆西先生曾经这样概括："中国古建筑采用木结构体系。因此与西方建筑相比，建筑个体的平面多为简单的矩形，单纯而规整，形体也并不高大。……宫殿、寺庙、园林、住宅各类建筑不同功能上的需求，不靠单体建筑的平面和体形，而是依靠它们所组成的不同群体来适应和满足。如果说西方古代建筑艺术主要体现在个体建筑所表现的宏伟与壮丽上，那么中国古建筑则主要表现在建筑群体所表现出来的博大与壮观。"③

与西方建筑在单一围合空间中扩大体量一样，西方长篇小说也主要在一个情节框架内扩展篇幅；与中国古代建筑"院落式"结构相对应的，则是明清长篇章回小说所采用的那种所谓的"缀段性"结构。这里所谓的"缀段性"（episodic），也被翻译成"穿插式"，原是一些西方汉学家和一些盲从他们的中国学者依据亚里士多德关于情节有机统一性的观点，而对明清章回小说缺乏艺术整体感，也就是缺乏结构意识的一种讥评："总而言之，中国明清长篇章回小说在'外形'上的致命弱点，在于它的

---

① 李允鉌：《华夏意匠》，天津：天津大学出版社，2005年版，第130~131页。
② 李允鉌：《华夏意匠》，天津：天津大学出版社，2005年版，第134页。
③ 楼庆西：《中国古建筑二十讲》，北京：生活·读书·新知三联书店，2001年版，第33~34页。

第十章 建筑空间与叙事文本——明清章回小说叙事结构新探

'缀段性'（episodic），一段一段的故事，形如散沙，缺乏西方 novel 那种'头、身、尾'一以贯之的有机结构，因而也就缺乏所谓的整体感。"① 这种评价当然是非常荒唐的，它是拿西方的批评标准来衡量中国古典小说。在我看来，这实在是有点张冠李戴、郢书燕说的味道。"殊不知，这些中西批评家们所谓的'整体感'或'统一性'，在西方文学中，本是指故事情节（plot）的'因果律'（causal relations）和'时间化'的标准而言的。"② 事实上，叙事艺术对人类经验的"模仿"或"组织"，既可以采用"因果律"和"时间化"的结构模式，也可以采用"关联性"和"空间化"的结构模式。显然，西方叙事文学主要采用的是前一种模式，而中国明清长篇章回小说则采用了后一种叙事模式。

其实，在《诗学》中，亚里士多德也不是全盘否定"穿插式"结构。他在该书第 9 章中是这样说的："在简单情节和行动中，以穿插式的为最次。所谓'穿插式'，指的是那种场与场之间的承继不是按可然或必然的原则连接起来的情节。"③ 可见，"穿插式"结构相对简单情节来说才是最差的，对于复杂情节则并非如此。实际上，对于复杂情节来说，"穿插式"不但没有坏处，反而颇有好处：如果使用得当的话，"穿插式"可以起到增加作品长度、丰富作品内容并增加叙事效果的作用。在《诗学》第 17 章中，亚里士多德这样写道："至于故事，无论是利用现成的，还是自己编制，诗人都应先立下一个一般性大纲，然后再加入穿插，以扩充篇幅"，"戏剧中的穿插都比较短，而史诗则因穿插而加长。《奥德赛》的梗概并不长：一个人离家多年，被波塞冬暗中紧盯不放，变得孤苦伶仃。此外，家中的境况亦十分不妙；求婚者们正在挥霍他的家产，并试图谋害他的儿子。他在历经艰辛后回到家乡，使一些人认出了他，然后发起进攻，消灭了仇敌，保全了自己。这是基本内容，其余的都是穿插"④。事实上，《奥德赛》中的穿插甚多，据统计，该作的主要情节仅占整部史诗的三分之一，"其余的都是穿插"。在《诗学》第 23 章中，亚里士多德接着写道："和其他诗人相比，荷马真可谓出类拔萃。尽管特洛伊战争本身有始有终，他却没有试图描述战争的全过程。不然的话，情节就会显得太长，使人不易一览全貌；倘若控制长度，繁芜的事件又会

---

① 〔美〕浦安迪：《中国叙事学》，北京：北京大学出版社，1996 年版，第 56 页。
② 〔美〕浦安迪：《中国叙事学》，北京：北京大学出版社，1996 年版，第 56 页。
③ 〔古希腊〕亚里士多德：《诗学》，陈中梅译，北京：商务印书馆，1996 年版，第 82 页。
④ 〔古希腊〕亚里士多德：《诗学》，陈中梅译，北京：商务印书馆，1996 年版，第 125～126 页。

使作品显得过于复杂。事实上，他只取了战争的一部分，而把其它许多内容用作穿插，比如用'船目表'和其它穿插丰富了作品的内容。"① 在这里，"穿插"显然成了一种很好的叙事技巧，荷马就通过各种穿插的使用而"丰富了作品的内容"。在《诗学》第24章中，亚里士多德还有关于穿插作用的论述："在扩展篇制方面，史诗有一个很独特的优势。悲剧只能表现演员在戏台上表演的事，而不能表现许多同时发生的事。史诗的模仿通过叙述进行，因而有可能描述许多同时发生的事——若能编排得体，此类事情可以增加诗的分量。由此可见，史诗在这方面有它的长处，因为有了容量就能表现气势，就有可能调节听众的情趣和接纳内容不同的穿插。雷同的事件很快就会使人腻烦，悲剧的失败往往因为这一点。"② 在这段话里，亚里士多德除了继续谈到史诗的穿插可以增加容量、表现气势并调节听众的情趣等长处，更是提出了编排得当的穿插可以"描述许多同时发生的事"的问题。这显然是对穿插这一叙事方式的最高的赞赏，因为众所周知，要把"许多同时发生的事"很好地叙述出来，直到今天仍然不是一件容易的事。不难看出，亚里士多德在《诗学》中，其实是提出了一种可以超越"因果律"和"时间化"并照样可以达到"整体感"和"统一性"的叙事结构的，而这种容量更大、情节也更为复杂的叙事结构正是通过穿插来实现的。遗憾的是：亚里士多德对穿插所做的全面论述，却被很多学者（包括很多西方的学者）做了不求甚解、断章取义的理解。由此也不难看出，那些试图搬出亚里士多德的理论来批评中国明清长篇章回小说的"缀段性"（"穿插式"）结构的说法，是多么的荒谬！

　　亚里士多德对"穿插"所做的全面的、辩证的论述，其实是符合古希腊古典叙事文学作品的实际情况的，因为在当时两大叙事性体裁——悲剧和史诗中，悲剧因篇幅较小而大都有一个"头、身、尾"一以贯之的所谓有机结构，史诗的情况则并非如此。在当时的两大史诗《伊利亚

---

① 〔古希腊〕亚里士多德：《诗学》，陈中梅译，北京：商务印书馆，1996年版，第163页。

② 〔古希腊〕亚里士多德：《诗学》，陈中梅译，北京：商务印书馆，1996年版，第168页。为了方便理解，这里再列出罗念生先生对这段文字的翻译："史诗有一个非常特殊的方便，可以使长度分外增加。悲剧不可能摹仿许多正发生的事，只能摹仿演员在舞台上表演的事；史诗则因为采用叙述体，能描述许多正发生的事，这些事只要联系得上，就可以增加诗的分量。这是一桩好事（可以使史诗显得宏伟），用不同的穿插点缀在诗中，可以使史诗起变化（听众）；单调很快就会使人腻烦，悲剧的失败往往由于这一点。"（〔古希腊〕亚里斯多德：《诗学》，罗念生译，北京：人民文学出版社，1962年版，第86~87页）

特》和《奥德赛》中，就大量存在"无机的""穿插的"（"并置"的）、非线性发展的叙事事实。据诺托普罗斯研究，荷马史诗存在大量"穿插"，是因为它们还带有浓重的口语文学的特征，而"口语文学特别依赖于诗人的情绪和交际语境"[①]，"对荷马史诗和其他民族口语文学的听众的研究表明：听众很大程度上决定着这种并置模式的产生。听众利用某些因素促成了口语诗歌的穿插特征。其中最重要的因素就是诗人可支配的吟唱时间。仔细阅读《奥德赛》第8卷中口头诗人德摩多科斯的吟唱情形，我们就会注意到，他的吟唱是穿插式的，供他支配的吟唱时间受制于在场听众的交际活动和兴趣。……如果说，穿插的内容是诗人在听众容许的最少时间里的吟唱的最小单位；那么，正如我们从《伊利亚特》和《奥德赛》的结构中所见，这种穿插也就成为诗人在拥有更多时间之时扩展其故事的基本组成部分。……充裕的时间并不会促成有机统一的创作，相反，穿插的故事倒恰好会随时间的增加而成倍增加。此时，诗人把穿插作为一种叙事技巧——穿插就是一个不可再分的社会事件的最小化单位，只有通过成倍地增加穿插，诗人才得以填满所获得的更长的那段时间。因此，诗人可支配的时间的不确定性，和诗人在吟诵中自身体力状况的变化，共同促成了口语史诗的无机特征和穿插式发展。如格罗宁根向我们所展示，这些穿插借助过渡、反复、呼应和预示等手段而得以相互衔接"[②]。可见，"穿插"或"并置"是荷马史诗乃至一切脱胎于口语文学的叙事文本共同的结构性特征，而且，"穿插"或"并置"可以通过一系列的叙事手段"相互衔接"，所以并不会妨碍整个叙事文本的"整体性"。因此，诺托普罗斯得出结论："纵观公元前5世纪中期以前的文学，我们可以看出，它们表现出程度不一的整体性，但同时也表明，起支配作用的整体性特征是'并置'（parataxis）、无机和灵活多变，这正是我们观察荷马史诗得出的结论。"[③]

作为一种结构模式的"并置"，不仅在文学中，而且在古希腊的绘画、雕塑和建筑等艺术类型中也大量地出现，所以在诺托普罗斯认为：

[①]〔美〕诺托普罗斯：《论荷马史诗中的并置》，载刘小枫、陈少明主编《荷马笔下的伦理》，北京：华夏出版社，2010年版，第42页。

[②]〔美〕诺托普罗斯：《论荷马史诗中的并置》，载刘小枫、陈少明主编《荷马笔下的伦理》，北京：华夏出版社，2010年版，第45~46页。

[③]〔美〕诺托普罗斯：《论荷马史诗中的并置》，载刘小枫、陈少明主编《荷马笔下的伦理》，北京：华夏出版社，2010年版，第23~24页。

"并置首先是一种思维状态,而不是一种文学形态"①,"并置和表现并置的思维模式,是古典时期之前规范的表达方式和思维方式"②。但慢慢地,"并置结构"开始让位于"主从结构","有机"的观念则开始替代"无机"的观念,而这种变化首先就是从希腊艺术中开始的:"恰好是希腊艺术表现出来的这种类似情形,突出地表明了从结构灵活而松散的整体到有机统一的思维模式这一演化过程发生的原因。这方面最明显的例子就是花瓶绘画和装饰艺术。古克里特人（Minoan）的花瓶就其本质特点来说,属于一种无机并置的装饰范畴。在雅典早期,这种装饰让位于一种偏重于几何结构的有机统一观念……然而,与这种有机的表现手段并驾齐驱的,还有大量东部的（eastern）和东方的（oriental）花瓶,这些花瓶长久不变地表现了无机的并置结构。就花瓶装饰艺术中的并置表现手法而言,弗朗索瓦（Françis）花瓶是广为征引的经典范例（locus classicus）:它们的边沿绘有以历史故事为题材的图案,这些图案并置地排列,反映出与荷马史诗中的并置模式相同的特点。当我们观察阿提卡花瓶绘画的发展时,我们注意到,花瓶的绘画构图暗示了一种主从结构——远远早于文学中的类似结构。因为,随着公元前六世纪的到来,并置结构开始让位于主从结构,花瓶的正面绘画成为中心图景,而花瓶其余的装饰则从属于它。从而,花瓶成为雅典的精神发展过程中有机统一观念的首要表现之一。"③从这段话不难看出,古希腊早期的绘画和装饰艺术还是一种典型的"并置结构"的艺术,然而,在公元前六世纪的时候,古希腊的花瓶绘画和装饰艺术开始发生由"并置结构"向"主从结构"的转变;与这种变化形成鲜明对照的是"东部的和东方的花瓶",它们"长久不变地表现了无机的并置结构"。

其实,东方艺术"长久不变"的特性不仅仅表现在绘画和装饰艺术上,也同样表现在建筑艺术上。比如说,前文提到的建筑扩展规模的两种方式——从"数"出发（"建筑群"的组合和扩大）和从"量"（"单体建筑"的横向或纵向发展）出发,中国人是自始至终都在坚持

---

① 〔美〕诺托普罗斯:《论荷马史诗中的并置》,载刘小枫、陈少明主编《荷马笔下的伦理》,北京:华夏出版社,2010年版,第36页。
② 〔美〕诺托普罗斯:《论荷马史诗中的并置》,载刘小枫、陈少明主编《荷马笔下的伦理》,北京:华夏出版社,2010年版,第38页。
③ 〔美〕诺托普罗斯:《论荷马史诗中的并置》,载刘小枫、陈少明主编《荷马笔下的伦理》,北京:华夏出版社,2010年版,第36~37页。

前者，而西方人则在同一起点上做出了根本性改变，他们选择了后者——尽管经历了一个较长的历史过程。其实，在人类社会的早期发展阶段，由于技术水平等方面的限制，建筑扩展规模的方式几乎都是利用"数"或"群"的方式来实现的，正如李允鉌先生所指出的："包括西方的古代在内，最早、最'原始'的建筑形式也是利用'群体'的方式来达到一定的规模的。公元前2世纪，希腊米勒图斯（Miletus）有一座议事堂（Bouleuterion），它的平面组织就和典型的中国式布局很相似，正面前头是一座'门屋'，内进之后就是一个大院，两侧是庑廊，正中就是立于台基之上的相当于'正殿'的主体建筑。不过，西方的建筑很快就倾向于'集中'和'合并'，另一方面主体建筑的'生长'和'膨胀'似乎也毫无休止。"① 西方艺术的这种"集中"和"合并"的特点，不仅表现在建筑等空间艺术上，其实也表现在史诗、小说等时间艺术上：当叙事作品需要扩展容量（篇幅）时，不一定非得采取"穿插式"或"并置式"的结构，那种"有机的"因果-线性结构照样可以产生篇幅浩繁的叙事作品，于是，"穿插式"或"并置式"的结构终于被因果-线性结构取代，而后者在长期的发展过程中尽管也存在曲折之处，但最终发展成西方叙事结构的标准模式和经典结构。而中国呢？无论是以建筑和绘画②为代表的造型（空间）艺术，还是以历史和小说为代表的叙事（时间）艺术，其结构的基本范型在漫长的历史进程中其实都没有根本性的大改变。

就建筑而言，从属于西周早期的陕西岐山凤雏甲组建筑的考古基址复原平面图（图10-1）来看，就已经是标准的组合式的院落建筑了，后历经几千年的发展而不变，到清代的故宫（故宫无非是多重院落的组合），可谓达到了组合式院落建筑的顶峰，甚至经过20世纪西方现代主义建筑的洗礼，这种结构到现在还顽强地存在（北京四合院，图10-2）。对此，李允鉌评论道："历史的条件产生了改变，中国古典建筑常常仍然顽强地坚持传统的形制，并且千方百计地解决这个矛盾，很少作根本性的变革。这种性格一方面导致建筑问题的解决达到非常广远和高深，另一方面也大大局限了建筑技术和艺术新的发展。我们的祖先常常用非常巧妙的方式解决很多难于解决的问题，有时正是因为问题得到了解决，

---

① 李允鉌：《华夏意匠》，天津：天津大学出版社，2005年版，第132页。
② 在我看来，中国绘画的"散点透视"，其实也是建基于组合的一种结构模式，与中国建筑的院落式结构和中国叙事作品的联缀式结构有其相通之处。

就阻碍了在新的基础上做出新的变革。"①

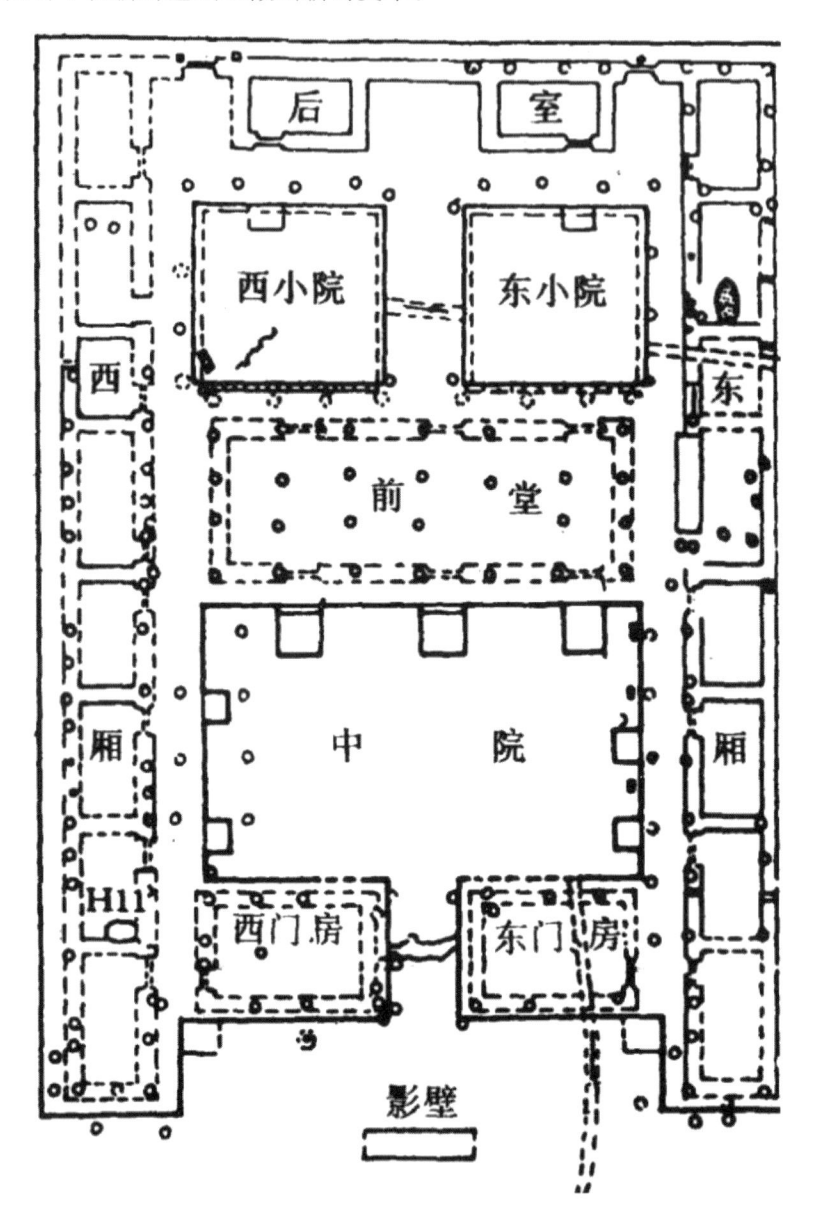

图 10-1 陕西岐山凤雏西周甲组建筑考古基址复原平面图

---

① 李允鉌：《华夏意匠》，天津：天津大学出版社，2005 年版，第 150 页。

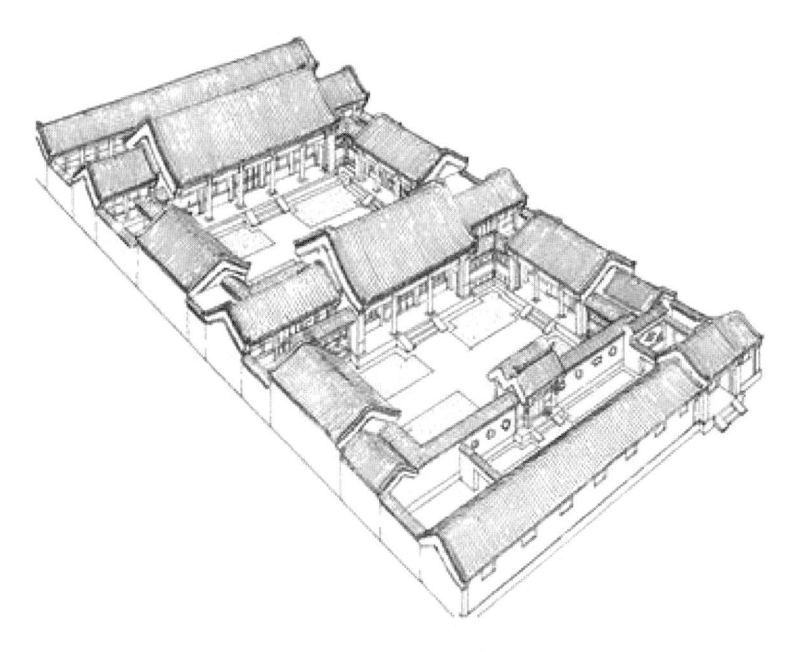

第十章　建筑空间与叙事文本——明清章回小说叙事结构新探

图 10-2　北京四合院

上述评价对中国建筑来说，自然是非常恰切的，但如果要用类似的观点来评价中国叙事传统，则必须加以严格限制：如果仅限于中国历史叙事传统，那么这种评价就大体适用；如果用于评价文学叙事，则要具体问题具体分析。因为中国古代的文体非常多（这些文体或多或少都具有叙事的功能），而在长篇章回小说产生之前，各类文学性叙事作品在篇幅上都非常短小——既然大都是短小的作品，其"组合式"的特征自然就不明显。劳悦强说得好："在汉代以前，中国叙事文的主要特点在于捕捉故事中的高潮情节，至于导致高潮以及高潮以后的前后相关的情节，一般都不甚注意。因此，故事往往只限于单一的情节。环环相扣的叙事结构一直到汉代以后的中国叙事文，比如志怪小说及唐代传奇才慢慢开始普遍。"[①] 而且，中国古代的文体规范是非常严格的，所谓"奏议宜雅，书论宜理，铭诔尚实，诗赋欲丽"（曹丕《典论·论文》），说的就是这种情况[②]；既然如此，它们甚至难以形成统一的传统，所谓"顽强地坚持传统的形制"更是无从谈起。历史叙事的情况则与文学叙事的情况

[①] 劳悦强：《从纪事本末体论章回小说的叙事结构》，辜美高、黄霖主编：《明代小说面面观——明代小说国际学术研讨会论文集》，上海：学林出版社，2002年版，第45页。

[②] 陆机《文赋》亦云："诗缘情而绮靡，赋体物而浏亮，碑披文以相质，诔缠绵而悽怆，铭博约而温润，箴顿挫而清壮，颂优游以彬蔚，论精微而朗畅，奏平彻以闲雅，说炜晔而谲诳。"

303

不太一样，因为史书的篇幅都比较长，而且叙事结构比较稳定，主要分为"纪传"与"编年"两种，所以其"组合性""联缀性"特征非常明显。比如，纪传体的创始人司马迁所著的《史记》，其基本结构就是把相关内容放入"本纪""世家""列传""书""表"五个大的"院落"之中，再使这五个"院落"组合成《史记》这一"建筑群"；至于各"院落"内部当然也存在更小单元的组合关系；至于"院落"与"院落"之间，则尽量使用各种修辞手法来加强联系，以使整个"建筑群"看起来更具整体性和连贯性。编年体则在组织材料时增加了一个时间的维度，但由于这一时间是外在的而不是历史事件本身所具有的，因而事件之间的内在联系和因果关系仍不明显，所以其基本结构还是"组合性"或"联缀性"的。值得指出的是：无论是纪传体还是编年体，其"组合"或"联缀"的模式是非常机械的，如果就整部史书视之，我们说它结构松散、形如散沙，也确实并不为过。

为了强化历史叙事的有机整体性，南宋的袁枢又在编年体的基础上创设纪事本末体，并试图结合纪传体的长处。因为《四库全书总目》对纪事本末体有"遂使纪传、编年贯通为一"的评价，所以有学者认为："从叙事形式而言，编年体转化出纪事本末体，而纪事本末体又有可能对章回小说的出现起过一定的作用。"[①] 诚然，就整体而言，章回小说的发展与中国历史叙事传统关系密切，早期章回小说多为历史小说即为明证。但在我看来，无论是纪传体、编年体，还是纪事本末体，中国历史叙事对章回小说的影响主要还是表现在内容层面（很多章回小说作家都从历史著作中吸取了不少素材），至于形式层面的影响主要还是来自中国建筑。

有学者在概括章回小说的结构特点时，曾经这样写道：

> 纯粹从形式上的叙事铺排而言，章回小说叙事结构的一个最独特之处就是小说是分章叙事、分回立目的。章与章之间环环相扣，回与回之间又以目相连，相互牵搭，经纬交织，而编成一个错综复杂的故事。每一章回都有一两个主题，通常由该回的题目显示出来，而题目一般又以七言或八言偶句列出……章回小说的环环相扣的连锁式叙事结构，在每一回中都有特定的主人翁，该回的情节就环绕

[①] 劳悦强：《从纪事本末体论章回小说的叙事结构》，辜美高、黄霖主编：《明代小说面面观——明代小说国际学术研讨会论文集》，上海：学林出版社，2002年版，第56页。

主人翁身上发展，一般来说，情节的展开都会牵涉到场景的转换，而情节的发展可以引出许许多多的迂回曲折，这些旁出的枝节往往又变成以后章回中情节发展的伏线，整个叙事结构因而产生错综复杂的效果。打一个视觉上的比喻，整个章回小说故事就好像一幅长画轴，随着故事的叙事发展，我们就好像展玩一卷画轴，等到叙事终结，画轴开到尽头，我们就可以看清楚故事的首尾，同时，我们也可以纵览全图。①

应该说，概括是很精彩的，但稍显不足的是最后那个比喻。我觉得，与其说章回小说像一幅长画轴，还不如说像一座院落式建筑，因为长画轴是二维的空间艺术，其组合能力毕竟有限；而院落式建筑则是三维的（甚至是四维的、五维的）复合空间艺术，其组合能力因维度的增加而大大加强。而且，在中国艺术史上，我们也确实找不到有类似明清长篇章回小说那样的有着多重组合结构的卷轴画。

二、组合方式

正如我们在上面所谈到的：我们一般所说的中国古典建筑，指的都是一个"建筑群"而非一个"单座建筑"，而"建筑群"也是由若干个"单座建筑"经过一次或多次组合之后而形成的。无疑，在长期的发展历史中，中国古代建筑形成了很多定型的、富有特色的组合方式。那么，有哪些组合方式影响到了明清章回小说，或者说给它们提供了极好的借鉴呢？下面，我们就提出重要的两种，并以之与明清章回小说的结构进行比较性考察。

（一）作为意义单位的"院"

在描述一个建筑群的规模时，中国古人一般不用"单座"的"座"，而是常用"几间几院"。所谓"间"（或"开间"），是指在平行的纵向的柱网线之间的面积②。"古代文献表示房屋的数量多以'间'为单位，'间'并不等于'座'或'栋'（block），而是柱距间面积的'间'，因为每座建筑

---

① 劳悦强：《从纪事本末体论章回小说的叙事结构》，辜美高、黄霖主编：《明代小说面面观——明代小说国际学术研讨会论文集》，上海：学林出版社，2002年版，第43～44页。
② 至于横向轴线之间的面积则往往用"架"（或"步架"）来表示。所谓"间架"，在建筑平面设计中是常用来表示平面大小的纵横"坐标"。

物的'间'数不等，用座或栋表示不如用'间'更准确一些。"[1] 一般来说，"间"往往用于计算"单座建筑"的大小，比如说章回小说中常说的"五间正房""三间耳房""三间厢房"等，这里所说的"间"都是房屋有多少个开间的意思，用以说明它们的大小。所以，"间"其实就是最小的房屋计量单位。至于"院"，则是用来表示建筑群的概念，也是最小的意义单位。几个"单座建筑"围绕一个中心空间（院子）从东南西北四方进行围合（所谓"四合院"的名称就由此而来），就形成了一个最基本的建筑群——"院"，更大的建筑群则是多个"院"的组合和勾连。傅熹年先生曾经指出："自汉代以后……主要采取以单层房屋为主的封闭式院落布置，很少再建由多种不同用途的房间聚合而成的单座大建筑。房屋以间为单位，若干间并联成一座房屋，几座房屋沿地基周边布置，围合成庭院；院落大都取南北向，主建筑在中轴线上，面南，称正房；正房前方东、西外侧建东、西厢房；南面又建面向北的南房，共同围成四合院；除大门向街巷开门外，其余都向庭院开门窗。庭院是各房间的交通枢纽，又是封闭的露天活动场所。这种四面或三面围合成的院落大多左右对称，有一条穿过正房的南北中轴线。院落的规模随正房、厢房间数多少而改变。大型建筑群还可沿南北轴线串联若干个院落，每个称一'进'。更大的建筑群组还可以在主院落的一侧或两侧再建一个或多进院落，形成二条或三条轴线并列，主轴线称'中路'，两侧的称'东路'、'西路'。"[2]（图10-3）

---

[1] 李允鉌：《华夏意匠》，天津：天津大学出版社，2005年版，第135页。
[2] 傅熹年：《中国古代建筑发展概况》，《傅熹年中国建筑史论选集》，沈阳：辽宁美术出版社，2013年版，第39～40页。

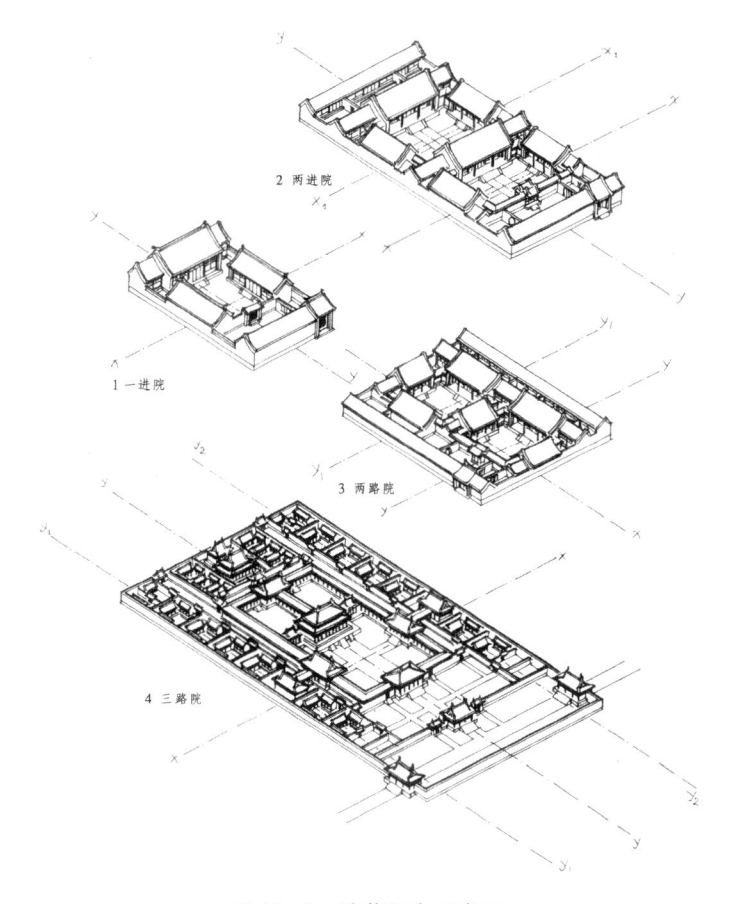

图 10-3　院落组合示意图

  在中国古代建筑中，哪怕是最简单的"院"也可以表现出长幼、尊卑之序，更可以为一家人的日常生活提供起码的生活空间，所以"院"也就成为最基本的意义单位。一些大型建筑群看上去非常复杂，但只要我们抓住"院"这个基本单位，就可以很好理解其组合原则和设计理念。于是，"关于整群建筑物规模的描述便常用'几间几院'来说明。可见，'院'在中国人的心目中，长期被认为是建筑群的构成单位了。在建筑计划上，重心在于'间'和'院'，而不在'单座'的'座'，和我们今日的一般观念很不相同"①。

  "院"在中国古代建筑中的重要性是毋庸置疑的。在古代中国，由于"院"四周围绕着房屋，如果房屋不在，处于中间位置的"院子"自然就消失了。"院"尽管是"虚"的，但它在建筑整体中的作用甚至比作为实

---

① 李允鉌：《华夏意匠》，天津：天津大学出版社，2005 年版，第 142 页。

体的房屋还要大，所以本来仅指由房屋所围合空间的"院"，在中国古代建筑中就成了围合空间及其周围房屋这一建筑群的代名词了。当然，"院"并不是一定要依靠四周围绕着房屋才能够形成，它可以附在房屋的前面作为"前院"，附在房屋的后面成为"后院"，但在这种情况下，院子就成了房屋的附属物，而不是平面组织的中心了，所以这种情况在中国古代甚为少见。而且，所谓"前院""后院"必须经过刻意设计才能够取得，而中国式的"内院"却是由房屋围合而自然形成的。"由于中国传统的单座建筑的平面简单，它们必须依靠院为中心才能达到机能完整。院的重要性必需和房屋的重要性完全相等，否则分散分布的单座建筑就无法构成一个完整的有机的整体了。甚至，在设计思想上，单座建筑可以看作是属于院子的，只有这样才能将建筑群的层次逐级地构成，才能一组一组地组织起来。院子可以做出形状和大小不一的变化，通过这些变化就可以将内、外、主、从等关系表达出来。因为单座建筑采取了'标准化'，在变化上是有限的，而院子的形状、大小、性格等的变化是无限的，用'无限'来引导'有限'，化解了'有限'的约束，实在是一种非常高明的构图手法。"[①] 这种有无相通、虚实相生的理念，可说是中国古代建筑群组织原则的关键所在。

在明清章回小说中，与"间"对应的是"回"。"回"在章回小说中，就像"间"在古典建筑一样，仅仅是一个"计量单位"，其作用性并不明显，所以这里不展开来谈。那么，是否像在古代建筑中那样，在明清章回小说中也存在这样一个"院"呢？答案当然是肯定的。但由于文字建筑中的"院"不像实体建筑中的"院"那样明显，所以人们往往不容易发现它。在这方面，俄国汉学家李福清做出了突出的贡献。针对有些学者提出的把"人和物的某一行动或举动"作为一个情节单位的说法，他没有盲从，而是觉得应该具体情况具体分析：如果仅仅把它用作一个"计量单位"，这种说法当然没有错，但用于分析明清章回小说的结构这样的问题时，这种情节单位就没有实际的意义了。"苏联的文学理论家B. 科仁诺夫提议，应把'人和物的某一行动或举动'算作一个情节单位。我们假如必需找出一个最小的计量单位（例如比较一个故事是与民间文学平话之类的本子相近或是与另一个文学本子相近这样的问题），那么科仁诺夫的说法是正确的。但是，对于《三国演义》，我们却需要找出它的更大一些的单位，以便将罗贯中在写作自己的作品时，从史书、平

---

① 李允鉌：《华夏意匠》，天津：天津大学出版社，2005年版，第141页。

第十章 建筑空间与叙事文本——明清章回小说叙事结构新探

话以及戏剧三者的取材上加以对照时,每次都能运用这一单位。这样的单位就是演义中一个插曲内部的情节开展中的每一步段。它是一个不大的、相对独立完整的、其大小是继某一举动之后依次进行的一个'建筑'故事的单位。因为中世纪作家在建造自己的'大厦'时,在很大程度上是撷取现成的'构件'和细节,所以在艺术分析的过程中,阐明这些现成形式的来源就有着特殊的意义。"① 尽管李福清研究的出发点和本文不一样,但他找出一个不大但意义完整的情节单位的做法,却可以给我们很大的启示。其实,李福清要找出的也就是叙事文本中类似"院"那样的单位。

在考察明清章回小说部分与整体的关系方面,美国学者浦安迪先生做了很多工作。他认为,明清章回小说整体形成了所谓的"百回"定型结构,而"更为重要的是,明清文人小说家们又把惯用的'百回'的总轮廓划分为十个十回,形成一种特殊的节奏律动"②,而在"十回"主结构中,还存在"次结构"的问题,"奇书文体的次结构,存在于每一个十回的单元之类,读奇书文体时,在一个十回的单元里,我们经常能发现某种小型的起伏存在……每十回中的第九、第十回在布局中都具有特定的功能。……每十回单元的中间,即第五回的前后往往是另一个关键,经常孕育着一个喜怒哀乐的情绪高峰,夹在首尾两次相对平静的低潮中间"③。在"十回"之上,还有更大的组合单元,这种组合最典型的有两种,第一种是所谓"把全书划分为前后两半截的写法",浦安迪以《金瓶梅》为例,对此做了很好的说明:"在《金瓶梅》一书这种分璧的形状显而易见。从第 1 回到第 49 回西门庆一家人贪财恋色之欲望步步膨胀;恰恰是第 49 回胡僧赠春叶一关目引起后半部,西门庆在宦途、在房中无不万事如意,而此时他越极其乐越走向生悲的必然结局。"④ 第二种是所谓"富有对称感的 20—60—20 叙述程式"。比如说,《金瓶梅》的第一、第二个十回作为两个意义单元组成了一个更大的单元,它们都有意识地安排了纳妾的母题:第一个十回重述《水浒传》中的故事,写潘金莲与西门庆私通,谋杀亲夫武大郎,武松报仇未成终被放逐,最后以第九回西

---

① 〔俄〕李福清:《关于东方中世纪文学的创作方法问题——从中国古典小说〈三国演义〉的创作方法谈起》,《汉文古小说论衡》,南京:江苏古籍出版社,1992 年版,第 187 页。
② 〔美〕浦安迪:《中国叙事学》,北京:北京大学出版社,1996 年版,第 62 页。
③ 〔美〕浦安迪:《中国叙事学》,北京:北京大学出版社,1996 年版,第 68 页。
④ 〔美〕浦安迪:《〈红楼梦〉与"奇书"文体》,《浦安迪自选集》,北京:生活・读书・新知三联书店,2011 年版,第 224 页。

门庆把潘金莲娶进门而结局；第二个十回则写李瓶儿的两任丈夫花子虚、蒋竹山接踵死亡，而瓶儿本人于第 19 回进入西门庆的家。与这"首" 20 回相对应的是"尾" 20 回，它们也组成另一个意义单元，表达了一个"衰落"的主题：第九个十回写西门庆暴毙后众妻妾各奔前程，整个家族树倒猢狲散；第十个十回通过把笔锋转向陈经济的穷困潦倒，引读者走向落幕的结局。在《金瓶梅》中，除了这首尾各 20 回组成两个相互照应和对称的单元，中间的 60 回组成一个最大的单元。这三大单元在整个小说的布局中，除了在"形式空间"中形成结构性联系，甚至小说的"故事空间"① 也在整体布局中起着作用。正如浦安迪所指出的：

> 首尾二十回的故事大都发生在西门庆私宅的院墙之外。在开头的二十回里，家庭新添金、瓶、梅三小妾，奠定了全书的规模，分明与结尾的二十回同一家庭的分崩离析、土崩瓦解遥相呼应。小说的中间六十回是《金瓶梅》叙事的中心，作者展开了围着高墙的大家庭园内部的核心虚构境界，把叙事步骤减速，不疾不徐地讲述那日日夜夜、寒来暑往的静中动和动中静交替的故事。这一内在世界的存在一直延续到第八十回，直到西门庆死于非命，树倒猢狲散为止，终于转回到最后二十回的西门庆家外世界。②

我们认为，《金瓶梅》的这一家外（头 20 回）→家内（中间 60 回）→家外（最后 20 回）的叙事结构，无论从形式空间还是从故事空间层面视之，都体现了明显的空间叙事的特征。关于形式空间层面的大体情况已如上述，至于更具体、更详尽的分析，可以参考浦安迪先生的相关论述③。至于"故事空间"层面的"空间叙事"，其实张竹坡在《金瓶梅·杂录小

---

① 所谓"形式空间"与"故事空间"是我在《空间叙事研究》一书中提出的概念。在该书中，我把"空间叙事"所涉及的空间分为故事空间、形式空间、心理空间和存在空间四类。所谓"故事空间"，就是叙事作品中写到的那种"物理空间"（如一幢老房子、一条繁华的街道、一座哥特式的城堡等），其实也就是故事发生的地点或场所。所谓"形式空间"，则是叙事作品整体的结构性安排（相当于绘画的"构图"），呈现为某种空间形式（如"套盒""圆圈""链条"等）。（龙迪勇：《空间叙事研究》，北京：生活·读书·新知三联书店，2014 年版，第 526 页）

② 〔美〕浦安迪：《中国叙事学》，北京：北京大学出版社，1996 年版，第 72 页。

③ 除了《中国叙事学》（北京：北京大学出版社，1996 年版）与《明代小说四大奇书》（沈亨寿译，北京：生活·读书·新知三联书店，2006 年版）两部著作，还可以参考其《浦安迪自选集》（生活·读书·新知三联书店，2011 年版）中的有关论文。应该承认，浦安迪对明清章回小说的结构研究做出了重要贡献，但他没有将他所谓"奇书文体"的结构与中国古典建筑的"院落式"结构联系起来思考，让人感到有点遗憾，而这也影响到他的研究的进一步深入。

引》中就已经指出了：

> 凡看一书，必看其立架处，如《金瓶梅》内，房屋花园以及使用人等，皆其立架处也。何则？既要写他六房妻小，不得不派他六房居住。然全分开，既难使诸人连合，全合拢，又难使各人的事实入来，且何以见西门豪富？看他妙在将月、楼写在一处，娇儿在隐现之间——后文说挪厢房与大姐住，前又说大妗子见西门庆揭帘子进来，慌的往娇儿那边跑不迭，然则娇儿虽居厢房，却又紧连上房东间，或有门可通者也；雪娥在后院，近厨房；特特将金、瓶、梅三人，放在前边花园内，见得三人虽为侍妾，却似外室，名分不正，赘居其家，反不若李娇儿以娼家娶来，犹为名正言顺。则杀夫夺妻之事，断断非千金买妾之目。而金梅合，又分出瓶儿为一院。分者理势必然；必紧邻一墙者，为妒宠相争地步。而大姐住前厢，花园在仪门外，又为敬济偷情地步。见得西门庆一味自满托大，意谓惟我可以调弄人家妇女，谁敢狎我家春色？全不想这样妖淫之物，乃令其居于二门之外，墙头红杏，关且关不住，而况于不关也哉！金莲固是冶容诲淫，而西门庆实是慢藏诲盗，然则固不必罪陈敬济也。故云写其房屋，是其间架处，犹欲耍狮子先立一场，而唱戏先设一台。[①]

显然，这些在"故事空间"层面的颇具匠心的结构性安排，主要体现在中间的60回里，而这一部分构成了《金瓶梅》一书叙事的重点。

（二）外部空间设计

《老子》中有一段非常经典的话，常被人引用："三十辐共一毂，当其无，有车之用。埏埴以为器，当其无，有器之用。凿户牖以为室，当其无，有室之用。故有之以为利，无之以为用。"这几句话当然可以从很多角度去解释，但就"建筑空间"来说，它们说的无非是"有""无"相生的问题，告诫我们不要太拘泥于"有"，有时候"无"才是问题的关键。对建筑物来说，围合的墙体当然是必需的，但被围合成的"空间"才是真正有用的东西。当然，空间也存在不同的类型，不同类型的空间

---

① 〔明〕兰陵笑笑生著、张道深评、王汝梅等校点：《金瓶梅》（上），济南：齐鲁书社，1991年版，第3页。

在建筑群中的作用并不一样。

写到这里，为了更好地说明问题，我们最好引入建筑理论中的内部空间和外部空间概念。所谓内部空间，指的是由墙体围合而成的单体建筑的室内空间；而外部空间则是指建筑外墙以外建筑或建筑群之间的那些没有被屋顶覆盖的空间。对于一个具体的"院"，外部空间就是指被四周围绕着的房屋围合而成的空间；而对于整个"建筑群"，外部空间则还应包括"群"与"群"之间的空间。必须指出的是，建筑的外部空间仍然是整个建筑群的一部分。日本学者芦原义信说得好："因为这个空间是建筑的一部分，也可以说是'没有屋顶的建筑'空间。即把整个用地看做一幢建筑，有屋顶的部分作为室内，没有屋顶的部分作为外部空间考虑。"①

对于内部空间和外部空间，中国与西方的建筑师对待它们的态度是很不相同的。一般来说，西方建筑偏重内部空间的创造，而中国古典建筑则偏重外部空间的设计。产生这种差异与中西建筑不同的布局方式有关。"其实，在建筑布局上，一共只有两种基本的原则：一种是空间包围着房屋，另一种就是房屋包围着空间。前者以建筑物为主，建筑物以'三维'（three dimension）的'塑像体'（plastic）的形式出现，它是视线的焦点，因此房屋平面的本身便要求有足够的变化。后者以构成一个良好的空间（广场或庭园）为主，房屋只能以'两维'（two dimension）的'平面的'形式作为空间的封闭，目的在于使空间本身得到最好的效果。"② 西方建筑基本上都是单体的，所以创设内部空间便成为建筑师们进行建筑空间设计的主要任务。至于外部空间，那只是无关紧要的存在。意大利建筑理论家布鲁诺·赛维认为，"每一个建筑物都会构成两种类型的空间：内部空间，全部由建筑物本身所构成；外部空间，即城市空间，由建筑物和它周围的东西所构成"③。尽管赛维承认两种空间的存在，但他基于西方的立场，在品评建筑时只看重内部空间："建筑历史主要是空间概念的历史。对建筑的评价基本上是对建筑物内部空间的评价"，"只有内部空间，这个围绕和包围我们的空间才是评价建筑的基础：是它决定了建筑物审美价值的肯定或否定。所有其他因素是重要的，或者我们

---

① 〔日〕芦原义信：《外部空间设计》，尹培桐译，北京：中国建筑工业出版社，1985年版，第3~5页。
② 李允鉌：《华夏意匠》，天津：天津大学出版社，2005年版，第142~144页。
③ 〔意〕布鲁诺·赛维：《建筑空间论——如何品评建筑》，张似赞译，北京：中国建筑工业出版社，2006年版，第14页。

第十章 建筑空间与叙事文本——明清章回小说叙事结构新探

只能说可能是重要的,但对空间概念而言,它们总是处在从属的地位"[①]。这种基于西方建筑而做出的结论,显然无法适用于中国古代建筑。

与赛维的看法正好相反,如果我们要品评中国古代建筑,恰恰不能太看重内部空间,而需要高度重视外部空间。正如前面所提及的,这正是与中国古代建筑的群体特性息息相关的:中国古代建筑的群体性与多重组合性,决定了建筑群"院"与"院"之间,以及"院"的内部会存在许多"间隙",这种"间隙"正是这里所说的外部空间,它们对于"院"与"院"以及"院"内各单体建筑之间的联系,起着类似黏合剂一样的重要作用。正因为如此,与西方建筑注重内部空间设计和建筑体本身的雕塑不同,中国古代建筑更为注重外部空间设计。对此,萧默先生有很好的论述:"由于中西文化观念的不同,决定了其建筑材料和结构的不同,从而也决定了建筑的形体和内部空间存在巨大的差异。简言之,中国建筑受到木结构梁柱结构的很大限制,外部形体不够多样,内部空间也不够发达,总体风格倾向于温润柔美;西方建筑以砖石结构为本位,挣脱了梁柱体系,发展了拱券穹窿结构,大大拓展了形体和空间的创造可能性,在两千多年的发展中,展现出绰约多姿的风貌,总体风格则倾向于刚健雄壮。但是,当我们把眼光转向室外,我们将会惊人地发现,由于中国人特别强势的群体观念,很早以来就发展了群体构图的概念:建筑群以院落的形式横向伸展,占据很大一片面积。这就产生了外部空间的课题,即通过多样化的院落方式,把各个构图因素有机组织起来,包括各单体之间的烘托对比、院庭的流通变化、空间与实体的虚实相映、室内外空间的交融过渡,以形成总体上量的壮丽和形的丰富,渲染出强烈的气氛,给人以深刻感受。……可以说,'群'是中国建筑的灵魂,甚至为了'群'的统一,不惜部分地牺牲了单体的多样。"[②]

中国古典建筑当然创造了很多强化外部空间的设计手法,以使整个建筑群显得富有整体感。但在建筑方面很有效果的手法,用于叙事作品时却未必奏效,比如建筑方向的确定、左右对称、中轴线的设置,以及

[①] 〔意〕布鲁诺·赛维:《建筑空间论——如何品评建筑》,张似赞译,北京:中国建筑工业出版社,2006年版,第16页。

[②] 萧默:《建筑的意境》,北京:中华书局,2014年版,第58~59页。

建筑的门堂分立原则①等。就拿建筑方向问题来说，中国古代建筑从秦汉时期开始，就确定了"主座朝南"的制度，这当然有地理方面的考虑（因为中国所处的地理位置，朝南是房屋最理想的方向），但更多的应该还是文化历史的影响，因为古代帝王认为"面南"才最能体现出威严。正因为如此，所以要求"主座朝南"在当时官方的文献中都是明文规定了的，"营造房屋的时候，首先要做的就是'取正'，取正者就是测定一条准确的南北方向线作为房屋排列组织依据的参考"②。但这种观念只是秦汉以后的事，在更早的时候（比如夏、商、周）就不是这样子的，那时建筑的朝向基本上都是东西方向的。无论是南北朝向，还是东西朝向，对建筑设计者来说都是一件比较容易的事情：只要取好了"正"，定好了"中"，再把"主座"的位置确定下来，建筑的方向就有了。对于明清章回小说来说，由于文本的"院"与"院"之间缺乏因果关联性，所以就只能通过类似"欲知后事如何，且听后回分解"这样的机械手段，来划定"方向"并加以连缀了。

关于宫殿居中、"左祖右社"的左右对称布局，在写于春秋时期的著作《考工记》中就有记载，而该书是对西周洛邑王城及其宫殿建筑的追记。据专家研究，"周代的宫殿，沿中轴线由诸多称为'门'的门屋和诸多称为'朝'的广场及其殿堂顺序相连组成，它们依中轴线作

---

① 门堂分立原则是中国古典建筑一个非常重要的特点，正如李允鉌所说："'门'和'堂'的分立是中国建筑很主要的特色，历来所有的平面布局方式都是随着这个基本原则而展开。为什么'门'和'堂'一定要分立和并存呢？在理论上大概是出于内外、上下、宾主有别的'礼'的精神；在功能和技术上是借此而组成一个庭院，将封闭的露天空间归纳入房屋设计的目的和内容上"，"'门堂之制'成为一种传统之后，中国建筑就没有以单独的'单座建筑'作为一个建筑物的单位而出现了。有堂必需另立一门。'门'随'堂'相继而来。'门'成为建筑物的外表，或者说代表性的'形式'；'堂'才是房屋的内容，真正的使用功能所需要的地方。因此，中国建筑的门就成为十分重要的一个组成元素，'门制'就成为平面组织的中心环节。这种'内'、'外'分立，'表面'与'内涵'分离的设计思想是其他建筑体系所没有的，虽然它们是存在着'门'（gate）这一个建筑元素，但是它们的性质和含义和中国建筑的门并不完全相同"，"从平面构图的艺术上说，中国建筑的门担负起引导和带领整个主题的任务，它们正如一本书的序言、楔子，一首乐曲的序曲、前奏，再或者是戏剧和电影的序幕、开场白。总之相当于一切艺术作品的一个开头，首先做出一个简短和扼要的概括，使人对其内容和性质产生一个总的印象"，"中国建筑的'门'同时也代表着一种平面组织的段落或者层次，虽然并不严格地规定一堂一门，大体上是一'院'一门。'门'成为变换封闭空间景象的一个转接点，每一道'门'代表了每一个以院落为中心的建筑'组'的开始，或者说是前面的一个'组'的终结。在庞大的建筑群中，平面布局中的节奏和韵律基本上是依靠门而体现出来的。"（李允鉌：《华夏意匠》，天津：天津大学出版社，2005年版，第63~64页）在我看来，明清长篇章回小说的"门"就是"回"，它们在整个叙事文本中也起着提纲挈领，并体现叙事的节奏和韵律的作用。对于"门制"与"回目"的关系，笔者将会作专题研究，此不赘述。

② 李允鉌：《华夏意匠》，天津：天津大学出版社，2005年版，第146页。

第十章 建筑空间与叙事文本——明清章回小说叙事结构新探

纵深构图,在不同区段创造出不同的氛围,有机组合,达到预定的空间艺术效果。它不但对以后各代宫殿,而且对佛寺、坛庙、衙署和住宅等等的布局,都有着影响"①。现存最大的宫殿建筑紫禁城,也是严格按照这一模式进行布局的。这种布局在建筑中效果极好,但用于叙事文本却难免捉襟见肘。在明清章回小说中,小说家们做出了极大的努力,比如在一章中分别叙述两件事,而在目录中则以对句的回目形式加以概括。但这种做法效果其实并不好。可见,在作为空间艺术的建筑中效果极好的手法,不一定都能很好地被作为时间艺术的明清章回小说模仿,两种艺术间虽然存在诸多共通的东西,而不可通约之处也还是不少。

当然,明清章回小说也创设了许多为时间艺术所独有的,旨在加强叙事文本关联性的外在手段,如对诗词、入话的巧妙利用。章回小说中的诗词其实是具有结构功能的,正如有的论者所说:"以诗'开篇',以诗'作结',中间则是咏一人一事、一景一物的'以诗为证',这是明清小说的基本体例……据统计,《水浒传》共引诗556首、词54首;《三国演义》共引诗近400首(解放后整理出版的普及本保留了206首);《金瓶梅》300余首;《红楼梦》前80回曹雪芹就插入诗词140多首。"② 所谓入话,是叙事者在"篇首诗"后所作的阐释、说明或发挥。入话在"三言""二拍"中就已经定型,明清长篇章回小说依然保留了这种形式。"'入话'反映了文人参与创作的痕迹。文人具有较高的文学修养,出于对诗歌与小说这两种文体的自觉和认识,一开始就注意到,在'篇首诗'和'正话'之间缺乏适当的转换会造成生硬突兀,所以冯梦龙、凌濛初在创作时便将'入话'作为一个不可或缺的'单位'。"③ 由于这些诗词和入话并不是小说叙事逻辑的内在发展所必需,所以将它们巧妙地用在章回小说中,其实也正是一种对叙事文本的"外部空间设计"。

---

① 萧默:《建筑的意境》,北京:中华书局,2014年版,第73~74页。
② 赵炎秋、陈果安、潘桂林:《明清叙事思想研究》,长沙:湖南师范大学出版社,2008年版,第15页。
③ 赵炎秋、陈果安、潘桂林:《明清叙事思想研究》,长沙:湖南师范大学出版社,2008年版,第39页。

第四节　建筑空间与中国文学叙事传统

在《小说结构与中国宇宙观》一文中，林顺夫先生这样写道："所有中国传统小说都显示出一种由不同成分组成的、由松松散散地连在一起的片段缀合而成的情节特性。……而且，这种缀段组合的特性，也为中国叙事文体的其他种类，如历史散文、传记文学、古典故事（传奇）和白话短篇小说所共有。因此我们必须将这一结构特性视为中国传统叙事文体的显著特征。"[①] 中国的叙事文学之所以会呈现这种特性，其根源在于中国人特殊的世界观（宇宙观）："和其他许多民族不同，中国人颇为独特地相信宇宙和宇宙中的人并非被一种外部力量或终极原因所创造。相反地，他们把宇宙看作一种独立自足的、自我发生的、能动的过程，它的各个部分在一个相互协调的有机整体中互相作用。人则被认为参与了宇宙的创造过程，构成天、人、地的三合一。"[②] "这种世界观与中国人不重视事物系里因果关系的概念之间存在着联系。因果关系的概念如此代表了西方人的思想和需求，以致事件往往被相互纳入原因与结果的机械链条之中。如果认可这种特殊的因果观念，紧密而集中的情节结构就是可能的。在这种线性的、基本上是时间性的结构样式里，人物要素或事件要素被挑选出来作为叙事文体的'基本的原动力'，或能动的连接因素。然而，中国人的传统观念妨碍了这种因果关系的解释。取代在直线的因果关系链条里次序井然的事件，中国人把事件看作正在形成的一种广袤的、交织的、'网状的'关系或过程。事件不再被描绘成因果关系的链环，它们被简单地一个挨一个地连结或并置，好像是由于巧合似的。因而，原因与结果关系的时间顺序就被空间化为一种以并置的具体'事件'构成的能动模式。"[③] 正是在这种世界观（宇宙观）倾向的影响下，中国传统的叙事文学才没有采取西方那种线性的、因果的、时间性的结构，而是呈现出一种网状的、并置的、空间性的"缀段组合的特

[①]　林顺夫：《小说结构与中国宇宙观》，李达三、罗钢主编：《中外比较文学的里程碑》，北京：人民文学出版社，1997年版，第343页。

[②]　林顺夫：《小说结构与中国宇宙观》，李达三、罗钢主编：《中外比较文学的里程碑》，北京：人民文学出版社，1997年版，第343～344页。

[③]　林顺夫：《小说结构与中国宇宙观》，李达三、罗钢主编：《中外比较文学的里程碑》，北京：人民文学出版社，1997年版，第344页。

性"。

　　林顺夫把中国人特殊的世界观（宇宙观）归结为其独特的思想方法（思维方法），这种和西方"从属思想"（subordinative thinking）背道而驰的思想方法叫作"协调思想"（coordinative thinking，多被译为"关联思维"或"关联式的思考"），"在中国人的协调思想里，事物是'依赖于整个世界组织而存在的部分；它们相互起作用，较之凭借机械的推动力或因果关系，更多地凭借一种神秘的共振。'在这种协调系统里，整体的一致性的维持，不是靠使所有部分从属于一个外部的初始原因，而是靠使它们通过内在的协调、平衡和一致而相互关联"①。林顺夫的这种说法来自李约瑟。李约瑟在《中国古代科学思想史》中这样写道："在'关联式的思考'，概念与概念之间并不相互隶属或包涵，它们只在一个'图样'（pattern）中平等并置；至于事物之相互影响，亦非由于机械的因之作用，而是由于一种'感应'（induction）。……在中国思想里的关键词是'秩序'和（尤其是）'图样'。符号间之关联或对应，都是一个大'图样'中的一部分。万物之活动皆以一特殊的方式进行，它们不必是因为前此的行为如何，或由于他物之影响；而是由于其在循环不已之宇宙中的地位，被赋与某种内在的性质，使它们的行为，身不由己。如果它们不按这些特殊的方式进行，便会失去其在整体中之相关地位（此种地位乃是使它们所以成为它们的要素），而变成另外一种东西。所以万物之存在，皆须依赖于整个'宇宙有机体'而为其构成之一部分。它们之间的相互作用，并非由于机械性的刺激或机械的因，而是出于一种神秘的共鸣。"②

　　如此看来，无论是中国建筑的院落式结构，还是明清章回小说的缀段性结构，其实都是中国人特殊的宇宙观及其"关联式"思想方法（思维方法）③的产物。但宇宙观、思想方法这样高度抽象的说法（而且还是今天的研究者们重构的产物），对于明清时期急于找到一种合理而又适

---

　　① 林顺夫：《小说结构与中国宇宙观》，李达三、罗钢主编：《中外比较文学的里程碑》，北京：人民文学出版社，1997年版，第346页。
　　② 〔英〕李约瑟：《中国古代科学思想史》，陈立夫主译，南昌：江西人民出版社，1990年版，第375～376页。
　　③ 早期的西方人其实也是以这种思想方法（思维方式）去观照世界并创造其文化的，但他们很快就以一种因果的、从属的、线性的方法取代了那种早期的方法，从"量"的方面无限扩展的建筑，因果的、线性的叙事作品，都是后一种思想方法的产物；而且，后者很快就取得了支配性的地位，并进而被视为西方的思想"传统"或文化"传统"。显然，这种情况必须做历史的、辩证的分析。

用的结构方式,以便架构起像章回小说这样前所未有的文学叙事大厦的小说家来说,实在是显得有点空洞和遥远。由于建筑是"一个民族的文化最具体的表现"①,而且,"也许建筑根本就不是一门学问,而是一个思想的范畴"②,所以,在我看来,明清文人小说家从建筑的空间组合模式中去寻找架构章回小说这一新的叙事文体的文本结构的可能性是非常之大的,本章的写作就是证明这种可能性的一种尝试。当然,小说毕竟是一种文学性的时间艺术,其空间性的特征(组合性、缀段性)不容易被一般的研究者察知,"因为组成部分的展现,不像在一幅绘画里那样在一个封闭的空间里同时发生,而是在连续的时间结构里同时发生的。表面上的缀段性结构,恰好是在语言这种线性媒介中去创造一个独立自足的连锁组织的企图的产物。现代中国学者关于小说结构的先前的误解,大部分是由于他们不承认这一基本企图。因此在谈论到中国传统小说的结构方式时,我们必须既考虑到事件相互关系方面的共时性的、本质上是'空间'的概念,也要考虑到一部文学作品基本的'时间'特性"③。就像我们在"引论"部分所指出的:对于时间艺术与空间艺术的分类,既有其必要性,也有其对深层问题的遮蔽性,所以对于分类,我们既要承认其合理性,也不要对它过于迷信和执着。

考虑到中国的文学叙事传统一直要等到明清章回小说出现后才真正形成④,而正如上面所论述的,这种文学叙事传统的形成与建筑空间息息相关。所以,在这个意义上我们说:建筑空间在很大程度上促成了中国文学叙事传统的形成。

---

① 汉宝德:《中国建筑文化讲座》,北京:生活·读书·新知三联书店,2008年版,第14页。
② 汉宝德:《中国建筑文化讲座》,北京:生活·读书·新知三联书店,2008年版,第20页。
③ 林顺夫:《小说结构与中国宇宙观》,李达三、罗钢主编:《中外比较文学的里程碑》,北京:人民文学出版社,1997年版,第346~347页。
④ 在"小说"成为一种独立的文学体裁之前,中国的叙事传统主要体现在历史叙事中,文学叙事则因被赋、诗、词、曲以及志怪、传奇等各种体裁"瓜分",而难以形成自己真正的传统。

第十一章　从图像到文学
——西方古代的"艺格敷词"及其跨媒介叙事

无论是在中国还是西方，诗画的关系，亦即文学与图像的关系，都是一个有着漫长历史的老问题。近些年来，随着所谓"图像时代"或"读图时代"的到来，在人文社会科学"空间转向"的大背景下，文学研究也迎来了一个"空间转向"或"图像转向"。于是，文学与图像的关系问题又在新的时代背景与社会语境下得到不少研究者的高度关注。就我国文学研究中的实际情况而言，近年来对作为时间艺术的文学与作为空间艺术的图像进行各类比较研究的论著，也呈迅猛增长之势。但翻看近年来的此类研究成果，流于浮泛和盲目趋新之作居多，能深入思考并提出创见的则难得一见。之所以如此，除了当今学界浮躁的流弊，当然也与这一问题本身的难度有关。文学与图像的关系在中西美学和文论史上均有着一段漫长的问题史，并在问题产生和解决的过程中形成了一系列重要的观念，如果研究者对这个问题的历史及相关观念缺乏必要的了解，当然也就不可能在这方面写出真正具有突破性的创新之作。

在有限篇幅中，我们当然不可能对诗（文学）画（图像）的关系问题展开系统考察和全面论述。考虑到以语词性媒介描述或模写图像这一修辞学传统在西方美学、西方文学和西方艺术史上的重要性，本章拟对西方古代的"艺格敷词"（ekphrasis）现象，亦即"以文述图"现象进行考察，以弥补过往研究（尤其是国内研究）对西方"以文述图"的深厚传统重视不够并缺乏正确认识的缺陷①。而且，由于"艺格敷词"涉及语词与图像之间的"出位之思"或跨媒介叙事（以语词为媒介的文学叙事不满足于其媒介自身的艺术特征或美学效果，而跨出本位去追求另一种媒介——图像的艺术风格或美学效果），所以本章也希望给叙事学研究中方兴未艾的跨媒介叙事问题提供一个思想传统、知识谱系和理论基础。

第一节 "艺格敷词"与诗画互通

众所周知，德国美学家莱辛写作《拉奥孔》一书的目的，就在于为诗（文学）画（图像）这两种不同类型的文学艺术划分边界，以确立其"诗画有别"的理论主张。在《拉奥孔》一书的"序言"中，莱辛针对他那个时代那些忽视诗画区别的"艺术批评家们"，曾经这样写道："他们时而把诗塞到画的窄狭范围里，时而又让画占有诗的全部广大领域。在这两种艺术之中，凡是对于某一种是正确的东西就被假定为对另一种也是正确的；凡是在这一种里令人愉快或令人不愉快的东西，在另一种里也就必然是令人愉快或令人不愉快的。""这种虚伪的批评对于把艺术专家们引入迷途，确实要负一部分责任。它在诗里导致追求描绘的狂热，在画里导致追求寓意的狂热；人们想把诗变成一种有声的画，而对于诗能画些什么和应该画些什么，却没有真正的认识；同时又想把画变成一种无声的诗，而不考虑画在多大程度上能表现一般性的观念而不至于离开画本身的任务，变成一种随意任性的书写方式。"②针对当时这种诗画

---

① 经查中国知网，截至2018年12月30日，在学术期刊上发表的有关"艺格敷词"的中文学术论文只有11篇，其中有4篇是关于美国诗人威廉·卡洛斯·威廉斯某一具体"艺格敷词"诗作的分析评论性文章，还有3篇是分别对美国诗人玛丽·乔·班恩的《寓言》（诗）、美国小说家杰弗里·福特的《查布克夫人的画像》（小说）以及英国诗人约翰·济慈的《希腊古瓮颂》（诗）的类似研究；此外，郭伟其的《作为风格术语的"风格"——一个关于"艺格敷词"与艺术史学科的中国案例》（《新美术》2010年第12期）一文，主要是对一个具体案例的考察；其中，真正对"艺格敷词"观念进行"考镜源流"式研究的只有3篇论文：李宏的《瓦萨里〈名人传〉中的艺格敷词及其传统渊源》（《新美术》2003年第9期），以及李骁的《论古典艺格敷词中的生动叙述》（《美苑》2015年第5期）与《艺格敷词的历史及功用》（《新美术》2018年第1期），而这3篇论文也基本上都是从"美术史"角度进行的研究。总之，对于西方古代"艺格敷词"的文学特性，尤其是对于"艺格敷词"的跨媒介叙事特征，目前尚缺乏宏观考察和理论阐述。

② 〔德〕莱辛：《拉奥孔或称论画与诗的界限》，朱光潜译，北京：人民文学出版社，1979年版，第3页。

第十一章 从图像到文学——西方古代的"艺格敷词"及其跨媒介叙事

不分的严重弊端,莱辛才下决心要撰写《拉奥孔》一书,而撰写该书最主要的目的,"就在于反对这种错误的趣味和这些没有根据的论断"①。

莱辛为诗画两种不同艺术划界并确立两者的根本差异的历史贡献当然是毋庸置疑的,但他心里其实也非常清楚,就诗(文学)画(图像)两者的关系而言,他所反对的其实是一个影响广泛且已经被绝大部分人完全接受了的传统。对此,陈怀恩说得好:"一直要到莱辛 G. E. Lessing 的《拉奥孔》(*Laocoon*)问世之后,诗与画的界限,造型艺术和语言艺术的边界才得以明确区分。对美学家和艺术学研究者来说,唯有这种范畴的分立,才能够引向艺术本质的认识。然而我们却会发现:在制像意图与图像意义的指向上,'诗与画的同一'才是西方艺术史的认识主流,甚至一直延伸到当代对于图像意义传达的认识活动中。"② 因此,在确立两种艺术的基本界限——诗(文学)适合表现"在时间中先后承续的事物"而画(图像)则适合表现"在空间中并列的事物"③——之后,莱辛也在以下三个方面为诗画之间的互溶或跨媒介叙事留下了充分的余地:首先,莱辛把诗(文学)画(图像)这两个不同的艺术领域比作"两个善良友好的邻邦"。这两个总体能够和谐共处的友好邻邦,"虽然互不容许对方在自己的领域中心采取不适当的自由行动,但是在边界上,在较小的问题上,却可以互相宽容,对仓促中迫于形势的稍微侵犯权利的事件付出和平的赔偿,画与诗的关系也是如此"④。其次,莱辛把绘画所运用的符号叫作"自然的符号",而诗歌所运用的符号则是"人为的符号"。由于绘画所用符号的"自然"特性,"这就使它比诗占了很大的便宜","不过在这方面诗与画的差别也不像一眼乍见的那么大,诗并不只是用人为的符号,它也用自然的符号,而且它还有办法把它的人为的符号提高到自然符号的价值"⑤。在这个基础之上,莱辛还进一步认为:"诗应力求尽量地把它的人为的符号提高到成为自然的符号,只有这样,诗才成

---

① 〔德〕莱辛:《拉奥孔或称论画与诗的界限》,朱光潜译,北京:人民文学出版社,1979年版,第3页。
② 陈怀恩:《图像学:视觉艺术的意义与解释》,石家庄:河北美术出版社,2011年版,第38页。
③ 〔德〕莱辛:《拉奥孔或称论画与诗的界限》,朱光潜译,北京:人民文学出版社,1979年版,第84页。
④ 〔德〕莱辛:《拉奥孔或称论画与诗的界限》,朱光潜译,北京:人民文学出版社,1979年版,第100页。
⑤ 〔德〕莱辛:《拉奥孔或称论画与诗的界限》,朱光潜译,北京:人民文学出版社,1979年版,第193页。

为诗而有别于散文……而最高级的诗就是要把人为的符号完全变成自然的符号。"① 就此看来，在莱辛的心目中，以语词模写绘画或雕塑等造型艺术的"图像诗"，以及以语词模写戏剧文学的"戏剧体诗"，都是那种已经"把人为的符号完全变成自然的符号"的"最高级的诗"。最后，莱辛还把画家分为"诗的画家"与"散文的画家"。一般而言，"诗的画家"更应该坚守空间艺术所用的那种符号（媒介）——图像的"本位"，而"散文的画家不求使他要摹仿的那些事物符合他所用的那种符号的本质"，这主要表现在三个方面："（1）他所用的符号是同时并列的，而他却用它去描绘先后承续的事物；（2）他所用的符号是自然的，而他却把这种符号和人为的符号混在一起用，寓意体画家就是如此；（3）他所用的符号是诉诸视觉的，而他却不用这种视觉符号描绘视觉对象，而是用它们去描绘听觉或其他感觉的对象。"②

显然，主张诗画有别的莱辛在阐述自己的基本学术思想时并没有把话说得很绝对，因为他充分认识到他所反对的那种观念才是在西方美学史、文学史和艺术史上占据着主流地位的观念。为了便于下面的论述，我们不妨把莱辛在确立其"诗画有别"的美学观时所反对的那种观念称为"诗画互通"。从上面的阐述中我们不难看出，尽管莱辛主张的是"诗画有别"，但他仍然为"诗画互通"留下了很大的余地，这也为语词与图像之间的跨媒介叙事留下了很大的发展和阐释空间。

如果追根溯源，我们认为"诗画互通"的观念实际上源于古希腊时期就已经牢固树立起来了的一种叫作"艺格敷词"（"以文述图"）的修辞观念或写作方法。所谓"艺格敷词"，其实是对一个源自古希腊语的英文术语"ekphrasis"的中文翻译。"ekphrasis"在古希腊语中的原始意思是"充分讲述"或"说出"。对于这个特殊术语的中文翻译可谓五花八门，但都难以完整、准确地表达出"ekphrasis"的全部涵意，正如有学者所指出的："对于'ekphrasis'一词的中文翻译有很多，例如艺格敷词、读画诗、绘画诗、造型描述、语图叙事、图像叙事、语像叙事等等，分别使用于美术史和文艺批评等领域。范景中先生将该词译作艺格敷词，既符合该词在古典语境中的具体含义，又契合中文中的相对概念……"③

---

① 〔德〕莱辛：《拉奥孔或称论画与诗的界限》，朱光潜译，北京：人民文学出版社，1979年版，第211~212页。

② 〔德〕莱辛：《拉奥孔或称论画与诗的界限》，朱光潜译，北京：人民文学出版社，1979年版，第203页。

③ 李骁：《艺格敷词的历史及功用》，《新美术》，2018年第1期。

第十一章　从图像到文学——西方古代的"艺格敷词"及其跨媒介叙事

难得的是,"艺格敷词"(ekphrasis)的译法还能结合音义,因此在汉语学术界也就逐渐被绝大多数人接受。考虑再三,我们也认为以"艺格敷词"对译"ekphrasis"具有其相对的优势,所以本章也采用了范景中先生的这个译法。

就其实质而言,艺格敷词其实代表了西方文学史、美术史和修辞学史上一种源远流长的传统,这一传统意在以语词这一媒介去形象地、逼真地模仿或转写物品或图像,更确切地说,艺格敷词主要指的是对某一物品(主要是艺术作品)或某个地方进行形象描述的一种修辞手法或写作方法。对此,意大利著名史学家卡洛·金兹伯格在为英国著名的美术史家迈克尔·巴克森德尔所写的《记忆断片——巴克森德尔回忆录》一书所撰写的"序言"中说得非常清楚:"这种写作方法被称为'艺格敷词'(*ekphrasis*)——一种古时的文学风格,以详细精确描述某件物品或某个地方为特征,无论描述对象是真实存在抑或虚构。"[1] 显然,广义上的"艺格敷词"指的是以语词(口语或文字)对所看到的某个物品或某个地方进行尽量形象、生动的描述,但现代人对艺格敷词的理解则倾向于狭义的,即仅仅将之理解为用语词"对一件艺术作品的描述"[2]。而且,无论是对普通物品、某个地方,还是对艺术作品的描述,艺格敷词所描述的对象都既可以是真实存在的,也可以是完全虚构的。

实际上,无论是广义上把艺格敷词理解为对某个物品或某个地方的语词描述,还是狭义上把它理解为对某件艺术作品的形象描述,人们对这种修辞方式或写作方法的界定或描述都可以分为两种:追求"客观性""精确性"与追求"视觉性""生动性"。第一种追求的是艺格敷词的"客观性"和"精确性"。有学者所指出的,艺格敷词是语词这一媒介"对于绘画的回应",这其实已经暗含了这样一种跨媒介描述的理想:"有一种明确的描述能够直接和艺术品本身相联系,保罗·弗里德伦德尔(Paul Friedländer)的'真实描述'(echte Beschreibung)概念,正如安德鲁·贝克尔(Andrew Becker)所指出的那样。这样的描述有可能和物体本身

---

[1] 〔意〕卡洛·金兹伯格:《序言》,〔英〕迈克尔·巴克森德尔:《记忆断片——巴克森德尔回忆录》,王晓丹译,南宁:广西美术出版社,2017年版,第2页。
[2] 〔法〕鲁斯·威布:《实现图画:阿马塞亚的阿斯特里乌斯文本中的艺格敷词、模拟和殉道》,范白丁译,张宝洲、范白丁选编:《图像与题铭》,杭州:中国美术学院出版社,2011年版,第26页。

丝毫不差，一种一成不变的纯粹的语言上的复制。"[1] 无疑，这种追求"真实描述"的态度是以客观、真实为宗旨的历史学家和考古学家的态度，它的目标尽管在某种意义上值得我们肯定，但实际上只能是一种理想中的状态，而事实上根本就无法完全达到。如果仔细分析起来，这种类似还原主义的态度其实是建立在一种颇成问题的前提假设之上的。关于这一点，其实已经有研究者指出来了："首先一个前提是假设用艺格敷词再现经验，问题不大。尽管我确信这对于描述艺术品来说是颇为有效的方法，但不得不承认这最终还是以艺格敷词能够记录实际经验为前提的。这是一个成问题的前提，因为在实际艺术品面前，不会自发地生成艺格敷词。在任何情况下，文本都是事后写出来的，来自我们的记忆、想象或者两者兼而有之，然后试图用语词来表达经验。即便是像菲洛斯特拉托斯（Philostratos）的《画记》（*Eikones*）——该书自称正是这种自发表达的产物，却也是对于观看的经过精心编排的再现。……艺格敷词为我们带来的是经验的*再现*（*representation*），而非直接触碰那种经验，它将一种新颖的*模拟*（*mimesis*）引入到语词和图像纠缠的复杂局面中。"[2] 这段话其实说得已经非常清楚："艺格敷词"既不能等同于被再现或模写的艺术作品这一原物本身，甚至也不能等同于观看艺术作品后产生的美学经验，它仅仅是对一种看图经验的语词再现；既然是一种再现，也就必然会像任何类型的再现一样，不可能是一种完全准确的、绝对客观的、百分之百的对艺术品原物或观看经验的再现。

除此之外，研究者也谈道："古代的定义同样提醒我们艺格敷词处理的是幻象和相像（semblance）。它'使已然不存在之物得以呈现'；它使我们觉得仿佛我们能够'看到我们所未曾见过的'，需要强调的是'仿佛'。因此艺格敷词是一种不太靠得住的证据原典，并且作为读者，我们应该格外小心它的这种力量。"[3] 这就是说，艺格敷词所表征的只是一种心理"幻象"或某种"已然不存在之物"，它所达到的效果其实也只是一

---

[1] 〔法〕鲁斯·威布：《实现图画：阿马塞亚的阿斯特里乌斯文本中的艺格敷词、模拟和殉道》，范白丁译，张宝洲、范白丁选编：《图像与题铭》，杭州：中国美术学院出版社，2011年版，第26页。

[2] 〔法〕鲁斯·威布：《实现图画：阿马塞亚的阿斯特里乌斯文本中的艺格敷词、模拟和殉道》，范白丁译，张宝洲、范白丁选编：《图像与题铭》，杭州：中国美术学院出版社，2011年版，第26~27页。

[3] 〔法〕鲁斯·威布：《实现图画：阿马塞亚的阿斯特里乌斯文本中的艺格敷词、模拟和殉道》，范白丁译，张宝洲、范白丁选编：《图像与题铭》，杭州：中国美术学院出版社，2011年版，第29页。

第十一章 从图像到文学——西方古代的"艺格敷词"及其跨媒介叙事

种"仿佛"如此的经验或感受,正因为如此,我们对艺格敷词这种"不太靠得住的证据原典"不必特别在乎与过于认真。

第二种对艺格敷词的界定或描述是其所追求的某种"视觉性"和"生动性",即以口语或文字去"实现图画"——在口头或文字性的文本中达到某种图像般的艺术效果。这显然是古代文学家和修辞学家的态度,而这种态度正与"艺格敷词"的修辞学起源相契合,符合这种写作手法或描述方法的真正含义。正如鲁斯·威布所说:"修辞背景对于古代晚期艺术品的描述的演变至关重要。艺格敷词占据了演说家工具箱的大部分空间,和占据诗人的工具箱一样多。想要听众接受众多事件的某一特定版本,艺格敷词无疑是一个关键手段,它使听众'看到'犯罪过程或是被讨论的对象,而这对象正是演讲者希望听众能够看到的。如果他能在听众心里成功地激起某种感受,那么演讲者就能够让他们觉得仿佛亲眼目睹某个事件一般,使他们成为虚拟的目击者。"① 在某种程度上引导听众,使他们接受"众多事件的某一特定版本",或者使他们成为"虚拟的目击者"并"看到"事实上并不存在的事件,艺格敷词都是演讲者可以利用的非常有利的修辞手段。

对于艺格敷词在艺术效果上变听觉(语词)为视觉(图像)的做法,鲁斯·威布进一步阐述道:"任何艺格敷词作者所面临的修辞任务——无论针对一件艺术品还是其他任何主题——都是让他的受众看见他所描述的主体:'将主体置于眼前','使听者变为观者',就如修辞学家们所说的那样。因此艺格敷词就牵涉到一种影响广泛的视觉性。这是一种对于词语的视觉想象上的回应,这种回应体现了在古代和中世纪人们接受各种口头或者书写语言——无论是诗歌或是散文,世俗的或是神圣的——的许多特点。有效的艺格敷词应该使听者、或读者感到所描述的景象历历在目,无论是一起事件、一片风光还是一座建筑。'生动描写'(*Enargeia*)可以用来定义这一品质,它通常在文学和修辞学的上下文中被翻译成'栩栩如生',但也可以用来表示直截了当地观察某一事物,所以希腊人并不区分用想象去'看'和用眼睛去看。"② 当然,想象中的

---

① 〔法〕鲁斯·威布:《实现图画:阿马塞亚的阿斯特里乌斯文本中的艺格敷词、模拟和殉道》,范白丁译,张宝洲、范白丁选编:《图像与题铭》,杭州:中国美术学院出版社,2011年版,第32页。
② 〔法〕鲁斯·威布:《实现图画:阿马塞亚的阿斯特里乌斯文本中的艺格敷词、模拟和殉道》,范白丁译,张宝洲、范白丁选编:《图像与题铭》,杭州:中国美术学院出版社,2011年版,第29页。

"看"毕竟不同于用眼睛去看,前者试图做的无非是用词语这一偏重时间维度的表达媒介去唤起一种空间性的"视觉想象",从而达到一种类似眼睛观看一样的艺术或美学效果,这显然不是一种像"用眼睛去看"一样的真看,而只是一种虚幻的想象中的假"看"。

生活在公元2世纪的古希腊修辞学家赫莫杰尼斯(Hermogenes),在其专论修辞训练的《修辞初阶》一书中列举了12项修辞练习,艺格敷词正是其中所列的练习之一。对于这种特殊的修辞练习,赫莫杰尼斯的解释是:"艺格敷词是一种详尽的、带细节的叙述;它是可见的,也可以说,它将某物以其显现的样子呈现于人们眼前。艺格敷词关乎人物、行为、时间、地点、节气,以及其他的许多事物……艺格敷词的特点尤其体现在清晰性与可见性上,即这一文体必须能够通过听觉给人带来视觉的效应。"[1] 也就是说,艺格敷词的"视觉性"或"可见性"并不是视觉本身所带来的,它带给人的其实是一种以语词(口语)为媒介的听觉所唤起的"视觉的效应"——这种效应其实正与美学上的"出位之思"和叙事学上的"跨媒介叙事"高度契合。艺格敷词试图以语词这一线性的非视觉媒介去追求图像才可能真正具有的"视觉性"或"可见性",从美学效果上来说,正是"出位之思"的一种典型表现;从叙事学的角度来说,语词这个线性媒介最适合讲述的应是时间进程中的故事,可艺格敷词却偏偏要去摹写空间性的图像艺术的艺术效果,这其实正符合"跨媒介叙事"的本意。

总之,由于所用表达媒介的性质不同,"用语词这种非物质的媒介来复制绘画这种物质实体是一种不可能实现的尝试,艺格敷词并没有这样的企图,它所作的是创造观看的幻象,模拟辨识的行为而不是模拟辨识到的事物。这种差别既微妙又重要:一段艺格敷词首先并非要复制某一幅绘画,而是要与绘画竞争,用它自己的本领——语词和它们能够运用的视觉冲击——在听者的脑子里创造一个印象。当普鲁塔克(Plutarch)引用西蒙尼德(Simonides)关于诗的名言——有声画和无声诗时,他旨在表明修昔底德的历史写作可以像所有绘画那样行之有效地将读者带入到往昔事件中去"[2]。也就是说,由于语词与绘画事实上并非同一种表达

---

[1] 转引自李宏:《瓦萨里和他的〈名人传〉》,杭州:中国美术学院出版社,2016年版,第145页。

[2] 〔法〕鲁斯·威布:《实现图画:阿马塞亚的阿斯特里乌斯文本中的艺格敷词、模拟和殉道》,范白丁译,张宝洲、范白丁选编:《图像与题铭》,杭州:中国美术学院出版社,2011年版,第30页。

媒介，因此，"艺格敷词和绘画间的联系不是互证层面的，而是精神作用层面的。拜占庭修辞学家约翰·萨迪亚诺（John Sadianos）——可能在九世纪从事写作活动——说得好：'一段生动的讲话是纯粹、清楚并且生动的；这个词本身让人几乎（mononou）看见他所没有观察到的东西，模仿（mimoumenos）画家的艺术。'……在这种情形下，他以'表现地相似'、'制造一种类似的效果'这样的方式来积极地使用模拟，而不是以'创造一个副本'的复制方式。一段艺格敷词藉由视觉想象'模仿画家的艺术'而获得类似于直接用眼睛观看的效果"[①]。也就是说，艺格敷词的作用并非物质互证层面的，而是精神作用层面的，其产生美学效果的方式不是消极的复制而是积极的模拟。

归根结底，艺格敷词上述特征与西方古典修辞学中的"记忆术"息息相关，也就是说，艺格敷词的真正起源其实就是古典修辞学中的"记忆术"。众所周知，盛行于古希腊罗马时期的古典修辞学是一门有关如何高超地运用语言的技艺，主要和当时的公共演讲有关。按照西塞罗在《论公共演讲的理论》中的说法："演讲者应当具备开题（invention）、布局（arrangement）、文体（style）、记忆（memory）、表达（delivery）的能力。"[②] 在这五种能力中，与艺格敷词有关的是记忆能力，记忆能力源自古希腊著名诗人西蒙尼戴斯（约前556—前468）所发明的空间或位置记忆理论，这一理论后发展成在西方历史上非常著名的古典"记忆术"。训练这种"记忆术"有两个关键步骤：一是把需要记忆的事物构思成独特的图像；二是在头脑中构造一个场景，并把图像存储到场景之中。对于这种所谓的"记忆术"的训练，正如西塞罗所说："想要训练这种记忆能力的人必须好好选择自己想要记住的事物，并把它们构思成图像，然后将那些图像储存在各自选好的场景里，这样那些场景位置的顺序就会维系事物的秩序，通过事物的图像标示出事物本身。"[③] "如此安排之后，一旦需要激活记忆，我们只需逐次访问这些场景，从中取回放置的东西即可。我们可以想象古代演说家如何在记忆的大厦里移动，当他发

---

① 〔法〕鲁斯·威布：《实现图画：阿马塞亚的阿斯特里乌斯文本中的艺格敷词、模拟和殉道》，范白丁译，张宝洲、范白丁选编：《图像与题铭》，杭州：中国美术学院出版社，2011年版，第30页。
② 〔古罗马〕西塞罗：《论公共演讲的理论》，《西塞罗全集·修辞学卷》，北京：人民出版社，2007年版，第3页。
③ 转引自〔英〕弗朗西斯·叶芝：《记忆的艺术》，钱彦、姚了了译，北京：人民文学出版社，2018年版，第4页。

表演说时，就从记忆的场景里——取出他曾存放在那儿的形象（图像）。这种方法能够确保他按照正确的顺序去记忆每一个论点，因为在建筑系统内，场景的顺序是固定的。"[1] 总之，古典"记忆术"的要点就是形成图像（构造的图像应尽量鲜活并让人印象深刻）、存放图像（应该在虚拟的场所中有规律、有秩序地存放图像）、提取图像（当演讲需要时就从虚拟的记忆大厦中取出所需要的图像）和转换图像（当提取图像时应迅速高效地把图像转换成语词）。而艺格敷词形成的步骤主要包括欣赏（看）实际图像、在头脑中形成意识图像、把意识中的图像转换成语词图像。无疑，两者的工作程序和形成步骤皆有相似之处。

非常有意思的是，西蒙尼戴斯不仅是古典"记忆术"的发明者，而且还是西方历史上首位主张诗画互通的人，这一现象显然并非偶然，正如有学者所指出的："普鲁塔克（Plutarchu）认为，西蒙尼戴斯还是第一个将诗歌与绘画的创作方法画上等号的人，他说：'西蒙尼戴斯称绘画为无声之诗，诗歌为有声之画，因为画家描绘发生之时的行动，语言描绘发生之后的行动。'后来贺拉斯（Horatius）将这种理论简洁地感慨为一句名言——'诗亦如画'。"[2] 从这里我们亦不难看出，西蒙尼戴斯这里所表述的诗画互通观念，与前面所论及的艺格敷词（以诗述画）观念在精神实质上其实是完全相同的，而这又与古典修辞学中的"记忆术"息息相关，因为"记忆术"的关键步骤之一就是把需要记忆的事物构思成独特的"图像"——这当然并非真正的图像，而是在头脑或意识中构思的"经验幻象"或"视觉想象"。对于诗歌、绘画和记忆术之间的关系，英国学者弗朗西斯·叶芝在其著名的《记忆的艺术》一书中有非常精彩的论述："西蒙尼戴斯成为诗画同源理论的首创者，其意义深远，因为这与记忆术的发明具有共通性。据西塞罗说，后者的发明是基于视觉感官的优越性；诗人和画家都以视觉形象思维来创作，一个以诗歌为形，一个以绘画为貌。记忆术与其他艺术始终存在着微妙的关系，这种关系贯穿整个记忆术的历史。从记忆术诞生的传说中我们也看得出来，因为西蒙尼戴斯正是从强烈的视觉角度来看待诗歌、绘画和记忆术的。"[3] 应

---

[1] 〔英〕弗朗西斯·叶芝：《记忆的艺术》，钱彦、姚了了译，北京：人民文学出版社，2018年版，第5页。

[2] 〔英〕弗朗西斯·叶芝：《记忆的艺术》，钱彦、姚了了译，北京：人民文学出版社，2018年版，第38页。

[3] 〔英〕弗朗西斯·叶芝：《记忆的艺术》，钱彦、姚了了译，北京：人民文学出版社，2018年版，第38页。

第十一章 从图像到文学——西方古代的"艺格敷词"及其跨媒介叙事

该说,对于诗歌、绘画和记忆术这三者之间的密切关系,弗朗西斯·叶芝的论述是非常精彩的,也是极其有道理的。

总而言之,源于古典修辞学的艺格敷词,追求的无非就是一种借由语词唤起的视觉想象而获得的图像般的艺术效果。而以语词这一线性媒介作为工具的演讲或文学之所以追求这种一般仅为绘画或雕塑等图像艺术所具有的"视觉性"和"生动性","是基于视觉感官的优越性"的考虑。对此,古希腊人就已经有非常深刻的体会了,正如西塞罗所深刻指出的:"西蒙尼戴斯极敏锐地觉察到,可能其他人也已经发现,在我们的大脑中形成最完整图像的事物,是那些由感官传达给我们的大脑并在我们的大脑中留下深刻印象的事物,但是所有感官中最敏锐的是视觉,因此借由耳朵或是反射获得的感知,如果再经过眼睛传达给我们的大脑,便最容易保留下来。"①

实际上,西蒙尼戴斯等古人对视觉感官的重视是能够得到现代心理学证实的。根据很多心理学家的研究,人类绝大多数从外界接收的信息都来自视觉,视觉在人类智力的产生过程中作用最大。美国艺术心理学家鲁道夫·阿恩海姆认为:"某一特殊感性领域的理性行为取决于这种媒质中的材料是如何被接合或组织的,媒质本身具有的丰富多样性质是必要的,但这并不够,所有感觉材料差不多都有着丰富的多样性,但是,假如这些性质不能被组织成为明确的形状系列(系统),它们在智力的产生中的影响就很小。"② 在这方面,味觉、嗅觉甚至触觉所产生的作用都非常小,因为它们都只能产生"一种非常原始的秩序","而在视觉和听觉中,形状、色彩、运动、声音等等,就很容易被接合成各种明确的和高度复杂多样的空间的和时间的组织结构,所以这两种感觉就成了理智活动得以行使和发挥的卓越的(或最理想的)媒介和场地"③。在视觉和听觉这两种感觉中,阿恩海姆又认为视觉的作用更为基本,也更为重要。当然,阿恩海姆也承认,主要诉诸听觉的音乐艺术也是"人类理智最强有力的表现之一",但音乐"对人类世界也只能间接地涉及,而且在没有其他感觉帮助的情况下很难做到这一点。之所以如此,是因为有关这个

---

① 转引自〔英〕弗朗西斯·叶芝:《记忆的艺术》,钱彦、姚了了译,北京:人民文学出版社,2018年版,第6页。
② 〔美〕鲁道夫·阿恩海姆:《视觉思维——审美直觉心理学》,滕守尧译,成都:四川人民出版社,1998年版,第23页。
③ 〔美〕鲁道夫·阿恩海姆:《视觉思维——审美直觉心理学》,滕守尧译,成都:四川人民出版社,1998年版,第23页。

世界的声音信息是十分有限的。……这就是说，人们很难仅凭音乐本身去思考世界。相比之下，视觉在这方面要强得多。视觉的一个很大的优点，不仅在于它是一种高度清晰的媒介，而且还在于这一媒介会提供出关于外部世界中的各种物体和事件的无穷无尽的丰富信息。由此看来，视觉乃是思维的一种最基本的工具（或媒介）"①。不仅如此，甚至对于人类创造性思维最为重要的想象力，在西方文化中也被界定为构造或重塑图像的能力，这正如琼·埃里克森所指出的："想象力在词典里的定义是：根据记忆中存储的相关图像，或之前经验的整合来重塑新的图像的能力。"② 也正是由于这种原因，从古希腊开始一直到现在，在文学作品中都经常会出现大量以语词描述或摹写图像的艺格敷词，而这种追求视觉感受和空间效果的艺格敷词也为我们考察从图像到文学的跨媒介叙事提供了绝佳的范例。

第二节　"艺格敷词"的文学特性与跨媒介叙事

就其所使用的媒介而言，一方面，艺格敷词以语词作为表达的媒介，这决定了它首先必须尊重语词这种时间性媒介的"叙述"（文学）特性；另一方面，艺格敷词又追求与其所用媒介并不适应的视觉效果和空间特性，所以它体现了美学上的"出位之思"，是一种典型的跨媒介叙事。在各式各样的艺格敷词中，这两种看似矛盾的特性往往总是如影随形地联系在一起。

从起源来说，最早的艺格敷词与古典修辞学息息相关，而且总是与"叙述"混合在一起，也就是说，此时的艺格敷词实际上是一种叙事的手段，是一种混合在叙述中的描写。据学者们的研究，真正意义上的修辞学兴起于公元前5世纪的叙拉古，当时古希腊最熟悉修辞学的人就是叙拉古的科拉克斯（Corax）及其学生提西亚斯（Tisias），其中科拉克斯更是被时人誉为修辞学这门专门讲授演讲技巧的实用性学科的创造者，因为正是在科拉克斯手里，修辞学才真正成为一种可以传授给他人的具有

---

① 〔美〕鲁道夫·阿恩海姆：《视觉思维——审美直觉心理学》，滕守尧译，成都：四川人民出版社，1998年版，第23~24页。

② 〔美〕琼·埃里克森：《智慧与感觉：通往创造之路》，高天珍译，北京：世界图书出版公司，2017年版，第19页。

第十一章 从图像到文学——西方古代的"艺格敷词"及其跨媒介叙事

实用性的技艺。由科拉克斯和提西亚斯两人共同完成的《修辞学课本》一书是古希腊最早的修辞学著作。对于当时古典修辞学发展的历史状况，有学者这样写道："此时，修辞学的内容并没有十分的细化……科拉克斯和提西亚斯将演说分为四个部分，分别是序言（proem）、叙述（diêgêsis）、论证（agones）和结语（epilogue），而叙述这一部分涉及对场景的描述，其中就带有艺格敷词的色彩。诚然，我们不能将这部分等同于艺格敷词，这两者之间也确实存在着本质上的区别，但在艾琉斯·忒翁（Aelius Theon）公元一世纪首部修辞学《初阶训练》（*Progymnasmata*）问世之前，这修辞学最初的叙述部分已经带有了艺格敷词的雏形，也正因为有了这样的起源，作为修辞学训练之一的艺格敷词才得以慢慢发展起来。"① 在公元前 3 世纪至 1 世纪的希腊化时期，修辞学的初阶训练已经得到高度发展，"这时候一系列书写和演说训练以标准课程的形式出现，其内容主要包括十四项训练：寓言（mythos）、叙述（diêgêma）、谚语（chreia）、格言（gnome）、反驳（anaskeuê）、证明（kataskeuê）、常谈（koinos topos）、赞辞（enkōmion）、抨击（psogos）、对比（synkrisis）、特性描述（êthopoeia）、艺格敷词（ekphrasis）、论点（thesis）、法律（nomou eisphora）。艺格敷词是第 12 项训练，学习的学生需要掌握大部分修辞学知识之后才可习得，是修辞初阶中的较高级的训练"② 。从这些训练的内容来看，古典修辞学其实已经发展到比较完整和细化的地步了，仅仅一个修辞学的初阶训练就包括 14 项内容，而且其中的每一项内容都必须进行专门性的严格训练。

最早关于艺格敷词的定义，是由一个叫艾琉斯·忒翁的修辞学家给出的，他认为："艺格敷词是描述性的语言，它将清楚描绘的事物带到人们的眼前。一段艺格敷词包括人物和事件、地点及时间。"③ 从这个最早的定义亦不难看出，艺格敷词尽管是一种"描述性的语言"，但由于它"包括人物和事件、地点及时间"等几个与叙事行为相同的基本要素，所以实际上仍与叙事活动密不可分，所以艺格敷词的写作与一般的叙事作品的写作其实并没有什么两样，这当然与当时所描述的对象多为故事画息息相关。事实也确实如此，正如有学者所指出的："此时艺格敷词主要是将历史神话中的人物、事件、地点和时间作为主题，而在实际的写作

---

① 李骁：《艺格敷词的历史及功用》，《新美术》，2018 年第 1 期。
② 李骁：《艺格敷词的历史及功用》，《新美术》，2018 年第 1 期。
③ 转引自李骁：《艺格敷词的历史及功用》，《新美术》，2018 年第 1 期。

过程中，绘画、雕塑和建筑成了公元 2 世纪之前古希腊修辞学家最为喜爱的题材。"[1] 按照著名艺术史家贡布里希的说法，最早的艺格敷词，也就是"最早的用文字说明图像的例子"，应该是奥林波斯的赫拉神庙（temple of Hera）中所谓凯普瑟罗的箱子（Chest of Kypselos）。关于凯普瑟罗的箱子，贡布里希在《象征的图像》中这样写道："据说公元前 7 世纪就有了这只箱子。在那个古风艺术时期，艺术品的性格表现不可能很生动。但是，如果我们可以相信波萨尼亚（Pausanias）的话，那么，这件作品的意义不仅是通过题铭来表达，而且还通过拟人现象来传达。"[2] 下面便是贡布里希所转述的波萨尼亚对箱子的第二面上的图像的文字描述：

> 在箱子的第二面上……一个女人右手抱着一个熟睡着的白色婴儿，另一只手上抱着一个熟睡着的黑色婴儿……说明文字这样写到，当然，没有这些说明文字我们也能猜得出来——这是死神和睡神以及它俩的母亲夜神。
> 一位漂亮的女子正在赶着一位丑陋女子。漂亮女子的右手掐着丑陋女子的脖子，左手拿着一根棍子正朝她打去。这是正义在打击非正义。[3]

仔细品读这段文字，其文字再现的"视觉生动性"当然值得我们击节赞赏，但这只是问题的一个方面，另一个方面则是：尽管这段文字只不过是对一只具体箱子上的一幅图像的再现性描述，但其文字的叙述特性却是毋庸置疑的。

对于"艺格敷词"的文学叙述特性，有论者这样写道："艺格敷词的每个作者都有想要创造一幅视觉图像的潜在意愿。……其中最重要的理念是：聆听一段对某个事件的生动叙述——一段艺格敷词——可以使听者在想象中坠入另一个时空，使他们仿佛亲临现场并且获得与事件的直

---

[1] 李骁：《艺格敷词的历史及功用》，《新美术》，2018 年第 1 期。
[2] 〔英〕E. H. 贡布里希：《象征的图像：象征的哲学及其对艺术的影响》，杨思梁译，杨思梁、范景中编选：《象征的图像：贡布里希图像学文集》，南宁：广西美术出版社，2015 年版，第 178 页。
[3] 转引自〔英〕E. H. 贡布里希：《象征的图像：象征的哲学及其对艺术的影响》，杨思梁译、杨思梁、范景中编选：《象征的图像：贡布里希图像学文集》，南宁：广西美术出版社，2015 年版，第 178 页。

第十一章　从图像到文学——西方古代的"艺格敷词"及其跨媒介叙事

接参与者相似的情感。而视觉艺术就能够实现这种相同的在场效果。在古代，对于诸如一幅绘画能够产生相同在场感的艺术——如趣闻轶事中说的，小鸟因将画中葡萄当作真葡萄而扑上去啄食——的讨论，的确司空见惯，而老菲洛斯特拉托斯的《画记》为艺术品这种将往昔事件带到观众眼前的能力增添了戏剧色彩。"[1] 这里提到的老菲洛斯特拉托斯，是一位生活在公元 2 世纪的著名修辞学家和文学家，其代表作为《画记》。对于《画记》这部特殊而神奇的艺格敷词作品，有学者这样介绍道："老斐罗斯屈拉特所写的《画记》分为上下二书，由 65 篇艺格敷词组成。据其所述，这些艺格敷词都是他居住在那不勒斯（Naples）毗邻伊特鲁尼亚海（Sea Tyrrhenian）的一处豪华建筑的时候所著，该建筑的墙上画满了壁画，精美绝伦。老斐罗斯屈拉特描述绘画作品时，几乎完全将它们当作了文学作品，所描述的场景也都是为故事和其中传递的情感服务的。对他来说，图像的优点即在于其中给人深刻印象的性格刻画、场景描绘以及情感呈现。在使用语言描述的过程中，斐罗斯屈拉特如画家使用画笔一般地将语词当作外形可塑的固体使用，以此来唤醒读者和观众关于戏剧或神话的记忆。他在书中频频引用古典文学经典，荷马史诗中的词语和短句被引用了超过一百次，欧里庇得斯（Euripides）的超过四十次，品达（Pinda）的超过二十五次。总的来说，一共有二十位作家的著作组成了这些引证……"[2] 显然，对于老菲洛斯特拉托斯来说，他所模仿的壁画（图像）仅仅是他所利用的题材，其真正的着眼点还在于"文学"——"总的来说，他的整个讨论都是围绕文学问题而非绘画问题进行的。"[3] 比如说，从《画记》中的这篇《斯坎曼德河》（Scamander），我们就可以看出老菲洛斯特拉托斯以语词性的"文学"去诠释图像性的"绘画"的企图：

> 你有没有注意到，我的孩子，这些绘画都是以"荷马史诗"为原型的，你有没有因为迷失于画中那火存于水中的世界，而无法注意到这些呢？那么，现在就让我们努力地去弄清楚它的意义吧。把你的目光从画作本身移开，仅仅去观察它创作之时所依据的事物。

---

[1] 〔法〕鲁斯·威布：《实现图画：阿马塞亚的阿斯特里乌斯文本中的艺格敷词、模拟和殉道》，范白丁译，张宝洲、范白丁选编：《图像与题铭》，杭州：中国美术学院出版社，2011年版，第 30～31 页。

[2] 李骁：《艺格敷词的历史及功用》，《新美术》，2018 年第 1 期。

[3] 李骁：《艺格敷词的历史及功用》，《新美术》，2018 年第 1 期。

你对《伊利亚特》一定很熟悉，其中荷马让阿喀琉斯振作起来，去向普特洛克勒斯（Patroclus）复仇，众神也被感动而为他们开战。这幅画将众神战争的其余部分忽略，用最大的篇幅讲述了赫淮斯托斯（Hephaestus）是怎样滑入斯坎曼德河的。现在我们再来看看这幅画，它出自"荷马史诗"。你看，这里是高耸的城堡，这里是特洛伊的城垛；这里是一处广阔的平原，大到足以集结亚洲的军队来对抗欧洲的敌人；火焰像洪水一样剧烈地翻滚着流过平原，汹涌澎湃地沿着河岸蜿蜒而下，也正因为这样，河岸上已经没有任何花草树木了。包围着赫淮斯托斯的火焰从河面上流过，河神也因此饱受痛苦，他请求赫淮斯托斯的宽恕。画中的河神不是长头发的，因为他的长发已经被火烧掉了；画里的赫淮斯托斯也不是一个瘸子，因为他正在奔跑；画里的火舌也不是红色或平常火焰的颜色，而是闪烁着金色和阳光般的色彩。在这里，画家并没有完全遵循"荷马史诗"里的描写来完成其作品。[①]

显然，老菲洛斯特拉托斯正是依据荷马史诗《伊利亚特》中的故事、场景和人物来对一幅相关主题的壁画进行语词描述的，而且明确地指出：在某些地方，"画家并没有完全遵循荷马史诗里的描写来完成作品"。无疑，这种说法具有以文学作为故事的"本位"或"底本"的明显特点。这一点，正如有学者所概述的："作为修辞学训练之一的艺格敷词发展到此时，变得更具文学性，虽然仍是基于艺术作品的描述，但其功用已经开始从修辞学训练中独立出来，成为一种全新的文学形式。……老斐罗斯屈拉特在《画记》中便将一个个艺术作品看作是文学作品的承载物，而非由一笔一画构成的艺术作品。他可以向艺格敷词中添加原本画作没有表现的细节，而这些细节大都来自神话故事或古典文学作品。"[②] 事实上，当时所能够看到的画作也主要是反映神话故事或古典文学作品（如"荷马史诗"）的故事画，所以像《画记》这样的艺格敷词作品以文学故事作为其描述"本位"或"底本"的做法也是不难想见的。

总之，艺格敷词试图达到一种"语词绘画"般的艺术效果。这就是

---

① Philostratus the elder, "Scamander", *Imagines* I.1, Trans. Arthur Fairbanks, London: William Heinemann LTD., 1931.

② 李骁：《艺格敷词的历史及功用》，《新美术》，2018年第1期。

第十一章　从图像到文学——西方古代的"艺格敷词"及其跨媒介叙事

说，艺格敷词由于所依赖的媒介仍然是语词，它试图让人们看到的"绘画"（图像）其实仅仅是一种隐喻式的说法。从这个角度来审视贺拉斯的诗画同一观，我们便不难发现其落脚点其实仍在文学。关于这一点，正如陈怀恩所说："罗马学者贺拉斯的'诗与画的同一'（ut picture poesis），乍看之下，似乎是要求思想者加强诗的图像思维，或者用'论诗如论画'的说法来强调文学与造型艺术具有相同的思维规律，实际上却是要用诗学和修辞学来作为绘画的指导法则，以便将绘画纳入文学通则。因此反而构成了以文字概念作为图像表达依据的要求。"① 之所以会出现这种情况，当然和古希腊罗马时期文学这一语词作品的地位要远远高出于图像艺术有关系。对此，美国思想史研究者克里斯特勒有很好的概括："当我们考虑绘画、雕塑和建筑这些视觉艺术时，似乎它们在古代的社会和知识声望比人们可能根据它们的实际成就或者多半属于后来几个世纪偶然的热情评论所预期的要低得多。诚然，西摩尼得斯（Simonides）和柏拉图、亚里士多德和贺拉斯把绘画与诗歌相比较，如西塞罗、哈利卡尔那索斯的狄奥尼西奥斯（Dionysius of Halicarnassus）和其他作家把它与修辞学相比较一样。……然而塞内加明确地否认了绘画在自由艺术中的地位，大部分其他作家也不予理睬这一问题，卢奇安（Lucian）关于人人都赞美伟大的雕塑家的作品而自己却不想当雕塑家的话，似乎反映了在作家和思想家中流行的观点。通常用于画家和雕塑家的词 δημιουργός，反映出他们低下的社会地位，它与古代对体力劳动的蔑视有关。当柏拉图把对他的理想国的描述比作一幅画，甚至把他的塑造世界的神称作造物主（demiurge）时，他与亚里士多德在把雕塑用做人类艺术的产物的标准范例时一样，也没有提高艺术家的重要性。……没有一位古代哲学家撰写过关于视觉艺术的单独的有系统的论著，或者在他的知识序列中给予它们突出的位置。"② 总之，对于古希腊罗马时期的演说家和作家来说，其普遍心态就是：他们不仅能够凭借语词这一线性（时间性）媒介完整、清晰地传达出图像的内容，还能够借此达到和

---

① 陈怀恩：《图像学：视觉艺术的意义与解释》，石家庄：河北美术出版社，2011年版，第38页。
② 〔美〕保罗·奥斯卡·克里斯特勒：《文艺复兴时期的思想与艺术》，邵宏译，北京：东方出版社，2008年版，第172~174页。

空间性的图像同样的艺术或美学效果[①]。

由于文学所用的媒介是语词,而语词是一种时间性媒介,它适合表现的是"在时间中先后承续的事物",因此,在以这种媒介创作"语词绘画"的时候,关键就在于化静为动,让图像中静止的画面动起来;而这样一来,当然也就把静态的图像描写转变为动态的文学叙述了。关于这种"语词绘画"效果"最为有趣的叙述之一",来自古罗马修辞学家昆体良(Quintilian)对其同行西塞罗演说中一个短小段落的回应。在这个段落中,西塞罗创作了一幅关于邪恶的威瑞斯(Verres)的"语词图画"。"当有人在 Verrines 中读到'罗马人民的行政官驻足于岸边,脚踩拖鞋,系着紫色披风,身穿无袖外衣,倚靠在这个一无是处的女人身上'这一段落时,会不会无法在脑海中构成种种事物的图像?他不只是仿佛看到这些事物、场所、它们的外观,甚至会自行想象一些未被提到的东西。我自己则看到了他的脸、他的眼睛、两人不成体统地相互爱抚以及在场他人的敢怒不敢言。[②]"难得的是,昆体良也是和西塞罗齐名的古罗马修辞学家,他本人也创作了很多成功的艺格敷词作品。上述这段文字是他作为一个读者对西塞罗的一小段"艺格敷词"或"语词绘画"所做出的回应。在昆体良的这段文字中,有两点值得我们重视:(1)西塞罗的这段"艺格敷词"非常简单,它只是描述了人物、姿势、服装等少数细节,而昆体良阅读之后则自行补充了未曾提及的外貌描写;(2)西塞罗所描绘的"静态画面"在昆体良这位读者的想象中活动了起来。对此,鲁斯·威布认为:"昆体良在想象中'看到'的人物正做着动作并且具有感觉,爱抚无疑是情欲的标志。昆体良这位读者认为情感来自于内心的受众,他大概是在反映对自己脑海中上演场景的回应。从他自己对回应的叙述中可以清楚地了解到艺格敷词的读者并不会将自己在想象中创造的场景仅限于讲话者透露的细节,而是会自发地补充细节。即便原始描述

[①] 法庭是古代常用到修辞术的场合,也确实有人会把有关犯罪证据的绘画带到法庭上以取"亲眼目睹"之效,但像昆体良这样的演说家却反对这样做,认为这是一种低劣的做法,是演说家水平低下的表现。正如有学者所指出的:"在缺乏现代科技手段的法庭中(如犯罪现场的照片),古代演说家必须依靠语言创造这种效果。昆体良确实提到过犯罪绘画被呈于法庭之上的方法,表明了语词绘画和实际绘画在实践上的等同性。但是他却反对这种方法,认为这是差劲的演讲者的救命稻草。一个真正的演说家应该能够仅用语言达到同样的效果……"(〔法〕鲁斯·威布:《实现图画:阿马塞亚的阿斯特里乌斯文本中的艺格敷词、模拟和殉道》,范白丁译,张宝洲、范白丁选编:《图像与题铭》,杭州:中国美术学院出版社,2011年版,第32页)

[②] 转引自〔法〕鲁斯·威布:《实现图画:阿马塞亚的阿斯特里乌斯文本中的艺格敷词、模拟和殉道》,范白丁译,张宝洲、范白丁选编:《图像与题铭》,杭州:中国美术学院出版社,2011年版,第31页。

第十一章　从图像到文学——西方古代的"艺格敷词"及其跨媒介叙事

是静止的场景，一个读者群的成员们也能自由地在他们的想象中让场景动起来，赋予人物以特殊的情感和肉体知觉，将一幅言辞肖像（verbal-portrait）变成一部电影。"① 这就是说，在昆体良看来，"在使用艺格敷词和生动叙述的过程中，演讲者和听众都是视觉传达链条上的环节。昆体良经常挂在嘴边的是'演讲者的脑海里有一幅图像，而他通过他的言语将它传递给听众'。在演说中，这些图像永远不会是中立的；它们全是十分让人激动的场景……为的就是激起演讲者和听众的情感。从这种角度看，脑中图像只是一个副产品，一种激起听众相应感觉的方式。然而，鉴于脑中图像和记忆图像间的密切关系，演讲创造的脑中图像有着萦绕于听众脑海并让他们刻骨铭心的特别力量，能达到和直接目睹一样的效果，而且还具有一种比转瞬即逝的激情更加持久的心理效应。正是以这种方式，言语或可为灵魂扮演'色彩'（pharmake）和加工（treatments）的角色"②。显然，昆体良把"艺格敷词"或"语词绘画"的创作本身也看作一个动态的过程，其中不仅包括创作者，还包括接收者。但无论如何，要以语词这种时间性媒介去传达空间性图像的内容并达到"在场"或"生动"的效果，关键在于把静态的画面转变成动态的叙述。如果真正做到了化静为动，那么，"语言不仅可以使演讲者目击的事物浮现在人们眼前，它也可以同样轻松地唤起一个经过构思的想象场景"，这样一来，"对于修辞和文学来说，艺格敷词就不存在'真实'和'想象'之分了"③。既然"艺格敷词"已经没有了"真实"和"想象"的区别，那么，其摹写特定对象时就不会受到种种现实条件的限制，因而创作者在绘制"语词绘画"时，就可以为了达到"生动"的效果而调用无穷无尽的真实或想象的资源。

在上述引文中，我们发现鲁斯·威布已经注意到了昆体良把"艺格敷词"和"生动叙述"并置在一起的做法，"在使用艺格敷词和生动叙述的过程中"意味着艺格敷词和生动叙述一般会同时使用。这显然是一种

---

① 〔法〕鲁斯·威布：《实现图画：阿马塞亚的阿斯特里乌斯文本中的艺格敷词、模拟和殉道》，范白丁译，张宝洲、范白丁选编：《图像与题铭》，杭州：中国美术学院出版社，2011年版，第31~32页。
② 〔法〕鲁斯·威布：《实现图画：阿马塞亚的阿斯特里乌斯文本中的艺格敷词、模拟和殉道》，范白丁译，张宝洲、范白丁选编：《图像与题铭》，杭州：中国美术学院出版社，2011年版，第33页。
③ 〔法〕鲁斯·威布：《实现图画：阿马塞亚的阿斯特里乌斯文本中的艺格敷词、模拟和殉道》，范白丁译，张宝洲、范白丁选编：《图像与题铭》，杭州：中国美术学院出版社，2011年版，第33页。

狭义的用法，其实广义的艺格敷词包括"生动叙述"。本章所持的是广义的"艺格敷词"观。

关于"艺格敷词"的"生动叙述"，早在古希腊时期人们就已经有了非常深刻的认识，并把它看成是"艺格敷词"重要的叙述方式。古希腊著名修辞学家赫莫杰尼斯在其《修辞初阶》一书中就已经论及艺格敷词对"生动性"的塑造，且认为这是艺格敷词的重要价值之一，而达成"生动性"的独特艺术手段就是所谓的"生动叙述"。正是在这个基础之上，克里斯托弗·金（Christopher M. Chinn）进一步将艺格敷词分成了普通叙述和生动叙述，并认为这两种叙述方式既相互区别又相互交融。[①] 关于这两种叙述方式的区别，有学者这样写道："普通叙述如实描述了艺术作品中呈现的场景，其中并没有包含太多有关于画面故事的情节叙述。普通叙述主要是对绘画所捕捉瞬时性情状的描写，用来直接展现绘画的视觉特性，对于观者的情感冲击也没有那么激烈。与此区别，生动叙述很好地利用了文学的延时性，运用一系列的修辞手段不断扩展其中的故事性，同时又给观者（听众）极大的空间来自由欣赏作品。"[②] 显然，这里的"普通叙述"就相当于狭义的"艺格敷词"，这种叙述方式的基本作用，在于针对绘画的视觉（空间）特性和"瞬时性情状"，对其所再现的场景做尽可能客观如实的描述；"生动叙述"则对画面所涉及的故事时间（瞬间）有所延展，且不惜运用虚构或其他修辞手段"不断扩展其中的故事性"，从而带给观者（听众）更大的欣赏空间和更强烈的审美体验。如果用叙事学的术语来说就是：由于"普通叙述""并没有包含太多有关于画面故事的情节叙述"，所以一般只能算是一种空间性的"描写"，而"生动叙述"才符合语词这种时间性媒介的叙述本性，才是真正意义上的"叙述"。还值得强调的是："普通叙述"和"生动叙述"在"艺格敷词"中很少单独存在，它们一般都是相伴而行、和谐共处，共同完成一个对真实或虚构的图像的生动再现或跨媒介叙述。在这两者的关系中，"普通叙述"的作用其实更为基本，因为只有这种叙述才能保证"艺格敷词"的相对真实性，才能保证语词所叙述的是这个而不是另一个画面的内容；"生动叙述"则主要起补充和提升的作用，以使关于图像的

---

① Christopher M. Chinn, "Before Your Very Eyes: Pliny Epistulae 5.6 and the Ancient Theory of Ekphrasis", *Classic Philology*, Vol. 102, No. 3, Chicago: The University of Chicago, 2007, p. 275.

② 李骁：《论古典艺格敷词中的生动叙述》，《美苑》，2015年第5期。

第十一章 从图像到文学——西方古代的"艺格敷词"及其跨媒介叙事

语词叙述更为完整、清晰和生动。

李骁认为:"生动叙述在艺格敷词中的表现主要有两个方面,一是艺术作品故事性的扩展与重塑,二是视觉体验的多感官表现。"[①] 关于后者,他这样写道:"在描绘艺术作品的时候,艺格敷词通过生动叙述将原本只能通过视觉体验传达的美感扩散至其他感官之上,这不仅丰富了读者对于美的接受途径,也是艺格敷词文学性的重要体现。"[②] 其实,所谓的"多感官表现"一般也主要只是表现为视觉和听觉的转换与互融,这在前面的论述中已多少有所涉及,此不赘述,下面主要谈谈时间的延展与故事的扩展。

由于受空间性表达媒介的限制,图像一般只能选取时间上的一个瞬间加以表现,所以对于涉及一个时间进程的叙事活动来说,图像并不是理想的叙述媒介。但由于图像的直观性、形象性与大众性(比如,对于不识字的普通人来说,教堂中的宗教绘画就是另一种《圣经》),在19世纪之前,西方艺术史上的绝大多数绘画是叙事性的故事画。可问题是,要在单幅图像中表现一个涉及较长时段的故事,无论是运用我在《图像叙事:空间的时间化》一文[③]中所概括的三种图像叙事模式("单一场景叙述"、"纲要式叙述"和"循环式叙述")中的哪一种,都必然会对故事时间进行大量的缩减或省略,因为只有这样才有可能在有限的画面上对故事进行有效的再现。也正因为如此,当"艺格敷词"作者进行从图像到文学的创作时,就只能面对画面上所表现的一个或几个瞬间性的故事的时间点进行扩展,而这种扩展故事时间的方式一般来说也就只有两种:(1)对某个已在口传作品或文字文本中被讲述过的众所周知的故事,恢复全部或部分被画面所省略的时间线上的故事,以与画面上的瞬间故事画面连成一条完整的故事线;(2)对那些不那么著名的故事(也不排除对某些众所周知的著名故事),在保证画面再现故事内容的同时,对画面所涉及前后时间线的故事进行虚构或重塑,以使画面上的故事得到相对完整呈现。总之,不管是采取哪一种方式,都是为了扩展故事时间,使故事得到完整、清晰的呈现。

对于"艺格敷词"中的"生动叙述",詹姆斯·赫夫曼曾经这样写道:"由于表现故事中某一瞬间的图像常常是以观者对于整个故事的了解

[①] 李骁:《论古典艺格敷词中的生动叙述》,《美苑》,2015年第5期。
[②] 李骁:《论古典艺格敷词中的生动叙述》,《美苑》,2015年第5期。
[③] 龙迪勇:《图像叙事:空间的时间化》,《江西社会科学》,2007年第9期。

为前提的，因此艺格敷词会为那些不了解故事的人讲述整个情节，使他们也为图像之外的故事所感动。"① 也就是说，当"艺格敷词"的作者以语词讲述图像所表征的故事时，他们在把图像故事转化成语词故事的时候，往往会把因媒介局限而缩减或省略掉的故事部分补充齐全，从而"为那些不了解故事的人讲述整个情节"。比如，老菲洛斯特拉托斯《画记》中的这篇《赫尔墨斯的诞生》(Birth of Hermes)，就是这样对画面上的故事进行扩展的：

> 我已经可以从他（阿波罗）的表情中看出他所说的话了，不仅仅是语音，我还能判断出他所说的每个字。他好像是在对马娅说："你昨天所生的儿子冒犯了我，因为他将我喜爱的牛群推到了大地深处，就连我也没办法弄清楚那是个什么地方，他需要为此付出代价，他将要被发送到比牛群所在之地还要深的地底，并在那里消亡。"②

在这段"艺格敷词"中，老菲洛斯特拉托斯用"生动叙述"补充了画面上并没有出现而且事实上也很难用图像表达出来的内容——因为画面上的阿波罗是不可能说话的，"看出他所说的话"是一种隐喻性的说法，在现实生活中这种情况绝不可能出现。但我们必须承认，在这段文字中阿波罗对马娅所说的那些话，对读者（观者）理解整个故事情节是有着极大帮助的。事实上，在上面这段文字之后，老菲洛斯特拉托斯才用"普通叙述"给出了画面所画的实际故事内容：一群牛正游荡在远处的奥林匹斯山下。显然，这种写法既扩展了画面上的故事时间（"生动叙述"），也保证了"语词绘画"的直观性和"视觉性"（"普通叙述"），从而使整个"艺格敷词"达到了完整性和"生动性"相统一的艺术或美学效果。如果从"跨媒介叙事"的角度来分析，所谓的"生动叙述"其实是回归语词这一时间性媒介叙述"本位"的文学叙事，而"普通叙述"才是跨出语词"本位"而去再现图像内容并追求空间效果的跨媒介叙事。当然，考虑到在同一个"艺格敷词"文本中，"普通叙述"和"生动叙述"并不是可以截然分开的，所以整体而言，我们认为作为叙事文本的

---

① James A. W. Heffeman, "Ekphrasis and Representation", New Literary History, 22.2 (1991), pp. 297~316.

② Philostratus the elder, "Birth of Hermes", Imagines I. 26, Trans. Arthur Fairbanks, London: William Heinemann LTD., 1931.

第十一章 从图像到文学——西方古代的"艺格敷词"及其跨媒介叙事

"艺格敷词"本质上就是一种跨媒介叙事。

无疑,"艺格敷词"的跨媒介叙事要取得真正的成功,关键就在于创作者既要对自己所用的语词这一"本位"媒介的时间属性和表达优势有清醒的认识,也要对自己试图"出位"去追求的图像这一媒介的空间效果和"叙事属性"[①]有深刻的洞悉,因为只有这样才能取两者之长,写出逼真性、生动性与完整性、流动性俱佳的跨媒介叙事作品。否则,"艺格敷词"的创作者就不可能成功地完成从图像到文学的跨媒介转换,更不可能成功地创作出一幅具有吸引力和艺术性的"语词绘画"。关于这一点,美学家莱辛有非常经典的论述:"本来艺术比起诗来,在描绘可以眼见的对象方面,更易产生这种逼真的幻觉。在这方面诗人既然远远落后于画家,他要用文字去描绘这种题材而不至于完全失败,除掉也利用诗这门艺术所特有的优点之外,还有什么其他办法呢?这些优点是什么呢?那就是他有一种自由,能把艺术作品中的某一顷刻推广到前一顷刻和后一顷刻;此外,他有能力不仅把艺术家所揭示的东西揭示出来,而且把艺术家只能让人猜测的东西也揭示出来。在他们两人所产生的效果都同样生动的时候,他们的作品彼此就显得最相类似;如果诗人通过耳所传达给心灵的东西,并不多于或少于艺术家描绘给眼睛看的东西,情形就不如此。……在绘画中虽不是实在的东西却仍是潜在的,如用文字来摹仿一幅物质的绘画,只有一个正确的办法,那就是把潜在的东西和实际可以眼见的东西结合在一起,不让自己困守在艺术的局限里;如果困守在艺术的局限里,诗人固然也能罗列一幅画中的细节,但是却决不能画出一幅画来。"[②] 在这方面,莱辛认为荷马在《伊利亚特》中对阿喀琉斯之盾的长篇描述是一个非常成功的"以文述画"的案例,而事实上,这篇著名的"艺格敷词"也确实给后世树立了一个标杆,留下了一个难以逾越的文学描述典范。

---

① "叙事属性"是美国学者玛丽-劳尔·瑞安在《故事的变身》一书中提出的概念。瑞安认为,"语言""静止图像""器乐"以及"没有音轨的活动画面"等表达媒介都具有自己的"叙事属性",比如"语言"的"叙事属性",就在于它容易"表征时间性",而在"表征空间关系"方面则有相当的难度;"静止图像"的"叙事属性"则与"语言"恰恰相反。(参见〔美〕玛丽-劳尔·瑞安:《故事的变身》,张新军译,南京:译林出版社,2014年版,第18~19页)

② 〔德〕莱辛:《拉奥孔或称论画与诗的界限》,朱光潜译,北京:人民文学出版社,1979年版,第108页。

第三节 "艺格敷词"与文学描写

毋庸置疑,"艺格敷词"是西方文学史和艺术史上一个源远流长的古老传统。面对这个"以文述图"的特殊传统,本章首先对西方古代的"艺格敷词"与"诗画互通"观念之间的内在关联进行了考察,并把这两种观念的渊源追踪到了西方古典修辞学中的"记忆术"。接下来,本章还对"艺格敷词"的文学本性及其跨媒介叙事特征进行了历史考察和理论阐释。限于篇幅,本章所考察的范围主要限于西方"古代",即古希腊罗马时期,但我们必须清楚,"艺格敷词"在西方是一个从古至今一以贯之的深远传统,绝非仅仅流行于"古代"。对于这一绵延不绝的传统,有学者这样概述道:"在古代的文学中,在荷马、卢奇安(Lucian)、阿普莱乌斯(Apuleius)、大菲洛斯特拉托斯等作家的著作中,有许多描述艺术作品的文字。4世纪的卡利斯特拉托斯(Kallistratos)还把他一系列描述雕塑的文字冠以ekphrasis之名。这一传统在拜占庭时期得到了进一步的发展,6世纪的希腊修辞学家索里希乌斯(Choricius of Gaza)对于教堂装饰的描写,希伦提亚里奥斯(Paulos Silentiarios)对于索菲亚大教堂的空间与光线以及彩色大理石的赞美,都是非常著名的。1395年,拜占庭的古典学者赫里索罗拉斯(Manuel Chrysoloras)访问意大利,又把这一传统带给了意大利早期人文主义者,他和他的学生瓜里诺·达韦罗纳(Guarino da Verona),以及瓜里诺的学生蒂托·斯特罗奇(Tito Vespasiano Strozzi)等人,使艺格敷词的传统在文艺复兴时期传播开来。"[①] 而意大利文艺复兴时期的"艺格敷词"文本,在文学方面著名的有彼得拉克的《歌集》、弗朗切斯科·科隆纳(Francesco Colonna)的《波利菲洛之寻爱绮梦》(*Hypnerotomachia Poliphili*),在艺术史方面著名的则有乔尔乔·瓦萨里的《画家、雕塑家和建筑师名人传》,等等。

尤其值得强调指出的是,随着小说这一虚构性叙事文体的兴起,"艺

[①] 李宏:《瓦萨里和他的〈名人传〉》,杭州:中国美术学院出版社,2016年版,第145~146页。

第十一章 从图像到文学——西方古代的"艺格敷词"及其跨媒介叙事

格敷词"又戴上一副名叫"描写"的面纱①而隐身于文学叙述的语词洪流之中：时而随波逐流，仅仅满足于为故事进程中的人物和场景添点色彩，或者仅仅满足于作为故事发生的背景；时而阻止或隔断故事的时间进程，试图与"叙述"一争短长；更有甚者，就像法国"新小说"那样，试图以"描写"去代替"叙述"，从而获得一种完全意义上的"空间叙事"……总之，由于作为一种叙事文体的小说已变得无比复杂，因此小说的"描写"（"艺格敷词"）及其与"叙述"的关系也变得异常复杂。法国"新小说"作家和理论旗手阿兰·罗伯-格里耶说得好："文学描写的目的并不是让人看到作者想象中的图画（因为，如果情况是这样的，我恐怕会选择自己动手把它画出来，然后再把它直接插到我的书中），而是获得这一图画的某种因素，好让它自己诞生出来，让它一个字一个字地展开，让它动起来，分岔开来，突然改变方向，膨胀，远去，处在一种持续的运动中，而这运动本身就是写作本身（整个一本现代小说的写作本身）的运动，而每一次有人拿起这本书，他自己的阅读都将精确地重复这一运动。"② 既然"文学描写"在很大程度上已经等同于写作本身，那么，我们便不难想象其跨媒介叙事的空间有多么的广阔。当然，对于作为"艺格敷词"的描写在现代小说中的重要作用，对于这种描写所创造的迷人的文学风景，本章只能在这里简单地提及，全面、系统而深入的论述则只能留待未来了。

---

① 在《文学艺术化：德国浪漫主义文学的跨媒介叙事》一文中，我曾经这样写道："在艺术效果上借鉴了图像（造型艺术）的小说作品，我们随便就可以举出格特鲁德·斯坦因的《三个女人》、伊塔洛·卡尔维诺的《命运交叉的城堡》、乔治·佩雷克的《人生拼图版》、米洛拉德·帕维奇的《茶绘风景画》以及法国'新小说'派作家的几乎所有叙事作品。"（龙迪勇：《文学艺术化：德国浪漫主义文学的跨媒介叙事》，《思想战线》2018 年第 6 期）当然，对于一般人来说，可能只知道这些具有探索性的小说热衷于"描写"并追求叙事的空间效果，却并不知道这种"描写"其实就是"艺格敷词"的现代化身。

② 〔法〕阿兰·罗伯-格里耶：《关于描绘一个电影场景的简短思考》，余中先译，《旅行者》（上卷），长沙：湖南美术出版社，2012 年版，第 84 页。

第十二章　文学艺术化：德国浪漫主义文学的跨媒介叙事

虽然西方浪漫主义主要是一场文学运动，但这场运动实际上与绘画、雕塑、音乐以及戏剧表演等其他艺术形式息息相关。正因为如此，所以西方浪漫主义文学为涉及两种及两种以上媒介之间关系的跨媒介叙事研究提供了极好的案例。我们认为，西方浪漫主义文艺最具根本性的特征是试图综合多种艺术门类或多种艺术媒介的所谓"总体艺术"，而实现"总体艺术"的路径，就叙事媒介的使用方式而言，包括多媒介叙事与跨媒介叙事两种。本章聚焦德国浪漫主义文学，拟从艺术观念的表达、艺术作品的描述、艺术形式的借鉴等三个方面，考察德国浪漫主义文学的跨媒介叙事现象，认为这三种方式从不同方面促成了德国浪漫主义文学的艺术化特征。本章将阐明：德国浪漫主义作家并非像勃兰兑斯所说的那样"蔑视"语词这一文学媒介，而是高度尊重语词并极力挖掘语词的艺术潜能，试图使语词的表达能力最大化，以便通过跨媒介叙事使文学艺术化，从而创造出他们心目中的"总体艺术"作品。德国浪漫主义作家所开创的这种"文学艺术化"的跨媒介叙事之法，极具美学效果和艺术魅力，并具有强大的生命力和深远的影响力。

第一节　西方浪漫主义文学与艺术的关系

诞生于18世纪晚期并在19世纪上半叶达到鼎盛的西方浪漫主义运动，是一场影响到许多国家和地区，且广泛涉及文学、艺术、哲学、政治以及其他相关领域的社会文化思潮。但不可否认的是，浪漫主义主要还是一场文学运动。对此，著名的美国音乐史学者保罗·亨利·朗在考察浪漫主义音乐时曾有这样的论断："浪漫主义主要是一个文学的运动。霍夫曼、韦伯、舒曼、柏辽兹、李斯特、瓦格纳以及比他们略低的同代人都是一些文学和哲学修养很渊博的人,其中很多人都有哲学博士学位;他们都是有才干的作家、评论家、诗人和剧作家。文学的倾向表现在无论声乐或器乐中,抒情性都占了优势。……写正规的四乐章形式的交响乐而要求在演奏时各乐章之间不停顿,在这种倾向的背后就有浪漫主义的追求'诗意的整体'的主张。……甚至瓦格纳的诗和剧的素材也是德国文学运动的直接结果。这从早些时期不少作曲家采用了和他相同的题材这一点就可以看出来。"[1] 当然,浪漫主义作为一场影响深远的文学运动具有其明显的特殊性,这主要表现在:这场文学运动与绘画、雕塑、音乐以及戏剧表演等艺术形式血肉相连、息息相关。对此,英国观念史学者以赛亚·伯林在《浪漫主义的根源》一书中说得非常明白:"浪漫主义运动一诞生便与艺术息息相关","在某种意义上,浪漫主义与艺术之间的关系较之它与其他领域的关系要紧密得多。……我们完全可以肯定浪漫主义运动不仅是一个有关艺术的运动,或一次艺术运动,而且是西方历史上的第一个艺术支配生活其他方面的运动,艺术君临一切的运动。在某种意义上,这就是浪漫主义运动的本质。"[2]

正是考虑到西方浪漫主义思潮的上述特征,我们认为这一思潮为我们考察文学与其他艺术的关系提供了一个方便的入口和极好的材料。可遗憾的是:尽管对西方浪漫主义文学的研究一直都受到中西方研究者的青睐,这方面的成果也堪称汗牛充栋,但考察这一文学思潮与艺术关系的论著却难以发现,有些研究领域甚至还是一片空白。而事实上,考察浪漫主义文学与艺术之间的关系,既可以让我们清晰而深刻地认识浪漫主义文学的本质特征,也可以为我们认识文学与图像、文学与音乐等其他艺术形式之间的关系提供一条绝佳的路径。

既然如此,那么浪漫主义文学与艺术之间到底存在着一种什么样的关联呢?要回答这个问题,得从浪漫主义文艺最具根本性的一个特点说起。

我们认为,浪漫主义文艺最具根本性的特点就是所谓的"总体艺术"(Gesamtkunstwerk)。"总体艺术"也叫"整体艺术",最早源于弗里德里希·施勒格尔于1798年提出的"总汇诗"观念:"浪漫诗是渐进的总

---

[1] 〔美〕保罗·亨利·朗:《西方文明中的音乐》,顾连理、张洪岛、杨燕迪、汤亚汀译,贵阳:贵州人民出版社,2009年版,第712页。

[2] 〔英〕以赛亚·伯林:《浪漫主义的根源》,吕梁等译,南京:译林出版社,2008年版,第3页。

汇诗。它的使命不仅在于重新统一诗的分离的种类，把诗与哲学和雄辩术沟通，它力求而且也应该把诗和散文、天才和批评、艺术诗和自然诗时而混合起来，时而融汇于一体，把诗变成生活和社会，把生活和社会变成诗，把机智加以诗化，用各种各样纯净的文化教养的材料作为艺术形式的内容，充实艺术，并通过幽默的震颤给艺术形式灌注灵魂。浪漫诗包罗了一切具有诗意的东西……"[①] 1827 年，德国浪漫派哲学家特拉恩多夫（Eusebius Trahndorff）在其《美学》一书中正式在"总汇诗"的基础上提出了"总体艺术"的概念。此后，"总体艺术"思想更是被剧作家瓦格纳在《艺术与革命》（1849）、《未来的艺术作品》（1849）等论文中进一步发扬光大。概而言之，浪漫主义者所谓的"总体艺术"，指的是一种融合各文艺门类（绘画、雕塑、建筑、音乐、戏剧、文学等）或各表达媒介（图像、语词、音符等），以形成一种诉诸视觉、听觉、触觉、嗅觉、味觉等各感官系统的相互交织的综合性、统一性的文学艺术作品。其实，真正能综合多种艺术门类或多种艺术媒介的"总体艺术"作品，创作起来非常困难，因而几乎是难以实现的，所以往往只能是一种"未来的艺术作品"。正因为如此，只要能融合两种艺术门类或两种艺术媒介的文艺作品，都可以称为总体艺术作品。

那么，西方浪漫主义作家要在叙事作品中实现"总体艺术"，其路径究竟有几种呢？我们认为，就叙事媒介的使用方式而言，概括起来无非两种：一为多媒介叙事，二为跨媒介叙事。这其实正符合施勒格尔在表述"总汇诗"时所说的"时而混合起来，时而融汇于一体"：所谓多媒介叙事，就是两种或两种以上的媒介（语词、图像等）"混合起来"共同完成一个叙事行为；所谓跨媒介叙事，则是把两种或两种以上媒介的特性或长处（如图像的空间效果、音符的抽象性与直接性等）"融汇"于一种媒介（语词）的叙述之中，以使纯文字性的叙事文本在某种程度上具有图像或音乐的美学效果。对于西方浪漫主义文学的多媒介叙事现象，我

[①] 〔德〕弗里德里希·施勒格尔：《雅典娜神殿断片集》，李伯杰译，北京：生活·读书·新知三联书店，2003 年版，第 72 页。

们拟另撰专文探讨；本章则从文学艺术化的视角，以德国浪漫派为中心①，来考察西方浪漫主义文学的跨媒介叙事现象。

第二节　德国浪漫主义文学的跨媒介叙事

在论及德国浪漫主义文学的特征时，彼得·皮茨除了谈到各种文学体裁之间的相互渗透之外，也指出了文学对艺术（尤其是音乐和绘画）的借鉴："由于'渐进的总汇诗'不局限于任何特定的形式和内容，它也同样摆脱了束缚，迈进了文学以外的艺术领域。这个时期的德国文学借鉴最多的是音乐和绘画。"② 把绘画和音乐这两种艺术形式引入文学的思想轨道并把它们纳入"总体艺术"的框架之中，首先应归功于瓦肯罗德和蒂克③，而霍夫曼则在创作实践上把这种建构"总体艺术"的跨媒介叙事推向了高峰。因此，下面我们主要以瓦肯罗德、蒂克与霍夫曼这几

---

① 浪漫主义是一场遍及欧美并产生了全球性影响的文学运动，我们在有限的篇幅里不可能对所有国家的浪漫主义文学进行全面的考察。考虑到浪漫主义首先是在德国成为一场声势浩大的文学运动，而且浪漫主义文学的根本特点及其与艺术之间的本质联系在德国就已经奠定，所以为了避免枝蔓过多，本章仅集中考察德国浪漫主义文学的跨媒介叙事。但必须指出的是：就跨媒介叙事作为实现"总体艺术"的一种基本方式而言，对于西方其他国家的浪漫主义文学同样适用；当然，这只是就基本原则而言，跨媒介叙事建构"总体艺术"的具体方式也会因不同国家文学艺术传统的不同而有所变异。

② 〔德〕彼得·皮茨：《从文艺复兴到浪漫主义运动时期各类思潮概况》，〔德〕罗尔夫·托曼主编：《新古典主义与浪漫主义——建筑·雕塑·绘画·素描》，中铁二院工程集团有限责任公司译，北京：中国铁道出版社，2012年版，第12页。

③ 对此，德国学者恩斯特·贝勒尔有很好的概述："因为瓦肯罗德和蒂克，绘画和音乐这两种从未被耶拿派学者所重视的艺术形式投入到了早期浪漫主义理论的怀抱。绘画和音乐在施勒格尔兄弟的早期著作中近乎绝迹，虽然诺瓦利斯在自己的断片中曾讨论过这些艺术形式，但他更多时候是把它们与诗类比，并未真正单独讨论过它们。但是，在瓦肯罗德和蒂克的批评文章中，艺术的整体观不再以诗为范式进行设想，而是以绘画和音乐的模式——或按二位好友的惯用说法——以绘画和音乐的语言为线索。这种对艺术的探索的新方向几乎全是瓦肯罗德的功劳。蒂克在某种程度上仿效了瓦肯罗德，但他最原创和最成功的，还是以小说和诗歌为媒介来处理这些主题，而非从理论上加以阐述。"（〔德〕恩斯特·贝勒尔：《德国浪漫主义文学理论》，李棠佳、穆雷译，南京：南京大学出版社，2017年版，第202页）确实，这方面尤其要肯定瓦肯罗德的贡献。对于瓦肯罗德的代表作《一个热爱艺术的修士的内心倾诉》，勃兰兑斯这样评价道："瓦肯罗德的那本小书，既是浪漫主义对音乐性与音乐关系的出发点，同时也是它对艺术的关系的出发点。"（〔丹〕勃兰兑斯：《十九世纪文学主流》（第二分册），北京：人民文学出版社，1997年版，第116页）"这本精致的小书宛如整个浪漫主义文学建筑的基层结构，后来的作品都摆在它的周围。它虽不是气势磅礴的创作，它的萌芽能力却非常令人惊叹。"（同上书，第95页）关于西方浪漫主义文学跨媒介叙事的几种类型，《一个热爱艺术的修士的内心倾诉》这本篇幅不大的小书都涉及了，所以它的确称得上是"整个浪漫主义文学建筑的基层结构"。

位作家的代表性作品,来考察德国浪漫主义文学的跨媒介叙事。

一般来说,对于以语词模仿或书写艺术作品的跨媒介叙事现象,可以从内容和形式两个方面去考察,但德国浪漫主义文学的内容又可以进一步细分为艺术观念的表达和艺术体验的抒写两个方面——而且这两方面的内容对于其跨媒介叙事特征都具有本质性的意义,所以我们接下来的考察主要从艺术观念的表达、艺术作品的描述、艺术形式的借鉴三个方面进行。

一、艺术观念的表达:从理论论证到叙事阐释

德国浪漫主义文学,尤其是早期的那些叙事作品,基本上都是对某些艺术观念的叙事阐释。按照语词这种线性媒介的本质,当需要表达某种观念的时候,一般都是以概念、逻辑和推理的方式去进行理论性的论证,而瓦肯罗德和蒂克等人却不愿意这么做,因为他们倡导浪漫主义的初衷就是反对自启蒙运动以来过度发达的理性。经过慎重考虑,他们决定采取"叙事"的方式来表达观念。而且,由于他们需要表达的观念和艺术有关,其叙事作品的主人公均为艺术家(主要是画家和音乐家),作品所叙述的事件当然也和艺术家、艺术品或艺术创作行为本身息息相关。在这个意义上,我们不妨把德国浪漫派文学的跨媒介叙事叫做"艺术叙事"。

在瓦肯罗德和蒂克小说所表达的观念中,最让人津津乐道也最受研究者关注的一个观念是:艺术世界与世俗世界的对立。这个观念最早、最集中地体现在瓦肯罗德的《一个热爱艺术的修士的内心倾诉》中唯一以音乐家为主人公的那篇题为《音乐家约瑟夫·伯格灵耐人寻味的音乐生涯》的小说中。约瑟夫从童年时代起就最喜欢音乐,但他的这种爱好得不到父母和他人的理解,于是他便把这个爱好作为一个秘密深藏在内心世界之中。约瑟夫曾在一处主教领地住了几个星期,由于在那里每天都可以欣赏到美妙的音乐,所以"在那里度过了他一生中最美好的日子";"主教领地对于小约瑟夫来说如同天堂一般。多姿多彩的美妙音乐令他的精神无比愉悦,宛如一只蝴蝶在和煦的空气中翩翩起舞。"[①] 对于艺术世界美妙高尚与世俗世界普通平庸之间尖锐对立的描写,文学史上最动人的文字莫过于以下这一段了:

---

① 〔德〕瓦肯罗德:《一个热爱艺术的修士的内心倾诉》,谷裕译,北京:商务印书馆,2016年版,第106页。

在音乐奏响之前,他常常被身边拥挤嘈杂的人群所包围,听到他们在耳边嗡嗡聒噪,这些人仿佛置身喧嚣嘈杂的集市,过着普通而平庸的生活。同时,那些空洞无聊的世间烦恼也常常令他头昏目眩。他急不可耐地等待乐器发出第一声音响;——终于,音乐从沉闷的孤寂中悠扬而雄壮地爆发出来,宛如一道劲风从天而降;紧接着,各种雄浑的音响不断从上空飘来,——此时此刻,他的心灵仿佛生出了翅膀,又仿佛有一股力量将他从荒凉的草原上托起,阴郁的云团从他俗人的眼光中消失,于是,他悠然地飘向灿烂的天空。每当此时,约瑟夫便一动不动,沉心静气,目不转睛地注视着地面。眼前的世界在他面前沉下去,消失了;内心的世界却忘却了尘世间一切烦恼,得到净化;因为尘世间的烦恼本是心灵光彩中真正的尘埃。音乐,略带一丝战栗,传遍了约瑟夫的每一根神经,它悠扬起伏,在他眼前展现出五彩斑斓的画面。赞美上帝的合唱愉快而激荡人心,每当合唱响起,他便仿佛清晰地看到大卫王身披长长的王袍、头戴王冠,唱着赞美诗从约柜前飘舞过来;他看到大卫王欣喜陶醉的情景,看到他的一举一动。约瑟夫的心在胸膛里怦怦地跳个不停,胸中早已沉睡的万种柔情被逐一唤醒,又美妙地交织在一起。到最后,终会有精彩的片段如同一束束奇异的光照进他的心灵,令他猛然间醒悟,意识到自己正在用炯炯有神的目光带着高贵沉静的忧伤俯瞰世上的芸芸众生。[①]

无疑,在这段美妙动人的文字中,"音乐的美"和"画面的美"已经和文字高度融化在一起了,它们密不可分,共同把艺术世界与世俗世界的对立这一浪漫主义特有的艺术观念阐释得既清晰又感人。当然,必须清楚的是:这里所谓"音乐的美"和"画面的美"并不是实际存在的,而是文字通过跨媒介叙事描写出来的。

德国浪漫主义作家通过"艺术叙事"所表达的艺术观念当然有很多,这里不可能一一列举,下面再以堪称浪漫主义文论最重要的观念——"主体说"或"表现论"为例进行说明。相对于此前文艺理论的"模仿说"或"再现论",浪漫主义文论主张的是"主体说"或"表现论"。对于这个观念,哲学家黑格尔是这样表述的:"浪漫型艺术的真正内容是绝

[①] 〔德〕瓦肯罗德:《一个热爱艺术的修士的内心倾诉》,谷裕译,北京:商务印书馆,2016年版,第106页。

对的内心生活,相应的形式是精神的主体性,亦即主体对自己的独立自主的认识。""这种单纯的绝对主体性如果还没有成为实在的符合它的本质的主体性,亦即还没有先纳入外在存在里而后又从这种实际存在里返回到它自己,它就还不是艺术所能掌握住的,而是只能由思维去掌握的。"① 应该说,要理解黑格尔这种高度理论性的说法,不是一件容易的事。相较而言,美国文艺理论家艾布拉姆斯的类似说法就要形象多了。对于浪漫主义者所持的这个艺术观念,艾布拉姆斯其著名的《镜与灯:浪漫主义文论及其批评传统》一书中把它比作"灯"——一种发光体,而把此前的相关理论比作"镜"——一种反映物。在该书的序言中,艾布拉姆斯这样写道:"本书的书名把两个常见而相对的用来形容心灵的隐喻放到了一起:一个把心灵比作外界事物的反映者,另一个则把心灵比作一种发光体,认为心灵也是它所感知的事物的一部分。前者概括了从柏拉图到18世纪的主要思维特征;后者则代表了浪漫主义关于诗人心灵的主导观念。"②

事实上,无论是黑格尔还是艾布拉姆斯的表述,都比不上瓦肯罗德在《一个热爱艺术的修士的内心倾诉》中对这个观念的叙事阐释来得精彩、生动,读之令人难忘。瓦肯罗德在该书中题为《拉斐尔的显现》的那篇作品中,叙述了有关大画家拉斐尔的一则逸事——事关圣母玛利亚画像在早年的拉斐尔卧室墙上显现的传说。在作品中,叙述者"我"先是把拉斐尔写给卡斯特隆伯爵信中的这句话"视之贵于黄金":"由于难得寻见完美的女人形体,所以我遵从降临到我灵魂中的源于精神的形象。"③ 后来,"我找遍了修道院中古老的手迹,偶然在一堆闲置而落满灰尘的羊皮纸卷中发现了几页布拉曼特的手稿",手稿记载了拉斐尔亲口向布拉曼特讲述的那些具有无与伦比之美的圣母和圣家族像的来源问题。据手稿记载,拉斐尔从孩童时代起就对圣母怀有特别神圣的情感,自他开始画画之后,最大的愿望就是画出一个"最神圣完美的圣母玛利亚"。尽管他无时无刻不在思索圣母的形象,甚至偶尔灵魂中也会掠过一缕仿佛来自上天的光,让他看到了自己所欲求的圣母像那完美的身影,却终

---

① 〔德〕黑格尔:《美学》(第二卷),朱光潜译,北京:商务印书馆,1981年版,第276页。
② 〔美〕M. H. 艾布拉姆斯:《镜与灯:浪漫主义文论及其批评传统·序言》,郦稚牛、张照进、童庆生译,北京:北京大学出版社,2015年版,第4页。
③ 〔德〕瓦肯罗德:《一个热爱艺术的修士的内心倾诉》,谷裕译,北京:商务印书馆,2016年版,第7页。

究只是一闪而过，让他无法真正形成完整清晰的图像，所以他也就从来没有鼓起勇气去画。后来，他终于无法抑制自己，"开始用颤抖的手去描绘圣洁的童女"。在作画的过程中的某一个晚上，他猛然从梦中惊醒。

> 黑暗的夜晚中，他的目光被对面墙上一束亮光吸引过去，仔细看时，发现正是自己那幅悬挂在墙上尚未完成的圣母像。它在一片柔和宁静的光晕中变成了一幅栩栩如生的完美画像。他为画中的神韵所打动而痛哭起来。画中的圣母用一种无法言表的动人目光注视着他，活灵活现。他感到她真的呼之欲出。最为奇妙的是，此圣母像正是那幅他曾在模糊而迷茫的预感中苦心追求的画像。他完全忘却了自己是怎样重新入睡的。第二天清晨，他像一个获得新生的人一样精神饱满地醒来。这次显现永远地铭刻在了他的心性和感官之中。从此时起，他无时无刻不满怀敬畏之情，成功地塑造了一个又一个显现在他灵魂中的圣母像。①

叙述者认为，羊皮纸上记载的这个带有神奇色彩的故事，既精彩又准确地阐释了前引拉斐尔写给卡斯特隆伯爵信中的"那句令人费解的话"："我遵从降临到我灵魂中的源于精神的形象。"② 确实如此，只要看过这个故事的人，相信都不难得出这个结论。

---

① 〔德〕瓦肯罗德：《一个热爱艺术的修士的内心倾诉》，谷裕译，北京：商务印书馆，2016年版，第8页。
② 当然，也有人认为这个故事其实与圣母玛利亚无关，所以瓦肯罗德的这种叙事性阐释有捏造之嫌，正如恩斯特·贝勒尔所写道的："奥·威·施勒格尔一眼就看穿，这段引文与圣母玛利亚无关，说的其实是海洋女神伽拉忒亚（Galatea）。拉斐尔在罗马一个显赫的庄院法尔内西纳（Farnesina）描绘了这位女神，她站在海豚牵引的贝壳车中穿越泡沫翻腾的大海。拉斐尔在信中告诉卡斯特隆伯爵，这幅画本该照着模特儿来画。但既然他在此世上甚少遇到美丽的女性，唯有参照自己脑中的'某个灵感'。温克尔曼在论对古希腊的模仿的文章中引据这件事，是想阐明拉斐尔对古代真正风雅事物的创作和我们能在拉斐尔身上发现的古代艺术家的沉稳的品格。对温克尔曼而言，拉斐尔这位大师在现代中找回了古代的真正特质。譬如，温克尔曼在《西斯廷圣母像》中的人物表情中看到了古典面容的快乐神圣的平静。而在瓦肯罗德笔下，这些优点却成为基督教的特质。奥·威·施勒格尔一直很容忍瓦肯罗德的基督教倾向，认为他的态度在一个疏远艺术的时代中是一种聪明的传播手段，不过到了此时他也认为，瓦肯罗德在拉斐尔的话上蒙上了一层神秘意义是毫无道理的，还因此认为瓦肯罗德的解释在这个意义上或多或少是捏造。"（〔德〕恩斯特·贝勒尔：《德国浪漫主义文学理论》，李棠佳、穆雷译，南京：南京大学出版社，2017年版，第211页）不过，我们认为，瓦肯罗德的这篇《拉斐尔的显现》是偏重文学性的随笔而不是理论著作，所以不能因为这个故事与原始语境不合就认为作者的叙事性阐释是捏造；而且，浪漫主义作家注重的是"艺术叙事"的效果，事件的真实性对于他们来说不是至关重要的问题。

其实，在《拉斐尔的显现》一文的开始部分，瓦肯罗德先对"学者或理论家们"的描述方法表示过不满："对艺术天才们来自心灵深处的启示，世人常常反其道而行之，就像对待神圣宗教中的神秘精神一样，企图以某种体系或抛开某种体系、以某种方法或抛开某种方法来讨论或者空谈。所谓的学者或理论家们无非是借助道听途说去描述艺术家的激情，沾沾自喜于为之找到了某些用虚荣的、俗不可耐的哲理编造出来的措辞，而实际上却对这种激情的实质和意义一无所知。——艺术家激情的本质本是无法用语言来描述的。"[①] 显然，瓦肯罗德这里所说的"语言"指的是那种理性的、逻辑的、热衷于建构体系的理论性语言，这种语言当然无法描述出真正意义上的"艺术家的激情"。《拉斐尔的显现》中用来描述拉斐尔神性故事的语言，自然仍是一种语言，但这种"语言"由于借鉴了造型艺术的某些特长，而在跨媒介叙事（"艺术叙事"）中显示出了无穷的魅力。

二、艺术作品的描述：从客观再现到主观抒写

在文学史上有一种古老的对物品（主要是艺术作品）或地方进行描述的传统，"这种写作方法被称为'艺格敷词'（*ekphrasis*）——一种古时的文学风格，以详细精确描述某件物品或某个地方为特征，无论描述对象是真实存在抑或虚构。"[②] 也就是说，"艺格敷词"旨在提供所见物品或地方在语词上的对等物。现代人则倾向于仅仅把"艺格敷词"理解为"对一件艺术品的描述"[③]。当然，无论是广义上把"艺格敷词"理解为对一切物品或地方的描述，还是仅仅理解为对艺术作品的描述，这种修辞方式或写作方法都应该以语词达到某种"视觉性"或"生动性"的艺术效果。正如鲁斯·威布所指出的："任何艺格敷词作者所面临的修辞任务——无论针对一件艺术品还是其他任何主题——都是让他的受众看见他所描述的主体：'将主体置于眼前'，'使听者变为观者'，就如修辞学家们所说的那样。因此艺格敷词就牵涉到一种影响广泛的视觉性。这

---

① 〔德〕瓦肯罗德：《一个热爱艺术的修士的内心倾诉》，谷裕译，北京：商务印书馆，2016年版，第5页。

② 〔意〕卡洛·金兹伯格：《记忆断片——巴克森德尔回忆录·序言》，〔英〕迈克尔·巴克森德尔：《记忆断片——巴克森德尔回忆录》，王晓丹译，南宁：广西美术出版社，2017年版，第2页。

③ 〔法〕鲁斯·威布：《实现图画：阿马塞亚的阿斯特里乌斯文本中的艺格敷词、模拟和殉道》，范白丁译，张宝洲、范白丁选编：《图像与题铭》，杭州：中国美术学院出版社，2011年版，第26页。

是一种对于词语的视觉想象上的回应,这种回应体现了在古代和中世纪人们接受各种口头或者书写语言——无论是诗歌或是散文,世俗的或是神圣的——的许多特点。有效的艺格敷词应该使听者、或读者感到所描述的景象历历在目,无论是一起事件、一片风光还是一座建筑。'生动描写'(Enargeia)可以用来定义这一品质,它通常在文学和修辞学的上下文中被翻译成'栩栩如生'……"①

除"视觉性"或"生动性"之外,"艺格敷词"作者还追求"客观性"或"精确性",至少主观上如此。也就是说,"艺格敷词"观念暗含了这样一种理想:"有一种明确的描述能够直接和艺术品本身相联系,正如保罗·弗里德伦德尔(Paul Friedländer)的'真实描述'(echte Beschreibung)概念所言……这样的描述有可能和物体本身丝毫不差,一种一成不变的纯粹的语言上的复制。"② 当然,由于理解上的问题以及再现媒介本身的性质等方面的原因,客观、精确的描述只能是一种理想,在实际中永远都不可能真正达到,"因为艺格敷词为我们带来的仅仅是经验的再现(representation),而非直接触碰那种经验"③。但不管怎么说,"艺格敷词"传统至少把描述的"客观性"或"精确性"作为一种理想来追求,并把它作为一种标准来严格遵守。

西方浪漫主义文学中当然也有不少对艺术作品进行描述的文字,但我们可以肯定地说,浪漫主义文学对艺术作品的描述不属于"艺格敷词"传统,因为正如前面所指出的:与传统文论的"模仿说"或"再现论"不同,浪漫主义文论注重的是主体性和"表现论"——这显然与"艺格敷词"的客观描述传统相悖。那么,浪漫主义作家是如何描述艺术作品的呢?由于浪漫主义作家注重的是欣赏艺术作品时内心的实际感受和主观体验,所以他们对艺术作品的描述开辟了一个从客观再现到主观抒写的方向,这正好与他们对文艺创作的整体看法相符合。浪漫主义作家认为真正客观的描述既不可能也无必要,所以他们对艺术作品的描述注重

---

① 〔法〕鲁斯·威布:《实现图画:阿马塞亚的阿斯特里乌斯文本中的艺格敷词、模拟和殉道》,范白丁译,张宝洲、范白丁选编:《图像与题铭》,杭州:中国美术学院出版社,2011年版,第29页。

② 〔法〕鲁斯·威布:《实现图画:阿马塞亚的阿斯特里乌斯文本中的艺格敷词、模拟和殉道》,范白丁译,张宝洲、范白丁选编:《图像与题铭》,杭州:中国美术学院出版社,2011年版,第26页。

③ 〔法〕鲁斯·威布:《实现图画:阿马塞亚的阿斯特里乌斯文本中的艺格敷词、模拟和殉道》,范白丁译,张宝洲、范白丁选编:《图像与题铭》,杭州:中国美术学院出版社,2011年版,第27页。

的是抒写主体的体验,如果非要对某件艺术作品的内容层面做出描述,那也是非常简单的,他们重点关注的还是该作品的"艺术性"。正因为如此,所以浪漫主义作家描述一件艺术作品的方式往往是以不同的媒介创作出另一件艺术作品;或者是在另一种媒介的衬托下,对被描述艺术作品的美学效果进行带有主观色彩的书写。比如,瓦肯罗德的《一个热爱艺术的修士的内心倾诉》中就有两个篇章以诗歌的形式来描述他所看过的画作:一篇即《对两幅画的描述》,另一篇则为《画家肖像——缪斯与一位年轻艺术家相会在画廊》。在题为《对两幅画的描述》中,第一幅画名叫《贞洁圣母与基督圣婴和小约翰》,瓦肯罗德写了三首诗来对画作进行描述:《玛利亚》《圣童耶稣》和《小约翰》;第二幅画名叫《来自东方三圣的祈祷》,瓦肯罗德也写了三首诗来对之进行描述:《三位圣人》《玛利亚》和《圣童耶稣》。对于这种以诗述画的方式,范大灿先生这样评述道:"由于他坚持反对对艺术家进行阐释性的分析,因而为了表达一幅画的杰出之处,他就只有一种办法,用另一种艺术形式(例如诗歌)来描述一幅画的内容和发表自己的感想,'对两幅画的描述'就属于这种情况。"① 当然,尽管范先生认为其中的诗歌也描述了画作的内容,但仔细地阅读这六首诗之后,我们能从中获取的"内容"方面的东西其实是非常少的。

在瓦肯罗德的挚友蒂克所写的长篇小说《施特恩巴尔德的游历》中,有一段文字是对主人公弗兰茨·施特恩巴尔德所创作的第一幅油画的描述。这幅画是弗兰茨经过老家时所画,画作被陈列在家乡的小教堂之中。这幅画画好之后,叙述者先"向读者简短地描述"了它的内容:"远山上晚霞渐暗,太阳早已西沉,在苍白的红色的微光里,躺着老年和青年牧人和他们的牧群,中间有妇女和姑娘们;孩子们在同羔羊嬉耍。远处,穿过长得很高的麦田,走来两位天使,他们的光辉照亮了田野。牧人们怀着无声的渴望看着他们;孩子们朝天使伸出双手……一位青年牧人,转过身来,交抱双臂,一脸深思的表情,目送落日,仿佛世界的欢乐、白昼的光辉、优雅又令人振奋的光线随着落日消失了;一位老年牧人,抓住他的臂膀,正拉他转过身来,要指给他看东方出现的欢乐景象。弗

---

① 范大灿:《解读〈一个热爱艺术的修士的内心倾诉〉——代译序》,〔德〕瓦肯罗德:《一个热爱艺术的修士的内心倾诉》,谷裕译,北京:商务印书馆,2016年版,第19页。

兰茨由此表现了与落日相对照的新生的太阳……"① 尽管这段描述介绍了较多的内容,但仍带有一种印象主义色彩,而且,这段描述是为后面更重要的一段描述所做的铺垫,这后一段描述是在弗兰茨的画作成为教堂中那副旧的画作的替代品之后的第一个礼拜日做出的。下面就是小说中的这段描述:

> 弗兰茨坐在小教堂正中,人们开始演奏管风琴,歌声随之响起;正对着他的教堂门敞开着,树木的簌簌声传进来。弗兰茨凝神聆听,歌声如波涛穿过教堂,管风琴的肃穆而又高亢的音调像一股狂风,由上而下地直灌听众的耳朵;在唱歌时,所有的眼睛都对着那幅新创作的画。弗兰茨也朝那幅画看去,他为他的人物形象的美和感人的含义而惊讶,这些人物不再是他的,他反倒在这幅油画前面感受到敬畏,他在虔诚地战栗。似乎在管风琴的音响下,色彩构成体在活动,在说话,在同声歌唱,似乎天使走进来,用他们的光照亮心境,清扫任何怀疑,任何惊惧,他在自己是基督徒这一想法里感受到无法言传的喜悦。他的目光接着从那幅画滑向门外葱绿的教堂墓地……似乎从坟墓里传出已故者低微的歌声,用亡灵的话语跟随着严肃的管风琴音乐;教堂墓地那边的树木忧郁而孤独,它们那抬起的树枝,像交叉的十指;阳光友善地透过窗户投射到教堂深处。围墙旁已经不成形的石像不再声哑无语,用来修饰管风琴的飞翔的儿童,可爱无邪,似乎在弹奏他们的弦琴,赞美主,世界的造物主。②

不难看出,在这段文字中,蒂克借用了多种表达媒介的美学效果,也许他认为只有这样才能描写出小说主人公弗兰茨在那种特殊的时空中欣赏自己心爱的画作时那种百感交集、万象齐临的复杂感受。显然,对于这样的跨媒介叙事,我们也必须调用视觉、听觉甚至触觉等多种感觉器官,才能真正地把握其"总体性"的艺术效果。

尤其值得注意的,是这段文字在描述弗兰茨的画作时所写到的各种"音乐":器乐(管风琴所奏出的音乐、用来修饰管风琴的图像上那"飞

---

① 〔德〕路·蒂克:《施特恩巴尔德的游历——蒂克小说选》,胡其鼎等译,上海:上海译文出版社,2010年版,第49页。
② 〔德〕路·蒂克:《施特恩巴尔德的游历——蒂克小说选》,胡其鼎等译,上海:上海译文出版社,2010年版,第53页。

翔的儿童"所奏出的弦琴之乐)、声乐(教堂唱诗班所唱出的歌声、弗兰茨画作上色彩构成体的"同声歌唱"、从教堂墓地传来的"已故者低微的歌声")以及树木、石像等所带来的自然之乐。尽管蒂克用这段文字描绘的是弗兰茨的绘画作品,但当我们读着这段文字的时候,却仿佛听到了一场极其美妙的交响乐,这不能不让我们叹服浪漫主义文学跨媒介叙事的魅力,并对浪漫主义作家跨媒介叙事的能力赞叹不已。其实,不仅仅是这一段,《施特恩巴尔德的游历》中还有不少类似的段落,以至于大文豪歌德认为小说因对音乐的描写过多而"成了一个错误的倾向":"本来可以把这本书称为音乐的漫游,因为里面有太多音乐性的感受和鼓舞;除了画家,这就是一切。"①

事实上,浪漫派作家对音乐的爱好是一以贯之的。瓦肯罗德在其遗著《关于艺术的想象》中,曾将音乐置于其他一切艺术之上,而蒂克与霍夫曼同样如此。勃兰兑斯说得好:"在《关于艺术的想象》中,瓦肯罗德称赞音乐是艺术的艺术,是首先懂得压缩和固持人心中的情感的艺术,是教导我们'感觉情感本身'的艺术。……瓦肯罗德使音乐凌驾于诗之上,认为音乐的语言是两者中更丰富的语言,还有谁像蒂克一样热衷于这个观点呢?蒂克的诗与其说是真正的诗作,不如说是写诗情绪的一种表现,与其说是艺术作品,不如说是艺术情绪。蒂克比瓦肯罗德走得更远。他又从音乐中挑选出器乐来,因为只有在器乐中,艺术才是真正自由的,才摆脱了外界的一切限制。所以,到后来,彻头彻尾音乐化的霍夫曼也把器乐称为一种最浪漫的艺术②……"③ 正是对音乐所持的这种观点及其对音乐发自内心的强烈的爱,所以蒂克利用上述那段摹写图像的文字给我们奏出了一场美妙动听的"交响之乐"。确实,在阅读这样的跨媒介叙事作品时,我们真的很容易暂时忘记其本身的文学特性而以为是在欣赏音乐或绘画艺术呢。

---

① 转引自〔丹麦〕勃兰兑斯:《十九世纪文学主流》(第二分册),北京:人民文学出版社,1997年版,第120页。

② 勃兰兑斯在这里提到的霍夫曼的这个观点,出自他1813年所撰写的《贝多芬的器乐曲》一文。在这篇著名的乐评中,霍夫曼这样写道:"如果我们评说作为一门独立的艺术的音乐,难道我们不应始终仅仅指摒弃别的艺术的所有辅助,所有掺和……纯粹地表达音乐的特殊性质——唯有在这一形式中才得以辨识的性质——的器乐曲吗?它是所有艺术中最浪漫的艺术——几乎可以说是唯一真正浪漫的艺术——因为其独一无二的主题就是无限。"(转引自〔英〕莉迪亚·戈尔:《音乐作品的想象博物馆》,罗东晖译,上海:上海音乐学院出版社,2008年版,第155页)

③〔丹麦〕勃兰兑斯:《十九世纪文学主流》(第二分册),北京:人民文学出版社,1997年版,第100页。

三、艺术形式的借鉴：从线性叙事到复合叙事

进入20世纪以来，几乎所有具有独创性的作家都不再喜欢那种把叙述对象进行简单化处理的线性叙事，这主要是由于这种叙事模式难以表述复杂多变的社会生活与同样复杂多变的人的意识状态。于是，像詹姆斯·乔伊斯、安德烈·别雷、弗吉尼亚·伍尔夫、马塞尔·普鲁斯特、威廉·福克纳、克洛德·西蒙以及伊塔洛·卡尔维诺这样一批旨在探索新的叙事可能性的伟大作家出现了，他们创作出了一大批有别于传统线性叙事形式的小说作品，从而给文学花园增添了许多新颖别致而又摇曳多姿的美丽花朵，并掀起了一场又一场的叙事革命。尽管20世纪以来具有独创性的现代小说可以分成许多文学流派，在叙事上也具有许多不同的特征，但考虑到这些小说均不同程度地打破了传统小说的线性叙事结构，因而在形式上均具有某种非线性的"复合"的特点，所以我们不妨把它们的叙事方式称为复合叙事（complex narratives）。无疑，相较于把复杂的社会生活和意识状态在时间-因果规律的框架下简化为线性叙事的现实主义小说，20世纪以来的诸多现代作家所创作的那些非线性的复合叙事作品才更有利于反映复杂多变的社会和心理状态，或者说，这些非线性的复合叙事作品才真正具有"总体艺术"的那种特质或境界。

回望历史，我们发现复合叙事其实并不是20世纪以后才出现的叙事模式。实际上，德国浪漫主义小说的叙事结构同样具有"复合"的特点，比如说，诺瓦利斯的《亨利希·冯·奥夫特丁根》、弗·施勒格尔的《卢琴德》、瓦肯罗德的《一个热爱艺术的修士的内心倾诉》以及霍夫曼的《雄猫穆尔的生活观暨乐队指挥克赖斯勒的传记片段》（以下简称《雄猫穆尔》）等作品，都具有明显的"复合叙事"特征。因此，我们认为，西方文学史上从线性叙事到"复合叙事"的革命性转变，其实首先发生在德国浪漫主义文学之中，而这种转变受到了浪漫主义文学跨媒介叙事的影响。只是由于浪漫主义文学与20世纪文学之间隔着"批判现实主义"这座过于巨大的文学高山，所以研究者的目光就被阻挡或遮蔽了，因而看不出浪漫主义小说与现代小说之间在形式上的相似性。

对于现代小说在叙事结构上所发生的深刻变化，苏珊·桑塔格认为是受到了其他媒介或其他艺术形式的影响，"这部分地是因为其他形式的影响，部分地又是因为其他形式（比如新闻业，它已经变得更加充满活力）和电视的竞争。……正如摄影出现时绘画发生的变化、画家再也无法感到他的工作可以不言自明地提供一种图像一样，小说在当下与其他

形式分享的任务重压下，也已经慢慢地发生了变化"①。苏珊·桑塔格还认为："散文体小说会越来越多地受到其他媒介的影响，不管这些媒介是新闻、平面、歌曲还是绘画。小说很难保持其纯洁性——也没有必要保持。"②而且，桑塔格认为正是这种影响打破了美国小说"现实主义"的条条框框，从而提升了写作视野和艺术水准，于是，"1964年以来③，已经出现了一种散文体小说爆炸"④。

苏珊·桑塔格的观点本身当然非常精彩，但她把小说所受到其他媒介影响的事实主要归结为现代技术媒介（新闻、摄影、平面设计、电视，尤其是电影⑤），却暴露出其历史意识的欠缺。一个非常明显但经常被人们忽视的事实是：西方浪漫主义文学的复合叙事同样受到了其他媒介或其他艺术形式的深刻影响。因此，在跨媒介叙事的意义上，我们认为浪漫主义文学其实是20世纪西方现代、后现代小说的先行者。下面，我们以瓦肯罗德的《一个热爱艺术的修士的内心倾诉》与霍夫曼的《雄猫穆尔》这两部作品为例，对德国浪漫主义文学的"复合"叙事结构及其所受绘画或音乐的影响问题略加阐述。

我们认为，《一个热爱艺术的修士的内心倾诉》一书的叙事结构呈现出一种特殊的"空间形式"，这种"空间形式"受到了教堂中的祭坛画及其相应的建筑空间的影响。除作为"前言"的《致这部文集的读者》（由

---

① 〔美〕乔·戴维·贝拉米、〔美〕苏珊·桑塔格：《现代小说的风格》，〔美〕利兰·波格编：《苏珊·桑塔格谈话录》，姚君伟译，南京：译林出版社，2015年版，第4页。

② 〔美〕乔·戴维·贝拉米、〔美〕苏珊·桑塔格：《现代小说的风格》，〔美〕利兰·波格编：《苏珊·桑塔格谈话录》，姚君伟译，南京：译林出版社，2015年版，第6页。

③ 1964年，苏珊·桑塔格发表了她著名的《反对阐释》一文。在该文中，她对美国的小说和戏剧进行了严厉的批评："在美国，在那些只具有微不足道、可忽略不计的先锋派色彩的艺术门类（小说和戏剧）中，阐释到处滋生蔓延。大多数美国小说家和剧作家其实要么是记者，要么是业余的社会学家和心理学家。他们在创作标题音乐的文学对等物。与小说和戏剧中的形式有关的那种意识一直如此发育不全、缺乏创见、死气沉沉，以至甚至当内容不只是信息、消息时，这一点仍然表现得特别明显，而且更为顺手、更为露骨。与绘画和音乐不同，（美国的）小说和戏剧并没有显示出任何对自身的形式变化的令人感兴趣的关切，因而容易遭到阐释的侵袭。"（〔美〕苏珊·桑塔格：《反对阐释》，程巍译，上海：上海译文出版社，2018年版，第13页）

④ 〔美〕乔·戴维·贝拉米、〔美〕苏珊·桑塔格：《现代小说的风格》，〔美〕利兰·波格编：《苏珊·桑塔格谈话录》，姚君伟译，南京：译林出版社，2015年版，第2页。

⑤ 苏珊·桑塔格认为：影响现代小说形式的媒介，"更多地来自电影，这是一种老的影响。比如，福克纳和多斯·帕索思都深受电影叙事技巧的影响，《美国三部曲》里的一些招式则是直接对故事片和新闻短片某种剪辑的模仿。人们在学习同时处理更多的信息，似乎某些说明已经没有必要，甚至无趣。"（〔美〕乔·戴维·贝拉米、〔美〕苏珊·桑塔格：《现代小说的风格》，〔美〕利兰·波格编：《苏珊·桑塔格谈话录》，姚君伟译，南京：译林出版社，2015年版，第6页）

蒂克撰写)之外,该书共收录了17篇形式上独立的作品(其中3篇是蒂克撰写的)。这17篇作品既可以单独成篇,合起来又构成一个整体。整体而言,这些作品的排列组合,即整部作品的叙事结构受到了教堂中祭坛画的组合形式的影响:以第9篇《缅怀我们德高望重的鼻祖阿尔布莱希特·丢勒》为核心,呈左右对称排列。关于这一点,恩斯特·贝勒尔已做过很好的揭示:"我们可以把这种排列与祭坛画(altarpiece)的形式作比较。两者的主要差别当然是,祭坛画从左至右排列的圣徒与先知在这里变成了艺术家,而通常身处中央的基督则让位给了丢勒。"[①] 此外,还值得一提的是:瓦肯罗德熟读乔治·瓦萨里的《大艺术家传》,利用了该书中的很多素材来撰写自己书中的那些相关篇章。瓦萨里因为撰写了《大艺术家传》而成为所谓的"艺术史之父",而据艺术史学者李军的研究,瓦萨里的艺术史叙事模式受到了"一种独特的方济各会教堂的空间构造"及其祭坛画艺术的影响:"在这种空间里,神学以视觉的方式供人阅读,艺术则以宗教的方式让人膜拜,神学与艺术共同建构了一种空间化的视觉文化传统;而艺术史则从中看到了自己的基本叙事框架。"[②] 如果是这样,那么瓦肯罗德在撰写《一个热爱艺术的修士的内心倾诉》一书时,其空间性的叙事结构很可能是通过瓦萨里而间接受到了祭坛画及其建筑空间的影响。当然,瓦肯罗德曾多次参观过纽伦堡等城市中带有中世纪风格的教堂[③],所以他也可能是直接化用了教堂中的祭坛画形式,来形成《一个热爱艺术的修士的内心倾诉》一书的叙事结构。

霍夫曼的《雄猫穆尔的生活观》堪称德国浪漫主义文学中的巅峰。这部长篇小说在结构上由两部分组成,一部分是那只名叫穆尔的会写作的雄猫以第一人称写的自传;另一部分则是以第三人称全知视角,写一个天才音乐家克赖斯勒在逃离大公爵的宫廷后来到一个小镇的侯爵的小宫廷里担任乐队指挥时的生活遭遇。这两个部分在主题上具有一致性,写的都是艺术家与社会及周边各色人等的关系问题;在风格上则明显有别,前者带有反讽和谐喻的色彩,后者的写法则类似正剧,所叙述的事件中有霍夫曼自己生活的烙印。小说原计划写三卷,但第三卷尚未动手

[①] 〔德〕恩斯特·贝勒尔:《德国浪漫主义文学理论》,李棠佳、穆雷译,南京:南京大学出版社,2017年版,第204~205页。

[②] 李军:《可视的艺术史:从教堂到博物馆》,北京:北京大学出版社,2016年版,第294页。

[③] 〔丹麦〕勃兰兑斯:《十九世纪文学主流》(第二分册),北京:人民文学出版社,1997年版,第118页。

写，霍夫曼便去世了。

与瓦肯罗德和蒂克只是音乐的爱好者不同，霍夫曼本人就是有成就的音乐家和音乐评论家；而且，他的艺术生涯就是以音乐起步的，只是后来才改行做了作家。霍夫曼的这种音乐家身份，必然会对他的文学创作产生影响。关于这一点，勃兰兑斯的看法值得我们重视："霍夫曼同时具有如此深刻而独特的音乐才能，几乎不可能仅仅称之为诗人，必须称作诗人兼音乐家，他在用语言制作音乐这一点上，远比蒂克更加严肃认真。"① 确实，霍夫曼的很多小说都和音乐相关，要么通过内容方面的跨媒介书写，要么通过对特定音乐形式的巧妙模仿。在《雄猫穆尔的生活观》这部经典之作中，我们就既可以从内容方面，也可以从形式方面欣赏霍夫曼"用语言制作音乐"的杰出才能。可遗憾的是，目前能够看到的有关霍夫曼小说的研究成果本身就非常之少，而从形式方面论述其小说叙事结构所受到音乐影响的论著，至少在我国还是空白。

我们认为，霍夫曼的这部小说在叙事结构上借鉴了复调音乐的形式。根据作曲时所用的不同手法，复调音乐又可以具体分为三种：（1）以模仿手法写成的卡农（canon）；（2）以对比手法写成的对位（counterpoint）；（3）以衬托手法写成的支声（heterophony）。具体而言，《雄猫穆尔的生活观》的叙事结构所模仿的复调音乐形式是卡农。所谓卡农，就是根据模仿的原则，用一个或更多的声部相距一定的拍子模仿原有旋律的一种曲式。在卡农中，一个声部的曲调自始至终追随另一声部，两个或数个声部的旋律依次出现、交叉进行、互相模仿、互相追逐……直到最后的一个和弦作为全曲的小结，它们才最终融合在一起，不再分离。

关于《雄猫穆尔的生活观》的组织结构，小说在所谓的"编者前言"中有一个说明："经过仔细的调查和查询，编者终于了解到原来雄猫穆尔在撰写它的生活见解时，不假思索地把一本业已印好、装订成册的书（该书是它在它的主人那儿发现的）一页一页地撕下来，不怀恶意地把撕下来的书页，部分用作垫子，部分用作吸水。这些书页夹在手稿当中，成了手稿的一部分，出于疏忽而被一起印出来了。"② 全书先以雄猫穆尔的故事开始，当情节推进了一部分之后适时中断；然后在括号中标明"废书页"，以

---

① 〔丹麦〕勃兰兑斯：《十九世纪文学主流》（第二分册），北京：人民文学出版社，1997年版，第109页。
② 〔德〕E. T. 霍夫曼：《雄猫穆尔的生活观暨乐队指挥克赖斯勒的传记片段》，陈恕林译，上海：上海三联书店，2014年版，第4页。

此注明下面开始叙述的是克赖斯勒的故事；当克赖斯勒的故事进行了一部分之后也适时中断，并在标明"穆尔继续写"之后，接着叙述雄猫穆尔的故事……小说两部分的内容就这样类似"卡农"的两个声部一般依次出现、交叉进行，从而形成一种互相模仿、互相追逐的叙事节奏。

至于小说的第三卷，尽管并没有完成，但在第二卷结束之后的那个"编者附笔"中，霍夫曼提供了写作的思路。此时，"天资聪颖、消息灵通、富于哲理、擅长写作的雄猫穆尔，在它处于最美好年华之际，被无情的死神夺去了生命"，"糟糕的是，作古者没有写完他的生活观，因而他的见解必定成为残篇断简，而在亡故者遗留下的草稿中还发现了某些思考和评论，这些遗作似乎是它在乐队指挥克赖斯勒身边时写的。此外还找到了一本被雄猫撕毁的书的相对部分，该书包含克赖斯勒的传记"。"因此，编者认为这样做并非不妥：就是他在据说将于复活节弥撒时出版的第三卷中，把在克赖斯勒传记中发现的东西告诉亲爱的读者，并且只是有时在适当的地方插入雄猫那些评论和思考中似乎继续值得报道的东西。"① 从"编者附笔"中的上述文字不难看出，小说的第三卷其实就相当于一个作为全书小结的和弦。在这个和弦中，小说前面两卷中单独存在的雄猫穆尔部分因为穆尔的死去而失去了作为独立声部的可能性，穆尔留下的残编断简中那些"继续值得报道的东西"则会插入到克赖斯勒传记的相关部分中去；于是，在小说前面两卷中作为两个独立"声部"存在的雄猫穆尔自传和克赖斯勒传记，最终在第三卷中水乳交融地汇合到了一起。

第三节 反思与评价

在《十九世纪文学主流》这一经典名作中，勃兰兑斯在评述瓦肯罗德、蒂克、霍夫曼等人的创作特色时曾经这样写道："在一切时代，在各个艺术部门中，对于艺术家来说，最大的诱惑就是，在利用他的材料的同时又蔑视它，借以表示他能支配它。在雕刻艺术史上有一个时期，人们嫌石头太重，硬要它来表现轻飘飘的东西，或者像文艺复兴时期那些矫揉造作的洛可可，一味追求绘画的风格。所以，浪漫主义者也同样把

---

① 〔德〕E. T. 霍夫曼：《雄猫穆尔的生活观暨乐队指挥克赖斯勒的传记片段》，陈恕林译，上海：上海三联书店，2014年版，第406页。

语言当作音乐来对待，他们使用语言，着重推敲它的音响，而不在乎它的意义。正如今天一些作家相当成功地试图用文字绘画一样，浪漫主义者也想用文字制作音乐。他们正是陷入了这种片面性，这是一目了然的。……他们不希望忠实于他们的文字，不希望为它们所束缚。他们嘲讽地使用文字，以致能够重新废除它们。他们不愿意它们实实在在地摆在他们面前，表示一个宗旨或者一个目的。正如他们把自由抽象地理解为任性，直到随心所欲地这样做或者那样做一样，他们把语言也抽象地理解为声音，以致使语言变成没有倾向的、也就是与生活和行为无关的纯粹的情绪表现。"①

勃兰兑斯对 19 世纪文学的很多看法都别具慧眼、深入本质，但上面这段带有反思性质的话在我们看来却有失水准。首先，德国浪漫主义者不只"用文字制作音乐"，他们也"用文字绘画"。其次，在"用文字制作音乐"时，德国浪漫主义作家也不只是"着重推敲它的音响，而不在乎它的意义"，只是他们表达意义或观点的方式比较特别，而且，正如上面所论述的，浪漫派作家还非常重视借鉴绘画或音乐的形式来设置小说的叙事结构。最后，也是最具有理论意义的是：德国浪漫主义作家借鉴其他媒介或其他艺术的美学效果，并非像勃兰兑斯所说的那样要"蔑视"语词这一媒介，恰恰相反，他们其实是高度尊重语词，试图使语词的表达能力最大化，以便通过跨媒介叙事使文学艺术化，从而创造出他们心目中的"总体艺术"作品。

自德国浪漫主义作家把文学艺术化这一跨媒介叙事方法引入文学创作之后，这种在表达媒介和美学效果方面追求"出位之思"的创作方式，很快就为同时期其他国家的浪漫主义作家所接受，如法国的雨果、波德莱尔、拉马丁等人，就以这种方式创作出了一大批具有文学艺术化效果的文学作品。尽管随着浪漫主义的退潮，这种跨媒介叙事方式在较长的一个时期里不被人重视，但进入 20 世纪以来，这种叙事方式重新受到很多天才作家的青睐。在某种意义上，我们甚至可以说，20 世纪以来的那些真正具有独创性的文学作品，都或多或少地借鉴了图像或音乐的形式特征或美学效果：在艺术效果上借鉴了图像（造型艺术）的小说作品，我们随便就可以举出格特鲁德·斯坦因的《三个女人》、伊塔洛·卡尔维诺的《命运交叉的城堡》、乔治·佩雷克的《人生拼图版》、米洛拉德·

---

① 〔丹麦〕勃兰兑斯：《十九世纪文学主流》（第二分册），北京：人民文学出版社，1997 年版，第 112 页。

帕维奇的《茶绘风景画》以及法国"新小说"派作家的几乎所有叙事作品；借鉴了音乐特征的著名叙事作品，则包括罗曼·罗兰的《约翰·克利斯朵夫》、托马斯·曼的《浮士德博士》、弗吉尼亚·伍尔夫的《海浪》、威廉·福克纳的《野棕榈》以及米兰·昆德拉的几乎所有小说作品，等等；至于马塞尔·普鲁斯特的《追忆逝水年华》、詹姆斯·乔伊斯的《尤利西斯》等作品，则借鉴了绘画、音乐、电影等多种艺术作品。由此不难看出，德国浪漫主义作家所开创的跨媒介叙事之法，确实具有强大的生命力和深远的影响力。

对于文学史上的跨媒介叙事现象，英国作家朱利安·巴恩斯有一个有趣的解释。巴恩斯认为，作家们往往羡慕艺术家，殊不知，他们自己也会被艺术家羡慕。"作家羡慕其他艺术形式，一般是因为它们更直接。音乐是最受羡慕的艺术形式，因为它最抽象，也最直接：从灵魂到灵魂，不需要语言文字在其中颠顶地调停。……画家被人羡慕，是因为他们的艺术可以在同一举动中、同一位置上将表现手法和表现本身结合起来：你中有我，我中有你，相辅相成，相得益彰。作家很少会想，他们会不会也反过来被别人羡慕：逛美术馆的人走马观花，像是看商品橱窗似的，一幅画只瞅五秒，那么，单是读者肯在作家身上花的时间，就很可能让那幅画的画家羡慕了。雷东宣称，文学是'最伟大的艺术'。"[1] 是的，无论是作家、画家还是音乐家都有值得对方羡慕的东西，就像语词、图像和音响都各有自身的表达特长一样；但宣称文学要高于其他艺术还是让人难以接受，就像宣称其他艺术要强于文学让人难以接受一样。正如阿尔伯特·施韦泽所指出的："艺术中的每一个灵感，在本质上都是综合的；它总是非得找到确切的表达方式不可。无论在绘画里，在音乐里，还是在文学里，都从来没有一种所谓纯粹艺术的东西，足以被称为唯一恰当的方式，而让其他方式显得无效。因为在每一个艺术家背后，都藏着另一个艺术家，他想有自己的发言权……"[2] 既然如此，那么，无论是以语词为手段的作家、以图像为手段的画家，还是以音响为手段的音乐家，都难以仅凭自己的表达媒介创造出真正具有价值的艺术作品，因为一切艺术"在本质上都是综合的"。也就是说，无论是作家还是艺术家，都只有清醒地认识到每一种表达媒介所具

---

[1] 〔英〕朱利安·巴恩斯：《霍奇金：为H. H. 而写的话》，《另眼看艺术》，陈星译，南京：译林出版社，2018年版，第252页。

[2] 〔德〕阿尔伯特·施韦泽：《论巴赫》，何源、陈广琛译，上海：华东师范大学出版社，2017年版，第385页。

有的优点和缺点，在保持自己所用媒介之优势的同时，也适当地跨出"本位"去进行跨媒介叙事，才有可能创造出真正符合艺术本质的优秀的文学艺术作品。就西方浪漫主义作家而言，尽管他们的"出位之思"偶尔会超出媒介"能力的极限"，因而创作出人们所批评的那种"伪艺术"，但整体而论，我们认为他们的跨媒介叙事非常成功，因为他们确实创造出了像《雄猫穆尔的生活观》这样的真正意义上的伟大的"总体艺术"作品。

第十三章 "总体艺术"与跨媒介叙事
——西方浪漫主义文学新论

法国学者让·贝西埃认为，浪漫主义文学思想的一个重要特征就是"突出该思想与非文学领域的不可分割的联系"[①]，他所说的"非文学领域"指的主要便是音乐、绘画等艺术领域。对此，英国观念史学者以赛亚·伯林在《浪漫主义的根源》一书中说得非常明白："浪漫主义运动一诞生便与艺术息息相关"，"在某种意义上，浪漫主义与艺术之间的关系较之它与其他领域的关系要紧密得多。……我们完全可以肯定浪漫主义运动不仅是一个有关艺术的运动，或一次艺术运动，而且是西方历史上的第一个艺术支配生活其他方面的运动，艺术君临一切的运动。在某种意义上，这就是浪漫主义运动的本质"[②]。如此看来，要研究西方浪漫主义文学，考察其与艺术之间的关系是至关重要的，因为正是这种关系构成了"浪漫主义运动的本质"。可让人感到遗憾的是：尽管研究西方浪漫主义文学的各类学术成果堪称汗牛充栋，但这一文学思潮与艺术之间的本质性联系却并没有得到应有的重视，有些研究领域甚至还是一片空白。正是有感于此，本章拟从跨媒介叙事的视角，对西方浪漫主义文学与艺术的关系进行探讨；而要有效地讨论这个问题，首先需要明了的便是西方浪漫主义文学的"总体艺术"特征。

第一节 西方浪漫主义文学的"总体艺术"特征

西方浪漫主义文学之所以与艺术有着千丝万缕的紧密联系，关键就

[①] 〔法〕让·贝西埃、〔加〕伊·库什纳、〔比〕罗·莫尔捷、〔比〕让·韦斯格尔伯主编《诗学史》（下），史忠义译，天津：百花文艺出版社，2002年版，第509页。

[②] 〔英〕以赛亚·伯林：《浪漫主义的根源》，吕梁等译，南京：译林出版社，2008年版，第3页。

在于浪漫主义作家试图创作出一种综合性、整体性的文艺作品——"总体艺术"（Gesamtkunstwerk）。事实上，浪漫主义文学最具根本性的特点就是这种所谓的"总体艺术"。

在瓦格纳看来，最理想的"总体艺术"是戏剧，因为只有在戏剧中，才能真正把建筑（剧场和舞台）、绘画（布景）、文学、音乐、舞蹈等各艺术门类统一成一个有机的整体。关于他心目中理想的"总体艺术"——戏剧，瓦格纳这样写道："未来的艺术作品将具有一种共同的性质，它们也只有根据共同的要求才能够产生。这种要求，我们迄今只是就个别艺术品种必然具备的实质从理论上加以阐述，然而实践上是只有采取一切艺术家组合的形式才是可以想象的，而构成这一组合的，则是一切艺术家根据同一时间和地点奔向一个确定目标的联合。这个确定的目标就是戏剧，大家在这里面联合起来；以便在共同参与之下把这特殊的艺术品种的特色发挥到高度丰富的程度，在发挥过程中大家同心协力地向各方面深入贯通，作为这番深入贯通的果实，就正是孕育那生气勃勃的、感性上活灵活现的戏剧。至于使它们各部分的参与成为可能，是的，使它们成为必不可少而且缺乏这一参与就根本不可能出现的东西究竟是什么，那正是戏剧的本来的核心：戏剧性的情节。"[1] 显然，瓦格纳认为，真正能在戏剧中把各"艺术品种"联合起来的，还是故事情节；也就是说，真正能把戏剧塑造成"总体艺术"的，还是戏剧舞台上的叙事行为，也即展示"戏剧性的情节"这一核心要素。

至于能够创造出"总体艺术"的创作者，瓦格纳认为是"未来的艺术家"。那么，什么样的艺术家才是瓦格纳意义上的"未来的艺术家"呢？要明白瓦格纳的真正意思，我们还必须仔细研究瓦格纳对"未来的艺术家"的以下解释：

> 那么，谁将是未来的艺术家呢？
> 无疑是诗人。
> 然而，谁将是诗人呢？
> 当然是演员。
> 反过来，谁又将是演员呢？

---

[1] 〔德〕理夏德·瓦格纳：《未来的艺术家》，廖辅叔译，姚亚平主编：《艺术学经典文献导读书系·音乐卷》，北京：北京师范大学出版社，2013年版，第301页。

第十三章 "总体艺术"与跨媒介叙事——西方浪漫主义文学新论

必须是一切艺术家的组合。①

尽管上述文字仍然没有指明"未来的艺术家"的具体身份，但仔细推敲还是可以肯定：瓦格纳所说的"未来的艺术家""诗人""演员""一切艺术家组合"，所指的其实是同一个人，即具有多种创作才能的"总体艺术"的创作者。对此，德国学者吕迪格尔·萨弗兰斯基说得好："至于艺术和艺术家的四分五裂，瓦格纳梦想着一种整体艺术作品，能将许多艺术门类统一起来，那是音乐、戏剧的表演、文学，以及绘画和雕塑的造型艺术。整体艺术作品要求整体艺术家，集体的生产有可能吗？也许不，责任在个别艺术家身上……"② 除了指出"总体艺术"的综合性特征，萨弗兰斯基的这段话还包含了以下信息：创作这种整体性的作品需要作为"整体艺术家"的"个别艺术家"，而不能指望"集体的生产"；能写出"整体艺术"的"整体艺术家"非常少见，所以连瓦格纳这样的天才都只能"梦想着一种整体艺术作品"。无疑，像瓦格纳所说的那种能综合多种艺术门类或多种艺术媒介的"总体艺术"作品，其创作是非常困难的，几乎是难以实现的，所以它往往只能是一种"未来的艺术作品"。正因为如此，所以一般来说，只要能融合两种艺术门类或两种艺术媒介的文艺作品，都可以称为"总体艺术"作品。

尽管"总体艺术"这个概念1827年才由特拉恩多夫正式提出，但"总体艺术"这一最能反映浪漫主义精神实质的文艺思想其实早就有了，如弗里德里希·施勒格尔于1798年所提出的"总汇诗"，在精神实质上其实就是一种进步的浪漫主义的整体文艺："浪漫诗是渐进的总汇诗。它的使命不仅在于重新统一诗的分离的种类，把诗与哲学和雄辩术沟通，它力求而且也应该把诗和散文、天才和批评、艺术诗和自然诗时而混合起来，时而融汇于一体，把诗变成生活和社会，把生活和社会变成诗，把机智加以诗化，用各种各样纯净的文化教养的材料作为艺术形式的内容，充实艺术，并通过幽默的震颤给艺术形式灌注灵魂。浪漫诗包罗了一切具有诗意的东西……只有浪漫诗能够像史诗那样，成为周围整个世

---

① 〔德〕理夏德·瓦格纳：《未来的艺术家》，廖辅叔译，姚亚平主编：《艺术学经典文献导读书系·音乐卷》，北京：北京师范大学出版社，2013年版，第301页。
② 〔德〕吕迪格尔·萨弗兰斯基：《荣耀与丑闻——反思德国浪漫主义》，卫茂平译，上海：上海人民出版社，2014年版，第288页。

界的一面镜子,成为时代的肖像。"[1] 因此,正如狄特·波希迈耶尔所指出的:在特拉恩多夫、瓦格纳之前,"综合各个艺术门类的思想,就已经在浪漫派的艺术理论中发挥过重要作用"[2]。而且,尤为重要的是:特拉恩多夫所提出的"总体艺术"概念,其实正是对此前文艺创作实践的精准概括,因为到1827年他正式提出这个概念的时候,浪漫主义作家已经创作出了一大批颇具代表性的堪称"总体艺术"的文学作品。

  从创作心理学的角度来说,浪漫主义文艺所倡导的"总体艺术"与作家创作时的心理活动非常吻合,比如说,要创作一篇小说,这种所谓的"总体艺术"就能够把作家创作这一叙事作品时的所思所想相对完整地记录下来。有过写作经验的人都知道,当作家们构思一篇小说时,脑中的事物是既快又多的,哪怕是在一分钟之内,脑海中闪过的事物都完全可以用成千上万来形容。而对于这种"万象齐临"的状态,语词记录却往往会显得不够用:他们常常会感到,如果写下了这个,就很可能忽视了那个;如果考虑到了一种可能性,就可能无法考虑其他更多的可能性。尤其让他们感到难堪的是,那些来到脑中的灵感差不多是同时的,而语词却必须遵循一个线性的叙事秩序。对于创作时的这种状况,阿根廷著名作家博尔赫斯在其小说《阿莱夫》中就有非常生动的描述。所谓"阿莱夫",是叙述者在特殊情境下所看到的一个"闪烁的小圆球","直径大约两三厘米",但这个小圆球却包含了世上的万事万物[3]。面对"阿莱夫"这样一个无限的小圆球,叙述者的绝望心情是可想而知的,正如博尔赫斯在小说中所叙述的:"现在我来到我的故事难以用语言表达的中心,我作为作家的绝望心情从这里开始。任何语言都是符号的字母表,

---

[1] 〔德〕弗里德里希·施勒格尔:《雅典娜神殿断片集》,李伯杰译,北京:生活·读书·新知三联书店,2003年版,第72页。

[2] 〔德〕狄特·波希迈耶尔:《理查德·瓦格纳:作品—生平—时代》,赵蕾莲译,哈尔滨:黑龙江教育出版社,2015年版,第178页。

[3] 从"阿莱夫"出现的特定情境来看,这个特殊的"小圆球"其实正是博尔赫斯所创造的作家创作时意识状态的一个绝佳隐喻。正如小说中的人物之一卡洛斯告诉"我"(小说的叙述者)的,要看到"阿莱夫",必须"先喝一小杯白兰地",然后钻进楼梯下的地下室仰面躺着,"在黑暗里,一动不动,让眼睛先适应一下。你躺在砖地上,眼睛盯着楼梯的第十九级。我走了,放下地板门,你一个人待着。也许有个耗子会吓你一跳,再简单不过了。几分钟后,你就会看到阿莱夫。炼丹术士和神秘哲学家们的微观世界,我们熟悉的谚语的体现:麻雀虽小,五脏俱全!"(〔阿根廷〕豪尔赫·路易斯·博尔赫斯:《阿莱夫》,王永年译,上海:上海译文出版社,2015年版,第191页)从上述文字的描述看来,"阿莱夫"不可能是眼睛真实看到的具有物质实在性的球状物,它其实是一种在类似"幻视"状态下出现在意识中的心理学意义上的"小圆球"。

第十三章 "总体艺术"与跨媒介叙事——西方浪漫主义文学新论

运用语言时要以交谈者共有的过去经历为前提；我羞惭的记忆力无法包括那个无限的阿莱夫，我又如何向别人传达呢？……此外，中心问题是无法解决的：综述一个无限的总体，即使综述其中的一部分，是办不到的。在那了不起的时刻，我看到几百万愉快的或者骇人的场面；最使我吃惊的是，所有场面在同一个地点，没有重叠，也不透明，我眼睛看到的是同时发生的；我记叙下来的却有先后顺序，因为语言有先后顺序。"①

如此看来，任何用语词叙述出来的故事都不可能完整地再现像"阿莱夫"这样的"一个无限的总体"，而创作时的意识状态正是一种类似"阿莱夫"一样的东西，也就是说，任何叙述行为都必须经历一个选择与抛弃的过程：选择一种或少数几种叙述的可能性，而抛弃其他众多的可能性。意大利作家伊塔洛·卡尔维诺就曾经谈到过这种创作时的这种状况。他把写作活动的"开始"视为"一个决定性的时刻"："抛弃那些数不胜数的、多姿多彩的各种可能性，奔向那尚不存在的，但如果接受某些限制或规则就可能存在的东西。"② 而且，在卡尔维诺看来，无论是对于小说家还是对于诗人来说，写作的开始都是这样一个面临艰难的选择与抛弃的时刻："每一次开始都是这样一个抛弃众多可能性的时刻：对讲故事的人来说，就是要抛弃众多可能讲述的故事，把他决定当天晚上要讲述的那个故事区分出来，并把它变成可以讲述的一个故事；对于诗人来说，就是要从自己那混沌般的精神世界之中区分出某种感情，并使它与表达某种感觉或思想的词语和谐地结合在一起。"③

显然，如果不把出现在意识中的众多事件和组织事件的各种可能性义无反顾地抛弃，我们便不可能写出任何形式叙事作品。就此而言，那种囊括一切的真正意义上的绝对性的"总体艺术"是任何作家和艺术家都不可能创作出来的，但相对意义上的"总体艺术"通过特定的创作手段还是可以实现的，而这也正是西方浪漫主义作家在理论上积极提倡并身体力行付诸创作实践的。

众所周知，作家们用来叙事的媒介是语词，但语词这种媒介在叙事时的优点和缺点都是非常明显的：其优点是可以很好地根据时间进程把一连串事件组织成一个具有因果关联的情节，其缺点则是无法把那种

---

① 〔阿根廷〕豪尔赫·路易斯·博尔赫斯：《阿莱夫》，王永年译，上海：上海译文出版社，2015年版，第192~193页。
② 〔意〕卡尔维诺：《美国讲稿》，萧天佑译，南京：译林出版社，2012年版，第121页。
③ 〔意〕卡尔维诺：《美国讲稿》，萧天佑译，南京：译林出版社，2012年版，第121~122页。

"阿莱夫"式的共时性事件清晰地、有秩序地叙述出来。与语词相比，图像尽管因其空间特性而无法完整和流利地叙述一个持续较长时间的故事，但其媒介特性却远比语词更利于展示多个共时性的事件。正是由于表达媒介的上述特性，运用语词的作家们在碰到像"阿莱夫"那样的叙述对象时，往往会借用像图像那样的空间叙事手段去尽可能地达成一种与共时性事件相适应的"总体艺术"作品。无疑，最直接的借用就是把图像与语词相混合，从而形成一种以两种媒介共同讲述一个或多个故事的图-文体叙事作品。这也正是西方浪漫主义作家（如瓦肯罗德、霍夫曼、雨果、乔治·桑、普希金、莱蒙托夫等）往往喜欢在文字性的手稿上画上各种图像（或涂鸦）的根本性原因。显然，这种多媒介叙事是西方浪漫主义作家试图在叙事作品中实现"总体艺术"的基本路径之一。关于西方浪漫主义文学的这种"图文一体"的多媒介叙事现象，我们将在其他论文中进行论述，下面主要讨论西方浪漫主义文学的跨媒介叙事问题。

第二节　作为"总体艺术"实现路径的跨媒介叙事

西方浪漫主义作家要实现"总体艺术"的目标，在保持自身表达媒介——语词之特长（长于表现时间进程中的一连串的事件）的同时，也跳出"本位"去追求图像或音符等其他表达媒介的表达潜能，确实不失为一种极好的表达手段或艺术路径。对于这种"出位之思"（跨媒介叙事）现象，法国浪漫主义诗人兼艺术批评家波德莱尔在《哲学的艺术》一文中有精彩的论述："今天，每一种艺术都表现出侵犯邻居艺术的欲望，画家把音乐的声音变化引入绘画，雕塑家把色彩引入雕塑，文学家把造型艺术的手段引入文学……"[①]

对于表达媒介与艺术门类之间的内在关系，阿尔伯特·施韦泽发表过很好的意见："我们依据艺术描绘世界的媒介，来给艺术分类。通过声音表达自我的人，被称为音乐家；借助色彩的，是画家；使用词语的，则是诗人。事实上，艺术家藉以自我表达的材料，是次要的。并非某人仅仅是一个画家，一个诗人，或是一个音乐家，而是他集这些身份于一身。一个艺术家的身上，包含了各种艺术倾向；仿佛他灵魂里居住着不

[①]〔法〕夏尔·波德莱尔：《哲学的艺术》，《美学珍玩》，郭宏安译，上海：上海译文出版社，2013年版，第256页。

第十三章 "总体艺术"与跨媒介叙事——西方浪漫主义文学新论

同的艺术家。他的作品，是这些艺术家合作的产物；在他的每一个想法中，所有艺术家都有自己的一份分工。唯一的区别在于，在某个艺术灵感中，这个艺术家占主导地位；在另一个灵感中，则是另一位艺术家主导，但他们懂得永远选择最适合自己的语言。"[1] 这就是说，尽管很多作家和艺术家仅以某一种身份为人们所熟悉，但事实上，他集画家、诗人或音乐家的身份于一身——"仿佛他灵魂里居住着不同的艺术家"。比如说，歌德就是这种"灵魂里居住着不同的艺术家"的作家，他年轻的时候甚至还以占卜的方式来决定自己未来到底是成为一个画家还是一个作家。[2] 当然，正如我们所知道的，歌德后来成了一个作家，但他始终都没有放弃绘画；尤为难得的是，歌德的绘画才能还潜移默化地转移到了写作之中，所以我们读他的很多作品就像是在看一幅幅用语词绘成的图画。就像施韦泽所指出的："歌德风格中最深邃之谜，正在于他毫不刻意，却能凭借寥寥几句话，让整个场景呈现在读者眼前；把读者们既没有见过、也没有听过的一切，传达给他们，仿佛身临其境。在《浮士德》里，我们读到的与其说是一个个场景，不如说是一幅幅生动的图画。……他描绘风景，并不仅仅用词语，而是像画家一样，真的目睹过实物；而且他使用的词语，就像相互呼应的色彩点；如此一来，它们将活生生的场景，召唤到读者眼前。"[3]

像歌德一样，很多西方浪漫主义作家尽管以语词作为写作的工具，但他们的思维方式却是图像性的，不少浪漫主义作家甚至本身就是颇有成就的画家，如雨果、梅里美、乔治·桑、缪塞、波德莱尔、戈蒂耶以及普希金、莱蒙托夫等人莫不如是。显然，这些浪漫主义作家的绘画才能肯定为他们的文学创作增色不少，从而使他们创作出的文学文本具有某种"图像"性特征，就像我们能从《浮士德》中读到"一幅幅生动的图画"一样。

对于真正的高手来说，不仅文学与绘画之间的跨媒介转换会增强各自的表达效果，文学与音乐的跨媒介转换同样如此。而且，这种跨媒介转换都有利于创作出堪称"总体艺术"的叙事作品。

---

[1] 〔德〕阿尔伯特·施韦泽：《论巴赫》，何源、陈广琛译，上海：华东师范大学出版社，2017年版，第381页。

[2] 〔德〕阿尔伯特·施韦泽：《论巴赫》，何源、陈广琛译，上海：华东师范大学出版社，2017年版，第381~382页。

[3] 〔德〕阿尔伯特·施韦泽：《论巴赫》，何源、陈广琛译，上海：华东师范大学出版社，2017年版，第382页。

如果说歌德是一个偏向图像思维的作家的话，那么，席勒则是一个具有音乐气质的诗人："我们把席勒认作一个诗人，他却认为自己其实是个音乐家。……与歌德情况不同，在席勒的词语背后，不是纯粹的直觉，而是声音与韵律。他的描述是声音性的，而没有逼真的图像性，不为读者呈现鲜活的场景。他的风景其实都是剧场般的背景装饰。"① 像席勒这样具有声音性描述才能的作家当然也不在少数，如法国浪漫主义诗人拉马丁以及深具浪漫气质的诗人和哲学家尼采，就具备这种音乐般的思维方式和写作才能。施韦泽说得好："拉马丁是又一个音乐家，因为他的暗示多于描画。音乐之于尼采，就像绘画之于歌德。他认为作曲才是自己的天赋，是他命中注定的天职。……他的著作就是一部部的交响曲。这位音乐家并不阅读它们；他听见它们，仿佛他正在翻阅一份乐队总谱。他所见的并非词语和字母，而是不断发展和交织的主题。在《超越善恶》中，他甚至运用了赋格形式的短小间奏——这是贝多芬常用的手法。……无论如何，尼采本人对自己著作的音乐性，有全面的自觉。这就是缘何他对那些'把耳朵塞进抽屉里'、只用眼睛读书的现代人，感到如此恼火。再者，通过思想之间的清晰联系、通过它们明显的不相关性和不连贯性，我们可以看到，写作《查拉图斯特拉如是说》的那位诗人，不是以词语的逻辑，而是以声音的逻辑处理他的思想。"② 如果说尼采是诗人中的音乐家的话，那么让他又爱又恨的瓦格纳则是音乐家中的诗人。对此，施韦泽这样概括道："瓦格纳是又一位音乐家中的诗人，只不过他不仅仅是文字表达的大师，同时是音乐表达的大师。尼采对瓦格纳不论是爱是恨，都达到了无人能及的地步；他总结了如下的著名公式：'瓦格纳是画家中的音乐家，音乐家中的诗人，但最重要的一点：他是戏子中的艺术家。'"③

我们认为，图像（造型艺术）因长于在有限的空间中展示多个共时性的事物，所以它们在表达效果方面往往容易成为西方浪漫主义作家所模仿的对象；音乐则因其抽象性和直接性而长于表达主体的精神状态或主观性的情感，所以它们作为一种"从灵魂到灵魂"的语言也容易被高

---

① 〔德〕阿尔伯特·施韦泽：《论巴赫》，何源、陈广琛译，上海：华东师范大学出版社，2017年版，第383~384页。
② 〔德〕阿尔伯特·施韦泽：《论巴赫》，何源、陈广琛译，上海：华东师范大学出版社，2017年版，第384页。
③ 〔德〕阿尔伯特·施韦泽：《论巴赫》，何源、陈广琛译，上海：华东师范大学出版社，2017年版，第384页。

度主观化的西方浪漫主义文学借鉴。在论及德国浪漫主义文学的特征时，彼得·皮茨除了谈到各种文学体裁之间的相互渗透，也指出了文学对艺术（尤其是绘画和音乐）的借鉴："由于'渐进的总汇诗'不局限于任何特定的形式和内容，它也同样摆脱了束缚，迈进了文学以外的艺术领域。这个时期的德国文学借鉴最多的是绘画和音乐。"①

总之，通过跨媒介叙事，即通过语词对绘画或音乐的模仿，西方浪漫主义文学在某种程度上达到了"总体艺术"的美学效果，在保持自身文学特性的同时，也使自己具备了某种"绘画"或"音乐"的特征。

第三节 跨媒介叙事与媒介"能力的极限"

正如阿尔伯特·施韦泽所指出的，很多优秀的文学艺术作品尽管最终只能在外表上通过一种媒介以某一种艺术形式表现出来，但在其外表的背后其实还潜藏着另一种甚至多种艺术形式。文学艺术的这种本质性特征正好为"出位之思"或跨媒介叙事现象提供了心理基础，也正好为西方浪漫主义作家创作出"总体艺术"作品提供了现实可能性。从上面的论述也不难看出，西方浪漫主义作家也确实通过跨媒介叙事这一特殊的路径，成功地创造出了一种综合性的"总体艺术"。当然，这只是问题的一个方面；而问题的另一个方面则是：当文学或艺术纷纷"出位"去追求其他艺术的长处或效果时，千万不要忘了所用媒介自身的特色或"本位"，也就是说，"出位之思"或跨媒介叙事固然可能带来固守媒介"本位"时所不可能具有的精彩表述或艺术效果，但也不要超出媒介自身的表达极限，否则的话就容易事与愿违，走向问题的反面。施韦泽说得好："不同艺术之间存在的紧密而又紧张的关系，使每一门艺术都有一种扩张的愿望，必须达到自身最极致的可能性，方甘罢休。但随即它又想去侵占别的艺术领地。不光音乐希望像另外两门艺术那样去描画和叙述，绘画与文学亦然。文学希望描绘出必须用眼睛观看的画；绘画希望抓住的，则不仅是可见的场景，更是其背后诗的感觉。然而，音乐借以表达的媒介，实在是太不适合描述实在的观念了，所以它想清晰表达诗歌与

---

① 〔德〕彼得·皮茨：《从文艺复兴到浪漫主义运动时期各类思潮概况》，〔德〕罗尔夫·托曼主编：《新古典主义与浪漫主义——建筑·雕塑·绘画·素描》，中铁二院工程集团有限责任公司译，北京：中国铁道出版社，2012年版，第12页。

图像的观念时，很容易就达到能力的极限。正因如此，图画与文学的倾向，在一切时代都对音乐创作造成极其有害的影响，并催生一种伪艺术，它自以为是地幻想自己能描绘某些事物和思想，实则那已经远远超出了它的能力范围了。这种伪音乐靠做作与自欺存活。它傲慢地把自己看作唯一完美的音乐，结果只能令它声名狼藉。"①

如果说，音乐试图去清晰地表达文学或图像等实在的观念时很容易超出音符"能力的极限"的话，那么，叙事作品试图像音乐那样仅仅满足于能指的游戏而不叙述任何故事的话，就同样有超出语词"能力的极限"的危险。此外，文学固然可以借鉴图像的空间表述能力，但如果忽视语词的线性特征而试图使其承担视觉艺术的全部功能的话，就会超出语词"能力的极限"而走向反面了。比如说，法国的"新小说"因模仿图像艺术的空间描述和造型特征而确实产生了很多优秀的作品，但毋庸讳言，其中也有不少因超出语词的能力极限而导致失败的小说，对此，卡尔维诺曾一语中的地指出："'新小说派'（nouvelle école）的危险性在于把文学命题缩减为（也许更严谨但无疑更有局限性）视觉艺术。"② 当然，只要作家们在进行跨媒介叙事时对作为表达媒介的语词有理性的理解和清醒的认识，努力做到不超出这一媒介的表达极限，就可以有效地避免因"出位"而带来的危险性。绝大多数西方浪漫主义作家，如瓦肯罗德、蒂克、霍夫曼、波德莱尔、马拉美等，对跨媒介叙事所持的都是这种理性的态度，所以他们能有效地运用跨媒介叙事这一艺术手段，去创造出他们心目中那种既具有高度的复杂性又具有多姿多彩的美感特征的"总体艺术"之花。

---

① 〔德〕阿尔伯特·施韦泽：《论巴赫》，何源、陈广琛译，上海：华东师范大学出版社，2017年版，第385页。
② 〔意〕卡尔维诺：《关于小说的九个问题》，《文字世界和非文字世界》，王建全译，南京：译林出版社，2018年版，第31页。

第十四章 "总体艺术"与西方浪漫主义文学的图文一体现象

对于西方浪漫主义文学的研究，自其产生的时候就开始了，且一直受到各国文学研究者乃至相关学科研究者的高度青睐。关于西方浪漫主义文学的各类研究成果可谓汗牛充栋，既然如此，我们为什么还要研究西方浪漫主义文学？我们能给西方浪漫主义文学研究贡献一点什么新的东西呢？在对相关研究文献进行过一番调查和分析之后，我们认为从图文关系的视域去考察西方浪漫主义文学，尚有不少可深入推进之处；而且，在当今这个所谓的"图像时代"，尽管研究者对图像表意、图像叙事以及图文关系等论题表现出了浓厚的兴趣，但相关研究成果大多还停留在喊口号、搞规划的阶段，无论是研究的方法还是得出的结论都难免流于空疏。本章通过全面、深入、具体地梳理西方浪漫主义文学的图文关系，既希望对西方浪漫主义文学研究有所推进，也希望对图文关系理论有所贡献。

第一节 图文一体与西方浪漫主义文学的本质特征

熟悉西方浪漫主义文学的人都知道，研究这一文学流派有一个特殊的难处：由于浪漫主义运动涉及众多的国家和众多的文学艺术种类，而且浪漫主义还"涉及社会政治生活以及道德生活"[1]，所以"浪漫主义"这一概念之下的所指因意指过多而变得"空无所指"。这一点，正如观念史学者 A. O. 洛夫乔伊所指出的："'浪漫的'一词渐渐指如此多的事

---

[1] 〔英〕以赛亚·伯林：《浪漫主义的根源》，吕梁等译，南京：译林出版社，2008年版，第3页。

情，而自然就空无所指。它不再发挥言语符号的功能。"① 洛夫乔伊认为弥补"文学史和文学批评中这一憾事"的方法，首先是应该认识到"浪漫主义乍看上去的多重意义"，"认识到一个国家的'浪漫主义'可能与另一个国家的'浪漫主义'几无共同之处，肯定要用不同的术语来加以界定"②。而且，洛夫乔伊认为把诸多"独立的事物"归结到"浪漫主义"的名下是缺乏根据的，"它们这一切可能有一些共同的特性，但即使真的如此，却从未明确地展示出来"③。

对于洛夫乔伊这种极端的看法，比较文学研究者 R. 韦勒克进行了强有力的批驳："这种极端的唯名论是没有依据的；各主要的浪漫主义运动形成了各种理论、哲学和风格的统一，而这三者反过来又形成了一组连贯的思想，其中每一种思想都与其他思想关系密切。"④ 我们认为，对于作为哲学家的洛夫乔伊来说，追求概念的明晰性当然无可厚非，但面对像浪漫主义这样一开始就与文学艺术关联在一起的概念来说，这种唯名论式的辨析并不适用；至于韦勒克的看法，尽管也不无道理，但他的论述过于笼统，并没有真正抓住问题的关键。在我们看来，尽管各国的浪漫主义文学具有很多很多的差异，但无一例外地都具有这样一个明显的特征，即与艺术有着非常紧密的联系。关于这一特征，以赛亚·伯林概括得非常清晰和到位："浪漫主义文学一诞生便与艺术息息相关"，"在某种意义上，浪漫主义与艺术之间的关系较之它与其他领域的关系要紧密得多。……我们完全可以肯定浪漫主义运动不仅是一个有关艺术的运动，或一次艺术运动，而且是西方历史上的第一个艺术支配生活其他方面的运动，艺术君临一切的运动。在某种意义上，这就是浪漫主义运动的本质"⑤。如此看来，考察浪漫主义文学与艺术之间的关系，是最能看清浪漫主义运动本质的一种研究路径。当然，"艺术"既包括像音乐这样的时间艺术，也包括像绘画、雕塑这样的空间艺术，还包括像舞蹈、戏

---

① 〔美〕A. O. 洛夫乔伊：《论诸种浪漫主义的区别》，《观念史论文集》，吴相译，南京：江苏教育出版社，2005 年版，第 226 页。

② 〔美〕A. O. 洛夫乔伊：《论诸种浪漫主义的区别》，《观念史论文集》，吴相译，南京：江苏教育出版社，2005 年版，第 228 页。

③ 〔美〕A. O. 洛夫乔伊：《论诸种浪漫主义的区别》，《观念史论文集》，吴相译，南京：江苏教育出版社，2005 年版，第 229 页。

④ 〔美〕R. 韦勒克：《文学史上浪漫主义的概念》，裴小龙、杨德友译，刘象愚选编：《文学思潮和文学运动的概念》，北京：中国社会科学出版社，1989 年版，第 106 页。

⑤ 〔英〕以赛亚·伯林：《浪漫主义的根源》，吕梁等译，南京：译林出版社，2008 年版，第 3 页。

剧这样的时间-空间艺术，但浪漫主义文学与音乐、舞蹈、戏剧等艺术门类之间的关系，不在本章的研究范围之内，下面仅限于讨论浪漫主义文学与图像的关系，更确切地说，本章考察的仅仅是浪漫主义文学的图文关系。

总括起来说，当文字与图像共同构成一个"作品"的时候，它们之间的关系不外乎以下三种：其一，在文字性文本中插入图像，这就是所谓文学作品的插图。此类插图当然可以有多种形式，但不管是哪一种形式，在文字和图像共同拥有的作品中，图像都是强行插入到文字性文本之中的，文字性文本实际上可以脱离图像而存在。显然，在这种情况下，文字在整个文学文本中起着主要的、支配性的作用，而图像则仅仅起一种附加的、装饰性的作用。

其二，在图像作品中添加文字，而所添加的文字往往成为图像的组构成分，或者"融解"于图像之中而不容易被人一眼看出。无疑，在这种情况下，图像在整个作品中的地位是主导性的，而文字则应以不影响整个作品仍被观看者视为图像作品为要务。比如，在德国画家菲利普·奥托·朗格于1805年所画的《夜莺的课程》（图14-1）[①]这幅画中，我们就可以看到图像（绘画）与文字（诗歌）的这种关系。关于《夜莺的课程》一画中的图文关系，有学者这样描述道："画面正中有一枚椭圆，里面是化身为人的普赛克——她的面貌酷似画家的妻子，他挚爱的波琳娜——正在给一个手拿笛子的小爱神上音乐课；一行哥特字体写就的铭文组成纤细的椭圆边框，那是克洛普斯托克献给森林深处的和谐乐声的诗句：'吹笛子吧！一时高音，/一时低音，直至无声，/随后高声吹奏，响彻整片森林！/吹吧，吹响笛子，让乐声消失在玫瑰花蕾中。'"[②]

[①] 〔法〕玛丽亚·特雷莎·卡拉乔洛：《浪漫主义》，王文佳译，北京：北京美术摄影出版社，2016年版，第113页。

[②] 〔法〕玛丽亚·特雷莎·卡拉乔洛：《浪漫主义》，王文佳译，北京：北京美术摄影出版社，2016年版，第112页。

图 14-1

其三，文字和图像在整个作品中和谐共存，它们共同构成一个有机的不可强行切分的图文一体的文学作品。显然，在这种图文一体作品中，很难说文字和图像哪一个更重要，在创作者的心目中它们都重要，都是构成其完整作品的有机成分，也就是说，只有这种图文一体作品才是本章的研究对象。对于这种图文一体的文学作品，我们还需要明确的是：无论是作家的手稿还是被印刷出版的文学作品，文字都是出现在纸上的，所以此类作品中的"图像"一般是指绘画这样的平面图像，像雕塑之类的三维立体图像是无法被完整地复制到纸上的，而且雕塑一旦被印刷到纸张之上就已经不是真正意义上的雕塑了。

在上述三类图文共处的作品中，第一种类型所涉及的文学作品中的插图问题，尽管在浪漫主义文学作品中也大量存在，但由于它并非浪漫主义文学运动所刻意追求的（尽管并不能完全排除作家为自己出版的文学书籍画插图的情况，但一般而言文学书籍中的插图并非出自作家本人而往往是出自他人之手），所以插图并不必然能够体现浪漫主义文学运动的真实面貌和创作追求。出于这种考虑，关于浪漫主义文学作品中插图的情况，本章就不拟讨论了。而第二种类型中的图像创作者一般是艺术家，而文字的创作者则既可能是他人，也可能是艺术家自己[①]。正如前面所指出的，这种类型中的图文关系是以图像为主的，文字则往往隐而不显，所以无论创作图像中文字的是他人还是画家自己，其文字都常常被图像吞噬，所以此类作品完全可以被我们理直气壮地视为图像作品，这显然超出了本章所限定的"文学"范围。我们认为，只有第三种类型，也就是说只有图文一体的作品才是最符合浪漫主义作家的理论旨趣和文学理想的作品——因为此类作品已经构成了一种"总体艺术"，而"总体艺术"正是浪漫主义文学最为本质的特征。

第二节 整体主义与浪漫派作家对"总体艺术"的理论探索

浪漫主义作家图文一体的文艺观反映了一种整体主义的世界观，这种观念的形成当然是与18世纪晚期这个特定的时代背景分不开的。

浪漫主义文学其实是在与旧时代也就是启蒙时代的对抗中发展起来的。自17世纪以来，随着牛顿划时代的《自然哲学的数学原理》的出版，随着物理学、生物学等自然科学的迅猛发展，科学与理性成为时代精神的主流，其后促成了"世界图景的机械化"[②]。发展到18世纪晚期，

[①] 在这方面，英国浪漫主义画家约瑟夫·马洛德·威廉·透纳的情况就很具有代表性，正如法国学者卡拉乔洛所指出的："从1798年起，已在伦敦皇家学院展览两年的透纳决定开始在其展出的画作上添加诗歌引文。诗句通常来源于18世纪的著名英国诗歌，尤其是汤姆逊的《四季》，但是后来画家决定自己创作，并将诗集命名为《希望的幻觉》。"（〔法〕玛丽亚·特雷莎·卡拉乔洛：《浪漫主义》，王文佳译，北京：北京美术摄影出版社，2016年版，第153页）

[②] "世界图景的机械化"是荷兰科学思想史家爱德华·扬·戴克斯特豪斯一部重要科学思想史著作的书名。戴克斯特豪斯认为，科学不仅对自然科学也对社会文化产生了巨大的影响，但科学的精神及其世界观并不总是符合人的内在需求和人类对自身生存的理解，因此，他极力倡导用科学史来弥补科学与人文之间的鸿沟。当然，"世界图景的机械化"在启蒙时代（理性时代）就已经成为一个历史事实，对此，人们存在着不同的看法，"有些人把它看成人类思想渐趋明朗的征兆，预示着能在一切知识领域获得可靠结果的唯一方法不断得到应用。即使后来的物理科学不得不放弃经典机械论的一些基本原理，这种方法的价值也依然未受损害；另一些人虽然认识到，机械论观念对于理论认识的进步和对自然的实际控制至关重要，但却认为它对于哲学科学思想以及社会的一般影响几乎是灾难性的。在他们看来，让其他科学分支尽可能地效仿物理科学的研究方法绝非方法论的理想。他们往往认为，思想受制于机械论的观念是世界在20世纪（尽管有各种技术进步）陷于精神纷乱和困顿的主要原因。"（〔荷〕爱德华·扬·戴克斯特豪斯：《世界图景的机械化》，张卜天译，北京：商务印书馆，2015年版，第4页）

不仅科学被分成了许多高度专业化的学科，劳动也被分化成许多不相关联的技能，政权则被划分为许多具有独立职能的机构，甚至完整的人自身也被肢解成若干碎片了。这种时代精神反映到文学上，就是数学般的理性和精确成了作家们追求的目标。对于这种深受数学影响的文学风气，美国数学史家莫里斯·克莱因说得好："就像20世纪美国的商人由于商业上的成功而成为时代的权威一样，17、18世纪的数学家也由于成功地揭示和阐明了自然界的秩序，而成为当时文学的仲裁者，从语言、语法形式、语言风格一直到文学内容，无一例外。当时，最杰出的大文豪也认为自己的作品与数学、科学著作比较起来相形见绌；并且认为只有以这些著作为榜样，诗歌和散文的水平才有可能提高。"[1] 这种文学风气最突出的表现就是语言的标准化和文体的纯粹化，语言标准化的结果自然是"使语言丧失了细腻的、丰富多彩的词汇"[2]，而文体纯粹化的结果则导致了"总体艺术"（一种整体性、综合性的文学艺术）的瓦解。

事实上，在此之前的漫长的西方文学艺术的历史上，诗歌、舞蹈和音乐以及建筑、雕塑和绘画一般都是以一种整体的面貌出现的；而且，在文学文本的内部，诗歌（韵文）和散文也往往是结合在一起的。而经过理性主义和启蒙运动的洗礼之后，"从18世纪末开始，各种不同的艺术开始相互分离。每一种艺术都在努力寻求自身的独立、自主、自足；每一种艺术都极力追求（一种带有双重意义的）'绝对性'。每一种艺术，都力图把自己完整的纯粹性展现出来——事实上，它们甚至把这种纯粹性提升到了某种道德假定的高度"[3]。这种在语言、文类乃至风格上追求清晰、纯粹、独立的结果，当然便是"整合艺术品（the composite art work）的彻底分崩离析"[4]。

在这样的时代语境下，崇尚整体性的浪漫主义作家便起来反抗了。"浪漫主义运动提倡整合艺术品的创作，显然，这是对艺术分立的真正抵制。这场运动对整合艺术品的渴求是千真万确的，尽管事实上它并没有

---

[1] 〔美〕莫里斯·克莱因：《西方文化中的数学》，张祖贵译，北京：商务印书馆，2013年版，第344~345页。

[2] 〔美〕莫里斯·克莱因：《西方文化中的数学》，张祖贵译，北京：商务印书馆，2013年版，第345页。

[3] 〔奥〕汉斯·泽德迈耶尔：《艺术的分立》，王艳华译，周宪主编：《艺术理论基本文献·西方当代卷》，北京：生活·读书·新知三联书店，2014年版，第62页。

[4] 〔奥〕汉斯·泽德迈耶尔：《艺术的分立》，王艳华译，周宪主编：《艺术理论基本文献·西方当代卷》，北京：生活·读书·新知三联书店，2014年版，第70页。

发挥出抵制艺术分立的原动力。"① 这里特别值得注意的是德国的情况，因为正是德国的浪漫派作家站在整体主义的立足点上，最早、最完整地对"总体艺术"进行了卓有成效的理论探索，从而为浪漫主义文学提出了完整的理论纲领。对此，范大灿先生这样解释道："在德国，政治和经济的转型相对于英法等国来说要缓慢得多，包括文学家和艺术家在内的知识分子并没有直接卷入政治和经济转折的浪潮中，而是游离在社会变革之外，成为旁观者。因此，他们关心的就不是社会变革本身，而是它带来的后果。他们对整体的丧失无比忧虑，对人被肢解和个人自主以及自由的丧失更感到痛心疾首。于是，至少在观念中保持整体、在艺术中保持人的完整和自由，就成为他们共同的强烈要求。"② 这就是说，浪漫主义者一开始就崇尚整体主义，并把整体主义作为他们始终如一的追求。

　　浪漫主义者所崇尚的整体主义当然并不限于文艺，但对已经分裂的现实他们感到无能为力，所以便发展出以整体之文艺去替代分裂之现实的思想。"如果说，浪漫作家的第一个共同点是在观念中坚持整体、追求无限，那么他们的第二个共同点就是以文艺代现实，文艺不再是实现某种目的的手段，它自己本身就是自己的目的，它不受任何其他因素的制约，它是独立自主的，它是自由的。所以，也正因为如此，人只有在文艺中才能成为完整的人，人只有在文艺中才能享有自己应有的自由。由此可见，'浪漫'这个概念是纯美学概念，在这一点上它与'启蒙'有根本的区别。'启蒙'是文化概念，它的基本含义就是人的解放以及个人如何成为能够管制自己和支配自然的主人。'启蒙'这个概念不仅适用于文学艺术，也适用于其他许多领域，如宗教、政治、自然科学等等，而且在所有属于'启蒙'的这些领域中哲学都占有主导地位，文艺也不例外。与此相反，'浪漫'首先是个审美概念，哲学在这里只起辅助作用，它只是用于界定和进一步发展'浪漫'这个概念的手段。"③ "浪漫"这个纯美学概念当然不能总是停留在抽象的阶段，它必须具体化，具体化的表现形态就是下面将要论及的"总体艺术"，而"图文一体"则是这种"总

---

　　① 〔奥〕汉斯·泽德迈耶尔：《艺术的分立》，王艳华译，周宪主编：《艺术理论基本文献·西方当代卷》，北京：生活·读书·新知三联书店，2014年版，第71页。
　　② 范大灿：《解读〈一个热爱艺术的修士的内心倾诉〉——代译序》，〔德〕瓦肯罗德：《一个热爱艺术的修士的内心倾诉》，谷裕译，北京：商务印书馆，2016年版，第4~5页。
　　③ 范大灿：《解读〈一个热爱艺术的修士的内心倾诉〉——代译序》，〔德〕瓦肯罗德：《一个热爱艺术的修士的内心倾诉》，谷裕译，北京：商务印书馆，2016年版，第6页。

集所有时代中"一切具有诗意的东西"——这当然是一个难以实现的目标,但浪漫主义者愿意积极地不断尝试。

后来,在《谈诗》一文中,施勒格尔在论及诗的体裁理论时继续这样写道:"诗的体裁理论或许就是诗真正的艺术学说。……节奏、甚至押韵的音步的原则具有音乐性。性格、场景、激情的刻画中本质的、内在的东西,即精神,或许就是以造型艺术和绘画艺术为家的。"① 此外,在《论文学》这篇论文中,施勒格尔进一步谈道:"各种最重要的文学现象,无论是在科学还是艺术的范围内,目前正在德国大规模地相互渗透,于是造就出了一个各种现象相辅相成、同时又包容一切的整体。"②

从施勒格尔的上述论断中不难看出,他所谓的"浪漫诗",其实是一种不仅包含各种文学类型、各种话语形式,甚至也把"哲学""雄辩术""科学""艺术"等其他学科涵纳在内的综合性、总体性的文艺作品,也就是说,施勒格尔所倡导的正是一种"总体艺术"。总之,在施勒格尔看来,"对于整体所作的任何描述都不可避免地要变成诗","诗乃是整体最终的和最高的完善"。③ 也就是说,只要是对"整体"做出了描述的任何作品都可以称为施勒格尔意义上的"浪漫诗";而反过来说,这种对整体做出了描述的"浪漫诗"也堪称"整体最终的和最高的完善"。对此,彼得·皮茨概括道:"由于'渐进的总汇诗'不局限于任何特定的形式和内容,它也同样摆脱了束缚,迈进了文学以外的艺术领域。这个时期的德国文学借鉴最多的是音乐和绘画。作曲家和画家们反过来也关注文学……'渐进'的推动力不仅仅超越了体裁和艺术的界限,而且迈进了艺术以外的领域,例如学说和哲学,直到最终所有的思想和存在领域都融入到浪漫主义的普遍和谐之中。"④

在德国,除弗里德里希·施勒格尔之外,奥古斯特·威廉·施勒格尔、诺瓦利斯、瓦肯罗德、蒂克和霍夫曼等人也都是浪漫主义"总体艺术"的倡导者和践行者,所以浪漫主义很快就在德国形成一股汹涌澎湃

---

① 〔德〕弗里德里希·施勒格尔:《谈诗》,《浪漫派风格——施勒格尔批评文集》,李伯杰译,北京:华夏出版社,2005年版,第188页。
② 〔德〕弗里德里希·施勒格尔:《论文学》,《浪漫派风格——施勒格尔批评文集》,李伯杰译,北京:华夏出版社,2005年版,第244页。
③ 〔德〕弗里德里希·施勒格尔:《论文学》,《浪漫派风格——施勒格尔批评文集》,李伯杰译,北京:华夏出版社,2005年版,第248页。
④ 〔德〕彼得·皮茨:《从文艺复兴到浪漫主义运动时期各类思潮概况》,〔德〕罗尔夫·托曼主编:《新古典主义与浪漫主义——建筑·雕塑·绘画·素描》,中铁二院工程集团有限责任公司译,北京:中国铁道出版社,2012年版,第12页。

的思潮,并很快影响到了其他国家。比如,对于造型艺术与诗歌之间"交互的影响",奥古斯特·威廉·施勒格尔就有以下符合浪漫主义"总体艺术"精神的看法:"我总是对造型艺术与诗歌之间的关系很感兴趣。造型艺术从诗歌中借鉴能够令其脱离日常现实的想法,同时为流浪的想象添加明确的形象。如果没有这种交互的影响,那么造型艺术就会变得世俗而卑微,诗歌则会成为毫不可靠的幽灵。"[1] 当然,必须承认的是:在这些人之中,仅仅活了25岁的天才少年瓦肯罗德(1773—1798)及其所撰写的《一个热爱艺术的修士的内心倾诉》尤其影响巨大。这不仅是因为瓦肯罗德的生活和命运本身在当时的作家中具有典型意义[2],而且在于他为德国浪漫主义制定了第一份完整的艺术纲领。尽管此前施勒格尔所提倡的"浪漫诗"是一种已经涵括艺术等元素的"总体艺术",但施勒格尔思维的焦点仍然落在"诗"或文学上,而且他的倡导还停留在口号和"原则"上(与此相应,在文体上则主要采用了"断片"的形式),对艺术本身以及文学与艺术关系还缺乏具体、细致的分析。而瓦肯罗德则在施勒格尔的基础上在几个方面有所推进:首先是在立足点上,瓦肯罗德已经把焦点放到"艺术"上了。书中除去好友蒂克补写的几篇,14篇文章都是对艺术家、艺术作品或艺术理论的讨论。关于这一点,德国学者恩斯特·贝勒尔说得好:"因为瓦肯罗德和蒂克,绘画和音乐这两种从未被耶拿派学者重视的艺术形式投入到了早期浪漫主义理论的怀抱。绘画和音乐在施氏兄弟的早期著作中近乎绝迹,虽然诺瓦利斯在自己的断片中曾讨论过这些艺术形式,但他更多时候是把它们与诗类比,并未真正单独讨论过它们。但是,在瓦肯罗德和蒂克的批评文章中,艺术的整体观不再以诗为范式进行设想,而是以绘画和音乐的模式——或按二位好友的惯用说法——以绘画和音乐的语言为线索。这种对艺术的探索

---

[1] 〔法〕玛丽亚·特雷莎·卡拉乔洛:《浪漫主义》,王文佳译,北京:北京美术摄影出版社,2016年版,第112页。

[2] 瓦肯罗德聪明、敏感、情感丰富、多愁善感,长于静观和幻想,特别喜欢文学和艺术,这与父亲从小对他所进行的刻板的普鲁士式的家庭教育以及给他规定好的仕途之路格格不入,而他的天性和所接受的教育也使他不敢也不会去反抗,因此最后的结果自然是因郁郁寡欢而过早地死亡。正如有学者所分析指出的:"不论是就他的天资和性情,还是他的兴趣和爱好,瓦肯罗德都不适合走由父亲给他规定的仕途之路,但由于天生性格软弱再加以从小接受的教育,他不敢也不会违背父亲的安排。这就产生了这样一个矛盾,他愿意做而且也有能力去做的事情他不能做,他不愿意而且也没有能力去做的事情他非做不可。随着他年龄和阅历的增加,整个矛盾越来越明显、越来越尖锐,最后导致了悲剧的结局。"(范大灿:《解读〈一个热爱艺术的修士的内心倾诉〉——代译序》,〔德〕瓦肯罗德:《一个热爱艺术的修士的内心倾诉》,谷裕译,北京:商务印书馆,2016年版,第9页)

的新方向几乎全是瓦肯罗德的功劳。蒂克在某种程度上仿效了瓦肯罗德，但他最原创和最成功的，还是以小说和诗歌为媒介来处理这些主题，而非从理论上加以阐述。"① 其次是在文体上，瓦肯罗德已经创造出了一种真正的浪漫主义"总体艺术"的典范形式。正如有学者所指出的："这部文集的体裁也是多种多样，既有叙述性的艺术家生平记述，也有论证式的理论文章；既有事实的记载，也有凭空的虚构；既有小说，也有诗歌。它把各种体裁以及题材汇集在一起成为一个整体，成为名副其实的综合性的'整体文学'。这种写作形式同样具有划时代意义，因为在它以后出现的德国浪漫文学的作品大都采用了这种形式。"② 再次是在结构上，《一个热爱艺术的修士的内心倾诉》一书除作为"前言"的《致这部文集的读者》（由蒂克撰写）外，共有 17 篇独立的文章（其中的 3 篇是由蒂克撰写的），这些文章借鉴了教堂中祭坛画的形式来进行排列组合：以第 9 篇《缅怀我们德高望重的鼻祖阿尔布莱希特·丢勒》为核心，呈左右对称排列。关于这一点，恩斯特·贝勒尔已做过很好的揭示："我们可以把这种排列与祭坛画（altarpiece）的形式作比较。两者的主要差别当然是，祭坛画从左至右排列的圣徒与先知在这里变成了艺术家，而通常身处中央的基督则让位给了丢勒。"③

当然，尽管在具体实践和操作上，瓦肯罗德和施勒格尔有一些不同，但在对"总体艺术"的倡导方面他们是高度一致的。瓦肯罗德认为："世间其实处处皆为对峙者，而每个人自己都不过是对峙的一方。他们永远只把自己所在的地方看作是整个地球的重心。""同样，他们把自己的感觉当作艺术美的中心，以法官的身份对一切事物下最后的判决，却丝毫没有意识到，他们不过是以法官自诩，被他们宣判的人也同样以法官自居。"④ 既然世间充满"对峙者"和自我中心主义者，那么如何才能走出这种狭隘的对峙状态呢？瓦肯罗德认为必须通过艺术："艺术可谓人类的感觉之花。它以永恒变化的形式从世间诸多的领域中高高耸起，升向天

---

① 〔德〕恩斯特·贝勒尔：《德国浪漫主义文学理论》，李棠佳、穆雷译，南京：南京大学出版社，2017 年版，第 202 页。
② 范大灿：《解读〈一个热爱艺术的修士的内心倾诉〉——代译序》，〔德〕瓦肯罗德：《一个热爱艺术的修士的内心倾诉》，谷裕译，北京：商务印书馆，2016 年版，第 16 页。
③ 〔德〕恩斯特·贝勒尔：《德国浪漫主义文学理论》，李棠佳、穆雷译，南京：南京大学出版社，2017 年版，第 204～205 页。
④ 〔德〕瓦肯罗德：《一个热爱艺术的修士的内心倾诉》，谷裕译，北京：商务印书馆，2016 年版，第 48 页。

空。艺术的种子为掌握着地球以及世上万物的父，散发着融合统一的芳香。"① 可见，在瓦肯罗德看来，无论是在人类感觉的领域中，还是在美的领域中，都只有埋下"艺术的种子"，才能最终"散发着融合统一的芳香"。

尤为重要的是，瓦肯罗德认为我们日常所说所写的"话语"——语言和文字是有局限性的，这种局限性只有通过"自然"和"艺术"这两种"神奇的语言"才能得到弥补。"通过话语我们统治着整个世界；通过话语我们轻而易举地获得地球上所有的宝藏。唯有飘忽于我们之上的那些无形的东西，语言无法将其引入我们心中。"② 一般的语言不仅难以表达那些"无形的东西"，即便是在表述那些有形的、具体的事物时，语言也难免显得抽象和空洞："倘若我们能够道出世间万物的名字，那么它们便掌握在我们手中；——但是……它们虽然也是触动我们灵魂的事物，但当我们听到以名字称谓它们时，耳中却只有空无一词的轰鸣，我们的精神尚不会如期变得庄严和崇高。"③ 既然语词具有这些明显的缺陷，那么我们该如何弥补呢？瓦肯罗德认为只能通过另外两种"神奇的语言"："这两种神奇的语言，其一出自上帝之口；其二则出自为数不多的遴选者之口，上帝为这些爱子施涂了圣油。我指的是：自然和艺术。"④ 在瓦肯罗德看来，语词只能打动我们一半的自我，而自然和艺术却可以融合我们完整的生命，并从整体上打动我们："智者的教诲只能打动我们的头脑，也就是说，它只能打动我们一半的自我；而这两种神奇的语言，——此刻我正在宣告它们的力量，——却既可以打动我们的感官，又可以打动我们的精神；或者更进一步说（我无法用别的语言表达），通过它们我们（自己所无法理解的）生命中的各个部分都被融合在一个新的有机体里，并通过这两重道路去理解和掌握上天的奇迹。"⑤

在自然和艺术这两种"神奇的语言"中，瓦肯罗德认为艺术更为重

---

① 〔德〕瓦肯罗德：《一个热爱艺术的修士的内心倾诉》，谷裕译，北京：商务印书馆，2016年版，第47页。
② 〔德〕瓦肯罗德：《一个热爱艺术的修士的内心倾诉》，谷裕译，北京：商务印书馆，2016年版，第60页。
③ 〔德〕瓦肯罗德：《一个热爱艺术的修士的内心倾诉》，谷裕译，北京：商务印书馆，2016年版，第60页。
④ 〔德〕瓦肯罗德：《一个热爱艺术的修士的内心倾诉》，谷裕译，北京：商务印书馆，2016年版，第61页。
⑤ 〔德〕瓦肯罗德：《一个热爱艺术的修士的内心倾诉》，谷裕译，北京：商务印书馆，2016年版，第62页。

要。尽管二者都使用象形文字，都通过图像讲话，但艺术更具有震撼我们内心的力量："艺术与自然是两种截然不同的语言；但它却同样通过隐晦而神秘的方式作用于人之心灵，具有神奇的力量。它通过人类中的图像讲话，使用着一种象形文字，我们只能认识和理解这些符号的外表。然而，艺术却以其动人而奇妙的方式，把精神的和非感性的东西融化到可见的形体之中，使得我们整个的身心从最深层次为之震撼。基督受难的画面、圣母像或圣徒故事像，我敢说，它们比道德的体系和神学的思辨更能净化我的情感，更能在我的内心注入神圣美德的良知。"① 而且，与自然相比，艺术更具有完整性，因而具有超越一切（包括自然）的至高的完美："艺术为我们塑造了人类至高的完美。自然在我们凡人的眼中，如同零散地从上帝口中道出的隐讳的神谕。但是人们也许可以直率地说，上帝一定会像我们观看艺术作品一样，观看着整个自然和整个世界。"②

既然像文字这样的语言有缺陷，而在弥补文字性语言之缺陷的自然和艺术这两种"神奇的语言"中，艺术又要更胜一筹，那么，对于像浪漫主义作家这样视整体为生命的人来说，还有什么理由不把艺术语言和文字性语言结合起来，从而创造出一种名副其实的"总体艺术"呢？当然，由于种种原因，早期德国浪漫主义作家所做的融合艺术的努力仅限于以艺术家为主人公或以文字去描述艺术作品，而这种融合又主要可分为文字和音乐的融合，以及文字和绘画的融合两种，前者如《一个热爱艺术的修士的内心倾诉》一书中的最后那篇题为《音乐家约瑟夫·伯格灵耐人寻味的音乐生涯》的小说，后者如蒂克所创作的"艺术家小说"《施特恩巴尔德的游历》。当然，到了浪漫主义运动的晚期，德国音乐家威廉·理查德·瓦格纳更具雄心地正式提出了旨在融合音乐、表演、语词、绘画、建筑等各种文学艺术形式以及各类表现媒介的"总体艺术"，以使观众通过汇集各种不同的感觉而达到一种综合性、整体性的艺术体验。当然，瓦格纳意义上的"总体艺术"已经超出了本章的研究范围，这里就此打住。

正如有学者所指出的："几乎所有的浪漫派作家都崇尚整体主义

---

① 〔德〕瓦肯罗德：《一个热爱艺术的修士的内心倾诉》，谷裕译，北京：商务印书馆，2016年版，第62页。

② 〔德〕瓦肯罗德：《一个热爱艺术的修士的内心倾诉》，谷裕译，北京：商务印书馆，2016年版，第63页。

(Universalismus),面对被分割的世界和被肢解的人,他们坚持认为世界以及人是一个整体,或者应该是一个整体。"① 也就是说,"整体主义"不仅是德国浪漫派作家所奉行的人生信条和创作准则,也是法国、英国、俄国等不同国度的浪漫主义作家所追求的理想与奉行的准则。

第三节 西方浪漫主义文学图文一体的创作实践

事实上,德国对浪漫主义运动的主要贡献还在于理论上的倡导,那种真正意义上图文一体的文学作品在德国作家的笔下难得一见,而在法、英、俄等国的浪漫主义文学中,文字和图像共同出现并且在文本中和谐共处的作品就很容易看到了。

在法国浪漫主义作家中,喜欢拿起画笔作画的实在不在少数,而且不管自己有没有美术方面的训练,这些浪漫主义作家都喜欢这样做。对于法国浪漫主义作家这种爱好,意大利作家卡尔维诺曾经有这样的描述:"随着浪漫主义的到来,法国作家纷纷拿起画笔。作家的笔在纸上飞驰、停顿、游移,然后漫不经心或兴之所至地在空白处画下一张肖像、一个人偶、一幅涂鸦,或者全神贯注地画出一段花纹、一片阴影,或是一座几何迷宫。"② 之所以会出现这种"作家兼职作画"的奇特现象,是因为与以前的各个时代相比,浪漫主义时期作家们的教育观、文学观以及创作观发生了重大的变化:"在 18 世纪末和 19 世纪初,对于立志从文的年轻人来说,不曾学过绘画就等同于不曾接受完整的教育。诗人和作家都开始执笔画画,要不是因为文学领域的魅力更大的话,有些人甚至可以在艺术领域从事专业工作。与此同时,那些从来没有接受过绘画教育的作家手稿中也开始出现涂鸦和简笔小人。作家的整个文化面貌改变了,生出了创作'总体艺术'(这既是诺瓦利斯珍视的梦想,也是瓦格纳的标题音乐的基础)的宏愿。"③

在巴黎的巴尔扎克故居,曾举办过一场主题为"19 世纪法国作家的

---

① 范大灿:《解读〈一个热爱艺术的修士的内心倾诉〉——代译序》,〔德〕瓦肯罗德:《一个热爱艺术的修士的内心倾诉》,谷裕译,北京:商务印书馆,2016 年版,第 5 页。
② 〔意〕伊塔洛·卡尔维诺:《画画的作家》,《收藏沙子的旅人》,王建全译,南京:译林出版社,2018 年版,第 80 页。
③ 〔意〕伊塔洛·卡尔维诺:《画画的作家》,《收藏沙子的旅人》,王建全译,南京:译林出版社,2018 年版,第 80~81 页。

绘画作品"的展览,共展出了45位诗人和作家的250幅作品,这些作品包括最简单的涂鸦、素描、水彩画以及真正意义上的画作。据参观过这次特别展览的卡尔维诺介绍,尽管参加展览的作家,"有的声名卓著,有的相对次要,有的则已经被人遗忘,但每一件展品对于了解绘画和文字的关系都意义非凡"①。

根据卡尔维诺对这次特殊展览的描述,我们以有没有绘画天赋及有没有接受过良好的绘画训练为标准,可以把这些画画的法国浪漫主义作家分为四类:其一,既没有绘画天赋也基本上没有接受过绘画训练的作家。这类作家包括巴尔扎克、司汤达、米什莱等,如巴尔扎克"丝毫没有绘画的天分,只能在他手稿的空白处蹩脚地画出几幅略显幼稚的涂鸦作品(尤其是人脸画像)"。司汤达也是如此,所以在《亨利·勃吕拉传》的手稿上只能看到"粗糙的素描画",因此"我们几乎可以将他归入不会画画的作家的行列";至于米什莱,从他设计的法国大革命烈士纪念碑的草图来看,"他也没有驾驭画笔的天分"。②

其二,虽然没有接受过绘画训练但颇有绘画天分的作家。如诗人魏尔伦,"虽然他从来没有学习过绘画,却是一位富有创意和现代精神的幽默画家。在他留下的许多自画像中,他都是一副小鼻子、尖下巴的清朝官员形象:其中一幅展品上的他就是这副模样,脸部特征被简化为一系列互相重叠的三角形,再进一步就离立体主义不远了。最令人感动的是他给兰波(Rimbaud)画的肖像,画中的兰波斜靠在咖啡桌上,双眼盯着一瓶苦艾酒,表情就像个生闷气的孩子"③。属于这种类型的法国浪漫主义作家还有马拉美,"马拉美在绘画方面完全没有天赋,也不曾掌握任何绘画技巧,但是他在图案中加入了一些有趣的东西,与他无与伦比的文字天赋相得益彰"④。

其三,虽然受过专业的绘画训练,但画作并不是太有风格与个性的作家。普罗斯佩·梅里美、阿尔弗雷·德·维尼、泰奥菲尔·戈蒂耶等作家就属于这种类型。尽管这些作家接受过正规的绘画训练,但

---

① 〔意〕伊塔洛·卡尔维诺:《画画的作家》,《收藏沙子的旅人》,王建全译,南京:译林出版社,2018年版,第81页。
② 〔意〕伊塔洛·卡尔维诺:《画画的作家》,《收藏沙子的旅人》,王建全译,南京:译林出版社,2018年版,第82页。
③ 〔意〕伊塔洛·卡尔维诺:《画画的作家》,《收藏沙子的旅人》,王建全译,南京:译林出版社,2018年版,第86页。
④ 〔意〕伊塔洛·卡尔维诺:《画画的作家》,《收藏沙子的旅人》,王建全译,南京:译林出版社,2018年版,第87页。

"展览中展出的他们的作品（包括历史题材的画作、水彩风景画、讽刺画、建筑草图）都无法辨识出个人的风格"，比如说，"梅里美曾作为重要与会人士参加过许许多多的官方会议，可是就连这种场合，他在内阁文件纸上开小差创作的画作也是沉稳且教科书式的。他在旅行笔记本上创作的素描反倒更有趣些，因为它们对于国家和地方服饰有着准确的观察，从中我们可以体会到一种与他的短篇小说截然不同的力量。在戈蒂耶的作品中，两幅红墨水画最为突出，体现出他古怪且深受折磨的诗人品味：一幅是女巫的厨房，另一幅则是圣安东尼的色情虐恋画"[1]。

其四，绘画技艺精湛且画作极富创意的作家。属于这种类型的作家画家包括维克多·雨果、乔治·桑、阿尔弗雷德·德·缪塞、夏尔·波德莱尔等。其中，维克多·雨果已被公认为"19世纪法国作家中最富天才的业余画家"，展览中有几幅"他描绘光怪陆离的城市和诡异可怕的风景的钢笔绘画作品，作家借此在那段焦躁的时期宣泄出他最黑暗的浪漫主义血液。此外，这些作品也表明雨果在绘画中也有着独具天才的创造

---

[1] 〔意〕伊塔洛·卡尔维诺：《画画的作家》，《收藏沙子的旅人》，王建全译，南京：译林出版社，2018年版，第83页。

力"①。雨果的绘画才能在其在世时就已经得到了认可②,如戈蒂耶和波德莱尔就对雨果的绘画天才赞叹不已。对此,戈蒂耶在其回忆录中曾经这样写道:"根据诗人对造型艺术的特殊感情,不难想象,他可以像轻而易举成为一位伟大诗人那样,轻而易举地成为一位伟大画家;他对客观事物的观察力,在绘画方面会像在写作方面一样,帮助他成就大事。但是,他没有施展自己在绘画方面的天才,仅仅时而以此自娱而已,因为他知道,一个人从事一门艺术足矣。因此,绘画没有成为维克多·雨果的奢望。"③ "乔治·桑也是一位技艺精湛的风景画家,善用铅笔和水彩作画,至少我们从她的一组绿灰色和浅棕色的大山风景画中,可以看出她传达了某种不同寻常的意趣:这乃是一片凝滞而令人不寒而栗的碎石荒原。在这些风景画中,她采用了一种自己独创的绘画技法,她把它叫

---

① 〔意〕伊塔洛·卡尔维诺:《画画的作家》,《收藏沙子的旅人》,王建全译,南京:译林出版社,2018年版,第82页。

② 当然,雨果一向认为绘画只不过是一种业余爱好和个人的消遣娱乐,他并不以画家自居,也不认为自己的画作值得发表。雨果在世时曾在卡斯特尔(Castel)出版社出版过一本画册,但他在给出版商卡斯特尔的信中一再强调自己绘画的"业余"性质。雨果对于自己被人视为画家,态度始终是被动的,有时甚至显得有点无可奈何。1863年3月6日,雨果在给弟子和挚友默里斯的信中这样写道:"出版一本画册,于我是迫不得已的事情。我是已经尽量排除这种奢望的。这些乱涂乱画的东西,是留给我亲近和宽容的挚友的。"1901年,在雨果去世(1885)16年之后,坎博(L. Guimbaud)在《漫画家雨果》一文中首次披露了雨果在赠送给情人朱丽叶的册页上所写的一首自嘲诗,该诗生动地写出了自己成为画家的百般无奈:"作者把他被人发现的画,/今天在您的羽翼下埋藏,/请为他双重的苦恼牵挂。/先是自觉自愿出来流亡,/现在又身不由己当画家。"当然,尽管雨果认为自己是个"不情愿的画家",但这并不影响他的画作对艺术和艺术家所产生的影响。19世纪曾和雨果有过交往的画家布尔蒂(Burty)认为:雨果的某些画作,"以独特的方式重现了《〈克伦威尔〉序言》对1830年文学流派所起的作用。这些画里包括了全部理论……"这无疑是说,雨果的画预示了一场革命。到了20世纪,艺术评论家达索(P. Dassau)对雨果绘画的影响说得更是清楚明白:"他放任想象力自由驰骋,超越了整个造型艺术运动:印象派,超现实主义,点彩派。他在还没有名称之前就实践过折叠画、剪贴画、粘贴画。"超现实主义运动的祖师爷布勒东对雨果的绘画才能也有极高的评价,在《神奇的艺术》一文中,布勒东这样写道:"在这个领域内,最有决定意义的画,应该属于一个既不是职业雕刻家,也不是职业画家的人,就精神上而言,这就足够了。这个人还先于兰波,已经借助画笔和钢笔上的墨水,看到有办法可以'固定眩晕',探求自己的潜意识……这位不受重视的水墨画、'墨渍画'和想象力恣肆奇兀的画的作者,是一位诗人,名字叫维克多·雨果。"雨果的重孙让·雨果是位画家,有一次,立体主义艺术的巨匠毕加索在他的家里看到了维克多·雨果的一些画作,不禁失声喊道:"像你(曾)祖父这样的画,我也一直在画。"毕加索比雨果出生晚近60年,这说明毕加索所进行的艺术探索,雨果在半个多世纪之前就开始了。因此,正如有学者所指出的:"雨果是作家,是诗人,是小说家,是剧作家,同时,在充分和完整的意义上,雨果也是画家。"(请参见程曾厚先生为专门收集雨果绘画作品的中文版《雨果文集》第12卷所撰写的"译者前言",北京:人民文学出版社,2002年版)

③ 〔法〕泰奥菲尔·戈蒂耶:《浪漫主义回忆》,赵克非译,北京:人民文学出版社,2011年版,第71页。

作'树枝晶'（dendrites），来源于那些纹路呈树枝状的晶体结构。"① 此外，作为法国的浪漫主义大诗人，"波德莱尔不仅会画画，而且很懂得如何将智慧融入到手中的铅笔（或蜡笔或水彩笔）中去，而且他的自嘲有的放矢、毫不手软。在他开启的那个时代（即19世纪下半叶），我们发现诗人和作家在纸上勾勒图画时多了些洒脱，少了几分学究气"②。

关于法国浪漫主义作家的绘画，有两个重要特点值得强调指出：其一，他们的画作大都具有作家创作的特点，因而可称为"作家绘画"。比如，对于缪塞的绘画，卡尔维诺有这样的评价："缪塞的画作可以被定义为'作家绘画'，因其叙事创新、风格独具而且隐含着某种讽刺和自嘲而与真正的画家作品有所区别：这些都是文学创作的程序，尽管和作家在文字作品中使用的程序完全不同。"③ 实际上，雨果的绘画也具有这个特点，据戈蒂耶所说："维克多·雨果画画的时候，仍然是个手里握笔的大诗人。只是，这一次，从那支笔下流出的不是印入大众脑海里的那些靓丽闪光、如水晶般晶莹剔透、如无垠般意义深邃的文字；这一次，那支不受控制的笔玩起涂鸦游戏来了。他凭着一些梦幻般的想法，画出了记忆中一些影像模糊的片断、云遮雾罩的幻影、想象中的怪物，等等，总之是些无意识中信手勾勒的即兴画。在我们几乎每天都能出现在这位著名作家身边的那段日子里，我们不止一次惊奇地发现，滴在一个信封或一张纸片上的墨汁或咖啡，是如何变成一幅风景画，一座城堡，或一艘奇特船只的；那些画，由于光线明暗对比强烈，有一种意想不到的效果，激动人心，也很神秘，甚至能让职业画家感到惊奇。"④ 而且，"雨果的一些绘画作品，都能在他的文学作品中找到某种'源头'。《巴黎圣母院》、《悲惨世界》和《笑面人》都有一些相关的绘画作品。雨果本人在《海上劳工》的手稿中竟安排下整整三十六幅精彩的绘画。一个容易产生的印象是：画家雨果为作家雨果亲自制作插图。……但是，细细观察，并非如此。虽然两者题材相通，但不存在绘画为文学服务的问题。我们发现，文学作品的主要人物，主要情节，未必有'绘画'的配合，而现

---

① 〔意〕伊塔洛·卡尔维诺：《画画的作家》，《收藏沙子的旅人》，王建全译，南京：译林出版社，2018年版，第83页。
② 〔意〕伊塔洛·卡尔维诺：《画画的作家》，《收藏沙子的旅人》，王建全译，南京：译林出版社，2018年版，第85页。
③ 〔意〕伊塔洛·卡尔维诺：《画画的作家》，《收藏沙子的旅人》，王建全译，南京：译林出版社，2018年版，第85页。
④ 〔法〕泰奥菲尔·戈蒂耶：《浪漫主义回忆》，赵克非译，北京：人民文学出版社，2011年版，第70页。

有的画作又往往只和文学作品的细枝末节相关:《笑面人》的三座灯塔和小说的正面情节几乎无关。而三十多幅《海上劳工》的绘画里,甚至没有为主人公吉利亚特留下一幅肖像"①。因此,雨果的这些和文学作品相关联的绘画作品,必须被视为"总体艺术"才能得到合理的解释——而这与接下来要谈到的浪漫主义作家绘画的另一个重要特点若合符节。

其二,他们大都在手稿的边缘作画,与手稿中的文字和谐共处、相得益彰,图像与文字共同构成了一种图文一体的"总体艺术"。关于这个特点,卡尔维诺这样写道:"从这些布满文字的手稿边缘的一幅幅图画中,我们可以看出作家们对于有别于文字的另一种表达方式的追求。我们怎么可能感受不到作家对于画家的永恒嫉妒呢?"② 在我们看来,卡尔维诺把这种图文一体的文艺现象归结为"作家对于画家的永恒嫉妒"是欠考虑的。事实上,情况正好相反,在文学艺术史的绝大部分时期,因为文学的地位高于绘画,所以作家经常会受到画家的嫉妒,而文学也经常会成为绘画模仿的对象。③ 其实,浪漫主义作家之所以在手稿的边缘或空白之处绘画,只有在"总体艺术"的观念中才能得到合理的解释:浪漫主义作家试图表达的是具有综合性、整体性的事物、思想或情感,而仅仅用文字去进行这样的表达是具有局限性的,甚至是捉襟见肘、难以实现的,所以他们就尝试动用多种媒介手段去表达,于是在文字性的手稿中添加图像就成为浪漫主义作家较为普遍的一种追求,因为这种图文一体的"总体艺术"形式正是他们整体主义观念的最佳表达。而且,正如我们在雨果的《笑面人》和《海上劳工》等小说手稿中所看到的:文字所详写的地方,一般就没有绘画;而文字所略写的地方,则往往配之以绘画。此外,雨果作画的方式也非常特别,他曾经对波德莱尔坦言:"我在画里一起用上了铅笔、木炭、乌贼墨、木炭笔、炭黑,以及各种各样稀奇古怪的混合物,方能大体上表现出在我眼中,尤其是在我心中的景象。"④ 看来,为了表现出眼中或心中的总体性景象,雨果不惜动用他所能用上的一切手段——这仅仅是就绘画作品而言的,如果再加上文字,

---

① 程曾厚:《雨果文集12·译者前言》,北京:人民文学出版社,2002年版,第10页。
② 〔意〕伊塔洛·卡尔维诺:《画画的作家》,《收藏沙子的旅人》,王建全译,南京:译林出版社,2018年版,第87页。
③ 关于绘画(图像)模仿文学(语词)的现象,笔者在《模仿律与跨媒介叙事——试论图像叙事对语词叙事的模仿》一文(《学术论坛》2017年第2期)中有较为全面的讨论,对这个问题有兴趣者可以参考该文。
④ 这是雨果于1860年4月29日至波德莱尔的信中所说的话。转引自程曾厚:《雨果文集12·译者前言》,北京:人民文学出版社,2002年版,第11页。

一起组成图-文体作品，其表现能力当然就会更强了，而这也正是浪漫主义作家们所乐意采用的一种艺术形式。

法国浪漫主义作家绘画的上述两个特点，在其他国家浪漫主义作家的绘画中也存在，所以这也可以算是整个浪漫主义文学运动的显著特点。而后面一个特点尤为重要，在布满文字的手稿边缘或空白处画上图像，从而让文字和图像共同构成一个统一文本的做法，反映了浪漫主义文学在整体主义思想的指导下，试图创造出图文一体的"总体艺术"的文学理想和创作追求。比如说，在俄国浪漫主义文学运动的两员主将普希金和莱蒙托夫的文学手稿中，那种作为"总体艺术"的图文一体的作品也大量存在。

说起作为著名作家的普希金，相信很多人都非常熟悉，但说起作为有创造力的画家的普希金，就不一定有很多人知道了。事实上，普希金一生创作的绘画作品非常之多，目前收集到的就有400余幅，而这些绘画作品中的绝大多数都是文学作品的手稿。① 对于这些手稿上的图像作品，"研究者发现，在文学手稿上的许多画像透露了诗人创作构思过程的轨迹。有时在某一页手稿（通常是草稿）上的一个人像或图案，看似作者信手拈来随意而就的，其实正是这幅画蕴含了诗人创作过程中起伏的心潮，他的文思正在为某个难遣的词语或句子而搏动、跳跃，而手却停不下来，离不开文稿，于是画幅将构思过程记录了下来"②。例如，在《秋》（"断章"，1833）一诗的草稿上，普希金在构思自己感到特别困难的第一章的8行诗时，在写下"现在正是我的季节。严寒/有益于俄罗斯人的体魄——"这两行诗后，他在推敲斟酌接下来该怎样往下写。一开始他写下的两行是"大胡子村长向我诉苦/邻居的奔马踏坏了秋播地⋯⋯"，与这两行诗并行的还有一个剃掉了一圈头发的大胡子农民的侧面像。可是，普希金随后把这两行诗改为："狡猾的村长向我诉苦，/尽情的玩乐踩坏了秋播地⋯⋯"然而，对这两行诗他仍然不满意，所以最后又改定为："尽情的玩乐使秋播地备受蹂躏，/猎犬的吠声唤醒了沉睡的密林。"③ 显然，那个剃掉了一圈头发的大胡子农民的侧面像具有创作活

---

① 〔俄〕普希金：《普希金全集10·前言》，亢甫译，杭州：浙江文艺出版社，2012年版，第2页。
② 〔俄〕普希金：《普希金全集10·前言》，亢甫译，杭州：浙江文艺出版社，2012年版，第2页。
③ 〔俄〕普希金：《普希金全集10·前言》，亢甫译，杭州：浙江文艺出版社，2012年版，第3页。

动所特有的过程性，而这正是"作家绘画"的典型特点。此外，在最终没有写完的叙事体长诗《塔济特》(1829—1830) 的手稿上，在已经完成的部分之后，普希金还留下了两份草稿：一份是所谓"长诗的计划"（即写作提纲），另一份则是"长诗的人名草稿"。其中那份标注为"长诗的计划"的，包括这样一幅图-文体作品（图14-2）①。

图 14-2

作品中的有关文字内容为：

　　埋葬仪式
　　贵族和小儿子
　　Ⅰ——白天——鹿——邮车，格鲁吉亚商人
　　Ⅱ——鹰，哥萨克
　　Ⅲ——父亲把他赶出去。
　　青年与修道士
　　恋爱，被拒绝
　　战斗——修道士②

显然，从《塔济特》已经发表的那部分内容，很难推断出故事的走

---

① 〔俄〕普希金：《普希金全集10》，亢甫译，杭州：浙江文艺出版社，2012年版，第215页。
② 〔俄〕普希金：《普希金全集3》，余振、谷羽译，杭州：浙江文艺出版社，2012年版，第514页。

向，而且也没有涉及修道士的内容；从这份简要却图文并茂的"长诗的计划"中，我们却可以拼接出故事的大致轮廓。可见，作家绘画的进程在某种程度上是与叙事活动的时间进程相统一的。

无疑，普希金的那些带图像的手稿正是一种典型的图文一体的"总体艺术"作品。对于这种图文一体的作品，我们仅仅依赖文字是难以全面、准确地理解它们的。例如，普希金的抒情诗《谁看过那地方……》（1821），我们在一般书籍上所看到的文字文本是这样的：

> 谁看过那地方？草原和树林
> 都被自然的富丽所渲染，
> 河水闪烁着，以愉快的声音
> 轻轻拍打着平静的两岸；
> 在月桂拱立着的山坡上
> 凄凉的雪花从不敢偃卧——
> 告诉我，谁看过那迷人的地方？
> 我曾在那里默默流放和爱过。
>
> 金色的国度啊！艾丽温娜的
> 珍爱故乡！我全心朝你飞去！
> 我记得海岸的陡峭的岩壁，
> 我记得溪流的快乐的絮语，
> 簌簌的树荫，美丽的山谷，
> 还有安详淳朴的鞑靼人家，
> 靠着日常操劳和友爱互助，
> 生活在那好客的屋檐下。
>
> 那儿一切生动，悦人眼睛：
> 鞑靼人的花园、城池、村庄；
> 层叠的山峰倒映在水中，
> 船帆消失在大海的远方；
> 还有葡萄枝上悬挂着琥珀，
> 牲畜嘈杂地在草原游荡……
> 航海人会看到米特里达特
> 矗立的坟墓，闪着一丝太阳。

第十四章 "总体艺术"与西方浪漫主义文学的图文一体现象

啊,我能否再从幽暗的林中
一览山石峭立,海的碧波闪亮,
和明媚得好似欢笑的天空,
当桃金娘在倾圮的坟上喧响?
这生活的风暴会不会平静?
你可会再来——往日的优美?
啊,我能否再踱进甜蜜的阴影,
让心灵在和煦的疏懒中安睡?①

　　从文字中,我们只知道这是一首写景诗,作者用了很多美丽的意象去书写一个"迷人的地方"——艾丽温娜的珍爱故乡,可优美迷人的风景中也潜藏着忧郁,因为这一切均已成了"往日的优美"。从这首诗的手稿中,我们除了看到上述文字外,还看到了和文字紧密地联系在一起的图画(图14-3)②:手稿中的这幅画被俄文版《普希金全集》的编者大致确定为《浴棚里的苏珊娜》或《拔书亚》,但究竟是哪一幅他们并不能指指。然而,无论是苏珊娜还是拔书亚(即拔示巴),我们都知道她们是《圣经》中在沐浴时被偷窥的美丽女子,而诗中唯一提到的迷人女子是艾丽温娜,她和苏珊娜或拔书亚之间到底存在何种想象性联系,诗中的文字却没有任何揭示。毫无疑问的是:图像与文字之间肯定存在着某种关联,它们都是这首诗的有机组成部分。于是,诗歌给读者留下了诸多疑问和无限遐想……显然,对于这种图文一体的"总体艺术"作品,仅仅阅读其中的文字是不够的,我们必须同时阅读图像与文字并认真考虑它们之间可能存在的关系,才有可能把握其丰富的内涵和别样的美感。

---

　　① 〔俄〕普希金:《普希金全集1》,查良铮、谷羽译,杭州:浙江文艺出版社,2012年版,第462~464页。
　　② 〔俄〕普希金:《普希金全集10》,亢甫译,杭州:浙江文艺出版社,2012年版,第253页。

图 14-3

  至于莱蒙托夫，我们认为他的绘画才能甚至比普希金还高。之所以这么说，是因为普希金的绘画作品绝大多数都画在文学手稿或朋友的纪念册上，多少有点涂鸦的性质，而莱蒙托夫除了这类画作，还有不少独立存在的非常具有写实功底和艺术水准的水彩画和油画，描绘的对象则包括人物肖像、风景以及故事等，如诗人所画的这幅题为《回忆高加索》（1838，图14-4）[1] 的油画，就具有专业画家的水准。就画在文学手稿上的那些画作而言，它们也与文字共同构成一种具有浪漫主义特色的"总体艺术"。比如说，莱蒙托夫的这首题为《斯坦司》（1830）[2] 的抒情诗，就是一篇很有特

---

  [1] 参见〔俄〕莱蒙托夫：《莱蒙托夫全集 4》正文前之插图，顾蕴璞译，石家庄：河北教育出版社，1996 年版。
  [2] 所谓"斯坦司"，是一种由几个诗节组成的诗歌体裁，而每一节诗则各由一个复合句构成。尽管组成"斯坦司"的诗节并不限定，且构成诗节的复合句也可长可短——每节的行数则必须统一，但由于这是一种主要用于抒情短诗的体裁，所以诗节不宜过多，每节诗中的复合句也不宜过长。莱蒙托夫很喜欢这种短小而自由的诗体，曾以《斯坦司》为题写过多首抒情诗。

398

色的图－文体作品（图 14－5）①。作品中的文字如下：

图 14－4

图 14－5

---

① 参见〔俄〕莱蒙托夫：《莱蒙托夫全集 1》正文前之插图，顾蕴璞译，石家庄：河北教育出版社，1996 年版。

一

看，我的目光多安详，
纵然我那颗命运之星。
很久以来已暗淡无光，
韶光的回忆也模糊不清。
在你面前多次夺眶而出的
泪水不会依旧涌来，
有如命运为了跟我开玩笑
而安排的时辰难再。

二

你过去曾讥笑过我，
我也曾用轻蔑回报过你——
从那时起用任何一事一物
我都无法填补心灵的空虚。
什么也不能再使我们接近，
什么也不能给我以平静……
尽管奇妙的声音在我心中低语：
我不能再爱任何别人。

三

我已放弃了其余的激情，
但是既然连最初的幻想
都不能重新效劳于我们——
你能用什么取代这向往？……
既然你已在这个人间，
也许，也在那个天国，
把我的希望变成灰烬，
能用什么告慰我的生活？[①]

据说，这首诗是为苏什科娃（1812—1868）写的。苏什科娃是莱蒙托夫喜欢过的女性之一，诗人为她写过多首诗。苏什科娃聪明、漂亮而俏皮，莱蒙托夫曾疯狂地爱过她，但后来发现她比较庸俗，尤其是发现

[①] 〔俄〕莱蒙托夫：《莱蒙托夫全集 1》，顾蕴璞译，石家庄：河北教育出版社，1996 年版，第 231~232 页。

她过于风流，所以就于 1835 年主动断绝了和苏什科娃的关系。而创作这首《斯坦司》的时间是 1830 年，此时莱蒙托夫和苏什科娃应处在热恋时期，从诗中的文字我们似乎已能读出日后两人必然分手的结果，但从手稿中的图像中，我们仍能看出苏什科娃在诗人心目中的美好形象：美丽、优雅、活泼，具有一种令人难以忘怀的勾魂摄魄之美。也许正因为如此，所以要等到 5 年之后，莱蒙托夫才正式提出和苏什科娃分手——而诗人一生仅仅活了 27 岁。不知是出于何种考虑，在莱蒙托夫去世（1841）近 30 年之后，苏什科娃于 1870 年曾将此诗放到了自己的回忆录中，对此时芳华已逝的苏什科娃而言，这应该算是一种略带苦涩的甜蜜回忆吧。

浪漫主义图文一体的"总体艺术"作品，不仅在欧洲大陆风行一时，英国浪漫主义文学中的此类作品也不在少数，而其中最有名的也许要算是威廉·布莱克的《天真与经验之歌》。布莱克当然还写过其他作品，但他最有名也最具有代表性的作品就是《天真与经验之歌》。其实，布莱克首先出版的是《天真之歌》（1789），后来他又为这些诗歌书写了"续集"——这就是不同于先前书写"天真"的《经验之歌》（1794），但这些书写"经验"的诗歌并没有单独出版，而是和《天真之歌》合为一册出版的，合并后的总书名即《天真与经验之歌》。一个值得注意的事实是：这两种版本的诗集在出版时都发行极少，其中《天真之歌》为 22 册，《天真与经验之歌》也只不过 27 册。之所以数量如此之少，是因为布莱克所持的浪漫主义"总体艺术"观念与制作、出版这样的作品之间的巨大的甚至是难以克服的矛盾。

事实上，我们前面所论及的那些图文一体的艺术作品，都停留在手稿的阶段，它们最后出版发行时的面貌都已经被编辑出版方修改过，其中与文字相配的图像均被删除得干干净净了。这些按照统一的版式排列的纯文字性作品，显然已经远离了我们所说的那种"总体艺术"作品。布莱克对以这种面貌出现的作品非常不满，他希望最终能以图文一体的形式尽量完美地再现自己心目中那种综合性、完整性的艺术印象。但这说起来容易，真正做到却非常困难。在当时的技术条件和社会语境下，作家除了能写能画，至少还需要懂雕版印刷的技术。绝大多数浪漫主义作家的图文一体作品最终只能停留在手稿阶段，就是因为他们缺乏这种雕版印刷所需要的专业技术。而布莱克在这方面却得天独厚，他近 15 岁的时候进了当时著名的雕版师詹姆斯·巴塞尔的工作室学习，在那里，"他勤勤恳恳地干了七年，学会了雕版、蚀刻、点刻以及临摹的所有技艺。通过一番训练，他成为他那个时代最好的艺匠之一，一个不仅能在他一生中发展并完善传统技巧，而且也能创造出他自己独有的手法的人"①。1788年左右，在经历了一系列的文学创作实践之后，布莱克开始形成了图文统一的整体主义艺术观："他懂得诗歌同构图原是同一物的两种形式而已，而他具有实现这两者所必须的创造力和技巧，不论是分开来搞还是同时进行。因此，他就不能满足于看到他的诗不过是用文字形式写出或像通常那样印刷，像他早期的《诗的素描》那样。他愿意用构图和色彩把这些诗装扮起来，这样每一件'诗配画'就形成了一个艺术的整体。"② 为了对作为"总体艺术"的布莱克的"诗配画"有一个具体的、直观的印象，我们且来看看他的《羔羊》一诗（图14-6）③：

图14-6

① 〔英〕G. 凯因斯：《天真与经验之歌·引言》，〔英〕威廉·布莱克：《天真与经验之歌》，杨苡译，南京：译林出版社，2012年版，第1页。
② 〔英〕G. 凯因斯：《天真与经验之歌·引言》，〔英〕威廉·布莱克：《天真与经验之歌》，杨苡译，南京：译林出版社，2012年版，第3页。
③ 〔英〕威廉·布莱克：《天真与经验之歌》，杨苡译，南京：译林出版社，2012年版，第30页。

第十四章 "总体艺术"与西方浪漫主义文学的图文一体现象

其中的文字翻译成中文是这样的：

> 羔羊
> 小羔羊谁创造了你，
> 你可知道谁创造了你；
> 给你生命，哺育着你，
> 在溪流旁，在青草地；
> 给你穿上好看的衣裳，
> 最软的衣裳毛茸茸多漂亮；
> 给你这样温柔的声音，
> 让所有的山谷都开心；
> 小羔羊谁创造了你，
> 你可知道谁创造了你；
>
> 小羔羊我要告诉你，
> 小羔羊我要告诉你；
> 他的名字跟你一样，
> 他也称他自己是羔羊；
> 他又温顺又和蔼，
> 他变成了一个小小孩；
> 我是个小孩你是羔羊，
> 咱俩的名字跟他一样。
> 小羔羊上帝保佑你。
> 小羔羊上帝保佑你。[①]

这首《羔羊》出自《天真之歌》。牛津大学出版社出版的该书英文版中对这首诗的说明性文字是："这首诗被恰当地认为是布莱克最成功的诗篇之一，也是他的最明朗的诗之一。羔羊和小孩，都是天真和宗教的象征，互相交谈，孩子适当地提供了问题与回答。在构图中他们是被画在一起的，一边有一茅舍，背景有牢靠的橡树。两旁有茁壮成长的幼树成

---

① 〔英〕威廉·布莱克：《天真与经验之歌》，杨苡译，南京：译林出版社，2012年版，第31页。

拱状在画上覆盖着，并无任何关于经验的联想。"① 应该说，上述文字对《羔羊》这篇"诗配画"作品的描述是准确的，但它们并没有说明其中图像和文字的统一感与和谐性——而这正是这篇作品在艺术上最大的特色。

对于布莱克《天真与经验之歌》的"制作"方法及其艺术特色，英国文学史家安德鲁·桑德斯在其权威的《牛津简明英国文学史》中这样评价道："布莱克作为一个训练有素的雕刻家，将书面诗文转换成蚀刻铜版上的文本，配以适当的图像和装饰；印刷出来以后，页面上被精心地涂上了颜色，或者在某些情况下，利用自己发明的办法真正进行彩色印刷。如果对布莱克作品的最初构成加以研究，可以发现这些作品是图像和文本的结合。文本不仅仅是用来说明图画，图画也不仅仅是用来表现原文；两者都需要解释性或推测性的阅读。它们一起构成了一个作品整体，其中不同的符号证明是相辅相成、复杂多样甚至是相互矛盾的。"② 在对布莱克诗歌的艺术特色——"图像和文本的结合"，"它们一起构成了一个作品整体"——做出评述之前，桑德斯先肯定了诗人作为一个训练有素的雕刻家在"制作"方面的成功，这的确是颇有见地的。事实上，也正是因为这一点才成就了布莱克在文学史上的特殊地位。

其实，在作为"总体艺术"的"诗配画"创作出来之后，要把它们完美地呈现出来，主要是个技术活，绝大多数的作家和艺术家可能既不愿也不会去做这种事，因为他们觉得作家、艺术家的身份是高贵的，而雕版师或印刷工之类的职业则要低人一等。显然，布莱克并没有这样的创作等级观念，而曾经的工匠经历则有助于他通过自己的手把心目中理想的艺术形式完美地呈现出来。至于像雨果、波德莱尔、普希金和莱蒙托夫这样的诗人，他们的文学创作能力也许比布莱克高，绘画能力也许比布莱克出色，但他们的"制作"能力，即把自己创作的图-文体作品从手稿转变成印刷品而仍能保持"总体艺术"特色的能力，远远逊色于布莱克。也因如此，他们所创作的图文一体作品就只能停留在手稿阶段，这也不能不影响到绝大部分读者对他们那些具有真正浪漫主义"总体艺术"特色的作品价值的认识。

在长期的实践中，布莱克逐渐形成了他特殊的雕版方法——在一块

---

① 〔英〕威廉·布莱克：《天真与经验之歌》，杨苡译，南京：译林出版社，2012年版，第131～132页。

② 〔英〕安德鲁·桑德斯：《牛津简明英国文学史》（修订本），谷启楠、韩加明、高万隆译，北京：人民文学出版社，2000年版，第360～361页。

铜版上蚀刻诗歌和图像。"布莱克的这种方法要求把一个写好的文字本很吃力地再刻在一块铜版上，这样他可以根据自己的选择着色制成一种版本，在铜版上刻下文字，配以图画或简单的装潢与文字稿相协调，然后整个版面用翎毛笔或绘画毛笔着色，随心所欲地在制版上创作。布莱克已经寻找到将写成的文字作为一幅画的部分来呈献给他的读者的方法，而在他决心采用这条原则的时候，却丝毫没有想到若是大量生产，他的方法可是太缓慢了。"① 1788 年，布莱克在完成了一些实验性的小幅版画之后，就开始雕刻他的《天真之歌》了，到第二年才完成了全部 27 幅"诗配画"，于是如今负有盛名的这部"装饰诗集"就正式诞生了。当然，在《天真之歌》正式出炉之后，布莱克并没有满足于此，他在各方面继续探索，以使他的创作和呈现作品的方式更上一层楼，正如 G. 凯因斯所说："他迅速地发展以更为复杂的象征符号来表达一种哲学体系，同时他又创造了一种着色版刻方法，使用一种不知是什么合成的颜料。"② 因此，后来合并《经验之歌》并以《天真与经验之歌》为名出版的那本诗集，无论在内容还是形式上都更为精美了。

布莱克为了自己的艺术追求，不仅在"创作"上而且在"制作"上花费大量的时间和精力，这在当今这个注重速度和效益的时代也许显得有点不可思议，但正是他这种创造精神和工匠精神的完美结合，才让今天的我们能够看到像《天真与经验之歌》这样真正具有浪漫主义"总体艺术"特色的完美的图文一体作品。G. 凯因斯说得好："用这种形式印出他的诗歌的那种冲动一部分是由于他本身的气质，在他的心境中所想像的人生对于他来说却比物质世界更为真实。这种哲学要求意念与文字符号融为一体，转换成看得到的形象，文字与符号相互加强。布莱克的抒情诗足以令人满意，即使不加上绘画等装饰也可以为人接受，然而他不愿将这些诗印成一般模样交给读者，因此他的诗集出版的数量总是很有限的。"③ 但数量少点有什么关系呢？毕竟，决定一个作家或艺术家地位的，首先还在于其作品的品质和质量。

---

① 〔英〕G. 凯因斯：《天真与经验之歌·引言》，〔英〕威廉·布莱克：《天真与经验之歌》，杨苡译，南京：译林出版社，2012 年版，第 4 页。
② 〔英〕G. 凯因斯：《天真与经验之歌·引言》，〔英〕威廉·布莱克：《天真与经验之歌》，杨苡译，南京：译林出版社，2012 年版，第 4 页。
③ 〔英〕G. 凯因斯：《天真与经验之歌·引言》，〔英〕威廉·布莱克：《天真与经验之歌》，杨苡译，南京：译林出版社，2012 年版，第 4 页。

第四节 "总体艺术"作为"未来的艺术作品"

丹麦著名文学史家勃兰兑斯在《十九世纪文学主流》中曾经这样写道:"读者可曾站在一间用玻璃嵌成的房间里,看见自己和一切东西从上、从下、从四面八方无穷无尽地反映出来?只有这样,他才能体会到我们在浪漫主义的艺术形式面前眼花缭乱的感觉。"[①] 应该说,勃兰兑斯的这一说法是极富诗意的,也确实说出了读者在面对像浪漫主义文学这样的"总体艺术"时必然会产生的那种"眼花缭乱的感觉"。然而,这种感受并不是每个人都能体会得到,原因就在于我们绝大多数读者所看到的并非作品的原貌,我们能够看到、愿意看到的仅仅是文字性的文学文本。比如说,对于浪漫主义文学巨匠雨果,在他的祖国法国,广大的公众都得等到雨果去世一个世纪之后才知道他原来还是一位出色的画家。[②] 之所以如此,是因为和其他浪漫主义作家一样,雨果主观上并不认为自己是个画家,而且其绘画作品中的很大一部分都是和文学手稿联系在一起的。对于普通读者来说,一般是看不到作家的手稿的,而且就算可以看到,绝大多数人也并不愿意去看它们——毕竟阅读字迹潦草的手稿不像阅读印刷的书籍那样方便。

近些年来,人们对浪漫主义作家绘画的重视程度有所提升。由马森主编的《编年版雨果全集》在出版时(1967—1969)就不仅收集雨果的文学作品,而且也收集到了他当时所能收集到的全部绘画作品,这些绘画作品均被编入该全集的第 17、18 卷,共计 2000 幅。[③] 1996 年,俄罗斯科学院俄罗斯文学研究所(即"普希金之家")按国立星期日报业集团公司的要求编纂了一本《普希金书画卷》,以新版 17 卷本《普希金全集》补充卷(第 18 卷)的形式,由该集团公司的星期日出版社出版发行,共

---

① 〔丹〕勃兰兑斯:《十九世纪文学主流》(第二分册),刘半九译,北京:人民文学出版社,1997 年版,第 137 页。

② 据"国际雨果研究会"的罗萨(Guy Rosa)教授所说:"法国 1985 年纪念雨果逝世 100 周年的主要收获,是公众恍然大悟:雨果不仅是诗人,还是画家。"这一年之所以能让公众有此认识,是因为在纪念雨果逝世 100 周年的"雨果光荣展"活动中,展出的雨果绘画作品竟高达 3000 幅(此后,雨果绘画作品的数量仍在"攀升"中,据说现在已经超过了 4000 幅)。数量如此之多的绘画作品被展出,加上一系列的宣传活动,才让作家雨果的画家身份被公众认知。(参见程曾厚:《雨果文集 12·译者前言》,北京:人民文学出版社,2002 年版)

③ 程曾厚:《雨果文集 12·译者前言》,北京:人民文学出版社,2002 年版,第 14 页。

收普希金绘画作品 422 幅。但让人感到遗憾的是，这些被编入全集中的绘画作品已经不是它们的本来面貌了：浪漫主义作家的绘画作品大多是与文字一起存在于作家的手稿当中的，但这些被编进书籍之中的作品却基本上都被从原来的图－文体作品中析出，脱离了与之相伴相生的文字而成为孤零零的所谓"绘画作品"。此外，我国学者高莽曾经独具慧眼地编著了一本《普希金绘画》，这对于我们认识作家普希金的绘画才能当然是不无裨益的，但高莽先生在编选作家的绘画作品时，也只选了那些独立性较强的作品，对于那些"原画在手稿上，文章与图像混在一起"的作品，则由于"过于杂乱、模糊，所以便放弃了"。[①] 无疑，这种做法是不利于我们全面、准确地理解作为"总体艺术"的浪漫主义文学的。

作为一种旨在反抗"世界图景的机械化"、科学知识的专业化以及社会分工的精细化的浪漫主义文学思潮，尽管存在的时间并不长（主要存在于 18 世纪末至 19 世纪上半叶），但确实在文学以及其他相关领域产生了重大的影响。然而，历史并没有因为浪漫主义的反对而改写，未来也并不会因为浪漫主义的反对而改变走向，时至今日，浪漫主义所反对的那些东西仍然存在，机械化、碎片化、平面化、单一化之类的感觉不仅没有远离我们的生活，反而呈现出了愈演愈烈的势头。而且，就连作为"总体艺术"的浪漫主义文学本身也在一个多世纪的发展过程中，被人们大大地肢解或误读了。从这个意义上说，浪漫主义的计划至今仍没有完成，那种真正的"总体艺术"仍然还是瓦格纳意义上的"未来的艺术作品"。

但无论如何，对于目前颇为流行的图文关系研究而言，西方浪漫主义文学确实是一座值得重新发掘的富矿。本章从图文一体角度所做的这一番考察，其实仅仅涉及浪漫主义文学图文关系的一个方面，另一个重要方面则是文学对图像的模仿，即如何在文字性文本中达到像图像那样的视觉（空间）效果。当然，这应该是我们下一章的任务了。从这个角度来说，这里写下的并不是意味着结束的结语，而是另一项研究计划的开端。

---

① 高莽：《普希金绘画》，桂林：漓江出版社，2016 年版，第 273 页。

第十五章 "灵显"与图像
——詹姆斯·乔伊斯小说的跨媒介叙事

众所周知，文学的表达媒介是语词，这种媒介与图像、音乐所用的媒介不同，这构成了文学与其他艺术之间最重要的差别。正如亚里士多德所言，一切文学艺术"总的来说都是摹仿。它们的差别有三点，即摹仿中采用不同的媒介，取用不同的对象，使用不同的、而不是相同的方式"①。然而，这只是文学与媒介关系的一个方面，其另一个方面则是：一些具有创造性的作家往往会超越文学语词的媒介本性，去追求音乐、图像等其他媒介（艺术）的美学效果，从而形成文学创作中的"出位之思"或"跨媒介叙事"。对于这种特殊的跨媒介叙事现象，笔者曾经在《"出位之思"：试论西方小说的音乐叙事》②《从图像到文学——西方古代的"艺格敷词"及其跨媒介叙事》③《"出位之思"与跨媒介叙事》④ 等论文中做过宏观的理论性论述，本章所做的是运用相关理论，去考察西方现代主义文学大家詹姆斯·乔伊斯小说中的图像化效果，从而揭示出这位意识流小说大师作品中那至关重要而甚少被研究者关注的跨媒介叙事特征。

第一节 文学与媒介

要了解乔伊斯小说中有关"文本"（语词）与"图像"之间的跨媒介叙事，最好先了解文学与媒介的关系；而了解文学与媒介的关系，最好从媒介理论家马歇尔·麦克卢汉的有关思想说起。

---

① 〔古希腊〕亚里士多德：《诗学》，陈中梅译，北京：商务印书馆，1996年版，第27页。
② 龙迪勇：《"出位之思"：试论西方小说的音乐叙事》，《外国文学研究》2018年第6期。
③ 龙迪勇：《从图像到文学——西方古代的"艺格敷词"及其跨媒介叙事》，《社会科学研究》2019年第2期。
④ 龙迪勇：《"出位之思"与跨媒介叙事》，《文艺理论研究》2019年第3期。

第十五章 "灵显"与图像——詹姆斯·乔伊斯小说的跨媒介叙事

只要对现代文学和现代艺术的发展历史稍有了解的人，就必然会认可这个看法：重要的不是表现什么，而是如何表现，也就是用什么媒介或手段来表现。关于这一点，无论是福楼拜、波德莱尔、兰波、乔伊斯等文学家，还是赖特（建筑家）、毕加索（画家）、贾科梅蒂（雕塑家）等艺术家，他们的认识都是非常一致的。这些具有创造性的文学、艺术家都非常注意研究媒介，"有意识地研究他们创作所用的材料和素材"，也就是说，"他们研究的不是自己想要表现什么，而是能够用什么手段来表现。当他们研究这些材料时，他们很快发现，媒介即是按摩或讯息。这是一次大突破，因为他们发现艺术的功能是向人传授如何感知外部环境。康拉德有一句话常常被引用：'毕竟重要的是让你看清楚！'关键不是你知道这样那样的东西，而是你拥有掌握感知的手段"[①]。所谓"感知的手段"其实就是媒介，因为在麦克卢汉看来，媒介即"人的延伸"。

对于文学、艺术与媒介之间的密切关系，麦克卢汉有这样的论述："对现代传播变迁真正的了解，主要是来自现代诗人和画家机灵的技艺……"[②]麦克卢汉甚至认为："在理解一切媒介时，画家和诗人都能给我们很大的教益，19世纪后期的乔伊斯、艾略特、庞德等人都是我们的良师益友。他们研究外在的技术环境时，始终研究我们的感知，因为他们意识到，这对语言有深刻的影响，而语言正是诗人创作的媒介。"[③] 就其学术思想而言，麦克卢汉属于媒介理论中的"媒介环境学派"，他尤其看重新旧媒介交替的那个时期，他认为一种新媒介会创造一种新技术和新环境，从而使旧技术和旧环境成为"内容"或"艺术"："任何技术的内容必然是一种旧技术。新环境包裹旧技术，把旧技术变成一种艺术形式。"[④] 处于新旧媒介交替的时期，对于深谙媒介之道的文学家来说，往往会具有一种"形而上的自负"。所谓"形而上的自负"，就是把一种媒介（艺术）的意象通过符号转换之后

[①]〔加〕马歇尔·麦克卢汉：《媒介即是按摩》，〔加〕斯蒂芬妮·麦克卢汉、〔加〕戴维·斯坦斯编：《麦克卢汉如是说：理解我》，何道宽译，北京：中国人民大学出版社，2006年版，第64页。

[②]〔加〕马歇尔·麦克卢汉：《乔伊斯、马拉梅和报纸》，〔加〕埃里克·麦克卢汉、〔加〕弗兰克·秦龙格编：《麦克卢汉精粹》，何道宽译，南京：南京大学出版社，2000年版，第99页。

[③]〔加〕马歇尔·麦克卢汉：《媒介即是按摩》，〔加〕斯蒂芬妮·麦克卢汉、〔加〕戴维·斯坦斯编：《麦克卢汉如是说：理解我》，何道宽译，北京：中国人民大学出版社，2006年版，第66页。

[④]〔加〕马歇尔·麦克卢汉：《媒介即是按摩》，〔加〕斯蒂芬妮·麦克卢汉、〔加〕戴维·斯坦斯编：《麦克卢汉如是说：理解我》，何道宽译，北京：中国人民大学出版社，2006年版，第62页。

变成另一种媒介（文学）。正如麦克卢汉所说："在她晚近对赫伯特的研究中，图夫（Rosamund Tuve）着重指出，所谓形而上的自负，就是直接把中世纪晚期流行的图画式意象翻译成的言语形式。她成功地说明，赫伯特等人特有的自负是两种文化相交而兴起的，这两种文化是原有的手抄书（页边上配有图）文化和新兴的印刷书文化。同理，许多人认为，伊丽莎白女王时代和詹姆斯一世时代特点丰富的文化，是口头传统和新型的印刷文化交汇的结果。口头传统退居次要地位，并且从属于静默和独自的读书人之后，纯文学才开始出现。"①

对于玄学派诗人来说，他们成功的秘诀就在于把中世纪的图像符号转换成诗歌的语词形式。对于处在电影、电视等"新型的图像式技术"所包围的"电力媒介"时代的文学家来说，他们又该如何面对"文学"与"图像"之间那种相互转化的关系呢？对此，还是麦克卢汉说得好："玄学派诗人把中世纪的象形符号改变为适合印刷术的文字，他们的成就在很大程度上得益于此。既然如此，我们就可以说，表现精美思想风景线的现代诗歌，在很大程度上要得益于新型的图像式技术。这种技术使爱伦·坡和波德莱尔如痴如狂。兰波和马拉梅的美学在很大程度上也是建立在这种技术上的。如果詹姆斯一世时代的文人正在退出图像文化走向印刷文化，难道就不能说，我们在新型图像技术的冲击下正在退出印刷文化，并且在那个交叉点上碰见他们吗？"② 确实，爱伦·坡、波德莱尔、兰波和马拉美等作家非常热衷"新型的图像式技术"，简直到了如痴如狂的地步，詹姆斯·乔伊斯又何尝不是如此呢？

麦克卢汉认为，为了适应"电力媒介"新的表达和传播形式，"艺术家应该以新的方式来干预和操作新型的传播媒介。这个办法就是精确而细腻地调整语词、事物和事件的关系"③。在这方面，乔伊斯可谓得风气之先："乔伊斯借用新闻报道的技巧并加以拓展，把中国和秘鲁共存的事从全球空间拓展到时间的维度。他完成了绵延不断的现实化的现实主义，

---

① 〔加〕马歇尔·麦克卢汉：《乔伊斯、马拉梅和报纸》，〔加〕埃里克·麦克卢汉、〔加〕弗兰克·秦龙格编：《麦克卢汉精粹》，何道宽译，南京：南京大学出版社，2000年版，第95页。

② 〔加〕马歇尔·麦克卢汉：《乔伊斯、马拉梅和报纸》，〔加〕埃里克·麦克卢汉、〔加〕弗兰克·秦龙格编：《麦克卢汉精粹》，何道宽译，南京：南京大学出版社，2000年版，第95~96页。

③ 〔加〕马歇尔·麦克卢汉：《乔伊斯、马拉梅和报纸》，〔加〕埃里克·麦克卢汉、〔加〕弗兰克·秦龙格编：《麦克卢汉精粹》，何道宽译，南京：南京大学出版社，2000年版，第101页。

第十五章 "灵显"与图像——詹姆斯·乔伊斯小说的跨媒介叙事

过去、今天和将来的事件构成永恒连续的现在。反过来,只需要去掉报头日期,就可以得到一个与此相似的宇宙模式,哪怕是不太令人满意的模式。"[1] 而所谓新闻报道,就其实质而言,"是事件的并置,以便产生'图像似的眼光'"[2]。此外,正如麦克卢汉所言:"乔伊斯用一以贯之的手法,表现现代都柏林和古代伊萨卡岛的相似之处。艾略特注意到,这是《尤利西斯》的主要资源。乔伊斯转向了'双情节'时间维度。乔伊斯之前的200多年中,这已是风景如画的艺术使用的主要手法。"[3] 显然,在麦克卢汉看来,无论是乔伊斯小说中所借用的"新闻报道技巧",还是其"空间时间化"方式与"双情节"结构模式,都体现了文学文本的图像化特征,是一种极具特色的跨媒介叙事。

总之,就文学与媒介的关系而言,詹姆斯·乔伊斯已经成功地把现代"新型的图像式技术"有机地融入了自己的文学创作活动之中,也就是说,他把和"图像"有关的技术手段或美学特征融入了以语词为媒介的文学文本之中。就此而言,乔伊斯的创作活动体现出了美学上的"出位之思",其小说叙事是一种典型的跨媒介叙事,具有某种特殊的图像特征或空间效果。

第二节 "灵显"及其图像叙事

包括文学在内的语词作品借鉴图像的表达技巧或美学效果,在西方有着悠久的历史,古希腊罗马修辞学中的"艺格敷词"传统,其实就是试图通过语词去达到图像般的形象、具体而又生动的效果。此后,无论是贺拉斯的"诗如画"观念,还是各类图像描写技术,抑或是各种图像诗、具体诗,都是通过语词去模仿图像以期达到那种造型艺术(空间艺术)特有的美学效果。正如有学者所指出的:"作家观赏图像的历史,贯

---

[1] 〔加〕马歇尔·麦克卢汉:《乔伊斯、马拉梅和报纸》,〔加〕埃里克·麦克卢汉、〔加〕弗兰克·秦龙格编:《麦克卢汉精粹》,何道宽译,南京:南京大学出版社,2000年版,第101~102页。

[2] 〔加〕马歇尔·麦克卢汉:《乔伊斯、马拉梅和报纸》,〔加〕埃里克·麦克卢汉、〔加〕弗兰克·秦龙格编:《麦克卢汉精粹》,何道宽译,南京:南京大学出版社,2000年版,第101页。

[3] 〔加〕马歇尔·麦克卢汉:《乔伊斯、马拉梅和报纸》,〔加〕埃里克·麦克卢汉、〔加〕弗兰克·秦龙格编:《麦克卢汉精粹》,何道宽译,南京:南京大学出版社,2000年版,第99页。

穿着充满希望的期待,尤其是期待着能够从图像艺术中学到一些东西来改善自己的表达方式。"① 那么,詹姆斯·乔伊斯是如何通过图像艺术来改善自己的表达方式,从而达到一种特殊的跨媒介叙事呢?这得从乔伊斯所提出的一个特有的文学概念——"灵显"(epiphany)②说起。

乔伊斯不是一个普通的写作者,而是一个对写作有着深刻思考的小说家。事实上,他在写小说之前的学生时代,就撰写了不少极具分量的批评文章。对此,有论者说得好:"乔伊斯能够兼修文学批评与文学写作,但思辨文学现象使他并没有像罗兰·巴尔特所臆想的那样,成为'缓刑'的作家,反而促成他发展、改造传统文学形式进行他的意图式写作。乔伊斯的意图式写作体现在他借重艺术观念清晰地运用多种文学形式来整合文本的细部构成,从而形成艺术观念与文本之间款曲暗通的互文性。"③ 而"灵显"就是这样一个重要的文艺理论或美学思想,正如罗伯特·斯科尔斯所说:"1941年,哈里·赖文(Harry Levin)在哈佛图书馆研究《斯蒂芬传》④的手稿时发现了灵显概念,并把它用于评析乔伊斯的整个创作,自此,灵显概念引起乔伊斯研究者的广泛关注,有些学者甚至把它当作打开乔伊斯作品迷宫的钥匙。大卫·海曼(David Hayman)和高德尔·德克·依(Cordell D. K. Yee)甚至提出反灵显(anti-epiphany)概念来解释乔伊斯叙事文本中叙事高潮间的瘫痪情境。在这里,两位学者把灵显理解成乔伊斯自觉运用的艺术策略。一些学者还就此沿着哈里·赖文的解释路数把《都柏林人》看作'灵显的结集',或把它看作'小灵显的容器',或'诸灵显的灵'。有的学者甚至把灵显当作一个纯粹美学概念,并把它和托马斯·阿奎那的审美三阶段说关联起来。"⑤ 不仅如此,有论者甚至把"灵显"与乔伊斯的艺术家身份以及他的整个小说创作联系起来:"我能理

---

① 〔德〕贝内迪克特·耶辛、〔德〕拉尔夫·克南:《文学学导论》,王建、徐畅译,北京:北京大学出版社,2016年版,第157页。

② 对于epiphany这个概念,目前有多个汉语译名,如"显现""顿悟""灵瞬""精神感悟""启示""昭显""显形"等(参见吕国庆:《乔伊斯小说研究》,合肥:安徽教育出版社,2013年版,第8页注释②)。本文择取上海译文出版社"乔伊斯文集"《乔伊斯诗歌·剧作·随笔集》中傅浩、柯彦玢等人的译法——"灵显",认为这个译名既注重精神内涵,又考虑外在显现,能够较好地体现乔伊斯的本意。因此,本文如果在引文出现epiphany这个概念,一概统一为"灵显",特此说明。

③ 吕国庆:《乔伊斯小说研究》,合肥:安徽教育出版社,2013年版,第8页。

④ 即Stephen Hero,亦译《斯蒂芬英雄》,原为《青年艺术家画像》(亦译《艺术家年轻时的写照》)的初稿,乔伊斯对初稿很不满意,后来对它进行了大幅度的修改,原稿则弃之不用,初稿的一部分现保留在哈佛大学图书馆。

⑤ 吕国庆:《乔伊斯小说研究》,合肥:安徽教育出版社,2013年版,第11~12页。

第十五章 "灵显"与图像——詹姆斯·乔伊斯小说的跨媒介叙事

解乔伊斯之所以成为一个艺术家,这个理论起了关键作用。我们可以认为他接连几部作品都是对这个理论的说明、强化和扩展。可以说,《都柏林人》就是一系列的灵显,在描写时表面上微不足道,然而实际上至关重要,展现出那些生命中不同特性的时刻;《艺术家年轻时的写照》也可被看作一种乔伊斯身为年轻人的灵显,作为一种'外露显现'表现出来;《尤利西斯》,根据乔伊斯的安排,通过普通人生命中一天发生的事情来充分描写主人公利奥波德·布鲁姆的灵显……;《芬尼根的守灵夜》可被看作一种扩充……在这部作品中,并非任何一个个人经受灵显,而是人类历史上的所有人,象征那些与彼此相联合的某些类型的人和代表们,因此描述他们的话可组合出各种各样的意义。"①

关于"灵显",汉语学术界还几乎没有以之作为一个有效的理论工具来进行相关研究或文本分析,甚至对于这个概念在文学语境的含义也存在理解不周全之处。事实上,"当论及灵显概念在乔伊斯给出的文学语境中的意义时,汉语语境也关注到对 epiphany 原始意义的考察,但基本上止步于它的基督教内涵,即'主显节',是指一些东方教堂于每年1月6日这一天,庆祝东方三博士来到耶路撒冷,遇见基督向世人(Gentiles)显灵的情境"②。无疑,这种理解存在片面之处。其实,epiphany 的概念在古希腊即已出现,正如维基·马哈菲(Vicki Mahaffey)所言:"在古希腊神话中,epiphany 指神灵突然显现(manifestation),在古希腊戏剧中,则被用来描述神突然在舞台上降临。"③ 此外,据1989年第2版的《牛津英语词典》,epiphany 这个源于古希腊语的英语词汇,其字源学意义应为"在……地点、时间显现"。综上所述,吕国庆认为:"epiphany 的基督教内涵加上它在古希腊神话和古希腊戏剧中的具体所指,以及它的古希腊语中的字源学意义,这三者大体上勾画出 epiphany 在进入乔伊斯的文学语境前语义源流的基本轮廓。"④

下面,我们还是来看看"灵显"思想在乔伊斯文本中所出现的原始语境。

---

① 〔美〕西奥多·斯潘塞:《简介》,〔爱尔兰〕詹姆斯·乔伊斯:《斯蒂芬英雄:〈艺术家年轻时的写照〉初稿的一部分》,冯建明、张亚蕊等译,上海:上海三联书店,2019年版,第13~14页。

② 吕国庆:《乔伊斯小说研究》,合肥:安徽教育出版社,2013年版,第16页。

③ Vicki Mahaffey, "Joyce's Shorter Works", ed. Derek Attridge, *The Cambridge Companion to James Joyce*, Cambridge: Cambridge University Press, 2004, p.177.

④ 吕国庆:《乔伊斯小说研究》,合肥:安徽教育出版社,2013年版,第16页。

事实上，乔伊斯在《尤利西斯》和《芬尼根守灵夜》中都提及"灵显"，但最早且最完整地论及"灵显"的，还是在《斯蒂芬英雄》中。由于《斯蒂芬英雄》后来被改写成了《青年艺术家画像》，且文中谈到"灵显"的内容基本上被删除了，所以在很长一段时间里人们并不知道乔伊斯的"灵显"思想。在《斯蒂芬英雄》稿本中，乔伊斯是通过主人公斯蒂芬的感受和体悟而提出其"灵显"思想的：

> 女性对宗教的普遍态度令斯蒂芬困惑，常常让他发狂。他的本性无法让他有不真诚或愚蠢的态度。他不停地想这件事，最后诅咒埃玛是最具欺骗性和懦弱的有袋类动物。他发现是一种卑微的恐惧和缺乏贞洁精神阻碍埃玛答应他的求婚。他觉得她的眼睛在看一些神圣的形象时显得很奇怪，同样怪的还有受到主人接待时她嘴唇的样子。他咒骂她小市民的懦弱和美貌，他对自己说，尽管她的眼睛可能会哄骗罗马天主教徒们那愚蠢至极的上帝，但不能唬住他。街上每个流浪的形象里都有她的影子，每个影子都加剧他的反感。……他夸大她们的邪恶和不良影响，并将她们的反感全部奉还。……一个雾蒙蒙的晚上，他正路过圣易科里斯时，这些想法都在他的脑袋里不安分地跳动着，这时一件小事让他写了几行热情的诗句，题目定为"妖妇维拉内拉诗"。一个年轻女人站在其中一个褐色砖房的台阶上，看起来像是爱尔兰瘫痪的化身。一位年轻的绅士正倚在那片生锈的栏杆上。斯蒂芬继续探索时，听到了下面这段对话，给他留下强烈印象，尖锐地刺激着他的敏感神经。
>
> 那个年轻女人——（谨慎地慢吞吞说话）……啊，对……我是……在教……堂……
>
> 年轻男人——（声音很小）……我……（又是很小声）……我……
>
> 年轻女人——（温柔地）……啊……但是你……非……常……邪……恶……[①]

在向埃玛求婚被拒绝的状况下，斯蒂芬刚好看到一对年轻男女并听到了他们带有欺骗性的几句对话。乔伊斯认为这对男女所处的地方及其

[①] 〔爱尔兰〕詹姆斯·乔伊斯：《斯蒂芬英雄：〈艺术家年轻时的写照〉初稿的一部分》，冯建明、张亚蕊等译，上海：上海三联书店，2019年版，第193~194页。

对话就是一个"灵显",接下来,他通过斯蒂芬的体验继续写道:"这件小事让他想要在一本灵显书里收集许多这样的时刻。一场灵显,无论是在粗俗的语言、手势里,还是在头脑中难忘的片段,于他而言都是一种突然的灵魂显现。他相信是诗人极其小心地记录着那些灵显,因为它们本身是最微妙、最容易消散的时刻。他告诉克利兰,巴拉斯特办公室的表能让人看到灵显。"① 当克兰利一脸困惑地望着他时,斯蒂芬解释道:"想象一下我在那个时钟上的一瞥,就像精神之眼的探索,试图把视觉调整到精确的焦点。焦点聚到物体的时刻就是灵显。正是在这种灵显状态下我发现了第三种美的至高品质。"②

所谓"第三种美的至高品质",是就托马斯·阿奎那有关美的学说而言的。阿奎那认为,一个事物要称得上美,就必须具备整一性、对称性和光辉性等三个特性。乔伊斯认为第三个特性最为重要,且这个特性和"灵显"息息相关,正如他在《斯蒂芬英雄》中所说:"在分析发现第二种特性以后,大脑就会做出逻辑上唯一可能的综合,发现第三种特性。这就是我称之为灵显的时刻。首先,我们认识到物体是个完整的东西;然后我们认识到它是有组织的复合结构,事实上是个实体;最后各部分的关系精确下来,各就各位,我们认识到它就是那个事物。它的灵魂,它的特性,跳出其表层,跃然于我们眼前,最常见的物体的灵魂,结构已调整那么多,在我们看来却光芒四射。那这个物体就达到灵显了。"③

乔伊斯年轻时曾写过一系列短小的"灵显"篇,甚至曾认真地考虑过正式出版一本《灵显录》。正如前面所指出的,"灵显"集中体现了乔伊斯的艺术观念或美学思想,但乔伊斯不是真正的理论家或美学家,他只是一个具有理论追求和美学思想的小说家,因此,"他的美学观不能独立出版,而必须在帮助他的作品成型过程中,必须成为他的自传体小说中的一项内容,才能证明它的价值。同样,他的《灵显录》也将不得不放弃其游离的存在方式而成为某个故事的组成部分,而这些故事又要受到先前存在的'时段'的影响。他不能是短小片段的作者,而必须把这

---

① 〔爱尔兰〕詹姆斯·乔伊斯:《斯蒂芬英雄:〈艺术家年轻时的写照〉初稿的一部分》,冯建明、张亚蕊等译,上海:上海三联书店,2019年版,第194页。
② 〔爱尔兰〕詹姆斯·乔伊斯:《斯蒂芬英雄:〈艺术家年轻时的写照〉初稿的一部分》,冯建明、张亚蕊等译,上海:上海三联书店,2019年版,第194页。
③ 〔爱尔兰〕詹姆斯·乔伊斯:《斯蒂芬英雄:〈艺术家年轻时的写照〉初稿的一部分》,冯建明、张亚蕊等译,上海:上海三联书店,2019年版,第196页。

些短篇毫无浪费地编进他的长篇中去"①。据吕国庆统计，"《灵显录》现存40篇，内容分为：'对话，内心独白，梦境记录和精神生活的愿景。'《灵显录》中的25篇短文被乔伊斯重新打磨后用到他的长篇著作中：《斯蒂芬英雄》中13篇，《画像》中12篇，《尤利西斯》中4篇，《芬尼根守灵夜》中1篇。"②这里值得强调指出的是：这25篇仅仅是把原来已经写好的"灵显"篇移用到后来的小说中，而且有的篇目几乎是原封未动地移用；事实上，乔伊斯在后来的小说中又创作了很多适应小说语境的"灵显"篇③；在很大程度上，我们甚至可以把乔伊斯的所有小说都看成是扩大了的或系列化的"灵显"篇。

对于这些"灵显"篇，除了它的精神特质，我们也不能忽视其可视可见的图像化特征。比如，对于上面所引那对青年男女的对话，有论者指出："行文以主人公的视觉为背景，完全遵照主人公听觉的真实，令表现对象如其所是，并以括号中的限定内容精确地凸显主人公受限定的主观听点，使得两个对话主体及其对话内容直接诉诸主人公的知觉。"④是的，尽管我们更明显地感觉到一种听觉的真实，但其背景却是视觉的。又如下面这篇书写梦境的"灵显"篇：

　　一阵白雾如絮，缓缓飘落。小路把我引向一弯幽僻的池塘。有什么东西在池塘里游动；那是一头北极野兽，一身粗糙的黄色毛皮。我把手杖戳入水中；当它浮出水面时，我看见它的背形成斜坡，直到臀部，动作极其呆钝。我并不害怕，而是用手杖频频戳它，把它赶在我的前面。它沉重地挪动脚爪，咕哝着某种语言

---

① 〔美〕理查德·艾尔曼：《乔伊斯传》（1882—1909），金隄、李汉林、王振平译，北京：十月文艺出版社，2016年版，第192页。

② 吕国庆：《乔伊斯小说研究》，合肥：安徽教育出版社，2013年版，第12页。

③ 如《青年艺术家画像》第四部分结束处，那段有关斯蒂芬在大海边所看到的那位美丽少女的文字，就是这方面的著名例子。在精神层面，这段文字象征斯蒂芬开始决定献身艺术——一项美丽、圣洁而又孤独的事业；在物质层面，这段极其美丽的文字形象生动、极具画面感："有一位少女伫立在他面前的激流中，孤独而凝静不动，远望着大海。她看上去像魔术幻变成的一只奇异而美丽的海鸟。她那颀长、纤细而赤裸的双肢犹如仙鹤的双脚一样纤美，除了肉身上留有一丝海草碧绿的痕迹之外，纯白如玉。她那大腿，圆润可爱，像象牙一样洁白，几乎裸露到臀部，游泳裤雪白的边饰犹如轻柔雪白的羽绒。……她的脸庞也完全像少女，富有一种神奇的极致的美。"（〔爱尔兰〕詹姆斯·乔伊斯：《青年艺术家画像》，朱世达译，上海：上海译文出版社，2013年版，第228~229页）

④ 吕国庆：《乔伊斯小说研究》，合肥：安徽教育出版社，2013年版，第13页。

的词语，我听不懂。①

从文中"白雾如絮""黄色毛皮"等色彩词语，以及"小路""幽僻的池塘""（在池塘里游动的）北极野兽""（野兽的背所形成的）斜坡""（频频戳野兽的）手杖"以及野兽的一系列"极其呆钝"的动作等意象，我们不难在头脑中形成一幅画面感极强的叙事性图像，就其艺术效果而言，无异于看一幅极其生动、极其具体的"文字画"。

关于《灵显录》中那些文字的画面感或图像叙事特征，詹姆斯·乔伊斯的弟弟斯坦尼斯劳斯·乔伊斯说得好："灵显部分的描述通常都是零星几笔，在长度上几乎不会超过12行。但是观察准确，解释到位，句子长短也就微不足道了。这个合集对他的作用就如素描本之于画家一般……"② 中国学者傅浩亦明确指出："乔伊斯喜欢凭记忆把向外的观察和内心的感触随笔摹写下来，如一幅幅小小的写生画。这些'速写'不仅是练笔的习作和创作的素材，而且也具有独立的审美价值。……只是它们更直接地体现了乔伊斯的'灵显'理论。"③

正因为那些独自存在的"灵显"篇，更直接的目的在于其较好地体现乔伊斯的"灵显"理论，所以其文学性稍逊，而那些存在于小说文本中并有着特定语境和时段的"灵显"篇，文学性则大大加强。如《都柏林人》中的首篇作品《姊妹们》，在开篇就这样写道："这次他毫无希望了：这次已是第三次发作。夜复一夜，我经过这座房子（时值假期），琢磨亮着的方窗：夜复一夜，我发现它那么亮着，灯光微弱而均匀。若是他死了，我想，我会看到昏暗窗帘上的烛影，因为我知道，尸体的头部一定会放着两支蜡烛。"④ 事实上，小说开篇就以这段富有画面感的文字，对老神父的悲惨命运做了形象化的揭示——一种像图像一样的整体性叙事，而不拘泥于时间化的因果线性叙述。在《都柏林人》中，更为著名的是《死者》结尾中的这段描写：

---

① 〔爱尔兰〕詹姆斯·乔伊斯：《乔伊斯诗歌·剧作、随笔集》，傅浩、柯彦玢译，上海：上海译文出版社，2013年版，第315页。
② 〔爱尔兰〕斯坦尼斯劳斯·乔伊斯：《看守我兄长的人：詹姆斯·乔伊斯的早期生活》，冯建明、张晓青、梅叶萍等译，上海：上海三联书店，2019年版，第114页。
③ 傅浩：《译本序：理想的独唱 写实的自画》，〔爱尔兰〕詹姆斯·乔伊斯：《乔伊斯诗歌·剧作、随笔集》，傅浩、柯彦玢译，上海：上海译文出版社，2013年版，第9页。
④ 〔爱尔兰〕詹姆斯·乔伊斯：《姊妹们》，《都柏林人》，王逢振译，上海：上海译文出版社，2010年版，第1页。

几声轻轻拍打玻璃的声音使他转身面向窗户。又开始下雪了。他睡意蒙眬地望着雪花，银白和灰暗的雪花在灯光的衬托下斜斜地飘落。时间已到他出发西行的时候。是的，报纸是对的：整个爱尔兰都在下雪。雪落在阴晦的中部平原的每一片土地上，落在没有树木的山丘上，轻轻地落在艾伦沼地上，再往西，轻轻地落进山农河面汹涌澎湃的黑浪之中。它也落在山丘上孤零零的教堂墓地的每一个角落，迈克尔·福瑞就埋葬那里。它飘落下来，厚厚地堆积在歪斜的十字架上和墓碑上，堆积在小门一根根栅栏的尖顶上，堆积在光秃秃的荆棘丛上。他听着雪花隐隐约约地飘落，慢慢地睡着了，雪花穿过宇宙轻轻地落下，就像他们的结局似的，落到所有的生者和死者身上。①

　　这段文字的画面感是毋庸置疑的。无论是已经逝去的人，如男主人公加布里埃尔妻子的初恋情人迈克尔·福瑞，还是仍旧活着的人，如加布里埃尔及其妻子格丽塔、凯特姨妈和朱莉亚姨妈，在大自然的伟力和生命的铁律面前，都注定只有一个最终的归宿，即"一个接一个，他们全都要变成幽灵。最好在某种激情全盛时期勇敢地进入另一个世界，切莫随着年龄增长而凄凉地衰败枯萎。他想到躺在他身边的妻子，想到她多年来如何在心里深锁着她的情人告诉她不想活下去时的眼神"②。

　　就像《姊妹们》开篇中那段图像化文字所展示的"预叙"一样，《死者》中的最后一段文字则通过一幅文字性画面的概览式叙述，对《死者》乃至整部《都柏林人》进行了回顾和总结。当然，无论是《姊妹们》中的那段预叙，还是《死者》中的那段回顾性叙事，其本质都是一种语词化的"图像叙事"。显然，这种通过语词而试图达到图像叙事效果的"灵显"性文本，体现了文学创作中的"出位之思"，是一种极具特色的跨媒介叙事。

---

① 〔爱尔兰〕詹姆斯·乔伊斯：《姊妹们》，《都柏林人》，王逢振译，上海：上海译文出版社，2010年版，第262页。
② 〔爱尔兰〕詹姆斯·乔伊斯：《姊妹们》，《都柏林人》，王逢振译，上海：上海译文出版社，2010年版，第261页。

第十五章 "灵显"与图像——詹姆斯·乔伊斯小说的跨媒介叙事

第三节 "出位之思"及其美学效果

在自己的小说作品中，乔伊斯往往以主人公作为自己的代言人而表述了很多文学观点，其中最重要的就是上面所论述的文学的"灵显"理论。对于这种理论所内含的文学的图像化特征，乔伊斯本人其实有着深刻的体悟。比如，在《斯蒂芬英雄》中，斯蒂芬认为按照人类的性情，艺术可以分为"三个明显的自然种类——抒情类、叙事类和戏剧类"，而"叙事艺术是一种艺术家向自身和其他人通过直接联系陈述画面的艺术"①。众所周知，叙事艺术是以一种以语词为媒介、以因果为纽带、以时间为旨归的线性艺术，而乔伊斯却把它界定为"陈述画面的艺术"。显然，乔伊斯眼中的叙事艺术是非典型的、超常规的，是一种叙事性的文学图像。对于詹姆斯·乔伊斯小说中的这种图像化叙事，他的弟弟斯坦尼斯劳斯·乔伊斯有着深刻的洞察："几乎从一开始，兄长便顺从自己爱好无故事情节的随笔天赋。渐渐地，他认为小说或故事中循序渐进的情节是一种华而不实的文学情趣，比如'a tableau de genre'（文学艺术作品中的'体裁列表'）里的故事。"② 乔伊斯热衷于"文学画像"，对此，斯坦尼斯劳斯以《青年艺术家画像》为例，进行了很好的阐明："起初的章节展现了一个小男孩不露声色却敏锐的洞察力。在这个孩子还很小的时候，他就善于捕捉事物的画面，反复思考，弄清它们是什么。他需要用自己能够理解的模式来建构自己的生命……尽管这种处理方法是客观的，我们可以说是从头至尾、正如本来那样都在位于斯蒂芬的脑海中的画面里。这幅图是一幅心理历程图。呈现回忆的目的是从外部给这幅画面塑造一个模型，让它作为另一只眼睛来发现并调整偏离轮廓的点和圈。"③

无疑，这种文学叙事的图像特征，就效果而言已经走向了美学上的"出位之思"。让我们觉得惊异的是，乔伊斯甚至在其作品中为这种超越

---

① 〔爱尔兰〕詹姆斯·乔伊斯：《斯蒂芬英雄：〈艺术家年轻时的写照〉初稿的一部分》，冯建明、张亚蕊等译，上海：上海三联书店，2019年版，第66页。
② 〔爱尔兰〕斯坦尼斯劳斯·乔伊斯：《看守我兄长的人：詹姆斯·乔伊斯的早期生活》，冯建明、张晓青、梅叶萍等译，上海：上海三联书店，2019年版，第83页。
③ 〔爱尔兰〕斯坦尼斯劳斯·乔伊斯：《看守我兄长的人：詹姆斯·乔伊斯的早期生活》，冯建明、张晓青、梅叶萍等译，上海：上海三联书店，2019年版，第15页。

媒介"本位"的"出位之思"提出了相应的理论，就美学效果而言，我们大体可以概括出两种相关理论："整体艺术论"与"静态艺术论"。

关于"整体艺术论"，乔伊斯认为无论是写诗（文学）还是写论文，作者都应该先成竹在胸并一眼瞥见整体："斯蒂芬并非将自己依附于那些代表幼稚的业余艺术爱好的艺术精神，而是力图深入一切的重要本质。他加倍努力追溯，探寻过去的人类，能一瞥意外的艺术，就像看到蛇颈龙从史莱姆海洋中浮现出来一样。他似乎大多听一些有关恐惧和欢乐的简单哭喊，想知道哪些是所有歌曲的先驱……所有这些历史和传奇的混沌、事实和推测的混乱，他都努力描绘出一条有序的线索，用一个图表进行排序，减少过去的鸿沟。"①"如此一来，下笔之前，从第一个词到最后一个词，对整篇文章已经胸有成竹。"②

关于"静态艺术论"，乔伊斯也借主人公之口进行了阐明："悲剧情感是静态的。或者说戏剧性情感是静态的。不合适的艺术所激发的情感是能动的，激发的是欲望和厌恶。……激发这种情感的艺术，无论是色情的或者是说教的艺术，全是不合适的艺术。审美情感（我是指这个词的一般含义）因此是静态的。心灵被这种情感所占据，然后升华而超越欲望。"③对此，西奥多·斯潘塞评述道："斯蒂芬的中心思想之一是：动态艺术是不成体统的艺术，它驱使我们去追求，而真正的艺术则不会如此；相反，真正的'审美情感'则是静态的。真正的艺术家本质上都很冷漠……"④斯潘塞认为乔伊斯的"灵显"理论就是一种静态的文艺理论，且认为这样去理解"对于理解乔伊斯是什么类型的作家相当有用"："该理论暗示着对生命和生活抒发感情观点，而非戏剧性观点。它强调一件事物本身在一种独特时刻、一种时间片刻静止之时，展现出的灿烂和光辉。就像《芬尼根的守灵夜》中的宏观抒情，那种时刻可能涉及所有任何时刻，然而根本上仍然静止不动，尽管所有相关时刻本质上

---

① 〔爱尔兰〕詹姆斯·乔伊斯：《斯蒂芬英雄：〈艺术家年轻时的写照〉初稿的一部分》，冯建明、张亚蕊等译，上海：上海三联书店，2019年版，第24页。
② 〔爱尔兰〕詹姆斯·乔伊斯：《斯蒂芬英雄：〈艺术家年轻时的写照〉初稿的一部分》，冯建明、张亚蕊等译，上海：上海三联书店，2019年版，第58页。
③ 〔爱尔兰〕詹姆斯·乔伊斯：《青年艺术家画像》，朱世达译，上海：上海译文出版社，2013年版，第280页。
④ 〔美〕西奥多·斯潘塞：《简介》，〔爱尔兰〕詹姆斯·乔伊斯：《斯蒂芬英雄：〈艺术家年轻时的写照〉初稿的一部分》，冯建明、张亚蕊等译，上海：上海三联书店，2019年版，第12页。

永恒不变。"①

从上所述不难看出,无论是"整体艺术论"还是"静态艺术论",这原本属于图像艺术、造型艺术或空间艺术的美学效果却被乔伊斯移用到了小说艺术之中,并认真地、刻意地把它作为一种"出位之思"的美学目标去追求。正因为如此,所以在《斯蒂芬英雄》中,作为乔伊斯化身的斯蒂芬才会觉得"莱辛的《拉奥孔》激怒了他"②;也正因为如此,乔伊斯才能够创作出像《尤利西斯》和《芬尼根守灵夜》一样,在美学效果上兼具文学和图像等其他艺术之所长的跨媒介叙事杰作来。

---

① 〔美〕西奥多·斯潘塞:《简介》,〔爱尔兰〕詹姆斯·乔伊斯:《斯蒂芬英雄:〈艺术家年轻时的写照〉初稿的一部分》,冯建明、张亚蕊等译,上海:上海三联书店,2019年版,第14页。

② 在美学史上,莱辛《拉奥孔》的真正功绩在于为"诗"(文学)"画"(图像)划界,并确立相应的表达规则。对于《斯蒂芬英雄》中的斯蒂芬来说,他并不墨守成规且总是试图在小说中跨出语词的表达界限而进行"出位之思",因此,"他发现交付给他的规则问题既毫无价值又微不足道,莱辛的《拉奥孔》激怒了他。"(〔爱尔兰〕詹姆斯·乔伊斯:《斯蒂芬英雄:〈艺术家年轻时的写照〉初稿的一部分》,冯建明、张亚蕊等译,上海:上海三联书店,2019年版,第24页)

叙事学研究的跨媒介趋势
——"跨媒介叙事"学术研讨会综述

2008年8月2—3日,由龙迪勇研究员策划、组织,由江西省社会科学院中国叙事学研究中心主办的"跨媒介叙事"学术研讨会在南昌召开。来自北京、上海、广州、成都、武汉以及江西省内高校或研究机构的专家学者近40人参加了会议。

这次"跨媒介叙事"学术研讨会具有以下几方面的特点:第一,主题集中而内容丰富。本次会议的主题就是"跨媒介叙事",从提交的论文和会上发言的情况来看,主题非常集中且内容丰富,涉及中国叙事传统、"叙述转向"、图像叙事、影视叙事、叙事中的媒介转换、媒介的社会建构、互文性叙事等问题。第二,与会者具有广泛的代表性。他们中有从事中国古典文学研究的,有从事文艺理论研究的,有从事中国现当代文学研究的,有从事比较文学与世界文学研究的,有从事传播学研究的,有从事电影、电视、戏剧研究的,有从事哲学研究的,还有的研究者具有文学创作的经验。第三,良好的讨论氛围。除了主题发言,会议安排了较为充分的交流、互动时间,以便大家就有关问题进行商榷、讨论,进行思想的碰撞。第四,强烈的问题意识。在会上,大家都有着明确的问题意识,能够着眼于具体的、实实在在的问题展开讨论。

这次会议专题性强,与会者都是在这方面深有研究的专家。会议期间,大家就涉及跨媒介叙事理论与实践中的许多问题,展开了热烈、全面、深入的探讨。现就提交论文和会议发言的有关情况,分五个方面,把这次会议有代表性的学术观点综述如下:

一、跨媒介视野中的中国叙事传统

无疑,中国的叙事传统不同于西方。但要对中国的叙事传统进行很好的梳理和切实的研究,却不是一件容易的事,这是一项既跨媒介,也跨学科,需要一批有着不同知识背景的学者通力合作,才能较好地完成

叙事学研究的跨媒介趋势——"跨媒介叙事"学术研讨会综述

的大工程。在进行这种研究时,如果我们能对那些处于萌芽状态并具有原初性的叙事形态进行探讨,就不仅会有方法论的意义,而且还会收到事半功倍的效果。朱光潜先生曾经指出:"想明白一件事物的本质,最好先研究它的起源;犹如想了解一个人的性格,最好先知道他的祖先和环境。"① 是的,一切事物都有自己的萌芽状态与原生环境,对这种萌芽状态与原生环境的研究,可以让我们更好地理解事物本身,因为"猴体解剖"总能为"人体解剖"提供启发与借鉴。就像小说出现之前有各种各样的"前小说"一样,在人类正式讲述故事之前,也应存在形形色色的"前叙事"。在这方面,中国中外文艺理论学会叙事学分会常务副会长、江西省社会科学院院长、中国叙事学研究中心主任傅修延教授已经做了很好的工作,他提交给会议的《试论青铜器上的"前叙事"》一文,即是一篇关涉此类研究的厚重之作。

青铜时代不仅处于中国历史的源头,而且历时长达1500多年,从叙事学角度观察青铜器上的"前叙事",其意义自是不言而喻。正是出于这种考虑,早在1999年出版的《先秦叙事研究——关于中国叙事传统的形成》一书中,傅修延就考察过"青铜铭事"问题,认为:"青铜铭文的可贵就在于它凝固了两千多年前的叙事话语,提供了无可质疑的文本作为研究的基础。"② 在《先秦叙事研究——关于中国叙事传统的形成》一书中,傅修延从五个方面谈到了青铜铭文在叙事史上的意义:(1)铭文的叙事性大为增强,在铭文中出现了正式的叙事文体;(2)铭文扩大了叙事的规模,提供了比卜辞更多的事件信息;(3)铭文中的虚构性因素隐约出现,文学性叙事开始萌芽;(4)铭文中叙事要素逐渐告别朦胧,对时间空间的表述趋于规范和清晰;(5)铭文中记言艺术有突出的发展,重视记言的传统在青铜铭事中得到进一步加强。在《试论青铜器上的"前叙事"》一文中,他试图通过考察那些富于意味的"元书写",来对"青铜铭事"问题作进一步的深入探讨。文章通过对"纹/饰""编/织""空/满""圆/方""畏/悦"五对范畴的讨论,梳理出了"前叙事"与后世叙事之间的内在联系,以期为认识中国叙事传统中的"谱系"提供一种新的角度。

关于"纹/饰",傅修延指出:"纹"和"饰"其实是有区别的:"纹"

---

① 朱光潜:《诗论》,合肥:安徽教育出版社,1997年版,第1页。
② 傅修延:《先秦叙事研究——关于中国叙事传统的形成》,北京:东方出版社,1999年版,第53页。

者"文"也,"文"既可以表示"纹理",更有"文字""文章""文采"等意义;而"饰"有"巾"形,趋于"装饰"一义,其工艺内涵不言而喻。当然,尽管"纹"中有"文",青铜器上的"纹"与"饰"却无法截然分开,因为青铜艺术讲究的就是"以纹为饰"。青铜器上的艺术表现手段很多,但最重要的还是纹饰,而其中又以动物纹为主体。除了动物纹,还有几何纹。这两种"纹"的此消彼长,与早期彩陶图案的演化历程甚相契合。彩陶图案早于青铜纹饰,当青铜器开始铸造时,古人或许已经习惯了以最具特征的部分代替整体的做法,只保留最本质传神的部分并予以夸张表现。这种精神表现在叙事上,就是刘知几在《史通·叙事》中总结的"省文寡事"原则。"省文"的初衷是节约书写空间,却产生了增加叙事复调性的效果——因为汉语的单字与词组都在激发对行动与故事的联想。

兽面纹上具有启示意义的还有其强烈的向心性特征,这种从两侧向中心聚拢而构成的图像特征,透露了古代形象思维中一个非常关键的理念——对称与平衡。所谓"错画为文",正是对称与平衡的最简练表达。沿着"错画为文"的思路看"纹"和"文",又会发现一个相当令人惊讶的现象,这就是像兽面纹一样,不少繁体汉字是左右对称的:把这些繁体汉字沿着它们的"鼻梁"(垂直中剖线)对折,其左右部分基本可以重合。汉字也好,兽面纹也好,就像古典文学中的骈偶手段一样,统统都是人类自身的镜像投射,我们的心灵天然地倾向对称与平衡。

就在动物纹趋于消歇之时,一种新的"纹"加入了"饰"的队伍,这就是青铜器上的文字(包括一些"前汉字")。商代早期的青铜器上没有文字,个别铭文大都和纹饰划不清界限,实际上是一种起装饰作用的图形文字。图形文字及其构图方式至今仍受艺术家的青睐,韩美林的《天书》中收入大量此类图形,一些公司标志与现代美术作品显然也从图形文字中获得过灵感。当今网民用字母与数字造出的象形表意符号,则可以说是图形文字的现代形式。

汉字的亦文亦图性质,导致它的表意功能和美学功能无法截然分开。出现在青铜器上的金文书法,也受到青铜艺术的整体熏陶,如果没有在青铜器上度过自己的童年,中国的书法艺术很可能跳不出普通美术字的窠臼,无从获得那种自由奔放的生命感和力量感。线的艺术作为一种"流动的美",必然突破字句间的壁垒而向章法蔓延,而对书法中章法的讨论势必波及诗文内在的章法结构。将传统的文论与书论对读,可以发现两者使用的范畴术语非常相似。古代文论注重的也是那种"富于生命暗示和表现力量的美",也喜欢用"气""神""韵""味"之类的概念来形容文学作品的内在精神。

关于"编/织""空/满""圆/方"这三对范畴,《试论青铜器上的"前叙事"》一文有同样精彩的讨论,限于篇幅,我们无法在这里加以介绍。在这次"跨媒介叙事"学术研讨会上,傅修延着重谈到了畏/悦这一对范畴,这里再略加介绍。傅修延指出:"畏"为恐惧,"悦"乃欣喜,两种情感看似水火不容,有时候却具有深刻的内在联系和相通性。托玛斯·霍布斯曾把那种"使众人畏服"的力量称为"利维坦",其本义是《旧约》中多次提到的一种比鳄鱼更庞大的海上怪兽。为什么要用怪兽的名字来称呼这种力量?霍布斯没有深入解释,但其中的道理不言自明:需要一种比鳄鱼更凶恶、比凶恶更可怕的力量来使人畏服。古代的傩面具为什么做得丑恶至极?原因是古人希望这种极丑极恶能令鬼魅望风而逃。青铜时代的人们明显地表现出对"利维坦"的俯顺与臣服,因为那时正当政权建立之初,青铜礼器作为对"利维坦"存在的一种提示,其外形必然是令人崇畏的,甚至是狞厉可怖的,否则无法形成强大的威慑力量。

康德在讨论崇高感时提到,有些愉快感是由不愉快感转化而来的,他的意思是"畏"与"悦"有时难以分开。匍匐在礼器面前的古人可谓"畏"中有"悦":一方面,青铜饕餮纹代表的神秘力量令他们战栗;另一方面,由于受到这种力量的庇护,他们又为自己的安然无恙而感到庆幸。傅修延认为,即便是在现在,出土的青铜器仍能唤起远古的恐怖回忆,幸而时光筑起的高墙挡住了一切可能的侵犯,使我们拥有一种"隔岸观火"般的安全感。然而,在认识水平低下的历史阶段,人们面对青铜器时的心情是"畏"多于"悦",特别是在改朝换代的时候,狞厉的钟鼎常常会给它们的新主人带来恐慌。

霍布斯的"利维坦"之喻相当传神,初始阶段的国家机器就像是一头庞大凶残的史前怪兽,无情地驱赶着人们去与自然和同类搏斗,以谋求集体和自我的生存发展。在那个"如火烈烈"(《诗经·商颂》)的时代,人身上的"狼"性尚未褪尽,人们使用暴力手段创造历史,践踏着同类的尸体跨入文明的门槛。战争是人类最重要的行动,青铜叙事对此不能不有所反映,比如说,虢季子白盘上之铭文那带血的叙事,就反映出了古人生活野蛮的一面。铭文中那些令人生畏的内容,我认为可以称为"威权叙事"——这类叙事不一定都涉及杀戮,但贯穿其中的必有咄咄逼人的"强力意志"。当然,刑罚和杀戮可以起到恫吓的作用,但是要让人从骨子里感到畏惧，还须运用"触及灵魂"的手段。青铜器上之所以要镌铸"神话性的动物花纹"，也是因为它们能起到人神间的通讯媒介作用——把铭文的内容传达给天上的神明与地下的列祖列宗。因此，青铜器的神秘感应当来自它上面那些具有通灵功能的"动物花纹"，它们能让敬畏鬼神的古人感到真正的恐怖。明白了动物纹样的通灵功能，我们对青铜线条的生命感和力量感又多了一重认识。在兽面纹向变形兽面纹蜕化时，兽面的轮廓日渐模糊，线条的意义也不再明确，正是在这样的过程之中，中国的造型艺术由"形似"走向了"神似"，线条中的生命力并未消退，只是更深地隐藏起来。

此外，傅修延还谈到了叙事之"魅"的问题。中国古代四大名著的吸引力在很大程度上与故事的主要人物有关，而这些人物的一个惊人相同之处，就是他们都具有某种令人敬畏的身份，这些身份常常能把他们带入另一个"可能的世界"。总之，身份概念是理解中国古代叙事的一把钥匙。众所周知，叙事学的一个核心观念是行动决定人物，但是在中国叙事传统中，决定人物的除了行动之外还有身份。

傅修延认为：青铜面具作为一种遮蔽身份的工具，具有帮助人们跨越身份鸿沟的功能，这为芸芸众生的"畏"中之"悦"提供了途径。人们平时都受身份约束，而身份一旦被遮蔽，伴随解脱感而来的便是情感的沸腾与想象的放飞。面具能使人超越不断"沉沦"的"此在"，进入"诗意生存"的境界，达到精神上的短暂"绽放"。为什么面具总与狂欢同行？因为它让人进入了一个与真实的世界不同的"可能的世界"，这个世界少了许多藩篱与纲纪，多了许多行动自由与可能性。而且，面具上的目光聚焦使人产生强烈的"被看"之感，这种感觉又会带来不可抑止的表演冲动。"被看"带来的喜悦接近"悦"的最高程度——"醉"，"醉"态对表演来说最为适宜，因为想象在这时被高度激活，而个人在真实世界的生存则被悬置。随着表演中虚拟成分的增多，戏剧化的"前叙事"逐渐发展为大众喜闻乐见的娱乐形式。当然，面具一方面带来了表演冲动，另一方面又有遮蔽面部表情之弊。那么，有什么办法能够扬长避短呢？傅修延指出了古人发明的脸谱这种形式。脸谱是用油彩和粉墨（没有条件时用的是锅烟）在演员脸上画出的"活动面具"，虽然经过数千年的演化历程，现存各类脸谱仍然带有商周文化的遗韵，青铜饕餮纹的狞厉隐约可辨。脸谱上未被时间抹去的"凶恶"表情，以及不易被年轻观众理解的古怪花纹，连接了戏剧叙事与"前叙事"之间的关系，使我们看到青铜时代并不像想象的那样遥远。事实上，诉诸想象的虚构性叙事正是这样从青铜器上的"前叙事"开始。

在会上，大家公认傅修延的这篇论文是一篇难得的厚重之作，文章提出的五对范畴，每一对都涉及中国叙事传统中的一些带有根本性的重大问题，都值得研究者重视。

现为《上海大学学报》主编的董乃斌教授尽管没有给这次"跨媒介叙事"学术研讨会提交论文，但他在会上做了一个非常精彩的发言。董教授长期从事中国古典文学研究，亦很早就对叙事学发生了兴趣。早在《中国古典小说的文体独立》（中国社会科学出版社，1994年版）一书中，董乃斌就曾从古典文学的视角探讨过作为叙事文体的中国小说的形成和发展过程。该书宏观地考察了文学表达和文体的性质，从文学与"事"的关系切入，根据文学与"事"关系的远近和疏密程度，提出了"含事""咏事""述事""演事"等概念，以之与诗歌、小说和戏剧等文体相对应，而着重论析的则是以述（叙）事为职志和根本特征的小说文体，叙事既是该书展开论述的前提，也是贯穿全书的中心。

在发言中，董乃斌表示：研讨会的论题首先就使他想到了叙事学研究的中国化问题。他认为，如果跨媒介叙事是指一个叙事行为在不止一种媒介中进行，一个叙事作品由一种媒介转换为另一种媒介，从而以不止一种形态出现在受众面前这样的情况，那么，它在中国既可谓历史悠久，又可谓方兴未艾、前景看好，而对它作叙事学研究，更是刚刚开始——跨媒介叙事研究确实是促使叙事学深入发展的一个好题目。新题目的提出，是多年来引进西方叙事学理论，并努力使之与中国文学史和现状研究相结合的必然结果。解决新题目，也必须要用中国方式。当然，中国的叙事学研究，是在西方叙事学启发下发展起来的，在试图建立中国特色的叙事学时，我们仍然要不断关注西方叙事学的最新发展，努力在中国思维方式基础上吸收异族智慧，以提高本民族的叙事能力，并对中国文学史提出新的看法。

董乃斌认为：叙事学研究的天地非常宽广，特别是当它与中国文学史和当下文学艺术状况的研究发生纠葛、交叉和融渗的时候。仅从叙事与媒介之关系这一角度，我们就可以列出不少好的题目：（1）叙事与媒介。已知的媒介有多种，如人的身体，身体的各部分和各种机能；又如人的各种文化创造物，从线条、音符、色彩到文字，从竹简木牍、金石陶瓷到纸张布帛、舞台、荧屏和银幕，直到电脑屏幕和更微型的手机屏幕，等等。问题的关键是：每一种媒介所相关的叙事，都会采用不同方式，具备不同特色，也就都能形成一种独特的叙事学；当然，叙事最重要的媒介仍是语言文字，故这仍将是我们研究叙事与媒介的主攻方向。（2）叙事与跨媒介。既然是"跨"，也就必然发生交叉。由文字写成的小说或剧本，直接拍成了电影或电视片，可称一度交叉、一度跨越；由文本→舞台演出→搬上银幕或屏幕，则是多次交叉、多度跨越，情况更为复杂。（3）叙事与文体。并非只有小说、戏剧才叙事，各种文体均可与叙事发生关系，但因文体不同，所用的叙事手段（方式）也就不同。（4）叙事与中国文学史，或曰对中国文学叙事传统的研究。目前，董乃斌已就此领衔立了一个课题，其实质就是要从叙事角度重新审视中国文学史，先从古代文学入手，将来延伸到现当代文学。此外，董乃斌还谈到了叙事与修辞学、叙事与心理、叙事与疾病和治疗等问题，认为这些课题都有着广阔的研究空间。

最后，董乃斌谈道：对于叙事的研究从文学开始，但又不能停留于此；叙事学是理论，但又有很强的实践性。叙事是人的一种行为、一种能力，应从行为科学、能力科学的角度进行研究；叙事在社会中无处不在，应结合人的生活做全面研究。总之，叙事学的天地极为宽广，很多研究都可以归结到叙事问题上来，或与叙事相联系。

江西省社会科学院中国叙事学研究中心的王亚菲副研究员给会议提交的《论中国戏曲表演叙事》一文，也涉及中国叙事传统问题。王亚菲认为：中国戏曲的本质特征是以歌舞形式在舞台上搬演故事，其复杂的表演手法和运用的媒介较之于西方歌剧更加丰富，是一种运用多媒介为叙事方式的舞台艺术。在古代，早期的"傩"戏已渗透中国戏曲的"演事"信息，遍及各地的傀儡戏、皮影戏具有利用影像进行动态话语叙事的功能，这些具有原始戏剧艺术风韵的早期叙事艺术样式已具备一定的演出"事件"的功能。到了唐代，文言传奇文本大量问世，其中已有戏剧成分的介入。而宋元时期的南戏、元杂剧以及明代传奇，都是可以直接在舞台上搬演的戏曲表演叙事的艺术形态。

戏曲要"演事"，但又不能借助作者在舞台上叙述故事，那么，它是以怎样的方式和途径展示其故事内容而感染观众的呢？王亚菲认为，成熟于中国古代的元杂剧、明传奇等艺术样式中的戏曲演出叙事手法是丰富多彩的：首先，剧作者和导演同时发挥想象，虚构出大量的戏剧情景和场面，一个场面就是一出戏，一出戏就是演出一件"事"。其次，剧作家和导演共同设计戏剧动作——包括外部动作、内心动作、言语动作等，通过戏剧动作展示戏剧情节，同时塑造戏剧人物形象。其中，述诸观众听觉的"演事"手法表现在对话、对唱、独唱、帮腔、伴唱、主题曲及一切文武场的音乐伴奏及背景音乐方面；述诸观众视觉艺术美感的表现手法主要有演员的唱、做、念、打等四功五法，在虚拟化的表演中展示故事情节。中国戏曲"以歌舞演故事"的本质特征，决定了中国戏曲的叙事性是以演员的表演为中心，演员程式性、虚拟性的载歌载舞表演，成为中国戏曲叙事诸多因素之中最主要的因素，成为剧情故事的主要叙述者和体现者。此外，舞台装置、灯光、服装及道具在现代戏剧艺术中承担着不可替代的重要功用。这说明现代戏曲艺术在展示故事的过程中，其表现手法更加丰富，运用多媒介叙事的意识也更为自觉，至此，中国的戏曲表演叙事艺术已走向成熟。

二、跨媒介叙事与广义叙事学的建立

赵毅衡教授是我国叙事学研究的先行者之一。曾在英国伦敦大学任教过多年，出版过《当说者被说的时候——比较叙述学导论》等有影响的著作多部。前几年，赵毅衡已回国，现为四川大学文学与新闻学院教授。他给这次"跨媒介叙事"学术研讨会提交的论文为《"叙述转向"之后——广义叙述学的可能性与必要性》。

首先，赵毅衡指出："叙述转向"并不是一个自觉的运动，没有一个明确的起点，在各种人文社会科学科目中发生的时间先后错落；也没有领袖人物，只能说不约而同地暗合。但是今天回顾，可以看到一个比较清晰的，或许可以说是一个并非偶然的历史潮流。叙述学从20世纪初开端，近八十年之久一直没有超出小说范围。当然，人们都意识到许多领域例（如历史、新闻）都是叙述，但是作为叙述，它们似乎"自然"得不必进行研究。最早开始自觉地用"叙述化"改造一个学科的行动，应当是从新闻开始，那就是自卡波提1966年《冷血》开始的"新新闻主义"，即所谓主观性新闻与"非虚构小说"或报告文学，成为小说与新闻的中间体裁。这个流派改变了新闻学，却没有影响到叙述在其他学科中的地位。真正的叙述转向，应当是从20世纪七八十年代的历史学开始，一般都认为海登·怀特出版于1973年的《元史学》开创了用叙述化自觉地改造历史学的"新历史主义"运动。这个运动的成果与争议都广为人知，其影响溢出历史学，冲击了整个人文学科。叙述转向发生的第二个重要领域是心理学。1987年，布鲁纳发表两篇重要论文《生命与叙述》和《现实的叙述构建》，他提出了"没有叙述就没有自我"这个重要命题。布鲁纳在认知心理学上的工作首先在教育学领域得到响应，其影响之大，使布鲁纳成为这个领域的"元老"。教育学大规模的叙述转向，在

20世纪九十年代中期形成潮流。教育学可能也是迄今为止中国学界认真考虑叙述转向的唯一学科。此外，赵毅衡还简单介绍了社会学中的叙述转向、法学中的叙述转向、政治学中的叙述转向、医学中的叙述转向以及人工智能方面的叙述转向。在此基础上，赵毅衡追问：在这许多学科中发生的"叙述转向"，究竟是什么意思呢？实际上，"叙述转向"这个词包含三层意思：（1）把人的叙述作为研究对象在（社会学和心理学中尤其明显）；（2）用叙事分析来研究对象在（历史学中尤其明显）；（3）用叙述来呈现并解释研究的发现在（法学和政治学中尤其明显）。叙述转向在20世纪九十年代终于形成声势，最近开始出现综合研究各种叙述的著作，例如布鲁纳的《故事的形成：法律、文学、生活》（2002）和雷斯曼的《人类科学中的叙述方法》（2008）等，均试图跨越学科界限寻找叙事规律。

接下来，赵毅衡分析了"叙述转向"与"语用转向""伦理转向"等其他"转向"的关系，并着重谈到了"叙述转向"给叙述学带来的挑战。挑战之所以存在，是因为这一问题的存在：如果把小说之外的叙述也作为考察对象，我们能否提供崭新的定义，以一套普遍有效的理论、一套行之有效的方法论、一套通用的术语来涵盖各个学科呢？有些研究者坚持小说叙述学的边界，而赵毅衡认为，要建立广义叙述学，就必须打破这条边界，因为"叙述转向"使我们终于能够把叙述放在人类文化甚至人类心理构成的大背景上考察，小说叙述的特殊性因此得以彰显。赵毅衡建议，只要满足以下两个条件的思维或言语行为，都是叙述：（1）叙述主体把人物参与的事件组织进一个符号链；（2）这个符号链可以被接受主体理解为具有内在的时间和意义向度。

在文章中，赵毅衡还研究了广义叙述的分类问题，其中涉及根据文本媒介而进行的叙述分类。赵毅衡指出：文本的媒介，可以成为叙述分类的原则；任何文本必须通过人们能感知的媒介，反过来，表意的媒介可以是能够感知的任何东西。应该强调的是：用来表意的都是替代性的符号，例如文字、图画、影片、姿势（例如手语）、景观（例如展览），等等。我们偶尔也可以看到"原件实物"出现在叙述中，例如展览会中展现的出土的真实文物，但是基本的原则是叙述必须用"再现"的符号媒介，而不是用客体实物。这样，也就决定了一个基本原理：叙述本身把被叙述世界（不管是虚构性的，还是事实性的）"推出在场"。但是在某些叙述（例如在电视的"现场报道"）中，"现在在场"性至关重要，那是阐释的"意义在场实现"，而不是客观世界的在场。"媒介"这个词的定义就决定了它并非实物,只是在叙述中替代实物。叙述最通用的媒介是语言,即文字与话语。口头话语是人类最基本的叙述方式,而文字文本记录了人类大量的叙述,两者有着根本性的区别:文字是记录性的,而记录文本是固定的文本,抄写、印刷技术的巨变(不管是西方的纸草、羊皮,还是东方的龟甲、骨版、竹简、纸张),没有改变其本质特征,一旦文本形成,它不会再变化,其意义流变只是在阐释中出现;而口头讲述却是不断变化的,不仅语言文本难以固定,而且常常不是单媒介叙述,不管是收音机新闻广播,还是电视新闻,都附有大量"类语言因素"——语言本身之外的因素,例如口气、场合等——口头文本是变动不居的,每一次被表现,都会有所不同。在语言之外,图像是最重要的叙述媒介。多媒介叙述一般都是以图像为主,例如电影电视。此外,心理符号——例如白日梦中的形象——不一定能落在有形媒介上,它是由不成其为可感物质的"心像"构成的。心思或梦境,哪怕没有"说出来",其实也已经是一种叙述——一种"潜文本叙述"。潜叙述是任何叙述的基础,因为我们想的总是比讲的多。

最后,赵毅衡指出:"叙述转向"迫使我们对叙述学扩容,新的广义叙述学必须能够涵盖所有被认为是叙述的新类型。这就迫使我们给予叙述新的定义,提出可能的分类,并且设法找出一些共同的规律。

事实上,赵毅衡的《"叙述转向"之后——广义叙述学的可能性与必要性》一文在探讨建立"广义叙述学"的时候,既涉及跨学科叙事问题,也涉及跨媒介叙事问题。在这次"跨媒介叙事"学术研讨会上,有多位学者的论文和发言均涉及文字之外的其他媒介的叙事问题,以及叙事在文化、生活中的建设性的作用问题。

此中,江西省社会科学院中国叙事学研究中心核心成员叶青研究员的《牌坊叙事——以江西奉新县济美牌坊为例》一文,因其选题的新颖而让人有耳目一新之感。叶青认为,现存的各种牌坊以其功能来划分大致可分为两大类:(1)标志坊,多见于书院、庙宇、园林、陵墓前,主要起标志空间作用;(2)功德坊、贞节坊,这类牌坊具有更强的纪念性,彰显这里曾经发生过值得旌表的行为。许多牌坊其实兼具标志空间和旌表纪念两大功能于一身,各有侧重。而无论是以标志功能为主还是以旌表纪念功能为主,牌坊大都能以其建筑样式、装饰图案、碑刻文字等多种媒介记录、传播相关历史人物与事件,围绕着这种散布在民间的纪念碑,展开丰富而独特的跨媒介"牌坊叙事"。民间的牌坊承载了对当地重要人物事件的记录、叙述功能。围绕着一座牌坊,人们至少可展开两个层次的叙事：(1) 对牌坊主人及其主要业绩的叙述；(2) 对牌坊建筑风格、样式及其雕饰纹样寓意的释义。在上述两个层面叙事之外，围绕牌坊建造所形成并流传下来的故事也往往是人们讲述的重点。

济美牌坊在江西省奉新县会埠乡招边村，南临潦河。石牌坊上刻有"济美"两大字，故称"济美牌坊"。这是一处奇特的牌坊建筑，一般所见牌坊多为单排门楼式、正反两面，此牌坊却为四方结构，正反八面皆有精美的石刻，以此为载体，形成了济美牌坊的叙事特征：(1) 由于济美牌坊的四方结构特点，预留了比一般牌坊更多的刻绘位置，也因此有着更大的叙事空间；(2) 独特的牌坊造型与吉祥纹样雕刻蕴含寓意，不仅人物浮雕再现了具体的历史故事，而且各类花卉、鸟兽雕刻也在传统的吉祥寓意之外有着更丰富的内涵；(3) 丰富的雕刻装饰不仅具有象征意义，而且具有写实特点，部分浮雕内容与文字形成互文，两者各有侧重且并不能完全重合。牌坊上所刻花卉、鸟兽，大都具有吉祥象征寓意，这与一般牌坊基本类似，但在牌坊南面与西面的外侧雕刻的人物故事却明显具有写实倾向，旨在记录一组具有特定情节的史实。这组人物故事画并不是对牌坊上任何一组文字记述的图解性复述，而是对与文字记述相关但明显具有不同侧重的故事场景的刻画。

在这次会议上，上海外国语大学的乔国强教授作了《叙事媒介与现实的社会建构》的报告。除了研究虚构作品中叙事问题，乔国强还颇为关注叙事在文化乃至现实生活中的作用。事实上，早在2005年在武汉召开的中国叙事学会的成立大会上，他就提交了题为《作为文化力量的叙事学研究》的文章，认为叙事学研究在我国当下必将成为一种文化力量，必将改变人们的思维方式和认知方式。在这次会议的发言中，乔国强特别谈到了叙事在现实的社会建构中的作用，而此中，叙事媒介又起到了非常重要的作用。乔国强从媒介的语言和形式、媒介报道的生产流程、新闻价值的判断标准、媒介叙述语言的特征以及媒体叙事的全球化等方面，论述了媒介在现实社会建构中所起的重要作用。此外，中国社会科学院外国文学研究所董小英研究员所作的题为《文学修辞与政治修辞》的报告，则涉及叙事与意识形态问题。所有这些，都应该是广义叙事学研究的范围。

三、叙事中的"出位之思"、媒介模仿与媒介转换问题

所谓"出位之思"，源出德国美学术语 Anderssreben，指的是一种媒介欲超越其自身的表现性能而进入另一种媒介表现状态的美学。钱锺

书在《中国画与中国诗》一文中把这种状态称之为"出位之思",用它来描绘"诗跟画各有跳出本位的企图"这一现象。江西省社会科学院中国叙事学研究中心常务副主任龙迪勇研究员提交的《时间性叙事媒介的空间表现》一文,专门对叙事中的"出位之思"问题进行了探讨。

龙迪勇指出:时间性叙事媒介在表现空间方面有着天然的缺陷,正如空间性叙事媒介在表现时间方面有着天然的缺陷一样——这正是莱辛在《拉奥孔》一书中所要着力探讨的问题。可人类的创造性冲动之一,即是要突破媒介表现的天然缺陷,用时间性媒介去表现空间,或者用空间性媒介去表现时间。《时间性叙事媒介的空间表现》一文所要探讨的,即是语言文字这一时间性叙事媒介的空间表现:先探讨这种现象出现的内在心理机制,再从语言的符号本质来分析空间表现的类型。龙迪勇先从感觉世界的整体性——"六根互用"谈起,认为感觉世界是一个有机的整体,是一个主体和客体互融的世界。接下来,他分析了意识中经验的共存性与相继性。由于感觉世界的整体性,在同一单位时间内,我们的意识中可以出现许许多多的事件,这些事件在意识还来不及把它们按时间先后排列之前,是处于一种共存性的状态之中的。这些事件可以是当前正在发生之事,也可以是记忆中的过去之事或想象中的未来之事。但对于处于共存性的状态中的事件,我们是难以把握的,为了便于把握,我们必须把共存性的经验转化成相继性的经验。自然,经过这种转化之后,事件会呈现出一种线形排列状况,这正适合语言文字这种线形的叙事媒介来加以表现——遗憾的是,这种表现已经远离了意识的原始状况。事实上,面对视觉性、空间性的直觉经验,面对"万象齐临"的意识状态,文字这一线性媒介的局限性、使用这一媒介的叙事者的无奈感是显而易见的。但是,这种"局限性"和"无奈感"却无法抑制人类的创造性,于是就有了突破媒介限制的"出位之思"问题。

那么,语言文字这一时间性叙事媒介是如何"跳出本位"去表现空间的呢?龙迪勇认为这个问题的答案,应该到语言的符号本性中去寻找。语言这种特殊的符号包括所指和能指两个层面:所指是"述义"的、有所指的;能指则是"物质性"的、具有"线条特征"的。语言文字这一时间性叙事媒介的空间表现,也得在能指和所指两个层面展开:对应所指,《时间性叙事媒介的空间表现》一文分析了著名的"诗中有画"问题,认为诗歌或小说之类的文学作品完全可以通过诉诸"所指"而达到表现空间或利用空间来表现的目的;对应能指,则探讨了"流动的建筑",也就是叙事文本的形式建构问题,认为语言文字在悬置"所指"之后，就像音乐靠音符组成的乐句来构造空间形式一样，叙事作品靠的是由语言文字组成的"线条"来构造空间形式。

龙迪勇提交的另一篇文章《图像叙事与文字叙事——故事画中的图像与文本》则探讨了叙事中的媒介模仿问题。他认为，由语词或话语构成的文本与图像之间存在着非常复杂的关系，该文通过具体考察故事画，探讨了叙事图像与叙事文本之间错综复杂关系的一个方面：图像对文本的模仿或再现问题。文章认为，语词与图像都是叙事的工具或手段，但在和语词的长期共存与竞争中，图像总是处于被贬抑的地位，所以在中西文化史上，文本都占了叙事作品的绝大多数，是叙事传统中的绝对主流。这反映到叙事上，就表现出了以下三个特征：（1）古今叙事作品多为文字性的，史诗、各类戏剧、历史著作、小说、传记、回忆录等构成了叙事文化传统的主流；（2）在叙事思维上，与语词相适应的时间性逻辑占了支配性的地位，这反映到叙事方式或叙事结构上就是明显的线性因果特征；（3）在电影产生之前，文化史上独立的、成熟的、完整的图像叙事作品很少，在文艺理论上也几乎没有对图像叙事的理论探讨，而且，一些故事性的图像总是对语词性的叙事文本趋之若鹜，以模仿或再现叙事文本为能事。按照法国学者塔尔德的"模仿律"，"优势媒介"容易成为"范本"而被模仿，所以艺术史上就出现了叙事性图像模仿叙事文本的倾向。故事画是一种特殊的叙事性图像，其叙述对象不是现实生活中实实在在发生过的事件，而是存在于其他文本中的"故事"——这一点，故事画与写实性的原始岩画和照片等"复制式"图像是不太一样的。如果说，故事画中的"文本"是对现实生活的模仿的话，那么，其图像则是对文本的模仿，即对"模仿"的再一次模仿——模仿中的模仿；如果说，故事画模仿的文本是对现实或想像中发生的事件的叙述的话，那么，故事画本身则是对已在文本中叙述过的"故事"的叙述——叙述中的叙述。可见，在故事画里面，既涉及多次模仿问题，又涉及叙事中的媒介转换问题。该文还运用皮尔斯的符号理论，对故事画中图像与文本间的复杂关系进行了具体分析。

上海大学影视艺术系主任曲春景教授在其与马军英合写的《媒介：制约叙事内涵的重要因素——电影改编中意义增值现象研究》一文中，探讨了叙事中的媒介转换问题。该文指出：电影改编是一个重要的跨媒介叙事活动，但是学界在讨论改编现象时，影视作品与原著的关系总是首先被提及，或被转换为电影是否忠实于原著之类的问题。这一思路掩盖了两种倾向：其一，忽视了媒介因素，即不同媒介特性对叙事所具有的规定性；其二，由媒介造成的对原著主题内涵方面的改变。要深入探讨改编，就需要认真研究跨媒介叙事中出现的诸多问题，就需要从媒介角度研究两种差异性极大的符号在相互转换的过程中所面临的不同境遇。

曲春景与马军英认为，不同的媒介决定了不同艺术的可能性与局限性，决定了它对人类经验呈现的不同方式。如果说文学文本所表达的人类经验在所能够被语言化的限度之内，在改编中，电影媒介的空间性特点及综合性表达能力则可以用直观的方法激活文字符号所隐含或遮蔽的人类经验。文学叙事止于文字语言所不能呈现的地方，但这些地方决不是人类生活中可有可无的东西，有时甚至包含着更加重要的信息。电影媒介能呈现文学语言所不能呈现的东西，能够真实记录下来人类生活的各个方面。有许多东西，电影能够"显示"，但文学却不能将其"说出来"。电影符号的空间性特点，把人与自然和人与人之间的交往方式、交往行为，以及互生性、包容性等状态呈现在视觉范围之内，传达出比文字叙述更为具体复杂的意蕴。小说建构的是一个依靠读者个人经验去填充的想象世界。电影改编把这个单纯的想象空间变成一个自然、社会、文化相互渗透的空间，这是一个有形有象的、充盈可视的、各种物象尽显其存在的世界。在这里，各种生机勃勃的物象向世界言说其自身的存在价值，单一的语言世界因此而变得意蕴丰沛。可见，"意义增值"是从文字到影像无法避免的伴生现象。

上海大学文学院教授程蔷在发言中也谈到媒介转换中叙事所发生的变化。她认为从小说到剧本，其实就已经跨媒介了，其中发生的变化非常大，而要转换成影像，发生的变化就更大了。程蔷有从事小说创作并有改编电视剧的实际经历，她结合自己小说的影视改编，形象地谈到了媒介转换给叙事带来的变化。此外，程蔷还谈及她培养博士研究生的做法：人类学博士生在做田野调查时，除了要写出论文，还必须写叙事性的调查报告。

四、跨媒介传播演变中的叙事问题

媒介总是处在某种演变和发展之中。媒介的变化必然会影响到叙事，从原始人较为单一的媒介发展到如今多媒介共存的状态，叙事技巧越来越复杂，叙事结构越来越多元，叙事作品的存在形态也越来越多样。

暨南大学中文系的张世君教授把口述声音符号、图像符号和文字符号界定为三种原型传播媒介，它们一开始主要起传播生产信息和生活信息的作用，属于生活叙事，但在人类交流的发展中，口述、图像和文字逐渐艺术化，成为艺术叙事的媒介符号，从而产生了岩画、壁画、墓葬画、书法、流浪说唱、音乐、歌舞、戏剧等艺术作品。口述声音符号、图像符号和文字符号这三种最早的原型叙事媒介，都既经历了历时性演变，又经历了共时性发展。在历时性演变方面，循着口述传播的发展脉络，声音传播经历了从口述传播到广播传播；口述传播发展的另一个方向是世界文学经历了从口头文学向书面文学的发展。图像符号跨媒介发展的一个方向是从绘画、摄影到电影。文字符号的跨媒介传播在艺术领域从语言文学向音乐、戏剧、绘画转换。口述、图像、文字三种原型媒介不仅单向发展，还互相影响与交融，比如中国古代书法和绘画就有着十分密切的联系。世界广播、世界电影、世界文学、中国诗书画艺术等都是从古老的原型传播媒介——声音、图像和文字演变而来，原型传播媒介在演化的过程中产生了跨媒介传播的艺术叙事。根据传播媒介的形式，叙事的特点也会发生相应的变化。音乐用节奏和旋律表达感情，文学用语言文字讲述故事，绘图用色彩、线条描绘形象，影视用摄录制作展示视听影像活动。

原型传播媒介从历史走向现代，呈现出媒介融合的共时性发展态势。现代传播跨媒介叙事的共时性发展在20世纪的表现之一是语言文学叙事向视听艺术叙事的转换，文学与电影改编的跨媒介叙事是比较突出的例子。现代艺术打破各门艺术壁垒分明的界限，文学与音乐、文学与美术、音乐与动漫结合，视听形象将它们融合在一起。而且，随着现代科技的发展，跨媒介融合的发展趋势日益凸显。从原型媒介传播的历时性和共时性的演变中，叙事这个古老的讲故事形式显示了巨大的张力。

其间尽管有不少革新家在艺术形式上改革传统艺术的技巧形式，但是叙事的讲故事特性却没有改变。最后，张世君指出：跨媒介传播形式归根结底是技术文明的产物，它的演变是科技发展的必然，科学技术发展到哪一步，人类的叙事需求就将发展到哪一步。技术文明决定了叙事发展的多样化前景，引导叙事形式和内容的变化。当然，形式为内容服务，叙事内容是人类精神文明的需求，也是跨媒介传播的实质。目前，叙事内容的创新远远跟不上技术文明的发明创造，需要媒介内容创作者和文学艺术创作者拿出更好的作品填补叙事内容的陈旧和缺失。发展"内容产业"，加强叙事创新，是跨媒介叙事的重要任务与发展趋势。

华中师范大学文学院李显杰教授的《"跨媒介"视野下的电影叙事二题》一文，立足于"跨媒介"的理论视角，着眼于电影叙事范畴，从电影载体的流变和电影叙事的分化两个层面，阐释了银幕电影、荧屏电影和手机电影作为电影叙事的三种形态各自所具有的特征及其异同关系，分析论述了三种电影叙事形态的故事取向、话语策略和风格意蕴。认为当下的电影叙事正在从单一走向多元，从单纯走向复杂，已渐次形成了多种叙事形态共存的态势，并具有了"跨媒介"的性质。文章初步勾勒出了三种叙事形态之间的竞争与互补所可能建构的多元文化格局。

李显杰首先对"跨媒介"这一概念有一个界定，它是相对应单媒体而言的，指的是当一种特定的表意方式成为不同介质的媒介融合并用的话语形态时，这种"表意方式"就具有了"跨媒介"的性质。从历史流变的时空角度看，银幕影像—荧屏影像—显示屏影像呈现出顺序发展、逐步扩大的兼容并包关系，体现出从单一到多样、从纯粹到多元的发展轨迹。而这种流变的轨迹在深层结构上又恰恰体现和印证着人类科学技术、人类文化演绎和进步的历史发展进程。银幕影像作为电影叙事的载体，体现出以下基本特征：以光学意义上的胶片影像作为"言说—交流"的符号载体，以固定的文本放映时间作为观影活动的交流过程，以影院这一特定的封闭空间作为实现交流的基本环境。银幕影像载体的这些基本规定性，决定了电影叙事的故事信息范围、结构方式和接受效果。荧屏影像的本体是电视。电视电影的独特性，在于它是专门为电视制作并且在电视上播映的电影故事片，这是其区别于其他数字电影的本质特征，故而电视媒介的一系列传播特征融入了这种"影片"的"言说—交流"过程中。譬如，影片文本时间的灵活性、播出形态的节目化、接收环境的松散性等。显示屏影像作为电脑网络—手机电影的载体所具有的特征是：以"比特"影像作为电脑网络—手机电影的"言说—交流"载体，以相对较短的文本播放时间作为实现交流的过程，完全自主随意的观看时间（只要存储下来，随便什么时间，想看就看），可以随身携带的观影环境——通过笔记本电脑或手机的显示屏观看。

最后，李显杰指出：一定程度上讲，有什么样的媒介就有什么样的故事，媒介载体的特征决定了叙事方式的选择。如果把三种电影叙事形态进行集中审视的话，不难发现当今的电影叙事正在走向分化。从总体上看，三种电影叙事形态的分化实际上构成了电影叙事结构的不同层次：（1）银幕电影——作为大型电影叙事结构，成为电影的高层次叙事；（2）电视电影——作为中小型电影叙事结构，成为电影的基础性叙事；（3）电脑网络——手机电影作为微小型电影叙事结构，成为电影的实验性叙事。

此外，江西师范大学国际教育学院卢普玲的《人物在新闻叙事中的功能性作用分析》、江西师范大学科技学院胡希的《超媒体时代的超文本叙事策略》等文，也涉及跨媒介传播演变中的叙事问题。

五、互文性叙事问题

近年来，互文性已经成为研究者颇为关注的一个热点问题。但正如法国学者蒂费纳·萨莫瓦约所说：互文性其实是"一个不定的概念"，"它已然成为文学言论中含混不清的一个概念"，"但互文性这个词的好处在于，由于它是一个中性词，所以它囊括了文学作品之间相互交错、彼此依赖的若干表现形式"[①]。然而，不管互文性概念如何含混不清，就叙事作品而言，它应该包含两种或几种媒介共同构成一个叙事文本的情况。

华南师范大学文学院凌逾副教授的《话语与图像并生的后现代叙述——以西西〈我城〉的跨媒介叙事为例》一文，涉及叙事中的图文互文问题。凌逾指出：语言和图像之间存在无限多种关系。视觉和语言经验具有鳞状重叠可能，重叠的典型形式即是图文共存。这种图文共存的文学形态古已有之，如《山海经》的图解式图画；而古人读书之法也近于此道："置图于左，置书于右，索象于图，索理于书。"那么，在新媒介时代，话语与图像如何实现跨媒介叙事呢？凌逾以香港作家西西的小说《我城》为例，从已有研究所忽视的自绘插画入手，分析其图文互涉如何体现出小说形式变体的新趋向。在《我城》中，图文互涉的佳境是图画有唤起读者潜意识情感的能力，且与富有创造力的话语交相辉映。综合起来，其图文互涉的创意体现在四个方面：一是单图趣味与话语创意的交融；二是单图抽象与话语旨意的共生；三是图文的"慧童体"风格融合；四是连环分镜头与文本结构的叙事时空交织。凌逾认为，图文互涉研究的目的，在于更透彻地了解文学的本性，《我城》之图文互涉文体体现出了典型的后现代小说的叙述新特色。最后，凌逾指出：媒介各有短长，如何突破局限，进行跨媒介的融合，需要才情、机智和技巧。对于西西而言，绘画可以讲述故事、提出论点、表达抽象的思想，语言也可以描写或体现静止的、空间状态的事物，因此，不同艺术门类完全可以相辅相成、改编挪用、互相演绎，从而加深人们对世界万物的认识。从整体看，《我城》不是传统的文配图或图配文的模式，两者关系不是主次二元对立，而是平等对话、图文互涉。

---

① 〔法〕蒂费纳·萨莫瓦约：《互文性研究》，邵炜译，天津：天津人民出版社，2003年版，第1页。

江西省社会科学院中国叙事学研究中心核心成员胡颖峰研究员的《中国古代琴歌叙事的互文修辞及其关涉的一些问题——以〈胡笳十八拍〉为例》一文，则论及文字/声音的互文修辞问题。文章以《胡笳十八拍》为例，论述了中国古代琴歌叙事的互文修辞及其所关涉的一些问题。胡颖峰认为，中国琴歌历史悠久，它具有两个显著的特点：内容大都有故事情节，富有叙事性；二是常常采用弹唱结合的形式。《胡笳十八拍》即是一首经典的叙事琴歌。这首琴歌再现的媒介是文字与声音包（包括人声和乐声），两者均有其丰富而复杂的互文指涉性。在《胡笳十八拍》中，"一波三折与一唱三叹"，"循声就势与动静相生"，"重叠之声与复调之韵"，"随物赋形与散板长吟"，在叙事的不同组织与变化中，诗与音乐的结合可谓珠联璧合。表面看来，"文姬归汉"的历史故事仅是一个简单文本，情节发展的脉络是单线的，即由一个端点沿着直线向另一个端点发展，但在声文互涉中，叙事由垂直实现达致立体完成。当然，胡颖峰最后指出：她写该文并非就琴歌谈琴歌，而是力求在更为宽广的叙事媒介与叙事形态之关系中寻找意义，在人类叙事的动机与人类叙事的可能性之间建立对话。

值得指出的是：江西省社会科学院中国叙事学研究中心的几位年轻的科研人员也给会议提交了论文，如张泽兵的《跨媒介叙事中"伪事件"的意义生成》、卢锦萍的《我们对声画的信任从何而来——声音的所指与画面的能指对声画表意的影响》、张丽的《网络小说叙事格局初探——网络小说中奇思妙想的叙事空间》、袁演的《试论电视谈话节目的叙事流程》、汤建萍的《从文学叙事到影像叙事——影视"三度创作"在叙事转换生成中的作用》等文，都显示了相当的研究实力，颇得与会者的好评。

六、结束语

在这次会上，很多学者都认为目前的叙事学研究已经出现了一种跨媒介趋势，这种趋势反映了视野的拓展与理论的深化。事实上，在去年召开的"首届叙事学国际会议暨第三届全国叙事学研讨会"上，就已经有了不少涉及跨媒介叙事的论文。在刚刚创办、由中国中外文艺理论学会叙事学分会和江西省社会科学院中国叙事学研究中心主办的《叙事丛刊》（第一辑）上，就专门设了"跨媒体叙事"专栏，共刊发了4篇论文。其中，美国学者彼得·J. 拉比诺维茨教授的《理解修辞上的细微差别：西方音乐与叙事理论》一文，论及音乐与叙事之间的关系问题[①]；叶青研究员的《中国绘画叙事传统的形成》一文，全面探讨了中国绘画叙事传统的形成及其特征[②]；余悦研究员的《中国茶艺的叙事方式及其学术意义》一文，把茶艺表演纳入了叙事学研究的视野，并论述了其学术意义[③]；王琦的《影视广告叙事：本质、类型与特征》一文，则专门论述了影视广告叙事问题[④]。这次"跨媒介叙事"学术研讨会收到的论文，我们将以专号的形式全部编入《叙事》丛刊第2辑，希望"跨媒介叙事"专号的出版，既是对以往相关研究的一个总结，也会成为以后进一步研究的一个新起点。

（本文原刊于《江西社会科学》2008年第8期，人大复印资料《文艺理论》2009年第1期全文转载，收入本书时略有改动）

---

① 〔美〕彼得·J. 拉比诺维茨：《理解修辞上的细微差别：西方音乐与叙事理论》，傅修延主编：《叙事丛刊》（第一辑），北京：中国社会科学出版社，2008年版。

② 叶青：《中国绘画叙事传统的形成》，傅修延主编：《叙事丛刊》（第一辑），北京：中国社会科学出版社，2008年版。

③ 余悦：《中国茶艺的叙事方式及其学术意义》，傅修延主编：《叙事丛刊》（第一辑），北京：中国社会科学出版社，2008年版。

④ 王琦：《影视广告叙事：本质、类型与特征》，傅修延主编：《叙事丛刊》（第一辑），北京：中国社会科学出版社，2008年版。

参考文献

一、著作

（一）外国学术译著

1. 〔奥地利〕汉斯·赛德尔迈尔：《艺术的危机：中心的丧失》，王艳华译，南京：译林出版社，2020年版。
2. 〔波兰〕罗曼·英伽登：《对文学的艺术作品的认识》，陈燕谷、晓未译，北京：中国文联出版公司，1988年版。
3. 〔法〕让－伊夫·塔迪埃：《普鲁斯特和小说》，桂裕芳、王森译，上海：上海译文出版社，1992年版。
4. 〔英〕E. M. 福斯特：《小说面面观》，冯涛译，北京：人民文学出版社，2009年版。
5. 〔美〕阿尔伯特·爱因斯坦：《爱因斯坦文集》，许良英译，北京：商务印书馆，1977年版。
6. 〔苏〕M. 巴赫金：《巴赫金全集》（第三卷），白春仁、晓河译，石家庄：河北教育出版社，1998年版。
7. 〔德〕莱辛：《拉奥孔》，朱光潜译，北京：人民文学出版社，1979年版。
8. 〔美〕玛丽－劳尔·瑞安：《故事的变身》，张新军译，南京：译林出版社，2014年版。
9. 〔美〕玛丽－劳尔·瑞安：《跨媒介叙事》，张新军、林文娟等译，成都：四川大学出版社，2019年版。
10. 〔美〕W. J. T. 米歇尔：《图像理论》，陈永国、胡文征译，北京：北京大学出版社，2006年版。
11. 〔美〕W. J. T. 米歇尔：《图像学：形象，文本，意识形态》，陈永国译，北京：北京大学出版社，2012年版。

12. 〔美〕W. J. T. 米歇尔：《图像何求？》，陈永国、高焓译，北京：北京大学出版社，2018年版。

13. 〔英〕沃尔特·佩特：《文艺复兴》，李丽译，北京：外语教学与研究出版社，2010年版。

14. 〔美〕西摩·查特曼：《故事与话语——小说和电影的叙事结构》，徐强译，北京：中国人民大学出版社，2013年版。

15. 〔美〕杰拉德·普林斯：《叙事学——叙事的形式与功能》，徐强译，北京：中国人民大学出版社，2013年版。

16. 〔法〕热拉尔·热奈特：《叙事话语 新叙事话语》，王文融译，北京：中国社会科学出版社，1990年版。

17. 〔美〕勒内·韦勒克、〔美〕奥斯丁·沃伦：《文学理论》，刘象愚、邢培明、陈圣生、李哲明译，杭州：浙江人民出版社，2017年版。

18. 〔美〕韦恩·布斯：《小说修辞学》，华明、胡晓苏、周宪译，北京：北京联合出版公司，2017年版。

19. 〔古希腊〕亚里士多德：《诗学》，陈中梅译，北京：商务印书馆，1996年版。

20. 〔德〕黑格尔：《美学》，朱光潜译，北京：商务印书馆，1981年版。

21. 〔意〕乔治·瓦萨里：《著名画家、雕塑家、建筑家传》，刘明毅译，北京：中国人民大学出版社，2004版。

22. 〔意〕阿尔贝蒂：《论绘画》，胡珺、辛尘译，南京：江苏教育出版社，2012年版。

23. 〔加〕马歇尔·麦克卢汉：《理解媒介——论人的延伸》，何道宽译，北京：商务印书馆，2000年版。

24. 〔法〕加布里埃尔·塔尔德：《模仿律》，何道宽译，北京：中国人民大学出版社，2008年版。

25. 〔美〕爱德华·茂莱：《电影化的想象——作家与电影》，邵牧君译，北京：中国电影出版社，1989年版。

26. 〔德〕鲁道夫·爱因汉姆：《电影作为艺术》，杨跃译、木菌校，北京：中国电影出版社，1981年版。

27. 〔法〕安德烈·巴赞：《电影是什么？》，崔君衍译，北京：商务印书馆，2017年版。

28. 〔德〕威廉·冯·洪堡特：《论人类语言结构的差异及其对人类精神发展的影响》，姚小平译，北京：商务印书馆，1999年版。

29. 〔美〕迈克尔·托马塞洛：《人类沟通的起源》，蔡雅菁译，北京：商务印书馆，2012年版。

30. 〔美〕保罗·奥斯卡·克里斯特勒：《文艺复兴时期的思想与艺术》，邵宏译，北京：东方出版社，2008年版。

31. 〔法〕弗朗索瓦·布鲁纳：《摄影与文学》，丁树亭译，北京：中国摄影出版社，2016年版。

32. 〔法〕安德烈·马尔罗：《无墙的博物馆》，李瑞华、袁楠译，桂林：广西师范大学出版社，2001年版。

33. 〔法〕米·杜夫海纳：《审美经验现象学》，韩树站译，北京：文化艺术出版社，1996年版。

34. 〔奥〕维克霍夫：《罗马艺术——它的基本原理及其在早期基督教绘画中的运用》，陈平译，北京：北京大学出版社，2010年版。

35. 〔瑞士〕沃尔夫林：《美术史的基本概念——后期艺术中的风格发展问题》，陈平译，北京：北京大学出版社，2011年版。

36. 〔奥〕李格尔：《罗马晚期的工艺美术》，陈平译，北京：北京大学出版社，2010年版。

37. 〔奥〕阿洛瓦·里格尔：《视觉艺术的历史语法》，刘景联译，上海：上海三联书店，2017年版。

38. 〔德〕迪特·施林洛甫：《叙事和图画——欧洲和印度艺术中的情节展现》，刘震、孟瑜译，兰州：兰州大学出版社，2013年版。

39. 〔意〕马塔·阿尔瓦雷斯·冈萨雷斯：《米开朗基罗》，于雪风、娄翼俊、郑昕译，北京：北京时代华文书局，2015年版。

40. 〔德〕赫尔穆特·伯尔施-祖潘：《华托》，吴晶莹译，北京：北京美术摄影出版社，2015年版。

41. 〔意〕斯蒂芬尼·祖菲：《委拉斯贵支》，张黎译，北京：北京时代华文书局，2015年版。

42. 〔法〕罗丹：《罗丹艺术论》，沈琪译，北京：人民美术出版社，1987年版。

43. 〔丹麦〕勃兰兑斯：《十九世纪文学主流》（第二分册），刘半九译，北京：人民文学出版社，1997年版。

44. 〔法〕米兰·昆德拉：《被背叛的遗嘱》，余中先译，上海：上海译文出版社，2022年版。

45. 〔法〕米兰·昆德拉：《小说的艺术》，董强译，上海：上海译文出版社，2014年版。

46. 〔德〕扬·阿斯曼：《文化记忆：早期高级文化中的文字、回忆与政治身份》，金寿福、黄晓晨译，北京：北京大学出版社，2015年版。

47. 〔德〕阿莱达·阿斯曼：《回忆空间：文化记忆的形式和变迁》，潘璐译，北京：北京大学出版社，2016年版。

48. 〔英〕迈克尔·波兰尼：《个人知识——迈向后批判哲学》，许泽民译，贵阳：贵州人民出版社，2000年版。

49. 〔日〕浅见洋二：《距离与想象——中国诗学的唐宋转型》，金程宇、冈田千穗译，上海：上海古籍出版社，2005年版。

50. 〔日〕高木智见：《先秦社会与思想——试论中国文化的核心》，何晓毅译，上海：上海古籍出版社，2011年版。

51. 〔美〕米尔希·埃利亚德：《神秘主义、巫术与文化风尚》，宋立道、鲁奇译，北京：光明日报出版社，1990年版。

52. 〔美〕E. 希尔斯：《论传统》，傅铿、吕乐译，上海：上海人民出版社，1991年版。

53. 〔英〕E. 霍布斯鲍姆、〔英〕T. 兰杰编：《传统的发明》，顾杭、庞冠群译，南京：译林出版社，2008年版。

54. 〔法〕爱弥儿·涂尔干、〔法〕马塞尔·莫斯：《原始分类》，汲喆译，北京：商务印书馆，2012年版。

55. 〔美〕皮尔斯：《皮尔斯：论符号》，赵星植译，成都：四川大学出版社，2014年版。

56. 〔英〕C. S. 路易斯：《中世纪和文艺复兴时期的文学研究》，胡虹译，上海：华东师范大学出版社，2010年版。

57. 〔德〕司马涛：《中国皇朝末期的长篇小说》，顾士渊、葛放等译，上海：华东师范大学出版社，2012年版。

58. 〔美〕孟久丽：《道德镜鉴：中国叙述性图画与儒家意识形态》，何前译，北京：生活·读书·新知三联书店，2014年版。

59. 〔美〕巫鸿：《中国古代艺术与建筑中的"纪念碑性"》，李清泉、郑岩等译，上海：上海人民出版社，2009年版。

60. 〔美〕巫鸿：《重屏——中国古代绘画中的媒材与再现》，文丹译，上海：上海人民出版社，2009年版。

61. 〔美〕巫鸿：《武梁祠——中国古代画像艺术的思想性》，杨柳、岑河译，北京：生活·读书·新知三联书店，2015年版。

62. 〔美〕浦安迪：《明代小说四大奇书》，沈亨寿译，北京：生活·读书·新知三联书店，2006年版。

63. 〔美〕浦安迪：《浦安迪自选集》，刘倩等译，北京：生活·读书·新知三联书店，2011年版。

64. 〔美〕浦安迪：《中国叙事学》，北京：北京大学出版社，1996年版。

65. 〔日〕芦原义信：《外部空间设计》，尹培桐译，北京：中国建筑工业出版社，1985年版。

66. 〔意〕布鲁诺·赛维：《建筑空间论——如何品评建筑》，张似赞译，北京：中国建筑工业出版社，2006年版。

67. 〔英〕李约瑟：《中国古代科学思想史》，陈立夫主译，南昌：江西人民出版社，1990年版。

68. 〔英〕彼得·沃森：《思想史：从火到弗洛伊德》，胡翠娥译，南京：译林出版社，2018年版。

69. 〔英〕迈克尔·巴克森德尔：《记忆断片——巴克森德尔回忆录》，王晓丹译，南宁：广西美术出版社，2017年版。

70. 〔古罗马〕西塞罗：《西塞罗全集·修辞学卷》，北京：人民出版社，2007年版。

71. 〔英〕弗朗西斯·叶芝：《记忆的艺术》，钱彦、姚了了译，北京：人民文学出版社，2018年版。

72. 〔美〕鲁道夫·阿恩海姆：《视觉思维——审美直觉心理学》，滕守尧译，成都：四川人民出版社，2019年版。

73. 〔美〕鲁道夫·阿恩海姆：《艺术与视知觉》，滕守尧译，成都：四川人民出版社，2019年版。

74. 〔美〕琼·埃里克森：《智慧与感觉：通往创造之路》，高天珍译，北京：世界图书出版公司，2017年版。

75. 〔英〕E. H. 贡布里希：《艺术与错觉》，杨成凯、李本正、范景中译，南宁：广西美术出版社，2012年版。

76. 〔英〕E. H. 贡布里希：《象征的图像：贡布里希图像学文集》，杨思梁、范景中译，南宁：广西美术出版社，2015年版。

77. 〔英〕E. H. 贡布里希：《图像与眼睛》，范景中、杨思梁、徐一维、劳诚烈译，南宁：广西美术出版社，2016年版。

78. 〔美〕保罗·亨利·朗：《西方文明中的音乐》，顾连理、张洪岛、杨燕迪、汤亚汀译，贵阳：贵州人民出版社，2009年版。

79. 〔德〕弗里德里希·施勒格尔：《雅典娜神殿断片集》，李伯杰译，北京：生活·读书·新知三联书店，2003年版。

80. 〔英〕以赛亚·伯林：《浪漫主义的根源》，吕梁等译，南京：译林出版社，2008年版。

81. 〔德〕恩斯特·贝勒尔：《德国浪漫主义文学理论》，李棠佳、穆雷译，南京：南京大学出版社，2017年版。

82. 〔德〕瓦肯罗德：《一个热爱艺术的修士的内心倾诉》，谷裕译，北京：商务印书馆，2016年版。

83. 〔美〕M. H. 艾布拉姆斯：《镜与灯：浪漫主义文论及其批评传统》，郦稚牛、张照进、童庆生译，北京：北京大学出版社，2015年版。

84. 〔德〕吕迪格尔·萨弗兰斯基：《荣耀与丑闻——反思德国浪漫主义》，卫茂平译，上海：上海人民出版社，2014年版。

85. 〔法〕泰奥菲尔·戈蒂耶：《浪漫主义回忆》，赵克非译，北京：人民文学出版社，2011年版。

86. 〔德〕狄特·波希迈耶尔：《理查德·瓦格纳：作品—生平—时代》，赵蕾莲译，哈尔滨：黑龙江教育出版社，2015年版。

87. 〔法〕玛丽亚·特雷莎·卡拉乔洛：《浪漫主义》，王文佳译，北京：北京美术摄影出版社，2016年版。

88. 〔德〕弗里德里希·施勒格尔：《浪漫派风格——施勒格尔批评文集》，李伯杰译，北京：华夏出版社，2005年版。

89. 〔英〕莉迪亚·戈尔：《音乐作品的想象博物馆》，罗东晖译，上海：上海音乐学院出版社，2008年版。

90. 〔美〕苏珊·桑塔格：《反对阐释》，程巍译，上海：上海译文出版社，2018年版。

91. 〔德〕阿尔伯特·施韦泽：《论巴赫》，何源、陈广琛译，上海：华东师范大学出版社，2017年版。

92. 〔法〕让·贝西埃、〔加〕伊·库什纳、〔比〕罗·莫尔捷、〔比〕让·韦斯格尔伯主编《诗学史》，史忠义译，天津：百花文艺出版社，2002年版。

93. 〔英〕朱利安·巴恩斯：《另眼看艺术》，陈星译，南京：译林出版社，2018年版。

94. 〔意〕卡尔维诺：《美国讲稿》，萧天佑译，南京：译林出版社，2012年版。

95. 〔意〕卡尔维诺：《文字世界和非文字世界》，王建全译，南京：译林出版社，2018年版。

96. 〔意〕伊塔洛·卡尔维诺：《收藏沙子的旅人》，王建全译，南京：译林出版社，2018年版。

97. 〔美〕A. O. 洛夫乔伊：《观念史论文集》，吴相译，南京：江苏教育出版社，2005年版。

98. 〔荷〕爱德华·扬·戴克斯特豪斯：《世界图景的机械化》，张卜天译，北京：商务印书馆，2015年版。

99. 〔美〕莫里斯·克莱因：《西方文化中的数学》，张祖贵译，北京：商务印书馆，2013年版。

100. 〔德〕贝内迪克特·耶辛、〔德〕拉尔夫·克南：《文学学导论》，王建、徐畅译，北京：北京大学出版社，2016年版。

101. 〔美〕理查德·艾尔曼：《乔伊斯传》（1882—1909），金隄、李汉林、王振平译，北京：十月文艺出版社，2016年版。

102. 〔法〕安德烈·布勒东：《超现实主义宣言》，袁俊生译，北京：北京联合出版公司，2020年版。

103. 〔英〕伊恩·瓦特：《小说的兴起：笛福、理查逊和菲尔丁研究》，刘建刚、闫建华译，北京：中国人民大学出版社，2020年版。

104. 〔法〕亨利·密特朗：《现实主义幻象：从巴尔扎克到阿拉贡》，孙婷婷译，北京：外语教学与研究出版社，2020年版。

105. 〔法〕蒂费纳·萨莫瓦约：《互文性研究》，邵炜译，天津：天津人民出版社，2003年版。

106. 〔古希腊〕普鲁塔克：《道德论丛》，席代岳译，长春：吉林出版集团有限责任公司，2015年版。

107. 〔美〕托马斯·库恩：《科学革命的结构》，张卜天译，北京：北京大学出版社，2022年版。

108. 〔法〕程抱一：《虚与实：中国绘画语言研究》，涂卫群译，北京：商务印书馆，2023年版。

109. 〔美〕柯马丁著、郭西安编：《表演与阐释：早期中国诗学研究》，北京：生活·读书·新知三联书店，2023年版。

110. 〔美〕斯韦特兰娜·阿耳珀斯：《描绘的艺术：17世纪的荷兰艺术》，王晓丹译，北京：商务印书馆，2021年版。

111. 〔美〕马丁·杰著、唐宏峰主编：《现代性的视觉政体：视觉现代性读本》，郑州：河南大学出版社，2020年版。

112. 〔德〕瓦尔特·本雅明：《本雅明文选》，陈永国、马海良译，北京：中国社会科学出版社，1999年版。

113. 〔美〕查尔斯·皮尔士著、〔美〕詹姆斯·胡普斯编：《皮尔士论符号》，徐鹏译，上海：上海译文出版社，2016年版。

114. 〔美〕段义孚:《空间与地方》,王志标译,北京:中国人民大学出版社,2017年版。

115. 〔德〕雷德侯:《万物:中国艺术中的模件化和规模化生产》,张总等译,北京:生活·读书·新知三联书店,2012年版。

116. 〔美〕赫伯特·西蒙:《科学迷宫里的顽童与大师:赫伯特·西蒙自传》,陈丽芳译,北京:中译出版社,2018年版。

117. 〔法〕雅克·阿达利:《智慧之路——论迷宫》,邱海婴译,北京:商务印书馆,1999年版。

118. 〔哥伦比亚〕加西亚·马尔克斯、〔哥伦比亚〕P. A. 门多萨:《番石榴飘香》,林一安译,海口:南海出版公司,2015年版。

119. 〔美〕吉恩·贝尔-维达亚编:《加西亚·马尔克斯访谈录》,许志强译,南京:南京大学出版社,2019年版。

120. 〔美〕《巴黎评论》编辑部:《巴黎评论·作家访谈5》,王宏图等译,北京:人民文学出版社,2020年版。

121. 〔法〕克洛德·西蒙:《四次讲座》,余中先译,长沙:湖南文艺出版社,2017年版。

(二) 古籍及今人专著

1. (汉) 郑玄注,(唐) 贾公彦疏,彭林整理:《周礼注疏》,上海:上海古籍出版社,2010年版。

2. (汉) 郑玄注,(唐) 孔颖达正义,吕友仁整理:《礼记正义》,上海:上海古籍出版社,2008年版。

3. (汉) 司马迁撰,(宋) 裴骃集解,(唐) 司马贞索引,(唐) 张守节正义:《史记》(点校本),北京:中华书局,1982年版。

4. (汉) 班固撰,(唐) 颜师古注:《汉书》(点校本),北京:中华书局,1962年版。

5. (汉) 王充著,黄晖校释:《论衡校释》,北京:中华书局,1990年版。

6. (汉) 许慎撰,(清) 段玉裁注,许惟贤整理:《说文解字注》,南京:凤凰出版社,2007年版。

7. 徐元诰撰,王树民、沈长云点校:《国语集解》(修订本),北京:中华书局,2002年版。

8. 杨伯峻编著:《春秋左传注》,北京:中华书局,1981年版。

9. 许维遹撰,梁运华整理:《吕氏春秋集释》,北京:中华书局,2009

年版。

10. 方向东：《大戴礼记汇校集解》，北京：中华书局，2008年版。

11. （晋）葛洪：《西京杂记》，成林、程章灿译注，贵阳：贵州人民出版社，1993年版。

12. （梁）萧统编选，（唐）李善注：《文选》，杭州：浙江古籍出版社，1999年版。

13. （唐）刘知几著，姚松等译注：《史通全译》，贵阳：贵州人民出版社，1997年版。

14. （春秋）晏婴著、吴则虞集释：《晏子春秋集释》，北京：中华书局，1962年版。

15. （明）计成原著，陈植注释：《园冶注释》（第二版），北京：中国建筑工业出版社，1998年版。

16. （清）赵翼著，王树民校证：《廿二史札记》，北京：中华书局，1984年版。

17. 秦蕙田：《五礼通考》，《景印文渊阁四库全书》本，台北：台湾商务印书馆，1983年版。

18. 袁珂：《山海经校注》，成都：巴蜀书社，1993年版。

19. （北魏）郦道元著，陈桥驿校证：《水经注校证》，北京：中华书局，2007年版。

20. 梁启超：《新史学》，北京：商务印书馆，2014年版。

21. 王国维：《王国维文学论著三种》，北京：商务印书馆，2001年版。

22. 鲁迅：《中国小说史略》，北京：人民文学出版社，1973年版。

23. 顾颉刚：《顾颉刚古史论文集》，北京：中华书局，2011年版。

24. 李宗侗：《中国古代社会新研 历史的剖面》，北京：中华书局，2010年版。

25. 杨宽：《中国古代陵寝制度史研究》，上海：上海人民出版社，2003年版。

26. 杨宽：《西周史》，上海：上海人民出版社，2003年版。

27. 冯尔康：《中国古代的宗族和祠堂》，北京：商务印书馆，2013年版。

28. 王玉哲：《中华远古史》，上海：上海人民出版社，2000年版。

29. 张光直：《中国青铜时代》，北京：生活·读书·新知三联书店，2013年版。

30. 张光直：《古代中国考古学》，北京：生活·读书·新知三联书店，

2013年版。

31. 张光直：《中国考古学论文集》，北京：生活·读书·新知三联书店，2013年版。

32. 周振甫译注：《诗经译注》，北京：中华书局，2002年版。

33. 王鹤鸣：《中国家谱通论》，上海：上海古籍出版社，2010年版。

34. 王鹤鸣：《中国家谱史图志》，合肥：安徽科学技术出版社，2012年版。

35. 王鹤鸣、王澄：《中国祠堂通论》，上海：上海古籍出版社，2013年版。

36. 上海图书馆编，王鹤鸣整理：《中国家谱资料选编·图录卷》，上海：上海古籍出版社，2013年版。

37. 欧阳宗书：《中国家谱》，北京：新华出版社，1992年版。

38. 《思想战线》编辑部编：《西南少数民族风俗志》，北京：中国民间文艺出版社，1981年版。

39. 常建华：《宗族志》，上海：上海人民出版社，1998年版。

40. 赵林：《殷契释亲——论商代的亲属称谓及亲属组织制度》，上海，上海古籍出版社，2011年版。

41. 晁福林：《先秦社会形态研究》，北京：北京师范大学出版社，2003年版。

42. 李衡眉：《昭穆制度研究》，济南：齐鲁书社，1999年版。

43. 张富祥：《日名制·昭穆制·姓氏制度研究》，上海：上海古籍出版社，2014年版。

44. 许嘉璐主编：《中国古代礼俗辞典》，北京：中国友谊出版公司，1991年版。

45. 刘源：《商周祭祖礼研究》，北京：商务印书馆，2004年版。

46. 廖奔、刘彦君：《中国戏曲发展史》，太原：山西教育出版社，2012年版。

47. 廖奔：《中国古代剧场史》，北京：人民文学出版社，2012年版。

48. 赖非编：《中国画像石全集》，济南：山东美术出版社，2000年版。

49. 龚廷万、龚玉、戴嘉陵编：《巴蜀汉代画像集》，北京：文物出版社，1998年版。

50. 陈葆真：《〈洛神赋图〉与中国古代故事画》，杭州：浙江大学出版社，2012年版。

51. 周有德：《中国戏曲文化》，北京：中国戏剧出版社，2010年版。

52. 叶明生：《中国傀儡戏史》（古代、近代卷），北京：中国戏剧出版社，2017 年版。
53. 李啸仓：《中国戏曲发展史》，北京：社会科学文献出版社，2016 年版。
54. 汉宝德：《明清建筑二论　斗拱的起源与发展》，北京：生活·读书·新知三联书店，2014 年版。
55. 汉宝德：《中国建筑文化讲座》，北京：生活·读书·新知三联书店，2008 年版。
56. 李晓东、杨茳善：《中国空间》，北京：中国建筑工业出版社，2007 年版。
57. 李允鉌：《华夏意匠》，天津：天津大学出版社，2005 年版。
58. 楼庆西：《中国古建筑二十讲》，北京：生活·读书·新知三联书店，2001 年版。
59. 萧默：《建筑的意境》，北京：中华书局，2014 年版。
60. 李军：《可视的艺术史：从教堂到博物馆》，北京：北京大学出版社，2016 年版。
61. 江飞：《文学性：雅各布森语言诗学研究》，北京：人民出版社，2019 年版。
62. 龙迪勇：《空间叙事学》，北京：生活·读书·新知三联书店，2015 年版。
63. 龙迪勇：《龙迪勇学术代表作》，南京：东南大学出版社，2019 年版。
64. 申丹、王丽亚：《西方叙事学：经典与后经典》，北京：北京大学出版社，2010 年版。
65. 李泽厚：《美的历程》，北京：生活·读书·新知三联书店，2009 年版。
66. 李泽厚：《由巫到礼　释礼归仁》，北京：生活·读书·新知三联书店，2015 年版。
67. 李文俊：《福克纳传》，北京：现代出版社，2017 年版。
68. 吕国庆：《乔伊斯小说研究》，合肥：安徽教育出版社，2013 年版。
69. 赵炎秋、陈果安、潘桂林：《明清叙事思想研究》，长沙：湖南师范大学出版社，2008 年版。
70. 陈怀恩：《图像学：视觉艺术的意义与解释》，石家庄：河北美术出版社，2011 年版。

71. 李宏：《瓦萨里和他的〈名人传〉》，杭州：中国美术学院出版社，2016年版。

72. 王恩田：《商周史地发微》，北京：商务印书馆，2022年版。

73. 朱光潜：《诗论》，合肥：安徽教育出版社，1997年版。

74. 傅修延：《先秦叙事研究——关于中国叙事传统的形成》，北京：东方出版社，1999年版。

75. 方闻：《心印：中国书画风格与结构分析研究》，李维琨译，上海：上海书画出版社，2017年版。

76. 方闻：《艺术即历史：书画同体》，赵佳译，上海：上海书画出版社，2021年版。

77. 何惠鉴：《万象自心出：中国古书画研究》，孙丹妍等译，上海：上海书画出版社，2022年版。

78. 宗白华：《美学散步》，上海：上海人民出版社，1981年版。

79. 孙康宜：《抒情与描写》，钟振振译，上海：上海三联书店，2006年版。

80. 李零：《万变：李零考古艺术史文集》，北京：生活·读书·新知三联书店，2016年版。

81. 晁福林：《夏商西周史丛考》，北京：商务印书馆，2018年版。

（三）文学作品

1. 〔德〕歌德：《威廉·麦斯特的学习时代》，杨武能译，成都：四川文艺出版社，2017年版。

2. 〔阿根廷〕豪尔赫·路易斯·博尔赫斯：《探讨别集》，王永年、黄锦炎等译，上海：上海译文出版社，2015年版。

3. 〔阿根廷〕豪尔赫·路易斯·博尔赫斯：《阿莱夫》，王永年译，上海：上海译文出版社，2015年版。

4. 〔俄〕伊万·布宁：《阿尔谢尼耶夫的一生》，靳戈译，杭州：浙江文艺出版社，2018年版。

5. 〔哥伦比亚〕加西亚·马尔克斯：《百年孤独》（插图纪念版），范晔译，海口：南海出版公司，2017年版。

6. 〔德〕托马斯·曼：《浮士德博士》，罗炜译，上海：上海译文出版社，2016年版。

7. 郑克鲁：《法国诗选》，石家庄：河北教育出版社，2004年版。

8. 〔英〕弗吉尼亚·伍尔夫：《海浪》，曹元勇译，上海：上海译文出版社，2012年版。

9. 〔英〕弗吉尼亚·伍尔夫：《到灯塔去》，瞿世镜译，上海：上海译文出版社，2009年版。

10. 〔英〕石黑一雄：《小夜曲——音乐与黄昏五故事集》，张晓意译，上海：上海译文出版社，2011年版。

11. 〔英〕奥·赫胥黎：《旋律的配合》，龚志成译，上海：上海译文出版社，2002年版。

12. 〔美〕威廉·福克纳：《野棕榈》，蓝仁哲译，上海：上海译文出版社，2009年版。

13. 〔美〕威廉·福克纳：《喧哗与骚动》，李文俊译，上海：上海译文出版社，2004年版。

14. 〔美〕威廉·福克纳：《威廉·福克纳短篇小说集》，李文俊、陶洁等译，北京：北京燕山出版社，2020年版。

15. 〔德〕路·蒂克：《施特恩巴尔德的游历——蒂克小说选》，胡其鼎等译，上海：上海译文出版社，2010年版。

16. 〔德〕E.T.霍夫曼：《雄猫穆尔的生活观暨乐队指挥克赖斯勒的传记片段》，陈恕林译，上海：上海三联书店，2014年版。

17. 〔德〕霍夫曼：《斯居戴里小姐——霍夫曼中短篇小说选》，宁瑛等译，上海：上海三联书店，2014年版。

18. 〔法〕雨果：《雨果文集》，程曾厚等译，北京：人民文学出版社，2002年版。

19. 〔俄〕普希金：《普希金全集》，查良铮、谷羽等译，杭州：浙江文艺出版社，2012年版。

20. 高莽：《普希金绘画》，桂林：漓江出版社，2016年版。

21. 〔俄〕莱蒙托夫：《莱蒙托夫全集》，顾蕴璞译，石家庄：河北教育出版社，1996年版。

22. 〔英〕威廉·布莱克：《天真与经验之歌》，杨苡译，南京：译林出版社，2012年版。

23. 〔爱尔兰〕詹姆斯·乔伊斯：《斯蒂芬英雄：〈艺术家年轻时的写照〉初稿的一部分》，冯建明、张亚蕊等译，上海：上海三联书店，2019年版。

24. 〔爱尔兰〕詹姆斯·乔伊斯：《青年艺术家画像》，朱世达译，上海：上海译文出版社，2013年版。

25. 〔爱尔兰〕詹姆斯·乔伊斯：《都柏林人》，王逢振译，上海：上海译文出版社，2010年版。

26. 〔爱尔兰〕詹姆斯·乔伊斯：《尤利西斯》，刘象愚译，上海：上海译文出版社，2021年版。

27. 〔爱尔兰〕詹姆斯·乔伊斯：《乔伊斯诗歌·剧作、随笔集》，傅浩、柯彦玢译，上海：上海译文出版社，2013年版。

28. 〔爱尔兰〕斯坦尼斯劳斯·乔伊斯：《看守我兄长的人：詹姆斯·乔伊斯的早期生活》，冯建明、张晓青、梅叶萍等译，上海：上海三联书店，2019年版。

29. 〔俄〕陀思妥耶夫斯基：《罪与罚》，朱海观、王汶译，北京：人民文学出版社，1982年版。

30. （明）兰陵笑笑生著，张道深评，王汝梅等校点：《金瓶梅》，济南：齐鲁书社，1991年版。

31. （清）曹雪芹、（清）高鹗：《红楼梦》，北京：人民文学出版社，1996年版。

32. 〔法〕左拉：《娜娜》（精装版），郑永慧译，北京：人民文学出版社，1985年版。

33. 〔法〕福楼拜：《包法利夫人》，周克希译，上海：上海文艺出版社，2017年版。

34. 〔法〕福楼拜：《情感教育》，王文融译，北京：人民文学出版社，2004年版。

35. 〔俄〕屠格涅夫：《猎人笔记》，张耳译，南京：译林出版社，1998年版。

36. 〔美〕埃德加·爱伦·坡：《爱伦·坡短篇小说全集》（下卷），曹明伦译，北京：商务印书馆，2022年版。

37. 〔法〕埃米尔·左拉：《爱情一叶》，马振骋译，北京：人民文学出版社，2018年版。

38. 〔法〕安德烈·布勒东：《娜嘉》，董强译，北京：中信出版社，2003年版。

39. 〔美〕库尔特·冯内古特：《冠军早餐》，董乐山译，郑州：河南文艺出版社，2023年版。

40. 〔法〕纪德：《伪币制造者》，盛澄华译，上海：上海译文出版社，2023年版。

41. 〔阿根廷〕豪尔赫·路易斯·博尔赫斯：《小径分岔的花园》，王永年译，上海：上海译文出版社，2015年版。

42. 〔哥伦比亚〕加西亚·马尔克斯:《礼拜二午睡时刻》,刘习良、笋季英译,海口:南海出版公司,2015年版。
43. 〔哥伦比亚〕加西亚·马尔克斯:《活着为了讲述》,李静译,海口:南海出版公司,2015年版。

二、论文

(一)论文集中的论文

1. 〔捷〕扬·穆卡洛夫斯基:《现代艺术中的辩证矛盾》,庄继禹译,中国社会科学院外国文学研究所《世界文论》编辑委员会编:《布拉格学派及其他》,庄继禹、王道乾等译,北京:社会科学文献出版社,1995年版。
2. 〔美〕克莱门特·格林伯格:《走向更新的拉奥孔》,易英译,易英主编:《纽约的没落——〈世界美术〉文选》,石家庄:河北美术出版社,2004年版。
3. 〔俄〕维克托·什克洛夫斯基:《作为手法的艺术》,方珊译,〔俄〕维克托·什克洛夫斯基等:《俄国形式主义文论选》,方珊等译,北京:生活·读书·新知三联书店,1989年版。
4. 〔苏〕尤·迪尼亚诺夫:《论文学的演变》,〔法〕茨维坦·托多洛夫编选:《俄苏形式主义文论选》,蔡鸿滨译,北京:中国社会科学出版社,1989年版。
5. 〔捷〕扬·穆卡洛夫斯基:《标准语言与诗歌语言》,竺稼译,赵毅衡编选:《符号学文学论文集》,天津:百花文艺出版社,2004年版。
6. 〔俄〕罗曼·雅各布森:《主导》,任生名译,赵毅衡编选:《符号学文学论文集》,天津:百花文艺出版社,2004年版。
7. 江飞:《雅各布森与〈主导〉》,高建平主编:《西方文论经典精读》,北京:高等教育出版社,2022年版。
8. 〔俄〕罗曼·雅各布森《语言学与诗学》,滕守尧译,赵毅衡编选:《符号学文学论文集》,天津:百花文艺出版社,2004年版。
9. 〔法〕罗兰·巴特:《叙事作品结构分析导论》,张寅德编选:《叙述学研究》,北京:中国社会科学出版社,1989年版。
10. 叶维廉:《现代中国小说的结构》,《叶维廉文集》(第1卷),合肥:安徽教育出版社,2002年版。
11. 叶维廉:《"出位之思":媒体及超媒体的美学》,《中国诗学》(增订版），北京：人民文学出版社，2006年版。

12. 〔美〕鲁·阿恩海姆：《语言、形象与具体诗》，《艺术心理学新论》，郭小平、翟灿译，北京：商务印书馆，1994年版。

13. 〔法〕波德莱尔：《哲学的艺术》，《1846年的沙龙——波德莱尔美学论文选》，郭宏安译，桂林：广西师范大学出版社，2002年版。

14. 〔美〕约瑟夫·弗兰克：《现代文学中的空间形式》，秦林芳编译：《现代小说中的空间形式》，北京：北京大学出版社，1991年版。

15. 〔美〕戴维·米切尔森：《叙述中的空间结构类型》，秦林芳编译：《现代小说中的空间形式》，北京：北京大学出版社，1991年版。

16. 钱锺书：《中国画与中国诗》，《开明书店二十周年纪念文集》，上海：开明书店，1947年版。

17. 钱锺书：《读〈拉奥孔〉》，《七缀集》，北京：生活·读书·新知三联书店，2002年版。

18. 〔美〕乌·维斯坦因：《文学与视觉艺术》，孙景尧选编：《新概念 新方法 新探索——当代西方比较文学论文选》，桂林：漓江出版社，1987年版。

19. 〔美〕乔·戴维·贝拉米、〔美〕苏珊·桑塔格：《现代小说的风格》，〔美〕利兰·波格编：《苏珊·桑塔格谈话录》，姚君伟译，南京：译林出版社。

20. 〔加〕马歇尔·麦克卢汉：《乔伊斯、马拉美和报纸》，〔加〕埃里克·麦克卢汉、〔加〕弗兰克·秦龙格编：《麦克卢汉精粹》，南京：南京大学出版社，2000年版。

21. 〔波兰〕比亚洛斯托基：《图像志》，曹意强、麦克尔·波德罗等：《艺术史的视野——图像研究的理论、方法与意义》，杭州：中国美术学院出版社，2007年版。

22. 〔英〕弗吉尼亚·伍尔芙：《狭窄的艺术之桥》，王义国译，《伍尔芙随笔全集》（Ⅳ），王义国、黄梅等译，北京：中国社会科学出版社，2001年版。

23. 〔美〕康拉德·艾肯：《论威廉·福克纳小说的形式》，俞石文译，李文俊编：《福克纳的神话》，上海：上海译文出版社，2008年版。

24. 徐中舒：《结绳遗俗考》，《徐中舒历史论文选辑》（上），北京：中华书局，1998年版。

25. 张肇麟：《示与主》，《姓氏与宗社考证》，北京：社会科学文献出版社，2015年版。

26. 张肇麟：《宗及其层级》，《姓氏与宗社考证》，北京：社会科学文献出版社，2015年版。

27. 霍巍：《从丧葬礼俗看先秦两汉时期两种不同的形神观念》，《西南考古与中华文明》，成都：巴蜀书社，2011年版。

28. 王贵民：《商周庙制新考》，《寒峰阁古史古文字论集》，北京：社会科学文献出版社，2015年版。

29. 〔美〕吉德炜：《祖先的创造：晚商宗教及其遗产》，周昭端译，陈致主编：《当代西方汉学研究集萃》（上古史卷），上海：上海古籍出版社，2012年版。

30. 〔美〕倪豪士：《一个〈史记〉文本问题的讨论和一些关于〈世家〉编写的推测》，陈致主编：《当代西方汉学研究集萃》（上古史卷），上海：上海古籍出版社，2012年版。

31. 张大可：《〈史记〉体制义例》，《史记研究》，北京：商务印书馆，2011年版。

32. 〔美〕宇文所安：《把过去国有化：全球主义、国家和传统文化的命运》，《他山的石头记——宇文所安自选集》，田晓菲译，南京：江苏人民出版社，2003年版。

33. 〔日〕小南一郎：《汉代戏剧的可能性》，曹官任译，刘苑如编：《桃之宴——京都桃会与汉学新诠》，台北：新文丰出版股份有限公司，2014年版。

34. 邢义田：《汉画解读方法试探——以"捞鼎图"为例》，颜娟英主编：《中国史新论·美术考古分册》，台北："中研院"、联经出版事业股份有限公司，2010年版。

35. 〔日〕宫崎市定：《肢体动作与文学——试论〈史记〉的成书》，《宫崎市定亚洲史论考》（中），张学锋、马云超等译，上海：上海古籍出版社，2017年版。

36. 〔美〕查尔斯·S. 皮尔士：《论符号特性》，〔美〕查尔斯·S. 皮尔士著、〔美〕詹姆斯·胡普斯编：《皮尔士论符号》，徐鹏译，上海：上海译文出版社，2016年版。

37. 〔荷〕米克·巴尔：《看见符号：从符号学理解视觉艺术》，钱志坚译，〔荷〕米克·巴尔著、段炼编：《绘画中的符号叙述：艺术研究与视觉分析》，成都：四川大学出版社，2017年版。

38. 〔美〕巫鸿：《汉代艺术中的"白猿传"画像——兼谈叙事绘画与叙事文学之关系》，郑岩、王睿编：《礼仪中的美术——巫鸿中国美术史文编》，郑岩等译，北京：生活·读书·新知三联书店，2005年版。

39. 任中敏：《戏曲、戏弄与戏像》，任中敏：《唐艺研究》，樊昕、王立增辑校，南京：凤凰出版社，2013年版。

40. 孙机：《仙凡幽明之间——汉画像石与"大象其生"》，孙机：《仰观集：古文物的欣赏与鉴别》，北京：文物出版社，2015年版。

41. 〔俄〕李福清：《中世纪文学的类型和相互关系》，李明滨编选：《古典小说与传说——李福清汉学论集》，北京：中华书局，2003年版。

42. 〔俄〕李福清：《中国中世纪文学中的体裁》，李逸津译，阎纯德主编：《汉学研究》第十五集，北京：学苑出版社，2013年版。

43. 〔俄〕李福清：《关于东方中世纪文学的创作方法问题——从中国古典小说〈三国演义〉的创作方法谈起》，《汉文古小说论衡》，南京：江苏古籍出版社，1992年版。

44. 〔美〕肯尼斯·J.哈蒙德：《明江南的城市园林——以王世贞的散文为视角》，聂春华译，〔法〕米歇尔·柯南、陈望衡主编：《城市与园林——园林对城市生活和文化的影响》，武汉：武汉大学出版社，2006年版。

45. 〔英〕诺托普罗斯：《论荷马史诗中的并置》，刘小枫、陈少明主编：《荷马笔下的伦理》，北京：华夏出版社，2010年版。

46. 劳悦强：《从纪事本末体论章回小说的叙事结构》，辛美高、黄霖主编：《明代小说面面观——明代小说国际学术研讨会论文集》，上海：学林出版社，2002年版。

47. 傅熹年：《中国古代建筑发展概况》，《傅熹年中国建筑史论选集》，沈阳：辽宁美术出版社，2013年版。

48. 林顺夫：《小说结构与中国宇宙观》，李达三、罗钢主编：《中外比较文学的里程碑》，北京：人民文学出版社，1997年版。

49. 〔法〕鲁斯·威布：《实现图画：阿马塞亚的阿斯特里乌斯文本中的艺格敷词、模拟和殉道》，范白丁译，张宝洲、范白丁选编：《图像与题铭》，杭州：中国美术学院出版社，2011年版。

50. 〔法〕阿兰·罗伯-格里耶：《关于描绘一个电影场景的简短思考》，余中先译，《旅行者》（上卷），长沙：湖南美术出版社，2012年版。

51. 〔德〕彼得·皮茨：《从文艺复兴到浪漫主义运动时期各类思潮概况》，〔德〕罗尔夫·托曼主编：《新古典主义与浪漫主义——建筑·雕塑·绘画·素描》，中铁二院工程集团有限责任公司译，北京：中国铁道出版社，2012年版。

52. 〔德〕理夏德·瓦格纳：《未来的艺术家》，廖辅叔译，姚亚平主编：《艺术学经典文献导读书系·音乐卷》，北京：北京师范大学出版社，2013年版。

53. 〔美〕R. 韦勒克：《文学史上浪漫主义的概念》，裘小龙、杨德友译，刘象愚选编：《文学思潮和文学运动的概念》，北京：中国社会科学出版社，1989年版。

54. 〔加〕马歇尔·麦克卢汉：《媒介即是按摩》，〔加〕斯蒂芬妮·麦克卢汉、〔加〕戴维·斯坦斯编：《麦克卢汉如是说：理解我》，何道宽译，北京：中国人民大学出版社，2006年版。

55. 〔美〕迈耶·夏皮罗：《视觉艺术符号学中的某些问题：图像-符号的场域与载体》，〔美〕迈耶·夏皮罗：《艺术的理论与哲学：风格、艺术家和社会》，沈语冰、王玉冬译，南京：江苏凤凰美术出版社，2016年版。

56. 〔法〕热·热奈特：《叙事的界限》，王文融译，《马克思主义文艺理论研究》编辑部编选：《美学文艺学方法论》（续集），北京：文化艺术出版社，1987年版。

57. 〔匈〕乔治·卢卡契：《叙述与描写——为讨论自然主义和形式主义而作》，刘半九译，中国社会科学院外国文学研究所外国文学研究资料丛刊编辑委员会编：《卢卡契文学论文集》（一），北京：中国社会科学出版社，1980年版。

58. 〔法〕娜塔丽·萨洛特：《怀疑的时代》，林青译，柳鸣九编选：《新小说派研究》，北京：中国社会科学出版社，1986年版。

59. 〔法〕阿兰·罗伯-葛利叶：《未来小说的道路》，朱虹译，柳鸣九编选：《新小说派研究》，北京：中国社会科学出版社，1986年版。

（二）期刊论文

1. 龙迪勇：《时间性叙事媒介的空间表现》，《江西社会科学》2007年第4期。

2. 龙迪勇：《图像叙事：空间的时间化》，《江西社会科学》2007年第9期。

3. 龙迪勇：《图像叙事与文字叙事——故事画中的图像与文本》，《江西社会科学》2008年第3期。

4. 龙迪勇：《叙事学研究的跨媒介趋势——"跨媒介叙事"学术研讨会

综述》，《江西社会科学》2008 年第 8 期。

5. 龙迪勇：《试论作为空间叙事的主题－并置叙事》，《江西社会科学》2010 年第 7 期。

6. 龙迪勇：《叙事作品中的空间书写与人物塑造》，《江海学刊》2011 年第 1 期。

7. 龙迪勇：《建筑空间与中国文学叙事传统》，《中国比较文学》2014 年第 4 期。

8. 龙迪勇：《叙事迷宫的另一条秘径——空间叙事学的基本问题与学术价值》，《艺术广角》2016 年第 1 期。

9. 龙迪勇：《世系、宗庙与中国历史叙事传统》，《思想战线》2016 年第 2 期。

10. 龙迪勇：《空间叙事本质上是一种跨媒介叙事》，《河北学刊》2016 年第 6 期。

11. 龙迪勇：《模仿律与跨媒介叙事——试论图像叙事对语词叙事的模仿》，《学术论坛》2017 年第 2 期。

11. 龙迪勇：《文学艺术化：德国浪漫主义文学的跨媒介叙事》，《思想战线》2018 年第 6 期。

12. 龙迪勇：《"出位之思"：西方小说的音乐叙事》，《外国文学研究》2018 年第 6 期。

13. 龙迪勇：《从戏剧表演到图像再现——汉画像的跨媒介叙事研究》，《学术研究》2018 年第 11 期。

14. 龙迪勇：《试论〈史记〉的世系叙事》，《江苏师范大学学报》（哲学社会科学版）2018 年第 6 期。

15. 龙迪勇、杨莉：《"总体艺术"与西方浪漫主义文学的图文一体现象》，《文艺争鸣》2018 年第 11 期。

16. 龙迪勇：《从图像到文学——西方古代的"艺格敷词"及其跨媒介叙事》，《社会科学研究》2019 年第 2 期。

17. 龙迪勇：《"出位之思"与跨媒介叙事》，《文艺理论研究》2019 年第 3 期。

18. 龙迪勇：《时间与媒介——文学叙事与图像叙事差异论析》，《美术》2019 年第 11 期。

19. 龙迪勇：《视觉形象与小说的跨媒介叙事》，《南京师范大学文学院学报》2020 年第 4 期。

20. 龙迪勇：《"灵显"与图像——詹姆斯·乔伊斯小说的跨媒介叙事》，

《英语研究》第十二辑，上海：上海交通大学出版社，2020年版。

21. 龙迪勇：《叙述空间与中国小说叙事传统》，《中国文学批评》2021年第4期。

22. 龙迪勇：《试论艺术叙事学的建构》，《天津社会科学》2022年第6期。

23. 高静、龙迪勇：《从修辞术语到文学类型——试析"艺格敷词"的含义衍变》，《艺术学界》第28辑，北京：中国社会科学出版社，2022年版。

24. 赵宪章：《"文学图像论"之可能与不可能》，《山东师范大学学报》（人文社会科学版）2012年第5期。

25. 衣若芬：《文图学：学术升级新视界》，《当代文坛》2018年第4期。

26. 杨冬荃：《中国家谱起源研究》，《谱牒学研究》（第一辑），北京：书目文献出版社，1989年版。

27. 〔日〕齐藤道子：《作为社会规范的"告"》，《日本中国史研究年刊》（2007年度），上海：上海古籍出版社，2009年版。

28. 郭伟其：《作为风格术语的"风格"——一个关于"艺格敷词"与艺术史学科的中国案例》，《新美术》2010年第12期。

29. 李宏：《瓦萨里〈名人传〉中的艺格敷词及其传统渊源》，《新美术》2003年第9期。

30. 李骁：《艺格敷词的历史及功用》，《新美术》2018年第1期。

后　记

《跨媒介叙事研究》是我的第二部真正意义上的学术专著。必须承认，这是一项大工程，为了完成这项复杂而浩大的学术工程，像当时写作《空间叙事研究》一样，我又花费了超过十年的时间。一个学者的学术生命能有多少个十年呢？

考虑到"空间叙事"本身就是一种"跨媒介叙事"，所以严格说起来，我是从"空间叙事"研究一步跨进"跨媒介叙事"领域的。事实上，早在2008年，当时我还在江西南昌工作且正热衷于"空间叙事"研究时，就组织召集了全国首届"跨媒介叙事"学术研讨会。这些年也一直主要在做这项研究，只是让我没有想到的是，跨媒介叙事及相关问题这几年会热起来。这当然不是坏事，一项研究能够被同行认可并一起来研究，从而形成一股研究风潮，这至少从社会和影响层面说明了此项研究有其存在的学术价值。我想在此说明的只是：衡量一项研究的价值，当然首先不在于从之者众多，且形成研究热潮，而是只要自己认定研究本身有价值，就应该坚持做下去。就像我当年从事"空间叙事"研究一样，我开始研究"跨媒介叙事"的时候，大家对这类研究也还非常陌生，记得甚至还有师友好心地劝我最好不要拿自己的黄金生涯去从事此类还没有得到公认的研究选题。当然，我坚持了下来，因为我对自己研究对象的价值从来就没有怀疑过。如今我提交的这份成果，学术价值怎么样当然不是我自己说了算，而是要交给读者和时间这两个最公正的裁判去裁决；但我敢说，至少我思考的每一个问题、所写的每一段文字都对得起自己的学术良心。

下面，我对目前提交的成果略作说明。导论和第一至第七这几章，都是宏观的、理论性的、奠基性的论述，都借鉴或提出了一些陌生的概念，旨在对跨媒介叙事提供一个宏观解释和理论性的框架。其中，第一章《空间叙事本质上是一种跨媒介叙事》，更是打通本人此前"空间叙事研究"与现在"跨媒介叙事研究"的关键，可谓是架设在这两个学术领域之间的一座桥梁。第八、第九、第十章，都是关于中国古代跨媒介叙事传统的，既包括历史叙事传统，也包括图像叙事传统，还包括文学叙事传统，都着眼于宏观的跨界比较，希望能对古老而独特的中国叙事传统提供一些新见。从第十一章开始转入分析西方跨媒介叙事现象。第十一章抓住"艺格敷词"这一特殊的跨媒介叙事现象，试图为西方的诗画互通观念找到古老的修辞学源头。第十二至第十四这三章聚焦西方浪漫主义文学与艺术之间的跨媒介关系，之所以深入考察这一流派，是因为在我看来：就跨媒介叙事现象而言，西方的文艺流派中要数浪漫主义最明显、最典型，也最具特色了。当然，第十四章涉及西方浪漫主义文学的图文一体这种特殊的叙事现象，旨在考察并辨析与"跨媒介叙事"有关但也有别的"多媒介叙事"现象。最后，也就是第十五章则具体分析了一个文学个案，即具体分析西方现代主义小说大家詹姆斯·乔伊斯小说的跨媒介叙事现象，试图通过解剖一只麻雀，而展示小说跨媒介叙事的独特风姿和诱人魅力。

还需要说明的是，本书第十章曾以《建筑空间与中国文学叙事传统》为题首先刊发于《中国比较文学》2014年第4期，后恰逢《空间叙事研究》再版（再版改书名为《空间叙事学》，生活·读书·新知三联书店，2015年版），就顺便以"附录"的形式放入该书了。当时考虑的是：本人花了整整13年研究的《空间叙事研究》一书，并没有涉及建筑这样的三维、立体空间的叙事问题，把《建筑空间与中国文学叙事传统》一文放入该书，也算是一个小小的弥补。该文研究的是中国古代建筑空间的"组合性"特征与明清章回小说的"缀段性"叙事结构之间的内在关联，其实更是一种关涉文学与建筑这两种艺术形式之间的跨媒介叙事，这次放入《跨媒介叙事研究》一书中，也算是从"附录"回归"正位"吧。至于2008年我策划、组织的那次全国首届"跨媒介叙事"学术研讨会，当时我撰写了《叙事学研究的跨媒介趋势——"跨媒介叙事"学术研讨会综述》（《江西社会科学》2008年第8期），基本上能够反映会议的学术状况。这次就以"附录"的形式放入本书，说是对"跨媒介叙事"这一重要学术问题国内"首秀"的纪念也好，说是对当时自己尚算年轻时的学术激情的怀念也好，总之会议已经以文字的形式"雁过留痕"了，就让它再次进入《跨媒介叙事研究》这个新的学术空间吧。

最后，还有一个和我的写作方式相关的问题必须在这里说清楚。由于我的专著都是先以论文的形式写成，在发展并最终汇编成学术专著时，一个在单篇论文中不可能出现的问题就随之出现了：重复引用，甚至重复分析某一个案例的问题。由于删除这部分文字难免造成文气不顺、逻辑不畅、学术脉络不通等更严重的问题，所以我基本上还是保持原样、不做删除，希望读者见谅。而且，我也希望读者在阅读本书时，尽量考虑每一章的问题意识及其思想脉络，因为哪怕是同一段引文、同一份材料、同一个案例，在不同的时期、不同的上下文、不同的学术和思想脉络中，所起的作用也是不一样的，相信看过阿根廷作家博尔赫斯的小说《〈吉诃德〉的作者皮埃尔·梅纳尔》（豪尔赫·路易斯·博尔赫斯：《小径分岔的花园》，上海译文出版社，2015年版）的读者，一定会赞同我的这个观点。

关于跨媒介叙事问题，自己想说的话其实还有好多好多，无论是所探究的领域，还是所考察的问题，挂一漏万之处均在所难免。但作为一部旨在提出跨媒介叙事学术思想、建构跨媒介叙事理论体系的著作，我相信自己想表达的东西，其实都已经包含在这十多年来所写成的这几十万字之中了。我接下来想研究的另一个问题是"艺术叙事"。人生苦短，实在耽误不起，还是趁早把过去的研究压缩成方法、转化为思想，一起放入思想的行囊，带着它向下一个学术高峰攀登吧！路漫漫其修远兮，吾将上下而求索……

本书为2020年度国家社科基金后期资助重点项目"跨媒介叙事研究"（项目批准号：20FZWA001）的最终成果，感谢立项时各位评审专家的信任，也感谢结项时各位鉴定专家的肯定和提出的宝贵意见，这给了我研究的信心和继续前行的动力！